Uwe Götze

Barbara Mikus

Strategisches Management

GUC - Verlag der Gesellschaft für
Unternehmensrechnung und Controlling m.b.H.
Chemnitz 1999

Die Deutsche Bibliothek - CIP-Einheitsaufnahme

Götze, Uwe; Mikus, Barbara:
Strategisches Management / Uwe Götze, Barbara Mikus. -
Chemnitz : Verl. der GUC, 1999
ISBN 3-934235-03-4

GUC m.b.H. · Casparistr. 2 · D-09126 Chemnitz
http://www.guc-online.de

Druck: Druckerei Wittchen, Nörten-Hardenberg
Gedruckt auf säurefreiem Papier - alterungsbeständig

Printed in Germany
ISBN 3-934235-03-4

Vorwort

Das strategische Management stellt ein wichtiges Element der Unternehmensführung dar, das wesentlich zu einer dauerhaft positiven Unternehmensentwicklung beitragen kann. In der wirtschaftswissenschaftlichen Literatur und der betriebswirtschaftlichen Lehre wie auch in der Praxis wird dem strategischen Management zunehmendes Interesse entgegengebracht.

Dieses Lehrbuch soll Studierenden der Wirtschaftswissenschaften und Praktikern das breite Spektrum der potentiellen Strategien von Unternehmen, der mit ihrer Erarbeitung, Implementierung und Kontrolle verbundenen Aufgaben sowie der dabei einsetzbaren Instrumente aufzeigen. Dazu werden zunächst Phasen und Instrumente der strategischen Planung überblicksartig dargestellt. Es folgt eine differenzierte Erörterung der auf den Ebenen des Gesamtunternehmens, der Geschäftseinheiten sowie der Funktionsbereiche realisierbaren Strategien. Anschließend werden mit der Strategieimplementierung und der strategischen Kontrolle die weiteren Bestandteile strategischer Führungsprozesse behandelt. Spezifische Subsysteme des strategischen Management, das Internationale, Kosten-, Qualitäts-, Zeit- und Risikomanagement, bilden einen weiteren Themenkomplex des Buches. Die umfangreichen Ausführungen zu diesen Systemen sowie zu ausgewählten Funktionsbereichsstrategien stellen eine Besonderheit dieses Lehrbuchs im Vergleich zu anderen Werken zum strategischen Management dar.

Das Buch ist aus einem Skriptum hervorgegangen, das am Lehrstuhl BWL III: Unternehmensrechnung und Controlling der Technischen Universität Chemnitz sowie am Institut für betriebswirtschaftliche Produktions- und Investitionsforschung der Georg-August-Universität Göttingen erfolgreich in den Lehrveranstaltungen zum strategischen Management eingesetzt worden ist. Den Mitarbeitern und studentischen Hilfskräften, die zu der Erstellung des Skriptums und des Lehrbuches beigetragen haben, sei an dieser Stelle herzlich gedankt. Besonderer Dank gilt Frau Dr. Katja Glaser für eine Vielzahl wertvoller Anregungen sowie Herrn Dipl.-Kfm. Dirk Hinkel für die Koordination der redaktionellen Arbeiten.

Chemnitz und Göttingen im Dezember 1999

Uwe Götze
Barbara Mikus

Inhaltsverzeichnis

Abbildungsverzeichnis

1. Einführung in das strategische Management

1.1. Funktionen und Ebenen des Management

Ein Unternehmen stellt ein System dar, das eine Vielzahl von Beziehungen zu seiner Umwelt, seinem Umsystem, aufweist. Das System 'Unternehmen' kann in zwei Subsysteme untergliedert werden: das Managementsystem (hier synonym System der Führung bzw. Unternehmensführung)[1] sowie das Leistungssystem (Realisations-, Ausführungssystem).

Führung läßt sich als Vorgang beschreiben, bei dem zum einen Ziele identifiziert sowie vorgegeben oder vereinbart werden und zum anderen angestrebt wird, durch den Einsatz von Menschen und anderen Faktoren diese Ziele zu erreichen.[2] Das Subsystem des Management wird in der betriebswirtschaftlichen Literatur primär mit funktionaler oder institutioneller Sichtweise erörtert. Im folgenden werden vor allem die Funktionen des Management betrachtet, da diesbezüglich eher allgemeingültige Aussagen möglich sind als hinsichtlich der Führungsinstitutionen.

Der Führung werden eine Vielzahl von *Funktionen* zugerechnet; BEYER beispielsweise führt auf der Grundlage einer Analyse der angelsächsischen Literatur "Planning, Organization, Controlling, Directing, Coordination, Staffing, Motivation, Commanding, Leadership, Decision Making, Innovation, Information, Supervising, Disposition, Communicating, Assembling Resources, Representation"[3] auf. Diese Funktionen können zwei Gruppen zugeordnet werden, denen der sachaufgabenbezogenen und der personenbezogenen Funktionen. Die personenbezogene Komponente der Führung wird auch als Menschenführung bezeichnet, sie umfaßt die Betreuung, Förderung und Motivation der unterstellten Mitarbeiter. Die sachaufgabenbezogenen Funktionen beziehen sich auf die Bereitstellung der Produktionsfaktoren und deren Kombination im Rahmen der Leistungserstellung und -verwertung. Als sachaufgabenbezogene Funktionen werden vor allem die Planung (inklusive Zielbildung), die Kontrolle und die Organisation, aber auch die Information und das Controlling angesehen.[4] Bei einer systemorientierten Betrachtung des Management und einer funktionalen Sichtweise wird demgemäß oftmals zwischen den Führungssubsystemen Zielbildung, Planung, Kontrolle und Organisation sowie zusätzlich Information, Personalführung (zur Wahrnehmung der personenbezogenen Aufgaben) und Controlling differenziert.[5]

---

1 Zu Gemeinsamkeiten und Unterschieden der Begriffe 'Führung', 'Unternehmensführung' und 'Management' vgl. Korndörfer, W.: (Unternehmensführungslehre), S. 19 ff.; Staehle, W.H.: (Management), S. 71 ff.

2 Vgl. Pack, L.: (Unternehmungsführung), Sp. 4081; Häusler, J.: (Führungsstile), Sp. 1578.

3 Beyer, H.-T.: (Lehre), S. 37.

4 Vgl. z.B. Wild, J.: (Grundlagen), S. 33; Grochla, E.: (Führung), Sp. 542.

5 Vgl. u.a. Küpper, H.-U.: (Koordination), S. 169.

Für eine intensive Auseinandersetzung mit den Funktionen des Management ist eine Unterscheidung zwischen verschiedenen *Führungsebenen* hilfreich. Diese ist in Theorie und Praxis üblich, wird aber nicht einheitlich vorgenommen. Im Hinblick auf die Führungsfunktion 'Planung' wird häufig zwischen drei Ebenen differenziert, die in einer Hierarchie in einem Über-/Unterordnungsverhältnis zueinander stehen:[6]

- der strategischen (oberen) Ebene,
- der taktischen (mittleren) Ebene und
- der operativen (unteren) Ebene.

Dieser Hierarchie entsprechend werden aus strategischen Plänen taktische, aus diesen wiederum operative Pläne abgeleitet. Für die Führungsfunktionen insgesamt wird unter anderem vorgeschlagen, zwischen den folgenden Ebenen zu unterscheiden:[7]

- der normativen Ebene,
- der strategischen Ebene und
- der operativen Ebene.

Primärer Gegenstand dieses Buches ist die strategische Ebene; die normative Ebene wird im Zusammenhang mit der Zielbildung im strategischen Führungsprozeß in Abschnitt 2.1.1. angesprochen, die Beziehungen zur taktischen und operativen Ebene werden bei den Ausführungen zur Strategieimplementierung in Abschnitt 6. aufgegriffen.

6 Vgl. Wild, J.: (Grundlagen), S. 166; Pfohl, H.-C.; Stölzle, W.: (Planung), S. 86 f.; Schweitzer, M.: (Planung), S. 43.

7 Vgl. Bleicher, K.: (Konzept), S. 52 ff.; Hopfenbeck, W.: (Managementlehre), S. 85 f.

1.2. Funktionen, Objekte und Merkmale des strategischen Management

Das strategische Management dient der Sicherung der Überlebensfähigkeit des Unternehmens.[8] Um diese zu erreichen, sollten - so wird es häufig gefordert und auch in diesem Buch vertreten - sowohl für das Unternehmen insgesamt als auch für dessen Geschäfts- sowie Funktionsbereiche *Erfolgspotentiale* erkannt, aufgebaut und gehalten werden.[9] In Anlehnung an GÄLWEILER, der unter einem Erfolgspotential "das gesamte Gefüge aller jeweils produkt- und marktspezifischen erfolgsrelevanten Voraussetzungen"[10] versteht, können Erfolgspotentiale als Bedingungen für die zukünftige Erfolgserzielung, die Erwirtschaftung von Finanzmitteln sowie die Erfüllung weiterer Ziele interpretiert werden. In Industrieunternehmen beispielsweise kann es sich dabei um Marktpositionen, Produktqualitäten, Produktionskapazitäten, kostengünstig arbeitende Funktionsbereiche sowie technologische Vorteile handeln. Demgemäß bezieht sich das strategische Management typischerweise auf die künftigen Märkte und Produkte, das Verhalten gegenüber den Wettbewerbern, die langfristige Preis-, Kommunikations-, Distributions- und Beschaffungspolitik, die Fertigungstiefe, die Finanzierung, die Technologien und Innovationen sowie Investitionen zum Aufbau von Produktionskapazitäten. Auch über Beteiligungen, das Unternehmenswachstum, die Rechtsform, die Standorte und die Führungskonzepte wird im Rahmen des strategischen Management entschieden. Für diese Entscheidungsobjekte werden *Strategien* verfolgt.

In diesem Zusammenhang sei kurz auf die Begriffe 'strategisch' und 'Strategie' eingegangen. Sie stammen vom altgriechischen 'strataegeo' ab. Dabei handelt es sich um ein aus 'stratos' (etwas, das alles andere umfaßt, übergreift und in sich enthält) sowie 'igo' (tun, handeln) zusammengesetztes Wort. Mit dem Begriff 'Strategie' wird dementsprechend hier ein Denken, Entscheiden und Handeln charakterisiert, das an übergeordneten Zielen orientiert ist und auf einer umfassenden Sichtweise basiert.[11] Damit werden Strategien als 'beabsichtigte Strategien' verstanden, die Pläne zur Erreichung strategischer Ziele darstellen, welche im Rahmen von Managementprozessen erarbeitet und dann implementiert werden. Von diesen zu unterscheiden sind - wie Abbildung 1-1 zeigt - die tatsächlich realisierten Handlungen, die sich auf die oben aufgeführten Objekte des strategischen Management beziehen. Diese werden auch als

---

8 Vgl. Gälweiler, A.: (Unternehmensplanung), S. 84; Macharzina, K.: (Unternehmensführung), S. 231.

9 Die Erfolgspotentiale können damit als Zielgrößen des strategischen Management dienen. Eine weitere mögliche Zielgröße, die bei einer wertorientierten Unternehmensführung in den Vordergrund gerückt wird, stellt der Shareholder Value dar. Zum wertorientierten Konzept des strategischen Management vgl. Abschnitt 1.3., zur Festlegung strategischer Zielgrößen und zu einer differenzierten Erörterung von Erfolgspotentialen und Shareholder Value als Zielgrößen des strategischen Management vgl. Abschnitt 2.1.1.

10 Gälweiler, A.: (Unternehmensführung), S. 26.

11 Vgl. Gälweiler, A.: (Abstimmung), S. 254 f., sowie zu einem Überblick über verschiedene Strategiebegriffe Welge, M.K.; Al-Laham, A.: (Planung), S. 166 ff.; Kühn, R.; Grünig, R.: (Grundlagen), S. 33 f.

'realisierte Strategien' bezeichnet, sie können sich konform zu den beabsichtigten Strategien verhalten oder von diesen aufgrund einer fehlerhaften oder einer an zusätzliche Erkenntnisse angepaßten Implementierung abweichen. Zudem ist es möglich, daß Handlungen, die aufgrund ihrer Bedeutung für die Sicherung von Erfolgspotentialen strategischen Charakter haben, realisiert werden, ohne daß eine Strategie geplant worden ist. Für derartige Handlungen wird auch der Begriff 'gewachsene Strategie' verwendet,[12] der allerdings ebenso wie der der realisierten Strategie nicht dem hier vertretenen Strategieverständnis entspricht.

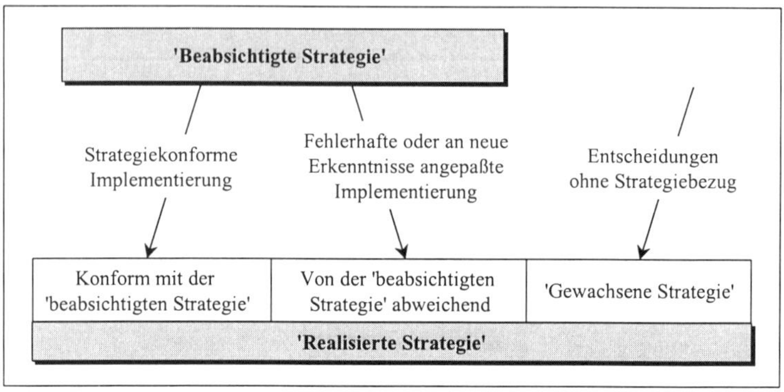

Abb. 1-1: 'Beabsichtigte Strategien' und 'realisierte Strategien'[13]

Gemäß den obigen Ausführungen wird im folgenden von einer bewußten Vorbereitung und Auswahl von Strategien ausgegangen, mit denen die bisherigen Strategien des Unternehmens verändert werden. Damit wird gleichzeitig unterstellt, daß Unternehmen einen strategischen Wandel erfolgreich vornehmen können, indem sie sich durch die Wahl von Strategien an Umweltveränderungen anpassen oder diese selbst beeinflussen.[14] Die entsprechenden Entscheidungsprobleme der strategischen Ebene sind durch mehrere Merkmale charakterisiert, durch die sie sich von den Problemen der anderen Managementebenen unterscheiden. Für strategische Entscheidungsprobleme sind in der Regel die meisten der nachstehend aufgeführten Eigenschaften kennzeichnend:[15]

---

12 Vgl. Mintzberg, H.; McHugh, A.: (Strategy), S. 161 f.; Hill, C.W.L.; Jones, G.R.: (Management), S. 6 f.; Kühn, R.; Grünig, R.: (Grundlagen), S. 31 ff.

13 Quelle: Zu ähnlichen Darstellungen vgl. Mintzberg, H.; McHugh, A.: (Strategy), S. 162; Kühn, R.; Grünig, R.: (Grundlagen), S. 33.

14 Diese Annahme ist nicht unumstritten. Vgl. dazu Bresser, R.K.F.: (Managementtheorie), S. 629 ff.; zu Knyphausen, D.: (Theorie), S. 144 ff.

15 Vgl. dazu auch Pfohl, H.-C.; Stölzle, W.: (Planung), S. 87.

- Die Entscheidungen obliegen den obersten Institutionen der Unternehmensführung.
- Die Bedeutung von Normen ist hoch, und es sind bei den Entscheidungen mehrere Ziele zu berücksichtigen.
- Die Dauer der Entscheidungsprozesse ist lang.
- Es liegen komplexe Alternativen vor, die aus einer Reihe von Maßnahmen bestehen, die sequentiell realisiert werden, sich auf große Teile des Unternehmens beziehen und viele Interdependenzen zu anderen Unternehmensbereichen aufweisen.
- Es ist ein hoher Ressourceneinsatz erforderlich, die Wirkungen der Alternativen sind langfristig, und die Folgen der Entscheidung können nur mit hohem Aufwand rückgängig gemacht werden.
- Die Handlungen, über die zu entscheiden ist, werden nur selten wiederholt und haben zumeist innovativen Charakter.
- Die Bedeutung der Entscheidungen für die Existenz des Unternehmens sowie die Unternehmensergebnisse ist hoch.
- Umweltentwicklungen beeinflussen die Wirkungen der Entscheidungen in erheblichem Ausmaß.
- Die vorliegenden Planungsprobleme sind schlecht-strukturiert sowie mit hoher Unsicherheit verbunden, es sind vielfach qualitative Daten zu verarbeiten und nur wenig differenzierte, detaillierte und präzise Planungen möglich.

Operative Entscheidungsprobleme weisen tendenziell die gegenteiligen Merkmalsausprägungen auf.

Kennzeichnend für das strategische Management insgesamt sind eine ausgeprägte Zukunftsorientierung und das damit verbundene Bemühen, sich auf mehrere mögliche Umweltkonstellationen vorzubereiten und Handlungsspielräume zu schaffen.[16] Für ein Unternehmen hat das strategische Management aus zwei Gründen eine große Bedeutung: zum einen aufgrund der oben angesprochenen Notwendigkeit, Erfolgspotentiale zu sichern, zum anderen, da mit der Realisation von Strategien häufig hohe Investitionen und gravierende Veränderungen im Unternehmen verbunden sind, die kaum revidiert werden können.

Zur Sicherung von Erfolgspotentialen und zur Vermeidung strategischer Fehlentscheidungen soll die strategische Planung als eine bedeutende Funktion des strategischen Management beitragen. Weitere Funktionen der strategischen Führung sind - weitgehend analog zur Führung allgemein - die Implementierung von Strategien, die strategische Kontrolle, das strategische Controlling sowie die Gestaltung des Organisationssystems und des Anreiz- und Personalentwicklungssystems als personenbezogene Komponente. Die folgenden Ausführungen setzen sich aus einer funktionalen Perspektive mit der strategischen Planung, der Strate-

---

16 Zur Proaktivität des Handelns als Prinzip des strategischen Management vgl. Scholz, C.: (Management), S. 38 ff.

gieimplementierung sowie der strategischen Kontrolle auseinander, zum strategischen Controlling, zu Organisation und Personal als Objekten des strategischen Management sowie zu dessen Institutionen sei auf die Literatur verwiesen.[17]

1.3. Konzepte des strategischen Management

Das strategische Management von Unternehmen und die in seinem Rahmen zu gestaltenden Strategien sind Gegenstand einer Vielzahl wissenschaftlicher Untersuchungen und Beiträge geworden, deren Ziel es primär ist, den Erfolg von Unternehmen zu erklären oder Vorschläge für die Aktivitäten des strategischen Management sowie die Wahl von Strategien zu unterbreiten. Aus der Fülle der dabei entstandenen Konzepte haben einige besondere Bedeutung erlangt, so daß sie im folgenden vorgestellt werden sollen.[18]

Der *marktorientierte Ansatz* (market based view) fußt auf den Aussagen der Industrieökonomie als Teilgebiet der Volkswirtschaftslehre und geht insbesondere auf die Arbeiten von PORTER zurück, der diese Aussagen auf das strategische Management von Unternehmen übertragen und damit erweitert hat. Gemäß dem marktorientierten Ansatz ist der langfristige Unternehmenserfolg (performance) primär

- von den dauerhaften Merkmalen der Branchenstruktur (structure) sowie
- dem Wettbewerbsverhalten der in der Branche tätigen Unternehmen (conduct)

abhängig (structure conduct performance paradigma). Die Diskrepanzen zwischen den durchschnittlichen langfristigen Erfolgen in einer Branche und denen einzelner Unternehmen lassen sich zudem durch die Existenz strategischer Gruppen von Unternehmen mit gleicher oder ähnlicher Wettbewerbsstrategie erklären.[19]

Die Bedeutung des marktorientierten Ansatzes wird allerdings durch die in empirischen

---

17 Vgl. zu Ansätzen eines strategischen Controlling Coenenberg, A.G.; Baum, H.-G.: (Controlling); Langguth, H.: (Controlling); Weber, J.: (Controlling), sowie zu Konzepten des Controlling allgemein, die sich auf die strategische Ebene übertragen lassen, Küpper, H.-U.: (Controlling); Horváth, P.: (Controlling); Weber, J.: (Einführung).
Zum strategischen Organisations- und Personalmanagement vgl. z.B. Bea, F.X.; Haas, J.: (Management), S. 352 ff. und S. 549 ff.; Staehle, W.H.: (Management), S. 795 ff.; Scholz, C.: (Organisation), S. 44 ff., sowie die Beiträge zur Organisations- und Führungskräftesystemplanung in Hahn, D.; Taylor, G.B.: (Unternehmungsplanung), S. 561 ff.
Zu Institutionen, die die Aufgaben des strategischen Management wahrnehmen (können), vgl. Kreikebaum, H.: (Unternehmensplanung), S. 190 ff.; Link, J.: (Organisation), S. 42 ff. und S. 93 ff.

18 Zur Auswahl der vorgestellten Führungskonzepte vgl. Hahn, D.: (Konzepte), S. 565 ff., zu überblickartigen Darstellungen weiterer Konzepte bzw. Theorien des strategischen Management vgl. Mintzberg, H.: (Strategy), S. 108 ff.; Eschenbach, R.; Kunesch, H.: (Konzepte), S. 15 ff.; Bresser, R.K.F.: (Managementtheorie), S. 5 ff.

19 Vgl. Porter, M.E.: (Wettbewerbsstrategie), S. 33 ff. und S. 183 ff.; Kühn, R.; Grünig, R.: (Grundlagen), S. 141 ff.; Rühli, E.: (Ressourcenmanagement), S. 93.

Untersuchungen gewonnene Erkenntnis relativiert, daß der langfristige Unternehmenserfolg weniger durch Branchen- oder Marktgegebenheiten als durch spezifische Unternehmensmerkmale beeinflußt wird. Diese Erkenntnis ist eine Basis des *ressourcenorientierten Ansatzes* (resource based view), gemäß dem die spezifischen Merkmale von Unternehmen vor allem in deren unterschiedlichen Ressourcen bestehen. Die Ausstattung mit Ressourcen und deren Nutzung bestimmen den langfristigen Unternehmenserfolg (resources conduct performance paradigma). Einzigartige, nicht oder nur schwer imitierbare und substituierbare Ressourcen, die in hohem Maße zur Schaffung eines Kundennutzens geeignet sind und die Basis von 'Kernkompetenzen' darstellen, bilden gemäß diesem Konzept die Grundlage von Wettbewerbsvorteilen.[20] Die folgende Abbildung enhält die Argumentationsschemata des markt- und des ressourcenorientierten Ansatzes. Es zeigt sich, daß beide Konzepte Berührungspunkte aufweisen, da beim marktorientierten Ansatz der Aufbau geeigneter Ressourcen als erforderlich angesehen wird und beim ressourcenorientierten die Nutzung der Ressourcen zur Erzielung von Wettbewerbsvorteilen dient.

marktorientierter Ansatz: structure conduct performance paradigma	**ressourcenorientierter Ansatz: resources conduct performance paradigma**
structure: Durch den Aufbau von Geschäftsbereichen wählen Firmen Branchenmärkte und strategische Gruppen. Die Struktur dieser Märkte und Gruppen definiert die Möglichkeiten der Erfolgserzielung.	**resources:** Unternehmen gelangen aufgrund ihrer Entwicklung, durch glückliche Zufälle oder durch gezieltes Vorgehen zu einzigartigen, nicht mit der Konkurrenz geteilten Ressourcen.
↓	↓
conduct: Die Firmen nutzen diese Möglichkeiten durch Wahl einer Wettbewerbsstrategie und den Aufbau der nötigen Ressourcen.	**conduct:** Die Nutzung dieser Ressourcen zur Gestaltung bedürfnisgerechter Angebote für bestimmte Branchenmärkte führt zu nachhaltigen Wettbewerbsvorteilen.
↓	↓
performance: Langfristige Erfolgsunterschiede erklären sich aufgrund der Attraktivität der gewählten Branchenmärkte und Gruppen sowie der Wettbewerbsstrategie.	**performance:** Langfristige Erfolgsunterschiede erklären sich aufgrund der Nutzung einzigartiger Ressourcen zur Gestaltung bedürfnisgerechter Angebote.

Abb. 1-2: Markt- und ressourcenorientierter Ansatz[21]

---

20 Vgl. Wernerfelt, B.: (Firm), S. 172 ff.; Rasche, C.; Wolfrum, B.: (Unternehmensführung), S. 502 ff.; Kühn, R.; Grünig, R.: (Grundlagen), S. 141 ff.; Rühli, E.: (Ressourcenmanagement), S. 94 ff.

21 Quelle: Kühn, R.; Grünig, R.: (Grundlagen), S. 142. Zu einem Vergleich von markt- und ressourcenorientiertem Ansatz vgl. auch Krüger, W.; Homp, C.: (Kernkompetenz-Management), S. 63.

Für die Erklärung des langfristigen Erfolgs von Unternehmen sowie die Ausarbeitung von Strategien bieten die beiden Konzepte eine Reihe von Ansatzpunkten. So lassen sich auf ihrer Grundlage Erfolgspotentiale als mögliche strategische Ziele identifizieren. Außerdem wird auf die Bedeutung der Branchenstruktur und des Wettbewerbs auf den für die eigenen Produkte wichtigen Märkten hingewiesen. Daraus läßt sich die Forderung ableiten, im Rahmen des strategischen Management die aus der Umweltsituation und -entwicklung resultierenden Chancen und Risiken intensiv und differenziert für die jeweilige strategische Gruppe zu analysieren und zu prognostizieren. Diese bilden zusammen mit der Ressourcenausstattung des Unternehmens und dessen damit verbundenen Stärken und Schwächen eine Basis für die Bestimmung von Strategien.

Ein weiteres Konzept, das im Zusammenhang mit dem strategischen Management häufig diskutiert wird, ist der *wertorientierte Ansatz* (value based view). Dieses Konzept richtet sich vor allem auf die Zielebene des strategischen Management sowie die Beurteilung von Strategien. Als strategisches Ziel wird die Steigerung des Unternehmenswertes bzw. des Eigenkapitalwertes (Shareholder Value) angesehen, die Güte von Strategien läßt sich demzufolge an der durch sie bewirkten Veränderung des Shareholder Value messen.[22] Die Aussagen des wertorientierten Ansatzes sowie der beiden anderen beschriebenen Konzepte werden im folgenden insbesondere bei der Erörterung der einzelnen Phasen der strategischen Planung in Abschnitt 2.1. aufgegriffen.

22 Vgl. Rappaport, A.: (Shareholder), S. 53 ff.; Günther, T.: (Controlling), S. 336 ff.; Hahn, D.: (Konzepte), S. 567.

1.4. Prozeß des strategischen Management

In diesem Abschnitt soll der Ablauf des strategischen Management modellartig dargestellt werden. Dieser ähnelt dem allgemeinen Führungsprozeß, der aus der Planung (mit den Phasen Zielbildung, Problemfeststellung bzw. Problemerkenntnis und -analyse, Alternativensuche, Prognose sowie Bewertung und Entscheidung), der Durchsetzung, der Realisation sowie der Kontrolle besteht und in Abbildung 1-3 gezeigt ist.

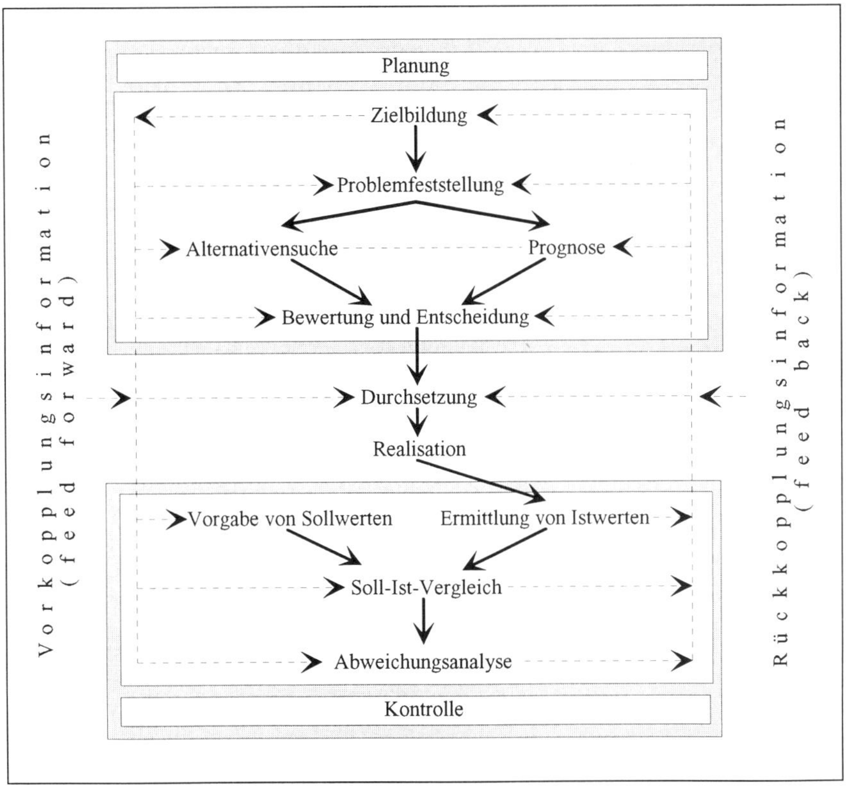

Abb. 1-3: Allgemeiner Führungsprozeß[23]

Strategische Führungs- und vor allem Planungsprozesse weisen einige Besonderheiten auf, die die Bildung spezifischer Phasengliederungen begründet erscheinen lassen. Eine entsprechende Konzeption enthält Abbildung 1-4.

---

23 Quelle: in modifizierter Form übernommen von Schweitzer, M.: (Planung), S. 33. Vgl. dazu auch Wild, J.: (Grundlagen), S. 37; Hahn, D.: (PuK), S. 37 ff.

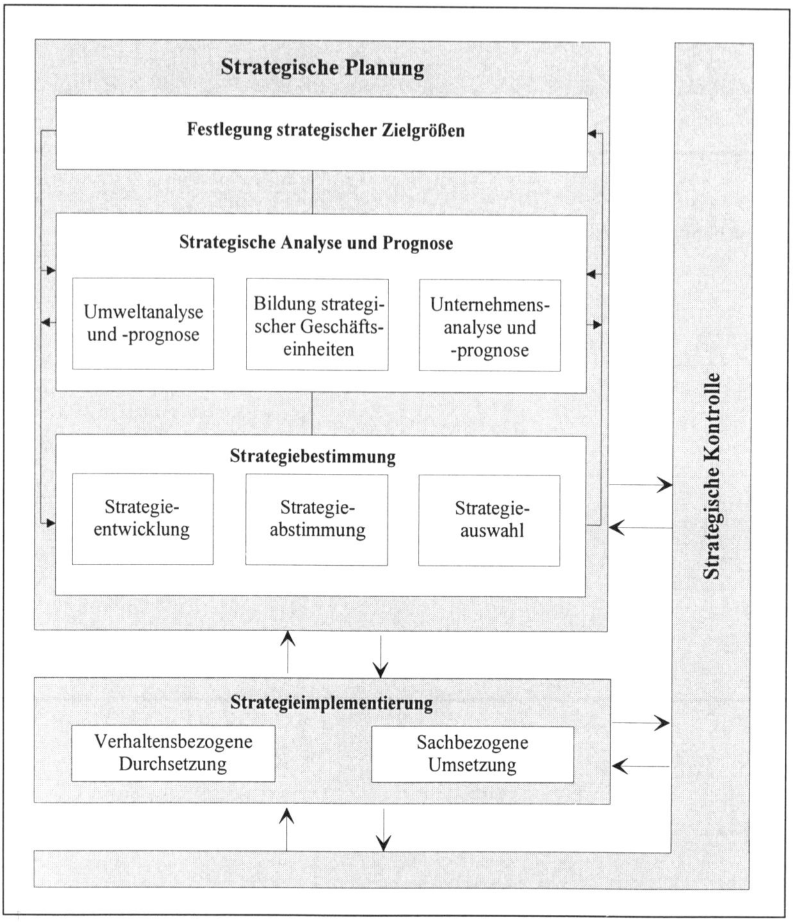

Abb. 1-4: Phasenschema des strategischen Management[24]

Diese Konzeption beinhaltet die strategische Planung, die ihrerseits wiederum aus drei Elementen und einigen Subelementen besteht. Nach der Strategiebestimmung sind die Strategien durch verhaltensbezogene Durchsetzung und sachbezogene Umsetzung (unter anderem in untergeordneten Planungen) zu implementieren. Parallel zur Planung und zur Implementierung, aber auch nach deren Ende werden strategische Kontrollen durchgeführt.

Zwischen den Elementen des strategischen Managementprozesses findet ein Informationsaustausch in alle Richtungen statt. Es können sich Phasen zeitlich überlagern und - aufgrund von Informationen aus nachgelagerten Phasen - Rückkopplungen zu vorgelagerten Füh-

24 Quelle: zusammengestellt auf der Grundlage von Töpfer, A.; Afheldt, H.: (Überblick), S. 7; Welge, M.K.; Al-Laham, A.: (Planung), S. 43 f.

rungsaktivitäten erforderlich werden. Die einzelnen Phasen des Führungsprozesses sind dann unter Umständen mehrmals zu durchlaufen, so daß es beispielsweise im Rahmen der strategischen Planung zu einer Revision von Zwischenresultaten kommen kann. Gegebenenfalls beinhalten einzelne Phasen zudem wiederum einen Zyklus aus mehreren oder allen Phasen. Die verschiedenen Aktivitäten des Führungsprozesses können von unterschiedlichen Institutionen ausgeführt werden. Da die Resultate der strategischen Kontrolle in nachfolgende Managementprozesse eingehen und außerdem im Rahmen der Strategieimplementierung Lernvorgänge erfolgen, kann das strategische Management auch als kontinuierlicher Lernprozeß interpretiert werden und dazu beitragen, daß Unternehmen sich zu einer lernenden Organisation entwickeln.[25]

Im folgenden wird zunächst allgemein auf die strategische Planung als zentrales Element des strategischen Managementprozesses und dabei auf deren Phasen sowie Instrumente eingegangen (Abschnitt 2.). Die Besonderheiten von Strategien auf verschiedenen Ebenen des Unternehmens - Gesamtunternehmen, Geschäftsbereiche sowie Funktionsbereiche - bilden den Gegenstand der Abschnitte 3. - 5. Anschließend werden die Strategieimplementierung und die strategische Kontrolle behandelt (Abschnitte 6. und 7.). Den Abschluß bildet ein Kapitel, in dem spezifische übergreifende Subsysteme des strategischen Management, das Internationale sowie das Kosten-, Qualitäts-, Zeit- und Risikomanagement, erörtert werden (Abschnitt 8.).

Aufgaben zum Abschnitt 1.

1) Welche Funktionen muß das Management erfüllen, und auf welchen Ebenen geschieht dies?
2) Erläutern Sie den Begriff 'Erfolgspotential'.
3) Welches sind die typischen Eigenschaften von strategischen Entscheidungsproblemen?
4) Welche Kernaussagen werden jeweils beim marktorientierten, ressourcenorientierten und wertorientierten Ansatz des strategischen Management getroffen?
5) Beschreiben Sie den allgemeinen Führungsprozeß sowie den Prozeß des strategischen Management, und zeigen Sie Gemeinsamkeiten bzw. Unterschiede hinsichtlich ihrer Phasen auf.

---

25 Vgl. Bresser, R.K.F.: (Managementtheorie), S. 629; zu Knyphausen, D.: (Theorie), S. 22; Kreikebaum, H.: (Unternehmensplanung), S. 214 f., sowie zum organisationalen Lernen Probst, G.J.B.; Büchel, B.: (Lernen), S. 17 ff.

2. Phasen und Instrumente der strategischen Planung

2.1. Phasen der strategischen Planung

Gegenstand dieses Abschnitts sind die typischen Aktivitäten und Inhalte der Phasen strategischer Planungsprozesse, d.h. der

- Festlegung strategischer Zielgrößen,
- strategischen Analyse und Prognose sowie
- Strategiebestimmung.

Bei den Ausführungen hierzu wird die strategische Führung weitgehend als ein Gesamtprozeß betrachtet und nur ansatzweise berücksichtigt, daß in den meisten Unternehmen eine Vielzahl strategischer Führungsprozesse in unterschiedlichen institutionellen Einheiten und mit verschiedenen Bezugsgrößen (z.B. auf Gesamtunternehmens-, Geschäftsbereichs- oder Funktionsbereichsebene) ablaufen dürfte.[1] Die Besonderheiten der auf diesen Ebenen jeweils zu formulierenden Strategien werden in den nachfolgenden Abschnitten angesprochen.

2.1.1. Festlegung strategischer Zielgrößen

Unternehmensphilosophie, Unternehmenspolitik, Unternehmensleitbild und Unternehmenskultur

Die Festlegung der Unternehmensphilosophie, der Unternehmenspolitik und des Unternehmensleitbildes wird hier als Bestandteil der Festlegung strategischer Zielgrößen angesehen. Es ist allerdings darauf hinzuweisen, daß die entsprechenden Aktivitäten in einigen Literaturquellen zumindest zum Teil einer übergeordneten bzw. vorgelagerten Planungs- oder Führungsebene (der generellen Zielplanung, Grundsatzplanung, langfristigen Rahmenplanung oder normativen Ebene) zugerechnet werden.[2]

Die Begriffe Unternehmensphilosophie und Unternehmenspolitik werden nicht einheitlich interpretiert und voneinander abgegrenzt. Hier wird davon ausgegangen, daß die *Unternehmensphilosophie* als "ganzheitliche Interpretation der wirtschaftlichen und gesellschaftlichen Funktion und Stellung der Unternehmung und der daraus abzuleitenden Sinnzusam-

---

1 Auch auf die Gestaltung der Planungsobjekte hinsichtlich Detailliertheits- und Präzisionsgrad, Zeithorizont, inhaltlicher Differenzierung und Standardisierung sowie die zeitliche Koordination wird allenfalls am Rande eingegangen. Vgl. zu diesen Gestaltungsmöglichkeiten eines Planungssystems Töpfer, A.: (Planungssystemkonzeptionen), Sp. 1515 ff.; Rabl, K.: (Strukturierung), S. 9 ff.

2 Vgl. z.B. Arbeitskreis "Langfristige Unternehmensplanung" der Schmalenbach-Gesellschaft: (Planung), S. 2; Koch, H.: (Aufbau), S. 52; Kilger, W.: (Industriebetriebslehre), S. 111 f.; Schreyögg, G.: (Unternehmensstrategie), S. 84, sowie Abschnitt 1.1.

menhänge und Wertbezüge des Managements"[3] die grundsätzlichen Werte und Normen der Unternehmensführung, aber auch der Eigentümer und eventuell weiterer Interessengruppen widerspiegelt. Aus diesen Werthaltungen lassen sich Leitmaximen ableiten, die in der Unternehmenspolitik konkretisiert werden. Die *Unternehmenspolitik* umfaßt Aussagen zu den obersten Unternehmenszielen, zum generellen Verhalten gegenüber Mitarbeitern, Eigentümern, Marktpartnern und der Öffentlichkeit (Führungsstil, Grundsätze der Personalentwicklung, Entlohnungspolitik, Gewinnverwendung, Qualitätspolitik, Preispolitik, Wettbewerbsverhalten etc.) und zum Grundzweck der Unternehmenstätigkeit.[4] Der Grundzweck der Tätigkeit eines Unternehmens wird darin gesehen, bestimmte Produkte (bzw. Leistungen) auf bestimmten Märkten anzubieten. Charakterisieren läßt sich dieser Grundzweck durch Aussagen über

- die Art der Produkte des Unternehmens und damit die gewählte Branche,
- die spezifischen Merkmale der Produkte (Qualität etc.) und die dadurch angestrebte Unterscheidung von der Konkurrenz,
- die Käufer(gruppen) bzw. Marktsegmente sowie
- die geographischen Märkte.[5]

Diese Aussagen sind, ebenso wie die anderen in der Unternehmenspolitik enthaltenen, relativ allgemein formuliert und langfristig ausgerichtet. Damit verbunden ist die Forderung nach einer flexiblen Unternehmenspolitik mit Anpassungsmöglichkeiten an zukünftige Entwicklungen.[6] Festgelegt wird die Unternehmenspolitik von der obersten Führungsebene.

Die Unternehmenspolitik kann in einem *Unternehmensleitbild* dokumentiert werden. Bei diesem handelt es sich um ein präskriptives Aussagensystem, das in der Regel schriftlich abgefaßt und längerfristig gültig ist, einen breiten Geltungsbereich hat (oftmals das gesamte Unternehmen) und Handlungsspielräume begrenzt bzw. Vorgaben für Handlungen enthält.[7] Neben allgemeinen Aussagen zu den Elementen der Unternehmenspolitik (oberste Unternehmensziele, Verhaltensgrundsätze, Grundzweck der Unternehmenstätigkeit) kann das Unternehmensleitbild auch Informationen zu bestimmten Aufgaben (der Führung und der Funkti-

---

3 Ulrich, P.; Fluri, E.: (Management), S. 53. Vgl. dazu auch Hentze, J.; Brose, P.; Kammel, A.: (Unternehmungsplanung), S. 134 ff.

4 Vgl. Ulrich, P.; Fluri, E.: (Management), S. 80; Welge, M.K.; Al-Laham, A.: (Planung), S. 47.

5 Vgl. Ulrich, P.; Fluri, E.: (Management), S. 94 ff.; Welge, M.K.; Al-Laham, A.: (Planung), S. 47.

6 Vgl. Ulrich, H.: (Unternehmungspolitik), S. 18 ff.; Hentze, J.; Brose, P.; Kammel, A.: (Unternehmungsplanung), S. 136 f.

7 Vgl. Matje, A.: (Unternehmensleitbilder), S. 138 f.

onsbereiche) sowie Adressaten (Mitarbeiter, Eigenkapitalgeber etc.) umfassen.[8] In Abbildung 2-1 ist beispielhaft das Unternehmensleitbild der Siemens AG dargestellt.

1. Der Kunde bestimmt unser Handeln
Herausragender Kundennutzen ist unser Ziel. Unser Erfolg hängt von der Zufriedenheit der Kunden ab. Mit unseren Lösungen erreichen sie ihre Ziele schneller, besser und einfacher.

2. Unsere Innovationen gestalten die Zukunft
Mit neuen Ideen schaffen wir für neue Kunden neue Produkte, neue Dienstleistungen, mehr Nutzen. Wir sind experimentierfreudig und ermutigen phantasievolles Denken. Mit Kreativität und Risikofreude sorgen wir für ein Umfeld, in dem gute Ideen schnell umgesetzt werden können. Dabei fördern wir die Ideen anderer.

3. Erfolgreich wirtschaften heißt: Wir gewinnen durch Gewinn
Unser Maßstab ist der internationale Wettbewerb. Wir arbeiten ergebnisorientiert und streben nach herausragendem Erfolg und dauerhafter Wertsteigerung. Das sichert uns die nötige Handlungsfreiheit und schafft Vertrauen. Wir ergreifen die Maßnahmen, die für den wirtschaftlichen Erfolg notwendig sind, und optimieren sie nach Zeit, Qualität und Kosten.

4. Spitzenleistungen erreichen wir durch exzellente Führung
Unsere Führungskräfte setzen klare, ehrgeizige und begeisternde Ziele. Wir wollen uns immer wieder selbst übertreffen, sonst tun es die anderen. Wir führen durch Vertrauen und geben unseren Mitarbeiterinnen und Mitarbeitern einen möglichst großen Entscheidungsspielraum. Wir treiben notwendige Veränderungen mutig und entschlossen voran. Bei allem, was unsere Führungskräfte tun, handeln sie als Vorbild.

5. Durch Lernen werden wir immer besser
Wir messen uns an den Besten der Welt. Jeder von uns arbeitet daran, ständig zu lernen. Wir suchen und geben offenes Feedback und lernen auch aus Fehlern. Schneller als andere erkennen wir neue Chancen und richten Lösungen, Organisation und Verhalten daran aus. Wir schaffen ein internationales Netzwerk von Wissen, in dem jeder gibt und nimmt.

6. Unsere Zusammenarbeit kennt keine Grenzen
Wir sind ein globales Unternehmen und nutzen unsere weltweiten Fähigkeiten. Damit werden wir das beste Team im Wettbewerb. Unser Denken und Handeln ist von Verantwortung für das gemeinsame Ziel geprägt. Unsere Zusammenarbeit zeichnet sich aus durch Vertrauen, persönliche Integrität, gegenseitigen Respekt und offene Kommunikation.

7. Wir tragen gesellschaftliche Verantwortung
Mit unserem Wissen und unseren Lösungen leisten wir einen Beitrag für eine bessere Welt. Wir bekennen uns zum Umweltschutz. Wir sind ein anerkanntes Mitglied der Gesellschaft in allen Ländern, in denen wir uns unternehmerisch betätigen. Qualifizierung durch Wissen sichert die Zukunft unserer Mitarbeiter. Integrität prägt den Umgang mit unseren Geschäftspartnern, Mitarbeitern, Aktionären und der Öffentlichkeit. Kulturelle Unterschiede bereichern unser Unternehmen.

Abb. 2-1: Unternehmensleitbild der Siemens AG[9]

---

8 Zu möglichen Inhalten sowie zur Struktur von Unternehmensleitbildern vgl. auch Grünig, R.: (Unternehmensleitbilder), S. 255 ff.; Ulrich, H.: (Unternehmungspolitik), S. 91 ff.; Hinterhuber, H.H.: (Unternehmungsführung), S. 98 ff.

9 Quelle: http: //www.siemens.com /de /the_company /daten_und_fakten /future /leitbild /2b.html...2e.html, 23.09.1999. Zu weiteren Beispielen für Unternehmensleitbilder vgl. Matje, A.: (Unternehmensleitbilder), S. 211 ff.

Mit einem Unternehmensleitbild wird angestrebt,

- den Teileinheiten des Unternehmens eine einheitliche Grundauffassung vorzugeben,
- den Führungskräften Leitlinien zu vermitteln, die sie motivieren, an denen sie ihre Entscheidungen ausrichten können und die ihnen damit Entscheidungssicherheit geben,
- die Entscheidungen verschiedener Teileinheiten und unterschiedlicher Zeitpunkte zu koordinieren (in Verbindung mit den beiden ersten Punkten) sowie
- der Öffentlichkeit ein Bild des Unternehmens zu präsentieren.[10]

Bei der Erstellung und Einführung von Unternehmensleitbildern können allerdings eine Reihe von Problemen auftreten. So ist es denkbar, daß ein Leitbild aufgrund einer unzureichenden Beteiligung bei seiner Ausarbeitung oder einer mangelhaften Informationspolitik von Führungskräften oder (anderen) Mitarbeitern nicht akzeptiert wird. Hinsichtlich der im Leitbild enthaltenen Aussagen besteht die Gefahr, daß diese entweder inhaltslos sind oder aber nicht erfüllbare Forderungen enthalten.[11]

Durch die Unternehmenspolitik und ein Unternehmensleitbild wird auch die *Unternehmenskultur* beeinflußt. Diese kann als "Gesamtheit von im Laufe der Zeit in einer Unternehmung entstandenen und akzeptierten Werten und Normen, die über bestimmte Denk- und Verhaltensmuster das Entscheiden und Handeln der Mitglieder der Unternehmung prägen"[12], verstanden werden. Unternehmenskulturen können unterschiedliche Ausprägungen hinsichtlich ihrer Intensität und Eigenschaften wie der Offenheit, der Risikobereitschaft, der Differenziertheit sowie der Rolle der Führung und der Mitarbeiter aufweisen.[13] Im Rahmen des strategischen Management ist vor allem zu beachten, daß zwischen den verfolgten Strategien und der Unternehmenskultur kein Widerspruch besteht.[14]

Bestimmung von Zielen für strategische Planungen

Eine weitere Aufgabe der Festlegung strategischer Zielgrößen ist es, die grundsätzlichen Unternehmensziele zu spezifizieren und zu einem System von Handlungsnormen zusammenzufügen, um eine Basis für die strategische Analyse und Prognose sowie die Strategieentwicklung, -abstimmung und -auswahl bei konkreten strategischen Planungen zu schaffen. Dazu müssen strategische Ziele erfaßt, operationalisiert, in ihrem Verhältnis zueinander

---

10 Vgl. Ulrich, P.; Fluri, E.: (Management), S. 92 f.; Welge, M.K.; Al-Laham, A.: (Planung), S. 48 f.

11 Vgl. dazu Matje, A.: (Unternehmensleitbilder), S. 153 ff., sowie zu einem Konzept für die Erarbeitung und Revision von Leitbildern Grünig, R.: (Unternehmensleitbilder), S. 258 ff.

12 Bea, F.X.; Haas, A.: (Management), S. 467.

13 Vgl. zu Typen der Unternehmenskultur Bea, F.X.; Haas, A.: (Management), S. 473 ff.; Meffert, H.: (Marketing-Management), S. 430 ff.; Bleicher, K.: (Unternehmungskultur), S. 235 ff.

14 Vgl. die Ausführungen in den Abschnitten 6.1. und 6.2.

geordnet und mit Präferenzen versehen sowie hinsichtlich ihrer Erreichbarkeit überprüft werden.[15]

Bei der *Erfassung strategischer Ziele* sind die relevanten Aussagen zur Unternehmenspolitik, vor allem hinsichtlich der Formalziele des Unternehmens wie Gewinn, Sicherheit (Existenzsicherung), soziale und ökologische Verantwortung, Wachstum, Image, Wettbewerbsfähigkeit und Unabhängigkeit, einzubeziehen.[16] Formalziele bringen den Sinn des unternehmerischen Handelns zum Ausdruck. Sachziele als andere Form von Zielen stellen Wege zur Erfüllung der Formalziele dar, werden aus diesen abgeleitet und dienen zur Steuerung der Aktivitäten in den einzelnen Unternehmensbereichen.[17] Einige der oben aufgeführten Formalziele können auch Sachziele sein, z.B. tragen Wachstum und soziale Verantwortung eventuell zur Gewinnerzielung bei. Bei den in die strategische Planung eingehenden Zielvorstellungen handelt es sich um Ausgangsziele (Ziele vor Planung), die im Rahmen der Zielbildung zu konkretisieren sind.

In diesem Zusammenhang ist darauf hinzuweisen, daß bei strategischen Entscheidungen verschiedene relevante Interessengruppen, die sogenannten Stakeholder, Zielvorstellungen in die Unternehmensführung einbringen oder dieses zumindest versuchen. Dazu zählen vor allem die Eigentümer, die Institutionen der Unternehmensführung, die Arbeitnehmer und ihre Vertreter, die Kunden und Lieferanten, die Fremdkapitalgeber sowie politische Gruppen und Regierungen. Es stellt sich daher die Frage, ob, inwieweit und wie die Ziele dieser Interessengruppen in das strategische Zielsystem einbezogen werden sollten. Bei dem im weiteren Verlauf des Abschnitts noch angesprochenen Shareholder Value-Ansatz lautet die (nicht unumstrittene) Antwort hierauf, daß mit dem Shareholder Value eine eigentümerbezogene Zielgröße verfolgt werden sollte.

Die Relevanz von Zielen in Unternehmen ist in verschiedenen empirischen Studien untersucht worden.[18] Bei einer Befragung von Industrie-, Handels- und Dienstleistungsunternehmen durch VOIGT ergab sich (bei allerdings nur 22 antwortenden Unternehmen), daß drei Zielgruppen in der strategischen Planung vorherrschend waren: Wettbewerbsfähigkeit/Marktanteil/Marktposition; Ertrag/Gewinn/Rendite; Sicherung des Unternehmensbestandes.[19]

---

15 Vgl. dazu im Hinblick auf die Zielbildung als Phase des allgemeinen Planungsprozesses Hammer, R.M.: (Unternehmungsplanung), S. 45; Wild, J.: (Grundlagen), S. 57 ff.; Schweitzer, M.: (Planung), S. 60 ff.

16 Zu einem Katalog möglicher oberster Unternehmensziele vgl. Ulrich, P.; Fluri, E.: (Management), S. 97 f.

17 Vgl. Thommen, J.-P.: (Betriebswirtschaftslehre), S. 100. Diese Auffassung unterscheidet sich von einer, bei der unter Formalzielen die Ziele verstanden werden, die sich auf Erfolgs- und Liquiditätsaspekte beziehen, und unter Sachzielen solche, die auf reale Objekte und Aktivitäten abstellen. Vgl. hierzu Horváth, P.: (Controlling), S. 139; Eichhorn, P.: (Rechnungsziele), S. 861.

18 Vgl. z.B. Al-Laham, A.: (Strategieprozesse), S. 101 ff.; Welge, M.K.; Al-Laham, A.: (Stand), S. 791 ff., sowie zu einem Überblick Macharzina, K.: (Unternehmensführung), S. 189 ff.

19 Vgl. Voigt, K.-I.: (Unternehmensplanung), S. 79 ff.

Die Ziele der beiden ersten Gruppen können auch als Unterziele verstanden werden, die der Sicherung des Unternehmensbestandes dienen. Sie korrespondieren mit den Zielkonzepten, die in der Literatur zum strategischen Management vorherrschend sind. Gemäß dieser können die strategischen Ziele zum einen darin bestehen, die Erfolgspotentiale des Unternehmens, wie eine starke Marktposition oder Kostenvorteile, zu halten oder auszubauen und damit dessen Wettbewerbsfähigkeit zu stärken. Zum anderen wird vorgeschlagen, eine monetäre Zielgröße, wie z.B. den Shareholder Value, bei der strategischen Planung zu verwenden. Auf diese beiden grundlegend unterschiedlichen, jedoch durchaus miteinander kombinierbar erscheinenden Zielkonzepte wird im folgenden eingegangen.

Erfolgspotentiale als Zielgrößen

Erfolgspotentiale sind in Abschnitt 1.2. als Voraussetzungen für die zukünftige Erfolgserzielung, die Erwirtschaftung von Finanzmitteln sowie die Erfüllung weiterer Ziele definiert worden. Das Halten und der Aufbau von Erfolgspotentialen können damit als Sachziele interpretiert werden, die zur Erreichung der Formalziele des Unternehmens beitragen. Die obige Begriffsfestlegung ist relativ allgemein gehalten, so daß eine Vielzahl von Unternehmensmerkmalen als Erfolgspotentiale interpretiert werden können. Voraussetzung hierfür ist, daß die entsprechenden Merkmale die langfristige Zielerreichung eines Unternehmens in erheblichem Ausmaß positiv beeinflussen. Einen Überblick über mögliche Erfolgspotentiale vermittelt - ohne Anspruch auf Vollständigkeit - die Abbildung 2-2.

Weitgehend synonym mit 'Erfolgspotentialen' oder mit ähnlicher Bedeutung werden die Begriffe unternehmensspezifische Erfolgsfaktoren, strategische Erfolgspositionen sowie strategische Wettbewerbsvorteile verwendet.[20] Insbesondere zu Erfolgsfaktoren existieren einige Untersuchungen, deren Ergebnisse für die Identifikation möglicher Erfolgspotentiale genutzt werden können. Die möglichen Ebenen von Erfolgsfaktoren, die jeweiligen Merkmale der Erfolgsfaktoren auf den verschiedenen Ebenen und Beispiele für diese zeigt die Abbildung 2-3.

---

20 Vgl. Kühn, R.; Grünig, R.: (Grundlagen), S. 73.

Marktpositionen in verschiedenen Absatzmärkten
- Größe des Marktanteils, Größe der Kundenbasis
- Qualität des Firmen- oder Markenimages
- Qualität der Kundenbeziehungen, speziell der Kundenbindung
- Größe, Wachstumsrate, Attraktivität der bearbeiteten Märkte/Marktsegmente

Spezifische Merkmale der 'Angebote' (Marktleistungen)
- Qualität der Produkte, spezifische Qualitätsmerkmale
- Sortimentstiefe und -breite
- Preise und Konditionen, Margen für den Handel
- Qualität der ergänzenden Serviceleistungen
- Intensität und Qualität der Marketingkommunikation (Werbung, Verkaufskontakte etc.)

Spezifische Merkmale der Ressourcen/Fähigkeiten
- Ausbildungsstand, Wissen, berufliches Können, Leistungsmotivation der Mitarbeiter und Führungskräfte
- Kapazitäten, Technologien, Kosten im allgemeinen und in einzelnen Funktionsbereichen, Unternehmensgröße, Standort
- verfügbare finanzielle Mittel, Kreditlimite
- Informationssysteme, Führungsinstrumente, Organisation, Rechte
- spezifische Merkmale der Unternehmenskultur (z.B. Kundenorientierung, Kostenbewußtsein)
- 'Fähigkeiten' bzw. 'Kompetenzen' des Unternehmens (z.B. Innovationsfähigkeiten, Flexibilität, Kooperationsfähigkeit)
- Verfügbarkeit und Preise von Produktionsfaktoren

Marktpositionen in spezifischen Beschaffungsmärkten
- Einkaufsmacht
- Qualität der Beziehungen zu Lieferanten, Banken, staatlichen Stellen
- Image als Arbeitgeber

Abb. 2-2: Mögliche Erfolgspotentiale im Überblick[21]

Generelle Erfolgsfaktoren gelten über alle Branchen hinweg, marktspezifische nur für einen bestimmten Markt bzw. eine bestimmte Branche. Die spezifischen Erfolgsfaktoren eines Unternehmens stellen dessen effektive Erfolgspotentiale dar.[22] Diese Arten von Erfolgsfaktoren sind Gegenstand strategischer Überlegungen; dies gilt für die auf einzelne Arten von Maßnahmen bezogenen Faktoren nur bedingt, sie sind tendenziell eher der taktisch/operativen Ebene zuzuordnen.[23]

---

21 Quelle: in leicht modifizierter Form übernommen von Kühn, R.; Grünig, R.: (Grundlagen), S. 74. Zu einer überblicksartigen Darstellung von Erfolgspotentialen vgl. auch Breid, V.: (Erfolgspotentialrechnung), S. 37.

22 Die Abgrenzung zwischen Erfolgspotentialen und Erfolgsfaktoren wird nicht einheitlich vorgenommen. So werden Erfolgsfaktoren auch als Einflußgrößen auf Erfolgspotentiale angesehen. Vgl. Breid, V.: (Erfolgspotentialrechnung), S. 34 ff.; Wilde, K.D.: (Bewertung), S. 54 ff.

23 Vgl. Kühn, R.; Grünig, R.: (Grundlagen), S. 94.

Merkmale	Beispiele
generelle Erfolgsfaktoren	
• Nutzung erklärt Erfolgsunterschiede zwischen Unternehmen/Geschäftsbereichen • gelten für 'alle' Branchen bzw. Märkte • Erfolgswirkung gilt 'immer' • abstrakt definierte Variablen	• Marktposition (absoluter und relativer Marktanteil) • Produkt- und Dienstleistungsqualität • Kundenorientierung
marktspezifische Erfolgsfaktoren	
• Nutzung erklärt Erfolgsunterschiede zwischen Unternehmen/Geschäftsbereichen • gelten für eine Branche o. einen Markt • Erfolgswirkung unterliegt gewissen Veränderungen im Zeitablauf • konkreter definierte Variablen	• spezifische Dimensionen der Produktqualität • Dichte des Kundendienstnetzes • kosteneffizienter Herstellungsprozeß
unternehmensspezifische Erfolgsfaktoren (= effektive Erfolgspotentiale)	
• entspricht der Qualität der Nutzung eines generellen o. marktspezifischen Erfolgsfaktors durch ein Unternehmen • gilt für ein Unternehmen oder einen Geschäftsbereich und bestimmt wesentlich dessen Erfolg • Erfolgswirkung wird durch Verhalten der Konkurrenten mehr oder weniger stark beeinflußt • konkret definierter 'Zustand' bzw. 'Wert' einer Variablen	• durch ein bestimmtes Unternehmen realisierter Qualitätsvorsprung gegenüber der Konkurrenz • technologisch der Konkurrenz überlegene Produktionsanlagen • zweimal so viele Kundendienstniederlassungen wie der stärkste Konkurrent
auf funktionale bzw. subfunktionale Maßnahmenpakete bezogene Erfolgsfaktoren	
• 'erklären' nicht den Unternehmenserfolg oder Geschäftsbereichserfolg 'als Ganzes', sondern den oft mit Hilfskriterien zu messenden Erfolg von Maßnahmenarten • beanspruchen oft generelle und zeitunabhängige Geltung • werden meist als konkrete Verhaltensvorschläge, zuweilen auch 'rezeptartig' formuliert	• Erfolgsfaktoren beim Business Process Reengineering (z.B. Unterstützung durch Top-Management, intensives Mitarbeitertraining, Einbindung der Lieferanten und Kunden) • Erfolgsfaktoren der Rekrutierung von Führungskräften (z.B. Arbeitsinhalt, Führungsstil, externes Unternehmensimage)

Abb. 2-3: Ebenen von Erfolgsfaktoren[24]

Zu *generellen Erfolgsfaktoren* liegen einige Untersuchungen vor, die zum Teil in den folgenden Abschnitten noch aufgegriffen werden. Genannt seien:

---

24 Quelle: in leicht modifizierter Form übernommen von Kühn, R.; Grünig, R.: (Grundlagen), S. 93.

- die PIMS (Profit Impact of Market Strategies)-Studie, bei der Informationen über strategische Geschäftseinheiten von Unternehmen verschiedener Branchen in Datenbanken gesammelt und ausgewertet werden, um Aussagen über Zusammenhänge zwischen bestimmten Variablen bzw. Erfolgsfaktoren (z.B. Marktanteil und Produktqualität) und der Erreichung der Unternehmensziele (insbesondere des Return On Investment (ROI)) zu gewinnen (vgl. Abschnitt 2.2.2.1.),
- das Erfahrungskurvenkonzept, gemäß dem bei einer Verdoppelung der kumulierten Produktionsmenge das Potential besteht, die realen Stückkosten um 20 - 30% zu senken, und das damit auf die Bedeutung eines hohen Marktanteils hindeutet (vgl. Abschnitt 2.2.2.2.), sowie
- die Studie von PETERS und WATERMAN, die durch eine Analyse von 45 ausgewählten Unternehmen acht 'Grundtugenden unternehmerischen Handelns' ('Primat des Handelns', 'Nähe zum Kunden', 'Freiraum für Unternehmertum', 'Produktivität durch Menschen', 'sichtbar gelebtes Wertesystem', 'Bindung an das angestammte Geschäft', 'einfacher, flexibler Aufbau' sowie 'straff lockere Führung') identifiziert und damit die Aufmerksamkeit auch auf die 'weichen' Gestaltungsobjekte der Unternehmensführung gelenkt haben.[25]

Auf *marktspezifische Erfolgsfaktoren* wird im Zusammenhang mit der Umweltanalyse und -prognose im nächsten Abschnitt eingegangen.

Bei *unternehmensspezifischen Erfolgsfaktoren* bzw. *Erfolgspotentialen* als möglichen strategischen Zielen wird es sich häufig um qualitative, d.h. nicht kardinal meßbare Größen handeln (z.B. die Marktposition). Um eine nachvollziehbare Bewertung von Strategien, z.B. mit Hilfe von Entscheidungsmodellen, zu ermöglichen, ist dann eine *Operationalisierung der Zielgrößen* erforderlich. Dabei können diese jeweils in quantitative Zielgrößen transformiert werden, indem entweder ein kardinal meßbarer Indikator für ihr Erreichen angegeben wird (z.B. der Marktanteil) oder ihren (möglichen) Ausprägungen mittels einer Nutzenfunktion Werte auf einer kardinalen Präferenzskala zugewiesen werden.[26] Da Erfolgspotentiale zum Teil aggregierte Größen darstellen, kann sich bei ihrer Operationalisierung auch eine Aufspaltung in Subziele als sinnvoll erweisen (z.B. indem der Marktanteil, das relative Know-how, die relative finanzielle Stärke etc. als Unterziele der Marktposition verfolgt werden).[27]

In der Regel dürften aus den Aussagen zu den angestrebten Erfolgspotentialen mehrere relevante Zielgrößen abzuleiten sein. Dann bedarf es einer *Ordnung der Zielgrößen* in einem

---

25 Vgl. Peters, T.J.; Waterman, R.H.: (Suche), S. 23 ff., sowie zu einer Beurteilung der Studie und ihrer Ergebnisse Kühn, R.; Grünig, R.: (Grundlagen), S. 117 f.

26 Vgl. Bitz, M.: (Strukturierung), S. 88 f.

27 Zu Kriterien der Wettbewerbsfähigkeit vgl. auch die Ausführungen zur Portfolio-Analyse in Abschnitt 3.2.2.

Zielsystem, wobei *Präferenzen* bezüglich der Art der Zielgrößen sowie der Höhe, der Zeitpunkte und der Sicherheit der Zielerreichung formuliert werden sollten.[28] Gerade bei strategischen Planungen kommt auch den beiden letzten Zieldimensionen häufig hohe Bedeutung zu, insbesondere weil der Aufbau von Erfolgspotentialen oftmals relativ lange währende Prozesse erfordert und die Realisierbarkeit dieser Potentiale sehr unsicher ist. Für die Erfolgspotentiale oder die aus ihnen abgeleiteten Zielgrößen lassen sich im Zusammenhang mit der Festlegung der Präferenzen Anforderungen festlegen, die erfüllt werden sollen, und zwar als Muß- oder Soll-Kriterien. Bei der Ordnung der strategischen Ziele müssen neben deren Relevanz auch komplementäre oder konfliktäre Beziehungen zwischen ihnen berücksichtigt werden. Komplementäre Beziehungen liegen unter anderem dann vor, wenn Wettbewerbsvorteile sich erst aus der kombinierten Wirkung einiger Erfolgspotentiale ergeben.

Zusammenfassend läßt sich feststellen, daß es mit dem Zielkonzept der Erfolgspotentiale möglich ist, die wichtigsten der für die zukünftige Zielerreichung relevanten Voraussetzungen als Zielgrößen in die strategische Planung einzubringen und dabei auch qualitative Aspekte zu erfassen. Probleme können bei der Identifikation und Auswahl der Erfolgspotentiale, deren Operationalisierung sowie ihrer Ordnung auftreten. Außerdem handelt es sich bei Erfolgspotentialen 'nur' um Sachziele und damit um Wege zur Erreichung der Formalziele, die Realisierung solcher Ziele wird mit ihnen nicht direkt gemessen. Dies trifft hingegen für den nachfolgend beschriebenen Shareholder Value zu, falls jener das Formalziel eines Unternehmens darstellt.

Shareholder Value als Zielgröße

Wie bereits erwähnt, wird auch vorgeschlagen, strategischen Planungen eine monetäre Zielgröße zugrundezulegen. Dabei kann es sich grundsätzlich um eine auf eine Periode bezogene Größe (wie den Gewinn oder den ROI) oder eine Zielgröße, in der die Wirkungen mehrerer differenziert einbezogener Perioden aggregiert erfaßt sind (wie Kapitalwert oder Interner Zinssatz), handeln. Die zweite Variante weist den Vorteil auf, daß damit die aufgrund der Langfristigkeit strategischer Planungen relevanten Zins- und Zinseszinseffekte besser berücksichtigt werden können. In den letzten Jahren ist die monetäre Zielgröße 'Shareholder Value' in den Mittelpunkt der Betrachtung gerückt.

Der Shareholder Value stellt den Wert des Investments der Anteilseigner und damit einen speziellen Unternehmenswert dar. Daß es sinnvoll ist, diesen Wert als oberstes Unternehmensziel anzusehen und ihn als Zielgröße bei der strategischen Planung zu verwenden, wird von den Vertretern des wertorientierten Konzeptes der strategischen Unternehmensführung

---

28 Die entsprechenden Präferenzen werden in der Entscheidungstheorie als Art-, Höhen-, Zeit- und (Un)Sicherheitspräferenzen bzw. -präferenzrelationen bezeichnet. Vgl. Bea, F.X.: (Entscheidungen), S. 391 f.; Bamberg, G.; Coenenberg, A.G.: (Entscheidungslehre), S. 27; Sieben, G.; Schildbach, T.: (Entscheidungstheorie), S. 25 ff.

vor allem mit der (wachsenden) Konkurrenz um finanzielle Mittel auf den Kapitalmärkten begründet. Aufgrund dieser Konkurrenz bestehe bei einer unbefriedigenden Entwicklung des Shareholder Value die Gefahr, daß nicht genügend Kapital beschafft werden kann oder von den Anteilseignern Kapital abgezogen wird. Des weiteren drohten bei einer niedrigen Bewertung des Eigenkapitals von Unternehmen, die mit einem geringen Shareholder Value einhergehen kann, eher feindliche Übernahmen. Die Strategien und Maßnahmen des Unternehmens seien deshalb auf die Steigerung des Shareholder Value auszurichten. Damit biete sich eine monetäre Bewertung von Strategien an, bei der diese hinsichtlich ihres Beitrags zur Erhöhung des Shareholder Value beurteilt werden.[29]

Der Shareholder Value läßt sich auf unterschiedliche Art und Weise bestimmen. Im folgenden wird mit dem Ansatz von RAPPAPORT das wohl am meisten diskutierte Konzept beschrieben.[30] RAPPAPORT nutzt die - formal der Kapitalwertmethode entsprechende - Discounted Cash Flow-Methode, um den Shareholder Value zu berechnen. Dieser ergibt sich aus der Summe der Barwerte aller zukünftigen Cash Flows (die dem sogenannten Gesamtunternehmenswert entspricht), abzüglich dem Marktwert bzw. den Zahlungsansprüchen des Fremdkapitals. Dies soll die folgende Abbildung verdeutlichen.

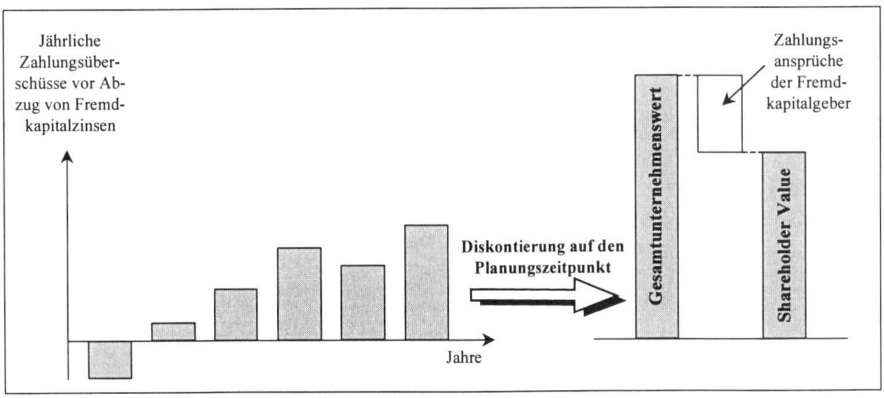

Abb. 2-4: Shareholder Value nach der Discounted Cash Flow-Methode[31]

Als Cash Flow-Größen werden sogenannte Free Cash Flows, d.h. Zahlungsüberschüsse aus der betrieblichen Tätigkeit nach Abzug von Steuern sowie Auszahlungen für Investitionen,

29 Vgl. Rappaport, A.: (Shareholder), S. 12 ff.; Günther, T.: (Controlling), S. 5 ff.; Freygang, W.: (Kapitalallokation), S. 27 ff.; Copeland, T.; Koller, T.; Murrin, J.: (Unternehmenswert), S. 35 ff.

30 Vgl. Rappaport, A.: (Shareholder), S. 53 ff., sowie zu einer Beschreibung und Beurteilung dieses Konzeptes und weiterer Ansätze Bühner, R.: (Führung), S. 35 ff.; Günther, T.: (Controlling), S. 73 ff. und S. 209 ff.

31 Zu einer ähnlichen Darstellung vgl. Hahn, D.: (Unternehmungsziele), S. 316.

einbezogen. Eine Verringerung um Fremdkapitalzinsen erfolgt nicht (Bruttomethode), die Kapitalkosten werden vielmehr über die Abzinsung der Free Cash Flows erfaßt.[32] Wird ein begrenzter Planungszeitraum betrachtet und an dessen Ende ein Restwert angesetzt, dann ergibt sich der Shareholder Value formal wie folgt:[33]

$$SV = UW - FK = \sum_{t=0}^{T} \frac{FCF_t}{(1+i)^t} + \frac{R_T}{(1+i)^T} - FK$$

mit:

SV = Shareholder Value

UW = Unternehmenswert

FK = Marktwert des Fremdkapitals

t = Zeitindex

T = Ende des Planungszeitraums

FCF_t = Free Cash Flow im Zeitpunkt t

i = Kalkulationszinssatz

R_T = Restwert im Zeitpunkt T

Hinsichtlich des zur Abzinsung der Free Cash Flows erforderlichen Kalkulationszinssatzes wird häufig vorgeschlagen, diesen als mit den Kapitalanteilen gewichteten Durchschnitt der Kapitalkosten der einzelnen Kapitalbestandteile zu bestimmen und dabei für die Bemessung der Eigenkapitalkosten von dem Capital Asset Pricing Model (CAPM) auszugehen.[34] Damit läßt sich grundsätzlich auch das Risiko in den Kapitalkosten berücksichtigen. Die Zielsetzung der Steigerung des Shareholder Value kann dann in die Subziele Erhöhung der Free Cash Flows sowie Senkung der Kapitalkosten und damit auch des Risikos der Unternehmensaktivitäten untergliedert werden.[35]

Der Free Cash Flow kann als Differenz zwischen den aus dem Umsatz resultierenden Einzahlungen und den laufenden Auszahlungen sowie den Auszahlungen für Steuern und für Investitionen in das Anlage- und Umlaufvermögen definiert werden.[36] Da die Prognose dieser Größen für einen längeren Zeitraum aufwendig und schwierig ist, schlägt RAPPAPORT vor, sie

---

32 Zur Bruttomethode und zur alternativen Nettomethode, bei der die Free Cash Flows nach Abzug von Fremdkapitalzinsen bestimmt werden, vgl. Günther, T.: (Controlling), S. 104 ff.; Hachmeister, D.: (Cash Flow), S. 95 ff.

33 Vgl. Herter, R.N.: (Management), S. 41.

34 Vgl. Copeland, T.; Koller, T.; Murrin, J.: (Unternehmenswert), S. 260 ff.; Günther, T.: (Controlling), S. 160 ff.; Bühner, R.: (Unternehmenssteuerung), S. 337 f.

35 Vgl. Bühner, R.: (Führung), S. 55 ff.

36 Zu einem Überblick über verschiedene Varianten der Ermittlung des Free Cash Flows vgl. Günther, T.: (Controlling), S. 112 ff.

mit Hilfe sogenannter Werttreiber, d.h. wesentlicher Bestimmungsfaktoren des Free Cash Flow, zu ermitteln. Entsprechende Werttreiber sind ihm zufolge:

- das Umsatzwachstum,
- die Umsatzrendite (Betriebsergebnis vor Steuern und Zinsen in Relation zum Umsatz),
- der Steuersatz,
- die Erweiterungsinvestitionen in das Anlagevermögen sowie
- die Erweiterungsinvestitionen in das Umlaufvermögen.[37]

Der Free Cash Flow einer Periode ergibt sich aus diesen Größen in der folgenden Form:[38]

$$FCF = U_{VP} \cdot (1 + U_W) \cdot R_U \cdot (1 - s) - I_{AV} - I_{UV}$$

mit:

FCF = Free Cash Flow
U_{VP} = Umsatz der Vorperiode
U_W = Umsatzwachstum
R_U = Umsatzrentabilität
s = Steuersatz
I_{AV} = Investitionen in das Anlagevermögen
I_{UV} = Investitionen in das Umlaufvermögen

Als Vorteil der Verwendung dieser Größen ist anzusehen, daß sie für die aktuelle bzw. bevorstehende Periode relativ einfach aus den Daten des internen Rechnungswesens gewonnen werden können. Zukünftige Cash Flows lassen sich dann aus diesen Werten durch Fortschreibung ableiten. Allerdings ist die Aussagekraft der Ergebnisse problematisch. Es wird eine statische Betrachtung vorgenommen, was angesichts des für strategische Planungen typischen Langfristcharakters, der Notwendigkeit des Aufbaus von Potentialen zur Erzielung späterer Rückflüsse sowie der sich vollziehenden Veränderungen der Märkte und des Unternehmens wenig sinnvoll erscheint. Zudem handelt es sich bei einigen Werttreibern (insbesondere Umsatzrentabilität und Umsatzwachstum) um hoch aggregierte Größen, deren Abhängigkeit von den zu beurteilenden Strategien des Unternehmens nur schwer erfaßt werden kann.[39] Daher dürfte eine gesonderte Prognose der Free Cash Flows einzelner Perioden bzw. der in diese eingehenden Zahlungen unter Berücksichtigung weiterer relevanter Einflußgrößen aus der

---

37 Vgl. dazu und zur konkreten Definition dieser Größen Rappaport, A.: (Shareholder), S. 50; Günther, T.: (Controlling), S. 144.

38 Vgl. Rappaport, A.: (Shareholder), S. 55; Günther, T.: (Controlling), S. 145.

39 Vgl. Günther, T.: (Controlling), S. 146 f.

Umwelt und dem Unternehmen einer statischen Bestimmung auf Basis der Werttreiber vorzuziehen sein.[40]

Generell stellt die Ermittlung der relevanten Daten ein gravierendes Problem dar, das bei Verfolgung des Shareholder Value als Zielgröße der strategischen Planung entsteht. So bereitet die Festlegung des Kalkulationszinssatzes Schwierigkeiten, unter anderem, da die Annahmen des CAPM in der Realität in der Regel nicht erfüllt sind. Außerdem lassen sich die Free Cash Flows der einzelnen Perioden und der Restwert nur schwer prognostizieren, und sie sind mit erheblichen Unsicherheiten verbunden.[41] Die Höhe der Free Cash Flows (und eventuell auch des Kalkulationszinssatzes) dürfte durch die Erfolgspotentiale sowie deren Veränderungen maßgeblich beeinflußt werden, so daß Informationen hierüber für die Cash Flow-Prognose erforderlich oder zumindest hilfreich sind. Diese Ziele der strategischen Planung haben damit auch als Einflußfaktoren auf den Shareholder Value eine hohe Bedeutung.[42]

Im Zusammenhang mit der Datenermittlung ist die Problematik anzusprechen, daß durch Strategien oftmals Wirkungen entstehen, die eher qualitativen Charakter haben und deren monetäre Konsequenzen nur schwer bestimmbar sind (unter anderem für die Zukunft geschaffene Handlungsspielräume). Bei Konzentration auf eine monetäre Zielgröße wie den Shareholder Value besteht die Gefahr, daß diese Wirkungen entweder vernachlässigt oder aber falsch in monetären Größen abgebildet werden. Diese Gefahr dürfte den Vorteil der Einfachheit und Klarheit einer monetären Zielgröße im Vergleich zu einem aus Erfolgspotentialen bestehenden Zielsystem oftmals zumindest kompensieren.

In börsennotierten Unternehmen kann bei Verwendung des Shareholder Value-Konzeptes ein Konflikt hinsichtlich der Informationspolitik entstehen. Während die Preisgabe von Informationen über die Pläne eines Unternehmens zu einer Steigerung von Börsenkursen führen kann, ist sie für den realwirtschaftlichen Erfolg von Strategien oftmals eher hinderlich.

Schließlich soll die Frage angesprochen werden, ob der Shareholder Value die 'richtige' Zielgröße eines Unternehmens darstellt. Für diese Zielgröße sprechen die oben aufgeführten Argumente, daß durch eine Steigerung des Shareholder Value die Kapitalversorgung gesichert und die Gefahr feindlicher Übernahmen gemindert werden kann. Es ist aber fraglich, ob nicht im Zielsystem von Anteilseignern (vor allem bei Nicht-Aktiengesellschaften) ebenso nichtmonetäre Ziele vorhanden sind, die beim Shareholder Value-Konzept außer acht bleiben. Zudem ist mit dem Shareholder Value in der Regel eine Konzentration auf die Zielgruppe der Anteilseigner verbunden. Es wird kontrovers diskutiert, ob diese Konzentration sinnvoll ist

---

40 Damit korrespondiert die Aussage, daß sich die Werttreiber in der Unternehmenspraxis nicht bewährt haben. Vgl. Thießen, F.: (Shareholder), S. 404.

41 Vgl. hierzu auch Kühn, R.; Grünig, R.: (Grundlagen), S. 80 ff.

42 Vgl. Breid, V.: (Erfolgspotentialrechnung), S. 163.

oder die Ziele anderer Anspruchsgruppen (Stakeholder) auch (stärker) berücksichtigt werden sollten.[43]

Insgesamt kann keine eindeutige allgemeingültige Empfehlung für eines der Zielkonzepte ausgesprochen werden. Da als Erfolgspotentiale auch qualitative Faktoren erfaßt werden können und diese auch als Einflußgrößen auf den Shareholder Value relevant sind, werden sie in den folgenden Abschnitten des Buches in den Vordergrund gestellt. Auf den Shareholder Value wird aber an einigen Stellen, insbesondere im Zusammenhang mit auf ihm basierenden Vorschlägen zur Ausarbeitung von Gesamtunternehmensstrategien in Abschnitt 3.2.4., ebenfalls eingegangen. Außerdem sei noch einmal erwähnt, daß sich beide Arten von Zielgrößen in einem Zielsystem verbinden lassen, in dem die Erfolgspotentiale Unterziele sind, die der Realisierung eines hohen Shareholder Value dienen.

Abschließend ist darauf hinzuweisen, daß für die verschiedenen Schritte der Zielbildung, unter anderem für die Erfassung der anzustrebenden Zielgrößen und deren Ordnung, Informationen notwendig sein können, die im Rahmen der strategischen Analyse und Prognose gewonnen werden (z.B. Informationen zur Relevanz von Zielen oder zu den Beziehungen zwischen ihnen). Es zeigt sich, daß die Phasen des strategischen Planungsprozesses ineinander verschachtelt sind, beispielsweise einzelne Zielbildungsaktivitäten erst nach Aktivitäten anderer Phasen des Prozesses erfolgen können. Dies gilt auch für den letzten Bestandteil der Festlegung strategischer Zielgrößen, die *Überprüfung der Ziele auf Realisierbarkeit.* Für die Realisierbarkeitsprüfung sind Informationen zur strategischen Situation des Unternehmens sowie zu seinen Strategiealternativen erforderlich, so daß sie zumeist erst am Ende des strategischen Planungsprozesses vorgenommen werden kann. Das Ergebnis der Festlegung strategischer Zielgrößen sollte ein System von präzisierten, strukturierten sowie im Hinblick auf die Erreichbarkeit überprüften Planzielen (Zielen nach Planung) darstellen.

2.1.2. Strategische Analyse und Prognose

Die strategische Analyse und Prognose als zweites Element des strategischen Planungsprozesses besteht aus den folgenden Phasen:

- der Bildung strategischer Geschäftseinheiten,
- der Umweltanalyse und -prognose sowie
- der Unternehmensanalyse und -prognose.

---

43 Zu dieser Diskussion vgl. z.B. Schmid, S.: (Shareholder-Value-Orientierung), S. 219 ff.; Siegwart, H.: (Shareholder), S. 397 ff.

Bildung strategischer Geschäftseinheiten

Bei der Bildung strategischer Geschäftseinheiten erfolgt eine Aufteilung des Unternehmens in Bereiche, mit dem Zweck, die Komplexität zu reduzieren und sowohl die strategischen Analysen und Prognosen als auch die darauf basierenden Strategien differenziert ausarbeiten zu können. Strategische Geschäftseinheiten sind jeweils durch eine spezifische Produkt-Markt-Kombination gekennzeichnet. Jede strategische Geschäftseinheit sollte

- eine eigenständige Marktaufgabe haben,
- über ein beachtliches Marktpotential verfügen,
- eine abgegrenzte Konstellation von unternehmensexternen Wettbewerbern aufweisen,
- möglichst wenige Kombinationen aus Abnehmergruppen, abzudeckenden Bedürfnissen der Abnehmer sowie Technologien umfassen und
- weitgehend unabhängig von anderen strategischen Geschäftseinheiten sein, d.h. die für sie getroffenen Entscheidungen sollten sich nicht oder nur wenig auf andere Geschäftseinheiten auswirken.[44]

Bei der Bildung strategischer Geschäftseinheiten entsteht hinsichtlich deren Anzahl der Konflikt, daß eine feine Aufteilung des Unternehmens differenzierte Planungen ermöglicht, aber dadurch in verstärktem Maße Verflechtungen zwischen verschiedenen Geschäftseinheiten auftreten, die die Entscheidungsunabhängigkeit beeinträchtigen.[45] Die konkrete Anzahl sollte von der Unterschiedlichkeit der Umweltbedingungen (Diversität) sowie der Zahl und Intensität der Beziehungen zwischen den Unternehmenseinheiten (Konnektivität) abhängig gemacht werden. Eine hohe Diversität spricht für die Einrichtung vieler, eine hohe Konnektivität für die weniger Geschäftseinheiten.[46] Die Bildung strategischer Geschäftseinheiten ist an den Bedürfnissen der strategischen Planung ausgerichtet und muß nicht zu einer Gliederung des Unternehmens führen, die mit dessen originärer Aufbauorganisation übereinstimmt.[47]

Umweltanalyse und -prognose

Die Analyse und Prognose der Umwelt dient dazu, die für die Strategiebestimmung notwendigen Informationen über die relevanten Umweltbereiche und deren zukünftige Entwicklung zu beschaffen und dabei vor allem die Chancen und Risiken des Unternehmens zu identifizieren, die aus der Umwelt resultieren. Die Unternehmensumwelt läßt sich generell in eine un-

---

44 Vgl. dazu und zu weiteren Kriterien Eggers, B.; Lawa, D.: (Geschäftsfeld-Controlling), S. 103 ff.; Kreikebaum, H.: (Unternehmensplanung), S. 197; Gerl, K.; Roventa, P.: (Geschäftseinheiten), S. 847 ff.; Dunst, K.H.: (Portfolio-Management), S. 62.

45 Zu diesen Verflechtungen und ihrer Berücksichtigung in horizontalen Strategien vgl. Abschnitt 3.3.

46 Vgl. Link, J.: (Organisation), S. 55 ff.; Welge, M.K.; Al-Laham, A.: (Planung), S. 187 f.

47 Vgl. Töpfer, A.; Afheldt, H.: (Überblick), S. 20; Gälweiler, A.: (Geschäftseinheiten), S. 253 ff.

ternehmens- bzw. aufgabenspezifische und eine globale Umwelt differenzieren, wie die Abbildung 2-5 zeigt.

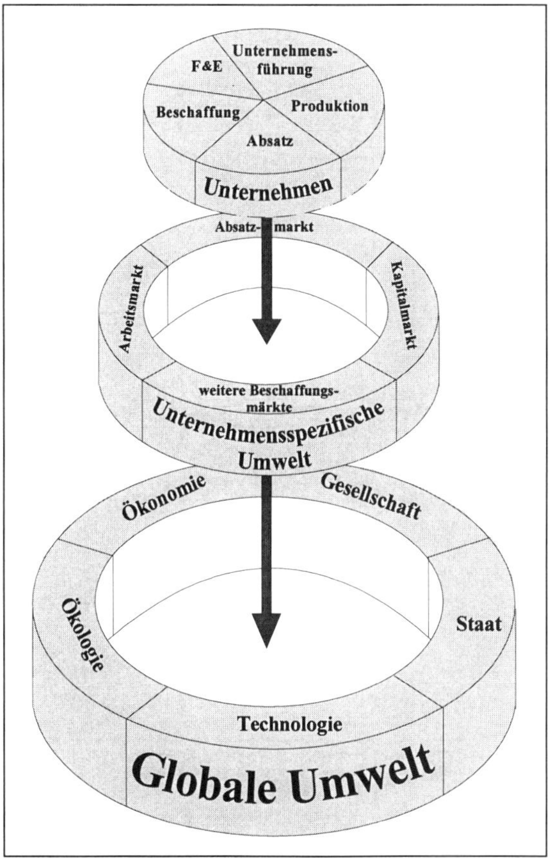

Abb. 2-5: Unternehmen und ihre Umwelt

Die unternehmensspezifische Umwelt beinhaltet die Gruppen, deren Aktivitäten sich direkt auf das Unternehmen auswirken, wie z.B. Kunden, Konkurrenten, Lieferanten, Kreditgeber, Aktionäre, Gewerkschaften und staatliche Institutionen. Entwicklungen in der globalen Umwelt beeinflussen das Unternehmen hingegen indirekt, indem sie die Rahmenbedingungen für dieses und die unternehmensspezifische Umwelt festlegen.[48] Die globale Umwelt umfaßt eine

48 Vgl. Kubicek, H.; Thom, N.: (Umsystem), Sp. 3992; Pekayvaz, B.: (Planung), S. 37.

große Anzahl von Faktoren, zwischen denen vielfältige Beziehungen bestehen:[49]

- ökonomische Faktoren (Bruttosozialprodukt, Zahl und Struktur der Erwerbstätigen, Inflationsrate, Lebenshaltungskostenindex, Staatsausgaben, gesamtwirtschaftliches Investitions- und Konsumniveau u.a.),
- technologische Komponenten (innovative Produkte, Verfahren u.a.),
- rechtlich-politische Aspekte (Umwelt-, Handels-, Arbeits- und Sozialgesetze u.a.),
- ökologische Faktoren (Umweltbelastung, Ressourcenverfügbarkeit u.a.) und
- sozio-kulturelle Faktoren (Bildungsniveau, gesellschaftliche Normen und Verhaltensweisen u.a.).

Ein wesentlicher Gegenstand der Analyse und Prognose der *unternehmensspezifischen Umwelt* ist die Entwicklung der Branche, da deren Bedingungen gemäß den Aussagen des marktorientierten Konzeptes des strategischen Management den langfristigen Erfolg von Unternehmen erheblich beeinflussen. Grundlegende Einflußfaktoren auf den Branchenwettbewerb und dessen Intensität sind nach PORTER die Verhandlungsstärke der Abnehmer und der Lieferanten, die Bedrohung durch neue Konkurrenten und Ersatzprodukte oder -dienste sowie die Rivalität unter den bestehenden Unternehmen (vgl. Abbildung 2-6).

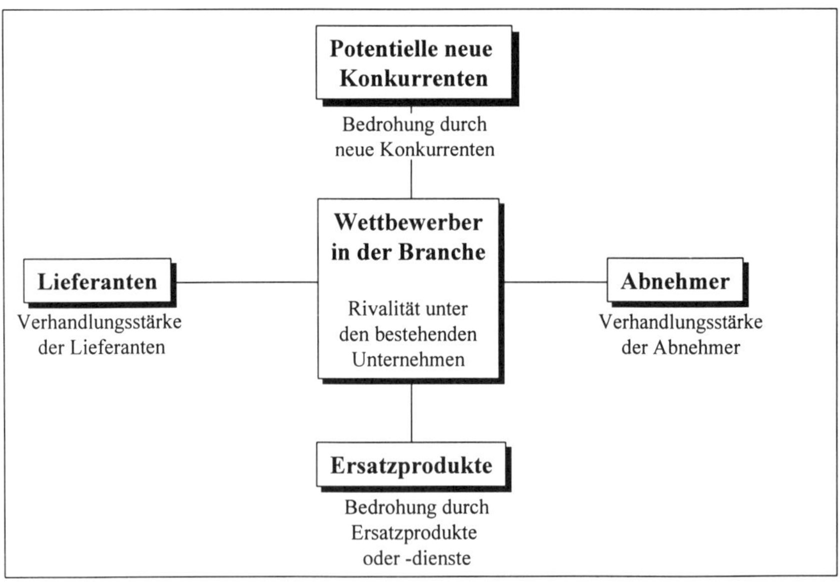

Abb. 2-6: Einflußgrößen auf den Branchenwettbewerb[50]

[49] Vgl. Kreikebaum, H.: (Unternehmensplanung), S. 41 ff.; Kubicek, H.; Thom, N.: (Umsystem), Sp. 3988 ff.; Hill, W.: (Umweltanalyse), S. 292; Pfohl, H.-C.: (Analysis), Sp. 2272 ff.; Schreyögg, G.: (Umfeld), Sp. 4237 ff.

Einen zentralen Einflußfaktor auf den Branchenwettbewerb stellt die *Rivalität unter den bestehenden Unternehmen* der Branche dar. Eine hohe Rivalität bzw. Wettbewerbsintensität führt zu geringen Preisen und/oder hohen Kosten des Marketing und wirkt sich damit negativ auf die Renditen aus. Ausschlaggebend für die Wettbewerbsintensität sind vor allem die Marktform, die Nachfragebedingungen sowie die Marktaustrittsbarrieren der Anbieter.[51]

Mögliche Marktformen lassen sich hinsichtlich der Anzahl und Größe der Anbieter charakterisieren. Bei vielen relativ kleinen Anbietern (Polypol) ist tendenziell ein stärkerer Wettbewerb mit geringeren durchschnittlichen Rentabilitäten zu erwarten als bei wenigen relativ großen Anbietern (Oligopol). Im Extremfall eines Monopols herrscht kein Wettbewerb.

Im Hinblick auf die Nachfragebedingungen sind zum einen die Größe der Nachfrage und deren Entwicklung, das Marktwachstum, relevant.[52] In wachsenden Märkten herrscht oftmals schwächerer Wettbewerb als in schrumpfenden. Zum anderen ist die Nachfragestruktur und dabei insbesondere die Homogenität bzw. Heterogenität der Nachfrage zu beachten. Bei heterogener Nachfrage gibt es verschiedene Kundengruppen mit unterschiedlichen Anforderungen (Marktsegmente). Dies ermöglicht es den Anbietern, sich auf einzelne Gruppen zu konzentrieren und ihre Angebote auf diese abzustimmen. Da in den Segmenten typischerweise eine kleinere Anzahl von Konkurrenten existiert als bezogen auf den Gesamtmarkt, ist die Wettbewerbsintensität bei heterogener Nachfrage tendenziell geringer als bei homogener.

Marktaustrittsbarrieren sind Hemmnisse, die ein Unternehmen bewegen können, in einem Markt mit relativ geringen durchschnittlichen Renditen zu verbleiben. Die Existenz hoher Barrieren führt eventuell dazu, daß bei sinkender Nachfrage vorhandene Überkapazitäten einer Branche nicht abgebaut werden und ein besonders scharfer Wettbewerb entsteht. Marktaustrittsbarrieren sind insbesondere:[53]

- vorhandene Betriebsmittel mit hoher Spezifität, d.h. Bindung an einen bestimmten Verwendungszweck oder Standort, für die bei Rückzug aus dem Markt nur geringe Liquidationserlöse erzielt werden können,
- hohe mit einem Marktaustritt verbundene Kosten, z.B. für Sozialpläne,
- die negativen Effekte eines Ausstiegs für andere Geschäftseinheiten, z.B. in Form von Imageverlusten und fehlenden Möglichkeiten der gemeinsamen Durchführung von

50 Quelle: leicht modifiziert übernommen von Porter, M.E.: (Wettbewerbsvorteile), S. 29.

51 Vgl. dazu, zu den folgenden Ausführungen und zu weiteren Aspekten Porter, M.E.: (Wettbewerbsstrategie), S. 50 ff.; Welge, M.K.; Al-Laham, A.: (Planung), S. 92 ff.; Macharzina, K.: (Unternehmensführung), S. 251 ff.; Kühn, R.; Grünig, R.: (Grundlagen), S. 121 ff.

52 Zum Lebenszykluskonzept als Instrument zur Beschreibung von Nachfrageentwicklungen vgl. Abschnitt 2.2.2.3.

53 Vgl. Porter, M.E.: (Wettbewerbsstrategie), S. 53 f.; Kühn, R.; Grünig, R.: (Grundlagen), S. 128.

Aktivitäten bei Beschaffung, Produktion und Absatz, die zu Kostensteigerungen oder einem Wegfall von Leistungsvorteilen führen, sowie

- emotionale Beziehungen der Anteilseigner oder des Management zu dem Geschäftszweig, die daraus resultieren können, daß persönliche Bindungen bestehen oder das Management eine nachteilige Bewertung der eigenen Leistung oder den Verlust des Arbeitplatzes fürchtet.

Über die bisher gennanten Aspekte hinaus sind auch die Marktanteile der verschiedenen Unternehmen, die Preise, die weiteren eingesetzten Marketinginstrumente und die spezifischen Bedürfnisse der Nachfrager von Bedeutung. Durch die erfolgreiche Befriedigung dieser Bedürfnisse und den effektiven Einsatz von Wettbewerbsparametern wie Preis, Qualität oder Image läßt sich der langfristige Erfolg von Unternehmen in einer Branche erklären, sie determinieren marktspezifische Erfolgsfaktoren.[54] Damit sind die Bedürfnisse der Abnehmer und die Wettbewerbsinstrumente ebenfalls wichtige Gegenstände der Umweltanalyse und -prognose.

Im Zusammenhang mit der Rivalität unter den bestehenden Unternehmen der Branche ist auf die Notwendigkeit einer Konkurrenzanalyse hinzuweisen. Im Hinblick auf die Konkurrenten, die auf der Absatz- und/oder Beschaffungsseite auftreten, sollten vor allem die Stärken und Schwächen analysiert und prognostiziert werden, die bezüglich der Produkte, des Leistungssystems (Beschaffung, Produktion, Absatz, Forschung und Entwicklung, Personal, Finanzen) und des Managementsystems (Planung, Kontrolle, Organisation, personenbezogene Funktionen) bestehen. Die entsprechenden Untersuchungen können sich an den für den Unternehmenserfolg relevanten 'Ressourcen' sowie deren maßgeblichen Eigenschaften orientieren, die im Zusammenhang mit der Unternehmensanalyse und -prognose noch angesprochen werden. Auch mögliche Strategien der Konkurrenten lassen sich in die Konkurrenzanalyse und -prognose einbeziehen.[55]

Die *Verhandlungsstärke der Abnehmer* als weiterer Einflußfaktor bedingt deren Möglichkeiten, das Preis-Leistungsverhältnis zu ihren Gunsten zu beeinflussen. Eine entsprechende Entwicklung senkt ceteris paribus die Gewinnspannen der Anbieter und kann zu einer Verschärfung des Branchenwettbewerbs führen. Die Verhandlungsstärke der Abnehmer ist tendenziell in den folgenden Fällen relativ hoch:[56]

---

54 Vgl. Kühn, R.; Grünig, R.: (Grundlagen), S. 94 ff.

55 Vgl. dazu und zur Konkurrentenanalyse allgemein Hoffmann, J.: (Konkurrenz); Hinterhuber, H.H.: (Konkurrentenanalyse).

56 Vgl. dazu und zu weiteren Einflußgrößen Porter, M.E.: (Wettbewerbsstrategie), S. 58 ff.; Porter, M.E.: (Wettbewerbsvorteile), S. 32; Kühn, R.; Grünig, R.: (Grundlagen), S. 122 ff.

- es existieren wenige Abnehmer und/oder die Abnahmemengen sind stark auf einen oder wenige Abnehmer konzentriert,
- die Qualität der Produkte und damit etwaige Qualitätsvorteile von Anbietern haben eine geringe Bedeutung für die Abnehmer,
- der Standardisierungsgrad der Produkte ist hoch, so daß ein Lieferantenwechsel kaum Probleme mit sich bringt,
- der Markt ist für die Abnehmer transparent, d.h. sie haben gute Kenntnisse über die Anbieter und ihre Angebote, und
- die Abnehmer sind fähig, mit relativ geringem Aufwand eine Rückwärtsintegration vorzunehmen und die betreffenden Produkte selbst zu erstellen.[57]

In entgegengesetzter Weise wird die *Verhandlungsstärke der Lieferanten* durch die angesprochenen Sachverhalte bestimmt.[58] Diese beeinflußt über die Einkaufskonditionen ebenfalls die Gewinne und die Intensität des Branchenwettbewerbs.

Der Branchenwettbewerb wird durch den Eintritt neuer Anbieter in den Markt aufgrund der bei diesen vorhandenen zusätzlichen Kapazitäten tendenziell verschärft, so daß auch die *Bedrohung durch neue Konkurrenten* in die Umweltanalyse und -prognose einzubeziehen ist. Das Ausmaß dieser Bedrohung ist von der Attraktivität des Marktes, den erwarteten Reaktionen der bisherigen Anbieter sowie den Markteintrittsbarrieren abhängig. Markteintrittsbarrieren, d.h. Hindernisse für den Eintritt in einen interessanten Markt, können

- hohe Kostendegressionseffekte in Abhängigkeit von der Produktions- und Absatzmenge, die für neue Anbieter entweder einen Kostennachteil oder eine hohe erforderliche Betriebsgröße bedingen,
- mengenunabhängige Kostenvorteile bisheriger Anbieter, z.B. durch exklusiv nutzbare Technologien, bessere Beschaffungsmöglichkeiten für Rohstoffe und andere Produktionsfaktoren oder staatliche Subventionen,
- ein hoher Kapitalbedarf für die Aufnahme der Produktion und des Absatzes,
- eine hohe Loyalität der Abnehmer aufgrund einer bestehenden Produktdifferenzierung,
- hohe Kosten eines Lieferantenwechsels bei den Abnehmern,
- der fehlende Zugang zu Vertriebskanälen sowie
- staatliche Reglementierungen, z.B. in Form von Zulassungsbeschränkungen oder Handelshemmnissen,

darstellen.[59] Des weiteren ist für die Anbieter einer Branche die Bedrohung durch *Ersatzprodukte oder -dienste* relevant, da diese den Abnehmern Alternativen zu den Produkten der

---

57 Zu Strategien zur Fertigungstiefe, die auch mit einer Rückwärtsintegration verbunden sein können, vgl. Abschnitt 5.4.1.

58 Vgl. ausführlich Porter, M.E.: (Wettbewerbsstrategie), S. 61 ff.

Branche bieten, die deren Verhandlungsstärke tendenziell verbessern und die Nachfrage nach den Produkten der Branche schmälern können. Neben diesen Faktoren nehmen auch das Verhalten der Arbeitnehmer und ihrer Organisationen sowie weitere staatliche Aktivitäten Einfluß auf die Erfolgspotentiale der Branche.

Hinweise zur Prognose der Branchenentwicklung, insbesondere des Wettbewerbs und der Handlungen der Konkurrenten, können aus dem Modell des 'Hyperwettbewerbs' abgeleitet werden, das D'AVENI konzipiert hat. Gemäß diesem Modell resultiert die Branchenentwicklung vor allem aus 'dynamischen strategischen Interaktionen' der Branchenunternehmen, d.h. einer Folge von Handlungen und Reaktionen auf diese, des weiteren werden die Abhängigkeit eigener Positionen von den Handlungen der Wettbewerber sowie die Notwendigkeit einer langfristigen Analyse der Beziehungen zwischen Unternehmen betont.[60]

Um die Aussagekraft der Ergebnisse der Umweltanalyse und -prognose zu erhöhen, kann es angebracht sein, diese nicht (nur) auf die Branche insgesamt, sondern auch auf einzelne strategische Gruppen von Unternehmen innerhalb der Branche zu richten. Eine strategische Gruppe enthält die Unternehmen, welche die gleiche oder eine ähnliche Wettbewerbsstrategie verfolgen, wobei sich die Identität oder Ähnlichkeit auf einen oder mehrere Wettbewerbsparameter beziehen kann. Zwischen den Unternehmen einer Gruppe besteht tendenziell ein stärkerer Wettbewerb als mit anderen Unternehmen der Branche. Der Wechsel in eine andere strategische Gruppe (mit höherer durchschnittlicher Rentabilität) ist eine strategische Handlungsoption von Unternehmen. Eine auf strategische Gruppen ausgerichtete strategische Analyse und Prognose kann sich ebenfalls auf die oben beschriebenen Einflußgrößen auf den Wettbewerb richten, wobei hier der Gruppenwettbewerb betrachtet wird. Die Eintritts- und Austrittsbarrieren gelten dann für die jeweilige Gruppe, bei potentiellen neuen Konkurrenten handelt es sich (auch) um Unternehmen anderer strategischer Gruppen der Branche.[61]

Die Analyse und Prognose der unternehmensspezifischen Umwelt sollte gezielt so vorgenommen werden, daß die für strategische Entscheidungen des Unternehmens sowie seiner strategischen Geschäftseinheiten und Funktionsbereiche erforderlichen bzw. gewünschten Informationen mit vertretbarem Aufwand beschafft werden. Dabei kann man sich an den marktspezifischen Erfolgsfaktoren orientieren, deren Kenntnis zudem eine Grundlage für die erstmalige Bestimmung oder Revision strategischer Ziele sowie die Unternehmensanalyse und -prognose bilden kann.

---

59 Vgl. Porter, M.E.: (Wettbewerbsstrategie), S. 37 ff.; Kühn, R.; Grünig, R.: (Grundlagen), S. 123 ff.; Steinmann, H.; Schreyögg, G.: (Management), S. 169 ff.

60 Vgl. D'Aveni, R.A.: (Hyperwettbewerb), S. 61 ff.

61 Vgl. Porter, M.E.: (Wettbewerbsstrategie), S. 183 ff.; Welge, M.K.; Al-Laham, A.: (Planung), S. 98 ff.; Kühn, R.; Grünig, R.: (Grundlagen), S. 133 ff.

Unternehmensanalyse und -prognose

Durch die Unternehmensanalyse und -prognose soll ein möglichst objektives Bild des gegenwärtigen und zukünftigen Zustands des Unternehmens gewonnen werden. Gegenstand der Unternehmensanalyse und -prognose sind - ähnlich wie bei der Konkurrentenanalyse - in erster Linie die hinsichtlich der Produkte, des Leistungs- und des Managementsystems bestehenden Potentiale sowie deren Veränderung. Bei der Unternehmensanalyse und -prognose sollte eine Konzentration auf die Strukturen und vor allem Aktivitäten sowie Ressourcen erfolgen, denen besondere Bedeutung für die Erzielung zukünftiger Erfolge bzw. die Erlangung von Wettbewerbsvorteilen zukommt. Eine entsprechende Untersuchung der Aktivitäten eines Unternehmens kann mit Hilfe des von PORTER entwickelten Modells der Wertkette erfolgen, das in Abbildung 2-7 dargestellt ist. In diesem wird ein Unternehmen als Kette von wertsteigernden Aktivitäten angesehen.

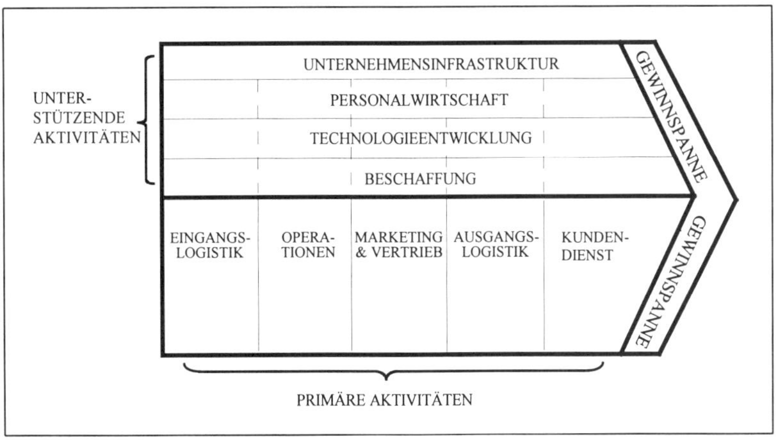

Abb. 2-7: Modell einer Wertkette[62]

Die Orientierung an den Wertaktivitäten bildet eine Alternative zur bzw. Modifikation der Untersuchung von Funktionsbereichen. Neu hieran sind die Betrachtung der Aktivitäten unter dem Blickwinkel des Beitrags zu den Leistungen bzw. dem Wert der Leistungen, die Kunden erhalten, die Differenzierung zwischen primären und unterstützenden Aktivitäten sowie die Aktivitäts- bzw. Prozeßorientierung. Zudem wird die Bedeutung der Schnittstellen sowohl zwischen den Aktivitäten im Unternehmen als auch zwischen denen des Unternehmens und der Lieferanten und Kunden betont. Deren effektive Gestaltung kann zu Kosten- oder Lei-

62 Quelle: leicht modifiziert übernommen von Porter, M.E.: (Wettbewerbsvorteile), S. 66.

stungsvorteilen führen.[63] Die Wertkette eignet sich außerdem auch als Ausgangspunkt für eine prozeßorientierte Analyse und Gestaltung des Unternehmens.

Die Bedeutung von Ressourcen für das strategischen Management ergibt sich unter anderem aus den Erkenntnissen des ressourcenorientierten Ansatzes des strategischen Management.[64] Bezüglich dieses Ansatzes stellt sich zunächst die Frage nach der begrifflichen Abgrenzung der 'Ressourcen'. Eine einheitliche Definition hierfür existiert nicht; typisch ist jedoch, daß der Ressourcenbegriff im Hinblick auf den Gegenstand eher umfassend und weitergehend als ansonsten üblich (Ressource als Produktionsfaktor) verwendet wird.[65] Eine Einschränkung liegt darin, daß auf Objekte mit einer unternehmensspezifischen Ausprägung Bezug genommen wird. So werden Ressourcen beispielsweise als spezifische Eigenschaften des Unternehmens verstanden, die sich zum Aufbau von Wettbewerbsvorteilen hinsichtlich der Marktleistungen (bzw. Angebote) nutzen lassen.[66] Sie umfassen damit nicht nur Produktionsfaktoren, sondern auch unternehmensinterne Kompetenzen und Fähigkeiten sowie bestimmte Aspekte der Marktposition. Beispiele für entsprechende 'Ressourcen' zeigt die Abbildung 2-8.

Bei Betrachtung der aufgeführten Ressourcen wird deutlich, daß sie gleichzeitig mögliche Erfolgspotentiale von Unternehmen sind. Im Rahmen der Unternehmensanalyse und -prognose sollten die potentiellen Ressourcen des Unternehmens vor allem dahingehend untersucht werden, inwieweit sie Stärken (oder Schwächen) hinsichtlich der Erstellung attraktiver Marktleistungen aufweisen, die langfristig gewahrt werden können. Dies ist primär von den nachfolgend beschriebenen vier Kriterien abhängig.

Die *Einzigartigkeit von Ressourcen* bildet die Voraussetzung dafür, daß diese als Basis für den Aufbau eines langfristigen Wettbewerbsvorteils genutzt werden können. Allgemein verfügbare Ressourcen eignen sich hierfür nicht. Dabei muß mit Einzigartigkeit nicht die Existenz der Ressource in nur einem Unternehmen im Sinne einer absoluten Einzigartigkeit gemeint sein, es ist vielmehr auch eine relative Exklusivität denkbar, bei der nur wenige Unternehmen über diese Ressource verfügen.

---

63 Vgl. Porter, M.E.: (Wettbewerbsvorteile), S. 67 ff.; Fantapié Altobelli, C.: (Wertkette), Sp. 2710 ff.

64 Vgl. Abschnitt 1.3.

65 Dementsprechend wird im vorliegenden Buch der Begriff 'Ressourcen' mit unterschiedlicher Bedeutung verwendet, wobei sich diese aus dem jeweiligen Zusammenhang ergibt.

66 Vgl. Kühn, R.; Grünig, R.: (Grundlagen), S. 143 und zum Ressourcenbegriff des ressourcenorientierten Ansatzes allgemein Rasche, C.; Wolfrum, B.: (Unternehmensführung), S. 502.

Materielle Ressourcen
- Sacheinrichtungen: Produktionsanlagen, Logistik-Einrichtungen, Standorte, Grundstücke, Gebäude, EDV-Hardware, Kommunikations-Netze
- Finanzielle Ressourcen: liquide Mittel, Kreditlimite, Kapitalstruktur

Interne immaterielle Ressourcen
- Organisatorische Strukturen, Systeme und Prozesse: Planungs- und Kontrollsysteme, Personalführungssysteme, Organisationsstruktur, Leistungserstellungsprozesse, Informationssysteme und -prozesse
- Informationen und Rechte: Daten, Dokumentationen, dokumentiertes Wissen, Markenrechte, Patentrechte, Lizenzen, Verträge

Externe immaterielle Werte
- Image und Bekanntheitsgrad von Produktmarken oder Firmenmarken im Absatzmarkt, Qualität und Größe des Kundenstammes
- Ruf der Firma bei Lieferanten, Banken, potentiellen Arbeitnehmern und anderen relevanten Gruppen

Human-Ressourcen
- Wissen, Können, Fähigkeiten, Leistungsmotivation der Führungskader und der übrigen Mitarbeiter (als Individuen)
- Merkmale der Unternehmenskultur, Grundeinstellungen, gelebte Werte der Unternehmung oder spezifischer organisatorischer Einheiten

Fähigkeiten bzw. Kompetenzen der Unternehmung als Ganzes oder spezifischer organisatorischer Einheiten
- primäre Kompetenzen: Qualitätskompetenz, Beschaffungskompetenz, Marketingkompetenz, Kostenspar-Kompetenz, Kompetenz zur Bearbeitung von Exportmärkten, Kompetenz zur Bearbeitung des Weltmarkts
- Metakompetenzen: Innovationsfähigkeit, Kooperationsfähigkeit, Umsetzungsfähigkeit, Flexibilität

Abb. 2-8: Potentielle Ressourcen von Unternehmen[67]

Bestimmungsmerkmale für die Einzigartigkeit sind die folgenden, sich überschneidenden Faktoren:[68]

---

67 Quelle: Kühn, R.; Grünig, R.: (Grundlagen), S. 144. Aus den dargestellten Beispielen ergibt sich, daß KÜHN/GRÜNIG nicht streng zwischen Ressourcen und Kompetenzen unterscheiden. In anderen Veröffentlichungen werden - bei einer engeren Sichtweise des Ressourcenbegriffs - Kernfähigkeiten oder -kompetenzen als Bündel von Ressourcen angesehen, die aus deren Kombination entstehen. Vgl. Rühli, E.: (Ressourcenmanagement), S. 94; Krüger, W.; Homp, C.: (Kernkompetenz-Management), S. 27; Engelhardt, W.H.; Freiling, J.: (Tendenzen), S. 569 f. Auch eine einzigartige Kombination dieser Ressourcen kann zu Wettbewerbsvorteilen führen.

68 Vgl. Kühn, R.; Grünig, R.: (Grundlagen), S. 155 ff.

- die Einbindung von Ressourcen in das Unternehmen durch unternehmensspezifische Verwendungen oder Entwicklungsprozesse (z.B. ein individuell, für das Unternehmen erstelltes Betriebsmittel oder spezielle langfristig ausgebildete Fähigkeiten),
- die Immobilität von Ressourcen bzw. deren fehlende Übertragbarkeit auf andere Unternehmen (z.B. bei Image, Unternehmenskultur oder besonderen Kompetenzen) sowie
- die Knappheit von Ressourcen, die auf Märkten gehandelt werden (z.B. Materialien, Informationen, Rechte, Dienstleistungen, Personal).

Hinsichtlich der Einzigartigkeit von Ressourcen ist darauf hinzuweisen, daß diese nicht nur Vorteile mit sich bringt. Insbesondere durch die Einbindung von Ressourcen in ein Unternehmen entsteht das bereits im Zusammenhang mit Marktaustrittsbarrieren angesprochene Problem, daß das Unternehmen über Güter mit hoher Spezifität verfügt, die unverkäuflich sind oder nur zu geringen Preisen abgegeben werden können.[69]

Die Einzigartigkeit von Ressourcen und die auf dieser beruhenden Wettbewerbsvorteile werden durch Imitation oder Substitution gefährdet. Die *Imitierbarkeit von Ressourcen* wird durch eine Reihe von Faktoren bestimmt; tendenziell schwierig ist sie, falls

- die Ressourcen das Ergebnis eines langfristigen Entwicklungsprozesses in einem Unternehmen sind (z.B. attraktive Standorte oder eine besondere Kundenorientierung aller Mitarbeiter),
- die Ressourcen aus dem Zusammenwirken vieler Faktoren resultieren,
- über den Zusammenhang zwischen den Ressourcen und dem Erfolg Unsicherheit besteht und
- die imitierenden Unternehmen Nachteile bzw. Probleme im Verlauf der Imitation zu erwarten haben (z.B. durch hohen Zeitdruck bei der Forschung und Entwicklung).[70]

Neben der Nachahmung kann auch eine *Substitution von Ressourcen* durch Konkurrenten die auf den Ressourcen basierenden Wettbewerbsvorteile beeinträchtigen. Dies ist z.B. der Fall, wenn ein Konkurrent durch eine Innovation die Vorteile eines Unternehmens bei einer bestimmten Technologie zunichte macht.[71]

Ressourcen lassen sich nur dann zum Aufbau von Wettbewerbsvorteilen verwenden, wenn sie eine hohe *Eignung zur Nutzenstiftung* aufweisen. Dies bedeutet, daß sie das Angebot von Leistungen auf dem Markt ermöglichen müssen, die zur Befriedigung der Abnehmerbe-

---

69 Vgl. Rasche, C.; Wolfrum, B.: (Unternehmensführung), S. 505.

70 Vgl. Rasche, C.; Wolfrum, B.: (Unternehmensführung), S. 503 ff.; Kühn, R.; Grünig, R.: (Grundlagen), S. 150 ff.; Steinmann, H.; Schreyögg, G.: (Management), S. 187.

71 Zu technologiebezogenen Strategien vgl. Abschnitt 5.2.

dürfnisse in hohem Maße geeignet sind und damit zu einem Vorteil gegenüber der Konkurrenz führen.[72]

Die Unternehmensanalyse und -prognose sollte eine Analyse und Beurteilung möglicher Ressourcen bezüglich dieser vier Kriterien umfassen. Dabei ist es sinnvoll, sich ausgehend von den Ergebnissen der Umweltanalyse und -prognose auf diejenigen Ressourcen zu konzentrieren, von denen ein relevanter Beitrag zur Befriedigung der zentralen Nachfragebedürfnisse erwartet wird. Als problematisch können sich bei der Analyse und Prognose von Ressourcen die Operationalisierung, die Abgrenzung und Zuordnung der Einflußgrößen (manche Faktoren determinieren sowohl die Einzigartigkeit als auch die Imitierbarkeit) und die konkrete Beurteilung (z.B. hinsichtlich der Eignung zur Nutzenstiftung) erweisen.[73]

Da der bei den Abnehmern geschaffene Nutzen den Wert von Ressourcen erheblich beeinflußt, ist eine Verknüpfung zwischen der Unternehmens- und der Umweltanalyse und -prognose erforderlich. Diese geschieht unter anderem bei der Stärken-Schwächen-Analyse und -Prognose, bei der die Potentiale des Unternehmens und ihre erwarteten Entwicklungen mit denen des stärksten Konkurrenten oder der stärksten Konkurrenten verglichen werden. Ein Beispiel für ein Stärken-Schwächen-Profil zeigt Abbildung 2-9.

Die Analyse und Prognose der Ressourcen und ihrer Einflußfaktoren kann in zweifacher Hinsicht zur Gestaltung von Stärken-Schwächen-Analysen genutzt werden: zum einen, indem die als besonders bedeutend identifizierten Ressourcen als Untersuchungsgegenstände in eine Stärken-Schwächen-Analyse einbezogen werden, und zum anderen durch eine Beurteilung, die die oben beschriebenen Kriterien des Wertes von Ressourcen umfaßt. Die Erkenntnisse des ressourcenorientierten Ansatzes können damit einige Beiträge dazu leisten, daß insbesondere im Rahmen der Unternehmensanalyse und -prognose relevante Stärken und Schwächen bzw. Probleme identifiziert und Ansatzpunkte für die Bestimmung von Strategien gewonnen werden.

---

72 Vgl. Rasche, C.; Wolfrum, B.: (Unternehmensführung), S. 507; Kühn, R.; Grünig, R.: (Grundlagen), S. 157 f.

73 Vgl. dazu und zu weiteren Problempunkten des ressourcenorientierten Ansatzes Rasche, C.; Wolfrum, B.: (Unternehmensführung), S. 510 ff.; Kühn, R.; Grünig, R.: (Grundlagen), S. 164; Wernerfelt, B.: (View), S. 172 f.

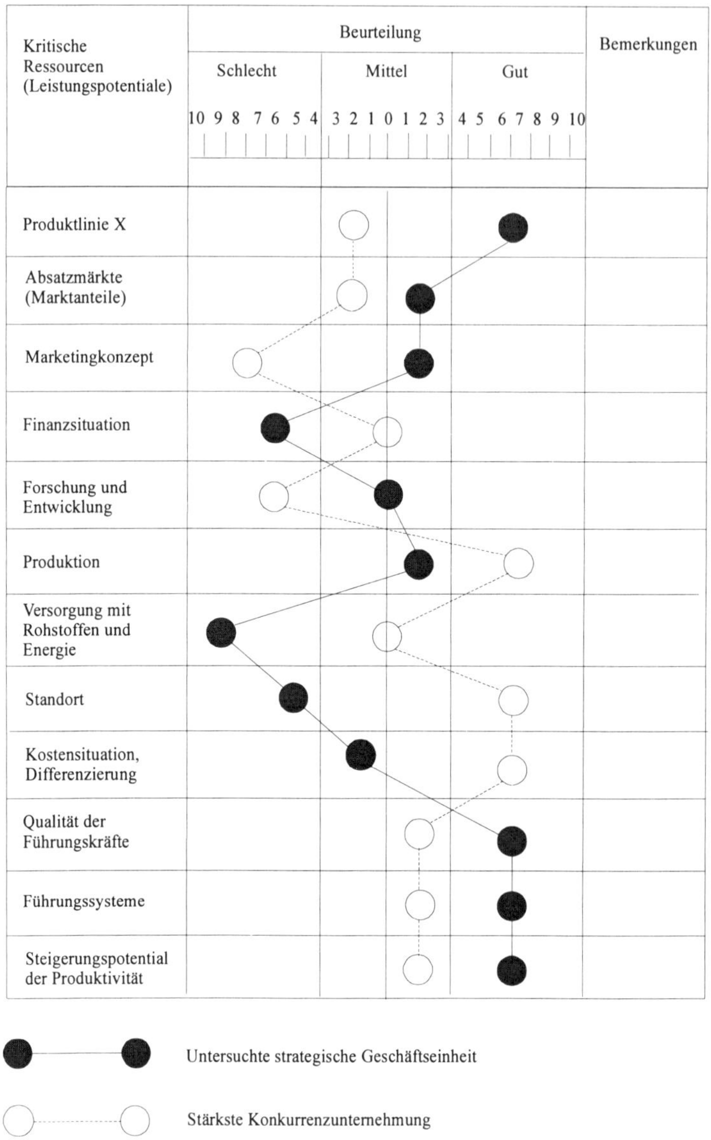

Abb. 2-9: Stärken-Schwächen-Profil[74]

74 Quelle: Pekayvaz, B.: (Planung), S. 59.

2.1.3. Strategiebestimmung

Das dritte Element der strategischen Planung, die Strategiebestimmung, läßt sich in

- die Strategieentwicklung
- die Strategieabstimmung und
- die Strategieauswahl

untergliedern.

Strategieentwicklung

Bei der Strategieentwicklung werden auf der Basis der Ziele, der relevanten Umweltperspektiven, der Stärken und Schwächen sowie der identifizierten Probleme geeignet erscheinende Strategien für ein Unternehmen ausgearbeitet. Diese Strategien können sich auf eine Reihe unterschiedlicher Objekte beziehen, wie die Abbildung 2-10 zeigt, in der eine Klassifizierung relevanter Strategien anhand verschiedener Kriterien vorgenommen wird.

Die in Abschnitt 3. dieses Buches detaillierter erörterten *Strategien für das Gesamtunternehmen* dienen unter anderem dazu, die Entwicklungsrichtung (Wachstum, Stabilisierung oder Schrumpfung) und den damit verbundenen Mitteleinsatz für die strategischen Geschäftseinheiten vorzugeben. Mit diesen 'Portfolio-Strategien' soll oftmals ein hinsichtlich der Entwicklungsrichtung, des Finanzmittelbedarfs bzw. der Finanzmittelerzeugung sowie der Altersstruktur ausgewogenes Verhältnis zwischen den strategischen Geschäftseinheiten erreicht werden. Zudem wird mittels sogenannter horizontaler Strategien angestrebt, Synergiepotentiale vor allem zwischen den verschiedenen strategischen Geschäftseinheiten aufzubauen und zu nutzen. Außerdem können auf Gesamtunternehmensebene Strategien bezüglich der Rechtsform, der Finanzierung, der Standorte und des Führungskonzeptes festgelegt werden.

Auf *Geschäftsbereichsebene* werden - wie in Abschnitt 4. gezeigt - die Wachstums-, Stabilisierungs- oder Schrumpfungsstrategien konkretisiert. Dies kann die Wahl von Produkt-Markt-Kombinationen umfassen. Außerdem können Strategien zur Erlangung von Wettbewerbsvorteilen verfolgt werden, und zwar in Form der Differenzierung (Aufbau besonderer Präferenzen hinsichtlich kaufentscheidungsrelevanter Merkmale der Produkte bzw. Leistungen bei den Abnehmern), Kostenführerschaft (Erlangung von Kostenvorteilen gegenüber Konkurrenten, um kostengünstigster Anbieter der Branche zu werden) oder einer beides anstrebenden hybriden Strategie. Weitere auf Geschäftsbereichsebene realisierbare Strategien richten sich auf die Marktparzellierung sowie das Marktareal.

Unterscheidungskriterium/ Gegenstand	Bezeichnung
Organisatorischer Geltungsbereich	- Unternehmensgesamtstrategien (corporate strategies) - Geschäftsbereichsstrategien (business strategies) - Funktionsbereichsstrategien (functional area strategies)

Gesamtunternehmen	- Portfolio-Strategien
	- Horizontale Strategien
	- Strategien bezüglich
	    - der Rechtsform
	    - der Finanzierung
	    - der Standorte
	    - des Führungskonzeptes

Geschäftsbereiche	
Entwicklungsrichtung/ Mitteleinsatz	- Wachstumsstrategien (Investieren) - Stabilisierungs- bzw. Rationalisierungsstrategien (Halten) - Schrumpfungsstrategien (Desinvestieren)
Produkt-Markt-Kombinationen	- Marktdurchdringungsstrategie - Marktentwicklungsstrategie - Produktentwicklungsstrategie - Diversifikationsstrategie
Wettbewerbsstrategien bzw. Marktstimulierungsstrategien	- Strategie der Kostenführerschaft - Differenzierungsstrategie - Hybride Strategie
Marktparzellierungsstrategien	- Massenmarktstrategie - Segmentierungsstrategie
Markarealstrategien	- nationale - internationale
Funktionsbereiche	- Absatzstrategien - Produktionsstrategien - Beschaffungsstrategien - Forschungs- und Entwicklungsstrategien - Investitionsstrategien - Finanzierungsstrategien - Personalstrategien - Logistikstrategien

Übergreifende Strategien	- Internationalisierungsstrategien
	- Strategien bezüglich
	    - Kosten
	    - Qualität
	    - Zeit
	    - Risiko

Abb. 2-10: Klassifizierung von Strategien[75]

---

75 Quelle: in modifizierter Form übernommen von Kreikebaum, H.: (Unternehmensplanung), S. 52.

Strategien für Funktionsbereiche zielen auf den Aufbau bzw. das Halten von Erfolgspotentialen in den einzelnen Funktionsbereichen ab, auf sie wird in Abschnitt 5. eingegangen. Wird der Strategiebestimmung das Modell der Wertkette zugrundegelegt, können anstelle der Funktionsbereichsstrategien Wertschöpfungsstrategien entwickelt werden, die dann auf die Gestaltung der einzelnen Aktivitäten der Wertkette gerichtet sind.

Übergreifende Strategien können sowohl Funktionsbereiche als auch Geschäftsbereiche und das Gesamtunternehmen betreffen. Dieser Kategorie lassen sich Internationalisierungsstrategien sowie Strategien, die sich auf die Erfolgsfaktoren Kosten, Qualität und Zeit und auf das Risiko richten, zuordnen. Die entsprechenden Strategien und Maßnahmen zu ihrer Umsetzung werden in Abschnitt 8. angesprochen.

Für die konkrete Verfahrensweise bei der Entwicklung von Strategien lassen sich kaum allgemeingültige Hinweise geben. Es bestehen jedoch in diesem Schritt diverse Gestaltungsmöglichkeiten, die unter anderem die Wahl zwischen einem eher synoptischen oder inkrementalen Ansatz umfassen. Als synoptisch wird ein Vorgehen bezeichnet, das sich an einem idealtypischen rationalen Entscheidungsprozeß orientiert, in dem sämtliche Wirkungen aller Handlungsalternativen untersucht und hinsichtlich der Ziele der Entscheidungsträger bewertet werden. Außerdem erfolgt eine starke Orientierung an angestrebten zukünftigen Zuständen. In der Realität ist ein derartiges Vorgehen häufig nicht praktikabel, vielmehr werden zumeist nicht alle Handlungsmöglichkeiten und Wirkungen einbezogen, und man geht eher vom Anfangszustand aus und verändert diesen schrittweise. Für eine derartige Vorgehensweise wurde der Begriff 'inkremental' geprägt. Bei der Strategieentwicklung tritt die Wahl zwischen den beiden Konzeptionen der Strategieentwicklung unter anderem in Form der Frage auf, inwieweit von der derzeitigen Strategie abweichende Alternativen in Betracht gezogen werden. Einerseits ist es möglich, von dieser Strategie auszugehen und aus deren Unzulänglichkeiten sinnvoll erscheinende Modifikationen bzw. Alternativstrategien abzuleiten (eher inkrementaler Ansatz). Andererseits ist es auch denkbar, eine 'Zero Base' zugrunde zu legen und ohne Beachtung der derzeitigen Strategie und Ausgangslage strategische Optionen zu entwickeln (eher synoptisches Konzept). Häufig wird der erste Weg aus Aufwands- und Komplexitätsgründen und aufgrund der Vorteilhaftigkeit einer Konzentration auf die derzeitigen Kerntätigkeiten sinnvoller sein, mit dem zweiten lassen sich aber tendenziell eher sämtliche Handlungsalternativen, Ziele und Einflußgrößen einbeziehen und neuartige Strategien kreieren.[76]

Bei der Entwicklung von Strategien muß eine Orientierung an den angestrebten strategischen Zielen erfolgen. Um Erfolgspotentiale aufzubauen und zu halten, wird gefordert, bei der Ausarbeitung von Strategien (und deren späterer Auswahl) die folgenden allgemeinen Grundsätze zu beachten:[77]

---

76 Vgl. Meyer zu Selhausen, H.: (Planung), Sp. 746 ff.

77 Vgl. Welge, M.K.; Al-Laham, A.: (Planung), S. 171 ff.

- Aufbau von Stärken,
- Vermeidung von Schwächen,
- Konzentration der Kräfte sowie
- Aufbau und Ausnutzung von Synergiepotentialen.

Des weiteren können die Kriterien 'interne Durchführbarkeit' und 'strategische Stimmigkeit' der Strategieentwicklung zugrunde gelegt werden. Die interne Durchführbarkeit (oder Machbarkeit) beschreibt, inwieweit eine Strategie aus Sicht des Unternehmens ohne Probleme realisierbar ist. Bedingt wird dies vor allem durch die erforderlichen und die im Unternehmen vorhandenen Mittel (Finanz- und Sachmittel, Kompetenz etc.) sowie die ethische Vertretbarkeit.[78] Unter dem Kriterium der strategischen Stimmigkeit (oder Kompatibilität) wird erfaßt, inwieweit

- eine Strategie in sich konsistent ist, d.h. die in ihr enthaltenen Teilstrategien in die gleiche Richtung weisen (Intra-Strategie-Fit),
- die verschiedenen Elemente des Unternehmens untereinander schlüssig ausgestaltet sind (Intra-System-Fit),
- eine Strategie zu den mit ihr verbundenen Elementen des Systems Unternehmen (Organisations- und Kommunikationsstruktur, Unternehmenskultur, Betriebsklima) paßt (Strategie-System-Fit),
- die Strategie mit der Umweltsituation und -entwicklung harmoniert (Strategie-Umwelt-Fit) sowie
- die Systemvariablen kompatibel mit der Umwelt sind (System-Umwelt-Fit).[79]

Bezüglich dieser generellen Grundsätze und Kriterien und/oder der eigentlichen strategischen Zielgrößen können bereits im Rahmen der Strategieentwicklung Bewertungen für Strategien abgegeben werden, um insbesondere einzelne Alternativen als nicht realisierbar oder unvorteilhaft auszuschließen. Die Abgabe fundierter Bewertungen kann eine relativ detaillierte Ausarbeitung der Strategien erfordern, bei der eventuell auch schon konkrete Maßnahmen geplant werden, die der Strategieumsetzung dienen. Auf die Bewertung von Strategiealternativen wird im Zusammenhang mit der Strategieauswahl noch eingegangen. Relativ konkrete Vorschläge für das Vorgehen bei der Strategieentwicklung und -auswahl werden zudem in den Abschnitten 5.4.1.2. und 5.4.2.2. für ausgewählte Funktionsbereichsstrategien unterbreitet.

---

78 Vgl. Welge, M.K.; Al-Laham, A.: (Planung), S. 354 ff.

79 Vgl. dazu und zur Analyse der Stimmigkeit Scholz, C.: (Organisation), S. 96 ff.; Scholz, C.: (Management), S. 64 ff.

Strategieabstimmung

Die verschiedenen Strategien bedürfen in zeitlicher und inhaltlicher Hinsicht einer Koordination. Beispielsweise legen die Unternehmensgesamtstrategien einen Rahmen für die Geschäfts- und Funktionsbereichsstrategien fest. Auf der Ebene der Geschäftsbereiche können eine Reihe von Strategien verfolgt werden, zwischen denen Beziehungen bestehen, und die daher aufeinander abzustimmen sind. So dienen die Produkt-Markt-Strategien häufig zur Umsetzung einer Wachstumsstrategie. Für die unterschiedlichen Produkt-Markt-Strategien bieten sich verschiedene Forschungs- und Entwicklungsstrategien an (z.B. bei einer Diversifikation die Grundlagenforschung, angewandte Forschung und Produktneuentwicklung, bei einer Marktdurchdringung die Verbesserung von Verfahren und Prozessen).[80] Die Erlangung der Kostenführerschaft stellt vor allem im Hinblick auf die Kosten besondere Anforderungen an die Strategien der Funktionsbereiche.

Aufgrund dieser Zusammenhänge ist eine integrierte Strategieentwicklung und -auswahl für die verschiedenen relevanten Ebenen von Unternehmen (Gesamtunternehmen, Geschäftsbereiche, Funktionsbereiche) erforderlich.[81] Hinsichtlich dieser bestehen zunächst die grundsätzlichen Möglichkeiten einer simultanen und einer sukzessiven Planung. Bei einer simultanen Planung werden die verschiedenen Strategien in einem Prozeß entwickelt und ausgearbeitet; dadurch lassen sich - zumindest theoretisch - sämtliche bestehenden Interdependenzen einbeziehen, so daß tendenziell eine höhere Wahrscheinlichkeit besteht, die 'richtige' Entscheidung zu treffen. Außerdem wird eine Revision von Planungen vermieden. Allerdings ist dieser eine Planungsprozeß mit einem relativ hohen Aufwand und Schwierigkeitsgrad verbunden, so daß eine simultane Planung in Reinform kaum realisierbar erscheint. Bei einer sukzessiven Planung werden die verschiedenen Strategien nacheinander ausgearbeitet und ausgewählt, wobei die Informationen aus vorgelagerten Strategiebestimmungsprozessen in die nachgelagerten eingehen und deren Ergebnisse zur Wiederaufnahme vorgelagerter Planungen führen können. Bei dieser Form der Planabstimmung können - von Rückkopplungen abgesehen - die Ergebnisse nachgelagerter Strategiebestimmungsprozesse nicht in den vorgelagerten berücksichtigt werden. Dies kann zur Wahl nicht-optimaler Alternativen führen. Vorteilhaft sind der geringere Aufwand und die Vereinfachung der Planungsprobleme im Vergleich zu einer Simultanplanung.[82]

Bei strategischen Fragestellungen dürfte aufgrund ihrer hohen Komplexität häufig eine sukzessive Planung vorzuziehen bzw. allein realisierbar sein. Für diese bietet sich an, zunächst die Strategien für das Gesamtunternehmen festzulegen und dann auf deren Grundlage

---

80 Vgl. Abschnitt 5.2.

81 Auch bezüglich der übergreifenden Strategien existiert Koordinationsbedarf. Vgl. dazu Abschnitt 8.

82 Weitere Vor- und Nachteile können sich aus den Planungsträgern ergeben, die bei den beiden Konzepten eventuell unterschiedlich sind.

Geschäftsbereichsstrategien und darauf basierend Funktionsbereichsstrategien abzuleiten. Dieser Ausarbeitungsreihenfolge von Strategien folgt auch der weitere Aufbau des vorliegenden Buches.

Die beschriebene Reihenfolge korrespondiert weitgehend mit einem Vorschlag von KÜHN/GRÜNIG zur sukzessiven Planung von Erfolgspotentialen und auf diese ausgerichteten Strategien. KÜHN/GRÜNIG bezeichnen es als Normalsequenz, erst die strategischen Marktpositionen in bisherigen Märkten, dann strategische 'Angebote' in diesen Märkten (Produkte und Leistungen mit bestimmten Preisen, Qualitäten und weiteren Merkmalen) und schließlich die Schlüsselressourcen bzw. Kernkompetenzen zur Gestaltung dieser Angebote zu planen (vgl. Abbildung 2-11). Dabei werden ihnen zufolge die strategischen Marktpositionen vorrangig durch Gesamtunternehmensstrategien festgelegt, Angebote und Ressourcen durch Geschäftsbereichsstrategien. Eine Ebene der Funktionsbereiche, der die Ressourcen ebenfalls zugeordnet sein könnten, betrachten sie nicht.[83]

Normalsequenz der Strategieplanung: outside-in-Optik	**Ausnahmesequenz der Strategieplanung: inside-out-Optik**
(1) **Strategische Marktpositionen** in bisher bearbeiteten Märkten	(1) **Schlüsselressourcen/ Kernkompetenzen**
↓	↓
(2) **Strategische Angebotsvorteile** zur Bearbeitung bisheriger Märkte	(2) **Neue Angebote** durch neuartige Nutzung der Schlüsselressourcen/Kernkompetenzen
↓	↓
(3) **Schlüsselressourcen/ Kernkompetenzen** zur Gestaltung strategischer Angebote für bisherige Märkte	(3) **Marktposition in neuen Märkten** durch Gestaltung neuer Angebote aufgrund der Nutzung der Schlüsselressourcen/Kernkompetenzen

Abb. 2-11: Normalsequenz und Ausnahmesequenz der Strategieplanung[84]

[83] Vgl. Kühn, R.; Grünig, R.: (Grundlagen), S. 168 ff.

[84] Quelle: Kühn, R.; Grünig, R.: (Grundlagen), S. 170.

Gegenüber diesem 'Outside-in-Vorgehen' stellt gemäß KÜHN/GRÜNIG ein 'Inside-Out-Vorgehen', bei dem von den Schlüsselressourcen bzw. Kernkompetenzen ausgehend zunächst neue Angebote und dann neue Marktpositionen geplant werden, eher die Ausnahme dar. Begründet wird dies mit der typischerweise sehr hohen Bedeutung des Kerngeschäftes und den hohen Risiken von Diversifikationen.[85]

Strategieauswahl

Die abschließende Auswahl der zu realisierenden Strategien setzt eine Strategiebewertung voraus. Als allgemeine Kriterien für die Vorteilhaftigkeit einer Strategie können - wie bereits erwähnt - deren 'interne Durchführbarkeit' und 'strategische Stimmigkeit' sowie der 'Aufbau von Stärken', die 'Vermeidung von Schwächen', die 'Konzentration der Kräfte' und die 'Erzielung von Synergieeffekten' dienen. Bei einer spezifischen Strategiebewertung ist zu prognostizieren, inwieweit die Strategie zur Erfüllung der strategischen Ziele des Unternehmens (häufig Erfolgspotentiale oder Shareholder Value) führt. Dabei sind Annahmen zur Entwicklung der Umwelt, zum Erfolg der Strategieimplementierung und zu zukünftigen strategischen Entscheidungen zu treffen. In diesem Zusammenhang muß auch analysiert werden, von welchen Faktoren des Unternehmens und der Umwelt die Erreichung der strategischen Ziele beeinflußt wird. Dabei kann es sich um vom Unternehmen direkt kontrollierbare (z.B. dessen Kapazitätsausstattung), partiell kontrollierbare (z.B. die Marktposition) oder unkontrollierbare Größen (z.B. Faktoren aus der globalen Umwelt) handeln.[86] Es sind dann die Beziehungen zwischen den Faktoren und den strategischen Zielen zu untersuchen. Diese Beziehungen lassen sich gemäß WILDE - bezogen auf die Erfolgspotentiale von Produkt-Markt-Strategien - anhand der Dimensionen

- Wirkungsintensität (mit den Elementen Elastizität, d.h. Ausmaß der Änderung des Erfolgspotentials bei einer bestimmten Veränderung eines Faktors, Variabilität, dies ist die Bandbreite möglicher Ausprägungen der Bestimmungsgröße, sowie Determiniertheit der Veränderung des Erfolgspotentials bei Variation des Einflußfaktors),
- Wirkungsinteraktion (Struktur der Faktoren, die ein Erfolgspotential beeinflussen; typisch ist vor allem, daß ein Erfolgspotential durch mehrere Faktoren beeinflußt wird (multiple Kausalität), Interdependenzen zwischen den Wirkungen dieser Faktoren bestehen und Rückkopplungen in Form von Reaktionen aus der Umwelt auf die Strategien auftreten können) sowie
- Wirkungsdynamik (unter anderem Veränderung der Beziehungen und der Gestaltbarkeit der relevanten Faktoren im Zeitablauf),

---

85 Vgl. Kühn, R.; Grünig, R.: (Grundlagen), S. 170.

86 Vgl. Wilde, K.D.: (Bewertung), S. 54.

charakterisieren.[87] Neben der Kenntnis dieser Beziehungen sind schließlich Prognosen der zukünftigen Ausprägungen der Einflußgrößen für eine differenzierte Strategiebewertung erforderlich.

In die Strategiebewertung sollte in der Regel - entweder über Zielgrößen oder über diese bestimmende Einflußfaktoren - sowohl der Markt als auch die eigene Position im Vergleich zur Konkurrenz einbezogen werden. Dabei werden bei unterschiedlichen strategischen Entscheidungen (auf den Ebenen des Gesamtunternehmens, der Geschäftsbereiche oder der Funktionsbereiche) verschiedene Erfolgspotentiale (falls diese die Zielgröße darstellen) und Einflußfaktoren relevant sein. So sollten bei der Bewertung der auf die Marktpositionen des Unternehmens abzielenden Gesamtunternehmensstrategien die Attraktivität des Marktes einerseits und die Stärke der Wettbewerbsposition andererseits berücksichtigt werden. Bei der Bewertung der auf die 'Angebote' eines Unternehmens gerichteten Geschäftsbereichsstrategien sind die Bedürfnisrelevanz bzw. Absatzwirkung von Wettbewerbsparametern sowie die hinsichtlich dieser bestehenden relativen Stärken und Schwächen von besonderer Bedeutung. Für die Bewertung von Ressourcen sind deren Eignung zur Nutzenstiftung sowie die Einzigartigkeit, Imitierbarkeit und Substitutierbarkeit maßgeblich, diese Kriterien lassen sich damit auch zur Bewertung der die Ressourcen beeinflussenden Strategien (unter anderem auf Funktionsbereichsebene) heranziehen.[88]

Eine differenzierte markt- sowie konkurrenzorientierte Bewertung ist in dem in Abbildung 2-12 dargestellten Vorschlag für die Ausgestaltung der drei bei der Normalsequenz der Strategieplanung erforderlichen Bewertungsmodule enthalten. Die Bewertung ist dabei jeweils summarisch anhand eines einzelnen Kriteriums oder analytisch mittels mehrerer Faktoren möglich. Die konkurrenzbezogenen Bewertungen sollen auf den oberen Ebenen vorläufig erfolgen und dann auf den jeweils nachgeordneten Ebenen konkretisiert werden.

Falls die Strategien hinsichtlich einer monetären Zielgröße wie dem Shareholder Value bewertet werden, ergibt sich - unter der Annahme der Sicherheit - eine eindeutige Rangfolge, gemäß derer sich die Strategieauswahl vornehmen läßt. Allerdings kann die 'Richtigkeit' dieser Rangfolge durch die bereits in Abschnitt 2.1.1. angesprochenen Schwierigkeiten der Prognose und Unsicherheit sowie der monetären Erfassung sämtlicher relevanter Wirkungen erheblich beeinträchtigt werden.

---

87 Vgl. Wilde, K.D.: (Bewertung), S. 55 ff.; Welge, M.K.; Al-Laham, A.: (Planung), S. 362 ff.; Meffert, H.: (Marketing), S. 296 f.

88 Vgl. Kühn, R.; Grünig, R.: (Grundlagen), S. 172.

Bewertungsmodul 1: Bewertung der Marktpositionen Zu bewertende Erfolgspotentialtypen: realisierte oder als realisierbar erachtete Markpositionen	
Definitive Bewertung	**Vorläufige Bewertung**
marktseitige Bewertung: Attraktivität des Marktes	**konkurrenzseitige Bewertung:** Stärke der Wettbewerbsposition
summarisch: Marktwachstum	**summarisch:** relativer Marktanteil
analytisch: Bestimmungsfaktoren der Wettbewerbsintensität gemäß dem Fünf-Kräfte-Modell	**analytisch:** Wettbewerbsparameter, die sich als generelle Erfolgsfaktoren erwiesen haben

↓

Bewertungsmodul 2: Bewertung der Angebote Zu bewertende Erfolgspotentialtypen: realisierte oder als realisierbar erachtete Angebote bzw. Angebotsmerkmale	
Definitive Bewertung	**Vorläufige Bewertung**
marktseitige Bewertung: Bedürfnisrelevanz der Wettbewerbsparameter	**konkurrenzseitige Bewertung:** Qualität der Nutzung der Wettbewerbsparameter durch die Unternehmung
summarisch: Grobbeurteilung der Wettbewerbsparameter als marktspezifische Erfolgsfaktoren	**summarisch:** relative Stärken und Schwächen des eigenen Angebots im Vergleich zur Konkurrenz
analytisch: Detailbeurteilung der Wettbewerbsparameter mit Hilfe der Kriterien: • aktuelle und künftige relative Nachfragebedeutung • aktuelle und künftige Bedeutung für die Differenzierung gegenüber der Konkurrenz	**analytisch:** relative Stärken und Schwächen des eigenen Angebots unter Beachtung • der Entwicklung der Nachfragebedeutung • der Bedeutung für die Differenzierung gegenüber der Konkurrenz

↓

Bewertungsmodul 3: Bewertung der Ressourcen Zu bewertende Erfolgspotentialtypen: vorhandene oder beschaffbare/entwickelbare 'Ressourcen' bzw. 'Ressourcenmerkmale'	
Definitive Bewertung	**Vorläufige Bewertung**
marktseitige Bewertung: 'Ressourcenbedeutung' aus Marktsicht	**konkurrenzseitige Bewertung:** Einzigartigkeit der 'Ressourcenausstattung' und Möglichkeiten, diese zu verteidigen
summarisch: Grobbeurteilung der Bedeutung der 'Ressourcen' für die Erzeugung von Angebotsstärken	**summarisch:** Grobbeurteilung von 'Ressourcenstärken' als 'Schlüsselressourcen' und 'Kernkompetenzen'
analytisch: modellgestützte Beurteilung der Bedeutung der 'Ressourcen' für die Erzeugung von Angebotsstärken	**analytisch:** differenzierte Beurteilung von 'Ressourcenstärken' mit Hilfe der Kriterien: • Einzigartigkeit (Knappheit und Ausmaß der Differenzierung zur Konkurrenz) und • Verteidigungsfähigkeit der Einzigartigkeit (Bestimmungsfaktoren der Imitierbarkeit und Substitutionswahrscheinlichkeit)

Abb. 2-12: Bewertungsmodule der Normalsequenz der Strategieplanung[89]

---

[89] Quelle: leicht modifiziert übernommen von Kühn, R.; Grünig, R.: (Grundlagen), S. 180.

Stellen Erfolgspotentiale die strategischen Zielgrößen dar, sind in der Regel mehrere unterschiedlich gewichtete Ziele zu berücksichtigen. Dazu sollten neben der langfristigen Komponente 'Erfolgspotentialveränderung' auch die eher kurzfristig mit Strategien verbundenen Kosten und Erlöse bzw. Aus- und Einzahlungen zählen. Es stellt sich dann das Problem der Aggregation der Beiträge der Alternativen zur Erreichung dieser Ziele. Des weiteren erschweren die bei strategischen Planungen besonders hohen Unsicherheiten eine Strategiebewertung. Diese sollten möglichst explizit in die Bewertung einbezogen werden, um eine fundierte und nachvollziehbare Auswahl von Strategien zu ermöglichen. Hierfür erscheint die Bildung und Auswertung von Entscheidungsmodellen erforderlich.[90] Auf Modelle und Verfahren, die sich zur Strategiebewertung und -auswahl nutzen lassen, wird im nächsten Abschnitt im Rahmen der Erörterung von Instrumenten der strategischen Planung eingegangen.

Zusätzlich zur Bewertung einzelner Strategien kann am Ende des gesamten strategischen Planungsprozesses eine Gesamtbewertung aller Strategien vorgenommen werden. Diese sollte sich vor allem auf die bereits oben angesprochenen Kriterien der internen Durchführbarkeit und strategischen Stimmigkeit beziehen, darüber hinaus kann auch das Risiko bzw. ein Risikoausgleich berücksichtigt werden.[91]

Die strategische Planung ist in diesem Abschnitt modellartig beschrieben worden. Es soll abschließend darauf hingewiesen werden, daß ihr konkreter Ablauf jeweils unternehmens- und problemindividuell gestaltet werden muß, wobei Faktoren wie die Unternehmensgröße, das Leistungsprogramm und die Dynamik der Umweltveränderung zu berücksichtigen sind.

2.2. Instrumente der strategischen Planung

Im folgenden Kapitel 2.2.1. wird ein Überblick über die Methoden der strategischen Planung vermittelt. Ausgewählte Instrumente zur Vorbereitung strategischer Entscheidungen werden in Abschnitt 2.2.2. ausführlich behandelt.

2.2.1. Überblicksartige Darstellung

Die Instrumente der strategischen Planung lassen sich durch verschiedene Merkmale charakterisieren. Zum Beispiel weisen einige von ihnen eher eine theoretische, andere primär eine empirische Fundierung auf. Einige Instrumente sind vor allem auf die Auswertung von umweltbezogenen oder von unternehmensbezogenen Informationen ausgerichtet, während andere eine Verbindung zwischen Daten der Umwelt und des Unternehmens herstellen. Derartige Unterschiede sollen hier nicht zu einer Untergliederung der Instrumente genutzt wer-

90 Vgl. Hanssmann, F.: (Systemforschung), S. 358; Sauter, U.: (Planung), S. 15.

91 Vgl. Kühn, R.; Grünig, R.: (Grundlagen), S. 181 ff.

den. Stattdessen werden - wie auch die folgende Abbildung zeigt - den in Abschnitt 2.1. beschriebenen Elementen der strategischen Planung jeweils die einsetzbaren Instrumente zugeordnet.[92]

Instrumenteneinsatz in den Planungsphasen	
Festlegung strategischer Zielgrößen • Stakeholder Analysis • Nutzwertanalyse • Analytischer Hierarchie Prozeß • PIMS-Studie • Erfahrungskurvenkonzept **Umweltanalyse und -prognose** • Markt-, Branchen- und Konkurrentenanalyse • Wertkette • Vernetzungsmatrizen • Analytische Prognoseverfahren • Expertenbefragungen • Delphi-Methode • Szenario-Technik • Systeme der Umweltbeobachtung • Ansätze der strategischen Frühaufklärung • Benchmarking **Unternehmensanalyse und -prognose** • Potential-, Ressourcen- sowie Stärken/ Schwächen-Analyse und -Prognose • Wertkette • Lücken- bzw. Gap-Analyse • PIMS-Studie • Erfahrungskurvenkonzept • Lebenszykluskonzept • Prognoseverfahren und Frühaufklärungssysteme • Chancen-Gefahren-Analyse	**Strategieentwicklung** • Kreativitätstechniken (Brainstorming, Brainwriting, Morphologische Matrix) • PIMS-Studie • Erfahrungskurvenkonzept • Lebenszyklusanalyse • Portfolio-Methode • Space-Analyse • Strategisches Spielbrett • TOWS-Analyse **Strategieabstimmung** • Portfolio-Methode • Strategische Budgetierung • Simultanplanungsmodelle **Strategieauswahl** • Checklisten • Strategieprofile • Entscheidungsmodelle und Verfahren zu deren Auswertung - Simultanplanungsmodelle - Mehrzielverfahren - Dynamische Verfahren der Investitionsrechnung - Verfahren zur Berücksichtigung der Unsicherheit

Abb. 2-13: Überblicksartige Darstellung von Instrumenten der strategischen Planung

Festlegung strategischer Zielgrößen

Zur Formulierung des strategischen Zielsystems von Unternehmen läßt sich unter anderem die *Stakeholder Analysis* nutzen. Bei dieser werden zunächst die Interessengruppen bzw. Stakeholder erfaßt, die für das Unternehmen aufgrund von Ansprüchen oder Eingriffsmöglichkeiten relevant sind (Eigentümer, Fremdkapitalgeber, Mitarbeiter, Gewerkschaften, Lieferanten, Kunden, Konkurrenten, Staat etc.). Anschließend werden die Stakeholder hinsichtlich ihrer

92 Zur Zuordnung einsetzbarer Instrumente zu den Phasen der strategischer Planung bzw. von Führungsprozessen allgemein vgl. Bea, F.X.; Haas, J.: (Management), S. 54; Wild, J.: (Grundlagen), S. 148 ff.

Ziele, ihrer Macht, des von ihnen eingegangenen Risikos sowie der Beziehungen zwischen ihnen untersucht.[93] Neben der Stakeholder Analysis sind zur Strukturierung des Zielsystems Methoden geeignet, die sich auch zur Alternativenauswahl bei mehreren Zielgrößen einsetzen lassen, wie die *Nutzwertanalyse* und der *Analytische Hierarchie Prozeß*.[94]

Hinweise auf die Bedeutung strategischer Ziele können aus den Ergebnissen der bereits in Abschnitt 2.1.1. angesprochenen empirischen Untersuchungen zu Erfolgsfaktoren von Unternehmen, der *PIMS-Studie* und dem *Erfahrungskurvenkonzept*, abgeleitet werden. Auf diese wird in den Abschnitten 2.2.2.1. und 2.2.2.2. gesondert eingegangen.

Umweltanalyse und -prognose

Im Rahmen der *strategischen Analyse und Prognose* können vor allem für die umwelt- und unternehmensbezogenen Analyse- und Prognoseaktivitäten geeignete Instrumente genutzt werden. Gegenstand der Umweltanalyse und -prognose sind - wie in Abschnitt 2.1.2. erwähnt - insbesondere der Markt, die Branche und die Konkurrenz. Die *Marktanalyse*, die *Branchenanalyse* und die *Konkurrentenanalyse* werden demgemäß in der Literatur zum Teil als Instrumente der strategischen Planung interpretiert.[95]

Einen Ansatzpunkt für die Untersuchung der Konkurrenten stellt die *Wertkette* dar. Für die Analyse der Beziehungen zwischen den Elementen eines Umweltsystems allgemein lassen sich *Vernetzungsmatrizen* nutzen. In einer Vernetzungsmatrix wird die Stärke der direkten Einflüsse der einzelnen Systemelemente aufeinander dokumentiert. Die Auswertung der Matrix erlaubt Rückschlüsse auf die Bedeutung der einzelnen Elemente für das System und die zwischen diesen bestehenden Interdependenzen.[96]

Für die umweltbezogenen Prognoseaufgaben können grundsätzlich eine Reihe von *Prognoseverfahren* angewendet werden. Einen Überblick hierüber vermittelt die Abbildung 2-14. Prognoseverfahren lassen sich anhand des Kriteriums, ob ein formales Modell konstruiert und analysiert wird oder nicht, in analytische und intuitive Verfahren untergliedern.[97] Zu den analytischen Verfahren zählen die *Zeitreihenanalyse*, die *Leitindikatormethode*, *Regressionsmodelle* und die *System-Dynamics-Methodik*, zu den intuitiven Verfahren die *einstufige*

---

93 Vgl. Welge, M.K.; Al-Laham, A.: (Planung), S. 51 ff.; Scholz, C.: (Management), S. 26 ff.

94 Zur Nutzwertanalyse vgl. Zangemeister, C.: (Nutzwertanalyse); Götze, U.; Bloech, J.: (Investitionsrechnung), S. 143 ff. Zum Analytischen Hierarchie Prozeß vgl. Saaty, T.L.: (Hierarchy); Götze, U.; Bloech, J.: (Investitionsrechnung), S. 151 ff.

95 Vgl. Kreikebaum, H.: (Unternehmensplanung), S. 117 ff.

96 Vgl. Götze, U.: (Szenario-Technik), S. 145 ff., sowie zur Nutzung der Vernetzungsmatrix bei der Erfolgsfaktorenanalyse Steinle, C.; Lawa, D.; Schmidt, C.: (Entwicklung), S. 205 ff.

97 Vgl. Frerichs, W.; Kübler, K.: (Prognoseverfahren), S. 4.

Expertenbefragung, die *Delphi-Methode* und die *Szenario-Technik*.[98] Bei der strategischen Planung dürften - vor allem aufgrund des hohen Anteils qualitativer Informationen an den entscheidungsrelevanten Daten - primär intuitive Prognoseverfahren anwendbar sein. In Abschnitt 2.2.2. wird daher relativ ausführlich auf die Szenario-Technik und die Delphi-Methode als Verfahren der Umweltanalyse und -prognose eingegangen.

Unterscheidungsmerkmal / Verfahren	Verwendung eines formalen Modells	Eignung hinsichtlich der Fristigkeit	Berücksichtigung von Beziehungen zwischen den zu prognostizierenden Größen
Zeitreihenanalyse	analytisch	kurz/mittel	Singulärprognose
Leitindikatormethode	analytisch	kurz/mittel	Singulärprognose
Ökonometrische oder Regressionsmodelle			
- Ein-Gleichungs-Modell	analytisch	kurz/mittel	Singulärprognose
- Mehr-Gleichungs-Modell	analytisch	kurz/mittel	Systemprognose
System-Dynamics-Methodik	analytisch	mittel/lang	Systemprognose
Einstufige Expertenbefragung	intuitiv	kurz/mittel/lang	Singulärprognose
Delphi-Methode	intuitiv	mittel/lang	Singulärprognose
Szenario-Technik	intuitiv	mittel/lang	Systemprognose

Abb. 2-14: Prognoseverfahren[99]

Im Zusammenhang mit der Umweltanalyse und -prognose ist zu erwähnen, daß auch für die laufende Beobachtung der Umwelt Konzepte entwickelt worden sind, die *Systeme der Umweltbeobachtung* bzw. *des environmental scanning* sowie die *Ansätze zur strategischen Frühaufklärung*. Deren Ziel ist es, Informationen zu sammeln und zu erzeugen, die möglichst früh auf real gegebene, aber noch nicht erkannte Chancen und Risiken hindeuten. Hier werden sie als Instrumente der strategischen Kontrolle interpretiert und demzufolge in Abschnitt 7.3. angesprochen.

Schließlich erfolgt eine spezifische Form der Umweltanalyse auch bei einem *Benchmarking*, d.h. bei einem kennzahlengestützten Vergleich mit anderen Unternehmen. Charakteristisch für diese Vergleichsform sind unter anderem eine Orientierung an besonders erfolgrei-

---

98 Zu diesen Verfahren vgl. Frerichs, W.; Kübler, K.: (Prognoseverfahren), S. 13 ff.; Götze, U.: (Szenario-Technik), S. 30 ff.; Brockhoff, K.: (Prognoseverfahren), S. 63 ff.

99 Quelle: in modifizierter Form übernommen von Frerichs, W.; Kübler, K.: (Prognoseverfahren), S. 6.

chen oder kompetenten Unternehmen sowie eine partnerschaftliche Zusammenarbeit mit den Vergleichsunternehmen.

Unternehmensanalyse und -prognose

Bei der Unternehmensanalyse und -prognose sind die vorhandenen und zukünftig verfügbaren Potentiale eines Unternehmens, vor allem hinsichtlich der 'Ressourcen', zu untersuchen und zu prognostizieren. Die Analyse der Unternehmenspotentiale kann an den Aktivitäten der *Wertkette* ansetzen. Die *Potentialanalyse* und die *Ressourcenanalyse* lassen sich ebenso wie die *Stärken/Schwächen-Analyse und -Prognose* ebenfalls als Instrumente der strategischen Planung auffassen.

Auf der Basis der Potentialanalyse kann eine *Lücken-* bzw. *Gap-Analyse* vorgenommen werden. Bei der Gap-Analyse wird die gewünschte Entwicklung einer Zielgröße dem bei der derzeit verfolgten Strategie erwarteten Verlauf dieser Größe gegenübergestellt. Die Abweichung zwischen beiden Entwicklungsverläufen ist eine strategische Lücke und deutet auf die Notwendigkeit einer Strategieänderung hin, z.B. der Entwicklung und Einführung neuer Produkte, falls die vorhandenen nicht zur angestrebten Zielerreichung führen.[100]

In die Potential- und die Gap-Analyse können Erkenntnisse eingehen, die mit Hilfe der *PIMS-Studie*, des *Erfahrungskurvenkonzeptes* sowie der - in Abschnitt 2.2.2.3. ausführlicher erörterten - *Lebenszyklusanalyse* gewonnen werden. Der Produktlebenszyklus umfaßt bei einer weiten Begriffsfassung den Zeitraum von der Entstehung der Produktidee bis zum Ausscheiden des Produktes aus dem Markt (einschließlich Wartung, Reparatur und Entsorgung). Die von einem Produkt erreichte Lebenszyklusphase ist für die Einschätzung der zukünftig erzielbaren Erfolge wichtig.

Der Vollständigkeit halber ist zu erwähnen, daß zur Unternehmensprognose die oben erwähnten *Prognoseverfahren* verwendet werden können und daß sich in ein *Frühaufklärungssystem* auch unternehmensbezogene Komponenten integrieren lassen.

Bei der Umwelt- und Unternehmensanalyse und -prognose wird nicht unbedingt eine Verbindung zwischen den unternehmensexternen und -internen Entwicklungen hergestellt. Der Nachteil einer isolierten Betrachtung soll bei der *Chancen-Gefahren-Analyse* aufgehoben werden, indem die Ergebnisse der beiden Analysebereiche zusammengeführt werden, um daraus Entwicklungsmöglichkeiten (Chancen) und Risiken (Gefahren) für das Unternehmen abzuleiten.[101] Die Vorgehensweise dieses Instrumentes der strategischen Analyse ist in der folgenden Abbildung dargestellt.

---

[100] Zur Gap-Analyse vgl. Götzen, G.; Kirsch, W.: (Problemfelder), S. 174 ff.; Kreikebaum, H.: (Lückenanalyse).

[101] Vgl. Welge, M.K.; Al-Laham, A.: (Planung), S. 128; Macharzina, K.: (Unternehmensführung), S. 255.

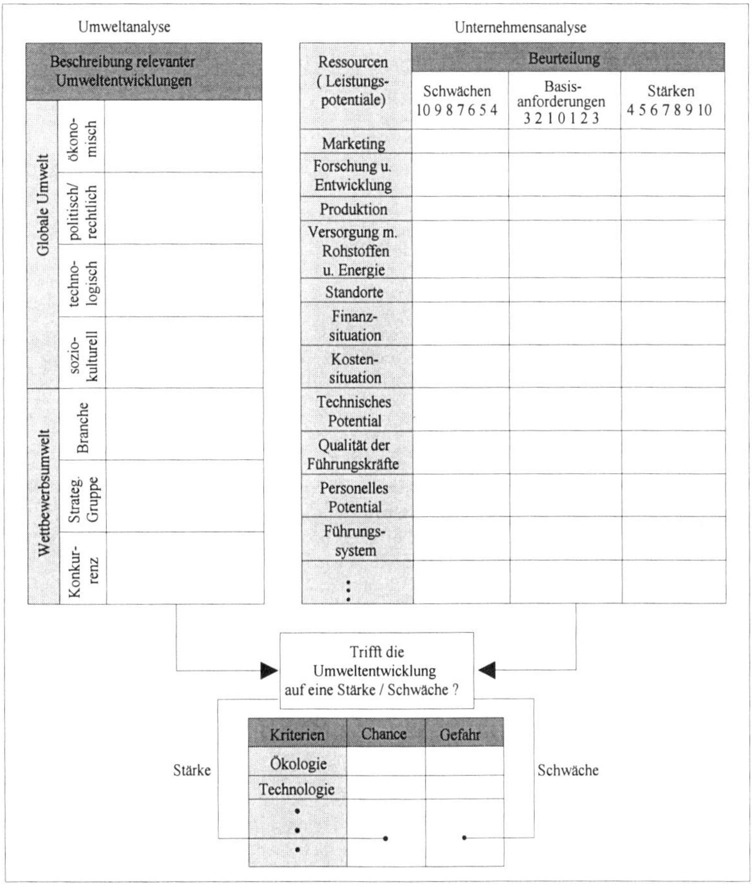

Abb. 2-15: Konzeption der Chancen-Gefahren-Analyse[102]

Dem Stärken-Schwächen-Profil des Unternehmens werden Prognosen über relevante Umweltentwicklungen gegenübergestellt. Eine Chance liegt vor, wenn eine bestimmte Umweltkonstellation Handlungen in einem Bereich erforderlich oder sinnvoll erscheinen läßt, in dem das Unternehmen eine Stärke aufweist, da das Unternehmen diese Entwicklung dann voraussichtlich besser nutzen kann als die Konkurrenz. Trifft eine Umweltentwicklung auf einen Bereich, in dem das Unternehmen eine Schwäche aufweist, so ergibt sich aus dieser Kombination eine Gefahr. Aufgrund der vorgenommenen Verknüpfung von 'Weaknesses', 'Opportunities', 'Threats' und 'Strengths' wird für dieses Instrument auch die Bezeichnung WOTS UP-Analyse

102 Quelle: leicht modifiziert übernommen von Welge, M.K.; Al-Laham, A.: (Planung), S. 130.

verwendet.[103]

Mit Hilfe dieser Analyse lassen sich Chancen und Gefahren sowie deren Ursachen identifizieren. Ein Vergleich oder eine Bewertung dieser Chancen und Gefahren ist jedoch ebensowenig im Verfahren verankert wie Handlungsempfehlungen abgeleitet werden. Das Unternehmen wird lediglich auf Bereiche hingewiesen, denen Aufmerksamkeit gewidmet werden sollte.

Strategieentwicklung

Bei der Strategieentwicklung kann auf *Kreativitätstechniken* wie Brainstorming, Brainwriting oder die Morphologische Matrix zurückgegriffen werden, die in Abbildung 2-16 kurz beschrieben sind.

Methodengruppe	Verfahrensmerkmale	Wichtige Repräsentanten
A. Brainstorming und seine Abwandlungen	Ungehemmte Diskussion, in der keine Kritik geübt werden darf; phantastische Einfälle und spontane Assoziationen sollen geäußert werden	- Brainstorming - Diskussion 66
B. Brainwriting-Methoden	Spontanes Niederschreiben von Ideen auf Formulare oder Zettel; Umlauf von Formularen	- Methode 635 - Brainwriting-Pool - Ideen-Delphi
C. Methoden der schöpferischen Orientierung	Befolgung bestimmter Prinzipien bei der Lösungssuche	- Heuristische Prinzipien - Bionik
D. Methoden der schöpferischen Konfrontation	Stimulierung der Lösungsfindung durch Auseinandersetzung (Konfrontation) mit Bedeutungsinhalten, die scheinbar nicht mit dem Problem zusammenhängen	- Synektik - BBB-Methode - TILMAG-Methode - Semantische Intuition
E. Methoden der systematischen Strukturierung	Aufteilung des Problems in Teilkomplexe; Lösung der Teilprobleme und Zusammenfügen zu einer Gesamtlösung; Systematisierung von Lösungsmöglichkeiten	- Morphologischer Kasten - Morphologische Matrix - Sequentielle Morphologie - Problemlösungsbaum
F. Methoden der systematischen Problemspezifizierung	Aufdeckung der Kernfragen eines Problems oder Problembereichs durch systematisches und hierarchisch-strukturierendes Vorgehen	- Progressive Abstraktion - KJ-Methode - Hypothesen-Matrix - Relevanzbaum

Abb. 2-16: Kreativitätstechniken[104]

103 Vgl. Macharzina, K.: (Unternehmensführung), S. 255.

104 Quelle: Schlicksupp, H.: (Innovation), S. 62.

Des weiteren lassen sich auch zur Strategieentwicklung die *PIMS-Studie*, das *Erfahrungskurvenkonzept* und die *Lebenszyklusanalyse* nutzen. So können aus der Lebenszyklusphase eines Produktes Hinweise auf erfolgversprechende Strategien (z.B. Produktmodifikation, Einführung neuer Produkte) abgeleitet werden. Ein weiteres Instrument der Strategieentwicklung ist die *Portfolio-Methode*, bei der in der absatzmarktorientierten Grundform zunächst sowohl die interne Lage als auch die Umweltsituation von verschiedenen strategischen Geschäftseinheiten analysiert werden. Es wird dann versucht, für diese Einheiten Strategien zu entwickeln, die zum einen auf deren strategische Situation abgestimmt sind und zum anderen auf der Gesamtunternehmensebene einen Ausgleich zwischen Finanzmittelbedarf und -überschuß gewährleisten. Auf die Portfolio-Methode wird in Abschnitt 3.2. näher eingegangen, sie ist ein zentrales Instrument zur Bestimmung gesamtunternehmensbezogener Strategien. Zur Ausarbeitung von Wettbewerbsstrategien für Geschäftseinheiten bzw. das Unternehmen insgesamt lassen sich - wie in Abschnitt 4.4. erörtert - die *Space-Analyse* sowie das *strategische Spielbrett* verwenden.

Ein anderes Instrument der Strategieentwicklung stellt die *TOWS-Analyse* (auch SWOT-Analyse) dar. Dabei handelt es sich um eine Weiterentwicklung der Chancen-Gefahren- bzw. WOTS UP-Analyse, da sie neben der Zusammenführung von Unternehmensstärken und -schwächen sowie Umweltchancen und -gefahren zusätzlich einen Beitrag zur Ausarbeitung von Strategien leisten kann. Durch die Verknüpfung der Ergebnisse aus der Unternehmens- und der Umweltanalyse in einer sogenannten TOWS-Matrix (siehe die nachfolgende Abbildung) werden vier verschiedene Grundprinzipien der Strategieformulierung gebildet, die als Ausgangspunkt der Bestimmung konkreter Strategien dienen sollen. Bei dieser sollte jede Chance, Bedrohung, Stärke und Schwäche in mindestens einer Strategie berücksichtigt werden.[105]

Die in der Matrix aufgeführten strategischen Stoßrichtungen folgen dem Grundsatz, daß Stärken genutzt und Schwächen vermieden werden sollten. Die langfristige, strategische Perspektive wird einbezogen, indem auch die Chancen und Risiken berücksichtigt werden, die aus zukünftigen Entwicklungen resultieren.[106] Vorteilhaft ist, daß durch die systematische Auflistung aller wichtigen internen und externen Faktoren deren Einbeziehung in die Strategieentwicklung weitgehend gesichert werden kann. Allerdings fehlen Aussagen zu den Wirkungen dieser Größen sowie Hinweise zur Wahl von Matrixfeldern (sollte z.B. eine bestimmte Chance mit einer Stärke oder Schwäche verknüpft werden?) und zur damit verbundenen Ausarbeitung konkreter Strategien.[107]

---

105 Vgl. Macharzina, K.: (Unternehmensführung), S. 276.

106 Vgl. Welge, M.K.; Al-Laham, A.: (Planung), S. 172.

107 Vgl. Macharzina, K.: (Unternehmensführung), S. 276 f.

Unternehmensanalyse / Umweltanalyse	**Stärken/ Strenghts (S)**	**Schwächen/ Weaknesses (W)**
	1. 2. 3. 4. 5. 6. ⋮ Auflisten der Stärken	1. 2. 3. 4. 5. 6. ⋮ Auflisten der Schwächen
Chancen/ Opportunities (O)	**SO-Strategien**	**WO-Strategien**
1. 2. 3. 4. 5. 6. ⋮ Auflisten der Chancen	1. 2. 3. 4. 5. 6. ⋮ Einsatz von Stärken zur Nutzung von Chancen	1. 2. 3. 4. 5. 6. ⋮ Überwindung der eigenen Schwächen durch Nutzung von Chancen
Bedrohungen/ Threats (T)	**ST-Strategien**	**WT-Strategien**
1. 2. 3. 4. 5. 6. ⋮ Auflisten der Bedrohungen	1. 2. 3. 4. 5. 6. ⋮ Nutzung der eigenen Stärken zur Abwehr von Bedrohungen	1. 2. 3. 4. 5. 6. ⋮ Einschränkung der eigenen Schwächen und Vermeidung von Bedrohungen

Abb. 2-17: TOWS-Matrix[108]

Strategieabstimmung

Durch die *Portfolio-Methode* erfolgt auch eine Abstimmung der Strategien verschiedener strategischer Geschäftseinheiten. Für die Strategiekoordination erscheint außerdem eine *strategische Budgetierung* geeignet, bei der für jeden Verantwortungsbereich Pläne zur langfristigen Existenzsicherung (Budgets) formuliert werden, die "die langfristigen Kosten und Erlöse von Erfolgs- und Fähigkeitspotentialen"[109] ausweisen. Diese Pläne werden im Rahmen der strategischen Budgetierung aufeinander abgestimmt. Des weiteren lassen sich Entscheidungsmodelle in Form von *Simultanplanungsmodellen* nutzen, in denen Verbindungen zwischen verschiedenen strategischen Geschäftseinheiten und/oder Funktionsbereichen erfaßt und analysiert werden. So wird beispielsweise in dem linearen Simultanplanungsmodell von FELZMANN die Bestimmung von Strategien verschiedener strategischer Geschäfteinheiten auf Gesamtunternehmensebene unter Berücksichtigung der zwischen diesen bestehenden Zusam-

108 Quelle: leicht modifiziert übernommen von Macharzina, K.: (Unternehmensführung), S. 277.

109 Lehmann, F.O.: (Budgetierung), S. 147. Vgl. zu einer ausführlichen Darstellung dieses Instrumentes Lehmann, F.O.: (Entwurf).

menhänge (und unterschiedlicher Szenarien) vorbereitet.[110] Allerdings ist die Analyse von Simultanplanungsmodellen im Rahmen der strategischen Planung vor allem im Hinblick auf die Datenermittlung mit einem sehr hohen Aufwand und Schwierigkeitsgrad verbunden.

Strategieauswahl

Zur Unterstützung der Strategieauswahl eignen sich *Checklisten* für die Prüfung der Anforderungen an die Strategien sowie *Strategieprofile*, die aufzeigen, inwieweit eine Strategie einzelne Zielkriterien erfüllt.[111] Die Ermittlung eines Gesamtwertes für eine Strategie ist mit Hilfe von *Entscheidungsmodellen* und *Verfahren zu deren Auswertung* möglich. Entscheidungsmodelle lassen sich hinsichtlich verschiedener Kriterien differenzieren, z.B. der Zahl der einbezogenen Alternativen und Ziele. Eher als die bereits erwähnten *Simultanplanungsmodelle* dürften in der strategischen Planung Modelle für Einzelentscheidungen einsetzbar sein. Häufig werden für die Strategiewahl mehrere Zielgrößen relevant sein, so daß die Nutzwertanalyse, der Analytische Hierarchie Prozeß, die Relevanzbaummethode oder weitere *Verfahren zur Lösung von Mehrzielproblemen* bei Einzelentscheidungen angewendet werden sollten. Für die Beurteilung der finanziellen Wirkungen einzelner Strategien sind vor allem die *dynamischen Verfahren der Investitionsrechnung* wie die Kapitalwertmethode bzw. die Discounted Cash Flow Methode und eventuell auch die Interne Zinssatz Methode geeignet. Aufgrund der hohen Unsicherheit der Auswirkungen strategischer Alternativen empfiehlt sich ein Einsatz von Verfahren zur expliziten *Berücksichtigung der Unsicherheit* bei der Modellanalyse; dafür bieten sich insbesondere die Sensitivitätsanalyse, die Risikoanalyse und das Entscheidungsbaumverfahren an.[112]

Informationsverarbeitung

Die meisten der oben angesprochenen Instrumente benötigen und verarbeiten eine Vielzahl von Informationen. Für ihre Anwendung erscheint daher die Nutzung der EDV vorteilhaft, z.B. in Form von *Entscheidungsunterstützungssystemen.* Entscheidungsunterstützungssysteme sind computergestützte, interaktive Informationssysteme, die Aktivitäten der Entscheidungsfindung unterstützen, bei denen - wie in der strategischen Planung - ein automatisierter Entscheidungsprozeß nicht möglich oder wünschenswert ist. Entscheidungsunterstützungssysteme können über Schnittstellen zu anderen EDV-Systemen und ein Datenbanksystem verfügen. Zudem weisen moderne Entscheidungsunterstützungssysteme eine komfortable

---

110 Vgl. Felzmann, H.: (Modell).

111 Vgl. Wilde, K.D.: (Bewertung), S. 163 ff.

112 Vgl. zu diesen und weiteren Verfahren der Strategiebewertung und -auswahl bzw. der Entscheidungsvorbereitung allgemein Wilde, K.D.: (Bewertung), S. 161 ff.; Meffert, H.: (Marketing), S. 298 ff.; Götze, U.; Bloech, J.: (Investitionsrechnung), S. 69 ff.

Benutzeroberfläche mit Grafikmöglichkeiten sowie ein Modell- und Methodenbanksystem auf. In diesem lassen sich Instrumente der strategischen Planung implementieren, z.B. die Portfolio-Methode, analytische Prognoseverfahren sowie Entscheidungsmodelle und Verfahren zu deren Auswertung.[113]

2.2.2. Ausgewählte Instrumente der strategischen Planung

2.2.2.1. PIMS-Studie

Bei der PIMS (Profit Impact of Market Strategies) -Studie handelt es sich um eine branchenübergreifende Untersuchung, die vom Strategic Planning Institute (SPI), Cambridge, Massachussetts, durchgeführt wird und sich auf die strategischen Faktoren bezieht, die für den nachhaltigen Erfolg des Unternehmens bzw. einer strategischen Geschäftseinheit ausschlaggebend sind. In die Untersuchung werden mittlerweile Daten von mehreren hundert Unternehmen mit etwa 3.000 strategischen Geschäftseinheiten einbezogen. Von jeder strategischen Geschäftseinheit werden mehr als 200 Daten erfaßt, und zwar über die Marktcharakteristika (Vertriebskanäle, Anzahl der Kunden, Wachstumsrate, Inflationsrate etc.), die Wettbewerbsposition (Preis, Qualität usw. im Verhältnis zur Konkurrenz) sowie die Kapital- und Produktionsstruktur (Investitionsintensität, Produktivität etc.).[114] Zur Analyse dieser Daten wird die multiple Regressionsanalyse genutzt. Angestrebt wird,

- die für den strategischen Erfolg maßgeblichen Faktoren zu identifizieren und
- den Einfluß der einzelnen Faktoren auf die Erreichung der Unternehmensziele zu bestimmen.

Als Zielgröße wird in erster Linie die Rentabilität (ROI) des Unternehmens bzw. einer strategischen Geschäftseinheit zugrunde gelegt. Zusätzlich erfolgt eine Betrachtung des Cash Flow.

In der Studie konnten 48 Unternehmens- bzw. Marktfaktoren identifiziert werden, die eine eindeutige Korrelation mit dem Unternehmenserfolg (ROI) aufweisen und dessen Varianz insgesamt zu 70-80 % erklären. Die wichtigsten Bestimmungsfaktoren des ROI zeigt Abbildung 2-18.

---

113 Zu Entscheidungsunterstützungssystemen für die strategische Planung vgl. Moormann, J.: (Planung), S. 24 ff.; Dannenberg, J.: (Instrumente), S. 80 ff., zu strategischen Datenbanken zur Unterstützung des strategischen Management vgl. Hesse, S.: (Datenbanken), S. 59 ff.

114 Vgl. Buzzell, R.D.; Gale, B.T.: (PIMS-Programm), S. 3.

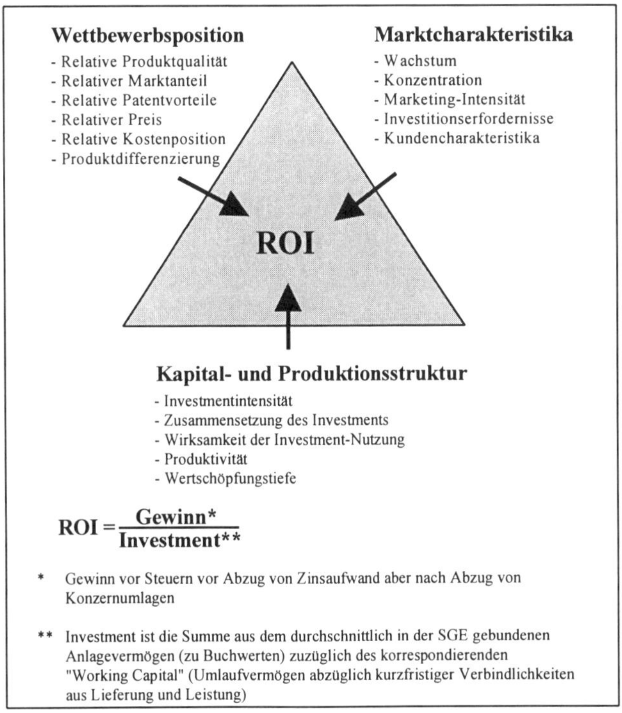

Abb. 2-18: Die wichtigsten Bestimmungsfaktoren des ROI[115]

Eine besonders einflußreiche Größe stellt der relative Marktanteil dar, d.h. das Verhältnis des eigenen Marktanteils zu dem der drei stärksten Konkurrenten. Abbildung 2-19 gibt den Zusammenhang zwischen Rentabilität (ROI) und relativem Marktanteil wieder. Wie aus ihr ersichtlich ist, steigt der ROI tendenziell mit wachsendem relativen Marktanteil. Für diesen Zusammenhang werden verschiedene mögliche, zum Teil miteinander verbundene Ursachen genannt:[116]

- Economies of Scale (größenabhängige Kostenvorteile),
- Marktmacht (auf den Beschaffungs- und Absatzmärkten),
- Erfahrungseffekte (aufgrund hoher kumulierter Produktionsmengen; wie bei den nachfolgenden Ausführungen zum Erfahrungskurvenkonzept beschrieben),
- Präferenzen der Abnehmer,
- sonstige, z.B. die Managementqualität.

---

115 Quelle: in modifizierter Form übernommen von Luchs, R.H.; Müller, R.: (Strategien), S. 85. Vgl. dazu auch Welge, M.K.; Al-Laham, A.: (Planung), S. 58; Kreikebaum, H.: (Unternehmensplanung), S. 115.

116 Vgl. Buzzell, R.D.; Gale, B.T.: (PIMS-Programm), S. 67; Welge, M.K.; Al-Laham, A.: (Planung), S. 60 f.

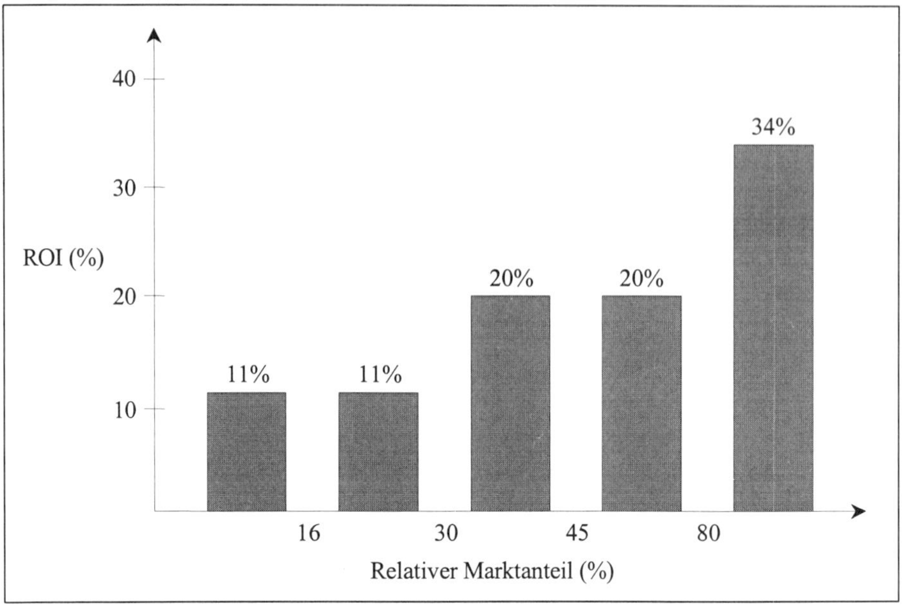

Abb. 2-19: Zusammenhang zwischen ROI und relativem Marktanteil[117]

Eine positive Korrelation wurde auch für die Produktqualität und den ROI festgestellt, ein negativer Zusammenhang besteht hingegen zwischen der Investmentintensität und dem ROI. Für die vertikale Integration und den ROI wurde eine u-förmige Beziehung ermittelt, ein hoher ROI wird demgemäß vor allem bei einem sehr hohen oder einem sehr niedrigen Grad der vertikalen Integration erzielt.[118]

Die Ergebnisse der PIMS-Studie liefern Anhaltspunkte insbesondere für die Festlegung strategischer Zielgrößen. So ist es aufgrund der hohen Bedeutung des relativen Marktanteils für den Unternehmenserfolg eventuell sinnvoll, einen bestimmten Wert dieser Größe als strategisches Ziel einer strategischen Geschäftseinheit zu definieren. Aber auch für die nachfolgenden Schritte der strategischen Planung, z.B. die strategische Analyse und Prognose und Strategieentwicklung mit Hilfe der Portfolio-Analyse, und für Benchmarking-Studien lassen sich die Resultate des PIMS-Projektes verwenden.

Die allgemeinen Erkenntnisse der PIMS-Studie werden in Form von PIMS-Letters sowie Büchern und Aufsätzen publiziert. Außerdem können die an der Studie beteiligten Unternehmen eine Reihe von Dienstleistungen nutzen; unter anderem ist es möglich, auf der Grundlage

117 Quelle: Neubauer, F.F.: (PIMS-Programm), S. 443.

118 Vgl. Buzzell, R.D.: (Integration), S. 95 ff.; Bühner, R.: (Strategie), S. 280 ff.

der PIMS-Datenbank spezielle EDV-gestützte Analysen für einzelne strategische Geschäftseinheiten vorzunehmen:[119]

- mit dem 'PAR-Report' wird der ROI berechnet, der typischerweise von einer SGE mit vergleichbaren Eigenschaften erzielt wird,
- die Ergebnisse alternativer Strategien einer SGE werden mit Hilfe des 'Strategy Analysis Report' prognostiziert,
- der 'Optimum Strategy Report' dient der Identifikation der für eine SGE im Hinblick auf die Zielgrößen ROI und Cash Flow optimalen Strategie,
- mit dem 'Report on Look Alikes' sollen zur Zielerreichung geeignete operativ/taktische Maßnahmen gefunden werden.

Allerdings ist die Aussagekraft sowohl der allgemeinen als auch der speziellen Ergebnisse der PIMS-Studie aus verschiedenen Gründen begrenzt. Problematisch erscheinen die folgenden Aspekte:[120]

- Transparenz der Ergebnisse (die konkreten Regressionsgleichungen werden ebenso wie Varianzen nicht publiziert),
- Einbeziehung von Unternehmen verschiedener Branchen (die Ergebnisse stellen in dieser Hinsicht 'Durchschnittsresultate' dar),
- Eignung der multiplen linearen Regressionsanalyse (Unabhängigkeit der erklärenden Größen, Abbildbarkeit der Zusammenhänge in einer Gleichung),
- vergangenheitsbezogene Datenbasis (die Befunde der PIMS-Studie ändern sich im Zeitablauf, bei Übertragung auf die Zukunft wird die Gültigkeit der 'Zeitstabilitätshypothese' vorausgesetzt),
- Eignung der Zielgröße ROI für strategische Überlegungen sowie Wahl der unabhängigen Variablen (ohne theoretische Fundierung),
- Datenermittlung (von ordinal skalierten Daten wie relative Qualität) sowie -vergleichbarkeit (insbesondere ordinal skalierter und monetärer Größen),
- Befunde (keine Aussagen zu den Kausalzusammenhängen, die die Korrelationen bewirken; das Ausmaß der Beziehung zwischen ROI und relativem Marktanteil ist nicht so gravierend wie postuliert, dieser und die anderen in Abbildung 2-18 aufgeführten 'Schlüsselfaktoren' erklären jeweils kaum mehr oder sogar weniger als 10 % des ROI).

Trotz dieser Kritikpunkte stellt die PIMS-Studie eine wichtige Orientierungshilfe für die strategische Planung dar.

---

119 Vgl. Welge, M.K.; Al-Laham, A.: (Planung), S. 67 ff.

120 Vgl. Welge, M.K.; Al-Laham, A.: (Planung), S. 71 f.; Kreikebaum, H.: (Unternehmensplanung), S. 116 f.

2.2.2.2. Erfahrungskurvenkonzept

Das Konzept der Erfahrungskurve (auch Kostenerfahrungskurve oder experience curve genannt) beschreibt einen Zusammenhang zwischen den realen Stückkosten und der kumulierten Produktionsmenge, der bereits 1966 in einer empirischen Studie der Boston Consulting Group über die Preis- und Kostenentwicklung erkannt und zunächst für die elektronische und chemische Industrie, später auch für andere Branchen nachgewiesen wurde. Bei einer Verdoppelung der kumulierten Produktionsmenge besteht die Möglichkeit, die in inflationsbereinigten Geldeinheiten ausgedrückten und auf die Wertschöpfung bezogenen Selbstkosten eines Produktes um 20 bis 30 Prozent zu senken. Diese Aussage bezieht sich sowohl auf ein einzelnes Unternehmen als auch auf den jeweiligen Industriezweig.[121]

Da auf kumulierte Produktionsmengen Bezug genommen wird, entsteht das Kostensenkungspotential auch dann, wenn die Produktionsmenge eines Gutes im Zeitablauf stets auf dem gleichen Niveau bleibt. Hier liegt der Unterschied zu dem als Größendegression bekannten Effekt, daß die Stückkosten mit steigender Betriebsgröße (z.B. gemessen an der Produktionsmenge einer Periode) sinken. Dieser Größendegressionseffekt ist darauf zurückzuführen, daß zum einen kostengünstigere Produktionsverfahren genutzt sowie weitere Kostenvorteile in den Funktionsbereichen erzielt werden können und zum anderen bei zunehmender Produktionsmenge - von sprungfixen Kosten abgesehen - die Fixkosten pro Stück sinken. Größendegressionen sind eine mögliche Ursache des Erfahrungseffektes. Weitere mögliche Gründe für diesen können Rationalisierungsmaßnahmen, technischer Fortschritt und Lern- bzw. Lernkurveneffekte darstellen.[122]

Die sogenannten Lernkurven beziehen sich auf den Fertigungsbereich. 1925 von dem Flugzeugbauer WRIGHT erstmals beschrieben und anschließend auch mehrfach empirisch nachgewiesen, sagt das Konzept aus, daß die Fertigungszeiten und damit die Fertigungslöhne pro produzierter Einheit mit zunehmenden kumulierten Stückzahlen sinken. Bei den ineinander übergehenden Ursachen hierfür kann es sich um Lern- und Übungseffekte einzelner Mitarbeiter sowie Verbesserungen der Organisation und der Betriebsmittel handeln. Der Erfahrungskurveneffekt betrifft über die Lohnkosten hinaus die weiteren auf die Wertschöpfung bezogenen Kosten, d.h. auch Entwicklungs-, Vertriebs- und Verwaltungskosten; er greift damit weiter als der Lernkurveneffekt.[123]

Ausgehend vom Erfahrungskurveneffekt ist es möglich, die erwarteten oder realisierbar erscheinenden realen Stückkosten zu berechnen, die bei einer bestimmten kumulierten Pro-

---

121 Vgl. Henderson, B.D.: (Erfahrungskurve), S. 19 ff.; Kreikebaum, H.: (Unternehmensplanung), S. 98 f.; zu Beispielen für Erfahrungskurven vgl. Hedley, B.: (Approach), S. 329 ff.

122 Vgl. Kreikebaum, H.: (Unternehmensplanung), S. 100 f.; Welge, M.K.; Al-Laham, A.: (Planung), S. 73 ff.

123 Vgl. Welge, M.K.; Al-Laham, A.: (Planung), S. 72.

duktionsmenge von einem Produkt verursacht werden. Dazu müssen der Kostendegressionsfaktor und die Stückkosten des ersten Stückes bekannt sein und der Degressionsfaktor stets konstant bleiben (eine Annahme, die gemäß den Ergebnissen der empirischen Untersuchungen nicht besonders realitätsfremd ist). Es läßt sich dann das Funktionsgesetz der hyperbolischen Funktion nutzen, die entsprechend der Kernaussage des Erfahrungskurveneffektes für die realen Stückkosten in Abhängigkeit von der kumulierten Produktionsmenge vorliegen muß:[124]

$$k_n = k_1 \cdot n^{-b}$$

mit: k_n = reale Stückkosten der n-ten Produkteinheit
k_1 = reale Stückkosten der ersten Produkteinheit
n = kumulierte Produktionsmenge
b = Degressionsfaktor

Der Degressionsfaktor b wird durch die Erfahrungsrate p, d.h. die prozentuale Abnahme der realen Stückkosten bei Verdoppelung der kumulierten Produktionsmenge, bestimmt. Es muß nun der Zusammenhang zwischen p und b erfaßt werden. Dazu kann von den folgenden Beziehungen (1) und (2) ausgegangen werden:[125]

(1) Falls $k_n = 100$, gilt: $k_{2n} = 100 - p$.

(2) Außerdem trifft zu: $k_n = k_1 \cdot n^{-b}$ und $k_{2n} = k_1 \cdot (2n)^{-b}$.

Es gilt dann:

(3) $$\frac{k_n}{k_{2n}} = \frac{100}{100-p} = \frac{k_1 \cdot n^{-b}}{k_1 \cdot (2n)^{-b}}$$

und

(4) $$\frac{100-p}{100} = \frac{k_1 \cdot (2n)^{-b}}{k_1 \cdot n^{-b}} = 2^{-b}.$$

Wird q als (100-p)/100 eingeführt, dann ergibt sich über

(5) $q = 2^{-b}$ und $\log q = -b \cdot \log 2$

ein Ausdruck für b:

(6) $$b = -\frac{\log q}{\log 2} \quad .$$

---

[124] Vgl. Kreikebaum, H.: (Unternehmensplanung), S. 99.

[125] Vgl. Kreikebaum, H.: (Unternehmensplanung), S. 99 f.

Dazu sei ein kleines Rechenbeispiel betrachtet, bei dem als Ausgangsdaten $k_1 = 160$ sowie $p = 20$ gelten und die bei Gültigkeit des Erfahrungseffektes zu erwartenden realen Stückkosten für die zweite, dritte, vierte und 32. Produkteinheit zu berechnen sind:

$$b = -\frac{\log q}{\log 2} = -\frac{\log 0{,}8}{\log 2} = -\frac{-0{,}0969}{0{,}301} = 0{,}3219$$

$$k_2 = 160 \cdot 2^{-0{,}3219} = 160 \cdot 0{,}8 = 128$$

$$k_3 = 160 \cdot 3^{-0{,}3219} = 160 \cdot 0{,}7021 = 112{,}34$$

$$k_4 = 160 \cdot 4^{-0{,}3219} = 160 \cdot 0{,}64 = 102{,}40 \qquad \text{(auch über } k_4 = k_2 \cdot q \text{ ermittelbar)}$$

$$k_{32} = 160 \cdot 32^{-0{,}3219} = 160 \cdot 0{,}3277 = 52{,}43$$

Die Verläufe der realen Stückkosten eines Produktes in Abhängigkeit von der kumulierten Ausbringungsmenge können - wie Abbildung 2-20 zeigt - in unterschiedlicher Form dargestellt werden. Im oberen Teil der Abbildung sind die Achsen wie üblich so eingeteilt, daß Werte und Abstände sich zueinander proportional verhalten; für die Stückkostenkurve ergibt sich dann ein hyperbolischer Verlauf. Im unteren Teil hingegen werden sowohl die realen Stückkosten als auch die kumulierten Produktionsmengen logarithmisch skaliert. Es wird ein Verdoppelungsabstand definiert; bei diesem Abstand zwischen zwei Punkten verdoppelt sich jeweils der Zahlenwert. Zwischen den beiden Punkten verläuft die Einteilung linear, da auch bei den 'Zwischenpunkten' eine Erhöhung um den Verdoppelungsabstand wieder zu einer Verdoppelung führen muß. Bei einer entsprechenden logarithmischen Skalierung ist die Stückkostenkurve linear, da bei einer Verdoppelung immer die gleiche Stückkostensenkung auftritt.

Das Erfahrungskurvenkonzept besagt, daß in Abhängigkeit von der kumulierten Produktionsmenge Kostensenkungspotentiale bestehen können, die es durch geeignete Maßnahmen des Kostenmanagement auszuschöpfen gilt. Die Kenntnis des Erfahrungskurveneffektes kann zudem bei der Prognose der eigenen Kosten sowie der Kostenabstände gegenüber den Wettbewerbern genutzt werden. Die Informationen hierüber sind sowohl für die Festlegung der strategischen Zielgrößen als auch für die Unternehmensanalyse und die Strategiebestimmung (z.B. hinsichtlich der Preispolitik) relevant. Das Erfahrungskurvenkonzept weist auf die Bedeutung eines hohen Marktanteils hin, da dieser - unter der Annahme einer weitgehenden Identität zwischen Produktions- und Absatzmenge - über große kumulierte Produktionsmengen und daraus resultierende hohe potentielle Senkungen der realen Stückkosten zu einem hohen Gewinn, ROI und Cash Flow führen kann. Außerdem kann gefolgert werden, daß das Marktwachstum sich erheblich auf die Größe von Erfahrungseffekten auswirkt. Je stärker das Marktwachstum ist, desto größer sind - bei Konstanz von Marktanteil und Erfahrungsrate - die Erfahrungseffekte. Diese Aussagen liegen unter anderem einigen Ansätzen der Portfolio-Analyse zugrunde. Die Erkenntnisse des Erfahrungskurveneffektes lassen zudem generell

Strategien vorteilhaft erscheinen, mit denen auf Märkten mit hohem Marktwachstum ein hoher Marktanteil erreicht wird.[126]

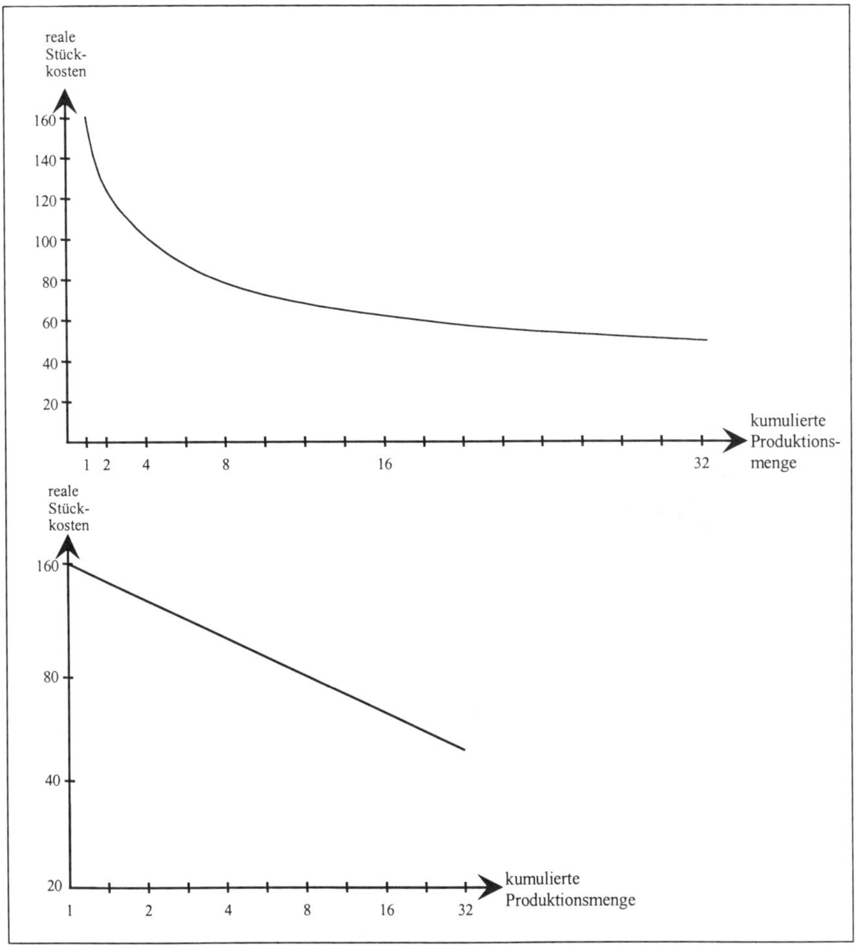

Abb. 2-20: Reale Stückkosten in Abhängigkeit von der kumulierten Produktionsmenge[127]

Hinsichtlich der Aussagekraft des Erfahrungseffektes gelten jedoch einige Einschränkungen. So bleiben die Potentiale zur Kostensenkung unberücksichtigt, die bei den nicht in der Wertschöpfung erfaßten Kosten für Vor- und Fremdleistungen bestehen. Eine Kostendegression tritt nur dann ein, wenn das Kostensenkungspotential durch geeignete Maßnahmen ausgenutzt

126 Vgl. Kreikebaum, H.: (Unternehmensplanung), S. 105 ff.; Welge, M.K.; Al-Laham, A.: (Planung), S. 76 ff.

127 Quelle: zu der zugrundeliegenden Darstellung vgl. Henderson, B.D.: (Erfahrungskurve), S. 21.

wird. Bei der empirischen Bestimmung von Erfahrungskurven sind verschiedene Probleme zu lösen; unter anderem ist die Produktabgrenzung ebenso schwierig wie die Kostenermittlung einschließlich der Zuordnung der Kosten zu einzelnen Produkten (Gemeinkostenproblematik). Zur Bestimmung von Erfahrungskurven werden daher oft Preisentwicklungen genutzt. Es ist aber fraglich, inwieweit die damit verbundene Annahme zutrifft, daß der Preisverlauf der Kostenentwicklung folgt. Die oben angesprochene Strategie des Erzielens hoher Marktanteile auf schnell wachsenden Märkten ist mit den Gefahren einer zu hohen Produktstandardisierung und einer technologischen Inflexibilität verbunden.[128]

2.2.2.3. Lebenszykluskonzept

Ausgangsüberlegung des produktbezogenen Lebenszykluskonzepts ist, daß Produkte ähnlich wie Lebewesen dem "Gesetz des Werdens und Vergehens"[129] unterliegen. Basierend auf dieser Überlegung wird der Zeitraum, in dem in Unternehmen (oder Branchen) Aktivitäten ablaufen, die im direkten Zusammenhang mit einer in Serien- oder Massenfertigung hergestellten Produktart stehen, in Abschnitte zerlegt.[130] Es existieren verschiedene Lebenszyklusmodelle, die allein einen Marktzyklus (auch Markt- oder Nutzungsphase), einen Markt- und einen Entstehungszyklus (auch Entstehungsphase bzw. Vorlaufphase) oder aber einen Markt-, einen Vorlauf- und einen Nachsorgezyklus (auch Nachlaufphase) umfassen. Diese Zyklen werden wieder in Phasen unterteilt, oder es werden ihnen charakteristische Aktivitäten zugeordnet. Neben dieser Aufgliederung in Teilzyklen und Phasen beinhalten die Lebenszyklusmodelle Aussagen zu bestimmten Merkmalen der einzelnen Abschnitte und zu typischen Verläufen der produktbezogenen Umsätze, Kosten, Gewinne, Deckungsbeiträge, Ein- und Auszahlungen, Cash Flows, Grenzumsätze, Grenzkosten oder Grenzgewinne in Abhängigkeit von den Lebenszyklusstadien.[131]

Als *Entstehungszyklus* wird der Zeitraum bezeichnet, der die Gewinnung der Produktidee, die Entwicklung und Konstruktion sowie die Produktions- und Absatzvorbereitung umfaßt. Ausgehend von der ersten Produktidee steigen die Kosten bzw. Auszahlungen fast permanent an, zumeist ohne daß Umsätze bzw. Einzahlungen erzielt werden können. Dementsprechend werden Gewinn und Cash Flow in den einzelnen Abschnitten der Entstehungsphase in der Regel negativ sein.

---

128 Vgl. dazu und zu weiteren Kritikpunkten Kreikebaum, H.: (Unternehmensplanung), S. 105 ff.; Welge, M.K.; Al-Laham, A.: (Planung), S. 80 f.; Kreilkamp, E.: (Management), S. 350 ff.

129 Meffert, H.: (Marketing), S. 328.

130 Vgl. Pfeiffer, W.; Bischof, P.: (Produktlebenszyklen); Zehbold, C.: (Lebenszykluskostenrechnung), S. 33 ff.

131 Vgl. zu unterschiedlichen Modellen Kreikebaum, H.: (Unternehmensplanung), S. 109 f.; Zehbold, C.: (Lebenszykluskostenrechnung), S. 17 ff.

Der Markteintritt des Produktes (Angebot auf dem Markt) kennzeichnet den Anfang des *Marktzyklus*. Für dessen Aufgliederung existieren verschiedene Varianten, von denen hier das Vier-Phasen- und das Fünf-Phasen-Modell angesprochen werden. Während beim Fünf-Phasen-Modell zwischen Einführungs-, Wachstums-, Reife-, Sättigungs- und Rückgangsphase unterschieden wird, erfolgt beim Vier-Phasen-Schema eine Zusammenfassung der Reife- und der Sättigungsphase zur Reifephase i.w.S. Für den Marktzyklus wird in der Regel von zunächst zu- und dann wieder abnehmenden Absatz- und Produktionsmengen ausgegangen, die entsprechende Kosten- und (glockenförmige) Umsatzverläufe mit sich bringen. Dies zeigt auch Abbildung 2-21, die einen aus Entstehungs- und Marktzyklus (in Form des Fünf-Phasen-Modells) bestehenden Lebenszyklus darstellt.

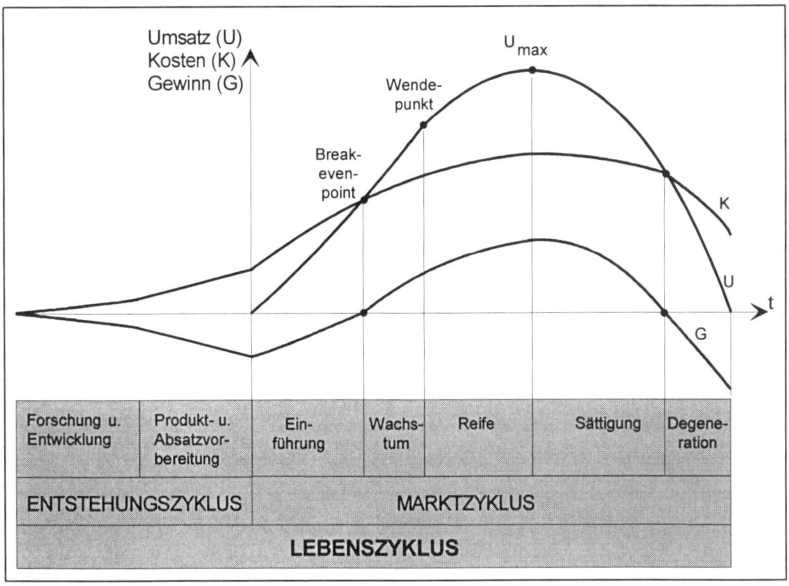

Abb. 2-21: Lebenszyklusmodell (I)[132]

Im folgenden werden die einzelnen Phasen des Marktzyklusses kurz charakterisiert.[133] Die *Einführungsphase* ist durch niedrige Umsätze sowie geringe oder negative Deckungsbeiträge gekennzeichnet. Die Ursachen hierfür können - neben den geringen Umsätzen - weiterhin anfallende hohe Kosten für die Produktentwicklung, die Produktionsvorbereitung sowie die Einführung auf dem Absatzmarkt (z.B. massive Werbung) darstellen. Diese Aktivitäten

132 Quelle: in Anlehnung an Kreikebaum, H.: (Unternehmensplanung), S. 111.

133 Vgl. dazu Becker, J.: (Marketing-Konzeption), S. 725 ff.; Hentze, J.; Brose, P.; Kammel, A.: (Unternehmungsplanung), S. 277.

bewirken auch, daß der Finanzmittelbedarf hoch und der Cash Flow noch negativ ist. Der Break-Even-Point, an dem der Umsatz des Produktes dessen Kosten erstmalig erreicht, kann als Ende der Einführungsphase angesehen werden.

In der *Wachstumsphase* steigen die Umsätze progressiv an. Die Deckungsbeiträge und der Cash Flow sind in dieser Phase in der Regel positiv. Aus Sicht eines Unternehmen, das als erstes oder eines der ersten auf dem Markt aufgetreten ist, besteht die Gefahr, daß aufgrund wachsender Bekanntheit des Produktes und Nachfrage nach diesem auch andere Unternehmen Gewinnmöglichkeiten vermuten und die Zahl der Konkurrenten zunimmt. Das Unternehmen hat dann aber unter Umständen Kostenvorteile aufgrund von Erfahrungseffekten gegenüber neuen Konkurrenten. Die Wachstumsphase endet in dem Zeitpunkt, in dem die Umsatzkurve von einem progressiv steigenden in einen degressiv steigenden Verlauf übergeht.

Die nächste Phase ist die *Reifephase*. Die Umsätze sind besonders hoch (eventuell unter anderem durch die Käufe markentreuer Kunden), außerdem werden in dieser Phase zumeist hohe Deckungsbeiträge und ein hoher Cash Flow erzielt. Oftmals beginnt jedoch auch ein deutlicher Preisverfall durch Preiswettbewerb mit den Konkurrenten. Am Ende der Phase erreicht der Umsatz sein Maximum.

In der *Sättigungsphase* nehmen aufgrund der Marktsättigung die Umsätze und häufig auch die Preise ab. Die Deckungsbeiträge und der Cash Flow sind typischerweise noch deutlich positiv. Der gezielte Einsatz marketingpolitischer Maßnahmen wie Produktvariationen oder besondere Werbekampagnen soll dazu führen, daß weiterhin hohe (eventuell zwischenzeitlich auch wieder ansteigende) Umsätze erzielt werden und dadurch das Produkt noch solange wie möglich gewinnbringend auf dem Markt gehalten werden kann.

Die *Rückgangs-* bzw. *Degenerationsphase* ist die letzte Phase vor dem Ausscheiden aus dem Markt. Die Kosten können durch die - häufig aufgrund eines Preisverfalls - niedrigen Umsätze nicht mehr gedeckt werden, so daß die Deckungsbeiträge negativ werden; gleiches gilt oft für den Cash Flow. In dieser Phase des Lebenszyklusses ist es grundsätzlich sinnvoll, das Produkt zu eliminieren, falls keine Verbundwirkungen mit anderen Produkten bestehen. Allerdings stellt sich die Frage nach dem optimalen Zeitpunkt des Marktaustritts.[134]

In manchen Lebenszyklusmodellen wird, wie oben bereits angesprochen, auch der Zeitraum nach dem Absatz von Produkten einbezogen. Dieser Nachsorgezyklus enthält die auf den Absatz folgenden Aktivitäten wie Kundendienst, Ersatzteilgeschäft, Rücknahme und Entsorgung sowie die Desinvestition von Betriebsmitteln. Ein Beispiel für eine entsprechende Erweiterung ist das in Abbildung 2-22 dargestellte Modell, bei dem zwischen einer Vorlaufphase, der Markt- oder Nutzungsphase sowie der Nachlaufphase differenziert wird. Der Marktphase werden Teilphasen, der Vor- und der Nachlaufphase typische Aktivitäten zugeordnet. Außerdem ist der typische Verlauf der Ein- und Auszahlungen über den Lebenszyklus

134 Vgl. dazu auch die Ausführungen zu Schrumpfungsstrategien in Abschnitt 4.2.3.

für das Beispiel einer Serienfertigung abgebildet. Dabei wird bei der Vorlauf- und der Nachlaufphase die Abhängigkeit der Auszahlungen von den Aktivitäten dieser Phasen angedeutet, ein Maximum erreichen die Auszahlungen jeweils bei Investitions- bzw. Desinvestitionsaktivitäten. Schließlich wird angedeutet, daß sich die drei Phasen zumeist überlagern, da während der Marktphase einerseits noch Tätigkeiten mit Vorlaufcharakter erforderlich sind und andererseits - für die abgesetzten Produkteinheiten - bereits solche der Nachlaufphase ablaufen.[135]

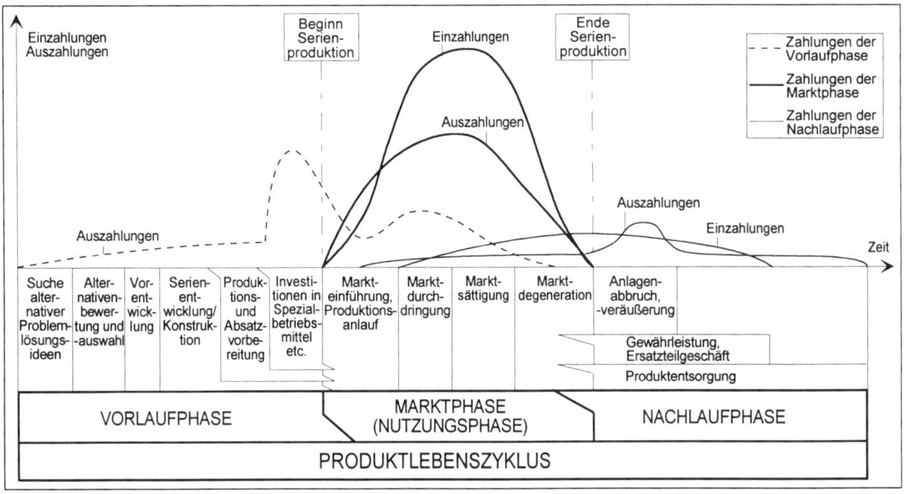

Abb. 2-22: Lebenszyklusmodell (II)[136]

Die hier beschriebenen allgemeinen Modelle für den Produktlebenszyklus stellen Erklärungsmodelle dar, die zur Beschreibung und Charakterisierung von Produkten, Produktgruppen oder - auf der strategischen Ebene besonders relevant - strategischen Geschäftseinheiten beitragen können. Ist bekannt, in welcher Lebenszyklusphase sich ein Produkt befindet, lassen sich daraus Anhaltspunkte für dessen zukünftige Absatzentwicklung und Erfolgsaussichten gewinnen, die insbesondere für Planungen zum Einsatz des absatzpolitischen Instrumentariums einschließlich des Absatzprogramms (Gestaltung und Einführung neuer Produkte, Produktvariation oder -elimination, Werbekampagnen etc.), aber auch für darüber hinaus gehende strategische Planungen genutzt werden können.[137] Beispielsweise sollten Produkte, die sich in der Einführungsphase befinden, nicht ohne weiteres eliminiert werden, nur weil sie negative

[135] Vgl. Coenenberg, A.G.; Fischer, T.; Schmitz, J.: (Target), S. 226 f.

[136] Quelle: in modifizierter Form übernommen von Riezler, S.: (Lebenszyklusrechnung), S. 9.

[137] Vgl. Kreikebaum, H.: (Unternehmensplanung), S. 110; Corsten, H.: (Wettbewerbsstrategie), S. 74; Hentze, J.; Brose, P.; Kammel, A.: (Unternehmungsplanung), S. 277.

Deckungsbeiträge aufweisen. Der Marktanteil kann oftmals relativ leicht durch Wachstum auf stark expandierenden Märkten und damit in frühen Lebenszyklusphasen einer Produktart (bezogen auf die Branche) gesteigert werden. Mehrproduktunternehmen sollten angesichts des Lebenszyklusmodells die Gefahr vermeiden, daß ihr Produktsortiment nur aus Produkten besteht, die in ihrem Lebenszyklus schon sehr weit fortgeschritten sind. Analoge Aussagen gelten für strategische Geschäftseinheiten, diese liegen unter anderem einigen Konzepten der Portfolio-Analyse zugrunde.

Des weiteren ist festgestellt worden, daß die Beeinflußbarkeit der Kosten (bzw. Auszahlungen) besonders in den frühen Phasen hoch ist und daß Wechselwirkungen zwischen den Kosten verschiedener Lebenszyklusphasen bestehen;[138] derartige Beziehungen existieren zudem zwischen den Erlösen (oder Einzahlungen) unterschiedlicher Phasen sowie zwischen diesen und den Kosten. Diese Erkenntnisse lassen sich zum Kosten- und Erlösmanagement nutzen.

Der Aussagewert allgemeiner produktbezogener Lebenszyklusmodelle ist allerdings in mancherlei Hinsicht auch eingeschränkt. Es existiert kein generell gültiges Modell, vielmehr scheinen in der Realität verschiedene Zyklustypen aufzutreten. Die Abgrenzung einzelner Produkte und Phasen ist problematisch, und der Phasenverlauf läßt sich durch Marketingaktivitäten beeinflussen. Auch werden in Lebenszyklusmodellen Aussagen zur Entwicklung des Produktes in der Branche und im Unternehmen zusammengefügt, in dieser Hinsicht erscheint bei Planungsüberlegungen eine Differenzierung erforderlich. Insgesamt können die Aussagen von Produktlebenszyklusmodellen nur allgemeine Anregungen vermitteln, in spezifischen Anwendungsfällen sind konkretere Überlegungen erforderlich.[139] Als Beispiele hierfür seien Ansätze des Kostenmanagement wie das in Abschnitt 6.3. beschriebene Target Costing oder das Life Cycle Costing genannt. Mit diesen wird angestrebt, aufbauend auf den Erkenntnissen allgemeiner Lebenszyklusmodelle die Gestaltung der Produkte und der mit ihnen verbundenen Aktivitäten zielgerecht zu steuern. Im Rahmen des Life Cycle Costing werden dazu spezifische Lebenszyklusmodelle gebildet und ausgewertet, um beispielsweise Entscheidungen in frühen Phasen des Lebenszyklus, z.B. über den Abbruch oder die Fortführung einer Produktentwicklung, vorzubereiten.[140]

---

138 Vgl. Fischer, T.M.: (Life), S. 277.

139 Zur Kritik an der Aussagekraft des integrierten Produktlebenszyklus vgl. Kreikebaum, H.: (Unternehmensplanung), S. 111 f.

140 Zu derartigen Lebenszyklusrechnungen vgl. z.B. Riezler, S.: (Lebenszyklusrechnung); Zehbold, C.: (Lebenszykluskostenrechnung); Götze, U.: (Lebenszykluskosten). In diesem Zusammenhang sei darauf hingewiesen, daß auch für einzelne Produkteinheiten einer Produktart Lebenszyklusmodelle entwickelt und aus diesen Aussagen abgeleitet werden können. Als Grundlage hierfür läßt sich bei bestimmten Gütern das allgemeine Modell des Systemlebenszyklus nutzen, das für komplexe Investitionsgüter entwickelt worden ist und aus den zeitlich aufeinanderfolgenden Phasen Initiierung, Planung, Realisierung, Betrieb und Stillegung besteht. Vgl. dazu Wübbenhorst, K.: (Konzept).

2.2.2.4. Delphi-Methode

Charakterisierung der Delphi-Methode

Die Delphi-Methode stellt eine spezifische Form der Expertenbefragung dar. Das Verfahren wurde in den 50er Jahren entwickelt und 1963 der Öffentlichkeit vorgestellt.[141] Es handelt sich bei der Delphi-Methode um eine

- durch eine Monitorgruppe gesteuerte Befragung
- einer Gruppe untereinander anonymer Experten,
- die mittels eines standardisierten Fragebogens erfolgt und
- in mehreren Befragungsrunden abläuft, deren Ergebnisse statistisch aufbereitet und den Experten übermittelt werden.[142]

Für die Ausgangsform der Delphi-Methode ist zudem charakteristisch, daß sie sich auf Prognoseaufgaben bezieht und daß für die Prognosen der Experten ein Konsens angestrebt wird.[143] Die Delphi-Methode zählt damit zu den intuitiven Prognoseverfahren. Mit ihrer Anwendung wird bezweckt, die negativen Effekte zu vermeiden, die bei offenen Gruppendiskussionen auftreten können. Dies sind Kommunikationsbarrieren, Konkurrenzdenken zwischen den Experten, die Tendenz zur Anpassung an vorherrschende Meinungen und die Dominanz oder Passivität einzelner Personen.

Ablauf einer Delphi-Befragung

Im einzelnen kann eine Delphi-Befragung bei einem Prognoseproblem etwa wie folgt verlaufen.[144] Allen Experten wird zunächst in schriftlicher Form das gleiche Problem vorgelegt. Nach der Beantwortung der gestellten Fragen erfolgt eine statistische Auswertung der in quantitativer Form vorliegenden Prognosen durch die Monitor- bzw. Leitungsgruppe. Dabei wird aus den Prognosen eine geordnete statistische Reihe gebildet und der Median (Zentralwert) sowie der Interquartilbereich (Quartilsspanne) dieser Reihe bestimmt. Der Median ist derjenige Wert einer geordneten statistischen Reihe, der ebensoviele Werte über sich wie unter sich aufweist; der Interquartilbereich ist der Bereich zwischen dem unteren und dem oberen Quartilsmaß. Bei dem unteren (oberen) Quartilsmaß handelt es sich um den Wert einer geordneten statistischen Reihe, der höher ist als 1/4 (3/4) aller Werte. Auf der Basis dieser Daten kann die Leitungsgruppe extreme Urteile identifizieren. Die Experten, die diese Urteile

141 Vgl. Dalkey, N.C.; Helmer, O.: (Application).

142 Vgl. Bamberger, I.; Mair, L.: (Delphi-Methode), S. 81 f.; Albach, H.: (Informationsgewinnung), S. 17; Wechsler, W.: (Delphi-Methode), S. 23; Linstone, H.A.: (Delphi), S. 274.

143 Vgl. Dalkey, N.C.; Helmer, O.: (Application), S. 459 ff.; Becker, D.: (Analyse), S. 7.

144 Vgl. Welters, K.: (Delphi-Technik), Sp. 263; Becker, D.: (Analye), S. 26; Helmer, O.: (Forward), S. 149; Weber, K.: (Wirtschaftsprognostik), S. 129; Geschka, H.: (Delphi), S. 27 ff.

abgegeben haben, werden um eine Begründung gebeten. Sowohl die extremen Urteile und ihre Begründungen als auch der Median und ggf. der Interquartilbereich werden anschließend den einzelnen Experten übermittelt. Diese sind aufgefordert, unter Berücksichtigung der erhaltenen Informationen ein erneutes Urteil abzugeben, welches vom ersten Urteil abweichen kann. Anschließend wird das Verfahren in der gleichen Form fortgesetzt. Es wird unterstellt, daß im Verlauf mehrerer Befragungsrunden aufgrund des Informationszugangs und des erneuten Nachdenkens über die Problemstellung ein Lernprozeß stattfindet, der zu Antworten führt, deren Inhalte sich annähern. Dieser Konvergenzprozeß ist in der Mehrzahl der Anwendungen auch tatsächlich festgestellt worden.[145] Der Median der Ergebnisse einer bestimmten Befragungsrunde stellt die Prognose dar, der sich ergebende Interquartilbereich kann als Maß für die Übereinstimmung bezüglich der Prognose verwendet werden. Ein Ablaufschema für die Delphi-Methode zeigt die Abbildung 2-23.

Bei der geschilderten Vorgehensweise handelt es sich um eine Grundstruktur, die in Abhängigkeit vom jeweiligen Anwendungsfall zu spezifizieren bzw. modifizieren ist.[146] Gestaltungsalternativen bestehen unter anderem in bezug auf

- den Umfang und die Zusammensetzung der Leitungsgruppe sowie der Gruppe der befragten Experten,
- den Inhalt und die Form der Fragen sowie
- den Ablauf der gesamten Befragung, die Auswertung der Ergebnisse und die Versorgung der Experten mit Informationen.

So kann die Expertengruppe sich aus weniger als zehn, aber auch aus über zweihundert Experten zusammensetzen. Neben quantitativen lassen sich im Rahmen einer Delphi-Befragung auch qualitative Sachverhalte erfragen. Die Zahl der Befragungsrunden beträgt häufig drei oder vier. Sie kann von vornherein festgelegt werden, läßt sich aber auch von der Veränderung der Antworten oder dem Grad der Übereinstimmung abhängig machen. Die erste Befragungsrunde hat oft eine vorbereitende Funktion, generell können die Fragen von Runde zu Runde verändert werden. Das Vorgehen bei der Auswertung ist unter anderem von den Anteilen qualitativer und quantitativer Antworten abhängig.

---

145 Vgl. Helmer, O.: (Forward), S. 150; Geschka, H.: (Delphi), S. 34.

146 Vgl. dazu Götze, U.: (Szenario-Technik), S. 246 ff.

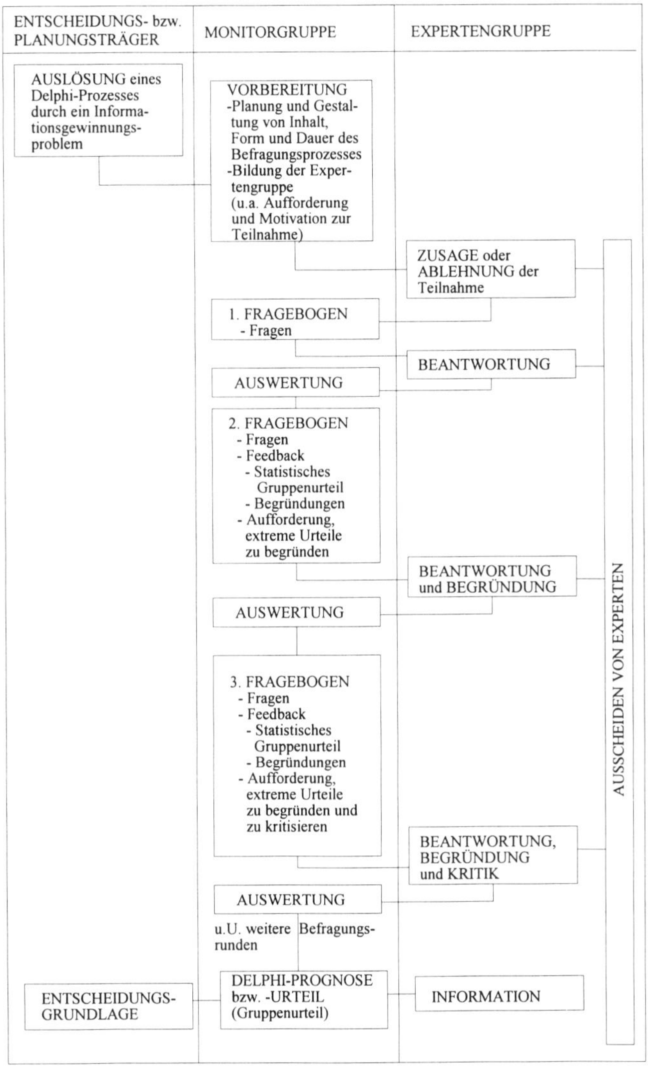

Abb. 2-23: Ablaufschema der Delphi-Methode[147]

147 Quelle: Wechsler, W.: (Delphi-Methode), S. 25.

Beurteilung der Delphi-Methode und Verfahrensvarianten

Die Delphi-Methode weist gegenüber einer offenen Gruppendiskussion eine Reihe von Vorteilen auf:[148]

- durch die Anonymität und die isolierte Befragung der Experten werden die oben angesprochenen negativen Einflüsse auf den Meinungsbildungsprozeß zum Teil vermieden,
- es besteht ein Zwang zu verständlichen und gleichzeitig relativ knappen Formulierungen,
- mit Hilfe der statistischen Auswertungen läßt sich der Befragungsprozeß sehr gut analysieren und kontrollieren,
- die Durchführung einer Delphi-Befragung ist nicht an eine bestimmte Zeit oder einen bestimmten Ort gebunden, und
- es können mehr Experten einbezogen werden.

Durch die Übermittlung von Informationen über die Befragungsergebnisse und die Befragungswiederholung können zudem auch die positiven Effekte von Gruppendiskussionen (breite Informationsbasis, Informationsaustausch, Lernprozesse) in gewissem Ausmaß realisiert werden. Allerdings dürften Problemlösungs- und Lerneffekte aufgrund der starren Kommunikationsform nicht in gleichem Maße wie bei Gruppendiskussionen möglich sein. Weitere Kritikpunkte an der Delphi-Methode sind:

- es werden in der Regel einzelne Entwicklungen isoliert betrachtet,
- es stellen sich die Fragen, ob der Median ein guter Prognosewert ist und ob ein Meinungskonsens wirklich aus Einsicht zustandekommt oder eher auf Konformitätsdruck zurückzuführen ist,
- sowohl der Ressourcen- als auch der Zeiteinsatz sind relativ hoch, letzteres verstärkt die Gefahr des Ausscheidens von Experten,
- die wissenschaftliche Fundierung ist verbesserungswürdig, und das Vorgehen weist eine starke subjektive Komponente auf.

Die Erkenntnis der Schwachpunkte der Delphi-Methode hat die Entwicklung von *Verfahrensvarianten* veranlaßt. So ist es Ziel der Cross-Impact-Analyse, Interdependenzen zwischen verschiedenen Zukunftsentwicklungen zu untersuchen. Weiterhin läßt sich die Delphi-Methode mit Gruppendiskussionen verbinden, dies geschieht z.B. bei der Methode SEER.[149] Um die

---

148 Zu den Vor- und Nachteilen der Delphi-Methode vgl. Welters, K.: (Delphi-Technik), Sp. 263 f.; Becker, D.: (Analyse), S. 12 ff. und S. 55 f.; Bamberger, I.; Mair, L.: (Delphi-Methode), S. 82 ff.; Linstone, H.A.: (Delphi), S. 275.

149 Zur Cross-Impact-Analyse vgl. Götze, U.: (Szenario-Technik), S. 163 ff., zur Methode SEER vgl. Albach, H.: (Informationsgewinnung), S. 23.

Dauer einer Delphi-Befragung zu verringern, werden ein Computer-Dialog, der telefonische Informationsaustausch, die Nutzung von Systemen der Telekommunikation sowie die Durchführung von sogenannten Delphi-Konferenzen vorgeschlagen. In der jüngeren Vergangenheit hat sich das Anwendungsspektrum der Delphi-Methode erweitert, sie wird im Rahmen der Planung auch zur Zielbildung, Umwelt- und Unternehmensanalyse, Alternativensuche sowie Entscheidung eingesetzt. Bei den entsprechenden Anwendungsproblemen steht das Ziel der Konsensbildung im Hintergrund, die Delphi-Methode dient vielmehr als Kommunikationsinstrument sowie zur Analyse der unterschiedlichen Meinungen von Experten und deren Veränderung.

Obwohl die Delphi-Methode Gegenstand einiger Untersuchungen geworden ist, bleiben bezüglich ihrer wissenschaftlichen Fundierung sowie der optimalen Durchführung noch einige Fragen offen. Aufgrund der starken subjektiven Komponente wird die Güte der Ergebnisse einer Delphi-Befragung maßgeblich von den beteiligten Personen abhängen. Dies ist aber kein Grund für die Ablehnung der Methode, da ihr Einsatz gerade bei Problemstellungen sinnvoll erscheint, bei denen wissenschaftlich fundierte analytische Verfahren nicht anwendbar sind. Bei komplexen Planungsproblemen ist der Einsatz der Delphi-Methode eine interessante Alternative zu anderen Formen der Expertenbefragung, die für eine Vielzahl von Themenbereichen angewendet werden kann.[150]

2.2.2.5. Szenario-Technik

Charakterisierung der Szenario-Technik

Der Begriff '*Szenario*' wurde in den 50er Jahren von KAHN in die Wirtschafts- und Sozialwissenschaften eingeführt. KAHN und WIENER definieren Szenarien als "hypothetische Folgen von Ereignissen, die konstruiert werden, um die Aufmerksamkeit auf kausale Prozesse und Entscheidungspunkte zu lenken."[151] In der deutschen Literatur dominiert neben der angeführten Definition die Begriffsfestlegung der Mitarbeiter des Battelle-Instituts, Frankfurt. Diese verstehen unter einem Szenario sowohl "die Beschreibung einer möglichen zukünftigen Situation als auch das Aufzeigen des Entwicklungsverlaufs, der zu dieser zukünftigen Situation hinführt."[152] Bei den Zukunftssituationen kann es sich um trendmäßige, aber auch extreme Entwicklungen der einbezogenen Faktoren handeln. Dies veranschaulicht der in

150 Dies zeigt die Breite der Bereiche, bei denen die Delphi-Methode für technologiebezogene Prognosen und die Bildung entsprechender Entwicklungsziele in Japan angewendet worden ist. Vgl. dazu Cuhls, K.: (Technikvorausschau), S. 91 ff.

151 Kahn, H.; Wiener, A.J.: (Year), S. 6.

152 Geschka, H.; v. Reibnitz, U.: (Szenario-Technik), S. 128.

Abbildung 2-24 dargestellte Trichter, der die möglichen Entwicklungen eines sozioökonomischen Bereichs im Zeitablauf modellartig abbildet.

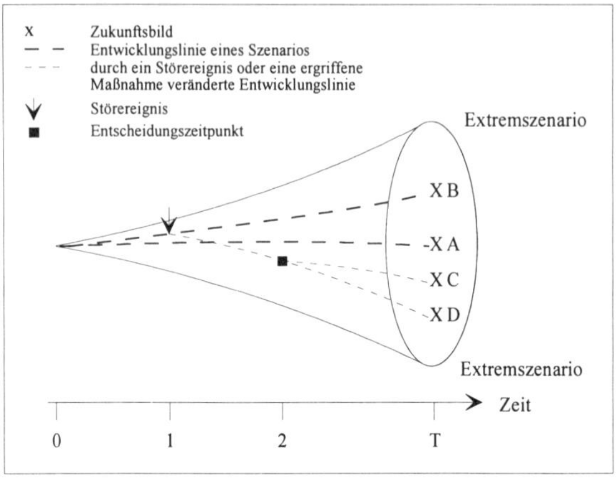

Abb. 2-24: Trichter zur Charakterisierung von Szenarien[153]

Durch die gegenwärtige Situation ist die Entwicklung der nahen Zukunft in starkem Maße determiniert, wenn von unvorhersehbaren Ereignissen abgesehen wird. Mit zunehmender Reichweite der Zukunftsbetrachtung sinkt jedoch der Einfluß der Gegenwart, und der Bereich möglicher Entwicklungen erweitert sich trichterförmig. Auf der Schnittfläche des Trichters, dessen Dimension durch die Anzahl der einbezogenen unsicheren Faktoren festgelegt wird, befinden sich die Endzustände aller im Zeitraum 0 bis T möglichen Entwicklungspfade. Einige davon werden durch Szenarien beschrieben, da es unmöglich und aus wirtschaftlichen Erwägungen auch nicht sinnvoll erscheint, alle denkbaren Entwicklungen zu betrachten. Eine mittlere trendmäßige Entwicklung aller Faktoren umfaßt das Trendszenario A, eine andere ist im Szenario B repräsentiert. Wird der in diesem Szenario beschriebene Entwicklungspfad im Zeitpunkt 1 durch ein Störereignis verändert, dann ergibt sich über einen anderen Pfad das Zukunftsbild D oder aufgrund von Maßnahmen, die im Zeitpunkt 2 getroffen werden und zur Beeinflussung des Untersuchungsbereichs geeignet sind, die Situation C. "Ein Störereignis ist ein plötzlich auftretendes Ereignis, das vorher trendmäßig nicht erkennbar war und eine Entwicklung in eine andere Richtung lenkt."[154] Die Randpunkte der Schnittfläche geben die Resultate extremer Entwicklungen aller einbezogenen Faktoren an.[155]

153 Quelle: in modifizierter Form übernommen von Geschka, H.; v. Reibnitz, U.: (Szenario-Technik), S. 129.

154 Geschka, H.; Hammer, R.: (Szenario-Technik), S. 475.

155 Vgl. Geschka, H.; v. Reibnitz, U.: (Szenario-Technik), S. 129; Geschka, H.; Hammer, R.M.: (Szenario-Technik), S. 468 f.

Bei der strategischen Planung werden Szenarien primär zur Darstellung möglicher zukünftiger Entwicklungen der globalen und der unternehmensspezifischen Umwelt (vor allem der Branche) ausgearbeitet. Sie dienen zur Orientierung über mögliche Zukunftsverläufe, als Basis für die Formulierung eines Unternehmensleitbildes und/oder zur Vorbereitung strategischer Entscheidungen auf allen Ebenen (Gesamtunternehmen, Geschäfts- und Funktionsbereiche). Falls den strategischen Planungen mehrere Szenarien zugrunde gelegt werden, können 'robuste erste Schritte'[156] als Handlungen, die bei allen Zukunftsentwicklungen vorteilhaft sind, identifiziert werden. Des weiteren ist es möglich, eine bewußte Wahl zwischen unterschiedlich riskanten Strategien zu treffen, z.B. zwischen Kompromißstrategien, die bei allen Szenarien befriedigende Ergebnisse erwarten lassen, und Strategien, die bei einzelnen Szenarien besonders gut, bei anderen aber relativ schlecht sind. Zudem können sich Hinweise für die Vorteilhaftigkeit eines Aufschiebens von Handlungen zur Erhaltung der Flexibilität, einer Beeinflussung der Umwelt oder anderer risikopolitischer Maßnahmen ergeben.[157] Schließlich erfüllen Szenarien Früherkennungs-, Lern- und Kommunikationsfunktionen.

Bei der *Szenario-Technik*[158] handelt es sich nicht um ein einheitliches, allgemeingültiges Verfahren, es existieren vielmehr verschiedene Ansätze. Diese unterscheiden sich in mehrfacher Hinsicht, vor allem bezüglich der Anteile analytischer und intuitiver Vorgehensweisen. Die verschiedenen Ansätze weisen aber auch Gemeinsamkeiten auf. Für die meisten Ansätze gilt, daß sie

- systematisch und nachvollziehbar vorgehen,
- Analyse-, Prognose- und Syntheseelemente beinhalten,
- qualitative und quantitative Daten verarbeiten,
- sich sorgfältig mit der gegenwärtigen Situation und möglicherweise auch der Vergangenheit auseinandersetzen, um einen Einblick in die Struktur des zumeist komplexen Untersuchungsbereichs zu gewinnen,
- die Entwicklungen mehrerer Faktoren und die Zusammenhänge zwischen diesen berücksichtigen,
- plausible Annahmen für Faktoren mit unsicherer zukünftiger Entwicklung treffen und

---

156 Vgl. Hanssmann, F.: (Betriebswirtschaftslehre), S. 268.

157 Zu Strategietypen, die bei Vorliegen mehrerer Szenarien zur Wahl stehen, sowie zur strategischen Planung auf der Grundlage mehrerer Szenarien vgl. Götze, U.: (Planung), S. 101 ff.; Porter, M.E.: (Wettbewerbsvorteile), S. 591 ff.; Fink, O.: (Führung), S. 139 ff., zur Bildung und Auswertung von Entscheidungsmodellen auf der Grundlage von Szenarien vgl. Götze, U.: (Entscheidungsmodelle), S. 105 ff., zu risikobezogenen Strategien und Maßnahmen vgl. Abschnitt 8.5.2.

158 Für die Erstellung von Szenarien werden die Begriffe "Szenario-Technik", "Szenario-Analyse" und "Szenario-Methode" verwendet. Zum Teil umfassen die damit beschriebenen Vorgehensweisen außer der Erstellung von Szenarien auch vor- und nachgelagerte Planungsaktivitäten.

- einen ausformulierten Text zum Ergebnis haben, in dem mehrere mögliche, in sich stimmige Zukunftsbilder und die Entwicklungspfade zu diesen beschrieben werden.[159]

Einige Autoren führen auch die Verarbeitung von Störereignissen als Merkmal der Szenario-Technik auf.[160] Die Szenario-Technik wird zu den intuitiven Prognoseverfahren gerechnet. Ein weiteres Merkmal der Methode ist, daß sie einen Rahmen für die Anwendung verschiedener intuitiver und analytischer Prognoseverfahren darstellt und die mit diesen gewonnenen Informationen zusammenfügt.

Ablauf einer Szenario-Erstellung und einsetzbare Instrumente

Die Szenario-Erstellung läuft idealtypisch in den nachfolgend beschriebenen Phasen ab.[161] In der *ersten Phase* erfolgt eine Definition und Analyse der Bezugsgröße, deren Umwelt mit Hilfe von Szenarien analysiert und prognostiziert werden soll. Bei der Bezugsgröße kann es sich beispielsweise um das Unternehmen, einen Unternehmensbereich oder eine Branche handeln.

Darauf aufbauend werden in der *zweiten Phase* zunächst Umweltfaktoren identifiziert, die die Bezugsgröße beeinflussen. Anschließend erfolgt eine Analyse und Prognose der Entwicklung der einzelnen Umweltfaktoren bzw. von Deskriptoren (Kenngrößen), die diese repräsentieren (die Begriffe 'Deskriptor' und 'Umweltfaktor' werden im folgenden gleichbedeutend verwendet). Dabei wird häufig zwischen Deskriptoren mit eindeutigem Entwicklungsverlauf und solchen unterschieden, für die alternative Entwicklungsannahmen plausibel sind (kritische Deskriptoren).

In der *dritten Phase* werden bestimmte Annahmen bezüglich der Entwicklung einzelner kritischer Deskriptoren zu konsistenten und plausiblen Annahmenbündeln, den sogenannten Rohszenarien, zusammengefügt. Es sind anschließend diejenigen Rohszenarien auszuwählen, die detailliert ausgearbeitet werden sollen. Als Grundlage dafür werden bei einigen Ansätzen Eintrittswahrscheinlichkeiten für die Rohszenarien ermittelt.

Die *vierte Phase* besteht in der Ausarbeitung der ausgewählten Rohszenarien. Diese umfaßt die Bestimmung von Entwicklungspfaden, die Ausformulierung und Aufbereitung der Rohszenarien sowie gegebenenfalls die Untersuchung von Störereignissen.

---

159 Vgl. Geschka, H.; Hammer, R.: (Szenario-Technik), S. 467 ff.; Linneman, R.E.; Klein, H.E.: (Use), S. 83 f.; Brauers, J.; Weber, M.: (Szenarioanalyse), S. 631 f.; Götze, U.: (Szenario-Technik), S. 71 ff.

160 Vgl. z.B. Geschka, H.; v. Reibnitz, U.: (Szenario-Technik), S. 128.

161 Zu einer ausführlichen Beschreibung der einzelnen Phasen vgl. Geschka, H.; v. Reibnitz, U.: (Szenario-Technik), S. 131 ff.; v. Reibnitz, U.: (Szenario-Technik), S. 30 ff.; Gausemeier, J.; Fink, A.; Schlake, O.: (Szenario-Management), S. 125 ff.; Götze, U.: (Szenario-Technik), S. 99 ff.

Im Rahmen der Szenario-Erstellung läßt sich eine Vielzahl von Instrumenten nutzen. Dazu zählen unter anderem Vernetzungsmatrizen, Kreativitätstechniken, Checklisten, das Relevanzbaumverfahren, die Morphologische Analyse sowie analytische Prognoseverfahren. Besonders wichtig sind Gruppendiskussionen und -arbeitstechniken, da die Szenario-Erstellung häufig durch Teams vorgenommen wird. Eine strukturierte Gruppenbefragung kann auch in Form der zuvor beschriebenen Delphi-Methode erfolgen.

Bei der Erarbeitung von Rohszenarien lassen sich - neben einem intuitiven Vorgehen - vor allem EDV-gestützte Cross-Impact-Analysen sowie Konsistenzanalysen durchführen.[162] Mittels einer Cross-Impact-Analyse werden die wechselseitigen Beziehungen zwischen verschiedenen zukünftigen Entwicklungen unter Einbeziehung von Eintrittswahrscheinlichkeiten untersucht. Im folgenden soll die Konsistenzanalyse dargestellt und beurteilt werden.

Konsistenzanalyse als Instrument der Szenario-Technik

Darstellung der Konsistenzanalyse[163]

Mit einer Konsistenzanalyse werden Annahmenbündel untersucht, die Aussagen über die Ausprägungen aller kritischen Deskriptoren umfassen. Es wird überprüft, ob die in diesen vollständigen Annahmenbündeln enthaltenen Annahmen miteinander vereinbar sind oder nicht. Dazu werden differenzierte Konsistenzeinschätzungen für jeweils eine Annahme über die zukünftige Entwicklung zweier verschiedener Faktoren vorgenommen, indem ein Konsistenzmaß bestimmt wird. Das Konsistenzmaß ist das Ausmaß, in welchem das Eintreffen beider Annahmen zusammenpaßt. Es ist für alle möglichen Zweierpaare von Entwicklungen unterschiedlicher kritischer Deskriptoren nach einer festzulegenden Normierung mit abgestuften Werten - möglichst in Gruppendiskussionen - abzuschätzen. Als Normierung des Konsistenzmaßes wird beispielsweise die folgende Skala vorgeschlagen:[164]

1 = totale Inkonsistenz
2 = partielle Inkonsistenz
3 = neutral oder unabhängig voneinander
4 = gegenseitiges Begünstigen
5 = sehr starke gegenseitige Unterstützung

Die Konsistenzmaße aller Zweierkombinationen von Ausprägungen unterschiedlicher kritischer Deskriptoren werden in einer Matrix zusammengestellt. Diese läßt sich als Dreiecksmatrix darstellen, da für jeweils zwei Annahmen nur ein Konsistenzmaß anzugeben ist. Auf

---

162 Vgl. Mißler-Behr, M.: (Methoden), S. 23 ff.; Götze, U.: (Szenario-Technik), S. 155 ff.

163 Vgl. zur nachfolgenden Verfahrensdarstellung z.B. v. Reibnitz, U.: (Szenario-Planung), Sp. 1988 ff.; Götze, U.: (Szenario-Technik), S. 155 ff.

164 Zu einer ähnlichen Skala vgl. Geschka, H.; v. Reibnitz, U.: (Szenario-Technik), S. 146.

der Basis der Konsistenzmaße erfolgt eine Konsistenzbeurteilung für alle möglichen vollständigen Annahmenbündel. In diese gehen für jedes Annahmenbündel

$$N \cdot (N - 1) / 2$$

mit: N = Anzahl der kritischen Deskriptoren

Konsistenzmaße ein, da einem Annahmenbündel entsprechend viele Zweierpaare von Annahmen zugeordnet sind. Die Konsistenzbeurteilung enthält zwei Bestandteile. Zum einen werden die einzelnen einem Annahmenbündel zugeordneten Konsistenzmaße darauf überprüft, ob sie auf die Inkonsistenz des Annahmenbündels hindeuten. Ein Annahmenbündel ist in jedem Fall inkonsistent, wenn eines dieser Konsistenzmaße 'totale Inkonsistenz' lautet. Auch falls ein Annahmenbündel einmal oder mehrmals 'partielle Inkonsistenz' aufweist, kann dies zum Anlaß genommen werden, es als inkonsistent aus der weiteren Betrachtung auszuschließen. Zum anderen läßt sich aus allen einem Annahmenbündel zugeordneten Konsistenzmaßen ein durchschnittliches Konsistenzmaß für dieses berechnen. Ein Annahmenbündel kann auch als inkonsistent angesehen werden, wenn das durchschnittliche Konsistenzmaß einen bestimmten Wert unterschreitet. Nach der Identifikation und Aussonderung inkonsistenter Annahmenbündel verbleiben aus der Menge aller Annahmenbündel diejenigen, die als konsistent bezeichnet werden können. Diese unterscheiden sich hinsichtlich des Grades ihrer Konsistenz. Das durchschnittliche Konsistenzmaß repräsentiert diesen Grad der Konsistenz und gibt damit auch Hinweise für die Auswahl detailliert auszuarbeitender Rohszenarien, die sich unter anderem an der Erfüllung des entsprechenden Kriteriums orientieren sollte.

Das Vorgehen bei der Konsistenzanalyse ist in Einzelheiten variierbar. Einerseits können verschiedene Regeln für die Abgrenzung zwischen Konsistenz und Inkonsistenz gewählt werden, andererseits läßt sich der Ablauf der Überprüfungen und Berechnungen unterschiedlich gestalten. Diesbezüglich erscheint es vorteilhaft, zunächst auf der Basis einzelner Konsistenzmaße inkonsistente Annahmenbündel auszuschließen, bevor dann durchschnittliche Konsistenzmaße berechnet werden.

Das Vorgehen der Konsistenzanalyse und die bei dieser auftretenden Probleme sollen im folgenden anhand eines Beispiels zur Automobilindustrie veranschaulicht werden. Die nachstehende Abbildung zeigt ausgewählte kritische Deskriptoren zu diesem Beispiel, die Einflußbereiche, die sie beschreiben, sowie die alternativen Annahmen bezüglich ihrer Entwicklung.

Einflußbereich	Kritischer Deskriptor	Alternative Ausprägungen
(1) Gesetzgebung	Besteuerung und Reglementierung	(1) Besteuerung und Reglementierungen nehmen zu (2) Besteuerung und Reglementierungen bleiben konstant
(2) Wirtschaft	Bruttosozialprodukt und Lebensstandard	(1) Bruttosozialprodukt steigt um mehr als 2% pro Jahr, Lebensstandard steigt (2) Bruttosozialprodukt steigt um bis zu 2% pro Jahr, Lebensstandard bleibt konstant (3) Bruttosozialprodukt bleibt konstant oder sinkt, Lebensstandard sinkt
(3) Nutzer/Gesellschaft	Mobilitätsbedarf	(1) Mobilitätsbedarf nimmt zu (2) Mobilitätsbedarf bleibt konstant
(4) Technologie	Alternative Energieformen	(1) Alternative Energieformen werden wirtschaftlich nutzbar (2) Alternative Energieformen werden nicht wirtschaftlich nutzbar
(5) Substitutionswettbewerb	Öffentlicher Nah- und Fernverkehr	(1) Angebot steigt (2) Angebot bleibt konstant
(6) Öl- und Rohstoffversorgung	Verfügbarkeit von Öl und Ölpreis	(1) Öl in hohem Maß verfügbar, Ölpreis sinkt (2) Öl ausreichend verfügbar, Ölpreis bleibt konstant (3) Öl nicht ausreichend verfügbar, Ölpreis steigt

Abb. 2-25: Einflußbereiche, kritische Deskriptoren und alternative Ausprägungen

Abbildung 2-26 stellt geschätzte Konsistenzmaße für alle Zweierpaare von Annahmen in einer Matrix dar, die Ergebnisse der Konsistenzbeurteilung beinhaltet Abbildung 2-27. Bei der Konsistenzbeurteilung sind die Annahmenbündel, denen mindestens ein Konsistenzmaß 'totale Inkonsistenz' zugeordnet ist, als inkonsistent auszuschließen.

	1_1	1_2	2_1	2_2	2_3	3_1	3_2	4_1	4_2	5_1	5_2	6_1	6_2	6_3
1_1	x													
1_2	x	x												
2_1	2	4	x											
2_2	3	3	x	x						X				
2_3	4	2	x	x	x									
3_1	2	4	5	3	2	x								
3_2	4	2	1	2	5	x	x							
4_1	4	2	5	3	1	3	3	x						
4_2	2	4	2	3	4	3	3	x	x					
5_1	5	2	4	3	1	5	2	2	4	x				
5_2	2	4	2	3	5	2	4	4	2	x	x			
6_1	2	4	5	3	1	4	2	5	1	2	4	x		
6_2	3	3	3	4	2	3	3	4	2	3	3	x	x	
6_3	5	1	1	3	3	2	4	1	5	4	2	x	x	x

Abb. 2-26: Konsistenzmatrix

Die Zahl der möglichen vollständigen Annahmenbündel ergibt sich aus der Anzahl der kritischen Deskriptoren und ihrer Ausprägungen. Im Beispiel sind gemäß der Formel

$$\prod_{n=1}^{N} n^*$$

mit: n = Art des kritischen Deskriptors (n = 1, ..., N)
n^* = Anzahl der Ausprägungen des kritischen Deskriptors n

144 (2·3·2·2·2·3) vollständige Annahmenbündel zu überprüfen. Davon sind 46 konsistent; in Abbildung 2-27 sind diese Annahmenbündel entsprechend ihres durchschnittlichen Konsistenzmaßes geordnet. Das höchste durchschnittliche Konsistenzmaß weist das Annahmenbündel 1_2, 2_1, 3_1, 4_1, 5_2, 6_1 auf. Das nachfolgende Annahmenbündel (1_2, 2_1, 3_1, 4_1, 5_1, 6_1) unterscheidet sich von diesem nur hinsichtlich der Ausprägung eines kritischen Deskriptors, so daß sich eine Zusammenfassung anbietet, bei der bezüglich eines kritischen Deskriptors keine eindeutige Entwicklung festgelegt wird. Aufgrund ihrer hohen Konsistenz sowie der Unterschiedlichkeit im Vergleich zueinander und zu den oben aufgeführten Annahmenbündeln könnten beispielsweise auch die Rohszenarien 1_1, 2_3, 3_2, 4_2, 5_2, 6_3 und - eventuell in zusammengefaßter Form - 1_1, 2_2, 3_1, 4_1, 5_1, 6_2 oder 1_1, 2_2, 3_2, 4_1, 5_2, 6_2 ausgewählt werden. Bei diesem Fallbeispiel erweist sich als problematisch, daß eine große Zahl konsistenter Annahmenbündel vorliegt und diese sich zum Teil hinsichtlich ihrer Zusammensetzung und ihrer durchschnittlichen Konsistenzmaße nur geringfügig voneinander unterscheiden.

Rang	durchschn. Kons.maß	Annahmenbündel					
1	3,8	1_2	2_1	3_1	4_1	5_2	6_1
2	3,733	1_2	2_1	3_1	4_1	5_1	6_1
3	3,666	1_1	2_1	3_1	4_1	5_1	6_1
4	3,6	1_1	2_3	3_2	4_2	5_2	6_3
5	3,533	1_1	2_1	3_1	4_1	5_1	6_2
6	3,466	1_2	2_1	3_1	4_1	5_1	6_2
6	3,466	1_1	2_2	3_2	4_2	5_1	6_3
6	3,466	1_1	2_2	3_1	4_2	5_1	6_3
9	3,4	1_2	2_1	3_1	4_2	5_1	6_2
9	3,4	1_2	2_1	3_1	4_1	5_2	6_2
9	3,4	1_1	2_1	3_1	4_1	5_2	6_1
9	3,4	1_2	2_2	3_1	4_1	5_2	6_1
13	3,333	1_1	2_2	3_1	4_1	5_1	6_2
14	3,266	1_1	2_2	3_2	4_1	5_2	6_2
14	3,266	1_2	2_2	3_1	4_2	5_1	6_2
14	3,266	1_1	2_2	3_1	4_1	5_1	6_1
17	3,2	1_1	2_3	3_2	4_2	5_2	6_2
17	3,2	1_2	2_3	3_2	4_2	5_2	6_2
17	3,2	1_2	2_2	3_1	4_1	5_2	6_2
17	3,2	1_2	2_2	3_1	4_1	5_1	6_1
17	3,2	1_1	2_2	3_1	4_2	5_1	6_2
17	3,2	1_1	2_2	3_2	4_1	5_2	6_1
17	3,2	1_1	2_1	3_1	4_2	5_1	6_2
17	3,2	1_2	2_2	3_2	4_1	5_2	6_1
17	3,2	1_1	2_2	3_2	4_1	5_1	6_2
26	3,133	1_1	2_2	3_1	4_1	5_2	6_1
26	3,133	1_1	2_1	3_1	4_1	5_2	6_2
26	3,133	1_2	2_2	3_1	4_1	5_1	6_2
26	3,133	1_1	2_2	3_2	4_2	5_2	6_3
26	3,133	1_2	2_2	3_2	4_1	5_2	6_2
31	3,066	1_2	2_1	3_1	4_2	5_2	6_2
31	3,066	1_2	2_2	3_1	4_2	5_2	6_2
31	3,066	1_1	2_2	3_2	4_2	5_1	6_2
31	3,066	1_1	2_2	3_1	4_1	5_2	6_2
35	3	1_1	2_3	3_1	4_2	5_2	6_3
35	3	1_2	2_3	3_1	4_2	5_2	6_2
35	3	1_2	2_2	3_2	4_2	5_2	6_2
35	3	1_1	2_2	3_2	4_1	5_1	6_1
39	2,866	1_2	2_2	3_2	4_2	5_1	6_2
39	2,866	1_1	2_2	3_2	4_2	5_2	6_2
41	2,8	1_1	2_2	3_1	4_2	5_2	6_3
42	2,733	1_2	2_2	3_2	4_1	5_1	6_2
42	2,733	1_1	2_3	3_1	4_2	5_2	6_2
44	2,666	1_1	2_2	3_1	4_2	5_2	6_2
44	2,666	1_2	2_2	3_2	4_1	5_1	6_1
46	2,533	1_1	2_1	3_1	4_2	5_2	6_2

Abb. 2-27: Ergebnisse der Konsistenzbeurteilung

Beurteilung der Konsistenzanalyse

Die Konsistenzanalyse läßt sich zur Erarbeitung von Rohszenarien einsetzen und liefert Hinweise für die Auswahl auszuarbeitender Rohszenarien. Zu beachten ist, daß die Qualität der Ergebnisse, d.h. der Rohszenarien und ihrer durchschnittlichen Konsistenzmaße, abhängig von den subjektiv festzulegenden Ausschlußkriterien sowie Konsistenzmaßen ist. Falls große Unsicherheit über die Konsistenzmaße besteht, ist die Durchführung einer Sensitivitätsanalyse möglich, bei der überprüft wird, wie sich veränderte Konsistenzmaße auswirken. Eine Sensitivitätsanalyse der Ergebnisse kann ebenso bezüglich der Annahmen für die kritischen Deskriptoren vorgenommen werden, indem untersucht wird, welchen Einfluß deren Modifikation auf die Konsistenzmaße und die durchschnittlichen Konsistenzmaße ausübt. Auch Störereignisse lassen sich hinsichtlich ihrer Auswirkungen auf die Konsistenzmaße analysieren.

Der mit der Durchführung einer Konsistenzanalyse verbundene Aufwand hängt von den Zahlen der kritischen Deskriptoren und ihrer Ausprägungen ab. Diese bestimmen die Anzahl abzuschätzender Konsistenzmaße, die entsprechend der Formel

$$\sum_{n=1}^{N-1} \sum_{m=n+1}^{N} n^* \cdot m^*$$

mit: n bzw. m = Art des kritischen Deskriptors
N = Anzahl der kritischen Deskriptoren
n^* bzw. m^* = Anzahl der Ausprägungen der kritischen Deskriptoren n bzw. m

im Beispiel 81 beträgt, die Anzahl der zu untersuchenden vollständigen Annahmenbündel und den Rechenaufwand bei der Bestimmung der durchschnittlichen Konsistenzmaße. Die Durchführung einer Konsistenzanalyse ist bei einer relativ großen Zahl von Deskriptoren ohne den Einsatz der EDV kaum möglich. Es ist daher nicht verwunderlich, daß einige Programme zur Konsistenzanalyse entwickelt wurden.[165]

Ein größeres Problem als die rechnerische Durchführung der Konsistenzanalyse dürfte zumeist die Bestimmung der Konsistenzmaße darstellen. Dies gilt auch, falls der von VON REIBNITZ geäußerte Vorschlag befolgt wird, mittels aufeinander aufbauender Fragen zu klären, a) ob eine direkte Beziehung zwischen den beiden Annahmen besteht und - falls dies der Fall ist - b) in welche Richtung (Widerspruch - Konsistenz) diese geht sowie c) welche Stärke die Beziehung aufweist. Fraglich ist beispielsweise, ob es gelingt, sich bei der Schätzung auf die Beziehung zwischen zwei Deskriptorausprägungen zu konzentrieren und dabei nicht das Vorliegen spezifischer Bedingungen, d.h. bestimmter Ausprägungen anderer Deskriptoren, zu unterstellen. Letzteres wäre nachteilig, weil bei der Durchführung der Konsistenzbeurteilung

165 Vgl. v. Reibnitz, U.: (Szenarien), S. 233 ff.; Geschka, H.; Winckler, B.: (Szenarien), S. 20; v. Nitzsch, R.: (SCENARIO).

von Annahmenbündeln eine Abhängigkeit des Konsistenzmaßes zweier Deskriptorausprägungen von der Ausprägung eines dritten Deskriptors nicht einbezogen wird.

Verbunden mit diesem Schätzproblem ist das Problem der Berücksichtigung von Informationen. So lassen sich auch weitere Sachverhalte aufgrund der Definition des Konsistenzmaßes als Grad des Zueinanderpassens zweier Annahmen nicht vollständig berücksichtigen. Dies verdeutlicht das folgende Beispiel: Eine nicht ausreichende Verfügbarkeit von Öl und ein steigender Ölpreis (Deskriptorausprägung 6_3) dürften eine Zunahme der Besteuerung und der Reglementierungen (Deskriptorausprägung 1_1) bewirken. Eine erhöhte Besteuerung und erhöhte Reglementierungen hingegen nehmen kaum Einfluß auf die Entwicklung der Verfügbarkeit von Öl und des Ölpreises. Da mit dem Konsistenzmaß lediglich eine Aussage über die Verträglichkeit von Annahmen getroffen wird, können Informationen hinsichtlich derartiger kausaler Beziehungen nicht vollständig erfaßt werden. Interdependenzen lassen sich nur pauschal berücksichtigen, speziell die Richtung von Einflüssen kann mittels eines Konsistenzmaßes nicht dargestellt werden. Bei der oben aufgeführten Skala ist zwar die Existenz und Stärke kausaler Beziehungen mit den Fällen 'gegenseitiges Begünstigen' sowie 'sehr starke gegenseitige Unterstützung' einbezogen worden. Allerdings werden mit dieser Skala nicht alle denkbaren Zusammenhänge zwischen zwei Annahmen abgedeckt, beispielsweise bleibt der einer einseitigen Begünstigung vernachlässigt.

Ein weiterer Nachteil der Konsistenzanalyse ist die Tatsache, daß sie für einen nicht untergliederten Zeitraum durchgeführt wird. Eine zeitlich differenzierte Rohszenariobildung kann im Rahmen *einer* Konsistenzanalyse daher nur vorgenommen werden, falls mehrere verschiedene Wege zu einem Zustand am Ende des Betrachtungszeitraums als unterschiedliche Deskriptorausprägungen einbezogen werden. Dies führt allerdings zu einer relativ hohen Anzahl alternativer Annahmen. Außerdem ist es möglich, den Betrachtungszeitraum zu unterteilen und für jeden Teilzeitraum Konsistenzanalysen durchzuführen. Dann sind für jeden Teilabschnitt Annahmen für die kritischen Deskriptoren zu treffen. Die Zahl der notwendigen Konsistenzanalysen wächst in diesem Fall schnell, da für nachfolgende Zeiträume mehrere Konsistenzanalysen erforderlich sind, jeweils eine für jedes als relevant erachtete Annahmenbündel der Vorperiode.

Ein Nachteil der Konsistenzanalyse ist weiterhin, daß lediglich die Konsistenz und nicht auch die Plausibilität bzw. Wahrscheinlichkeit des Eintretens der Annahmenbündel berücksichtigt wird. So ist es möglich, daß Rohszenarien, die Deskriptorausprägungen mit einer niedrigen Eintrittswahrscheinlichkeit beinhalten, trotz einer hohen Konsistenz eine geringe Eintrittswahrscheinlichkeit aufweisen. Mit Hilfe einer Konsistenzanalyse läßt sich dies nicht herausarbeiten. Da - unter anderem aufgrund der Vielzahl abzugebender Bewertungen - außerdem die Gefahr eines zu schematischen Vorgehens besteht, sollte bei der Auswahl der auszuarbeitenden Rohszenarien eine Plausibilitätsüberprüfung erfolgen.

Die Konsistenzanalyse weist also einige Schwachpunkte auf. Insgesamt ist sie jedoch ein recht einfaches, gut nachvollziehbares Verfahren, mit dem mit relativ geringem Aufwand Rohszenarien bestimmt und Hinweise für die Auswahl der auszuarbeitenden Rohszenarien gegeben werden können. Ein Nachteil der Konsistenzanalyse, die Vernachlässigung der Plausibilität, wird bei der bereits angesprochenen Cross-Impact-Analyse vermieden.

Beurteilung der Szenario-Technik

Die Szenario-Technik weist einige Vorzüge auf, die hier zusammenfassend aufgeführt werden sollen. Der Einsatz der Szenario-Technik

- regt die Auseinandersetzung mit der Unsicherheit der Zukunft sowie die Untersuchung von umfassenden Umweltsystemen und den Interdependenzen zwischen deren Elementen an,
- erlaubt die Identifikation möglicher Strukturbrüche,
- läßt die Einbeziehung qualitativer Aussagen zu,
- zwingt zur Offenlegung von Annahmen und
- läßt erwarten, daß bei den Beteiligten die Motivation, die Kommunikation untereinander sowie das Verständnis für die möglichen Entwicklungen des untersuchten Systems verbessert werden.

Aufgrund dieser Effekte kann die Szenario-Erstellung und -Auswertung zu einer Veränderung des Zukunftsbewußtseins im Unternehmen führen. Ein entscheidender Vorteil ist weiterhin die flexible Anwendbarkeit der Szenario-Technik in bezug auf die Intensität und die Gegenstände der Untersuchung sowie die verwendeten Methoden.[166]

Die Vorteile der Szenario-Technik weisen allerdings weitgehend den Charakter von Potentialen auf, da allein die Anwendung der Szenario-Technik keine Verbesserung der Prognose- und Planungsergebnisse garantiert. Die Erstellung von 'guten' Szenarien ist eine schwierige Aufgabe, wie VANSTON, FRISBIE u.a. feststellen: "Developing scenarios of material value to planning projects is, at best, an uncertain art."[167] Die Güte der erstellten Szenarien ist von vielen Faktoren abhängig, vor allem von den beteiligten Personen.

Voraussetzung für einen erfolgreichen Einsatz der Szenario-Technik ist die Akzeptanz der Szenarien durch die Entscheidungsträger. Der Nutzen einer Szenario-Erstellung beruht ganz entscheidend auf der Auswertung der Szenarien und deren Berücksichtigung in nachfolgenden Planungsprozessen. Die strategische Planung wird aufwendiger und komplizierter,

---

166 Vgl. zu diesen Vorteilen Wack, P.: (Scenarios), S. 74; Blecke, U.: (Pfade), S. 125; Lehnen, F.: (Szenariotechnik), S. 74 f.; Knauer, P.: (Aussagefähigkeit), S. 13.

167 Vanston jr., J.H.; Frisbie, W.P. u.a.: (Scenario), S. 160.

wenn sie auf der Grundlage mehrerer Szenarien erfolgt; dies ermöglicht allerdings erst eine umfassende Einbeziehung der Unsicherheit in die Planung.

Aufgaben zum Abschnitt 2.

1) Erläutern Sie die Begriffe Unternehmensphilosophie, Unternehmenspolitik und Unternehmensleitbild.
2) Welche Funktionen soll ein Unternehmensleitbild erfüllen, und welche Probleme können bei seiner Erstellung und Einführung auftreten?
3) Welche grundsätzlichen Arten von strategischen Zielgrößen gibt es?
4) Beschreiben Sie die Schritte, in denen Erfolgspotentiale als strategische Zielgrößen festgelegt werden.
5) Welche Ebenen von Erfolgsfaktoren lassen sich unterscheiden?
6) Wie kann der Shareholder Value berechnet werden? Beurteilen Sie das Ziel 'Steigerung des Shareholder Value'.
7) Warum werden strategische Geschäftseinheiten gebildet, und anhand welcher Kriterien lassen sie sich voneinander abgrenzen?
8) Was versteht man unter der globalen und der unternehmensspezifischen Umwelt des Unternehmens?
9) Welches sind die grundlegenden Einflußfakoren auf den Branchenwettbewerb nach PORTER?
10) Erklären Sie die Begriffe Marktaustritts- bzw. Markteintrittsbarrieren, und nennen Sie jeweils einige Beispiele für diese.
11) Welcher Zweck wird mit einer Unternehmensanalyse und -prognose im Rahmen der strategischen Planung verfolgt?
12) Beschreiben Sie das Modell der Wertkette nach PORTER, und beurteilen Sie die Eignung dieses Instrumentes für die Unternehmensanalyse und -prognose.
13) Nennen Sie einige potentielle Ressourcen von Unternehmen. Von welchen Kriterien hängt es vor allem ab, ob mit den Ressourcen Wettbewerbsvorteile erzielt werden können?
14) Beschreiben Sie kurz die Teilphasen der Strategiebestimmung.
15) Vermitteln Sie einen Überblick über die Strategien, die in einem Unternehmen verfolgt werden können.
16) Welche allgemeinen Kriterien können zur Entwicklung und Bewertung von Strategien herangezogen werden?
17) Nennen Sie überblicksartig einige Instrumente, die in den jeweiligen Phasen der strategischen Planung eingesetzt werden können.

18) Was ist unter der PIMS-Studie zu verstehen, und zu welchen wesentlichen Ergebnissen hat sie geführt?
19) Welche Kernaussage wird mit dem Erfahrungskurvenkonzept getroffen?
20) Nennen Sie die Phasen eines produktbezogenen Lebenszyklusmodells, und erläutern Sie den Verlauf von Umsatz und Kosten bzw. Ein- und Auszahlungen in dem Modell.
21) Welche Erkenntnisse für die strategische Planung können aus der PIMS-Studie, dem Erfahrungskurvenkonzept und Lebenszyklusmodellen abgeleitet werden, und welche Mängel hinsichtlich der Aussagekraft bestehen jeweils?
22) Beschreiben Sie den Ablauf der Delphi-Methode, und geben Sie Vor- und Nachteile dieses Instrumentes an.
23) Erläutern Sie die Charakteristika und den Ablauf der Szenario-Technik.
24) In welcher Form trägt die Konsistenzanalyse zur Bildung von Szenarien bei?

3. Strategien für das Gesamtunternehmen

3.1. Einführung

Auf der Ebene des Gesamtunternehmens werden unterschiedliche Arten von Strategien verfolgt. Zu diesen zählen die 'Portfolio-Strategien', mit denen versucht wird, die Gesamtheit der strategischen Geschäftseinheiten durch Vorgaben zur Entwicklungsrichtung der einzelnen Einheiten und eine entsprechende Ressourcenzuteilung zu steuern. Dabei kann die Strategiebildung - je nach Konzept des strategischen Management (marktorientierter, ressourcenorientierter oder wertorientierter Ansatz) - mit unterschiedlichen Schwerpunkten und ausgehend von verschiedenen Zielen erfolgen. Angestrebt wird:

- unter Berücksichtigung der Absatzmarktattraktivität ein im Hinblick auf Wachstum und Schrumpfung, Finanzmittelbedarf und -erzeugung, die Altersstruktur sowie eventuell auch das Risiko ausgewogenes Verhältnis zwischen den verschiedenen strategischen Geschäftseinheiten zu schaffen,
- auf der Grundlage der derzeitigen Ausstattung der Geschäftseinheiten mit Ressourcen bzw. der in diesen vorhandenen Kompetenzen Empfehlungen zur Veränderung und Nutzung von Ressourcen bzw. Kompetenzen auszusprechen und/oder
- für die Geschäftseinheiten Entwicklungsrichtungen anzugeben, die zu einer Erhöhung des Unternehmenswertes führen.

Für die Ausarbeitung entsprechender Strategien wird in der Regel der Einsatz der Portfolio-Analyse vorgeschlagen. Dieses Instrument wird daher in Abschnitt 3.2. im Zusammenhang mit der Formulierung von Portfolio-Strategien ausführlich dargestellt und diskutiert.

Des weiteren wird auf Gesamtunternehmensebene mittels sogenannter horizontaler Strategien angestrebt, Synergiepotentiale zwischen den verschiedenen strategischen Geschäftseinheiten und Funktionsbereichen aufzubauen und zu nutzen. Diese Strategien werden hier in Abschnitt 3.3. angesprochen.

Auf Gesamtunternehmensebene können außerdem Strategien bezüglich der Rechtsform, der personenbezogenen Führungsfunktionen, der Unternehmenskultur, der Finanzierung, des Unternehmenswachstums sowie der Standortstruktur festgelegt werden. Da Wachstumsstrategien sich häufig auf einzelne Geschäftsbereiche beziehen, werden sie in diesem Buch als spezifische Strategien für Geschäftseinheiten in Abschnitt 4.2.1. behandelt; mit analoger Begründung werden Strategien zur Standortstruktur des Produktionsbereichs in Abschnitt 5.4.2. erörtert.

3.2. Portfolio-Strategien

3.2.1. Charakterisierung der Portfolio-Analyse

Der Begriff 'Portfolio' (portefeuille (franz.), portafoglio (ital.): Brieftasche) wurde in der Betriebswirtschaftslehre zunächst im finanzwirtschaftlichen Bereich verwendet. In diesem wird unter einem 'Portefeuille' die Zusammenstellung von verschiedenen Anlagemöglichkeiten mit dem Ziel der Gewinnmaximierung bei vorgegebener Höhe des Risikos bzw. der Risikominimierung bei einem bestimmten Gewinn verstanden. Im Rahmen der strategischen Planung sollen mit Hilfe der Portfolio-Technik Strategien für die strategischen Geschäftseinheiten bestimmt werden, mit denen sie in ihrer Gesamtheit die strategischen Ziele des Unternehmens auf hohem Niveau erfüllen.[1]

Im folgenden sollen die Schritte der Portfolio-Analyse und damit auch deren charakteristische Merkmale beschrieben werden:[2]

(i) *Definition der Portfolio-Matrix*: Im Rahmen der Portfolio-Analyse werden die strategischen Geschäftseinheiten in einer Portfolio-Matrix positioniert. Zu Beginn der Portfolio-Analyse sind die beiden Dimensionen zu definieren, anhand derer die Einordnung vorgenommen wird. Außerdem muß eine Rasterung der Portfolio-Matrix erfolgen. Durch diese werden verschiedene Felder (oftmals vier oder neun) erzeugt; damit wird eine Typologisierung vorgenommen.

(ii) *Datensammlung sowie Erstellung und Analyse eines Ist-Portfolios*: In diesem Schritt werden zunächst für die einzelnen strategischen Geschäftseinheiten die Daten gesammelt, die für eine Einstufung gemäß den Portfolio-Dimensionen erforderlich sind. Auf der Grundlage der Daten werden die strategischen Geschäftseinheiten dann in der Portfolio-Matrix positioniert. Den einzelnen strategischen Geschäftseinheiten in bestimmten Feldern lassen sich aufgrund der Typologisierung spezifische Eigenschaften zuordnen. Insgesamt wird in diesem Schritt die gegenwärtige Unternehmensposition untersucht und dargestellt und damit eine Basis für die Entwicklung und Auswahl von Strategien auf Gesamtunternehmensebene geschaffen.

(iii) *Bestimmung von Strategien und eines Ziel-Portfolios*: Für die einzelnen Felder der Portfolio-Matrix werden Normstrategien empfohlen, die zur Erarbeitung von Strategien für die strategischen Geschäftseinheiten herangezogen werden können. Die mit diesen

---

1 Vgl. Hahn, D.: (Zweck), S. 372 ff.; Dunst, K.H.: (Portfolio-Management), S. 90; Kreikebaum, H.: (Unternehmensplanung), S. 74 f.

2 Vgl. dazu Welge, M.K.; Al-Laham, A.: (Planung), S. 192 ff.; Kreikebaum, H.: (Unternehmensplanung), S. 75.

Strategien angestrebten Positionen der einzelnen strategischen Geschäftseinheiten können abschließend in einem Ziel-Portfolio dokumentiert werden.

Zur Ausarbeitung von Portfolio-Strategien werden absatzmarktorientierte, ressourcenbezogene und wertorientierte Portfolio-Konzepte vorgeschlagen. Diese sind Gegenstand der nächsten Abschnitte. Es ist aber darauf hinzuweisen, daß die Portfolio-Technik nicht nur der Ausarbeitung von Gesamtunternehmensstrategien dient, sondern auch für die Bildung von Strategien in Funktionsbereichen oder bezüglich übergreifender Gestaltungsprobleme Portfolios entwickelt worden sind, z.B. für die Forschung und Entwicklung, den Beschaffungsbereich, die Fertigungstiefenbestimmung, das Qualitätsmanagement, das Risikomanagement[3] sowie die Standortstrukturgestaltung.

3.2.2. Absatzmarktorientierte Portfolio-Konzepte

Merkmale absatzmarktorientierter Portfolio-Konzepte

Die absatzmarktorientierten Portfolio-Konzepte repräsentieren die klassische Form der Portfolio-Analyse. Ihre charakteristischen Eigenschaften sollen im folgenden unter Bezugnahme auf die im vorherigen Abschnitt aufgeführten Schritte der Portfolio-Analyse beschrieben werden:[4]

(i) *Definition der Portfolio-Matrix*: Bei der absatzmarktorientierten Portfolio-Analyse werden eine Unternehmensdimension und eine Umweltdimension zur Bildung der Portfolio-Matrix herangezogen. Bei diesen Dimensionen handelt es sich jeweils um aggregierte Größen oder Schlüsselfaktoren, mit deren Hilfe die Stärken und Schwächen (Unternehmensdimension) sowie die Chancen und Risiken (Umweltdimension) abgebildet werden sollen. Die Grundstruktur der bei einer absatzmarktorientierten Portfolio-Analyse erstellten Matrix zeigt Abbildung 3-1.

(ii) *Datensammlung sowie Erstellung und Analyse eines Ist-Portfolios*: In diesem Schritt werden Stärken und Schwächen sowie Chancen und Risiken der einzelnen strategischen Geschäftseinheiten analysiert und prognostiziert. Die darauf basierende Positionierung in der Portfolio-Matrix erfolgt zumeist in Form von Kreisen, deren Mittelpunkt sich aus den für die Portfolio-Dimensionen ermittelten Werten ergibt und deren Durchmesser die Bedeutung für das Unternehmen, zumeist gemessen am Umsatz oder am Deckungsbeitrag, wiedergeben soll. Den einzelnen strategischen Geschäftseinheiten in bestimmten Feldern werden aufgrund der Typologisierung spezifische Eigenschaften vor allem hin-

3 Vgl. dazu die Abschnitte 5.2., 5.3., 5.4.1.2., 8.3.2. sowie 8.5.2.

4 Vgl. dazu Welge, M.K.; Al-Laham, A.: (Planung), S. 192 ff.; Kreikebaum, H.: (Unternehmensplanung), S. 75.

sichtlich der Stellung im Lebenszyklus sowie des damit verbundenen Finanzmittelbedarfs bzw. -überschusses zugeordnet. Außerdem wird die Ausgewogenheit aller strategischen Geschäftseinheiten bezüglich des Finanzmittelbedarfs bzw. -überschusses sowie der Altersstruktur (und eventuell auch der Risikostruktur) analysiert.

(iii) *Bestimmung von Strategien und eines Ziel-Portfolios*: Für die einzelnen Felder der Portfolio-Matrix werden bei absatzmarktorientierte Portfolios vor allem Wachstums-, Stabilisierungs- und Schrumpfungsstrategien als Normstrategien empfohlen. Bei der Strategieentwicklung sollte zudem das Ziel der Ausgewogenheit zwischen den strategischen Geschäftseinheiten im Hinblick auf die Mittelbindung und -freisetzung sowie die Altersstruktur verfolgt werden.[5] Des weiteren kann ein Risikoausgleich angestrebt werden, und es lassen sich Überlegungen zur Konzentration auf Kerngeschäfte und zu dem damit verbundenen Rückzug aus Randgeschäften einbeziehen.[6]

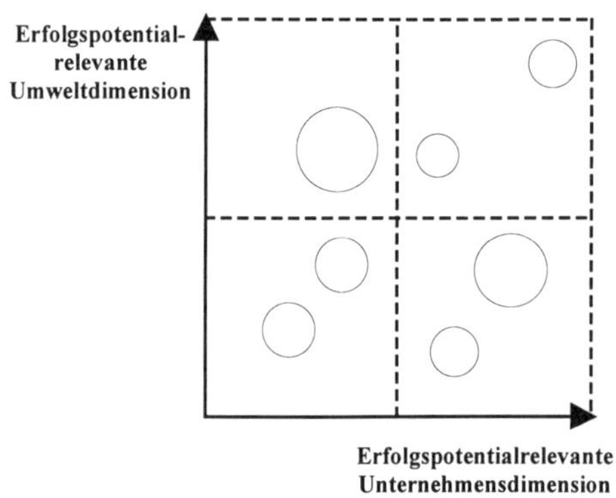

Abb. 3-1: Grundstruktur einer Portfolio-Matrix bei der absatzmarktorientierten Portfolio-Analyse[7]

Mit der absatzmarktorientierten Portfolio-Analyse können eine Reihe von Erkenntnissen gewonnen werden, vor allem lassen sich die folgenden Fragen beantworten:[8]

- Weisen die einzelnen strategischen Geschäftseinheiten eher Stärken oder Schwächen bzw. Chancen oder Risiken auf?
- Benötigen die einzelnen strategischen Geschäftseinheiten - insbesondere in Abhängigkeit von der Stellung im Lebenszyklus - Finanzmittel oder können sie solche abgeben?

---

5 Vgl. Welge, M.K.; Al-Laham, A.: (Planung), S. 192 ff.

6 Zu entsprechenden Überlegungen vgl. auch Abschnitt 5.4.1.2.

7 Quelle: in leicht modifizierter Form übernommen von Lange, B.: (Portfolio-Methode), S. 47; Welge, M.K.; Al-Laham, A.: (Planung), S. 193.

8 Vgl. zu einigen dieser Fragen Welge, M.K.; Al-Laham, A.: (Planung), S. 192 f.

- Bieten sich für die einzelnen strategischen Geschäftseinheiten eher Wachstums-, Stabilisierungs- oder Schrumpfungsstrategien an?
- Sollten neue strategische Geschäftseinheiten eingeführt bzw. vorhandene eliminiert werden?
- Existiert eine Ausgewogenheit zwischen den strategischen Geschäftseinheiten im Hinblick auf die Mittelbindung und -freisetzung sowie die Altersstruktur?
- Durch welche Strategien kann eine derartige Ausgewogenheit herbeigeführt werden?

Damit kann mit dieser Portfolio-Analyse eine Steuerung der strategischen Geschäftseinheiten über die Allokation von finanziellen Mitteln und auch anderen Ressourcen einschließlich des Mittelflusses zwischen Geschäftseinheiten vorgenommen werden.

Marktanteils-Marktwachstums-Portfolio

Das Marktanteils-Marktwachstums-Portfolio wurde Ende der 60er Jahre von der Boston-Consulting-Group konzipiert. Die Dimensionen der Portfolio-Matrix sind der *relative Marktanteil* als das Verhältnis des eigenen Marktanteils zu jenem des oder der drei stärksten Konkurrenten (Unternehmensdimension) und das erwartete zukünftige *Marktwachstum* (Umweltdimension). Die Bezugnahme auf diese Größen wird mit den Erkenntnissen der PIMS-Studie, des Erfahrungskurveneffektes und des Lebenszykluskonzeptes begründet.[9] Zum einen ist demgemäß ein hoher Marktanteil anzustreben, und dieser stellt eine Stärke einer strategischen Geschäftseinheit dar, zum anderen sind die zukünftigen Entwicklungschancen einer strategischen Geschäftseinheit um so besser, je höher das zukünftige Marktwachstum ist. Da außerdem ein höherer Marktanteil am leichtesten auf stark expandierenden Märkten zu erreichen ist, sollte der Marktanteil vor allem bei strategischen Geschäftseinheiten mit hohem erwarteten Wachstum gesteigert werden. Aus dem Lebenszykluskonzept werden zudem Aussagen zum Finanzmittelbedarf oder -überschuß strategischer Geschäftseinheiten bzw. zu dem von diesen erzeugten Cash Flow abgeleitet, der Cash Flow ist die zentrale Steuerungsgröße des Marktanteils-Marktwachstums-Portfolios.[10]

Die Portfolio-Matrix wird in vier Felder aufgeteilt, die sich aus jeweils zwei möglichen Ausprägungen des relativen Marktanteils und des Marktwachstums (hoch oder niedrig) ergeben. Die Grundstruktur der Matrix und die Bezeichnung dieser Felder zeigt Abbildung 3-2.

---

9 Vgl. dazu die Abschnitte 2.2.2.1. bis 2.2.2.3.

10 Vgl. Hedley, B.: (Strategy), S. 344 ff.; Kreikebaum, H.: (Unternehmensplanung), S. 75 f.

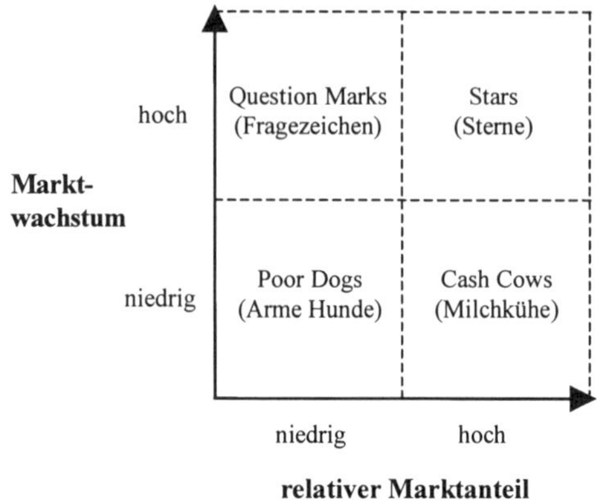

Abb. 3-2: Grundstruktur der Marktanteils-Marktwachstums-Portfolio-Matrix[11]

Für die strategischen Geschäftseinheiten in den vier Feldern gelten jeweils typische Merkmale, vor allem hinsichtlich der Phasen des Lebenszyklusses, in denen sie sich befinden, sowie des Cash Flows, und es werden für sie bestimmte Normstrategien empfohlen. Abbildung 3-3 stellt die feldspezifischen Merkmale und Normstrategien überblicksartig dar.

Wie bereits angesprochen basiert das Marktanteils-Marktwachstums-Portfolio, wie auch die meisten anderen absatzmarktorientierten Portfoliovarianten, auf dem Lebenszykluskonzept. Bei einer typischen Entwicklung werden strategische Geschäftseinheiten in der Einführungsphase aufgrund hohen Marktwachstums und relativ geringen Marktanteils in dem Feld der *Question Marks* oder *Nachwuchsprodukte* positioniert. Dieses kann auch strategische Geschäftseinheiten in der frühen Wachstumsphase enthalten. Für die Nachwuchsprodukte liegen Strategien nahe, mit denen Marktanteilssteigerungen realisiert und damit Kostensenkungspotentiale aufgebaut werden. Sie können dann zukünftig Finanzmittelüberschüsse erzielen und den Unternehmenserfolg langfristig sichern. Da aber diese Offensiv- bzw. Investitionsstrategien einen hohen Investitionsbedarf verursachen und zudem ihr Erfolg unsicher ist (insbesondere hinsichtlich der Durchsetzbarkeit von Marktanteilssteigerungen sowie des Anhaltens des Marktwachstums), sollten die Erfolgsaussichten einer derartigen Strategie - vor allem bei Existenz mehrerer Nachwuchsprodukte - sorgfältig geprüft werden. Alternativ ist eine Desinvestitionsstrategie möglich, bei der die strategische Geschäftseinheit eventuell zunächst in einer Nische plaziert wird. Diese Strategie führt dann zu einem verkürzten Lebenszyklusverlauf.

11 Quelle: leicht modifiziert übernommen von Hedley, B.: (Strategy), S. 345.

I. Question Marks (Fragezeichen) *Merkmale:* SGE in der Einführungs- bzw. frühen Wachstumsphase des Lebenszyklus mit hohem Finanzmittelbedarf. Cash Flow negativ (Einzahlungen +, Auszahlungen -- ==> Cash Flow -). *Normstrategie:* Entweder Marktanteil deutlich steigern, falls gegenüber Konkurrenten aussichtsreich (Offensivstrategie), oder Marktanteil senken bzw. Verkauf (Desinvestitionsstrategie), falls aussichtslose Marktsituation.	*II. Stars (Sterne)* *Merkmale:* SGE in der Wachstumsphase, die aufgrund ihrer starken Marktstellung ihren Finanzmittelbedarf selbst erwirtschaftet. Cash Flow in etwa ausgeglichen (Einzahlungen ++, Auszahlungen -- ==> Cash Flow 0). *Normstrategie:* Marktanteil halten bzw. leicht ausbauen (Wachstumsstrategie).
IV. Poor Dogs (arme Hunde) *Merkmale:* SGE in der späten Reife- bzw. Degenerationsphase mit geringem Marktwachstum und relativ schwacher Marktstellung. Cash Flow negativ bis ausgeglichen (Einzahlungen +, Auszahlungen -/-- ==> Cash Flow 0/-). *Normstrategie:* Marktanteil stark senken bzw. Verkauf (Desinvestitionsstrategie).	*III. Cash Cows (Milchkühe)* *Merkmale:* SGE in der späten Wachstums- und Reifephase mit starker Marktstellung. Cash Flow deutlich positiv (Einzahlungen +++, Auszahlungen - ==> Cash Flow ++) ('Zahlmeister' des Unternehmens). *Normstrategie:* Marktanteil halten bzw. leicht senken (Gewinnstrategie).

Abb. 3-3: Merkmale und Normstrategien von strategischen Geschäftseinheiten in der Marktanteils-Marktwachstums-Portfolio-Matrix[12]

Nach der Einführungsphase kommt die strategische Geschäftseinheit beim typischen Lebenszyklusverlauf in die Wachstumsphase, und das Unternehmen wird versuchen - sofern das Marktwachstum auf einem hohen Niveau bleibt - den Marktanteil auszubauen, so daß ein *Star* erzeugt wird. Der Cash Flow entsprechender strategischer Geschäftseinheiten ist in etwa ausgeglichen, die Normstrategie ist das Halten bzw. leichte Erhöhen des Marktanteils.

Strategische Geschäfteinheiten mit relativ hohem Marktanteil und niedrigem Marktwachstum (*Cash Cows*) befinden sich häufig in der Reifephase. Sie erwirtschaften in der Regel aufgrund hoher Umsätze bzw. Einzahlungen und relativ geringer Kosten bzw. Auszahlungen (durch Erfahrungskurveneffekte und da keine bzw. kaum Auszahlungen für Produkteinführung und Marktanteilsgewinnung anfallen) hohe Finanzmittelüberschüsse. Bei diesen strategischen Geschäftseinheiten ist als Normstrategie vorgesehen, den Marktanteil ohne

12 Quelle: in modifizierter Form übernommen von Becker, J.: (Marketing-Konzeption), S. 427. Vgl. zur Erläuterung der Merkmale und Normstrategien auch Hahn, D.: (Zweck), S. 378 ff.; Kreikebaum, H.: (Unternehmensplanung), S. 76 f.; Hax, A.C.; Majluf, N.S.: (Management), S. 157 ff.

großen Aufwand zumindest annähernd zu halten und relativ hohe Gewinne sowie Finanzmittelüberschüsse zu erzielen.

Werden Marktwachstum und relativer Marktanteil relativ niedrig eingeschätzt, ist die strategische Geschäftseinheit (*Poor Dog* oder *Dog*) bei negativem bis ausgeglichenem Cash Flow zumeist in der Sättigungs- oder Degenerationsphase; es liegt dann oftmals eine Desinvestitionsstrategie nahe.

Allerdings sollten die Normstrategien nicht unkritisch übernommen werden, sie sollten vielmehr nur als Anregungen für die Strategieentwicklung und -auswahl dienen. Bei dieser sind zum einen die Besonderheiten der jeweiligen Entscheidungsituation zu berücksichtigen, zum anderen muß der Aspekt der Ausgewogenheit zwischen den verschiedenen Geschäftseinheiten beachtet werden.

Im folgenden soll ein Beispiel zum Marktanteils-Marktwachstums-Portfolio betrachtet werden. In diesem konnten - wie die folgende Tabelle zeigt - für die fünf relevanten strategischen Geschäftseinheiten (SGE) A bis E die Marktvolumina für die Jahre 1999 (Betrachtungszeitpunkt) und 2004 sowie der derzeitige eigene Marktanteil und der des stärksten Konkurrenten ermittelt werden.

SGE	Marktvolumen 1999 [TDM]	Marktvolumen 2004 [TDM]	eigener Marktanteil [%]	Marktanteil stärkster Konkurrent [%]	Marktwachstum [%]	Relativer Marktanteil	Umsatz [TDM]
A	15	19,6	10	27	5,5	0,37	1,5
B	15	19,5	30	7,5	5,39	4	4,5
C	10	22	25	6	17,08	4,17	2,5
D	10	18	15	15	12,47	1	1,5
E	8	18	10	50	17,61	0,2	0,8

Aus diesen Daten resultieren die ebenfalls in der obigen Tabelle angegebenen Werte für das Marktwachstum, den relativen Marktanteil sowie den eigenen Umsatz. Der relative Marktanteil ergibt sich als Quotient aus dem eigenen Marktanteil und dem des stärksten Konkurrenten, der Umsatz in 1999 als Produkt aus dem Marktvolumen in diesem Jahr und dem eigenen Marktanteil. Zur Berechnung des Marktwachstums ist zunächst eine Hypothese über dessen Verlauf im Betrachtungszeitraum (im Beispiel 1999 bis 2004) zu treffen; hier wird von einem gleichbleibenden Wachstum ausgegangen. Allgemein gilt unter dieser Annahme für die konstante Wachstumsrate w in Abhängigkeit vom Marktvolumen zu Beginn des Betrachtungszeitraums (MV_0) und zu dessen Ende (MV_T) sowie von der Länge des Betrachtungszeitraums (T):

$$MV_0 \cdot (1+w)^T = MV_T$$

$$\Rightarrow \quad (1+w)^T = \frac{MV_T}{MV_0}$$

$$\Rightarrow \quad 1+w = \sqrt[T]{\frac{MV_T}{MV_0}}$$

$$\Rightarrow \quad w = \sqrt[T]{\frac{MV_T}{MV_0}} - 1$$

Im Beispiel resultiert daraus beispielsweise das folgende Marktwachstum bei der SGE A:

$$w_A = \sqrt[5]{\frac{19{,}6}{15}} -1 = 5{,}5\ \%$$

Werden die ermittelten Daten zur Positionierung der SGE A bis E in einer Portfolio-Matrix genutzt, dann ergibt sich das folgende Bild.

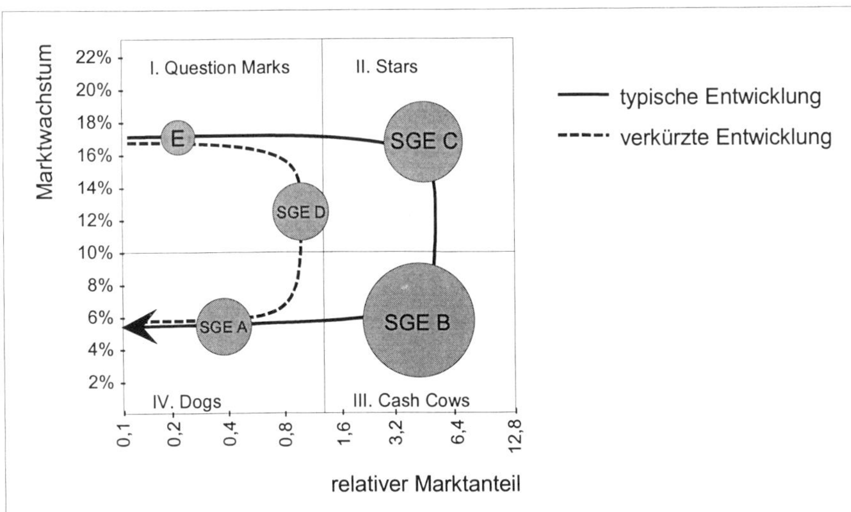

Abb. 3-4: Beispiel für ein Marktanteils-Marktwachstums-Portfolio

Die Bedeutung der SGE, gemessen an den Umsätzen, wird durch den Kreisdurchmesser widergespiegelt; in der Abbildung sind außerdem die typische und die verkürzte Entwicklung des Lebenszyklus dargestellt. Die Strategien für diese SGE könnten den Normstrategien entsprechen, wobei eventuell lediglich bei einem der Question Marks eine Offensivstrategie verfolgt werden sollte. Dies kann mit der Einführung einer weiteren SGE einhergehen.

Anzusprechen ist noch die Skalierung der Achsen des Portfolios. Diese kann grundsätzlich - ebenso wie die konkrete Einteilung der Felder - frei gewählt und dabei auch von den vorliegenden Daten abhängig gemacht werden. Beim Marktwachstum wird häufig eine lineare Einteilung vorgenommen; in der Regel erfolgt eine Beschränkung auf nichtnegative Werte (und damit ein Ausschluß von SGE in schrumpfenden Märkten). Die Achse des relativen Marktanteils kann, wie im obigen Beispiel, logarithmisch skaliert werden.[13]

Portfolio-Ansätze sind generell mit einigen Problemen verbunden, auf die später zusammenfassend eingegangen wird. Speziell für das Marktanteils-Marktwachstums-Portfolio gilt:

- Die Ermittlung des Marktwachstums und des Marktanteils bereitet Schwierigkeiten. Problematisch sind unter anderem die Abgrenzung des relevanten Marktes sowie die exakte Bestimmung des derzeitigen Marktvolumens. Im Hinblick auf das Marktwachstum stellen sich die Fragen nach dem zu betrachtenden Zeitraum, dem Vorgehen bei der Prognose der Veränderung des Marktvolumens über diesen Zeitraum einschließlich des Wachstumsverlaufs sowie der Behandlung von Preisveränderungen. Bezüglich des relativen Marktanteils ist offen, ob der stärkste oder die drei stärksten Konkurrenten einbezogen werden sollten, zudem lassen sich die Umsätze der Konkurrenten nur schwer ermitteln.
- Es werden in der Regel weder schrumpfende noch neue, erst zu erschließende Märkte einbezogen, sondern nur Wachstumsmärkte. Diese sind aber relativ selten geworden.
- Die Beschränkung auf vier Felder erlaubt nur wenig differenzierte Aussagen.
- Es werden lediglich zwei Faktoren - relativer Marktanteil und Marktwachstum - in die Analyse einbezogen.

Zum letztgenannten Aspekt ist noch einmal anzumerken, daß zwar in der PIMS-Studie ein Zusammenhang zwischen relativem Marktanteil und Rentabilität nachgewiesen worden ist, der relative Marktanteil jedoch nur einen relativ geringen Teil der Varianz des ROI erklärt und nur einen von vielen Erfolgsfaktoren darstellt. Zudem hat sich gezeigt, daß kleine Unternehmen ebenfalls durchaus erfolgreich agieren können. Auch die These, daß Wachstumsmärkte besonders attraktiv sind, weil hier eine Marktanteilsausweitung relativ leicht möglich ist, kann nicht in jedem Fall aufrechterhalten werden. Gehen die Wettbewerber auch von der Erwartung eines Marktwachstums aus und investieren, kann es zu Überkapazitäten und intensivem Preiswettbewerb kommen. Außerdem ist der unterstellte Zusammenhang zwischen der Matrixposition und dem Finanzmittelbedarf bzw. der Finanzmittelerzeugung möglicherweise

13 Vgl. zu einer ähnlichen Achseneinteilung Hedley, B.: (Strategy), S. 348.

nicht zutreffend, da Marktanteil und Marktposition die Cash Flow-Varianz nur zu einem relativ gering Teil erklären.[14]

Aufgrund der Kritik an der Beschränkung auf zwei Faktoren (und vier Felder) sind Portfolio-Ansätze entwickelt worden, die weitere relevante Größen (und mehr als vier Felder) einbeziehen. Ein Beispiel hierfür wird im weiteren Verlauf des Abschnitts angesprochen. Zunächst soll jedoch eine von BARKSDALE/HARRIS vorgestellte Erweiterung des Marktanteils-Marktwachstums-Portfolios beschrieben werden, die schrumpfende und neue Märkte berücksichtigt.[15] Die entsprechende Portfolio-Matrix enthält 7-Felder, neben den vier Feldern der klassischen Portfolio-Matrix ein Feld für 'neue Märkte' oberhalb der Question Marks und Stars (die *Infants*) sowie 2 Felder für die Fälle eines negativen Marktwachstums und eines hohen bzw. niedrigen relativen Marktanteils (die *War Horses* sowie *Underdogs*). Die typischen Merkmale der strategischen Geschäftseinheiten in diesen Feldern und die für diese vorgeschlagenen Normstrategien zeigt Abbildung 3-5.

Bei *Infants* handelt es sich um strategische Geschäftseinheiten in der Entstehungs- oder zu Beginn der Einführungsphase, deren Produkte Innovationen darstellen, die nicht nur für das Unternehmen, sondern auch für die Branche neu sind. Auf dem Markt, bei dem es sich nicht um einen Wachstumsmarkt handeln muß, existieren keine oder nur wenige Wettbewerber. Der Bedarf an Finanzmitteln und anderen Ressourcen ist aufgrund umfangreicher Maßnahmen zur Marktvorbereitung (z.B. Schulung potentieller Käufer, Beeinflussung der Konsumgewohnheiten) hoch, es ist - eventuell über einen längeren Zeitraum - noch kein positiver Cash Flow zu erwarten.

War Horses sind strategische Geschäftseinheiten, bei denen das Unternehmen typischerweise seit langer Zeit einen relativ hohen Marktanteil hat und über große Erfahrungen verfügt. Der Cash Flow ist zumeist positiv; Normstrategien sind das Halten oder Erringen der Marktführerschaft, die Konzentration auf Marktnischen und/oder die Abschöpfung.

Underdogs haben auf einem schrumpfenden Markt einen relativ kleinen Marktanteil, ihr Cash Flow ist oftmals negativ. Als Normstrategie wird die frühzeitige Liquidation empfohlen; falls hohe Austrittsbarrieren existieren oder andere Argumente gegen eine frühzeitige Liquidation sprechen, sollte eine Abschöpfungsstrategie verfolgt werden (zu diesen und anderen Strategien auf schrumpfenden Märkten vgl. auch Abschnitt 4.2.3.).

---

14 Vgl. Kreikebaum, H.: (Unternehmensplanung), S. 81 f., sowie zu der damit verbundenen Kritik an der PIMS-Studie, dem Erfahrungskurvenkonzept und dem Lebenszyklusmodell die Abschnitte 2.2.2.1. bis 2.2.2.3.

15 Vgl. zu diesem Ansatz Barksdale, H.C.; Harris, C.E.: (Portfolio); Rudolph, F.: (Controlling), S. 106 ff.

<table>
<tr><td colspan="2">I. Infants (Säuglinge)
Merkmale:
SGE in der Entstehungsphase bzw. der frühen Einführungsphase des Lebenszyklus mit hohem Finanzmittelbedarf und geringem Marktwachstum.
Cash Flow deutlich negativ.
Normstrategie:
Investitionsstrategie, wobei der Schwerpunkt darauf gelegt wird, den Markt auszubauen, die Distribution zu fördern und den Absatz zu steigern.</td></tr>
<tr><td>II. Questions Marks (Fragezeichen)</td><td>III. Stars (Sterne)</td></tr>
<tr><td>V. Poor Dogs (Arme Hunde)</td><td>IV. Cash Cows (Milchkühe)</td></tr>
<tr><td>VI. Underdogs
Merkmale:
SGE in der Sättigungs- oder Degenerationsphase mit niedrigem relativen Marktanteil auf einem schrumpfenden Markt.
Cash Flow negativ.
Normstrategie:
Frühzeitige Liquidation.</td><td>VII. War Horses (Kriegspferde)
Merkmale:
SGE in der Sättigungs- oder Degenerationsphase mit hohem relativen Marktanteil auf einem schrumpfenden Markt.
Cash Flow positiv.
Normstrategie:
Marktführerschaft anstreben bzw. halten, Abschöpfungs- oder Nischenstrategie.</td></tr>
</table>

Abb. 3-5: Merkmale und Normstrategien von strategischen Geschäftseinheiten in der erweiterten Marktanteils-Marktwachstums-Portfolio-Matrix[16]

Marktattraktivitäts-Wettbewerbspositions-Portfolio

Bei dem Marktattraktivitäts-Wettbewerbspositions-Portfolio, das Anfang der 70er Jahre von der Beratungsgesellschaft McKinsey & Company entwickelt wurde, stellen die *Marktattraktivität* und die *relative Wettbewerbsposition (Geschäftsfeld-* oder *Wettbewerbsstärke)* die Portfolio-Dimensionen dar. Beide Größen werden durch eine Vielzahl von Faktoren bestimmt (Multifaktorenkonzept), die explizit bei der Portfolio-Erstellung Berücksichtigung finden, um die Chancen und Risiken sowie Stärken und Schwächen abzubilden.[17]

Dabei wird die Umweltdimension 'Marktattraktivität' z.B. auf das Marktwachstum, die Marktgröße, die Marktqualität (Marktrisiko, Markteintrittskosten, Konkurrenzsituation, Nachfrage, Bestellhäufigkeit, Investitionsattraktivität, Innovationspotential), die Energie- und Rohstoffversorgung, die Umweltsituation sowie soziale, politische, demographische und techno-

16 Quelle: in leicht modifizierter Form übernommen von Rudolph, F.: (Controlling), S. 109.

17 Vgl. Hahn, D.: (Zweck), S. 380; Kreikebaum, H.: (Unternehmensplanung), S. 77 f.

logische Faktoren zurückgeführt.[18] Die relative Marktposition, das relative Produktionspotential (Prozeßwirtschaftlichkeit, Kapazität, Energie- und Rohstoffversorgung des Unternehmens), das relative Forschungs- und Entwicklungspotential sowie die relative Qualifikation der Führungskräfte - also typische Erfolgspotentiale oder Bestandteile von solchen - können zur unternehmensinternen Komponente 'relative Wettbewerbsposition' aggregiert werden.[19] Bei den aufgeführten Faktoren handelt es sich nur um Beispiele, der unter Umständen recht umfangreiche Kriterienkatalog einer Untersuchung mit dem Marktattraktivitäts-Wettbewerbspositions-Portfolio sollte problemspezifisch in Abhängigkeit von der Branche, dem Unternehmen und dem geplanten Umfang der Analyse zusammengestellt werden.

Charakteristisch für diesen Portfolio-Ansatz ist zudem die Einteilung der Matrix in neun Felder, die aus der Kombination der möglichen Ausprägungen 'niedrig', 'mittel' und 'hoch' beider Dimensionen resultieren. Die Erstellung und Auswertung eines Marktattraktivitäts-Wettbewerbspositions-Portfolios kann in den folgenden Schritten vollzogen werden:[20]

- Identifikation geeigneter Kriterien für die Marktattraktivität und die relative Wettbewerbsposition,
- Strukturierung und Gewichtung dieser Kriterien (gemäß ihrer Bedeutung; auf einer kardinalen Skala),
- Bestimmung der Ausprägungen der strategischen Geschäftseinheiten hinsichtlich der Kriterien (möglichst unter Verwendung einer einheitlichen Skala, z.B. mit Werten von 0 - 1, 0 - 10 oder 0 - 100),
- Berechnung der Gesamtwerte für die Marktattraktivität und die relative Wettbewerbsposition für jede strategische Geschäftseinheit,[21]
- Positionierung der strategischen Geschäftseinheiten in der Portfolio-Matrix (unter Berücksichtigung der Skalen und der daraus resultierenden minimalen und maximalen Gesamtwerte),
- Entwicklung von (Norm)Strategien und eventuell Erstellung eines Ziel-Portfolios.

Bei den ersten drei Schritten sind eine Vielzahl subjektiver Einschätzungen erforderlich, die durch Führungskräfte und/oder externe Berater vorgenommen werden können. In einer Diskussionsrunde oder auch mit Hilfe der Delphi-Methode sollte(n) die Einschätzungen begründet und ein Konsens angestrebt werden. Das Vorgehen bei der Erstellung und Auswertung eines Marktattraktivitäts-Wettbewerbspositions-Portfolios sei an einem Beispiel verdeutlicht.

---

18 Zu den verschiedenen relevanten Elementen der globalen und der unternehmensspezifischen Umwelt vgl. Abschnitt 2.1.2.

19 Vgl. Hinterhuber, H.H.: (Unternehmungsführung), S. 150 ff.

20 Vgl. Becker, J.: (Marketing-Konzeption), S. 431.

21 Das Vorgehen in den ersten vier Schritten entspricht weitgehend dem einer Nutzwertanalyse. Vgl. zu dieser z.B. Zangemeister, C.: (Nutzwertanalyse); Götze, U.; Bloech, J.: (Investitionsrechnung), S. 143 ff.

MARKTATTRAKTIVITÄT	Gewichtung	SGE A	SGE B	SGE C
Marktwachstum und Marktgröße	40%			
reales Marktwachstum	50%	2	5	7
Marktgröße	50%	2	6	8
Marktqualität	20%			
Wettbewerbssituation	20%	3	6	8
Branchenrentabilität	20%	3	5	7
Kapitalumschlagshäufigkeit	10%	3	5	8
Cash Flow (in Prozent vom Umsatz)	10%	3	5	8
Sicherheit gegen Marktrisiko	10%	1	6	8
Sicherheit gegen Rentabilitätsrisiko	10%	3	6	8
Revidierbarkeit und Höhe des Kapitaleinsatzes	5%	3	5	9
Spielraum für die Preispolitik	10%	3	8	8
Eintrittsbarrieren	5%	3	8	9
Energie- und Rohstoffversorgung	15%			
Störanfälligkeit in der Versorgung	40%	3	6	9
Beeinträchtigung der Wirtschaftlichkeit der Produktionsprozesse durch Erhöhung der Energie- und Rohstoffpreise	60%	2	5	9
Umweltsituation	25%			
Abhängigkeit von der öffentlichen Einstellung	40%	2	8	9
Konjunkturabhängigkeit	60%	2	8	8
RELATIVE WETTBEWERBSPOSITION				
Marktposition	50%			
relativer Marktanteil	30%	6	7	4
Entwicklung des relativen Marktanteils	10%	6	8	4
eigene Stellung gegenüber Wettbewerbern	10%	5	8	4
Image des Unternehmens	5%	5	8	4
Preisvorteile aufgrund von Produktqualität, Service usw.	10%	5	7	4
Umsatzrendite	10%	6	6	4
Kapitalumschlagshäufigkeit	5%	4	7	4
Cash Flow (in Prozent vom Umsatz)	5%	6	8	4
Synergie	10%	3	7	4
Preisentwicklung	5%	3	7	4
Produktionspotential	15%			
Prozeßwirtschaftlichkeit und Kosteneffizienz gegenüber Wettbewerbern	40%	4	7	4
Kapazität	30%	4	7	3
Energie- und Rohstoffversorgung	30%	6	8	5
Forschungs- und Entwicklungspotential	10%			
Produkt- und Verfahrensinnovation	60%	6	7	4
Schutzfähigkeit des technischen Know-how	40%	6	7	4
Qualifikation der Führungskräfte	25%			
Professionalität, Einsatz und Kultur der Führungskräfte	50%	6	8	4
Qualität der Führungssysteme	50%	6	8	4

Abb. 3-6: Kriterien, Gewichte und Ausprägungen von drei strategischen Geschäftseinheiten[22]

22 Zu den Kriterien vgl. Hinterhuber, H.H.: (Unternehmungsführung), S. 150 ff.; Becker, J.: (Marketing-Konzeption), S. 430; Abell, D.F.; Hammond, J.S.: (Marketing), S. 191.

Abbildung 3-6 enthält die Ergebnisse der ersten drei Schritte einer entsprechenden Portfolio-Analyse, d.h. die hierarchisch gegliederten Kriterien der Marktattraktivität und der Wettbewerbsposition, deren Gewichtungen sowie die Einschätzungen, die für die drei relevanten SGE A, B und C hinsichtlich der Kriterien abgegeben worden sind (auf einer Skala mit zulässigen Werten von 0 - 10, bei der 0 für eine sehr ungünstige und 10 für eine sehr günstige Ausprägung des Kriteriums steht).

Durch Addition aller mit den Gewichtungen (der unteren und der oberen Ebene) multiplizierten Werte der strategischen Geschäftseinheiten für die einzelnen Kriterien lassen sich Gesamtwerte berechnen. Diese lauten für die Marktattraktivität 2,22 (A), 6,18 (B) und 8,03 (C) und für die Wettbewerbsstärke 5,39 (A), 7,40 (B) sowie 4 (C). Die darauf basierende Positionierung der strategischen Geschäftseinheiten in einer Portfolio-Matrix zeigt Abbildung 3-7.

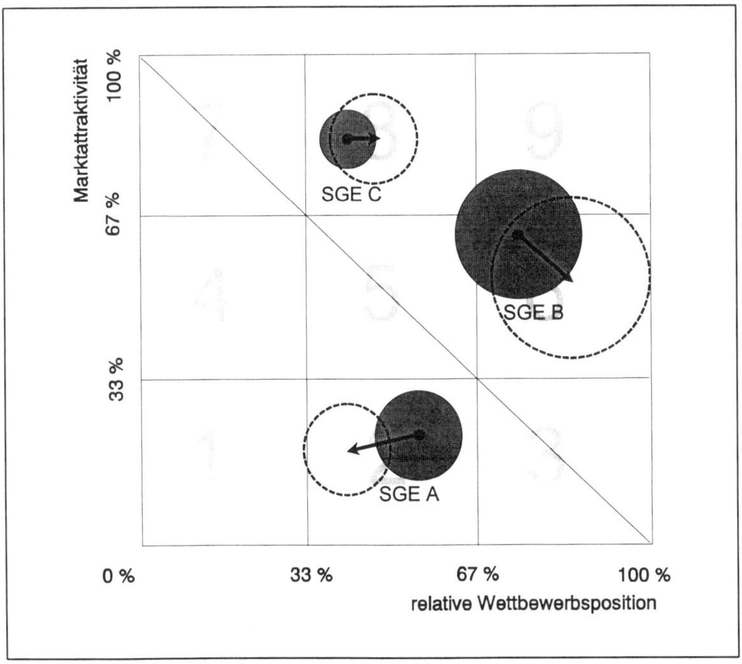

Abb. 3-7: Beispiel für ein Marktattraktivitäts-Wettbewerbspositions-Portfolio

Die Portfolio-Matrix kann in drei Bereiche eingeteilt werden. Die Felder 6, 8 und 9 stellen die *Zone der Mittelbindung* dar. Die Normstrategie für hier eingeordnete strategische Geschäftseinheiten ist aufgrund der guten Erfolgsaussichten eine Investitions- oder Wachstumsstrategie (mit erheblichen Investitionen unter anderem für Kapazitätserweiterungen, intensive Marktbearbeitung etc.), der Cash Flow ist kurzfristig häufig negativ. Mittel- und langfristig wird ein positiver Cash Flow erwartet. Die Felder 1, 2 und 4 bilden die *Zone der Mittelfreisetzung*. Für hier positionierte strategische Geschäftseinheiten bietet sich eine Abschöpfungs- oder Desinvestitionsstrategie an, da ihre Zukunftsperspektiven schlecht sind. Hier sollte eine kurz- oder mittelfristige Gewinnmaximierung angestrebt werden; der Cash Flow ist oft noch positiv, falls dies nicht zutrifft, liegt eine frühzeitige Aufgabe der strategischen Geschäftseinheiten nahe. Aus den Feldern 3, 5 und 7 setzt sich der *selektive Bereich* zusammen. Für strategische Geschäftseinheiten in diesen Feldern lassen sich keine eindeutigen Aussagen treffen; es sind daher vergleichsweise intensive Überlegungen erforderlich, um fallspezifisch Strategien auszuarbeiten.[23] Einen Anhaltspunkt hierfür kann die Position unterhalb oder oberhalb der (negativen) 45-Grad-Linie bieten.

Für die SGE A, B und C können die folgenden Überlegungen zur Strategieformulierung angestellt werden (zu den angestrebten Positionen siehe auch Abbildung 3-7). Für die SGE C (Feld 8) erscheint eine *Investitionsstrategie* empfehlenswert, da die Marktattraktivität dieser strategischen Geschäftseinheit als sehr hoch eingeschätzt wird und die Wettbewerbsposition noch relativ niedrig ist. Mit der Investitionsstrategie wird eine Verbesserung der Wettbewerbsposition angestrebt, um zukünftige Finanzmittelüberschüsse und Erfolge des Unternehmens zu sichern. Für die SGE B (Feld 6) bietet sich ebenfalls eine *Investitionsstrategie* an, bei der zumindest die überschüssigen Finanzmittel wieder in der SGE B eingesetzt werden, um die hohe relative Wettbewerbsposition zu erhalten oder auszubauen. Bei der SGE A ist die Wettbewerbsstärke relativ niedrig. Da außerdem der Markt als unattraktiv eingestuft wird (Feld 2), erscheint eine *Desinvestitionsstrategie* (Abschöpfung, Nischenstrategie) sinnvoll. Die durch die Desinvestition der SGE A frei werdenden finanziellen Mittel können für die Finanzierung der Investitionsstrategien der strategischen Geschäftseinheiten C und B verwendet werden, deren Realisierbarkeit von der Verfügbarkeit entsprechender Finanzmittel abhängig ist. Eventuell sollte das Unternehmensportfolio darüber hinaus durch eine neue strategische Geschäftseinheit ergänzt werden.

Als Erweiterung der bisherigen Vorschläge sind für sämtliche neun Felder der Matrix spezifische Normstrategien ausgearbeitet worden. Diese zeigt Abbildung 3-8.

---

23 Vgl. Hinterhuber, H.H.: (Unternehmungsführung), S. 148 ff.; Hahn, D.: (Zweck), S. 381.

Marktattraktivität			
hoch	• Spezialisieren • Nischen suchen • Akquisitionen erwägen ⑦ **Investieren oder Aufgabe**	• Marktführer-Potentiale durch Segmentierung beurteilen • Schwächen identifizieren • Stärken aufbauen ⑧ **Investieren**	• Wachstum der SGE • Vorherrschaft anstreben • hohe Investitionen ⑨ **Marktführer**
mittel	• Spezialisieren • Nischen suchen • Marktaustritt erwägen ④ **Abschöpfen oder Nischenstrategie**	• Wachstumssegmente identifizieren • Spezialisieren • Selektiv investieren ⑤ **Wachstum Übergang**	• Wachstumssegmente identifizieren • Stark investieren • Position halten ⑥ **Marktführer Wachstum**
niedrig	• Zeit des Marktaustritts festlegen und veräußern ① **Desinvestition**	• Produktprogramm kürzen • Investitionen mindern • Veräußerung vorbereiten ② **Abschöpfen oder Nischenstrategie**	• Gesamtposition halten • Cash Flow maximieren • Investieren, um Position zu halten ③ **Abschöpfen**
	niedrig	mittel	hoch **Wettbewerbsposition**

Abb. 3-8: Differenzierte Normstrategien in der Neun-Felder-Matrix[24]

Das Marktattraktivitäts-Wettbewerbspositions-Portfolio stellt eine sinnvolle Weiterentwicklung des Portfolio-Ansatzes der Boston Consulting Group dar. Allerdings ist auch dieses Portfolio-Konzept nicht frei von Problemen. Dazu zählen die Kriterienauswahl und -gewichtung sowie die Einschätzungen für die einzelnen strategischen Geschäftseinheiten, die bei den meisten Kriterien nur subjektiv vorgenommen werden können. Bei der Aggregation zu einem Gesamtwert wird - wie bei der Nutzwertanalyse - Unabhängigkeit der Kriterien unterstellt; es ist fraglich, inwieweit diese gewährleistet ist. In der Grundform des Konzeptes wird zudem von Sicherheit der Daten bzw. Eindeutigkeit der Einschätzungen ausgegangen. Da diese gerade bei der strategischen Planung oft nicht gegeben ist, wird im folgenden die Unschärfenpositionierung als Ansatz zur Einbeziehung der Unsicherheit bzw. Mehrdeutigkeit behandelt.

24 Quelle: Rudolph, F.: (Controlling), S. 115. Zu einer ähnlichen Darstellung vgl. Hinterhuber, H.H.: (Unternehmungsführung), S. 159.

Unschärfenpositionierung

Bei den bisher beschriebenen Vorgehensweisen der Portfolio-Methode wird nur ein Punkt als Position einer strategischen Geschäftseinheit in der Matrix bestimmt (Punktpositionierung). Dies ist mit einigen Problemen verbunden. So kann durch die Punktpositionierung der Eindruck einer Genauigkeit erweckt werden, die nicht gegeben ist. Hinzu kommt, daß bei der Erstellung von Portfolios eventuell Kriterien bewußt vernachlässigt werden, weil bei ihnen keine eindeutige Einschätzung möglich ist. Außerdem läßt sich mit einer Punktpositionierung die Bandbreite der für denkbar gehaltenen zukünftigen Entwicklungen bzw. alternativen Einschätzungen nicht abbilden. Durch die Berücksichtigung der Unsicherheit und Mehrdeutigkeit kann die Aussagekraft von Portfolios erhöht werden, diese Aspekte lassen sich dann auch in die Strategiebildung einbeziehen.[25]

Die Unsicherheit der Daten kann mit Hilfe einer Dreipunkt-Schätzung (z.B. auf der Grundlage dreier Szenarien) erfaßt werden.[26] In Abbildung 3-9 ist eine Erweiterung des Beispiels zum Marktattraktivitäts-Wettbewerbspositions-Portfolio dargestellt, bei der für die drei strategischen Geschäftseinheiten A, B und C eine wahrscheinliche (wahr.), eine optimistische (opt.) und eine pessimistische (pess.) Einschätzung vorgenommen wird (die wahrscheinlichen Werte entsprechen denen des Ausgangsbeispiels).

Bei Anfertigung der Portfolio-Matrix wird die aus den wahrscheinlichen Einschätzungen resultierende Position als Mittelpunkt der die strategischen Geschäftseinheiten repräsentierenden Kreise gewählt. Zusätzlich werden Rechtecke eingezeichnet, die den Unschärfenbereich eingrenzen, in dem die strategische Geschäftseinheit eingeordnet sein kann (durch Verbindung der Punkte, die sich aus der Kombination der bei den optimistischen und pessimistischen Einschätzungen ermittelten Werte ergeben). Abbildung 3-10 zeigt das Ergebnis der Unschärfenpositionierung für die drei SGE A, B und C.

25 Vgl. dazu und zum nachfolgend beschriebenen Vorgehen bei der Berücksichtigung der Unsicherheit Ansoff, H.I.; Kirsch, W.; Roventa, P.: (Unschärfenpositionierung), S. 964 ff.; Hammer, R.M.: (Unternehmungsplanung), S. 233 ff.

26 Alternativ zu einer Drei-Punkt-Schätzung sind auch statistische Verfahren einsetzbar. Wird beispielsweise für jedes Kriterium eine Verteilung der Einzeldimensionen gebildet, kann die Aggregation der Verteilungen mit Hilfe der Monte-Carlo-Methode erfolgen. Vgl. Ansoff, H.I.; Kirsch, W.; Roventa, P.: (Unschärfenpositionierung), S. 974 ff.

			SGE A			SGE B			SGE C		
MARKTATTRAKTIVITÄT	Gewichtung		opt.	wahr.	pess.	opt.	wahr.	Pess.	opt.	wahr.	pess.
Marktwachstum und Marktgröße	40%										
reales Marktwachstum		50%	2	2	1	7	5	2	8	7	5
Marktgröße		50%	3	2	1	9	6	5	9	8	6
Marktqualität	20%										
Wettbewerbssituation		20%	3	3	2	7	6	4	8	8	8
Branchenrentabilität		20%	3	3	1	8	5	3	7	7	7
Kapitalumschlagshäufigkeit		10%	3	3	1	8	5	3	9	8	8
Cash Flow (in Prozent vom Umsatz)		10%	3	3	2	7	5	3	9	8	8
Sicherheit gegen Marktrisiko		10%	1	1	1	6	6	4	9	8	8
Sicherheit gegen Rentabilitätsrisiko		10%	3	3	2	6	6	4	9	8	8
Revidierbarkeit und Höhe des Kapitaleinsatzes		5%	3	3	2	5	5	5	10	9	9
Spielraum für die Preispolitik		10%	3	3	3	9	8	4	8	8	8
Eintrittsbarrieren		5%	3	3	3	9	8	4	9	9	9
Energie- und Rohstoffversorgung	15%										
Störanfälligkeit in der Versorgung		40%	3	3	1	8	6	4	9	9	7
Beeinträchtigung der Wirtschaftlichkeit der Produktionsprozesse durch Erhöhung der Energie- und Rohstoffpreise		60%	2	2	1	7	5	4	10	9	7
Umweltsituation	25%										
Abhängigkeit von der öffentlichen Einstellung		40%	3	2	1	9	8	4	10	9	9
Konjunkturabhängigkeit		60%	2	2	0	9	8	4	8	8	8
RELATIVE WETTBEWERBSPOSITION	Gewichtung		opt.	wahr.	pess.	opt.	wahr.	Pess.	opt.	wahr.	pess.
Marktposition	50%										
Relativer Marktanteil		30%	9	6	5	10	7	5	6	4	2
Entwicklung des relativen Marktanteils		10%	8	6	4	8	8	7	6	4	2
Eigene Stellung gegenüber Wettbewerbern		10%	7	5	3	9	8	7	5	4	3
Image des Unternehmens		5%	7	5	3	8	8	8	4	4	3
Preisvorteile aufgrund von Produktqualität, Service usw.		10%	7	5	3	7	7	6	4	4	3
Umsatzrendite		10%	8	6	4	7	6	4	5	4	4
Kapitalumschlagshäufigkeit		5%	8	4	2	7	7	7	5	4	4
Cash Flow (in Prozent vom Umsatz)		5%	7	6	3	8	8	8	4	4	4
Synergie		10%	6	3	2	7	7	7	4	4	4
Preisentwicklung		5%	6	3	0	7	7	7	4	4	4
Produktionspotential	15%										
Prozeßwirtschaftlichkeit und Kosteneffizienz gegenüber Wettbewerbern		40%	6	4	3	8	7	5	4	4	4
Kapazität		30%	6	4	2	8	7	5	4	3	2
Energie- und Rohstoffversorgung		30%	8	6	3	8	8	8	6	5	4
Forschungs- und Entwicklungspotential	10%										
Produkt- und Verfahrensinnovation		60%	8	6	5	7	7	7	5	4	3
Schutzfähigkeit des technischen Know-how		40%	8	6	5	7	7	7	5	4	3
Qualifikation der Führungskräfte	25%										
Professionalität, Einsatz und Kultur der Führungskräfte		50%	7	6	4	8	8	8	4	4	4
Qualität der Führungssysteme		50%	8	6	4	8	8	8	4	4	4

Abb. 3-9: Beispieldaten zur Unschärfenpositionierung

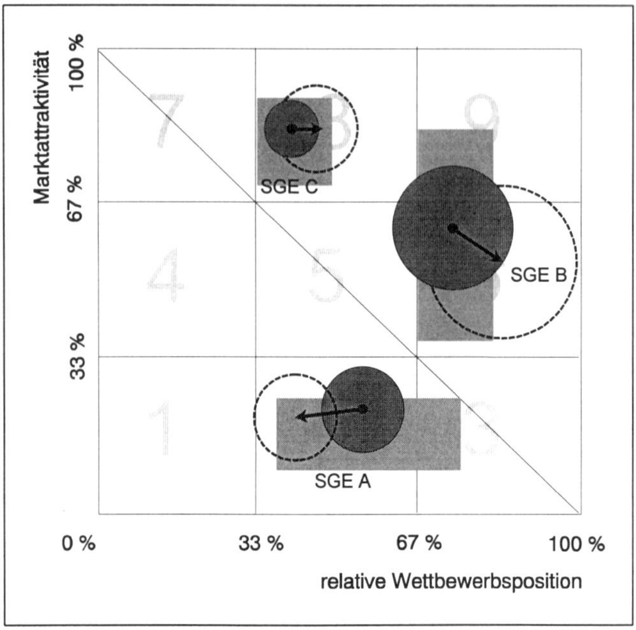

Abb. 3-10: Unschärfenpositionierung der SGE A, B und C

Bei der strategischen Geschäftseinheit C ist die Unsicherheit bezüglich der Marktattraktivität und der Wettbewerbsposition relativ gering. Die SGE ist bei allen Einschätzungen in Feld 8 positioniert, so daß ihr eindeutig die Normstrategie Investieren zugeordnet werden kann.

Bei der SGE B besteht gravierende Unsicherheit vor allem im Hinblick auf die Marktattraktivität. Es ist bei jeweils hoher relativer Wettbewerbsstärke eine Position der Geschäftseinheit im mittleren (Feld 6) oder im oberen (Feld 9) Bereich der Marktattraktivität möglich. Aber auch hier stellt in jedem Fall die Investitionsstrategie die Normstrategie dar, da diese für beide Felder zutrifft.

Die strategische Geschäftseinheit A befindet sich bei allen für denkbar gehaltenen Einschätzungen auf einem unattraktiven Markt, jedoch differiert die Beurteilung der Wettbewerbsvorteile. Trifft die optimistische Einschätzung der relativen Wettbewerbsposition ein, dann ist eine selektive Strategie empfehlenswert, bei einer pessimistischen eine Abschöpfungsstrategie. Die große Unsicherheit über die Wettbewerbsfähigkeit läßt weiterführende Analysen besonders sinnvoll erscheinen.

Weitere absatzmarktorientierte Portfolio-Konzepte

In Wissenschaft und Praxis wurden weitere Varianten absatzmarktorientierter Portfolios vorgeschlagen, von denen zwei im folgenden kurz beschrieben werden. Das *Branchenattraktivitäts-Wettbewerbspositions-Portfolio* wurde von CLIFFORD, BRIDGEWATER und HARDY für Situationen mit hoher Dynamik der Umweltveränderungen und daraus resultierenden großen Risiken entwickelt.[27] Die Unternehmensdimension 'Wettbewerbs-' bzw. 'Unternehmensposition' wird in diesem Portfolio aus zwei Faktoren gebildet, der Wettbewerbsstärke sowie der finanziellen Stärke. Ausschlaggebend hierfür ist die Überlegung, daß die Unternehmensrisiken um so geringer sind, je größer die Wettbewerbsvorteile und die finanzielle Stärke sind. Die Berücksichtigung der finanziellen Stärke setzt allerdings voraus, daß diese auf der Ebene der strategischen Geschäftseinheiten beurteilt werden kann. Die Umweltdimension 'Branchenattraktivität' wird auf die Flexibilität sowie die Stabilität der Branche zurückgeführt. Dabei wird der Gedanke verfolgt, daß die Umweltrisiken um so geringer sind, je größer die Stabilität der Nachfrage am Markt sowie die Flexibilität der Branche (infolge geringer Anlagen- und Fixkostenintensität) sind.

Ein Branchenattraktivitäts-Wettbewerbspositions-Portfolio wird in zwei Schritten erstellt. Zunächst erfolgt eine getrennte Positionierung der strategischen Geschäftseinheiten in einer unternehmens- und einer umweltbezogenen Matrix, deren Achsen jeweils aus den beiden Schlüsselfaktoren bestehen. Anschließend wird aus diesen Positionierungen die Stellung im Branchenattraktivitäts-Wettbewerbspositions-Portfolio abgeleitet. Abbildung 3-11 verdeutlicht das Vorgehen. Die Normstrategien entsprechen weitgehend den oben für das Marktattraktivitäts-Wettbewerbspositions-Portfolio beschriebenen.

Ein *Produktlebenszyklus-Wettbewerbspositions-Portfolio* hat die Beratungsgesellschaft Arthur D. Little entwickelt. Dieses berücksichtigt die Stellung der strategischen Geschäftseinheiten in der Lebenszyklusphase als unternehmensexternen Faktor. Als unternehmensinterne Größe geht die Wettbewerbsposition ein. Aus der Differenzierung zwischen vier Lebenszyklusphasen und vier oder fünf möglichen Ausprägungen der Wettbewerbsposition resultiert eine Matrix mit 16 oder 20 Feldern, für die differenziert Normstrategien aufgeführt werden.[28]

---

27 Vgl. Clifford, D.K., Jr.; Bridgewater, B.A., Jr.; Hardy, Th.: (Game); Albach, H.: (Unternehmensplanung), S. 709 f.

28 Vgl. Hahn, D.: (Zweck), S. 382 f.; Roventa, P.: (Portfolio-Analyse), S. 167 ff.; Welge, M.K.; Al-Laham, A.: (Planung), S. 211 ff. Eine Übersicht über die Eigenschaften der bisher angesprochenen Konzepte und eines weiteren, von LORANGE entwickelten, findet sich bei Welge, M.K.; Al-Laham, A.: (Planung), S. 196.

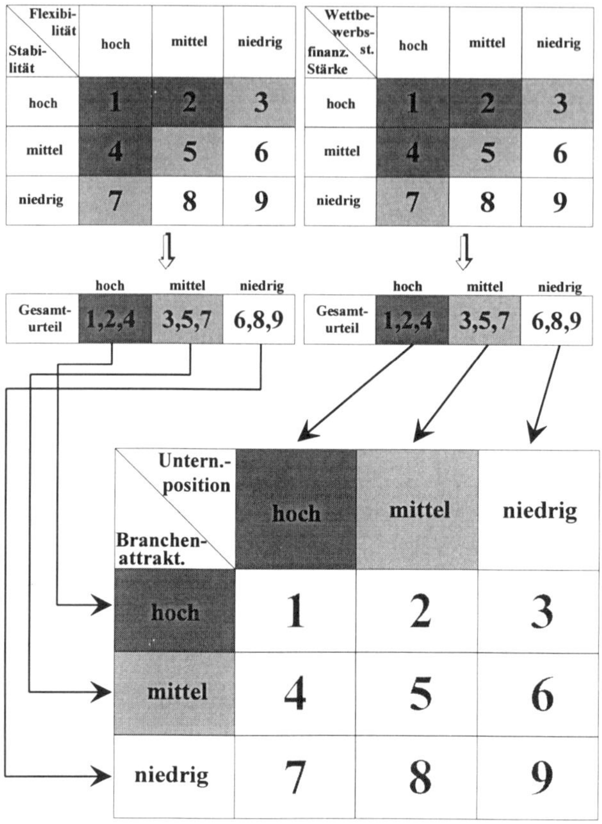

Abb. 3-11: Erstellung eines Branchenattraktivitäts-Wettbewerbspositions-Portfolios[29]

Abschließend sei erwähnt, daß der Absatzmarkt auch in anderen Portfolio-Konzepten explizit berücksichtigt wird, z.B. in ressourcenorientierten Portfolios oder im Fixkosten-Markt-Portfolio (vgl. die Abschnitte 3.2.3. sowie 8.5.2.). Des weiteren gelten einige der oben beschriebenen Merkmale der absatzmarktorientierten Portfolio-Konzepte auch für weitere Portfolio-Ansätze.

29 Quelle: in leicht modifizierter Form übernommen von Albach, H.: (Unternehmensplanung), S. 707.

Beurteilung der absatzmarktorientierten Portfolio-Konzepte

In diesem Abschnitt soll eine abschließende Beurteilung der absatzmarktorientierten Portfolio-Ansätze vorgenommen werden. Dabei wird zunächst auf die allgemeinen Kritikpunkte an diesen eingegangen (auf die jeweiligen Schwächen der oben ausführlich vorgestellten Konzepte wurde bereits hingewiesen):[30]

- *Strategische Geschäftseinheiten als Objekte der Portfolio-Methodik*: Die Portfolio-Analyse ist nur für Mehrproduktunternehmen anwendbar, die sich in mehrere strategische Geschäftseinheiten aufteilen lassen. Außerdem treten bei der Bildung strategischer Geschäftseinheiten Probleme auf, unter anderem in Form von Verflechtungen zwischen diesen. Verflechtungen und darauf basierende Synergieeffekte zwischen strategischen Geschäftseinheiten werden in der absatzmarktorientierten Portfolio-Analyse nicht erfaßt. Die Erzielung von Synergieeffekten durch Nutzung von Verflechtungen zwischen strategischen Geschäftseinheiten wird mit der Formulierung horizontaler Strategien angestrebt, die ebenfalls auf Gesamtunternehmensebene erfolgt.
- *Abgrenzung der relevanten Märkte*: Die genaue Festlegung der Märkte ist oftmals mit Problemen verbunden.
- *Festlegung der Portfolio-Dimensionen*: Bei der Wahl von Schlüsselfaktoren bleiben in der Regel wichtige Aspekte außer acht, bei Multifaktorenkonzepten ergeben sich Schwierigkeiten bei der Auswahl, Operationalisierung[31] und Gewichtung der Kriterien.
- *Datenermittlung*: Die Datenermittlung bereitet generell Schwierigkeiten. Oftmals sind zukünftige Entwicklungen zu prognostizieren und/oder qualitative Sachverhalte einzuschätzen. Letzteres ist nur subjektiv möglich.
- *Aggregation der Daten*: Die starke Aggregation der Daten führt zwar zu einer übersichtlichen Darstellung, jedoch sind viele relevante Informationen nicht mehr ohne weiteres ersichtlich.[32]
- *Beziehung zwischen Matrixposition und Cash Flow-Bedarf*: Der unterstellte Zusammenhang zwischen der Stellung in der Matrix und dem Finanzmittelbedarf bzw. der Finanzmittelerzeugung ist möglicherweise nicht zutreffend, da neben den Einflußgrößen, die über die Portfolio-Dimensionen erfaßt werden, weitere Faktoren die Höhe des Cash Flow bestimmen können.[33]

---

30 Vgl. zu diesen und weiteren Kritikpunkten Kreikebaum, H.: (Unternehmensplanung), S. 81 ff.; Bea, F.X.; Haas, J.: (Management), S. 150 ff.; Hahn, D.: (Zweck), S. 397 f.

31 Zu Meß- und Operationalisierungsproblemen vgl. auch Lange, B.: (Portfolio-Methoden), S. 146 ff.

32 Vgl. Albach, H.: (Unternehmensplanung), S. 706.

33 Vgl. Buzzell, R.D.; Gale, B.T.: (PIMS-Programm), S. 11.

- *Formulierung der Normstrategien*: Bezüglich der Normstrategien wird zwar kein Anspruch auf Allgemeingültigkeit erhoben, vielmehr sollen sie nur als Anregung für problemspezifische Strategieformulierungen dienen.[34] Es besteht aber dennoch die Gefahr, daß die Normstrategien schematisch angewendet werden.
- *Ausgeglichenes Portfolio*: Bei der Formulierung von Strategien wird versucht, ein ausgeglichenes Portfolio zu entwickeln, bei dem bestimmte strategische Geschäftseinheiten finanzielle Mittel freisetzen und andere strategische Geschäftseinheiten finanzielle Mittel binden. Die Möglichkeit, finanzielle Mittel aufzunehmen, wird damit weitgehend ausgegrenzt.
- *Statischer Ansatz*: Die Portfolio-Methode stellt ein Einperioden-Modell dar, zukünftige Entwicklungen können nur vereinfacht abgebildet werden.[35]

Trotz der angeführten Kritik wird die Portfolio-Analyse in der Unternehmenspraxis recht häufig angewendet.[36] Zu den Vorteilen zählen

- die Berücksichtigung sowohl interner als auch externer Informationen (Stärken und Schwächen sowie Chancen und Risiken) im Rahmen einer Analyse,
- die übersichtliche Darstellung der (aggregierten) internen Stärken und Schwächen sowie der externen Chancen und Risiken, die das Verständnis der Aussagen bei den Beteiligten sowie die Kommunikation fördert,[37] sowie
- die ganzheitliche Analyse und Abstimmung der strategischen Geschäftseinheiten.[38]

Einige dieser Vorteile gelten ebenso wie die meisten der aufgeführten Nachteile auch für die nachfolgend erörterten ressourcen- und wertorientierten Portfolio-Ansätze.

34 Vgl. Albach, H.: (Unternehmensplanung), S. 714.

35 Diese Kritikpunkte haben Weiterentwicklungen der Portfolio-Methode angeregt, z.B. eine Dynamisierung, die Integration in gesamtunternehmensbezogene Entscheidungsmodelle sowie die Einbeziehung unscharfer Daten. Vgl. Kreikebaum, H.: (Unternehmensplanung), S. 83 ff.; Kreikebaum, H.: (Mythos), S. 161ff.; Hahn, D.: (Zweck), S. 398 ff.

36 So waren gemäß einer Untersuchung von STEINLE/LAWA/LIER das Marktanteils-Marktwachstums-Portfolio und das Marktattraktivitäts-Wettbewerbsstärken-Portfolio die in den befragten Unternehmen am häufigsten im Rahmen der strategischen Planung eingesetzten Instrumente. Vgl. Steinle, C.; Lawa, D.; Lier, A.: (Methoden), S. 813.

37 Vgl. Bea, F.X.; Haas, J.: (Management), S. 153; Kreikebaum, H.: (Unternehmensplanung), S. 83; Hahn, D.: (Zweck), S. 396 f.

38 Vgl. Welge, M.K.; Al-Laham, A.: (Planung), S. 182 f.; Mauthe, K.D.; Roventa, P.: (Portfolio-Analyse), S. 192; Gaitanides, M.: (Produktportfoliomanagement), S. 70.

3.2.3. Ressourcenorientierte Portfolio-Konzepte

Einige Vorschläge zur Erarbeitung von Portfolio-Strategien gehen von der ressourcenorientierten Sicht des strategischen Management aus und beziehen die Ressourcen von Unternehmen und die mit diesen verbundenen Kompetenzen in die Formulierung von Portfolio-Strategien ein.[39] Dies kann in zweifacher Hinsicht geschehen: zum einen lassen sich die Bedeutung der Kompetenzen für die Nachfrager und/oder die Kompetenzstärke des Unternehmens bei der strategischen Analyse und Prognose erfassen, zum anderen können sich die auszuarbeitenden Strategien auch auf die Kompetenzentwicklung im Unternehmen richten. Als ressourcen- bzw. kompetenzorientierte Portfolio-Ansätze lassen sich Technologie-Portfolios, Beschaffungs-Portfolios, das Kompetenz-Portfolio von HINTERHUBER, das Geschäftsfeld-Ressourcen-Portfolio sowie das marktbezogene Kompetenz-Portfolio von KRÜGER/HOMP einordnen.[40] Da Technologie-Portfolios, Beschaffungs-Portfolios und das Kompetenz-Portfolio von HINTERHUBER sich vorwiegend auf eine an Ressourcen bzw. der Kompetenz orientierte Wahl von Strategien in den Funktionsbereichen (Forschung und Entwicklung, Beschaffung sowie Produktion) beziehen, werden sie im Zusammenhang mit diesen Strategien in den Abschnitten 5.2., 5.3. und 5.4.1.2. behandelt. Das Geschäftsfeld-Ressourcen-Portfolio sowie das marktbezogene Kompetenz-Portfolio hingegen dienen primär der Ausarbeitung von Portfolio-Strategien zur Steuerung der Geschäftseinheiten eines Unternehmens. Im folgenden soll nur der letztgenannte Ansatz erörtert werden.[41]

Das *Markt-Kompetenz-Portfolio* von KRÜGER/HOMP soll als ein Bestandteil des Kernkompetenz-Management dazu dienen, in einer integrierten Markt- und Kompetenzuntersuchung den Ist- und einen Soll-Zustand der Ressourcen und Fähigkeiten des Unternehmens und seiner Geschäftseinheiten zu bestimmen.[42] Dieses Portfolio wird für die Geschäftseinheiten eines Unternehmens bzw. deren Kompetenzen ähnlich wie das Branchenattraktivitäts-Wettbewerbspositions-Portfolio in einem zweistufigen Vorgehen erstellt. Dabei werden zunächst getrennt voneinander mit Hilfe von Portfolios die Marktattraktivität und die Kompetenzstärke ermittelt, um daraus Aussagen über markt- und kompetenzbezogene Prioritäten ableiten zu können.

Zur Beurteilung der Marktattraktivität und -priorität dient eine Marktmatrix mit neun Feldern und den Dimensionen 'gegenwärtige Position' und 'zukünftige Erwartungen' bezüglich der Marktattraktivität. Wie Abbildung 3-12 zeigt, gelten in den Feldern 2, 3 und 6 (4, 7 und 8)

---

39 Vgl. zum ressourcenorientierten Ansatz die Abschnitte 1.4. und 2.1.2.

40 Vgl. zu einer ähnlichen Zuordnung Bea, F.X.; Haas, J.: (Management), S. 144 f.

41 Zum Geschäftsfeld-Ressourcen-Portfolio vgl. Ansoff, H.I.; Leontiades, J.C.: (Portfolio-Management); Albach, H.: (Unternehmensplanung), S. 709 ff.

42 Zur nachfolgenden Beschreibung des Konzeptes vgl. Krüger, W.; Homp, C.: (Kernkompetenz-Management), S. 101 ff.

positionierte Bereiche als besonders attraktiv (unattraktiv), Bereichen in den Feldern 1, 5 und 9 wird eine mittlere Attraktivität zugesprochen.

Die Kompetenzstärke soll mit Hilfe einer Kompetenzmatrix mit ebenfalls neun Feldern und den Dimensionen 'gegenwärtige Kompetenz' sowie 'Entwicklungsaufwand und -aussichten' erfaßt werden. Für die Einschätzung der gegenwärtigen Kompetenzstärke wird vorgeschlagen,

- die Kernbedürfnisse der Kunden zu identifizieren,
- kundenbezogene Kerneigenschaften abzuleiten, d.h. "Merkmale der Produkte und Leistungen einer Unternehmung sowie einzelner Organisationseinheiten, die einen besonderen externen Nutzen stiften und die (zum Aufbau neuer Produkte und/oder Märkte, Anm. d. Verf.) transferierbar sind",[43]
- die Wertschöpfungskette zu untersuchen und Kernprozesse sowie -funktionen zu ermitteln,
- die hinsichtlich dieser Kernprozesse und -funktionen verfügbaren Ressourcen und Fähigkeiten zu bestimmen,
- ausgehend von der Kundenperspektive die im Vergleich zu den Konkurrenten bestehenden Stärken und Schwächen zu untersuchen,
- die vorhandenen bzw. fehlenden Kompetenzen zu identifizieren und eine Gesamtbeurteilung der Kompetenz(en) vorzunehmen.

Für die Einschätzung von 'Entwicklungsaufwand und -aussichten' ist unter anderem die zukünftig benötigte Kompetenz aus Prognosen der Bedeutung von Kernprozessen und -funktionen sowie möglicher Veränderungen der genutzten Ressourcen und Fähigkeiten abzuleiten. Des weiteren ist abzuschätzen, welche Kosten, Zeitdauer sowie Chancen und Risiken mit der Entwicklung und Integration von Kompetenzen verbunden sind. Schließlich ist auch für die Dimension 'Entwicklungsaufwand und -aussichten' eine Gesamtbeurteilung vorzunehmen. Die Positionierung in der Kompetenzmatrix führt zu einer Einstufung der Kompetenzstärke: Objekte in den Feldern 2, 3 und 6 (4, 7 und 8) gelten als starke, zukunftsträchtige (schwache, nachlassende) Bereiche, solche, die in den Feldern 1, 5 und 9 eingeordnet sind, nehmen eine Mittelstellung ein.

Die Positionierungen in der Markt- und der Kompetenzmatrix lassen sich dann verwenden, um ein Markt-Kompetenz-Portfolio zu erstellen. Hierbei handelt es sich um eine Vier-Felder-Matrix mit der 'Marktattraktivität' und der 'Kompetenzstärke' als Achsen, für die jeweils zwei Ausprägungen unterschieden werden. Die für die einzelnen Matrixfelder vorgeschlagenen Normstrategien sind ebenso wie die beschriebenen Portfolio-Matrizen in der folgenden Abbildung dargestellt.

---

43 Krüger, W.; Homp, C.: (Kernkompetenz-Management), S. 66.

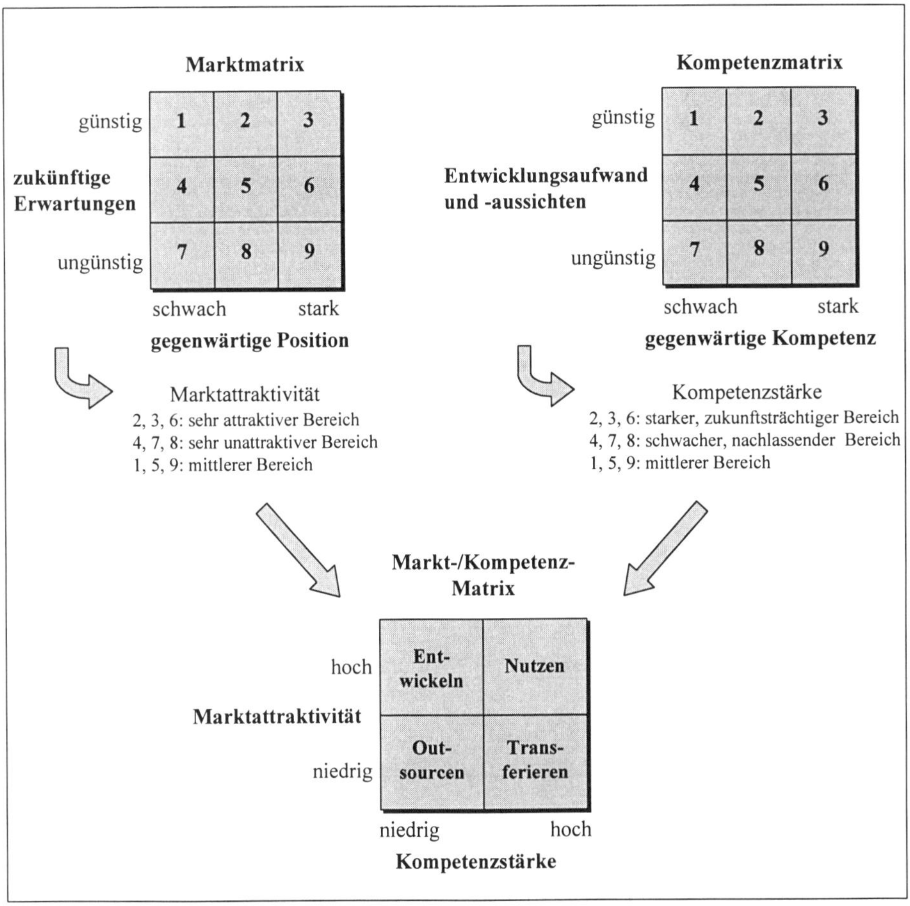

Abb. 3-12: Bestimmung eines Markt-Kompetenz-Portfolios[44]

Für eine Geschäftseinheit mit niedriger Marktattraktivität und Kompetenzstärke kann eine *Outsourcing*-Strategie bzw. die Aufgabe der Geschäftseinheit vorteilhaft sein.[45] Unternehmen, deren Geschäftseinheiten sämtlich in diesem Bereich eingeordnet sind, haben relativ schlechte Zukunftsperspektiven. Die *Entwicklung* von Kompetenzen erscheint tendenziell dann besonders sinnvoll, wenn zwar die Kompetenzstärke relativ gering ist, aber eine hohe Marktattraktivität vorliegt. Sie kann in den folgenden Formen erfolgen:

44 Quelle: leicht modifiziert übernommen von Krüger, W.; Homp, C.: (Kernkompetenz-Management), S. 105.

45 Vgl. zu den damit verbundenen Strategien zur Fertigungstiefe Abschnitt 5.4.1.

- Festigung und Ausbau bzw. Verbesserung vorhandener Kompetenzen, z.B. durch Standardisierung, Qualitätssicherung und Lernprozesse,
- Schwerpunktbildung, d.h. Konzentration auf wenige Kompetenzen, um bei diesen besondere Fortschritte erzielen zu können,
- Ergänzung um Kompetenzen, die an die derzeitigen angrenzen (dies kann auf internem Wege oder extern, durch Zukauf oder Partnerschaft, realisiert werden und zielt häufig auf das Angebot integrierter Problemlösungen für die Kunden ab), sowie
- Schaffung neuartiger Kompetenzen (Kompetenzinnovation), mit der der Gefahr der Abhängigkeit von spezifischen vorhandenen Kompetenzen begegnet und die Grundlage für die Entwicklung neuartiger Produkte geschaffen werden kann.

Bei hoher Kompetenzstärke und geringer (bzw. schwindender) Marktattraktivität liegt es nahe, einen *Transfer* der Kompetenzen vorzunehmen, um neue Produkte oder Märkte zu entwickeln. Liegt für beide Dimensionen ein hoher Wert vor, dann sollte eine bestmögliche *Nutzung* der Kompetenzen im Rahmen von Geschäftsbereichsstrategien angestrebt werden, z.B. indem eine Marktausweitung erfolgt oder eine hybride Strategie realisiert wird. Parallel dazu sollte die Kompetenzbasis langfristig abgesichert werden, wozu sich zum einen Patente, Musterschutz oder Copyright, zum anderen Innovations- und Lernprozesse zur Weiterentwicklung der Kompetenzen und zu deren weiterem Transfer eignen.

Das Konzept des Markt-Kompetenz-Portfolios von KRÜGER/HOMP ist eng mit den traditionellen absatzmarktorientierten Portfolios verwandt. Wie diese weist es eine unternehmensexterne (Marktattraktivität) und eine unternehmensinterne (Kompetenzstärke) Dimension auf. Zwischen der Kompetenzstärke und der Geschäftsfeldstärke (bzw. relativen Wettbewerbsposition, Wettbewerbsstärke) des Marktattraktivitäts-Wettbewerbspositions-Portfolios besteht eine große Ähnlichkeit. Allerdings wird bei dem Markt-Kompetenz-Portfolio explizit auf die Erkenntnisse des ressourcenorientierten Ansatzes Bezug genommen und eine differenzierte Analyse von Kompetenzen vorgeschlagen. Die Strategieempfehlungen beziehen sich vorwiegend auf die Kompetenzentwicklung und -nutzung; marktorientierte Strategien und der Finanzmittelfluß einschließlich des Strebens nach einem ausgeglichenen Portfolio stehen im Hintergrund.

Als Vorteile dieses Konzeptes können die differenzierte Einbeziehung von Kompetenzen und der Marktattraktivität in einem zweistufigen Vorgehen sowie der hohe Zukunftsbezug, der sich in der expliziten Berücksichtigung zukünftiger Entwicklungen mittels jeweils einer Portfolio-Dimension äußert, angesehen werden. Problematisch erscheinen insbesondere

- die Gewinnung der erforderlichen zukunftsbezogenen Daten (beispielsweise über zukünftige Verwendungsmöglichkeiten von Kompetenzen),
- die Aggregation der kompetenzbezogenen Informationen zu einem Gesamturteil (es stellt sich z.B. die Frage, wie Aussagen zu Kosten, Zeitdauer sowie Chancen und Risi-

ken der Kompetenzentwicklung und -integration operationalisiert, gewichtet und zusammengefaßt werden sollen),

- der Informationsverlust, der bei der Einordnung in eine von drei möglichen Gruppen in den Portfolios der ersten Stufe und vor allem bei der anschließenden Positionierung in einer Vier-Felder-Matrix entsteht (es hätte sich eine Neun-Felder-Matrx angeboten) sowie
- die damit verbundenen relativ undifferenzierten Strategieempfehlungen, bei denen beispielsweise nicht einbezogen wird, ob der Markt eher gegenwärtig oder zukünftig besonders attraktiv ist (Feld 6 oder 2 der Marktmatrix).

Außerdem beziehen sich sowohl die zur Positionierung notwendigen Analysen und Prognosen als auch die Strategieempfehlungen zum Teil auf Geschäftseinheiten, zum Teil auf die mit diesen verbundenen Kompetenzen. Falls für Geschäftseinheiten mehrere Kompetenzen relevant sind oder Kompetenzen mehrere Geschäftseinheiten betreffen, sind zusätzliche Aggregationen bzw. weitergehende Überlegungen zur Strategiewahl erforderlich. Dennoch bildet das Portfolio-Konzept eine interessante Ergänzung von bzw. Alternative zu absatzmarktorientierten Portfolios.

3.2.4. Wertorientierte Portfolio-Konzepte

Im Zuge der zunehmenden Auseinandersetzung mit dem Shareholder Value-Konzept wird vorgeschlagen, der Bestimmung von Portfolio-Strategien das Ziel einer Erhöhung des Shareholder Value zugrundezulegen. Um die Ableitung hierfür geeigneter Strategien zu unterstützen, sind eine Reihe wertorientierter Portfolio-Konzepte entwickelt worden. Dazu zählen der Index des Wertsteigerungspotentials nach RAPPAPORT, die Value Creation Matrix, die unternehmenswertorientierte Performance-Matrix von GÜNTHER[46] sowie die Wertbeitrags-Portfolios der Boston Consulting Group. Im folgenden sollen beispielhaft die Wertbeitrags-Portfolios der Boston Consulting Group erörtert werden.

Charakteristisch für diese *Wertbeitrags-Portfolios* ist, daß sie den *Cash Flow Return On Investment* (CFROI) nutzen, um Geschäftseinheiten anhand ihres Beitrags zum Shareholder Value zu beurteilen und zu vergleichen.[47] Der CFROI stellt eine spezifische Rentabilität dar, die als durchschnittliche Verzinsung der realisierten Investitionen interpretiert werden kann;

---

46 Vgl. Rappaport, A.: (Shareholder), S. 148 f.; Reimann, B.C.: (Managing), S. 129 ff.; Günther, T.: (Controlling), S. 371, sowie die überblicksartige Darstellung dieser und weiterer Konzepte bei Günther, T.: (Controlling), S. 348 ff.

47 Vgl. Lewis, T.G.: (Steigerung), S. 35 ff.; Lewis, T.G.; Stelter, D.: (Mehrwert), S. 108 ff.

er läßt sich mit der Internen Zinssatz Methode für jede Geschäftseinheit ermitteln. Dazu sind die folgenden Größen zu bestimmen:[48]

- *'Bruttoinvestitionsbasis'*: Die Bruttoinvestitionsbasis ist die Summe der zu inflationsbereinigten Anschaffungs- bzw. Herstellungskosten bewerteten Vermögensgegenstände, die in der Bilanz erfaßt sind, abzüglich der unverzinslichen Verbindlichkeiten und des Goodwills sowie zuzüglich der kapitalisierten Mietaufwendungen (die Kapitalisierung kann z.B. durch eine Barwertberechnung erfolgen); sie wird als Investitionsauszahlung zu Beginn des Planungszeitraums interpretiert.
- *'Durchschnittliche Nutzungsdauer' des Sachanlagevermögens*: Diese Größe gibt den Zeitraum an, über den mit der Bruttoinvestitionsbasis ein Cash Flow erwirtschaftet wird. Sie läßt sich berechnen, indem die Summe der historischen Anschaffungskosten aller Gegenstände des abnutzbaren Anlagevermögens durch die planmäßigen linearen jährlichen Abschreibungen dividiert wird.
- *'Cash Flow'*: Der Cash Flow wird für ein Jahr aus dem Jahresüberschuß nach Steuern zuzüglich der Abschreibungen, Zins- sowie Mietaufwendungen und korrigiert um bestimmte außerordentliche und aperiodische Posten sowie Inflationseffekte ermittelt und für die Perioden der durchschnittlichen Nutzungsdauer als konstant unterstellt.
- *'Restwert'*: Der Restwert wird durch den Wert der nicht abnutzbaren Vermögensgegenstände (Grund und Boden, Finanzanlagen und Nettoumlaufvermögen) gebildet, der annahmegemäß am Ende der durchschnittlichen Nutzungsdauer dem Unternehmen zufließt.

Unter Verwendung dieser Größen und ausgehend von den aufgeführten Annahmen läßt sich der CFROI aus der folgenden Formel ableiten:[49]

$$KW = 0 = -BIB + CF \cdot \left(\frac{(1+r)^T - 1}{r \cdot (1+r)^T} \right) + \frac{R_T}{(1+r)^T}$$

mit:
KW = Kapitalwert
BIB = Bruttoinvestitionsbasis
CF = Cash Flow
r = Cash Flow Return on Investment
T = durchschnittliche Nutzungsdauer
R_T = Restwert am Ende der Nutzungsdauer

48 Vgl. Lewis, T.G.: (Steigerung), S. 40 ff.; Günther, T.: (Controlling), S. 213 ff.; Sierke, B.R.A.: (Shareholder), S. 74 ff.

49 Vgl. Sierke, B.R.A.: (Shareholder), S. 75.

Im Vergleich zu anderen Kennzahlen weist der CFROI - LEWIS bzw. LEWIS/STELTER zufolge - eine besonders hohe Korrelation mit dem Börsenkurs auf, er wird unter anderem aus diesem Grund als geeigneter Indikator für die Wertentwicklung eines Unternehmens angesehen.[50] Um den Wertbeitrag einer Geschäftseinheit zu beurteilen, wird daher der für diese berechnete CFROI den 'realen Kapitalkosten' gegenübergestellt. Diese werden als Durchschnittswert aus den CFROIs ausgewählter börsennotierter Aktiengesellschaften abgeleitet. Eine unternehmensspezifische Anpassung der Kapitalkosten wird in der Regel nicht vorgenommen, jedoch eine Differenzierung für die einzelnen Geschäftseinheiten auf der Basis einer qualitativen Einschätzung ihrer Besonderheiten als sinnvoll erachtet.[51] Die Differenz zwischen dem CFROI und den realen Kapitalkosten, der 'CFROI-Spread', gibt (näherungsweise) an, welchen Beitrag eine Geschäftseinheit zum Shareholder Value leistet. Ist die Differenz positiv, dann wird Wert 'geschaffen', ansonsten Wert 'vernichtet'.[52] Investitionen sollten vor allem in den werteschaffenden Bereichen getätigt werden. Da der CFROI als geeigneter Indikator für die Beeinflussung des Shareholder Value angesehen wird, bildet er bei den Varianten des Wertbeitrags-Portfolios der Boston Consulting Group eine Dimension der Portfolio-Matrizen.

Neben der im CFROI erfaßten Rentabilität ist das Wachstum ein wesentlicher Werttreiber. Dieses wird anhand der Veränderung der Bruttoinvestitionsbasis gemessen. Deren Wachstum führt aber - gemäß LEWIS und STELTER als Vertretern dieses Ansatzes - nur bei denjenigen Geschäftsbereichen zu einer Wertsteigerung, bei denen der CFROI über den realen Kapitalkosten liegt.[53] Daher wird bei dem *Wertbeitrags-Wachstums-Portfolio* eine Verbindung zwischen dem CFROI-Spread und dem Wachstum hergestellt, indem das Wachstum als zweite Portfolio-Dimension Verwendung findet. Damit stellen beide Portfolio-Dimensionen unternehmensbezogene Größen dar, und es wird im Unterschied zu den absatzmarktorientierten Portfolios keine Umweltdimension einbezogen. Bei dem Wertbeitrags-Wachstums-Portfolio handelt es sich um eine aus vier Feldern bestehende Matrix, bei der die Trennlinien zwischen den Feldern bei einem CFROI-Spread von Null bzw. dem durchschnittlichen Wachstum der Branche liegen (vgl. Abbildung 3-13).[54]

50 Vgl. Lewis, T.G.: (Steigerung), S. 46 ff.; Lewis, T.G.; Stelter, D.: (Mehrwert), S. 111.

51 Vgl. Lewis, T.G.; Stelter, D.: (Mehrwert), S. 111 f.; Lewis, T.G.: (Steigerung), S. 81 ff.

52 Vgl. Lewis, T.G.: (Steigerung), S. 77.

53 Vgl. Lewis, T.G.; Stelter, D.: (Mehrwert), S. 110.

54 Vgl. Günther, T.: (Controlling), S. 360.

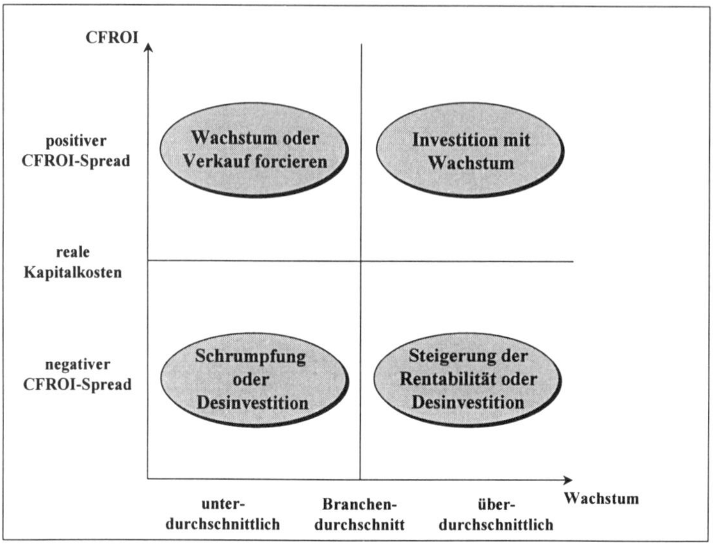

Abb. 3-13: Wertbeitrags-Wachstums-Portfolio[55]

Im Rahmen einer Portfolio-Analyse sollten jeweils ein vergangenheits- und ein zukunftsorientiertes Wertbeitrags-Wachstums-Portfolio aufgestellt und ausgewertet werden.[56] Die für die Geschäftseinheiten in den vier Feldern der Matrix charakteristischen Eigenschaften und die empfohlenen Normstrategien sind nachfolgend beschrieben:[57]

- *Positiver CFROI-Spread und überdurchschnittliches Wachstum*: durch Geschäftseinheiten in diesem Feld wird ein besonders hoher Wert geschaffen, daher bieten sich Investitionen für ein weiteres Wachstum an.
- *Positiver CFROI-Spread und unterdurchschnittliches Wachstum*: bei den hier positionierten Geschäftseinheiten wird zwar eine über den realen Kapitalkosten liegende Verzinsung erzielt, ein durch Wachstum bewirkter Wertzuwachs zeichnet sich jedoch nicht ab. Es ist daher zu prüfen, ob weitere Wachstumschancen (z.B. durch Akquisitionen) oder andere Wertsteigerungsmöglichkeiten bestehen; sind diese ausgeschöpft, sollte ein Verkauf erwogen werden.
- *Negativer CFROI-Spread und überdurchschnittliches Wachstum*: die Geschäftseinheiten in diesem Bereich haben bei relativ hohem Wachstum und damit einhergehenden umfangreichen Investitionen nicht die realen Kapitalkosten erwirtschaftet und

55 Quelle: in leicht modifizierter Form übernommen von Günther, T.: (Controlling), S. 361. Vgl. dazu auch Lewis, T.G.: (Steigerung), S. 79.

56 Vgl. Lewis, T.G.: (Steigerung), S. 78.

57 Vgl. Lewis, T.G.: (Steigerung), S. 78 ff.; Günther, T.: (Controlling), S. 361.

damit tendenziell Wert vernichtet. Deshalb sollte nur dann weiter investiert werden, wenn eine Rentabilitätsverbesserung möglich ist; läßt sich diese nicht realisieren, sollte eine Desinvestition in Betracht gezogen werden.

- *Negativer CFROI-Spread und unterdurchschnittliches Wachstum*: bei den entsprechenden Geschäftseinheiten sind beide Werttreiber vergleichsweise gering ausgeprägt, so daß keine positiven Wertbeiträge erbracht werden. Es sollte daher geprüft werden, ob eine Verbesserung, z.B. durch Schrumpfung und Konzentration auf rentable Teilbereiche, aussichtsreich ist; trifft dies nicht zu, dann ist ebenfalls eine Desinvestition zu erwägen.

Dieser Portfolio-Ansatz kann aufgrund der Berücksichtigung der beiden Werttreiber Rentabilität und Wachstum zu einer wertorientierten Formulierung von Portfolio-Strategien beitragen. Dabei wird im Gegensatz zu den absatzmarktorientierten Konzepten nicht auf ein ausgeglichenes Portfolio mit Geschäftseinheiten in allen Matrixfeldern abgezielt, vielmehr gilt eine Position im Quadranten rechts oben als erstrebenswert. Einschränkend ist zunächst zu bemerken, daß die Normstrategien - wie generell - lediglich Empfehlungscharakter haben und eventuell eine situationsspezifische Anpassung sinnvoll ist, bei der unter anderem wechselseitige Beziehungen zwischen den Geschäftsbereichen, die Lebenszyklusphase, in der diese sich befinden, deren Ressourcen und deren 'Fit' mit der Unternehmensvision berücksichtigt werden können. Die Annahme, daß bei positivem CFROI-Spread und überdurchschnittlichem Wachstum ein besonders hoher Wert geschaffen wird, kann falsch sein, da die Cash Flows eventuell nicht ausreichen, um die für das Wachstum erforderlichen Finanzmittel zu erwirtschaften.[58] Außerdem sind - bei dem zukunftsbezogenen Portfolio - Prognosen zum zukünftigen Wachstum abzugeben, um auf deren Basis Strategien abzuleiten, die sich primär auf das zukünftige Wachstum beziehen. Es ist fraglich, welche Annahmen über zukünftiges Handeln den Wachstumsprognosen zugrundegelegt werden sollen. Weitere Kritikpunkte werden nachfolgend im Zusammenhang mit der Beurteilung einer anderen Variante des Wertbeitrags-Portfolios genannt.

Bei dieser weiteren Variante des Ansatzes der Boston Consulting Group wird neben dem CFROI die Übereinstimmung mit der Unternehmensvision bzw. den Unternehmensfähigkeiten als zweite Portfolio-Dimension verwendet.[59] Dabei werden als Fähigkeiten die Eigenschaften und Kenntnisse eines Unternehmens angesehen, die neben bestimmten Positionen, z.B. auf dem Absatzmarkt, zur dauerhaften Schaffung von Wettbewerbsvorteilen erforderlich sind. Mit dem *Wertbeitrags-Unternehmensfähigkeits-Portfolio* soll eine übergeordnete Per-

58 Vgl. Günther, T.: (Controlling), S. 361 f.

59 Vgl. Lewis, T.G.: (Steigerung), S. 37; Lewis, T.G.; Stelter, D.: (Mehrwert), S. 112 ff.; Freygang, W.: (Kapitalallokation), S. 165 ff.; Günther, T.: (Controlling), S. 377. Zu einem dritten Konzept, bei dem neben dem CFROI die aus zukünftiger und aktueller Performance abgeleitete 'Planwertschaffung' berücksichtigt wird, vgl. Lewis, T.G.: (Steigerung), S. 133 ff.; Günther, T.: (Controlling), S. 368.

spektive des Gesamtunternehmens einbezogen werden, um zu sichern, daß der Gesamtwert des Unternehmens über der Summe der Werte aller Bereiche liegt;[60] in Form von Fähigkeiten werden hier auch die Unternehmensressourcen berücksichtigt. Die Struktur eines entsprechenden Portfolios und die Bezeichungen der strategischen Geschäftseinheiten in den einzelnen Feldern zeigt die folgende Abbildung.

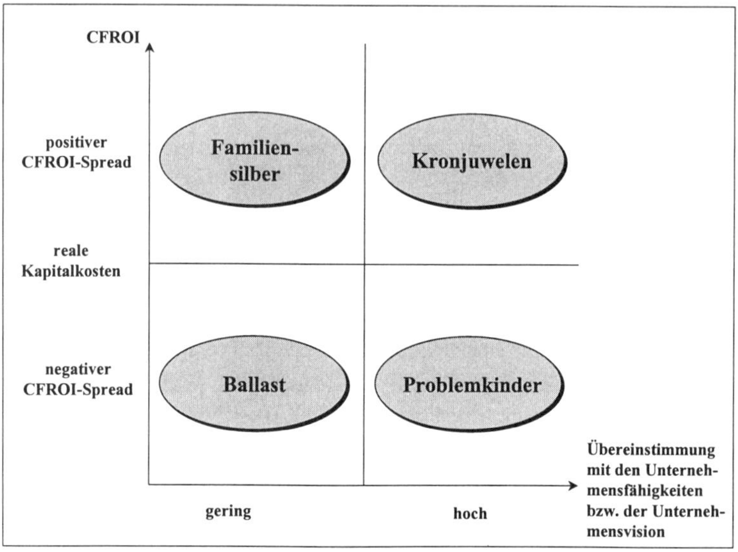

Abb. 3-14: Wertbeitrags-Unternehmensfähigkeits-Portfolio[61]

Für die Geschäftseinheiten, die den einzelnen Feldern der Matrix zugeordnet werden, lassen sich die nachstehenden Aussagen treffen:[62]

- *Kronjuwelen*: da die hier positionierten Geschäftseinheiten einen positiven CFROI-Spread aufweisen und eine hohe Übereinstimmung mit den Unternehmensfähigkeiten vorliegt, bestehen die größten Wertsteigerungspotentiale. Es sollte daher ein Ausbau der Geschäftseinheiten mit dem Ziel der Wertmaximierung erfolgen, dazu können internes und externes Wachstum, Ertragssteigerungen sowie der Auf- und Ausbau von Fähigkeiten dienen.
- *Familiensilber*: Geschäftseinheiten in diesem Bereich tragen zwar zur Wertsteigerung bei, passen aber nicht zu den Unternehmensfähigkeiten bzw. der Unternehmensvision (beispielsweise wenig genutzte(r) Immobilienbesitz oder Datennetze). Sie sollten ent-

60 Vgl. Lewis, T.G.; Stelter, D.: (Mehrwert), S. 113.

61 Quelle: in leicht modifizierter Form übernommen von Lewis, T.G.; Stelter, D.: (Mehrwert), S. 114.

62 Vgl. Lewis, T.G.: (Steigerung), S. 37; Günther, T.: (Controlling), S. 377 f.; Freygang, W.: (Kapitalallokation), S. 166 f.

weder zum Aufbau neuer Kernfähigkeiten genutzt oder veräußert werden, wobei ein über dem Wert für das Unternehmen liegender Preis anzustreben ist.

- *Problemkinder*: es handelt sich um Geschäftseinheiten, die mit den Unternehmensfähigkeiten harmonieren, deren CFROI jedoch unter den realen Kapitalkosten liegt. Daher sollte versucht werden, den CFROI durch Rationalisierungsmaßnahmen oder eventuell auch Akquisitionen zu steigern; ist dies nicht aussichtsreich oder erfolglos, dann stellt die Veräußerung eine sinnvolle (letzte) Alternative dar.
- *Ballast*: für diese Geschäftseinheiten, die nicht zu den Unternehmensfähigkeiten passen und Wert vernichten, ist ein Ausstieg durch Liquidation oder Veräußerung empfehlenswert.

Über diese Normstrategien hinaus wird eine direkte Verbindung zur Realisierung von Investitionen in den Unternehmensbereichen hergestellt: Erweiterungsinvestitionen sollten nur in werteschaffenden Bereichen durchgeführt werden, in den anderen Bereichen hingegen lediglich Ersatzinvestitionen (im Bereich des 'Ballast' nur, falls hohe Austrittsbarrieren bestehen).[63] Auch diese Portfolio-Variante vermag in ähnlicher Form wie die zuvor erörterte einen Beitrag zur Formulierung wertorientierter Portfolio-Strategien zu leisten, wobei sowohl ein alternativer als auch ein gleichzeitiger Einsatz denkbar ist. Gemeinsamkeiten bestehen hinsichtlich der Portfolio-Dimension CFROI sowie der Tatsache, daß auch bei dieser Variante kein ausgeglichenes Portfolio angestrebt wird und stattdessen die Kronjuwelen-Position als Ziel gilt. Unterschiedlich ist die zweite Portfolio-Dimension, die hier anstelle des Wachstums die Übereinstimmung mit den Unternehmensfähigkeiten bzw. der Unternehmensvision darstellt. Allerdings bleibt bezüglich dieser Dimension offen, ob die Unternehmensfähigkeiten und/oder die Unternehmensvision zugrundegelegt werden sollte(n); außerdem sind Operationalisierungs-, Meß- und Aggregationsprobleme zu erwarten.

Als Vorteil der Wertbeitrags-Portfolios ist zusammenfassend die Wertorientierung hervorzuheben, die - ähnlich wie bei anderen wertorientierten Konzepten - durch die Verwendung von Werttreibern als Portfolio-Dimensionen erreicht wird. Diese ist besonders wichtig, falls der Shareholder Value das strategische Ziel eines Unternehmens bildet; jedoch können mit wertorientierten Portfolios auch unabhängig davon interessante Erkenntnisse für die Formulierung von Portfolio-Strategien gewonnen werden. Kritisch ist zu den Wertbeitrags-Portfolios insgesamt vor allem anzumerken, daß für die Cash Flows, die in den als Indikator für die Rendite bzw. den Wertbeitrag dienenden CFROI einbezogen werden, eine im Zeitablauf konstante Höhe unterstellt wird. Damit besteht - insbesondere bei der zweiten Variante - die Gefahr, daß lebenszyklusbezogene Überlegungen vernachlässigt und beispielsweise für Geschäftseinheiten in der Wachstumsphase, die zwar negative oder geringe CFROIs, aber positive Zukunftsaussichten aufweisen, falsche Strategien formuliert werden. Die Vergleich-

63 Vgl. Freygang, W.: (Kapitalallokation), S. 167 f.

barkeit von Geschäftseinheiten in unterschiedlichen Lebenszyklusphasen ist erheblich eingeschränkt. Des weiteren sind die Ermittlung der Bestimmungsgrößen des CFROI und einige der für diese über die Konstanz des Cash Flow hinaus getroffenen Annahmen als problematisch anzusehen, Ungenauigkeiten können hinsichtlich aller einbezogenen Größen auftreten. Fraglich ist auch, inwieweit der CFROI ein geeigneter Indikator für die Entwicklung des Unternehmenswertes ist.[64] Informationen zum Cash Flow werden lediglich bei der Bildung des CFROI, solche zu Marktpositionen (z.B. Marktanteilen) gar nicht explizit berücksichtigt.[65] Außerdem werden der Finanzmittelausgleich zwischen verschiedenen Geschäftseinheiten und die damit verbundene Finanzierbarkeit von Strategien vernachlässigt. Schließlich gelten auch für diese Portfolio-Ansätze einige Kritikpunkte, die auf die Portfolio-Methodik allgemein zutreffen und im Zusammenhang mit den absatzmarktorientierten Portfolios aufgeführt worden sind. Neben den bereits angesprochenen Aspekten der Datenermittlung und -aggregation (insbesondere im CFROI) sowie der im Einzelfall zu hinterfragenden Vorteilhaftigkeit von Normstrategien sind dies unter anderem die Abgrenzung der Märkte und die Vernachlässigung von Verflechtungen zwischen Geschäftseinheiten.

Angesichts des in der jüngeren Vergangenheit erheblich vergrößerten 'Angebots' an Portfolio-Konzepten, zu denen jeweils einige absatzmarkt-, ressourcen- und wertorientierte Ansätze zählen, stellt sich die Frage, wieviele und welche Konzepte ein Unternehmen zur Formulierung von Portfolio-Strategien nutzen sollte. Diese Frage läßt sich nicht allgemeingültig beantworten, eine Antwort hierauf ist von den strategischen Zielen eines Unternehmens und dessen spezifischer Situation abhängig zu machen. Es erscheint jedoch durchaus sinnvoll, mehrere Konzepte zu verwenden, um verschiedene Sichtweisen und unterschiedliche Schwerpunkte in die Strategiebestimmung einfließen zu lassen.

3.3. Horizontale Strategien

Das auf PORTER zurückgehende Konzept der horizontalen Strategien[66] beruht auf der Tatsache, daß es nicht möglich sein dürfte, die strategischen Geschäftseinheiten so zu bilden, daß keinerlei Verflechtungen zwischen ihnen bestehen. Daher und zur Erzielung von Synergieeffekten ist es notwendig, auf der Gesamtunternehmensebene die Entwicklung der Geschäftseinheiten auch unter dem Gesichtspunkt der Verflechtungen zwischen ihnen zu steuern. Dazu sollen im Rahmen der Entwicklung und Wahl horizontaler Strategien Verflechtungen identifiziert oder eventuell auch erst geschaffen und darauf basierend Synergiepotentiale aufgebaut und genutzt werden.

64 Vgl. Günther, T.: (Controlling), S. 214 ff.

65 Vgl. Günther, T.: (Controlling), S. 361.

66 Vgl. Porter, M.E.: (Wettbewerbsvorteile), S. 409 ff.

Arten von Verflechtungen

Materielle Verflechtungen

Materielle Verflechtungen sind darauf zurückzuführen, daß eine strategische Geschäftseinheit sowohl die primären als auch die unterstützenden Aktivitäten der Wertkette gemeinsam mit einer (oder mehreren) anderen strategischen Geschäftseinheit(en) durchführen kann. Die möglichen Arten materieller Verflechtungen in der Wertkette zeigt Abbildung 3-15.

Die gemeinsame Durchführung von Wertaktivitäten kann Wettbewerbsvorteile in Form von Kosten- oder Differenzierungsvorteilen ermöglichen.[67] Kostenvorteile lassen sich eventuell erzielen, da die zu realisierende Anzahl der Durchführungen der Aktivität steigt; dies kann zu Erfahrungs- bzw. Größendegressionseffekten führen. Eine Verbesserung der Differenzierung läßt sich beispielsweise erreichen, wenn der Absatz der Produkte mehrerer strategischer Geschäftseinheiten auf gemeinsamen Distributionswegen oder durch die gleichen Außendienstmitarbeiter Vorteile für den Abnehmer mit sich bringt oder die gemeinsame Produktentwicklung die Kompatibilität von Produkten herbeiführt.

Die gemeinsame Durchführung von Wertaktivitäten ist aber nicht nur mit Vorteilen, sondern in der Regel auch mit 'Kosten' verbunden. Diese lassen sich in drei Kategorien einteilen:

- *Koordinierungskosten* entstehen aufgrund der Notwendigkeit, die gemeinsamen Aktivitäten der beteiligten strategischen Geschäftseinheiten aufeinander abzustimmen.
- *Kompromißkosten* resultieren daraus, daß bei gemeinsamer Durchführung von Wertaktivitäten oftmals nicht das Vorgehen realisiert werden kann, das für die einzelnen strategischen Geschäftseinheiten optimal wäre.
- *Inflexibilitätskosten* ergeben sich zum einen aus den - im Vergleich zu isolierter Durchführung - geringeren Geschwindigkeiten und Handlungsspielräumen bei der Reaktion auf Aktivitäten der Konkurrenten sowie weitere Umweltveränderungen. Zum anderen kann die durch die gemeinsame Realisation verursachte Verstärkung der Austrittsbarrieren der einzelnen strategischen Geschäftseinheiten als Komponente der Inflexibilitätskosten angesehen werden.[68]

Abbildung 3-16 zeigt beispielhaft für den Produktionsbereich mögliche Formen der gemeinsamen Durchführung von Wertaktivitäten, die daraus eventuell resultierenden Wettbewerbsvorteile und die Ursachen von Kompromißkosten.[69]

---

67 Zu den Wettbewerbsstrategien, die auf die Erzielung von Kosten- bzw. Differenzierungsvorteilen abzielen, vgl. Abschnitt 4.3.

68 Vgl. Porter, M.E.: (Wettbewerbsvorteile), S. 419 ff.; Welge, M.K.; Al-Laham, A.: (Planung), S. 221 f.

69 Diese können z.B. für die Entwicklung von Strategien zur Fertigungstiefe bedeutend sein. Vgl. Abschnitt 5.4.1.2.

	Verflechtungsquelle	Mögliche Formen gemeinsamer Durchführung
Beschaffungs-verflechtungen	• Gemeinsam gekaufte Inputs	• Gemeinsame Beschaffung
Technologische Verflechtungen	• Gleiche Produkttechnologie • Gleiche Prozeßtechnologie • Gleiche Technologie bei anderen Wertaktivitäten • Ein Produkt, das in ein anderes inkorporiert ist • Schnittstelle zwischen Produkten	• Gemeinsame Technologieentwicklung • Gemeinsamer Schnittstellenentwurf
Infrastruktur-verflechtungen	• Gleicher Bedarf an Unternehmens-infrastruktur • Gemeinsames Kapital	• Gemeinsame Kapitalaufnahme (Finanzierung) • Gemeinsame Barmittelnutzung • Gemeinsames Rechnungswesen • Gemeinsame Rechtsabteilung • Gemeinsame Kontakte zu staatlichen Stellen • Gemeinsame Personaleinstellung und -ausbildung • Andere gemeinsame Infrastrukturaktivitäten
Produktions-verflechtungen	• Gleicher Standort der Rohstoffe • Identisches oder ähnliches Fertigungs-verfahren • Identisches oder ähnliches Montage-verfahren • Identische oder ähnliche Methoden zur Güteprüfung/Qualitätskontrolle • Gleicher Bedarf an Hilfsanlagen	• Gemeinsame Eingangslogistik • Gemeinsame Komponentenfertigung • Gemeinsame Montageanlagen • Gemeinsame Anlagen zur Güteprüfung/ Qualitätskontrolle • Gemeinsame indirekte Aktivitäten im Betrieb • Gemeinsame Betriebsinfrastruktur
Markt-verflechtungen	• Gleiche Abnehmer • Gleiche Vertriebskanäle • Gleicher geographischer Markt	• Gemeinsamer Markenname • Kombinierter Produktabsatz • Gekoppelter oder kombinierter Verkauf • Konzerninterne Subventionierung von Komplementärprodukten • Gemeinsame Marketing-Abteilung • Gemeinsamer Außendienst • Gemeinsames Kundendienst-/Reparaturnetz • Gemeinsames Auftragsabwicklungssystem • Gemeinsames physisches Distributionssystem • Gemeinsame Finanzierungsorganisation für Abnehmer oder Distributoren

Abb. 3-15: Arten materieller Verflechtungen in der Wertkette[70]

Eine gemeinsame Durchführung von Wertaktivitäten ist gemäß den vorangegangenen Ausführungen dann sinnvoll, wenn die damit verbundenen - von der Bedeutung der Aktivitäten im Wettbewerb abhängigen - Kosten- und/oder Differenzierungsvorteile gravierender sind als die entstehenden Koordinierungs-, Kompromiß- und Inflexibilitätskosten.

70 Quelle: Porter, M.E.: (Wettbewerbsvorteile), S. 436 f.

Verflechtungsquelle	Mögliche Formen gemeinsamer Durchführung	Potentielle Wettbewerbsvorteile	Wahrscheinlichste Quellen von Kompromißkosten
Gleicher Standort der Rohstoffe	Gemeinsames Eingangslogistiksystem	- Niedrigere Fracht- und Materialtransportkosten - Bessere Technologie erhöht die Liefersicherheit, senkt Beschädigungsfälle etc. - Gemeinsame Durchführung ermöglicht häufigere, kleinere Lieferungen, wodurch die Lagerhaltung abnimmt und die betriebliche Produktivität steigt	- Input-Bezugsquellen liegen in unterschiedlichen geographischen Gebieten - Betriebe haben ihren Standort in unterschiedlichen geographischen Gebieten - Durch unterschiedliche physische Merkmale der Inputs ist ein logistisches System, das sie alle erfaßt, suboptimal - Unterschiedlicher Bedarf der Geschäftseinheiten in bezug auf Häufigkeit und Sicherheit des Wareneingangs
Identisches oder ähnliches Fertigungsverfahren	Gemeinsame Komponenten (in verschiedenen Endprodukten verwendete identische Komponenten)	- Niedrigere Kosten der Komponentenfertigung - Bessere Technologie der Komponentenfertigung wirkt sich qualitätssteigernd aus	- Unterschiedlicher Bedarf der Geschäftseinheiten in bezug auf Komponentengestaltung und -qualität
	Gemeinsame Komponentenfertigungsanlagen (ähnliche oder verwandte Komponenten werden mit der gleichen Ausrüstung und in den gleichen Anlagen hergestellt)	- Niedrigere Kosten für die Komponenten - Bessere Fertigungstechnologie steigert die Qualität - Verbesserte Kapazitätsauslastung, weil die Nachfrage nach ähnlichen Komponenten nicht genau korreliert	- Hohe Rüstkosten für unterschiedliche Komponentenvarianten - Unterschiedlicher Bedarf der Geschäftseinheiten in bezug auf Qualität und Toleranzen der Komponenten - Flexible Fertigungsausrüstung ist teurer als Spezialausrüstung - Die größere Belegschaft an einem Standort bringt u.U. Probleme der Personaleinstellung, gewerkschaftlicher Organisation oder Produktivität mit sich
Identisches oder ähnliches Montageverfahren	Gemeinsame Montageanlagen (ähnliche oder verwandte Endprodukte werden mit der gleichen Ausrüstung/ Montageband montiert)	- Niedrigere Montagekosten - Bessere Montagetechnologie verbessert die Qualität - Verbesserte Auslastung, weil die Nachfrage nicht genau korreliert - Ein gemeinsames Materialhandhabungssystem kann mehrere Montagebänder beliefern	- Hohe Rüstkosten für verschiedene Produkte - Unterschiedlicher Qualitäts- oder Toleranzbedarf - Flexible Montageausrüstung ist teurer - Die größere Belegschaft an einem Standort bringt u.U. Probleme der Personaleinstellung, gewerkschaftlicher Organisation oder Produktivität mit sich
Identische oder ähnliche Methoden zur Güteprüfung/Qualitätskontrolle	Gemeinsame Prüfung/ Qualitätskontrolle	- Niedrigere Prüfkosten - Durch bessere Technologie wird die Prüfung umfassender und die Qualitätskontrolle besser	- Unterschiedliche Prüfverfahren und Qualitätsstandards - Flexible Prüfanlagen und -ausrüstungen sind kostspieliger
Identischer oder ähnlicher Bedarf an indirekten Aktivitäten	Gemeinsame indirekte Aktivitäten im Betrieb (einschließlich Instandhaltung, Betriebsgemeinkosten, Personalabteilung, Kantine usw.)	- Niedrigere Kosten für indirekte Aktivitäten - Qualitätssteigerung bei indirekten Aktivitäten	- Zwischen den Unternehmenseinheiten unterschiedlicher Bedarf an indirekten Aktivitäten - Die größere Belegschaft an einem Standort bringt u.U. Probleme der Personaleinstellung, gewerkschaftlicher Organisation oder Produktivität mit sich

Abb. 3-16: Formen gemeinsamer Durchführung von Wertaktivitäten, Wettbewerbsvorteile und Ursachen von Kompromißkosten im Produktionsbereich[71]

71 Quelle: zusammengestellt auf der Grundlage von Porter, M.E.: (Wettbewerbsvorteile), S. 437 und S. 442 f.

Immaterielle Verflechtungen

Immaterielle Verflechtungen resultieren primär aus der Möglichkeit, Management-Know-how von einer Wertkette auf eine andere zu übertragen, um die Kosten zu senken und/oder die Differenzierung zu verbessern. Dies ist unter anderem durch die Adaption von Führungskonzepten oder -techniken sowie die Versetzung von Führungskräften realisierbar. Allerdings sind hierbei Widerstände bei den Führungskräften der strategischen Geschäftseinheit, deren Managementsystem verbessert werden soll, zu befürchten.[72]

Konkurrenzverflechtungen

Konkurrenzverflechtungen kommen zustande, wenn mehrere strategische Geschäfteinheiten eines Unternehmens mit demselben Unternehmen konkurrieren. In diesem Fall, für den Abbildung 3-17 ein Beispiel zeigt, sollten wettbewerbsbezogene Strategien der strategischen Geschäftseinheiten nicht unabhängig voneinander formuliert werden. Es ist vielmehr eine übergreifende Strategieformulierung sinnvoll, bei der eine Einbeziehung der möglichen Reaktionen der Konkurrenten auf Maßnahmen in einzelnen Bereichen erfolgt. Um diese Reaktionen abschätzen zu können, sollte auch das Portfolio der Konkurrenten untersucht werden.[73]

	Wegwerf-windeln	Toiletten-papier	Papierhand-tücher	Kosmetik-tücher	Papierser-vietten	Damen-binden	Tampons	Wisch-tücher
Scott Paper	Ein- und Austritt (1966)	X (1904)	X (1931)	X (1943)	X (1958)			X (1976)
Kimberly-Clark	X (1968)	X (1924)	X (1976)	X (1924)	X (1951)	X (1924)	X (1960)	X (1975)
Procter & Gamble	X (1966)	X (1957)	X (1965)	X (1960)		X (1983)	Ein- und Austritt (1974)	
Georgia-Pacific		X (1909)	X (1909)	X (1909)	X (1909)			
Johnson & Johnson	X (1972)					X (1927)	X (1978)	X* (1980)
Weyer-haeuser	X							
Tampax						X (1981)	X (1936)	

* Wischtücher dieses Konkurrenten sind in erster Linie zur Verwendung in der Babypflege gestaltet

Abb. 3-17: Konkurrentenverflechtungen in der amerikanischen Papierproduktbranche[74]

72 Vgl. Porter, M.E.: (Wettbewerbsvorteile), S. 448 ff.; Welge, M.K.; Al-Laham, A.: (Planung), S. 225.

73 Vgl. Porter, M.E.: (Wettbewerbsvorteile), S. 452 ff.; Welge, M.K.; Al-Laham, A.: (Planung), S. 226.

74 Quelle: Porter, M.E.: (Wettbewerbsvorteile), S. 455.

Formulierung von Horizontalstrategien

Gemäß PORTER sollten zur Entwicklung der Horizontalstrategien eines Unternehmens zunächst die vorliegenden oder potentiellen Verflechtungen ermittelt werden:[75]

- materielle Verflechtungen zwischen den Einheiten eines Unternehmens (insbesondere, indem dessen Wertaktivitäten - eventuell mittels Verflechtungsdiagrammen - vollständig auf die Möglichkeit einer gemeinsamen Realisation untersucht werden),
- materielle Verflechtungen außerhalb des Unternehmens (um festzustellen, ob eine gemeinsame Durchführung von Aktivitäten mit anderen Unternehmen sinnvoll ist),
- immaterielle Verflechtungen (unter anderem, indem systematisch geprüft wird, ob das bei einzelnen Wertaktivitäten der verschiedenen strategischen Geschäftseinheiten erforderliche Management-Know-how auch in anderen Geschäftseinheiten verwendbar ist),
- Konkurrentenverflechtungen (indem für die Konkurrenten der einzelnen Geschäftseinheiten analysiert wird, ob sie auch in anderen Bereichen Wettbewerber darstellen).

Es sollten dann Nutzen und Kosten der gemeinsamen Durchführung bzw. des Know-how-Transfers einander gegenübergestellt werden, um die Wettbewerbsbedeutung von materiellen und immateriellen Verflechtungen zu bewerten. Darauf basierend können koordinierte Horizontalstrategien ausgearbeitet werden, um Verflechtungen zu schaffen, auszubauen und zu nutzen. Mögliche Elemente derartiger Strategien sind:

- die gemeinsame Durchführung von Wertaktivitäten,
- die Koordination der Investitions-, Produktentwicklungs- und Marketingstrategien verschiedener Geschäftseinheiten, wobei bei Existenz von Konkurrenzverflechtungen dem grundsätzlichen Verhalten gegenüber Kunden und Konkurrenten (z.B. Angriff oder Verteidigung) besonders hohe Bedeutung zukommt,
- Programme zum Know-how-Transfer,
- Diversifikationen[76] zum Auf- oder Ausbau von Verflechtungen sowie
- der Verkauf von Geschäftseinheiten, bei denen keine nutzbaren Verflechtungen existieren.[77]

Schließlich sind aufbau- und ablauforganisatorischen Strukturen zu schaffen, die die Implementierung der horizontalen Strategien sichern (insbesondere, indem sie die Koordination von strategischen Geschäftseinheiten sowie die Kommunikation und Kooperation zwischen diesen

---

75 Vgl. Porter, M.E.: (Wettbewerbsvorteile), S. 469 ff.; Welge, M.K.; Al-Laham, A.: (Planung), S. 226 ff.

76 Zur Diversifikationsstrategie vgl. Abschnitt 4.2.1.1.

77 Vgl. zu diesen Strategien bzw. Maßnahmen Porter, M.E.: (Wettbewerbsvorteile), S. 473 ff.; Welge, M.K.; Al-Laham, A.: (Planung), S. 228.

fördern); dazu eignen sich unter anderem Marktausschüsse, Projektgruppen, Rotationsverfahren, Verflechtungsbeauftragte.

Hinsichtlich der Planung und Implementierung horizontaler Strategien sind allerdings auch einige Probleme zu erwarten. PORTER weist auf die Gefahren hin, Verflechtungen zu übersehen oder aber Wertaktivitäten gemeinsam durchzuführen bzw. Know-how-Transfer zu realisieren, obwohl dies nur (zu) geringe Wettbewerbsvorteile mit sich bringt.[78] Generell dürften die Operationalisierung und die Prognose der positiven und negativen Wirkungen von Strategien und Aktivitäten, mit denen materielle und immaterielle Verflechtungen genutzt werden sollen, erhebliche Probleme bereiten.[79] Auch bezüglich des Vorgehens bei der Formulierung von Strategien gegenüber gemeinsamen Konkurrenten mehrerer Geschäftseinheiten, der Vorteilhaftigkeit und Ausgestaltung horizontaler Organisationsstrukturen sowie der Koordination zwischen horizontalen Strategien und den anderen Strategien des Unternehmens (u.a. hinsichtlich der Planungsreihenfolge) bleiben Fragen offen.

Aufgaben zum Abschnitt 3.

1) Beschreiben Sie die charakteristischen Merkmale und Schritte der Portfolio-Analyse allgemein und speziell der absatzmarktorientierten Portfolio-Analyse.
2) Welche Erkenntnisse können mit der absatzmarktorientierten Portfolio-Analyse gewonnen werden?
3) Welches sind die typischen Merkmale und Normstrategien von strategischen Geschäftseinheiten in den vier Feldern des Marktanteils-Marktwachstums-Portfolios?
4) In welchen Feldern des Marktanteils-Marktwachstums-Portfolios befindet sich eine strategische Geschäftseinheit typischerweise während der einzelnen Phasen ihres Lebenszyklus?
5) In welcher Hinsicht läßt sich die Vier-Felder-Matrix des Marktanteils-Marktwachstums-Portfolios erweitern?
6) Erklären Sie das Vorgehen bei der Erstellung eines Marktattraktivitäts-Wettbewerbspositions-Portfolio, und nennen Sie die Normstrategien für strategische Geschäftseinheiten in bestimmten Feldern der Portfolio-Matrix.
7) Beschreiben Sie eine Methode zur Berücksichtigung der Datenunsicherheit im Rahmen der Portfolio-Analyse.
8) Erörtern Sie das Markt-Kompetenz-Portfolio als ein Beispiel für ein ressourcenorientiertes Portfolio-Konzept einschließlich der dabei empfohlenen Normstrategien. Welche weiteren ressourcen- bzw. kompetenzorientierten Portfolio-Ansätze gibt es?

---

78 Vgl. Porter, M.E.: (Wettbewerbsvorteile), S. 483 ff.

79 Zu Ansätzen für eine Bewertung von Synergien vgl. Ropella, W.: (Synergie), S. 272 ff.

9) Welche Rentabilitätsgröße wird bei den Wertbeitrags-Portfolios zur Beurteilung der strategischen Geschäftseinheiten herangezogen, und wie wird sie berechnet?
10) Durch welche Merkmale sind die vier Felder des Wertbeitrags-Wachstums-Portfolios gekennzeichnet, und welche Normstrategien bieten sich jeweils an?
11) Worin sind die wesentlichen Unterschiede zwischen den absatzmarkt-, ressourcen- und wertorientierten Portfolio-Ansätzen zu sehen?
12) Üben Sie Kritik an der Portfolio-Analyse allgemein sowie speziell an einzelnen Portfolios, die in Abschnitt 3. vorgestellt werden.
13) Auf welchem Grundgedanken basiert die Bestimmung horizontaler Strategien?
14) Welche Arten von Verflechtungen können zwischen strategischen Geschäftseinheiten existieren?
15) Welche Vor- und Nachteile sind mit der gemeinsamen Durchführung von Wertaktivitäten durch mehrere strategische Geschäftseinheiten verbunden?
16) Nennen Sie mögliche Elemente horizontaler Strategien.

4. Strategien für Geschäftseinheiten

4.1. Einführung

Strategien für strategische Geschäftseinheiten legen für die einzelnen Produkt-Markt-Bereiche grundsätzliche Verhaltensweisen und Maßnahmenbündel fest. Diese sind aus den Gesamtunternehmensstrategien abzuleiten und werden ihrerseits durch Funktionsbereichsstrategien sowie taktische und operative Maßnahmen konkretisiert. Dabei ist allerdings eine eindeutige Zuordnung von Strategien zu einer Ebene nicht immer möglich. So müssen einige der nachfolgend angesprochenen strategischen Entscheidungen nicht zwangsläufig (allein) auf der Ebene der strategischen Geschäftseinheiten getroffen werden.

Geschäftsbereichsstrategien sind für eine Reihe von Sachverhalten zu bestimmen, wobei die Abgrenzung zwischen diesen zum Teil schwierig ist. Es existieren unter anderem die folgenden Gliederungsmöglichkeiten:

- gemäß PORTER können die *Wettbewerbsstrategien* der Kostenführerschaft und der Differenzierung unterschieden werden, wobei jeweils eine totale Marktabdeckung oder eine Konzentration auf Schwerpunkte möglich ist,[1]
- MILES/SNOW differenzieren zwischen verschiedenen *Anpassungsformen* von Unternehmen (vorwiegend auf der Geschäftsbereichsebene), die sie den Typen des Defenders, Prospectors, Analyzers sowie Reactors zuordnen,[2]
- hinsichtlich der *Entwicklungsrichtung* können Wachstums-, Stabilisierungs- und Schrumpfungsstrategien ergriffen werden,
- die auf der Ebene der Geschäftseinheiten relevanten *Marketingstrategien* umfassen gemäß BECKER Marktfeldstrategien, Marktstimulierungsstrategien, Marktparzellierungsstrategien und Marktarealstrategien.[3]

Marktfeldstrategien beinhalten vornehmlich die Wahl der Produkt-Markt-Kombination (neue/alte Produkte bzw. Märkte), wobei sie oft auf Wachstum ausgerichtet sind und dann als spezielle Wachstumsstrategien interpretiert werden können.[4] Grundsätzliche Aussagen zu den Produkt-Markt-Kombinationen werden auch bei den auf MILES/SNOW zurückgehenden Strategietypen getroffen. *Marktstimulierungsstrategien* stellen auf die Art und Weise der Marktbeeinflussung ab, und dabei vor allem auf die Auswahl zwischen bzw. Verbindung von

---

1 Vgl. Porter, M.E.: (Wettbewerbsstrategie), S. 70 ff.; Porter, M.E.: (Wettbewerbsvorteile), S. 37 ff.

2 Vgl. Miles, R.E.; Snow, C.C.: (Strategy), S. 28 ff.; Miles, R.E.; Snow, C.C.: (Unternehmensstrategien), S. 38 ff.

3 Vgl. Becker, J.: (Marketing-Konzeption), S. 147 ff. Zu einem Überblick über verschiedene Systematisierungen von Marketing-Strategien vgl. Meffert, H.: (Marketing-Management), S. 109 ff.

4 Vgl. zu dieser Auslegung auch Agthe, K.: (Strategie), S. 188 ff.

Kostenführerschaft und Differenzierung. *Marktparzellierungsstrategien* dienen der Festlegung der Abdeckung des Marktes sowie der Differenzierung der Marktbearbeitung und beinhalten damit die Wahl von Marktausschnitten. Mit diesen beiden Strategiegruppen werden also in etwa die gleichen Sachverhalte erfaßt wie mit den Wettbewerbsstrategien gemäß PORTER, wobei die Betrachtung differenzierter erfolgt. Mit *Marktarealstrategien* schließlich wird der Markt- bzw. Absatzraum bestimmt.

Diese Strategien sollen im weiteren Verlauf von Abschnitt 4. erörtert werden. Dabei wird zunächst in Abschnitt 4.2. auf Wachstums-, Stabilisierungs- und Schrumpfungsstrategien einschließlich Marktfeld- bzw. Produkt-Markt-Strategien eingegangen. Gegenstand des darauffolgenden Abschnitts sind Marktstimulierungsstrategien und damit die Kostenführerschaft und die Differenzierung sowie Zwischenformen und Verbindungen von diesen (Abschnitt 4.3.). Marktparzellierungs- und Marktarealstrategien sowie Strategiekombinationen und wettbewerbsorientierten Strategiestilen ist der Abschnitt 4.4. gewidmet; in diesem Abschnitt wird zudem die Typologie von MILES/SNOW aufgegriffen.

4.2. Wachstums-, Stabilisierungs- und Schrumpfungsstrategien

Mit Wachstums-, Stabilisierungs- und Schrumpfungsstrategien wird gemäß WELGE/AL-LAHAM die Entwicklungsrichtung des Leistungsprogramms determiniert.[5] Wachstum steht dabei für eine Ausweitung des Leistungsprogramms, Stabilisierung für dessen Beibehaltung und Schrumpfung für seine Reduzierung.[6]

4.2.1. Wachstumsstrategien

Wachstumsstrategien setzen sich aus einigen Elementen zusammen, zu denen die nachfolgend genannten Teilstrategien zählen können:

- Marktfeldstrategien bzw. Produkt-Markt-Strategien,
- Markteintrittsstrategien sowie
- Kooperationsstrategien.

5 Vgl. Welge, M.K.; Al-Laham, A.: (Planung), S. 292.

6 Es sei darauf hingewiesen, daß Wachstum bzw. Schrumpfung und Stabilisierung in der Betriebswirtschaftslehre oftmals auch durch die Entwicklung einer oder mehrerer (Wachstums)Maßzahl(en) (z.B. Umsatz, Gewinn, Kapazität, Mitarbeiter) gemessen wird. Vgl. Lücke, W.: (Unternehmenswachstum), S. 184 ff.

4.2.1.1. Produkt-Markt-Strategien als spezifische Wachstumsstrategien

Produkt-Markt-Strategien bzw. Marktfeldstrategien (die Begriffe werden hier gleichbedeutend verwendet) beinhalten die grundsätzliche Festlegung der Produkte und der Märkte einer strategischen Geschäftseinheit und damit des Leistungsprogramms. Gemäß ANSOFF können vier Produkt-Markt-Strategien verfolgt werden, die aus der Kombination jeweils bestehender oder neuer Produkte sowie Märkte resultieren (vgl. Abbildung 4-1). Diese Strategien werden hier - wie in der Literatur üblich - den Wachstumsstrategien zugeordnet; es sei aber erwähnt, daß auch bei Stabilisierungs- und Schrumpfungsstrategien Produktfelder gewählt werden sollten.

		Produkte: alt	Produkte: neu
Märkte	alt	Markt-durchdringung	Produkt-entwicklung
	neu	Markt-entwicklung	Diversi-fikation

Abb. 4-1: Produkt-Markt-Matrix[7]

Eine strategische Geschäftseinheit kann sowohl eines als auch - gleichzeitig oder nacheinander - mehrere dieser Produktfelder besetzen. Im folgenden sollen die Produkt-Markt-Strategien beschrieben werden.[8]

Marktdurchdringung

Bei einer Strategie der Marktdurchdringung wird versucht, die vorhandenen Produkte auf den bisher bereits belieferten Märkten in erhöhtem Ausmaß abzusetzen, um dadurch die eigene Position zu stärken bzw. zu halten. Insbesondere werden Ergebnisverbesserungen durch wachsenden Einfluß auf die Preisbildung und/oder mit zunehmender Menge sinkende Stückkosten angestrebt.

Für eine Marktdurchdringungsstrategie ist eine verstärkte Bearbeitung des Marktes durch erhöhten Einsatz von Marketinginstrumenten (Kommunikationspolitik einschließlich Werbung, Preis- und Konditionenpolitik, Distributionspolitik) charakteristisch. Als Wege zur

---

7 Quelle: leicht modifiziert übernommen von Ansoff, H.I.: (Strategies), S. 114.

8 Vgl. zu den nachfolgenden Ausführungen Ansoff, H.I.: (Strategies), S. 114; Kotler, P.; Bliemel, F.: (Marketing-Management), S. 111 ff.; Meffert, H.: (Marketing), S. 234 f.; Becker, J.: (Marketing-Konzeption), S. 148 ff.; Welge, M.K.; Al-Laham, A.: (Planung), S. 294 ff.

Marktdurchdringung bieten sich zum einen die Steigerung der Verwendung des Produktes durch bisherige Kunden sowie zum anderen die Vergrößerung des Kundenkreises an. Zusätzliche Kunden können von der Konkurrenz abgeworben werden oder neue Nutzer des Produktes darstellen. Die Marktdurchdringung ist die naheliegendste Strategie, da sie auf den vorhandenen Potentialen des Produktes und des Marktes basiert. Die mit ihr verbundenen Risiken sind im Vergleich zu den anderen Strategien am geringsten, so daß es sich anbietet, zunächst diese Strategie zu erwägen bzw. zu ergreifen. Allerdings bieten die anderen Strategien auch die größeren (Wachstums)Chancen.

Marktentwicklung

Bei der Marktentwicklung handelt es sich um eine vertriebsorientierte Strategie, mit der neue Märkte mit den bisherigen Produkten versorgt werden sollen. Wege zur Realisierung dieser Strategie sind die geographische Ausweitung der Markträume sowie die Erschließung von Zusatzmärkten (durch Erweiterung der Funktionen von Produkten, 'new uses') und neuen Teilmärkten (durch Gewinnung von Abnehmergruppen, die von den bisherigen in spezifischer Hinsicht differieren, 'new users'). Die Marktentwicklung kann als Ergänzung einer Marktdurchdringung interpretiert werden, gleichzeitig ist sie eine Vorstufe von Marktareal- bzw. -parzellierungsstrategien.

Produktentwicklung

Bei einer Produktentwicklungsstrategie sollen die bisherigen Märkte mit neuen Produkten beliefert werden, um ein langfristiges Wachstum und eventuell die Erhöhung der Marktanteile zu ermöglichen. Die Produktentwicklung kann zu einer Sortimentserweiterung führen oder mit einer Produktsubstitution einhergehen. Letztere ist unter anderem aufgrund der Aussagen des Lebenszykluskonzeptes in bestimmten, festzulegenden Zeitabständen geboten.

Obwohl im Rahmen einer Produktentwicklungsstrategie definitionsgemäß 'neue' Produkte geschaffen werden, lassen sich diese Produkte nach dem Grad ihrer Neuartigkeit weiter untergliedern; 'echte Innovationen' können dabei von 'Quasi neuen Produkten' sowie 'Me-too-Produkten' (Nachahmungsprodukte) unterschieden werden.

Die Produktentwicklung läßt sich als Prozeß auffassen, der aus den Phasen der Ideengewinnung, Ideenbewertung und Ideenverwirklichung besteht. Gestaltungselemente der Produktentwicklung sind die technisch-funktionale Produktqualität, die formal-ästhetische Qualität sowie zusätzlich die Verpackung und die Markierung. Während die technisch-funktionale Qualität primär den 'Grundnutzen' eines Produktes stiftet, resultiert aus den anderen Produkteigenschaften ein 'Zusatznutzen'.

Bei der Produktgestaltung sollte neben den Wünschen der Verwender des Produktes eventuell auch die Akzeptanz des Produktes durch den Handel berücksichtigt werden. Außerdem ist eine optimale Integration des Produktes in das gesamte Produktprogramm anzustreben. Schließlich kommt dem Timing der Produktentwicklungsstrategie eine hohe Bedeutung zu. Dabei sind - wie Abbildung 4-2 zeigt - zum einen durch eine rechtzeitige Produkteinführung Gewinnlücken zu vermeiden, zum anderen ist der Zeitpunkt des Markteintritts in Relation zu den Konkurrenten festzulegen (als 'First' oder 'Follower'). Dieser Aspekt wird im folgenden noch aufgegriffen.

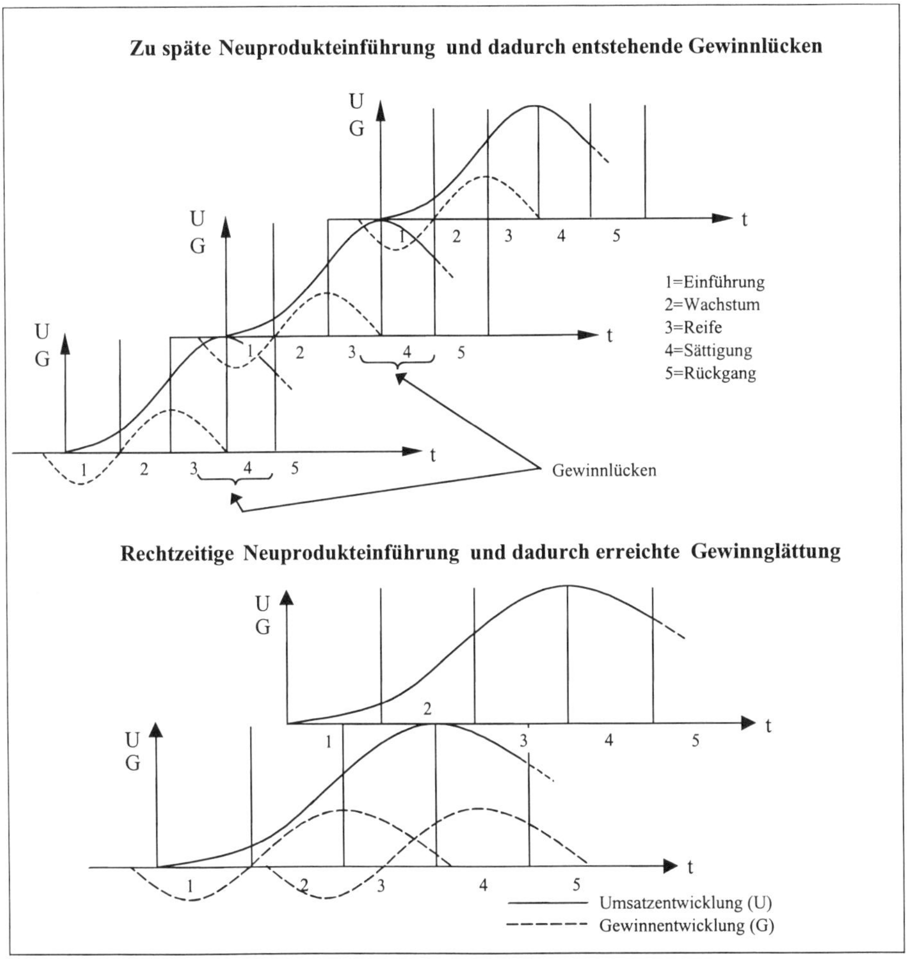

Abb. 4-2: Neuprodukteinführung und Gewinnlücken[9]

Die Produktentwicklung erfordert oftmals eine intensive Forschungs- und Entwicklungsarbeit. Eventuell können Produktentwicklungen aber auch 'zugekauft' werden, z.B. in Form von

9 Quelle: in leicht modifizierter Form übernommen von Becker, J.: (Grundlagen), S. 132.

Lizenzen, mit denen marktfähige Produktkonzepte, Produktionsverfahren oder Know-how gegen Zahlung einer Lizenzgebühr von anderen Unternehmen oder Forschungsinstituten übernommen werden. Insgesamt bringt die Strategie relativ große Chancen, aber auch erhebliche Risiken mit sich (die Floprate bei neuen Produkten ist erheblich), wobei dieses für echte Innovationen tendenziell stärker gilt als für Me-too-Produkte. Die Bedeutung der Produktentwicklung nimmt vor allem aufgrund der vielfach zu beobachtenden Verkürzung der Produktlebenszyklen zu. So erwirtschaftet die Siemens AG über 50% des Umsatzes mit Produkten, die weniger als 6 Jahre alt sind.[10] Ein systematisches Innovationsmanagement erscheint daher notwendig bzw. vorteilhaft.[11]

Diversifikation

Merkmale und Formen der Diversifikation

Charakteristisch für die Strategie der Diversifikation ist der Absatz neuer Produkte auf neuen Märkten, die Diversifikation kann daher auch als Resultat einer Markt- *und* Produktentwicklung angesehen werden. Die Diversifikationsstrategie ist in der Vergangenheit von vielen großen Unternehmen gewählt werden, z.B. von Daimler Benz, General Electric und Benetton. Mit dieser Strategie wollen die Unternehmen vor allem Wachstum realisieren, aber auch die Risiken streuen, Marktpotentiale absichern sowie Gewinne und Machtzuwachs erzielen.

Hinsichtlich der Art und des Ausmaßes der Unterschiede zwischen den neuen und den bisherigen Produkten und Märkten werden in der Regel drei Formen der Diversifikation unterschieden, die horizontale, die vertikale und die laterale Diversifikation.[12]

Bei einer *horizontalen* Diversifikation werden Produkte in das Leistungsprogramm aufgenommen, die mit den bisherigen Produkten verwandt sind; es bestehen sachliche, funktionale oder produktionsbezogene Beziehungen. Der Kreis der Abnehmer ist ähnlich, die Branche wird nicht verlassen. Aufgrund dieser Zusammenhänge kann das vorhandene Know-how genutzt werden. Mit dieser Strategie sollen vor allem Synergiepotentiale in den Funktionsbereichen des Unternehmens geschaffen und ausgeschöpft werden. Als spezifische Risiken sind die (relativ gute) Möglichkeit der Nachahmung durch die Konkurrenz, die erhöhte Abhängigkeit von der Entwicklung der Branche sowie die mangelnde Identität der Abnehmer der bisherigen Produkte und des neuen Produktes zu nennen. Die horizontale ist die häufigste Form der Diversifikation.

---

10 Vgl. Voigt, K.-I.: (Strategien), S. 118; v. Braun, F.: (Beschleunigungsfalle), S. 53.

11 Zu Strategien für den Bereich der Forschung und Entwicklung vgl. die Ausführungen in Abschnitt 5.2. Dort wird auch auf den Zusammenhang zwischen diesen und Produkt-Markt-Strategien eingegangen.

12 Zur nachfolgenden Beschreibung dieser Formen der Diversifikation vgl. Agthe, K.: (Strategie), S. 190 ff.; Meffert, H.: (Marketing), S. 235; Becker, J.: (Marketing-Konzeption), S. 164 ff.; Welge, M.K.; Al-Laham, A.: (Planung), S. 296 ff.; Zanger, C.: (Diversifikation), Sp. 517 f.

Bei einer *vertikalen Diversifikation* (oder Integration) wird das Programm um Produkte bzw. Leistungen erweitert, die in Wertschöpfungsstufen erstellt bzw. erbracht werden, die den Stufen des bisherigen Leistungsprogramms vor- oder nachgelagert sind. Für die Aufnahme vorgelagerter Leistungen in das Programm können technische Motive oder das Streben nach Produktivitätssteigerung, Kostensenkung oder Versorgungssicherung ausschlaggebend sein. Die Erweiterung um nachgelagerte Stufen kann zur Sicherung oder besseren Erreichung von Märkten beitragen. Ein Nachteil der vertikalen Diversifikation ist die zunehmende Inflexibilität; sie führt eventuell zum Entstehen von Marktaustrittsbarrieren. Ein Risikoausgleich erfolgt nicht. Durch eine vertikale Diversifikation wird die Fertigungstiefe des Unternehmens beeinflußt, so daß die zur Gestaltung der Fertigungstiefe in Abschnitt 5.4.1. getroffenen Aussagen auf die vertikale Diversifikation übertragbar sind.

Bei einer *lateralen Diversifikation* besteht kein sachlicher Zusammenhang zwischen den alten und den neuen Produkten. Das Motiv, Synergieeffekte zu erzielen, ist bei dieser Form weniger relevant als bei den anderen; dafür stehen Wachstums-, Finanz- und risikopolitische Ziele tendenziell stärker im Vordergrund. Die laterale Diversifikation wird häufig durch Unternehmenszusammenschlüsse verwirklicht, dadurch entstehen dann oftmals Mischkonzerne. Es handelt sich um die Diversifikationsform mit höchstem Risiko, so existieren viele Beispiele für ein Fehlschlagen dieser Strategie (vgl. Abbildung 4-4). Einen Grund hierfür kann der Mangel an Erfahrungen darstellen, außerdem fehlt eventuell ein verbindender Leitgedanke im Unternehmen. Der letztgenannte Mangel soll bei 'systemorientierten', der Schaffung von Technologie- oder Dienstleistungssystemen dienenden, Diversifikationen vermieden werden.

Vorgehen bei der Entwicklung und Auswahl von Diversifikationsstrategien

Beispielhaft für Produkt-Markt- bzw. Wachstumsstrategien soll im folgenden das Vorgehen bei der Entwicklung und Auswahl von Diversifikationsstrategien erörtert werden.[13] Als erste Phase der Diversifikationsplanung kann die *Identifikation neuer Geschäfte* angesehen werden. Die entsprechende Suche kann zum einen in den Bereichen erfolgen, in denen das Unternehmen ein hohes Know-how aufweist. Dies sind die Beschaffungs- und Absatzmärkte des Unternehmens sowie Märkte, in denen gleichartige Technologien verwendet oder die gleichen Abnehmergruppen versorgt werden. Zum anderen ist eine eher unstrukturierte Suche nach attraktiven Geschäften denkbar, die losgelöst von den angesprochenen Märkten erfolgt. Dabei sollte angestrebt werden, durch geeignete Suchstrategien möglichst frühzeitig möglichst viele potentielle Geschäfte einzubeziehen.

Anschließend ist eine *Bewertung des Zielmarktes* vorzunehmen. Als Bewertungskriterien können die Markt- und Wettbewerbsattraktivität (Marktvolumen, -wachstum, -risiko, Wettbe-

---

13 Vgl. zu den folgenden Ausführungen Welge, M.K.; Al-Laham, A.: (Planung), S. 299 ff.

werbsstruktur, Eintrittsbarrieren etc.) sowie die Synergien mit vorhandenen Geschäften (Know-how-Transfer oder Nutzung gemeinsamer Ressourcen in den Bereichen Absatz, Beschaffung, Produktion sowie Forschung und Entwicklung) dienen. Eintrittsbarrieren sind Faktoren, die einem auf einen Markt drängenden Unternehmen Nachteile gegenüber einem etablierten verschaffen, zu ihnen zählen hohe Kostendegressionseffekte, mengenunabhängige Kostenvorteile, hoher Kapitalbedarf, hohe Loyalität und hohe Kosten eines Lieferantenwechsels bei den Abnehmern, fehlender Zugang zu Vertriebskanälen sowie staatliche Reglementierungen.[14] Eintrittsbarrieren sollten untersucht und bewertet werden, außerdem sollten Möglichkeiten zu ihrem Abbau erwogen werden. Der Abbau von Eintrittsbarrieren ist z.B. möglich, indem eigene Fähigkeiten und Potentiale (Kapazitäten, günstige Beschaffungsquellen, Markennamen, Distributionsnetze) für das neue Geschäft genutzt werden. Des weiteren lassen sich derartige Barrieren reduzieren, indem eine für den Markt neuartige Strategie (Verwendung neuer Technologien oder Geschäftskonzepte, Bedienung von Nischen) verfolgt wird.

Nach der Wahl des Eintrittsmarktes kann die *Entwicklung und Auswahl der Markteintrittsstrategie* erfolgen. Dabei sind vor allem die Entscheidungen zwischen einem internen und einem externen Markteintritt sowie über den Eintrittszeitpunkt zu treffen.[15] Auf mögliche Strategien hierfür wird im nächsten Abschnitt eingegangen. Zu den der Entwicklung und Auswahl der Eintrittsstrategien zugrunde zu legenden Kriterien zählen typischerweise die Größen Zeit, Kosten, Organisationsprobleme und Risikoaspekte; zudem sollte untersucht werden, ob und in welcher Form sich die Eintrittsstrategien auf die Erreichung von (anderen) relevanten Erfolgspotentialen auswirken.

Eine Auswahlheuristik für die Form des Markteintritts haben ROBERTS/BERRY entwikkelt.[16] Sie unterstellen, daß für den Erfolg des Markteintritts vor allem die Vertrautheit des Unternehmens mit der Produkt-Markt-Kombination ausschlaggebend ist. Deshalb wird im Rahmen ihrer Auswahlheuristik zunächst eine Bewertung der Vertrautheit mit dem neuen Markt und dem neuen Produkt bzw. den bei dessen Bereitstellung genutzten Technologien vorgenommen. Bei jeweils drei möglichen Einschätzungen der Vertrautheit mit den Märkten und den Produkten bzw. Technologien ergibt sich - wie Abbildung 4-3 zeigt - eine Neun-Felder-Matrix ('Vertrautheitsmatrix'). In dieser Matrix werden drei Zonen der Vertrautheit unterschieden, die 'Ähnlichen Geschäfte', die 'Indifferenzzone' sowie das 'Neuland'. Für die Geschäfte in den verschiedenen Feldern der Matrix bieten sich gemäß ROBERTS/BERRY unterschiedliche Eintrittsstrategien an (vgl. die 'Auswahlmatrix' im unteren Teil der Abbildung 4-3).

---

14 Vgl. Abschnitt 2.1.2.

15 Vgl. zur Planung des Markteintritts auch Meffert, H.: (Marketingstrategien), S. 282 ff.

16 Vgl. hierzu Roberts, E.B.; Berry, C.A.: (Businesses); Welge, M.K.; Al-Laham, A.: (Planung), S. 317 ff.; Müller-Stewens, G.: (Entwicklung), S. 228 ff.

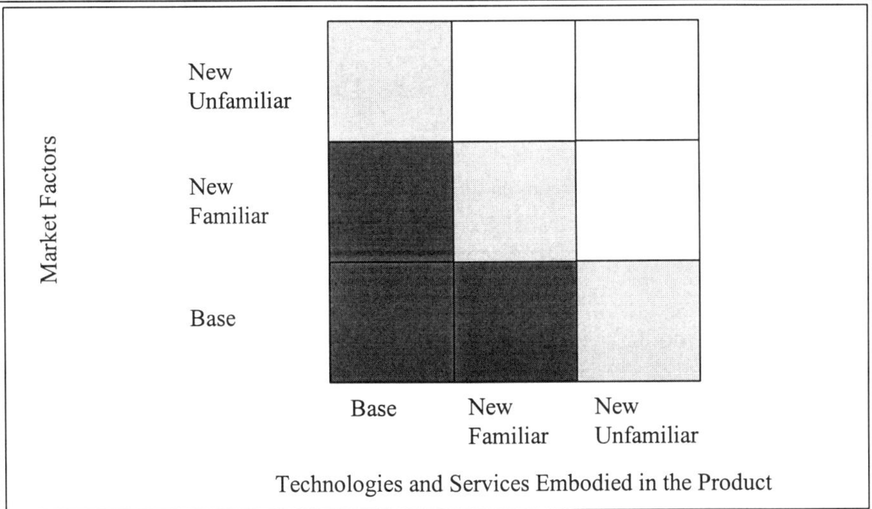

Market Factors	Base	New Familiar	New Unfamiliar
New Unfamiliar	Joint Ventures	Venture Capital or Educational Acquisitions	Venture Capital or Educational Acquisitions
New Familiar	Internal Market Developments or Acquisitions	Internal Development or Acquisitions or Licensing	Venture Capital or Educational Acquisitions
Base	Internal Base Developments	Internal Product Developments or Acquisitions or Licensing	„New Style" Joint Ventures

Technologies or Services Embonded in the Product

Abb. 4-3: Vertrautheitsmatrix und Auswahlmatrix für Eintrittsstrategien[17]

---

[17] Quelle: in leicht modifizierter Form übernommen von Welge, M.K.; Al-Laham, A.: (Planung), S. 319 und S. 321. Vgl. dazu auch Roberts, E.B.; Berry, C.A.: (Strategies), S. 93 ff. und S. 107; Müller-Stewens, G.: (Entwicklung), S. 230.

Die Strategieempfehlungen resultieren aus dem Argument, daß Eintrittsstrategien, die ein hohes Engagement des Managements erfordern und ein hohes Risiko mit sich bringen, z.B. die interne Entwicklung, nur bei Produktfeldern mit hoher Vertrautheit realisiert werden sollten. Ist die Vertrautheit eher gering, sind Formen mit geringer Involvierung des Managements vorzuziehen. Demgemäß werden für die Zone des Neulandes Venture-Kapitalbeteiligungen (Erwerb von Minderheitskapital an 'jungen' Unternehmen) oder die 'Educational Acquisition' kleiner Unternehmen vorgeschlagen, die es ermöglichen, ohne großen Einsatz Erfahrungen in dem Markt zu gewinnen. In der Zone der Ähnlichen Geschäfte lassen sich grundsätzlich alle Eintrittsstrategien realisieren. Joint Ventures und Venture Capital-Strategien bieten sich hier gemäß ROBERTS/BERRY allerdings nicht an, da das diversifizierende Unternehmen über genügend eigene Erfahrungen verfügt. Für die beiden äußeren Felder der Indifferenzzone werden Joint Ventures empfohlen, wobei die Partner entweder technologische (Feld unten rechts) oder Marktkenntnisse bzw. -potentiale (Feld oben links) einbringen sollten. Für das mittlere Feld lassen sich keine eindeutigen Vorschläge ableiten.

Zum Erfolg von Diversifikationsstrategien sind einige empirische Untersuchungen durchgeführt worden.[18] Diese Untersuchungen sagen im Trend aus, daß die Gefahr des Mißerfolgs von Diversifikationen relativ hoch ist. Dies gilt vor allem für Akquisitionsstrategien. Diese Erkenntnisse werden auch durch die in Abbildung 4-4 dargestellten Resultate einer ausgewählten empirischen Untersuchung bestätigt.

Zu den Ergebnissen der horizontalen, der vertikalen und der lateralen Diversifikation existieren unterschiedliche Aussagen.[19] Während zum Teil ermittelt wurde, daß die Erfolgsquote bei horizontalen Diversifikationen am höchsten ist, gefolgt von vertikalen und schließlich lateralen, sind diese Resultate in anderen Studien widerlegt worden. Ein Grund für diese Unterschiede besteht darin, daß der Erfolg von Diversifikationen neben der Diversifikationsart auch von Rahmenbedingungen wie der Branche, konjunkturellen Einflüssen sowie den Erfahrungen des Managements mit Diversifikationen abhängig ist. Eindeutige Empfehlungen zur Wahl einer Art der Diversifikation und auch zum Vorgehen bei dieser können daher nicht gegeben werden.

18 Vgl. z.B. Biggadike, R.: (business), S. 103 ff.; Porter, M.E.: (Diversifikation), S. 30 ff.

19 Vgl. dazu Welge, M.K.; Al-Laham, A.: (Planung), S. 327 ff.

Desinvestitionsquote von Joint Ventures, Neugründungen und Akquisitionen ohne Beziehung zum Stammgeschäft						
Unternehmung	Anteil von Joint Ventures an den neuen Geschäfts-einheiten	Von den bis 1980 gegründeten Joint Ventures wurden bis Anfang 1987 aufgelöst	Anteil von Neugründungen an den neuen Geschäfts-einheiten	Von den bis 1980 neugegründeten Tochtergesellschaften wurden bis 1987 abgestoßen	Anteil der Akquisitionen ohne Beziehung zum Stammhaus	Von den bis 1980 erworbenen Firmen wurden bis 1987 abgestoßen
Johnson & Johnson	0		23	14	0	
Procter & Gamble	0		39	0	9	
Raytheon	9	60	5	50	46	40
United Technologies	18	50	24	11	40	0
3M	2	100	45	2	33	75
TRW	10	100	13	63	39	71
IBM	18	33	63	20	33	100
DuPont	16	33	51	61	43	0
Mobil	16	100	31	50	67	60
Borden	4	67	19	17	21	80
IC Industries	3		13	80	33	50
Tenneco	6		13	67	42	33
Beatrice	1		2	0	63	59
ITT	2	0	8	38	61	67
Rockwell	24	38	3	0	35	100
Allied Corp.	10	100	22	38	45	50
Exxon	5	0	61	27	100	80
Sara Lee	1		4	75	43	73
General Foods	4		6	67	42	86
Scovill	0		3	100	45	60
Signal	4		29	20	67	50
Alco Standard	0		1		63	79
W. R. Grace	7	33	10	71	39	65
General Electric	20	20	33	33	36	100
Wickes	0		17	63	60	80
Westinghouse	11	0	26	44	36	57
Xerox	6	100	28	50	22	100
Continental Group	6	67	17	14	40	83
General Mills	7	71	9	89	65	77
Gulf & Western	4	75	6	100	74	77
Cummins Engine	17	50	29	0	67	100
RCA	15	67	50	99	36	100
CBS	16	71	17	86	39	100
Durchschnitt pro Unternehmung	7,9	50,3	21,8	44,0	46,1	74,0

Abb. 4-4: Desinvestitionsquote bei Diversifikationen[20]

---

20 Quelle: in leicht modifizierter Form übernommen von Porter, M.E.: (Diversifikation), S. 42 f.; vgl. dazu auch Welge, M.K.; Al-Laham, A.: (Planung), S. 324.

4.2.1.2. Strategien für den Markteintritt

Mit Ausnahme der Marktdurchdringung sind bei allen Produkt-Markt-Strategien Überlegungen zum Markteintritt erforderlich. Dabei stellen sich vor allem die Fragen nach dem Zeitpunkt des Markteintritts sowie dessen Realisierungsform.

Strategien für den Zeitpunkt des Markteintritts

Bei der Festlegung der Timing-Strategie des Markteintritts besteht die Wahl zwischen einer Pionier- und einer Folgerstrategie. Ein Unternehmen, das eine *Pionierstrategie* verfolgt, strebt an, der erste Anbieter auf einem Markt zu sein (First) und damit zumindest kurzzeitig eine Monopolstellung einzunehmen. Der Schwerpunkt dieser Strategie liegt zunächst in der Markterschließung, später in der Verteidigung der Marktposition. Unternehmen, die erst nach dem Pionier in den Markt eintreten (Follower), bewirken eine Veränderung der Konkurrenzsituation; der Schwerpunkt der *Folgerstrategie* ist dementsprechend in der Gewinnung von Marktanteilen durch geeignete Wettbewerbsstrategien zu sehen.[21] Die Folgerstrategie läßt sich noch dahingehend unterscheiden, ob der Markteintritt möglichst schnell nach dem des Pioniers vorgenommen wird (früher Folger) oder später (als später Folger), wobei vorgeschlagen wird, eine Einordnung als früher Folger dann vorzunehmen, wenn der Eintritt spätestens zwei Jahre nach dem des Pioniers erfolgt und höchstens fünf Konkurrenzprodukte auf dem Markt existieren.[22]

Eine Pionierstrategie ist mit zahlreichen Absatz-, Preis- und Kostenvorteilen verbunden, die unter anderem daraus resultieren, daß der Pionier wirksame Markteintrittsbarrieren erzeugen und in der Regel das Produkt über einen längeren Zeitraum absetzen kann als die Nachfolger; zudem besteht die Möglichkeit, Pionier-Preisprämien zu realisieren und Erfahrungskurveneffekte auszunutzen. Diesen Vorteilen sind jedoch die Nachteile eines Pioniers gegenüberzustellen, die vor allem aus den hohen Kosten und dem Zeitaufwand für die Forschung und Entwicklung, den Kosten der Maßnahmen zur Markterschließung (von denen auch die nachfolgenden Unternehmen profitieren), dem Markt- bzw. Nachfragerisiko und dem technologischen Risiko bestehen.[23] Zur Abwägung des Pioniererfolgs wird vorgeschlagen, zwischen angebotsseitigen (auf das Unternehmen zurückzuführenden) und nachfrageseitigen (durch Kundenreaktionen hervorgerufenen) Einflußfaktoren zu differenzieren.[24] Die Chancen

---

21 Vgl. ausführlich zu den Strategien von Pionieren und Folgern Meffert, H.: (Marketingsstrategien), S. 285 ff.

22 Vgl. zu dieser Abgrenzung Specht, G.; Perillieux, R.: (Erfolgsfaktoren), S. 213.

23 Vgl. zu diesen und weiteren Vor- und Nachteilen einer Pionierstrategie Voigt, K.-I.: (Strategien), S. 104 ff.; Voigt, K.-I.: (Zeitwettbewerb), S. 202; Porter, M.E.: (Wettbewerbsvorteile), S. 243 ff.

24 Vgl. Gerpott, T.J.: (Innovationsmanagement), S. 194; Voigt, K.-I.: (Strategien), S. 104.

und Risiken, die sich gemäß diesen beiden Sichten für ein Pionierunternehmen ergeben, werden in der nachstehenden Abbildung zusammengefaßt.

Markteintritts-Pioniere	
Nachfrageseitige Chancen	*Nachfrageseitige Risiken*
• Erleichterte Gewinnung der Aufmerksamkeit potentieller Kunden	• Fehleinschätzung der Ausprägungen von Nachfragerpräferenzen
• Prägung von Kundenvorstellungen in einer Produktkategorie	• Fehleinschätzung der Stabilität von Nachfragerpräferenzen
• Aufbau von Kundenbeziehungen/-vertrauen als Basis für eine längerfristige Bindung attraktiver/profitabler Kundengruppen	• Kaufunsicherheit/-zurückhaltung aufgrund fehlender Erfahrungen mit der und/oder fehlender Standards für die Innovation
• Aufbau eines Innovationsbezogenen Image-Vorteils	• Erfahrungsdefizite hinsichtlich der Gestaltung des Marketing-Mix
Angebotsseitige Chancen	*Angebotsseitige Risiken*
• Erfahrungs-/Lern- und Größenvorteile als Voraussetzung für niedrigere Herstellkosten	• Hohe Markterschließungskosten (Kundenaufklärung, Abbau von Unsicherheit/ Aufbau von Vertrauen)
• Erleichterte Sicherung knapper „Ressourcen“ (Vorprodukte, Distributionskanäle etc.)	• Vermarktung nicht ausgereifter Innovationen (hohe Image-/ Vertrauensschäden sowie Qualitätsaufwendungen)
• Flexibilität bei der Gestaltung des Marketing-Mixes (Produkt-, Distributions-, Preis- und Kommunikationspolitik)	• Produktionsinvestitionen ohne Kenntnis von Industriestandards und Nachfrageentwicklungspotentialen

Abb. 4-5: Chancen und Risiken von Markteintrittspionieren[25]

Die Strategie des frühen Folgers bringt die Vorteile mit sich, ähnliche, wenn auch geringer ausgeprägte, Absatz-, Kosten- und Preisvorteile wie der Pionier erreichen, noch vom Marktwachstum profitieren und langfristig einen relativ großen Marktanteil erzielen zu können. Gleichzeitig werden bei dieser Eintrittsstrategie die hohen Risiken des Pioniers vermieden,

25 Quelle: Gerpott, T.J.: (Innovationsmanagement), S. 196.

und es ist mit Kostenvorteilen bezüglich der Produktentwicklung und der Markterschließung zu rechnen. Aus dem beobachtbaren Verhalten des Pioniers und der Kunden können zusätzliche Erkenntnisse gewonnen werden, die sich dann bei einem späteren Markteintritt nutzen lassen. Die Gefahr bei Verfolgung der Strategie eines frühen Folgers ist darin zu sehen, daß der Pionier zunächst unüberwindbare Eintrittsbarrieren errichtet (z.B. Patentanmeldung oder Limit-Preis-Angebote), die einen frühen Markteintritt verhindern oder unattraktiv werden lassen. Außerdem besteht das Risiko, daß die realisierten Einzahlungen nicht ausreichen, um die anfallenden Auszahlungen für die Entwicklung und Markteinführung zu decken und einen lebenszyklusbezogenen Überschuß zu erzielen, da generell ein (im Vergleich zum Pionier) verkürzter Marktzyklus zu erwarten ist. Die Strategie des späten Folgers weist den Vorteil auf, daß von den Entwicklungsbemühungen der Vorgänger profitiert und deren Fehler vermieden werden können; Nachteile bestehen allerdings in den bis dahin aufgebauten hohen Markteintrittsbarrieren und der Schwierigkeit, noch Marktanteile zu erringen.[26]

Strategien hinsichtlich der Form des Markteintritts

Bei der Planung des Markteintritts ist auch im Hinblick auf dessen Form eine geeignete Strategie zu bestimmen. Hierbei kann grundsätzlich zwischen einem internen und einem externen Wachstumsweg unterschieden werden, wobei jeweils mehrere Eintrittsstrategien möglich sind; die Zuordnung von einzelnen Eintrittsstrategien in diese beiden Kategorien ist jedoch nicht eindeutig. In jedem Fall findet ein *interner Eintritt*, d.h. ein vom Unternehmen eigenständig realisiertes Wachstum, statt, wenn es dem Unternehmen durch eigene Forschungs- und Entwicklungstätigkeiten gelingt, sein Leistungsprogramm zu erweitern und die entsprechenden innovativen Produkte in bekannte oder neue Märkte einzuführen. Interne Eintrittsstrategien im weiteren Sinne stellen der Kauf von Lizenzen und Patenten sowie die Aufnahme von Handelswaren dar;[27] hierbei handelt es sich um verschiedene Formen der 'Produktakquisition', die zuweilen auch als externe Wachstums- bzw. Markteintrittsstrategien angesehen werden.[28]

Ein *externer Markteintritt* liegt vor, wenn ein Unternehmen nicht selbständig, sondern zusammen mit einem bereits auf dem betreffenden Markt agierenden Unternehmen tätig wird. Für diese Art des Markteintritts besteht zum einen die Möglichkeit der Unternehmensakquisition, d.h. des Erwerbs von oder der Beteiligung an Unternehmen bzw. Unternehmensteilen. Zum anderen kann der Markteintritt über eine Kooperation erfolgen, z.B. ein Joint Venture,

---

26 Zu den Vor- und Nachteilen der Folger-Strategien vgl. Voigt, K.-I.: (Zeitwettbewerb), S. 202 f.

27 Vgl. Becker, J.: (Marketing-Konzeption), S. 171 f.

28 Zu einer Systematisierung interner und externer Markteintrittsformen, bei der die Lizenzübernahme, der Patentkauf und der Produktkauf als externes Wachstum angesehen werden, vgl. Voigt, K.-I.: (Strategien), S. 175 f.; Meffert, H.: (Marketing), S. 249.

eine strategische Allianz oder sonstige Formen vertraglich geregelter partnerschaftlicher Zusammenarbeit.[29]

Einige interne und externe Eintrittsstrategien werden in Abbildung 4-6 hinsichtlich ihrer Wirkungen auf die Auswahlkriterien Zeit, Kosten, Organisationsprobleme und Risiko charakterisiert.

Realisierungsformen des Markteintritts / Auswahlkriterien	Eigene Forschung und Entwicklung (= Eigenaufbau)	Lizenzübernahme (= Know-how-Kauf)	Aufnahme von Handelsware (= Produkt-Kauf)	Kooperation in Form von Joint Ventures (= 'Partner-Kauf')	Unternehmens-Beteiligung/ -Zusammenschluß (= Unternehmens-Kauf)
Zeitfaktor	langsam	schnell	schnell	ziemlich schnell	ziemlich schnell
Kosten	hoch	ziemlich niedrig	ziemlich niedrig	niedrig	niedrig
Organisationsprobleme	wenige	praktisch keine	praktisch keine	wenige	zahlreiche
Risiko	groß	klein	klein	relativ groß	relativ groß

Abb. 4-6: Interne und externe Eintrittsstrategien[30]

Hinsichtlich der internen Eintrittsstrategien ist hervorzuheben, daß das Unternehmen bei einer Eigenentwicklung die größten Einflußmöglichkeiten aufweist. Bei Lizenzen entstehen neben der Lizenzgebühr eventuell auch dadurch Kosten, daß eine Anpassung der Produkte erforderlich wird. Beim Zukauf von Handelswaren ist fraglich, ob das Produkt als neu empfunden wird, außerdem können auch Konkurrenten unter Umständen diese Möglichkeit relativ unproblematisch nutzen.

Externe Eintrittsstrategien können gegenüber internen Zeit- und Kostenvorteile aufweisen. Eventuell ist bei einer Unternehmensakquisition keine Aufbauphase erforderlich, und ein umfangreiches Leistungsprogramm, ein Markenname sowie Marktanteile sind bereits vorhanden. Auch eine Akquisition sollte sorgfältig geplant und realisiert werden, als Phasen des Akquisitionsprozesses lassen sich die Initiierung, die Identifikation von Akquisitionskandidaten, deren Beurteilung, Vertrags- und Übernahmeverhandlungen sowie die Integration in das eigene Unternehmen unterscheiden.[31] Die Häufigkeit und Bedeutung von Akquisitionen ist in den letzten Jahren gestiegen, obwohl deren Erfolg - wie oben belegt - oft eher gering ist. Die verschiedenen Formen der Kooperation als Alternativen zur Akquisition sind in der Regel mit

---

29 Vgl. Meffert, H.: (Marketingsstrategien), S. 284; Welge, M.K.; Al-Laham, A.: (Planung), S. 308.

30 Quelle: in leicht modifizierter Form übernommen von Becker, J.: (Marketing-Konzeption), S. 172.

31 Vgl. Welge, M.K.; Al-Laham, A.: (Planung), S. 309 ff.

ähnlichen Vor- und Nachteilen, zusätzlich jedoch mit weniger organisatorischen Problemen und geringerem Investitionsbedarf verbunden. Aufgrund ihrer hohen Bedeutung wird auf Kooperationsstrategien im nächsten Abschnitt gesondert eingegangen.

4.2.1.3. Kooperationsstrategien

Begriff und Arten der Kooperation

Unter Kooperation kann "die auf freiwilliger Basis beruhende vertraglich geregelte Zusammenarbeit rechtlich und wirtschaftlich selbständiger Unternehmen zum Zwecke der Steigerung ihrer Leistungsfähigkeit verstanden"[32] werden. Bei dieser Begriffsbildung erfolgt eine Eingrenzung auf die Zusammenarbeit zwischen verschiedenen Unternehmen (auch als zwischenbetriebliche Kooperation bezeichnet). Die wirtschaftliche Selbständigkeit der beteiligten Unternehmen als ein Merkmal der Kooperation ist allerdings strenggenommen nicht uneingeschränkt gegeben, sondern nur noch für die Bereiche, die von der Kooperation ausgenommen sind.[33] Wie sich aus der Definition weiterhin ableiten läßt, können Kooperationen nicht nur dem Wachstum von Unternehmen dienen, sondern auch bei Stabilisierungs- und Schrumpfungsstrategien eingegangen werden.

Im Rahmen der Entwicklung, Auswahl und Implementierung von Kooperationsstrategien sind die Festlegung der Kooperationsart, die Wahl von Kooperationspartnern und die Ausgestaltung der Zusammenarbeit mit diesen erforderlich.[34] Dabei müssen die relevanten Kartellgesetze beachtet werden. Die zahlreichen möglichen Arten einer derartigen Zusammenarbeit lassen sich in verschiedener Hinsicht unterscheiden, unter anderem nach

- den *Wirtschafts-* oder *Wertschöpfungsstufen*, auf denen die beteiligten Unternehmen tätig sind, in horizontale (mit Unternehmen auf der gleichen Stufe), vertikale (mit Unternehmen aufeinanderfolgender Stufen) sowie laterale (mit Unternehmen ohne leistungswirtschaftlichen Zusammenhang) Kooperationen,
- der Art und Anzahl der *Tätigkeiten*, bei denen eine Zusammenarbeit erfolgt, z.B. in monofunktionale und polyfunktionale Kooperationen,
- der Enge der *Bindung* zwischen den Kooperationspartnern,
- der *Dauer* der Zusammenarbeit (kurz- bis mittelfristig oder langfristig),

---

32 Olesch, G.: (Kooperation), Sp. 1273.

33 Vgl. Höfer, S.: (Allianzen), S. 6.

34 Vgl. ausführlich zum Prozeß der Bildung strategischer Allianzen als spezifischer Kooperationsart Bronder, C.: (Kooperationsmanagement), S. 7 ff.; Höfer, S.: (Allianzen), S. 52 ff., zu den strategischen und operativen Aufgaben im Zusammenhang mit einer Kooperation in Form eines Unternehmensnetzwerkes Hess, T.: (Unternehmensnetzwerke), S. 226 f.

- dem Kriterium, ob für die Kooperation ein *rechtlich selbständiges Unternehmen* gegründet wird (in der Regel als Kapitalgesellschaft, z.B. Genossenschaft oder GmbH) oder dieses unterbleibt,
- *kartellrechtlichen Gesichtspunkten* in kartellfreie Kooperationen (schränken die Handlungsfreiheit der Partner im Wettbewerb nicht ein), Freistellungskooperationen (wettbewerbsbeschränkende Kooperationen, die ausnahmsweise zugelassen werden können, z.B. Rationalisierungs-, Spezialisierungs- und Mittelstandskartelle gemäß § 5 des Gesetzes gegen Wettbewerbsbeschränkungen) sowie verbotene Kooperationen (nach deutschem Kartellrecht alle sonstigen horizontalen Kooperationen).[35]

Im folgenden sollen einige Formen der Kooperation erörtert werden, die über eine relativ lokkere, kurz- und mittelfristige Verhaltensabstimmung hinausgehen und strategischen Charakter haben.

Strategische Allianz

Bei der strategischen Allianz (oder Partnerschaft) handelt es sich um eine Kooperationsform, bei "der die Partner zur Erzielung von Wettbewerbsvorteilen bzw. strategischen Stärken eine oder mehrere ihrer jeweiligen Wertschöpfungsaktivitäten miteinander verknüpfen."[36] Der Begriff der 'strategischen Allianz' wird demgemäß auch als Synonym für 'strategische Kooperation' angesehen.

Mit strategischen Allianzen können strategische Ziele in allen Unternehmensbereichen verfolgt werden, unter anderem bei der Entwicklung, Beschaffung, Produktion und/oder beim Absatz; ebenso sind vertikale, horizontale und laterale Formen strategischer Allianzen möglich. Die Erzielung von Wettbewerbsvorteilen läßt sich einerseits erreichen, indem die Stärken von Unternehmen, z.B. einzigartige Ressourcen in verschiedenen Stufen des Wertschöpfungsprozesses, gebündelt werden. Andererseits kann dazu ein komplemetärer Stärken-Schwächen-Ausgleich beitragen, bei dem beispielsweise ein Unternehmen mit hohem technologischen Know-how und finanziell schwacher Position mit einem solchen zusammarbeitet, das jeweils die andere Stärke bzw. Schwäche aufweist.[37] Strategische Allianzen gewinnen insbesondere in Branchen mit raschen technologischen Veränderungen sowie globalen Branchen an Bedeutung; mit ihnen können

- ein verbesserter Zugang zu Ressourcen (Kapital, Personal, Know-how etc.),
- Kostenvorteile (Größendegressions- und Lerneffekte, geringere Kapitalbindung etc.),

---

35 Vgl. Olesch, G.: (Kooperation), Sp. 1274 ff., sowie zu weiteren Differenzierungen Balling, R.: (Kooperation), S. 39 ff.

36 Höfer, S.: (Allianzen), S. 33. Zu anderen Sichtweisen des Begriffes 'Strategische Allianz' vgl. Höfer, S.: (Allianzen), S. 9 ff.

37 Vgl. Höfer, S.: (Allianzen), S. 21 ff.

- der Abbau oder das Umgehen von Markteintrittsbarrieren,
- Zeitvorteile durch Beschleunigung von Lernprozessen und Innovationszyklen sowie eine Erhöhung der Reaktionsgeschwindigkeit,
- die Minderung von Risiken sowie
- 'Spekulationsvorteile', z.B. in Form der Stärkung der eigenen Position zur Verringerung der Gefahr einer (drohenden) Übernahme oder der Prüfung von Partnern vor einer möglichen engeren Zusammenarbeit,

realisiert werden.[38] Vorteilhaft gegenüber der Akquisition als alternativer externer Wachstumsstrategie sind die Vermeidung von Integrationsproblemen, der geringere Ressourceneinsatz, das geringere Risiko sowie die höhere Flexibilität. Probleme können unter anderem im Hinblick auf das Kartellrecht, die Koordination der Kooperation, die Kooperationsfähigkeit und -bereitschaft (vor allem der Führungskräfte), das Vertrauen, das insbeondere aufgrund des Informations- und Know-how-Austauschs mit dem oder den Partner(n) erforderlich ist, sowie die Verteilung des erzielten Erfolgs bestehen.[39]

Wertschöpfungspartnerschaft

Die Wertschöpfungs- oder Veredelungspartnerschaft ist eine spezifische Form der Zusammenarbeit zwischen Unternehmen, die in aufeinanderfolgenden Stufen der Wertschöpfungskette bis hin zu einem Endprodukt tätig sind,[40] und damit eine vertikale strategische Allianz. Aus der Perspektive des beschaffenden Unternehmens handelt es sich um eine intermediäre Integrationsform, die zwischen den beiden Extremalternativen zur Lösung des Bereitstellungsproblems, dem Fremdbezug in Form einer reinen Markttransaktion und der Eigenfertigung, liegt.[41]

Charakteristisch für eine Wertschöpfungspartnerschaft ist, daß zum einen jedes beteiligte Unternehmen für die Leistungserstellung in einen bestimmten Ausschnitt der Wertschöpfungskette verantwortlich ist, sich auf diesen konzentriert und dort seine Kernfähigkeiten nutzt. Zum anderen erfolgt eine unternehmensübergreifende Koordination der Tätigkeiten.[42]

---

38 Vgl. Höfer, S.: (Allianzen), S. 60 ff.; Bronder, C.: (Kooperationsmanagement), S. 19 ff.

39 Vgl. zu den Vor- und Nachteilen von Kooperationen allgemeinen auch Bresser, R.K.F.: (Unternehmensstrategien), S. 548 ff.

40 Vgl. Johnston, R.; Lawrence, P.R.: (Integration), S. 81 ff.; Sydow, J.: (Netzwerke), S. 64; Höfer, S.: (Wertschöpfungspartnerschaft), S. 303.

41 Vgl. zum Bereitstellungsproblem, zur damit verbundenen Gestaltung der Fertigungstiefe und zu weiteren Zwischenformen Abschnitt 5.4.1.1.

42 Vgl. Johnston, R.; Lawrence, P.R.: (Integration), S. 81 ff.; Höfer, S.: (Wertschöpfungspartnerschaft), S. 303.

Mit Wertschöpfungspartnerschaften wird angestrebt, die Wettbewerbsfähigkeit der kooperierenden Unternehmen zu stärken, indem gleichzeitig die Vorteile vertikal integrierter Großunternehmen und spezialisierter kleiner Unternehmen realisiert werden: Größeneffekte, gute Koordinationsmöglichkeiten, hohe Kreativität und Flexibilität sowie flache Hierarchien. Voraussetzung für eine erfolgreiche Wertschöpfungspartnerschaft sind, ähnlich wie bei strategischen Allianzen allgemein, insbesondere die Kooperationsfähigkeit und -bereitschaft der beteiligten Unternehmen, die unter anderem eine Anerkennung von Zulieferern als Partnern erfordert, sowie ein ausgeprägtes wechselseitiges Vertrauen.[43] Schritte in Richtung auf eine Partnerschaft zwischen Abnehmern und Zulieferern sind insbesondere in der Automobil- oder Elektroindustrie zu beobachten, wo Unternehmen spezifische Partnerschaftskonzepte wie KVP^2, TANDEM, PICOS, Supplier/Ford Partnership oder SUCCESS eingeführt haben.

Unternehmensnetzwerk

Beim Unternehmensnetzwerk handelt es sich ebenfalls um eine strategische Kooperation, die sehr eng mit der strategischen Allianz verbunden ist. Je nach Sichtweise des Begriffs 'strategische Allianz' kann sie als spezifische Form einer strategischen Allianz (falls diese als Synonym zu strategischer Kooperation angesehen wird) oder als ähnliche Art der strategischen Kooperation interpretiert werden. Besondere Merkmale eines Unternehmensnetzwerks sind der Verzicht auf die Bildung eines rechtlich selbständigen Unternehmens und auf eine Befristung der Zusammenarbeit sowie die relative hohe Anzahl der Partner (mindestens drei, oft aber zehn und mehr).[44]

Unternehmensnetzwerke können hinsichtlich ihrer Steuerung (entweder polyzentrisch, d.h. mit gleicher Berechtigung der Partner, oder fokal, vorrangig durch ein oder wenige Unternehmen) sowie der Stabilität (gleichbleibende bzw. stabile Zuweisung der Aufgaben zu den Unternehmen oder sich ändernde, instabile) unterschiedlich gestaltet werden. Aus diesen beiden Kriterien und ihren möglichen Ausprägungen resultieren vier verschiedene Arten von Unternehmensnetzwerken:

- Projektnetzwerke (fokal und instabil, Beispiele finden sich in der Baubranche und der Filmindustrie),
- strategische Netzwerke (fokal und stabil, z.B. zwischen Herstellern, Zulieferern und Vertriebspartnern bei der Produktion und Vermarktung des Smart; ähnlich einer Wertschöpfungspartnerschaft),
- Verbundnetzwerke (polyzentrisch und stabil, beispielsweise im Transportsektor) sowie

[43] Vgl. Johnston, R.; Lawrence, P.R.: (Integration), S. 86 ff.; Höfer, S.: (Allianz), S. 39 ff.

[44] Vgl. Hess, T.: (Unternehmensnetzwerke), S. 225. HESS sieht das Fehlen einer Befristung sowie die höhere Anzahl der Partner als Unterschiede zu einer strategischen Allianz an.

- virtuelle Unternehmen (polyzentrisch und instabil, z.B. in der Informatik- und Beratungsbranche).[45]

Mit Unternehmensnetzwerken werden im wesentlichen die gleichen Ziele verfolgt wie mit strategischen Allianzen. Auch die zu erwartenden Probleme sind weitgehend identisch, allerdings dürften diese, z.B. hinsichtlich der Koordination, der Erfolgsverteilung und des Vertrauens, aufgrund der hohen Anzahl der Partner und der damit verbundenen Komplexität besonders schwerwiegend sein.[46]

Joint Venture

Joint Ventures oder Gemeinschaftsunternehmen sind eine Form der wirtschaftlichen Zusammenarbeit zwischen voneinander unabhängigen Unternehmen, bei der ein rechtlich selbständiges Unternehmen gegründet oder akquiriert wird, um im gemeinsamen Interesse bestimmte Aufgaben wahrzunehmen. Charakteristisch sind des weiteren die gemeinsame Führung und Risikoübernahme durch die Partnerunternehmen.[47] Insbesondere die Existenz eines selbständigen Unternehmens unterscheidet das Joint Venture von anderen Kooperationsformen; aufgrund dieser Eigenschaft wird das Joint Venture oft als sehr enge Kooperation angesehen. Eine abgeleitete Besonderheit ist es, daß das Gemeinschaftsunternehmen eine eigene Zielsetzung verfolgen kann, so daß (potentielle) Konflikte zwischen ihm und den gründenden Unternehmen zu beachten sind. Joint Ventures mit strategischem Charakter können als spezifische strategische Allianzen interpretiert werden.[48]

Eine spezifische Ausprägung von Joint Ventures, deren Bedeutung aufgrund der zunehmenden Globalisierung steigt, sind internationale Joint Ventures. Bei diesen wird das Kapital in der Regel anteilig von Partnern aus mindestens zwei Ländern zur Verfügung gestellt. Bei dem Unternehmen, das im Ausland investiert, stehen häufig die Motive des Marktzugangs, der Nutzung des Know-hows lokaler Unternehmen sowie des Erreichens einer 'Insider'-Position im Vordergrund.[49] Darüber hinaus können für diese und andere Formen von Joint Ventures die oben für die Vorteilhaftigkeit strategischer Allianzen aufgeführten Argumente sprechen. Problematisch sind unter anderem Zielkonflikte, die Koordination, unter anderem hin-

---

45 Vgl. Hess, T.: (Unternehmensnetzwerke), S. 226; Sydow, J.: (Management), S. 286 ff., sowie zur Netzwerkorganisation der Herstellung und Vermarktung des Smart Sydow, J.: (Allianzsysteme), S. 1 ff.

46 Zu den Chancen und Risiken von Unternehmensnetzwerken vgl. auch Sydow, J.: (Management), S. 290 ff.

47 Vgl. Endres, D.: (Ventures), S. 374.

48 Vgl. Höfer, S.: (Allianzen), S. 35 ff. Es existieren aber auch Auffassungen, die Joint Ventures generell nicht als spezielle strategische Allianzen, sondern als eigenständige Kooperationsform ansehen. Vgl. z.B. Hess, T.: (Unternehmensnetzwerke), S. 225.

49 Vgl. Endres, D.: (Ventures), S. 375.

sichtlich der Verteilung der Führungsaufgaben, die Kommunikation sowie geringe Kontrollmöglichkeiten.[50]

4.2.2. Stabilisierungsstrategien

Eine Stabilisierungsstrategie ist dadurch gekennzeichnet, daß keine gravierende Ausweitung oder Schrumpfung des Leistungsprogramms erfolgt. Stabilisierungsstrategien umfassen gemäß WELGE/AL-LAHAM zwei Ausprägungen.[51] Bei Halte- oder Normalstrategien wird die Beibehaltung des gegenwärtigen Zustands angestrebt und auf die Verfolgung weiterer Strategien verzichtet. Konsolidierungsstrategien bezwecken die Verbesserung der Effizienz der Aktivitäten und damit der Ertragssituation, sie stellen demgemäß Rationalisierungsbemühungen - bei gleichzeitigem bewußten Verzicht auf Wachstum - in den Vordergrund. Derartige Strategien sind häufig nach Wachstumsphasen sinnvoll. Im einzelnen können sie die folgenden, zum Teil miteinander verbundenen Maßnahmenbündel beinhalten:

- Abbau von Überkapazitäten,
- Kostensenkung, z.B. durch Reduktion von Lägern und Lagerbeständen,
- Verbesserung der Organisationsstruktur und der Prozeßabläufe,
- Identifikation und Abbau von unnötigen Aktivitäten sowie
- Straffung des Sortiments.[52]

4.2.3. Schrumpfungsstrategien

Bei Schrumpfungsstrategien erfolgt eine Reduzierung des Leistungsprogramms. Überlegungen zu Schrumpfungsstrategien und damit einer 'internen Schrumpfung' sind insbesondere dann anzustellen, wenn die Nachfrage auf dem Absatzmarkt abnimmt und damit eine 'externe Schrumpfung' vorliegt. Es kann allerdings auch bei anderen Marktkonstellationen vor allem aufgrund des im Zusammenhang mit Stabilisierungsstrategien angesprochenen Strebens nach Rationalisierung und Ertragsverbesserung sinnvoll sein, eine interne Schrumpfung, z.B. durch Konzentration auf Kernkompetenzen und Verringerung der Fertigungstiefe (vgl. Abschnitt 5.4.1.), vorzunehmen.

Bei der hier im Vordergrund stehenden Situation der externen Schrumpfung kommt es häufig zu einem intensiven Preiswettbewerb und wachsendem Preisbewußtsein der Kunden;

---

50 Vgl. Hopfenbeck, W.: (Managementlehre), S. 195. Zu Erfolgsfaktoren von Joint Ventures vgl. Kutschker, M.: (Ventures), Sp. 1085 ff.

51 Vgl. hierzu und zu den nachfolgenden Aussagen Welge, M.K.; Al-Laham, A.: (Planung), S. 292 f.

52 Zu der angestrebten Rationalisierung können Strategien und Maßnahmen des Kostenmanagement beitragen. Vgl. dazu Abschnitt 8.2.

bei den betroffenen Unternehmen verursacht dies zumeist sinkende Auftragseingänge und Kapazitätsauslastungen sowie Ertragsprobleme. In derartigen Situationen erscheint es sinnvoll, daß Unternehmen gezielt Schrumpfungsstrategien formulieren und realisieren, um eine unkontrollierte Schrumpfung zu vermeiden, die zu einer ernsthaften Bedrohung der Unternehmensexistenz führt. Dies unterbleibt jedoch oftmals aufgrund mangelnder Flexibilität und Anpassungsbereitschaft der Unternehmen(sführungen).[53]

Auch bei der theoretischen Auseinandersetzung mit dem strategischen Management ist die Problematik einer gezielten Schrumpfung lange Zeit vernachlässigt worden. Dies zeigt sich darin, daß zwei der in der Vergangenheit meist diskutierten Instrumente der strategischen Planung, das Erfahrungskurvenkonzept und die absatzmarktorientierte Portfolio-Analyse, auf Wachstumsüberlegungen zugeschnitten sind. Lediglich ein absatzmarktorientiertes Portfolio-Konzept, der in Abschnitt 3.2.2. angesprochene Ansatz von BARKSDALE/HARRIS, bezieht schrumpfende Märkte ein.

Als Grundlage der Formulierung von Schrumpfungsstrategien sollten nach der Festlegung strategischer Zielgrößen die Umwelt- und Unternehmensfaktoren analysiert und prognostiziert werden, die sich auf die Vorteilhaftigkeit der möglichen Schrumpfungsstrategien auswirken. Dazu zählen als externe Größen vor allem die Eigenschaften des Marktes und der Branche:[54]

- die Ursachen des Nachfragerückgangs (z.B. Marktsättigung, demographische Entwicklungen, technologische Verbesserungen oder Innovationen, Wertewandel oder Veränderungen rechtlich-politischer Bedingungen wie Subventionen, Gesetzgebung) lassen Rückschlüsse auf mögliche Trendwenden oder verbleibende Marktpotentiale zu,
- die Geschwindigkeit und der Verlauf (gleichbleibend oder schwankend) des Schrumpfungsprozesses sowie die daraus resultierende 'Restnachfrage' determinieren die Gewinnpotentiale der Branche und die Marktaustritte,
- die Differenzierbarkeit des Produktes bedingt, inwieweit Nachfragenischen (über markentreue Käufer) aufgebaut werden können und
- die Nachfragemacht des Handels beeinflußt die eigene Position bei Preisverhandlungen.

Als unternehmensinterne Größen sind die Wettbewerbsposition des Unternehmens (Versorgungssicherheit, finanzielles, technisches und Marketing-Potential), die Güte der Wahrnehmung des Schrumpfungsprozesses sowie die Austrittsbarrieren relevant. Diese umfassen primär vorhandene Betriebsmittel mit hoher Spezifität, hohe mit einem Marktaustritt verbundene

---

53 Vgl. Welge, M.K.; Al-Laham, A.: (Planung), S. 328 ff.; Meffert, H.: (Märkten), S. 41 ff.

54 Vgl. Harrigan, K.R.; Porter, M.E.: (Strategien), S. 110 ff.; Welge, M.K.; Al-Laham, A.: (Planung), S. 344.

Kosten, negative Effekte eines Ausstiegs für andere Geschäftseinheiten sowie emotionale Beziehungen der Anteilseigner oder des Management zu dem Geschäftszweig.[55]

Die bei der Umwelt- und Unternehmensanalyse und -prognose gewonnenen Erkenntnisse können dann zur Strategieentwicklung und -auswahl genutzt werden. So schlägt HARRIGAN vor, die Strategien auf einem schrumpfenden Markt in Abhängigkeit von der Industriestruktur sowie der relativen Wettbewerbsposition zu bestimmen.[56] Wie Abbildung 4-7 zeigt, ordnet sie den möglichen Kombinationen der Ausprägungen von Industriestruktur (günstig oder ungünstig) sowie relativer Wettbewerbsposition (stark oder schwach) Investitions-, Repositionierungs- oder Austrittsstrategien (als Normstrategien) zu.

	Possesses Relative Competitive Strengths	Have Relative Competitive Weaknesses
Favorable Industry Trails for Endgame	Increase the Investment or Hold Investment level	Shrink selectively or Milk the Investment
Unfavorable Industry Trails for Endgame	Shrink selectively or Milk the Investment	Get out now!

Abb. 4-7: Matrix der Strategien auf schrumpfenden Märkten[57]

Bei einer günstigen Industriestruktur und einer starken relativen Wettbewerbsposition sollten gemäß HARRIGAN *Investitionsstrategien* verfolgt werden. Dabei kann zum einen das Investitionsniveau erhöht werden, um durch Marketing-Maßnahmen die Nachfrage für das eigene Produkt zu stärken oder aber Produktionskapazitäten von Wettbewerbern aufzukaufen. Damit soll der Marktaustritt von Wettbewerbern gefördert und eine Führerschaft im Markt erlangt werden. Zum anderen ist es denkbar, das Investitionsniveau und den eigenen Marktanteil zu halten; dies bietet sich vor allem dann an, wenn der Schrumpfungsverlauf unsicher ist, Konflikten mit Wettbewerbern aus dem Weg gegangen werden soll oder ein anderes Unternehmen mit hoher Wettbewerbsstärke erkennbar eine Marktführerschaftsstrategie wählt.

Repositionierungsstrategien können als Strategien des selektiven Rückzugs verstanden werden. Charakteristisch für sie ist der Austritt aus wenig attraktiven Teilmärkten bei frühzei-

---

55 Vgl. dazu Abschnitt 2.1.2.

56 Vgl. Harrigan, K.R.: (Strategies); Harrigan, K.R.; Porter, M.E.: (Strategien), S. 117 ff.; Welge, M.K.; Al-Laham, A.: (Planung), S. 343 ff.

57 Quelle: Harrigan, K.R.: (Effect), S. 44.

tiger Konzentration auf attraktive Marktbereiche (Nachfragenischen).[58] Erfolgversprechend erscheint diese Strategie (die eine der möglichen Normstrategien bei einer unvorteilhaften und einer vorteilhaften Ausprägung der Industriestruktur und der relativen Wettbewerbsposition darstellt), wenn die Nischen ausreichende Gewinnmöglichkeiten aufweisen und die eigenen Potentiale besonders geeignet sind, um in der Nische zu konkurrieren.

Eine Unterscheidung verschiedener Repositionierungs- bzw. Nischenstrategien wird von HINDER anhand der Kriterien 'Nischengröße' und 'Art des angestrebten strategischen Vorteils' vorgenommen.[59] Die daraus resultierenden Strategiemöglichkeiten zeigt Abbildung 4-8.

		Angestrebte strategische Vorteile	
		Kostenvorteile	Nutzenvorteile
Nischengröße	groß	Bereinigungsstrategie	Spezialisierungsstrategie
	klein	Extraktionsstrategie	Spezialitätenstrategie

Abb. 4-8: Arten von Nischenstrategien[60]

Den letzten Strategietypus stellen *Austrittsstrategien* dar. Der Marktaustritt kann schrittweise, verbunden mit einem 'Melken' der Geschäftseinheit (wird bei negativer Ausprägung eines der beiden Kriterien der HARRIGAN-Matrix empfohlen), oder sofort vollständig (bei negativer Ausprägung beider Kriterien) vollzogen werden. Die Wahl zwischen diesen beiden Optionen sollte - neben der eigenen Marktposition und der Industriestruktur - vor allem vom Schrumpfungsverlauf und von den entstehenden Austrittskosten abhängig gemacht werden. MEFFERT empfiehlt bei einem langsamen Schrumpfungsverlauf die Senkung von Marktaustrittsbarrieren, um einen späteren Ausstieg zu ermöglichen, sowie die Abschöpfung; bei einem schnellen Schrumpfungsverlauf und der daraus resultierenden Notwendigkeit eines schnellen Marktaustritts sollte die Geschäftseinheit verkauft oder 'stillgelegt' werden.[61]

---

58 Damit ist eine Aufteilung des Marktes Voraussetzung einer Repositionierungsstrategie. Zu Marktparzellierungsstrategien vgl. Abschnitt 4.4.

59 Vgl. Hinder, W.: (Unternehmensführung), S. 251.

60 Quelle: Hinder, W.: (Unternehmensführung), S. 251.

61 Vgl. Meffert, H.: (Märkten), S. 63; Meffert, H.: (Marketingstrategien), S. 297 f.

Eine zusammenfassende Charakterisierung der auf schrumpfenden Märkten wählbaren Strategien enthält Abbildung 4-9.

Strategie-alternativen	MARKT-FÜHRER-STRATEGIE	MARKTNISCHENSTRATEGIE				AUSTRITTS-STRATEGIE	
		Bereini-gungs-strategie	Extrak-tions-strategie	Spezialisie-rungs-strategie	Spezialitä-tenstrategie	Abschöp-fungs-strategie	Frühzeitige Liquidation
Haupt-argument für die Strategie	Restmarkt bleibt günstige Bran-chenstruktur hohe Wettbe-werbsvorteile Marktaustritt der Wettbe-werber kann forciert werden	Lukrative Nachfragenischen Wettbewerbsstärken der Unternehmung entsprechen den Anforderungen einzelner Teilmärkte				Branchenstruktur ist un-günstig kein Restmarkt	
		Kosten-vorteile auf den meisten Teilmärkten	Kosten-vorteile auf wenigen Teilmärkten	Nutzen-vorteile auf den meisten Teilmärkten	Nutzen-vorteile auf wenigen Teilmärkten	Wettbe-werbsvorteile	keine Wett-bewerbs-vorteile
Charak-terisierung der Strategie	langfristig im Markt bleiben	langfristig im Markt bleiben				langfristig aus dem Markt	kurzfristig aus dem Markt
	Investition	Investition/Desinvestition				Desinvestition	
	Mittelbindung	Mittelbindung/Mittelfreisetzung				Mittelfreisetzung	

Abb. 4-9: Strategien auf schrumpfenden Märkten[62]

4.3. Marktstimulierungsstrategien

Marktstimulierungsstrategien legen die Art und Weise der Marktbeeinflussung fest. Als mögliche Marktstimulierungsstrategien können die von PORTER unterschiedenen Wettbewerbsstrategien der Kostenführerschaft und der Differenzierung sowie Zwischenformen und Kombinationen angesehen werden. Mit diesen Wettbewerbsstrategien sollen Geschäftseinheiten eine Stellung anstreben, in der sie bestmöglich gegen die Triebkräfte des Branchenwettbewerbs geschützt sind oder sie zu ihrem Vorteil verändern können. Dies erfordert, die Stärken und Schwächen der Geschäftseinheit sowie die aus der Entwicklung der Branche resultierenden Chancen und Risiken in die Strategieformulierung einzubeziehen.[63]

62 Quelle: Rudolph, F.: (Controlling), S. 50.

63 Vgl. Porter, M.E.: (Wettbewerbsstrategie), S. 34 und S. 70.

4.3.1. Strategie der Kostenführerschaft

Die Strategie der Kostenführerschaft zielt darauf ab, "einen umfassenden Kostenvorsprung innerhalb einer Branche durch eine Reihe von Maßnahmen zu erlangen"[64] und demgemäß der Anbieter mit den geringsten Kosten zu werden. Sie basiert auf den in Abschnitt 2.2.2. geschilderten Erkenntnissen der PIMS-Studie und des Erfahrungskurvenkonzeptes, vor allem über die große Bedeutung eines hohen Marktanteils und hoher (kumulierter) Produktions- und Absatzmengen.

Bei dieser Strategie ist eine konsequente, laufende Orientierung am Ziel der Kostenminimierung in allen Bereichen erforderlich. Zur Erfüllung dieses Ziels sollte eine fundierte Kostenanalyse erfolgen, die an den einzelnen Elementen der Wertkette, deren Kostenverhalten und den das Kostenverhalten bestimmenden Kostenantriebskräften bzw. Kosteneinflußgrößen ansetzen kann. Als wichtige, miteinander verbundene Kostenantriebskräfte sieht PORTER betriebsgrößenbedingte Kostendegression, Lernvorgänge, die Struktur der Kapazitätsauslastung, Verknüpfungen (zwischen Aktivitäten der Wertkette sowie mit Lieferanten und Abnehmern), Verflechtungen (mit anderen Geschäftseinheiten), die vertikale Integration, die Zeitwahl (des Markteintritts), kostenwirksame unternehmenspolitische Entscheidungen, den Standort sowie außerbetriebliche Institutionen wie Staat und Gewerkschaften an. Die Kosten einer Geschäftseinheit und damit auch deren relative Kostenposition ergeben sich aus der Zusammensetzung der Wertkette sowie den Ausprägungen der Kostenantriebskräfte. Ein Kostenvorsprung resultiert in der Regel aus Vorteilen bei mehreren Aktivitäten in der Wertkette.[65]

Eine Verbesserung der Kostenposition läßt sich durch Umstrukturierung der Wertkette (z.B. durch Einführung geeigneter Fertigungs- und Distributionsverfahren) oder Einflußnahme auf die Kostenantriebskräfte - vor allem bei den Aktivitäten mit hohem Kostenanteil - erreichen. Geeignete Maßnahmen können die Herbeiführung und Ausnutzung von Größendegressions- und Lerneffekten, konsequente Rationalisierung auch in den Gemeinkostenbereichen sowie Veränderungen der Fertigungstiefe und der Beschaffungspolitik umfassen. Die entsprechenden Analysen und Planungen sollten wiederholt durchgeführt und durch Kontrollen der Kosten und der relativen Kostenposition ergänzt werden.[66]

Aus den vergleichsweise niedrigen Kosten ergibt sich dann ein Wettbewerbsvorteil; der preispolitische Spielraum und die Unabhängigkeit der strategischen Geschäftseinheit von Kunden und Lieferanten werden höher, es werden Eintrittsbarrieren für andere Unternehmen

---

64 Porter, M.E.: (Wettbewerbsstrategie), S. 71.

65 Vgl. Porter, M.E.: (Wettbewerbsvorteile), S. 97 ff.

66 Vgl. Porter, M.E.: (Wettbewerbsvorteile), S. 143 ff., sowie die Ausführungen zum Kostenmanagement in Abschnitt 8.2.

geschaffen. Gleiche Preise vorausgesetzt, kann die Geschäftseinheit höhere Gewinne erzielen als die Konkurrenten, so daß sie gegen deren Rivalität geschützt ist. Häufig wird aber eine Niedrigpreisstrategie verfolgt, um Marktanteile zu gewinnen, hohe Absatz- und Produktionsmengen zu realisieren und darüber Erfahrungseffekte zu erzielen. Damit ist oft eine Konzentration auf sogenannte Preis-Käufer verbunden, so daß auch der Begriff 'Preis-Mengen-Strategie' anstelle von Strategie der Kostenführerschaft verwendet wird.[67] Die Preis- und Konditionenpolitik stehen demgemäß im Vordergrund, die anderen Marketinginstrumente werden nur in möglichst geringem Maße eingesetzt. Eine Ausnahme kann die Werbung darstellen, die eventuell zu Beginn der Markteinführung intensiv betrieben wird, um hohe Marktanteile zu erreichen. Außerdem muß ein Kostenführer beachten, daß sein Produkt von den Kunden als zumindest annähernd gleichwertig zu Wettbewerbsprodukten akzeptiert wird, da er sonst zu erheblichen Preiszugeständnissen gezwungen sein kann.[68]

Als Erfolgsvoraussetzungen einer Strategie der Kostenführerschaft können angesehen werden:[69]

- die Relevanz des Preises als Wettbewerbsinstrument (nur dann können über niedrige Kosten und Preise die angestrebten Wettbewerbsvorteile und Marktanteile gewonnen werden) sowie starkes Marktwachstum,
- ein generell geringes Kostenniveau und hohe Kostensenkungspotentiale,
- die Fähigkeit des Managementsystems zur Ausnutzung der Kostensenkungspotentiale (Know-how, Kostenorientierung, Rationalisierungsinstrumente, Kontrollsysteme, Anreizsysteme etc.),
- bei der Beschaffung: hohe Versorgungssicherheit, geringe Materialeinkaufspreise sowie Lagerhaltungskosten,
- bei der Produktion: hoher Standardisierungs- und Automatisierungsgrad, effiziente Verfahren,
- beim Absatz: hoher Marktanteil, kostengünstiges und auf den Absatz großer Mengen eingerichtetes Distributionssystem, aggressive Preis- und Konditionenpolitik,
- bei der Forschung und Entwicklung: hohes Niveau bei der auf Fertigungsverfahren und die Produktanwendung bezogenen Forschung und Entwicklung sowie
- bei der Finanzierung: langfristig sichere Befriedigung des in der Regel hohen Kapitalbedarfs.

Eine zusammenfassende Charakterisierung der Strategie der Kostenführerschaft (bzw. der Preis-Mengen-Strategie) enthält Abbildung 4-10.

---

67 Vgl. Becker, J.: (Marketing-Konzeption), S. 214 ff.

68 Vgl. Porter, M.E.: (Wettbewerbsvorteile), S. 39.

69 Vgl. Porter, M.E.: (Wettbewerbsstrategie), S. 77; Stein, H.-G.: (Kostenführerschaft), S. 404 ff.; Welge, M.K.; Al-Laham, A.: (Planung), S. 235.

Prinzip:	*Preiswettbewerb* (eindimensional) = Discount-Konzept, ('mono-instrumental').
Ziel:	Umsatz/Marktanteil *vor* Gewinn (*Focus*: Kapitalumschlag).
Charakteristik:	*Niedrigpreis-Konzept* (Verzicht auf den Aufbau echter Präferenzen, d.h. kein Aufbau echter Marken ⇒ Setzen auf Preisvorteil), Kundenfindung/-bindung allein über eine aggressive Preispolitik (eine 'Präferenz' gegenüber Konkurrenzangeboten, speziell den Markenwaren bzw. Markenartikeln, wird weitestgehend über den Preis angestrebt = 'billige Alternative') ⇒ niedriges Einsatzniveau des Marketinginstrumentariums (Minimum-Marketingmix).
Hauptzielgruppe:	*Sog. Preis-Käufer* (bei ihnen rangiert der Preis vor Marke/Qualität).
Wirkungsweise:	'*Schnell-Strategie*' (d. h. ein angestrebtes 'Preisimage' speziell für die preissensiblen Nicht-Markenkäufer kann durch eine aggressive Preispolitik relativ schnell geschaffen werden), dafür aber Gefahr schnellen Verschleißes.
Dominanter Bereich:	*Produktions-/Logistikbereich* ⇒ Kostenorientierung, Dominanz des 'Betriebswirts'.
Typischer Marketing-Mix:	• durchschnittliche Produktqualität, • rationelle Verpackung (Zweckmäßigkeit dominiert), • keine oder 'Auch-Marke', • keine oder schwache Kommunikation (primär Verkaufsförderung ⇒ Handelsorientierung), • kein oder schwacher persönlicher Verkauf (vielfach 'Telefongeschäft' bzw. 'Waggongeschäft'), • niedriger (unterdurchschnittlicher) Preis ⇒ als Ziel bzw. Ergebnis und Voraussetzung zugleich.
Prinzipielle Vorteile:	Verzicht auf den sonst *üblichen* Mitteleinsatz in Marketing und Vertrieb (speziell für aufwendige Mediawerbung und teure Außendienstorganisation), Ertragschancen bei kostenoptimaler Fertigungsstruktur (Economies of Scale), rationeller Logistik/Lieferfähigkeit und effizientem Vertriebssystem.
Prinzipielle Nachteile:	Aufgrund eines einseitigen Preiswettbewerbs Verzicht auf einen Aufbau echter, dauerhafter Präferenzen, Gefahr, aufgrund des Konkurrenzdrucks allmählich bis zur *Preisuntergrenze* (evtl. sogar darunter) anbieten zu müssen (hohes Existenz-Risiko bei ruinösem (Preis-)Wettbewerb).

Abb. 4-10: Grundlegende Merkmale der Preis-Mengen-Strategie[70]

70 Quelle: Becker, J.: (Marketing-Konzeption), S. 232.

Abschließend soll darauf hingewiesen werden, daß die Strategie der Kostenführerschaft mit einigen Risiken bzw. Nachteilen verbunden ist. Die Konzentration auf die Kostensenkung und damit auf kostengünstige Produkt- und Verfahrenstechnologien kann eine zu hohe Produktstandardisierung, eine mangelnde Anpassungsfähigkeit an veränderte Marktanforderungen sowie Innovationsfeindlichkeit bewirken. Durch technologische Veränderungen können die Kostenvorteile zunichte gemacht werden; durch den zunehmenden Technologiewandel nehmen die Zeiträume ab, für die bei einer Technologie Wettbewerbsvorteile erzielt werden können, und es sind häufig Investitionen erforderlich, um die Kostenführerschaft zu bewahren. Da der Wettbewerb vorwiegend über den Preis erfolgt, werden keine 'echten' Präferenzen für das Produkt und damit nachhaltige Wettbewerbsvorteile geschaffen; dies kann dazu führen, daß das Unternehmen zu relativ niedrigen Preisen (in der Nähe der Preisuntergrenze) anbieten muß und die Gewinnspannen ebenfalls relativ niedrig sind.[71]

4.3.2. Strategie der Differenzierung

Mit einer Strategie der Differenzierung des Produktes oder der Dienstleistung wird angestrebt, "etwas zu schaffen, das *in der ganzen Branche* als einzigartig angesehen wird"[72] und damit eine Sonderstellung in der Branche zu erlangen. Auf die Vorteilhaftigkeit einer derartigen Strategie weisen die Ergebnisse der PIMS-Studie ebenfalls hin, da eine positive Korrelation zwischen dem ROI und der Produktqualität sowie der Forschungs- und Entwicklungsintensität als Indikatoren für den Grad der Differenzierung festgestellt wurde.

Eine Differenzierung kann erfolgen, indem eine oder mehrere Produkteigenschaft(en) einschließlich Garantie- oder Serviceleistungen, Verpackung, Stil und Design qualitativ besser ausgestaltet werden als die der Konkurrenzprodukte und/oder ein Markenimage aufgebaut wird, aufgrund dessen die Käufer das Produkt präferieren.[73] Damit sollen spezifische Kundenbedürfnisse befriedigt werden. Ansatzpunkte für eine Differenzierung können sämtliche Aktivitäten der Wertkette darstellen: beispielsweise läßt sich über die Beschaffung von Rohstoffen die Qualität der Produkte beeinflussen, bringt die Forschung und Entwicklung eventuell eine einzigartige Produktgestaltung hervor und bestimmt die Distributionslogistik die Liefergeschwindigkeit und -zuverlässigkeit. Abbildung 4-11 zeigt überblicksartig die möglichen Quellen einer Differenzierung in der Wertkette. Analog zu den Kosten ist auch die Differen-

---

71 Vgl. zu den Risiken bzw. Nachteilen der Kostenführerschaft auch Porter, M.E.: (Wettbewerbsstrategie), S. 83 f.; Porter, M.E.: (Wettbewerbsvorteile), S. 163 ff.; Stein, H.-G.: (Kostenführerschaft), S. 406 f.; Welge, M.K.; Al-Laham, A.: (Planung), S. 235 f.; Becker, J.: (Marketing-Konzeption), S. 232.

72 Porter, M.E.: (Wettbewerbsstrategie), S. 73.

73 Zu Ansatzpunkten für ein überlegenes Leistungsprofil vgl. Nieschlag, R.; Dichtl, E.; Hörschgen, H.: (Marketing), S. 126 ff.

zierung von einer Reihe von Einflußgrößen abhängig. Dazu zählen unternehmenspolitische Entscheidungen (z.B. über Produkte, Intensität und Inhalte von Werbemaßnahmen, Technologien), Verknüpfungen, die Zeitwahl, der Standort, das Lernen und dessen Verbreitung, die Integration, die Unternehmens- bzw. Betriebsgröße sowie außerbetriebliche Faktoren. Wege zur Realisation der Differenzierung sind - ebenfalls analog zur Strategie der Kostenführerschaft - die Veränderung dieser Einflußgrößen auf die Differenzierung oder der Wertkette.[74]

Einen hohen Beitrag zur Differenzierung kann ein Markenartikel-Konzept leisten. Für Markenartikel gilt in der Regel, daß sie spezifisch gekennzeichnet sind, eine hohe Qualität und ein positives Image aufweisen und 'überall' erhältlich sind. Durch den Aufbau einer Marke sollen das Produkt hervorgehoben, seine Wiedererkennung gefördert und ein Qualitätsbekenntnis abgegeben werden. Zum Aufbau einer Marke und bei der Differenzierung generell sind in der Regel sämtliche Marketinginstrumente mit Ausnahme des Preises gezielt einzusetzen, unter anderem die Produktgestaltung zur Realisierung einer hohen Qualität, die Kommunikationspolitik zur Imageförderung und die Distributionspolitik zur Sicherung der 'Überallerhältlichkeit' (Ubiquität). Es erfolgt eine mehr-dimensionale Präferenzbildung; BECKER bezeichnet die Strategie der Differenzierung demgemäß als Präferenzstrategie.[75] Oft geht die Differenzierung mit der Konzentration auf Käufer im mittleren und oberen Preissegment einher.

Durch die Differenzierung werden Wettbewerbsvorteile erzielt, indem die Abnehmer an das Produkt gebunden werden. Es lassen sich relativ hohe Preise durchsetzen. Liegen die Preisdifferenzen über den zusätzlichen Kosten einer Differenzierung, dann erwächst daraus ein Vorteil für das Unternehmen. Die Kosten dürfen demgemäß auch bei einer Strategie der Differenzierung nicht vernachlässigt werden; es ist ein Kostenniveau anzustreben, das nahezu bei dem der Wettbewerber liegt. Die Differenzierung führt dann dazu, daß das Unternehmen sich gegen die Einflußfaktoren des Wettbewerbs absichert: die Positionen gegenüber den derzeitigen Konkurrenten sowie den Abnehmern und Zulieferern sind stark, es werden Eintrittsbarrieren für neue Konkurrenten geschaffen, und die Bedrohung durch Ersatzprodukte wird vermindert. Während die Kostenführerschaft nur von einem Unternehmen in der Branche erreicht werden kann, können erfolgreiche Differenzierungsstrategien von mehreren Unternehmen gleichzeitig verfolgt werden, wenn diese sich bei unterschiedlichen Merkmalen von der Konkurrenz abheben.[76]

---

[74] Vgl. Porter, M.E.: (Wettbewerbsvorteile), S. 168 ff.; Welge, M.K.; Al-Laham, A.: (Planung), S. 236.

[75] Vgl. Becker, J.: (Marketing-Konzeption), S. 180 ff.

[76] Vgl. Porter, M.E.: (Wettbewerbsstrategie), S. 73 f.; Porter, M.E.: (Wettbewerbsvorteile), S. 40 f.

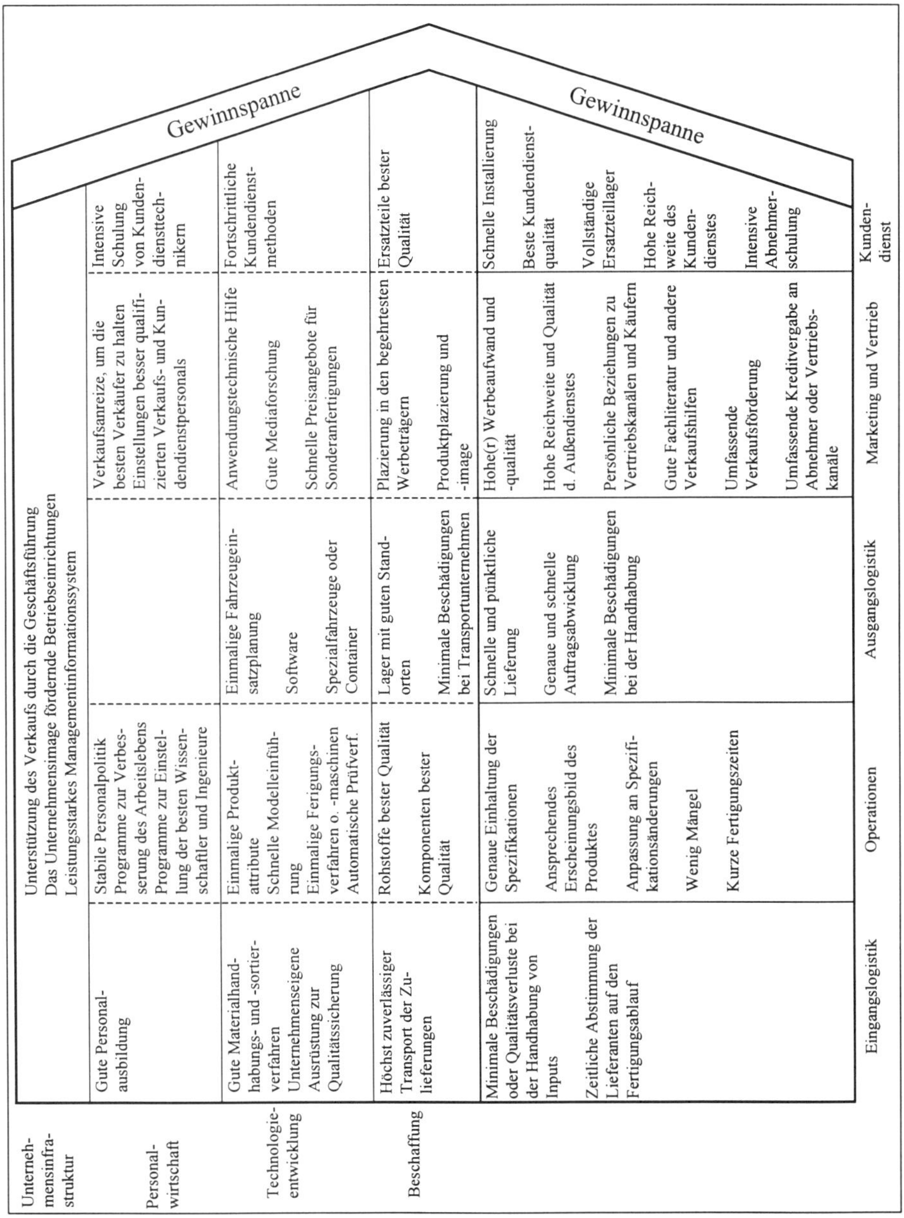

Abb. 4-11: Quellen der Differenzierung in der Wertkette[77]

---

77 Quelle: leicht modifiziert übernommen von Porter, M.E.: (Wettbewerbsvorteile), S. 171.

Als Erfolgsvoraussetzungen einer Strategie der Differenzierung gelten:[78]

- im Managementsystem eine effiziente Koordination der einzelnen Funktionsbereiche und ein geeignetes Anreizsystem,
- bei der Produktion: sehr hohe Qualität der Produkte und hoher Entwicklungsstand der eingesetzten Technologien,
- beim Absatz: effizienter Einsatz des Marketing-Instrumentariums, gutes Design und lange Tradition, positives Image hinsichtlich der Qualität und guter Kundendienst, hohes Marketing-Know-how,
- bei der Forschung und Entwicklung: intensive Grundlagenforschung und Streben nach Innovation,
- bei der Finanzierung: Verfügbarkeit der finanziellen Mittel, die zum Aufbau von Präferenzen (durch Werbung etc.) erforderlich sind.

Eine zusammenfassende Charakterisierung der Strategie der Differenzierung (bzw. der Präferenzstrategie) enthält Abbildung 4-12.

Die Differenzierungsstrategie weist gegenüber der Kostenführerschaft oftmals den Vorteil einer höheren Flexibilität und Innovationsneigung auf. Darüber hinaus werden 'echte' Präferenzen bei den Kunden aufgebaut. Allerdings sind auch mit der Strategie der Differenzierung Risiken verbunden. So besteht die Gefahr, daß durch das Streben nach Differenzierung (zu) hohe Kosten verursacht werden. Dann werden eventuell die Gewinnspannen zu gering und/oder die Preise zu hoch, letzteres mit der Folge, daß sich die Kunden preisgünstigeren Anbietern zuwenden. Des weiteren ist zu befürchten, daß Differenzierungsvorteile durch Nachahmung oder Nachfrageänderungen aufgehoben werden.[79]

---

78 Vgl. Porter, M.E.: (Wettbewerbsstrategie), S. 78; Welge, M.K.; Al-Laham, A.: (Planung), S. 238.

79 Zu den Risiken bzw. Nachteilen einer Differenzierungsstrategie vgl. auch Porter, M.E.: (Wettbewerbsstrategie), S. 81 f.; Porter, M.E.: (Wettbewerbsvorteile), S. 217 ff.; Welge, M.K.; Al-Laham, A.: (Planung), S. 238 f.

Prinzip:	*Qualitätswettbewerb* (mehrdimensional) = Markenartikel-Konzept, (multi-instrumental).
Ziel:	Gewinn *vor* Umsatz/Marktanteil (*Focus:* Umsatzrentabilität).
Charakteristik:	*Hochpreis*-Konzept (über den Aufbau von Präferenzen (Vorzugsstellungen), d.h. Erarbeitung eines 'monopolistischen Preisspielraumes' ⇒ Setzen auf Leistungsvorteil), Kundenfindung/-bindung durch ein klares Markenimage (Sensibilisierung der Abnehmer für spezielle Grund- und/oder Zusatznutzen, Herausstellung einer tragenden Idee/USP (unique selling proposition) = einzigartiger Verkaufsvorteil bzw. spezifische Kompetenz, dadurch eigenständige Positionierung zur 'Immunisierung' gegenüber Konkurrenzmarken), sehr differenzierter präferenzorientierter Marketingmix.
Hauptzielgruppe:	*sog. Marken-Käufer* (bei ihnen rangiert die Marke/Qualität vor dem Preis).
Wirkungsweise:	'Langsam-Strategie' (d.h. ein Aufbau der Markenpräferenz im Sinne einer Produktpersönlichkeit (im Idealfall als 'Mono-Marke') bedarf in der Regel eines mehrjährigen gezielten Profilierungsprozesses), dafür aber Chancen dauerhafter Wirkung.
Dominanter Bereich:	*Marketingbereich* ⇒ Ertragsorientierung, Dominanz des 'Marktwirts' (in Verbindung mit leistungsfähiger Produktentwicklung).
Typischer Marketing-Mix:	• überdurchschnittliche Produktqualität, • attraktive Verpackung (Anmutungs- und Umweltleistung), • image-orientierte Markenprofilierung, • starke Media-Werbung (sog. Sprungwerbung ⇒ Endverbrauchererwerbung), • starker persönlicher Verkauf/Service, • hoher (überdurchschnittlicher) Preis ⇒ als Ziel bzw. Ergebnis und Voraussetzung zugleich.
Prinzipielle Vorteile:	Chance des Aufbaus einer *eigenständigen* Marktposition ('Firmenmarkt'), vor allem mittel- und langfristig hohe Ertragschancen bei klarem, eigenständigen (kreativen) Marken- und Marketing-Konzept.
Prinzipielle Nachteile:	Hoher Mitteleinsatz, vor allem auch hohe Vorinvestitionen in den Markenaufbau bzw. in die innovative Produktentwicklung, bei *ungenügenden* Management-, Marktinformations- und/oder Marketing-Know-how-Voraussetzungen *relativ* hohes Marktrisiko.

Abb. 4-12: Grundlegende Merkmale der Präferenzstrategie[80]

80 Quelle: Becker, J.: (Marketing-Konzeption), S. 231.

4.3.3. Zwischenformen und Kombinationen von Kostenführerschaft und Differenzierung

Zwischenformen

Die Preis-Mengen-Strategie (bzw. Kostenführerschaft) und die Präferenzstrategie (bzw. Differenzierung) können als extreme Strategieformen angesehen werden. Werden Preis und Qualität als charakteristische Merkmale von Marktstimulierungsstrategien betrachtet, dann sind den Strategien in der Reinform jeweils die extremen Ausprägungen dieser Merkmale zugeordnet (niedrige bei der Kostenführerschaft, hohe bei der Differenzierung). Demgemäß existiert eine Reihe weiterer Strategiemöglichkeiten.

Dazu zählen die durchaus auch in der Praxis verfolgten Strategien, bei denen eine 'Mittellage' angestrebt wird. Dabei wird allerdings die Gefahr gesehen, daß man sich 'zwischen die Stühle setzt' und unter Umständen weder Preis- noch Marken-Käufer erreicht, weil weder genügend niedrige Preise noch entsprechend innovative und differenzierte Produkte angeboten werden.[81] Hinzu kommt bei einigen Märkten (z.B. für Möbel, Uhren, Genußmittel), daß eine erhebliche Polarisierung stattgefunden hat, bei der der Hoch- und der Niedrigpreisbereich gegenüber dem mittleren Bereich stark an Bedeutung gewonnen haben. Diese Veränderung der Marktstruktur veranschaulicht Abbildung 4-13.

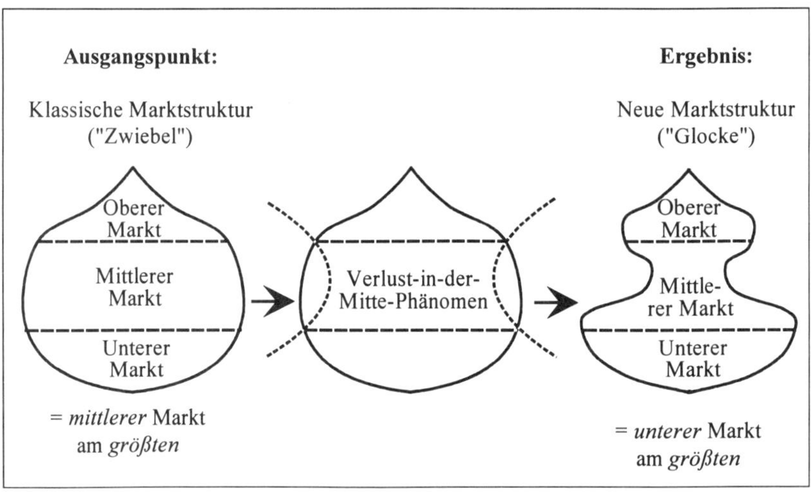

Abb. 4-13: Änderung der Marktstruktur[82]

81 Vgl. Porter, M.E.: (Wettbewerbsstrategie), S. 79; Becker, J.: (Marketing-Konzeption), S. 227

82 Quelle: Becker, J.: (Marketing-Konzeption), S. 359.

Abbildung 4-14 verdeutlicht anhand einer Darstellung der Beziehung zwischen ROI und relativem Marktanteil die - umstrittene - Hypothese, daß eine 'Mittellagenstrategie', das 'stuck in the middle', wenig erfolgversprechend ist.[83]

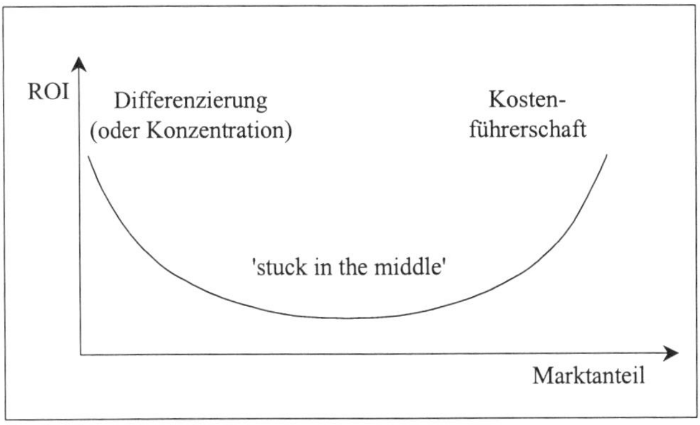

Abb. 4-14: Wettbewerbsstrategien nach PORTER und ROI[84]

Simultan hybride Strategien

Zumindest denkbar ist auch eine Strategie, bei der gleichzeitig eine Kostenführerschaft und eine Differenzierung angestrebt wird (simultan hybride Strategie). Es wird jedoch diskutiert, ob diese Strategie auch praktisch realisiert werden kann. Gemäß PORTER ist dies in den meisten Fällen nicht möglich, da

(i) eine Kostenführerschaft zu einem großen, eine Differenzierung aufgrund der notwendigen Exklusivität zu einem kleinen relativen Marktanteil führt (Konvexitätshypothese, siehe auch Abbildung 4-14),

(ii) eine Konzentration der Funktionsbereichsstrategien, Ressourcen und Erfolgsfaktoren auf eine Art des Wettbewerbsvorteils erforderlich ist, ohne die dieser Vorteil nicht erreicht werden kann (Konzentrationshypothese), und

(iii) Maßnahmen zur Verfolgung von Kostenführerschaft und Differenzierung sich zueinander konfliktär verhalten (Konsistenzhypothese).[85]

---

83 In empirischen Untersuchungen konnte diese Hypothese bisher kaum bestätigt werden. Vgl. Homburg, C.; Simon, H.: (Wettbewerbsstrategien), Sp. 2759 f.

84 Quelle: in modifizierter Form übernommen von Porter, M.E.: (Wettbewerbsstrategie), S. 81. Vgl. dazu auch Fleck, A.: (Wettbewerbsstrategien), S. 13.

85 Vgl. Porter, M.E.: (Wettbewerbsstrategie), S. 74 ff.; Porter, M.E.: (Wettbewerbsvorteile), S. 44 ff.; Fleck, A.: (Wettbewerbsstrategien), S. 13 ff.

Ausnahmen können PORTER zufolge lediglich temporär dann auftreten, wenn die Konkurrenten 'zwischen den Stühlen sitzen', d.h. keine der von ihm vorgeschlagen Wettbewerbsstrategien verfolgen, die Kosten weitgehend von Marktanteilen oder Verflechtungen abhängen oder ein Unternehmen eine bahnbrechende Innovation realisiert hat.[86] Andere Autoren hingegen gelangen zu dem gegensätzlichen Ergebnis, daß die Strategien der Kostenführerschaft und der Differenzierung durchaus grundsätzlich gleichzeitig erfolgreich verfolgt werden können.

So postuliert FLECK, daß Differenzierungsstrategien nicht unbedingt mit einem kleinen Marktanteil verbunden sein müssen. Außerdem sei es möglich, *komplementäre Strategien zur Differenzierung und zur Kostensenkung* bzw. -begrenzung zu formulieren. Dabei geht er davon aus, daß eine Differenzierung durch Innovation, d.h. Angebot neuartiger Leistungen, sowie durch Verbesserung der Qualität und der Individualität (bzw. der Varietät) der Leistungen erfolgen kann, eine Kostensenkung läßt sich ihm zufolge über Economies of Scale (Mengeneffekte), Economies of Learning (verbesserte Fähigkeiten aufgrund von Lerneffekten), Economies of Scope (Einspareffekte bei Herstellung und Absatz verschiedener Produktarten), Economies of Quality (Kostenreduktionseffekte hoher Qualität) und Economies of Speed (Senkung von Entwicklungs- und weiteren Kosten durch verkürzte Entwicklungszyklen) erreichen. Nun kann beispielsweise für die Differenzierungsstrategien geprüft werden, welche komplementären 'Kostenstrategien' existieren. Gemäß FLECK ist es bei allen Differenzierungsstrategien durchaus möglich, Marktanteilsgewinne zu erzielen, die die Voraussetzung für Economies of Scale darstellen und auch Economies of Learning begünstigen. Bei einer Varietätsstrategie sind zusätzlich Economies of Scope, bei einer Qualitätsstrategie Economies of Quality realisierbar (vgl. Abbildung 4-15). Eine Innovationsstrategie kann neben diesen Effekten auch Economies of Speed ermöglichen. Eine hohe Varietät und Qualität sowie ein hoher Innovationsgrad der Produkte lassen sich daher FLECK zufolge durch Nutzung von Kostenreduktionseffekten mit relativ geringen Kosten erreichen.[87] Im Hinblick auf die Qualität wird diese These durch das Resultat einer empirischen Untersuchung von PHILLIPS/ CHANG/BUZZELL (auf der Basis der PIMS-Studie) gestützt, gemäß der eine hohe Qualität nicht notwendigerweise mit höheren Kosten verbunden ist.[88]

86 Vgl. Porter, M.E.: (Wettbewerbsvorteile), S. 47 f.; Fleck, A.: (Wettbewerbsstrategien), S. 15.

87 Vgl. Fleck, A.: (Wettbewerbsstrategien), S. 84 ff.

88 Vgl. Phillips, L.W.; Chang, D.R.; Buzzell, R.D.: (Product).

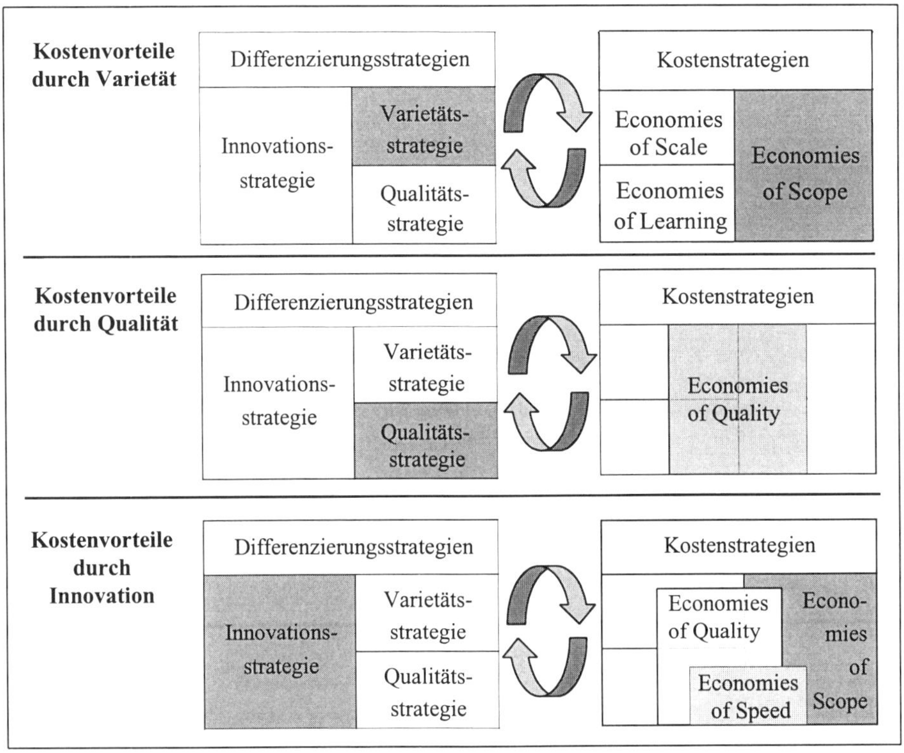

Abb. 4-15: Komplementäre Differenzierungs- und Kostenstrategien[89]

Eine weitere Form der simultanen Verfolgung von Kostenführerschaft und Differenzierung schlägt KALUZA mit der *'Dynamischen Produktdifferenzierung'* vor. Hierbei wird angestrebt, durch Optimierung der Erzeugniswechsel (unter anderem kurze Entwicklungs- und Lieferzeiten) sowohl eine hohe Differenzierung als auch geringe Kosten zu erzielen.[90] Generell können - wie auch von FLECK angesprochen - Strategien und Maßnahmen des Zeitmanagement Beiträge zur Realisierung hybrider Strategien leisten, z.B. indem Durchlaufzeitverkürzungen sowohl zur Verbesserung der Liefertreue und damit des Kundennutzens als auch zur Verringerung von Kapitalbindungskosten beitragen oder ein Markteintritt als Pionier Differenzierungsvorteile mit sich bringt und außerdem eine frühzeitige Realisierung von Erfahrungseffekten ermöglicht.[91]

---

89 Quelle: in leicht modifizierter Form übernommen von Fleck, A.: (Wettbewerbsstrategien), S. 106.

90 Vgl. Kaluza, B.: (Produktdifferenzierungsstrategie), S. 13 ff.

91 Vgl. Corsten, H.: (Grundlagen), S. 117 ff.; Corsten, H.: (Wettbewerbsstrategien), S. 1437; Glaser, K.: (Wettbewerbsstrategien), S. 180, sowie Abschnitt 8.4.

Ein weiteres Konzept zur Realisierung simultan hybrider Strategien wird als *Mass Customization* (bzw. maßgeschneiderte Massenfertigung) bezeichnet. Mass Customization "ist die Produktion von Gütern und Leistungen für einen (relativ) großen Absatzmarkt, welche die unterschiedlichen Bedürfnisse jedes einzelnen Nachfragers dieser Produkte treffen, zu Kosten, die ungefähr denen einer massenhaften Fertigung vergleichbarer Standardgüter entsprechen."[92] Bausteine des Konzeptes sind

- die Orientierung an den individuellen Wünschen der Kunden,
- die Erhebung von Informationen bei den Kunden, um auf deren spezifische Bedürfnisse eingehen zu können,
- die Differenzierung primär durch Varietät,
- die Forderung eines Preises, der in etwa dem eines vergleichbaren Standardgutes entspricht,
- die effiziente Herstellung von Produkten, um ein relativ günstiges Kostenniveau zu erreichen (dazu lassen sich die Modularisierung der Produkte und die Standardisierung der Teile sowie eine Segmentierung der Fertigung mit zentralisierter Herstellung standardisierter und dezentraler Produktion kundeninvidueller Teile[93] nutzen),
- die Versorgung eines relativ großen Absatzmarktes sowie
- der Aufbau einer dauerhaften Kundenbeziehung über die bei der Erhebung von Informationen erfolgende Interaktion.[94]

Generell wird darauf hingewiesen, daß mit Systemen der Informationstechnologie (flexible Automatisierung, CIM), arbeitsorganisatorischen Maßnahmen (Bildung von Teilefamilien, Fertigungsgruppen) und Ansätzen des Prozeßmanagement eine Aufhebung oder Verringerung der Gegensätze zwischen hoher kostenbezogener Produktivität einerseits und hoher Qualität und Flexibilität sowie geringen Durchlaufzeiten andererseits möglich ist, so daß diese Potentiale für die Implementierung hybrider Strategien bieten.[95]

Auch eine *Mehrmarken-Strategie*, bei der ein Unternehmen verschiedene Teilmärkte mit unterschiedlichen Käufertypen (Preis-, Marken-Käufer) mit zwei oder mehr Marken bedient, kann - bezogen auf die strategische Geschäftseinheit - als hybride Strategie angesehen werden.

---

92 Piller, F.T.: (Massenproduktion), S. 65.

93 Aus einer entsprechenden Segmentierung der Fertigung resultiert die Problematik der Wahl des Punktes, an dem die Zuordnung einer Produkteinheit zu einem Kunden oder Teilmarkt erfolgt (order penetration point). Vgl. dazu Abschnitt 5.4.

94 Vgl. Piller, F.T.: (Massenproduktion), S. 65 f.; Corsten, H.: (Wettbewerbsstrategien), S. 1439 f.; Pine, B.J. II: (Mass), S. 33 ff.

95 Vgl. Will, T.: (Wettbewerbsvorteile), S. 71 ff.; Corsten, H.; Will, T.: (Simultaneität), S. 236 ff.; Corsten, H.: (Wettbewerbsstrategien), S. 1438 f.

Hiermit läßt sich eine weitergehende Marktabdeckung erreichen und zugleich vermeiden, daß eine differenzierte Marke zu einem zu niedrigen Preis abgesetzt wird.[96]

Sukzessiv hybride Strategien

Eine weitere Form der Kombination von Kostenführerschaft und Differenzierung besteht darin, diese Strategien nacheinander zu verfolgen.[97] Hierfür werden sogenannte Outpacing-Strategien empfohlen. Das von GILBERT/STREBEL vorgestellte Konzept der Outpacing-Strategien enthält den Vorschlag, in bestimmten Wettbewerbskonstellationen die eigenen Anstrengungen zwischen Kostenführerschaft und Differenzierung zu verlagern, wobei der Vorteil behalten werden soll, der mit der bisherigen Strategie erzielt worden ist.[98] Es wird unterstellt, daß ein Unternehmen als sogenannter Innovator ein neuartige Leistung auf dem Markt anbietet und damit eine Differenzierung vornimmt (1A in Abbildung 4-16). Dieses Unternehmen setzt seine Ressourcen anfangs vorrangig für eine Steigerung des Nutzens der Produkte für den Kunden ein. Ein anderes Unternehmen, der Nachfolger, konzentriert sich zunächst auf die Realisierung geringer Kosten und kann Kosten- und Preisvorteile gegenüber dem Innovator erzielen (1B); außerdem ist es möglich, sich an der Leistung des Innovators zu orientieren. Das Unternehmen, das eine Differenzierungsstrategie verfolgt, sollte angesichts zunehmenden Wettbewerbsdrucks und abnehmender Einzigartigkeit seines Produktes versuchen, die Kosten zu senken, um die eigenen Preise anpassen zu können (2A). Das Unternehmen mit der Kostenführerschaftsstrategie hingegen sollte aufgrund der häufig sinkenden Marktwachstumsraten und der abnehmenden Möglichkeiten von Kosten- bzw. Preissenkungen bestrebt sein, das Angebot zu differenzieren, um Kundennutzen und Preise zu steigern und neue Abnehmer zu gewinnen (2B). Ziel beider Unternehmen ist es, mit einer "Strategie des Überholens ohne Einzuholen"[99] im Verlauf des Branchenwettbewerbs einen hybriden Vorteil zu erlangen, d.h. mit relativ geringen Kosten Leistungen anzubieten, die einen hohen Nutzen bieten.

---

96 Vgl. Becker, J.: (Marketing-Konzeption), S. 229.

97 Außerdem ist eine *multilokale hybride Strategie* möglich, bei der - z.B. im Rahmen der Internationalisierung - eine räumliche Entkoppelung stattfindet und in verschiedenen Märkten unterschiedliche Marktstimulierungsstrategien verfolgt werden. Vgl. Fleck, A.: (Wettbewerbsstrategien), S. 71 ff.

98 Vgl. zur Beschreibung des Konzeptes Gilbert, X.; Strebel, P.: (Strategies); Fleck, A.: (Wettbewerbsstrategien), S. 62 ff.; Glaser, K.: (Outpacing-Strategien), S. 214 f.

99 Fleck, A.: (Wettbewerbsstrategien), S. 62.

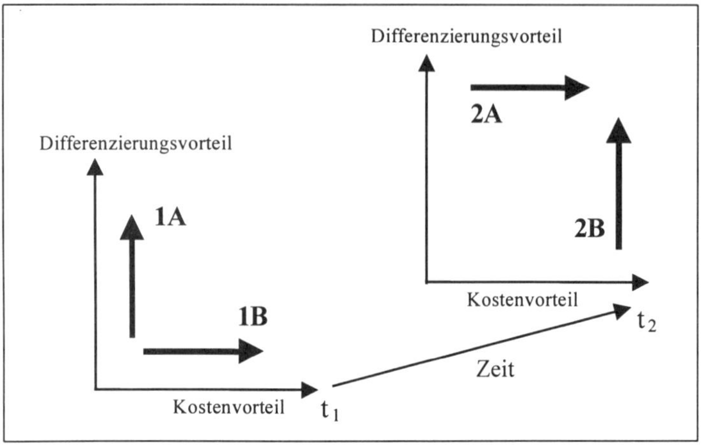

Abb. 4-16: Outpacing-Strategien[100]

Das Konzept der Outpacing-Strategien stellt ein Erklärungsmodell für den Wettbewerb in einer Branche dar und kann Anregungen für den Strategiewechsel vermitteln. Für die praktische Umsetzung des Konzeptes in einem Unternehmen ergibt sich allerdings das Problem, den optimalen Zeitpunkt des Strategiewechsels zu bestimmen. Außerdem dürfte es oftmals schwierig sein, den Strategiewechsel zu vollziehen, da dies eine entsprechende Anpassung der Erfolgsfaktoren des Unternehmens erfordert. Schließlich wird eine hybride Position als allein erfolgversprechend angesehen. Der Ausstieg aus dem Markt, der mehrmalige Aufbau von Präferenzen bei den Kunden durch innovative Leistungen und damit die Fortführung einer Differenzierung sowie der Eintritt in und das Entstehen von neue(n) Märkten(n) werden vernachlässigt.[101]

4.4. Weitere Geschäftsbereichsstrategien und Strategiekombinationen

Marktparzellierungsstrategien

Mit Marktparzellierungsstrategien sollen Grundsatzaussagen zur Differenzierung der Marktbearbeitung sowie zur Abdeckung des Marktes getroffen werden.

Die Möglichkeit des Verzichts auf eine totale Marktabdeckung ist bereits von PORTER in seinem Konzept der Wettbewerbsstrategien berücksichtigt worden. Ihm zufolge besteht die Wahl zwischen der branchenweiten Kostenführerschaft oder Differenzierung einerseits und

100 Quelle: in modifizierter Form übernommen von Fleck, A.: (Wettbewerbsstrategien), S. 61.

101 Vgl. Kleinaltenkamp, M.: (Dynamisierung), S. 35 ff.; Fleck, A.: (Wettbewerbsstrategien), S. 63 ff.; Glaser, K.: (Outpacing-Strategien), S. 215 ff.

der Konzentration auf Schwerpunkte andererseits.[102] Bei einer Konzentration auf Schwerpunkte oder Nischen zielen die eigenen Maßnahmen darauf ab, eine bestimmte Gruppe von Abnehmern oder einen regionalen Markt optimal zu versorgen. Der Wahl dieser Strategie liegt die Annahme zugrunde, daß die strategische Geschäftseinheit diese begrenzte Aufgabenstellung besser bewältigen kann als es bei einer branchenweiten Marktversorgung möglich wäre. Bezogen auf die ausgewählte(n) Nische(n) kann gemäß PORTER eine Kostenführerschaft und/oder eine Differenzierung realisiert werden.[103] Erfolgsvoraussetzung einer Konzentration auf Schwerpunkte ist die Möglichkeit der Aufspaltung des Marktes, die insbesondere bei Produkten mit hohem Differenzierungspotential gegeben sein dürfte. Ein Risiko besteht darin, daß die in der Nische realisierte Problemlösung von anderen Unternehmen aufgegriffen und für den Gesamtmarkt verwirklicht wird.

Während sich die Aussagen von PORTER vor allem auf das Ausmaß der Marktabdeckung beziehen, wird in anderen Literaturstellen bei der Unterscheidung möglicher Marktparzellierungsstrategien neben diesem Kriterium auch die Differenzierung der Marktbearbeitung eingehend berücksichtigt. Werden jeweils zwei Formen der Marktabdeckung (vollständig oder teilweise) sowie der Differenzierung des Marketingprogramms (differenziert oder undifferenziert) einbezogen, dann ergeben sich vier Basisalternativen der Marktparzellierung.[104] Dies zeigt Abbildung 4-17 am Beispiel von Marken aus dem Bereich der Pflege-Kosmetik.

Zur Vorteilhaftigkeit dieser Basisalternativen und der darauf basierenden Strategien - und damit auch zu der einer Konzentration auf Schwerpunkte - können kaum allgemeine Aussagen getroffen werden. Dies gilt insbesondere für die Wahl zwischen partialer und totaler Marktabdeckung. Hinsichtlich der Marktdifferenzierung haben lange Zeit Massenmarktstrategien dominiert, Segmentierungsstrategien haben erst in den letzten Jahren an Bedeutung gewonnen.[105] Typische Vor- und Nachteile von Massenmarkt- und Segmentierungsstrategien sind zusammenfassend in Abbildung 4-18 aufgeführt.

---

102 Vgl. Porter, M.E.: (Wettbewerbsstrategie), S. 70 ff.; Welge, M.K.; Al-Laham, A.: (Planung), S. 239 ff.

103 Vgl. Porter, M.E.: (Wettbewerbsstrategie), S. 75.

104 Vgl. dazu und zur Beschreibung dieser vier Alternativen der Marktbearbeitung Meffert, H.: (Marketing), S. 208 ff.; Becker, J.: (Marketing-Konzeption), S. 237 ff.; Freter, H.: (Strategien), S. 457 ff.

105 Zur Bildung von Marktsegmenten mittels verschiedener Kriterien vgl. Meffert, H.: (Marketing), S. 177 ff.; Kotler, P.; Bliemel, F.: (Marketing-Management), S. 426 ff.; Freter, H.: (Marktsegmentierung), Sp. 1806 ff.

Undifferenziertes Marketing = Massenmarktstrategie

- mit *totaler* Marktabdeckung

z.B. *Nivea*-Creme

- mit *partialer* Marktabdeckung

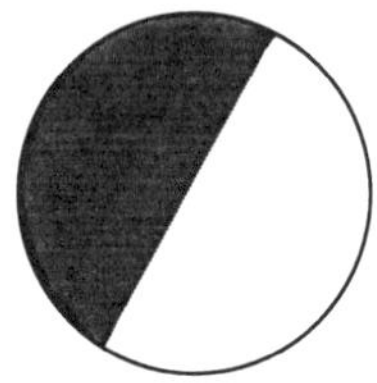

z.B. *Oil of Olaz*

Differenziertes Marketing = Marktsegmentierungsstrategie

- mit *totaler* Marktabdeckung

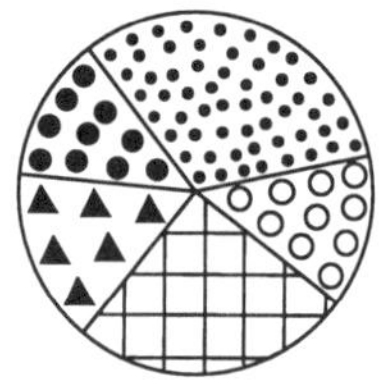

z.B. mehrere *Lauder*-Pflegeserien, u.a. *Lauder*, *Linique*, *Aramis*

- mit *partialer* Marktabdeckung

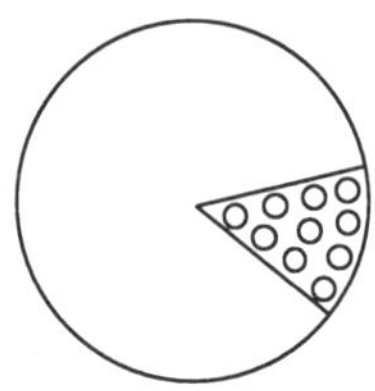

z.B. *Vichy*-Pflegeserie

Abb. 4-17: Basisalternativen der Marktparzellierung[106]

106 Quelle: Becker, J.: (Marketing-Konzeption), S. 240.

Grundsätzliche Vor- und Nachteile	**der Massenmarktstrategie** ('Schrotflinten-Konzept')	**der Segmentierungsstrategie** ('Scharfschützen-Konzept')
Vorteile	• Kostenvorteile durch Massenproduktion • Abdeckung des gesamten Grundmarktes (Potentialausschöpfung) • vereinfachter, durchschnittsorientierter, weniger aufwendiger Marketingmix • geringerer marketing-organisatorischer Aufwand	• hohe Bedarfsentsprechung (Erfüllung differenzierter Käuferwünsche) • Erarbeitung überdurchschnittlicher Preisspielräume • gute 'Lenkungsmöglichkeiten' der Teilmärkte nach Zielgruppengesichtspunkten • Möglichkeit, Preiswettbewerb durch Qualitätswettbewerb weitgehend zu ersetzen (zu überlagern)
Nachteile	• je nach Marktgegebenheiten nicht volle Entsprechung von Käuferwünschen • begrenzte Preisspielräume ('monopolistischer Bereich' relativ klein) • eingeschränkte Möglichkeiten gezielter Marktsteuerung • Gefahr des Preiswettbewerbs in Massenmärkten	• Komplizierungen (Verteuerungen) im Einsatz des Marketing-Instrumentariums • Ggf. Verzicht auf Massenproduktion (und entsprechende Kostenvorteile) • teilweise eingeschränkte Stabilität von Marktsegmenten • hoher Marketing-Know-how-Bedarf (bzw. entsprechende Marketingorganisation)
Beurteilung insgesamt	Rentabilität aufgrund des Preiswettbewerbs primär von einer niedrigen Kostenposition abhängig	Rentabilität aufgrund der spezifischen Zielgruppenentsprechung primär durch überdurchschnittliche Preise möglich

Abb. 4-18: Vor- und Nachteile von Massenmarkt- und Segmentierungsstrategien[107]

Marktarealstrategien

Durch Marktarealstrategien wird festgelegt, welche Absatzgebiete ein Unternehmen versorgt.[108] Diese Strategien können nach der Größe des Marktgebietes in nationale Strategien (mit Versorgung lokaler, regionaler oder überregionaler Märkte oder des gesamten nationalen Marktareals) sowie internationale Strategien (multinationale, internationale oder Weltmarkt-

107 Quelle: Becker, J.: (Marketing-Konzeption), S. 290.

108 Vgl. dazu und zu den folgenden Ausführungen Becker, J.: (Marketing-Konzeption), S. 299 ff.

strategie) unterschieden werden. Weitere Differenzierungen sind im Hinblick auf das Vorgehen bei der Erweiterung oder Verkleinerung des Marktgebietes möglich. Bei einer Erweiterung beispielsweise stellt sich zum einen die Frage, ob in den neuen Gebieten eine entsprechende Marke aufgebaut werden soll oder nicht. Zum anderen ist festzulegen, in welcher Form das Marktareal ausgedehnt werden soll. Dafür stehen unter anderem die Grundformen der konzentrischen (ringförmigen) und der selektiven Ausdehnung zur Wahl. Bei letzterer wird das Absatzgebiet gezielt um bestimmte Bereiche erweitert, zwischen denen Lücken bestehen können. Weitere Differenzierungen dieser Strategien, deren Merkmale sowie Vor- und Nachteile sollen hier nicht erörtert werden; auf die Versorgung internationaler Märkte wird bei den Ausführungen zu Internationalisierungsstrategien in Abschnitt 8.1. eingegangen.

Wettbewerbsbezogene Strategiestile

Auf der Ebene der Geschäftseinheiten existieren weitere strategische Handlungsmöglichkeiten, die sich primär auf das Verhalten gegenüber den Konkurrenten beziehen. Als entsprechende wettbewerbsbezogene Strategiestile können eine defensive oder offensive Haltung bzw. ein friedliches, kooperatives, aggressives oder konfliktäres Wettbewerbsverhalten angesehen werden. Diese Strategiestile sind durch bestimmte Strategien zu konkretisieren, so kann z.B. bei einem aggressiven Verhalten

- eine Strategie des Frontalangriffs (zielt direkt auf die Stärken des Konkurrenten ab, die durch innovative Produkte, Werbung oder Preissenkungen angegriffen werden),
- eine Strategie des Flankenangriffs (attackiert überraschend schwache oder ungeschützte Markt- oder Produktbereiche des Wettbewerbers),
- eine Strategie des Umzingelungsangriffs (richtet sich auf mehrere Angriffspunkte, z.B. durch die Einführung mehrerer Produktalternativen, um die Position des Konkurrenten zu schwächen),
- eine Strategie des Vorbeiangriffs (indirekte Form des Angriffs, z.B. indem durch Diversifikationen in leicht zu erorbernde Märkte die eigene Position gestärkt wird oder eigene Innovationen die Technologiebasis der Produkte des Konkurrenten veralten lassen) oder
- eine Strategie des Guerilla-Angriffs (umfaßt eine Vielzahl aufeinander folgender Angriffe in verschiedenen Bereichen, durch die der Konkurrent zermürbt werden soll)

gewählt werden.[109]

Eine weitere wettbewerbsbezogene Handlungsoption besteht darin, sich entweder an branchenübliche Marketingmethoden und konventionelle Technologien anzupassen oder eine

[109] Vgl. Kotler, P.; Bliemel, F.: (Marketing-Management), S. 621 ff.; Becker, J.: (Marketing-Konzeption), S. 386.

neuartige Vorgehensweise zu wählen. Die wettbewerbsbezogenen Strategiestile unterscheiden sich weniger durch ausgeprägte Unterschiede im Hinblick auf die Ebenen von Geschäftsbereichsstrategien, als vielmehr durch die konkrete Gestaltung von Wettbewerbsfaktoren wie Leistung, Preis, Zeit und Absatzgebiet, die zur Erzielung von Wettbewerbsvorteilen führen soll.[110]

Strategiekombinationen

Die verschiedenen strategischen Optionen auf der Ebene der Geschäftseinheiten sind bisher isoliert voneinander betrachtet worden. Es dürfte allerdings sinnvoll sein, geeignete Strategiekombinationen zu wählen, bei denen diese sinnvoll miteinander verbunden werden. In der Abbildung 4-19 sind die möglichen Marketingstrategien als wesentliche strategische Handlungsalternativen auf der Geschäftsbereichsebene zusammengestellt.

Strategieebenen	*Strategiealternativen*						
1. Marktfeldstrategien	Marktdurchdringungsstrategie O	Marktentwicklungsstrategie O	Produktentwicklungsstrategie O	Diversifikationsstrategie O			
2. Marktstimulierungsstrategien	Präferenzstrategie O	Preis-Mengen-Strategie O					
3. Marktparzellierungsstrategien	Massenmarktstrategie (totale) O	Massenmarktstrategie (partiale) O	Segmentierungsstrategie (totale) O	Segmentierungsstrategie (partiale) O			
4. Marktarealstrategien	Lokale Strategie O	Regionale Strategie O	Überregionale Strategie O	Nationale Strategie O	Multinationale Strategie O	Internationale Strategie O	Weltmarktstrategie O

Abb. 4-19: Strategische Alternativen auf der Ebene der Geschäftseinheiten im Überblick[111]

Die Frage nach der Kombination der verschiedenen Alternativen stellt sich im Hinblick auf eine vertikale und eine horizontale Dimension. In vertikaler Hinsicht ist festzulegen, auf welchen Ebenen Strategien formuliert werden und in welcher Reihenfolge die Strategien auf den Ebenen bestimmt werden. Es dürfte sich häufig anbieten, zunächst entweder die Marktfeld- bzw. Produkt-Markt-Strategie oder die Marktstimulierungsstrategie, dann die jeweils andere der beiden genannten Strategien und schließlich die Marktparzellierungs- und -arealstrategie zu entwickeln. Dabei bestehen zum Teil Wahlmöglichkeiten für die Kombination der potentiellen Strategien, zum Teil schließen sich bestimmte Strategien verschiedener Ebenen aber auch gegenseitig aus (während sich z.B. eine Präferenzstrategie sowohl mit einer Massen-

110 Vgl. Becker, J.: (Marketing-Konzeption), S. 376 ff.

111 Quelle: leicht modifiziert übernommen von Becker, J.: (Marketing-Konzeption), S. 352.

markt- als auch mit einer Segmentierungsstrategie verbinden läßt, ist bei Verfolgen einer Preis-Mengen-Strategie in der Regel nur eine Kombination mit einer Massenmarktstrategie sinnvoll). In horizontaler Richtung ist vor allem zu determinieren, ob auf einer Ebene lediglich eine oder aber mehrere Alternativen realisiert werden sollen, z.B. durch Kombination von Kostenführerschaft und Differenzierung bei einer hybriden Strategie oder durch Verfolgung mehrerer Produkt-Markt-Strategien.[112]

Eine Verknüpfung verschiedener wettbewerbsbezogener Strategieelemente erfolgt auch bei den von MILES/SNOW klassifizierten Strategietypen konkurrierender Unternehmen. Danach können vier Typen von Unternehmen unterschieden werden, die sich jeweils durch eine spezifische strategische Grundhaltung in bezug auf ihr Verhalten gegenüber der Umwelt charakterisieren lassen und - mit einer Ausnahme - mit einer bestimmten strategiekonformen Ausprägung von Technologie, Struktur und Prozeß ausgestattet sind. Die anhand ihrer Strategien charakterisierten Unternehmenstypen werden als Defender, Prospector, Analyzer und Reactor bezeichnet.

Der *Defender* versorgt begrenzte, transparente Märkte und strebt an, in diesen auf Dauer, unter anderem durch Steigerung der Effizienz, eine starke Wettbewerbsposition zu erringen. Es besteht jedoch kaum Interesse, außerhalb der bisherigen Produkt-Markt-Felder zu agieren, so daß eine Anpassung der Technologien, Strukturen oder Vorgehensweisen kaum notwendig ist. Für den *Prospector* ist charakteristisch, daß er kontinuierlich versucht, neue, auch außerhalb der bisherigen Geschäftsfelder befindliche Marktchancen zu identifizieren und als erstes Unternehmen zu ergreifen. Er ruft damit häufig Veränderungen hervor, auf die die Wettbewerber reagieren müssen. Der *Analyzer* handelt in zwei Arten von Produkt-Markt-Feldern, einem stabilen und einem dynamischen. Auf ihn treffen Merkmale des Defenders und des Prospektors zu. Zwar ist er ebenfalls auf beständigen Märkten tätig und nutzt die gefestigten Strukturen und Prozesse, seine Aktivitäten sind aber oftmals breiter angelegt als die des Defenders. Wie ein Prospektor engagiert sich der Analyzer in neuen Märkten, allerdings eher nicht als Pionier, sondern als Folger. Der *Reactor* schließlich verfolgt keine aktive Strategie, er paßt sich vielmehr unter Nutzung seiner Flexibilitätspotentiale den Veränderungen der Umwelt an und verfügt daher nicht über ein konsistentes Strategie-Struktur-Verhältnis.[113]

Die Wahl zwischen den vier Strategie- bzw. Unternehmenstypen und damit einer strategischen Grundhaltung kann mittels der Space (**S**trategic **P**osition and **Ac**tion **E**valuation) - Analyse vorbereitet werden.[114] Bei dieser werden sowohl Unternehmensfaktoren (Wettbe-

112 Vgl. Becker, J.: (Marketing-Konzeption), S. 353 ff.

113 Vgl. dazu Miles, R.E.; Snow, C.C.: (Strategy), S. 29; Miles, R.E.; Snow, C.C.: (Unternehmensstrategien), S. 39; Macharzina, K.: (Unternehmensführung), S. 102; Homburg, C.; Simon, H.: (Wettbewerbsstrategien), Sp. 2757 f.

114 Vgl. Rowe, A.J. u.a.: (Management), S. 143 ff.; Macharzina, K.: (Unternehmensführung), S. 268 ff.

werbsvorteile und Finanzkraft) als auch Umweltfaktoren (Stabilität der relevanten Umwelt und Leistungsstärke der Branche) berücksichtigt. Die Anordnung bzw. Gegenüberstellung der vier Faktoren im Rahmen einer Space-Analyse sowie die jeweils für die Kombination zweier dominierender Einflußfaktoren empfohlenen strategischen Stoßrichtungen zeigt die Abbildung 4-20.

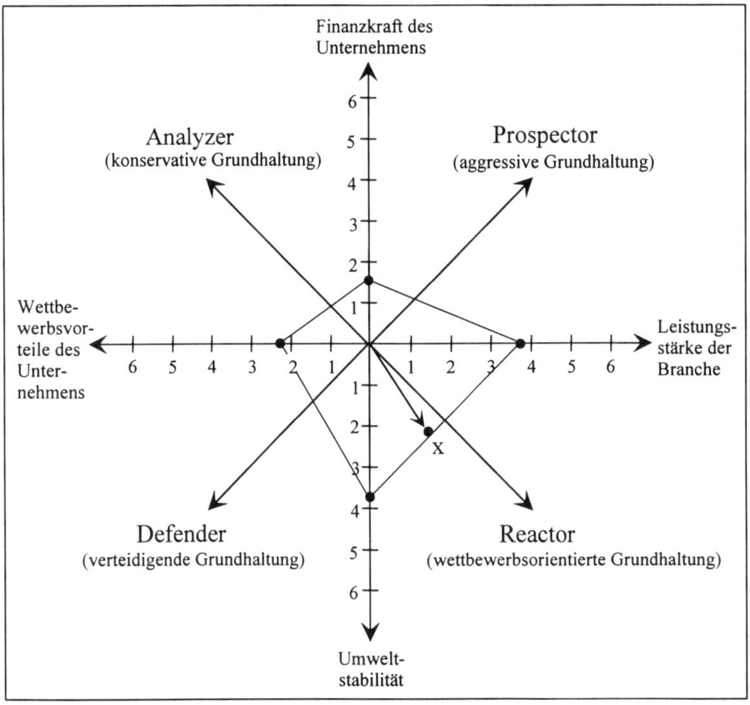

Abb. 4-20: Grundkonzeption der Space-Analyse[115]

Für die Bestimmung einer konkreten strategischen Grundhaltung ist es erforderlich, zunächst das Unternehmen und die Umwelt unter Zuhilfenahme weiterer Subfaktoren, wie der Einflußgrößen auf die Kapitalrentabilität nach dem PIMS-Programm, bezüglich der vier Faktoren zu beurteilen.[116] Die für die Subfaktoren ermittelten Werte werden gemäß ihrer Bedeutung gewichtet und aggregiert; die auf diese Weise für die vier Faktoren bestimmten Ergebnisse werden anschließend im Space-Chart derart abgebildet, daß sich ein Polygon ergibt (siehe Abbildung 4-20). Durch Zusammenfassung der Bewertungen der sich jeweils auf einer Achse ge-

---

[115] Quelle: leicht modifiziert übernommen von Macharzina, K.: (Unternehmensführung), S. 270.

[116] Vgl. Homburg, C.: (Strategieformulierung), S. 53 ff.; Macharzina, K.: (Unternehmensführung), S. 269.

genüberstehenden Faktoren läßt sich ein Vektor ermitteln, der in die Richtung der für das Unternehmen zweckmäßigen strategischen Grundhaltung zeigt.[117]

Zur Entwicklung von Wettbewerbsstrategien bzw. strategischen Stoßrichtungen mit verschiedenen Strategieelementen kann zudem das von McKinsey entwickelte *strategische Spielbrett* genutzt werden. Bei diesem bilden - wie Abbildung 4-21 zeigt - die zwei Fragestellungen 'Wo konkurrieren?' und 'Wie konkurrieren?' die beiden Achsen des Entscheidungsraumes, wobei jeweils zwei Handlungsmöglichkeiten bestehen: der Wettbewerb auf dem Gesamtmarkt oder in einer Nische bzw. die Befolgung der herkömmlichen Wettbewerbsregeln oder die Einführung von neuen Regeln ('new games').

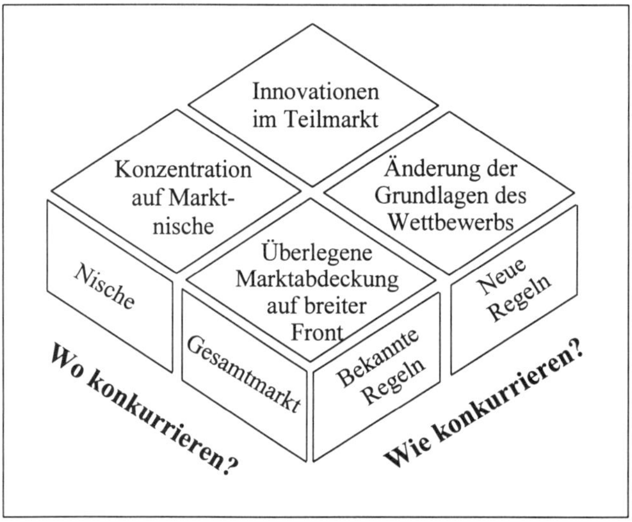

Abb. 4-21: Strategisches Spielbrett[118]

Bei dieser Technik soll die Aufmerksamkeit für die bestehenden Veränderungspotentiale geweckt und damit die Entwicklung innovativer, mit neuen Regeln verbundener Strategien forciert werden. Diese werden von McKinsey eher als beharrende Strategien (auf alten Regeln basierend) für geeignet gehalten, langfristige Wettbewerbsvorteile zu schaffen. Das strategische Spielbrett soll zum Nachdenken darüber anregen, wie sich neuartige Strategien durch

117 Zur Begründung der Zweckmäßigkeit bestimmter Grundhaltungen in Abhängigkeit von den Faktorausprägungen vgl. Macharzina, K.: (Unternehmensführung), S. 271 ff. Es ist allerdings darauf hinzuweisen, daß die Empfehlung, bei einer hohen Umweltstabilität und hoher Leistungsstärke der Umwelt eine Reactor-Strategie zu wählen, im Widerspruch zu den Ergebnissen einer empirischen Untersuchung steht, bei der ein gutes Abschneiden dieser Strategie in Situationen mit hoher Unsicherheit festgestellt wurde. Vgl. Homburg, C.; Simon, H.: (Wettbewerbsstrategien), Sp. 2759.

118 Quelle: Hörschgen, H. u.a.: (Marketing-Strategien), S. 173.

Erschließen neuer Marktsegmente und/oder Änderung der Grundlagen des Wettbewerbs formulieren lassen. Auch die Konkurrenten können hinsichtlich ihrer Produkte und ihres Wettbewerbsverhaltens auf dem Spielbrett positioniert werden, um daraus Aussagen über deren mutmaßliches zukünftiges Handeln abzuleiten. Bei dem Konzept bleibt jedoch unter anderem unklar, wie innovative Strategien unter Berücksichtigung der jeweiligen Umwelt- und Unternehmenssituation und der daraus resultierenden Spielräume konkret entwickelt werden können. Außerdem ist darauf hinzuweisen, daß Innovatoren hohen Risiken ausgesetzt sind und auch Folger durchaus erfolgreich sein können.[119]

Aufgaben zum Abschnitt 4.

1) Welche Strategien sind auf der Geschäftsbereichsebene festzulegen?
2) Beschreiben Sie die typischen Wachstumsstrategien von strategischen Geschäftseinheiten in Form der Produkt-Markt-Strategien nach ANSOFF.
3) Erläutern Sie das Vorgehen bei der Entwicklung und Auswahl von Wachstumsstrategien. Gehen Sie dabei auch auf mögliche interne und externe Markteintrittsstrategien ein. Welche Beurteilungskriterien sollten generell bei der Auswahl einer Eintrittsstrategie herangezogen werden, und mit welchen Chancen und Risiken sind speziell Pionier- und Folger-Strategien verbunden?
4) In welchen Formen können strategische Kooperationen zwischen Unternehmen realisiert werden?
5) Welche Vorteile lassen sich mit strategischen Allianzen erzielen, welche Probleme sind bei ihnen zu erwarten?
6) Welche Elemente bzw. Maßnahmen können Bestandteil einer Stabilisierungsstrategie sein?
7) Welche Faktoren beeinflussen die Vorteilhaftigkeit von Schrumpfungsstrategien?
8) Welche Arten von Schrumpfungsstrategien existieren, und welche Argumente sprechen jeweils für diese?
9) Legen Sie die wesentlichen Merkmale der Strategie der Kostenführerschaft und der Strategie der Differenzierung dar.
10) Welche Voraussetzungen müssen für den Erfolg dieser beiden Wettbewerbsstrategien erfüllt sein, welche Gefahren sind mit ihnen verbunden?

---

119 Vgl. Hörschgen, H. u.a.: (Marketing-Strategien), S. 171 ff.; Timmermann, A.: (Evolution), S. 94; Macharzina, K.: (Unternehmensführung), S. 285, sowie zu Vor- und Nachteilen von Pionieren und Folgern Abschnitt 4.2.1.2.

11) Was ist im Zusammenhang mit Marktstimulierungsstrategien unter 'stuck in the middle' zu verstehen?
12) Geben Sie einige Beispiele für die Realisierung von simultan hybriden Strategien an.
13) Beschreiben Sie das Konzept der Outpacing-Strategien.
14) Welche Grundsatzaussagen sollen mit Marktparzellierungsstrategien getroffen werden, und welche Basisalternativen der Marktparzellierung können darauf aufbauend unterschieden werden?

5. Strategien für Funktionsbereiche

5.1. Einführung

Der wachsende Wettbewerbsdruck erfordert die Planung adäquater Strategien in allen betrieblichen Funktionsbereichen, um in diesen Erfolgspotentiale zu erschließen bzw. zu halten. Die Entwicklung von Funktionsbereichsstrategien ist zudem notwendig, da erst durch ihre Vorgaben eine erfolgversprechende Planung, Durchsetzung, Realisierung und Kontrolle der operativen Aktivitäten in den Funktionsbereichen ermöglicht wird.

Die Strategien der Funktionsbereiche eines Unternehmens werden aus den Strategien des Gesamtunternehmens und denen der Geschäftsbereiche abgeleitet und sollten diese in konkretisierter Form widerspiegeln bzw. implementieren (vgl. Abbildung 5-1). Bei der Planung von Funktionsbereichsstrategien kann sich unter Umständen zeigen, daß die Umsetzung einer übergeordneten Strategie nicht realisierbar oder sinnvoll ist. Des weiteren besteht die Möglichkeit, daß die Implementierung unterschiedlicher Unternehmens- oder Geschäftsbereichsstrategien auf Funktionsbereichsebene nur schwer oder gar nicht durchführbar ist, falls diese widersprüchliche Anforderungen an die einzelnen Bereiche stellen. In diesen Fällen ist eine (horizontale und vertikale) Abstimmung zwischen den verschiedenen Geschäftsbereichen und den Funktionsbereichen erforderlich, um Strategien für letztere formulieren zu können. Außerdem lassen sich Strategien in unterschiedlichen Funktionsbereichen häufig nicht isoliert entwickeln und umsetzen, da bereichsübergreifende Interdependenzen bestehen und somit eine (horizontale) Abstimmung auf Funktionsbereichsebene unerläßlich ist. Auf die entsprechenden Abstimmungsprozesse soll hier allerdings nicht weiter eingegangen werden.

Zu den im Rahmen der strategischen Planung zu betrachtenden Funktionsbereichen zählen die Forschung und Entwicklung, die Beschaffung, die Produktion sowie der Absatz; als übergreifende Funktion ist auf dieser Ebene zudem die Logistik zu gestalten.[1] Absatz- bzw. Marketingstrategien wurden bereits in Abschnitt 4. im Zusammenhang mit den Geschäftsbereichsstrategien erläutert. Strategien der Forschung und Entwicklung, der Beschaffung, der Produktion und der Logistik sowie Ansätze zu ihrer Entwicklung bilden den Inhalt dieses Abschnitts. Einen Überblick über die durch diese Strategien zu gestaltenden Sachverhalte vermittelt die folgende Abbildung.

---

1 Außerdem könnten dieser Ebene - alternativ zu der des Gesamtunternehmens - auch das Personal- und das Finanzwesen zugeordnet werden.

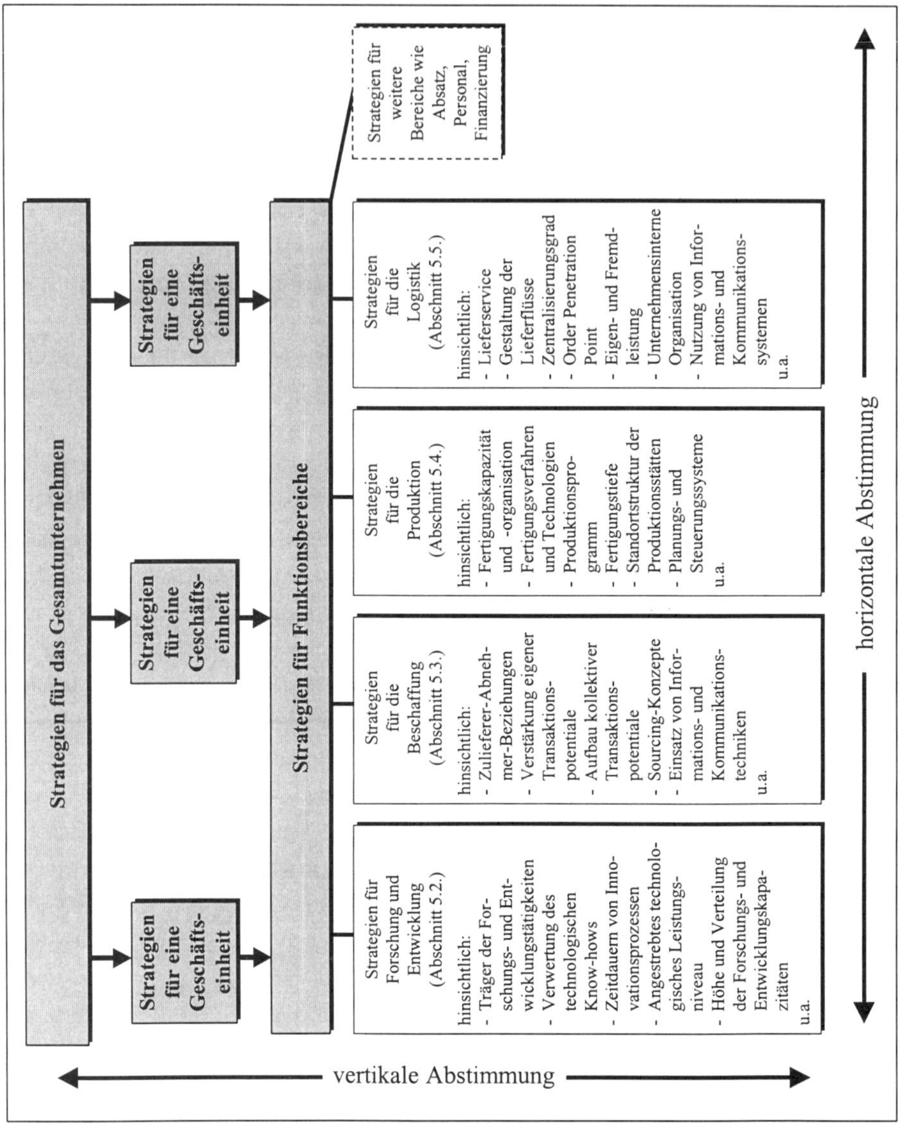

Abb. 5-1: Zusammenhang zwischen Strategien für das Gesamtunternehmen, die Geschäfts- und Funktionsbereiche[2]

2 Quelle: zu ähnlichen Darstellungen vgl. Hinterhuber, H.H.: (Handeln), S. 6 f.; Welge, M.K.; Al-Laham, A.: (Planung), S. 247 ff.

5.2. Forschungs- und Entwicklungsstrategien

Die Forschung und Entwicklung ermöglicht es dem Unternehmen, technologische Leistungspotentiale aufzubauen oder zu vergrößern. Dies ist insofern wichtig, als viele Märkte gesättigt sind und auf diesen eine weitere Nachfrage nur durch neue technologische Entwicklungen erzeugt werden kann. Daraus resultieren ein sich rasch vollziehender technischer Fortschritt und ein Innovationsdruck auf die Unternehmen; letzterer ergibt sich zudem aus der Notwendigkeit von Kostensenkungen bzw. -begrenzungen. Die erfolgreiche Suche nach innovativen Produkten und Problemlösungen[3] stellt daher einen bedeutenden Wettbewerbsfaktor dar.

Der Bereich der Forschung und Entwicklung ist mit besonders großen Unsicherheiten und Risiken sowie mit langfristigen und kostenintensiven Projekten verbunden. Diese Eigenschaften sowie das Ziel, die Wettbewerbsposition erhalten oder ausbauen zu wollen, erfordern eine strategische Ausrichtung des Forschungs- und Entwicklungsmanagement.[4]

Bei der Festlegung strategischer Forschungs- und Entwicklungsziele sowie der Bestimmung von Forschungs- und Entwicklungsstrategien steht die Sicherung von Wettbewerbsvorteilen durch innovative *Technologien* im Mittelpunkt.[5] Die Vielzahl der in einem Unternehmen verwendeten Technologien kann den Kategorien der Produkt- und der Prozeßtechnik zugeordnet werden. Technologien sind jedoch nicht mit Produkten oder Prozessen gleichzusetzen, sie stehen sozusagen 'hinter' diesen, werden häufig für mehrere Produkte oder Prozesse angewandt, und ihr Lebenszyklus wird meistens nicht mit dem der zugehörigen Produkte oder Prozesse übereinstimmen. Produkt- und Prozeßtechnologien legen vor allem die Produkteigenschaften und den daraus resultierenden Kundennutzen sowie die Herstellkosten fest. Über diese Faktoren beeinflussen die Technologien das Marktvolumen und die Marktwachstumsrate einer Branche sowie die Wettbewerbsposition eines Unternehmens und deren Veränderung. Der Einsatz neuer Technologien kann damit der Umsetzung von Geschäftsbereichsstrategien dienen, z.B. unterstützt er sowohl die Strategie der Differenzierung als auch die der Kostenführerschaft (über die Determinierung des Kostenniveaus und der Kostenstruktur). Auch zur Realisierung der Wachstumsstrategien in Form der Produkt-Markt-Strate-

---

3 Unter *Innovation* ist die Umsetzung von Entwicklungen in marktfähige Problemlösungen zu verstehen, z.B. die Markteinführung eines neuen Produktes; die eigentliche Entwicklung oder Erfindung hingegen wird als *Invention* bezeichnet, die Verbreitung der Innovation am Markt als *Diffusion*. Vgl. Engelke, P.: (Integration), S. 24 ff.; Pleschak, F.; Sabisch, H.: (Innovationsmanagement), S. 6.

4 Vgl. Welge, M.K.; Al-Laham, A.: (Planung), S. 265.

5 Die enge Verknüpfung von Forschung und Entwicklung und Technologien läßt sich damit erklären, daß neue Technologien das Ergebnis der Tätigkeiten des Forschungs- und Entwicklungsbereichs sind. Vgl. Gerpott, T.J.: (Innovationsmanagement), S. 55. Im folgenden werden daher die Begriffe Technologiestrategie sowie Forschungs- und Entwicklungsstrategie vereinfachend synonym verwendet.
Zu Überschneidungen und Unterschieden zwischen Technologie, Forschung und Entwicklung sowie Innovation bzw. den entsprechenden Managementansätzen vgl. Gerpott, T.J.: (Innovationsmanagement), S. 55 ff.; Specht, G.; Beckmann, C.: (F&E-Management), S. 17 f.

gien trägt die Forschung und Entwicklung - wie später noch aufgegriffen wird - in erheblichem Maße bei.

Die Vorteilhaftigkeit von Technologiestrategien ist von den Bedingungen des Unternehmens und der Umwelt allgemein, insbesondere den Marktverhältnissen, vor allem aber von den technologischen Entwicklungen abhängig. Daher stellt die *Technologieanalyse und -prognose* eine spezifische Aufgabe dar, die für die Generierung derartiger Strategien erforderlich ist. Im Rahmen der Technologieanalyse ist zunächst der aktuelle Stand der Technik zu ermitteln, um daraus Erkenntnisse über gegenwärtig und eventuell zukünftig wettbewerbsrelevante Technologien zu gewinnen. Anschließend wird das Weiterentwicklungspotential einer Technologie untersucht, das zugleich die Attraktivität dieser Technologie im Wettbewerb determiniert. Hierfür müssen die Verläufe technologischer Entwicklungen analysiert und prognostiziert werden, wobei als Hilfsmittel bzw. Erklärungsmodelle das S-Kurven-Konzept und weitere Technologielebenszyklusmodelle Verwendung finden können.[6] Diese werden im weiteren Verlauf des Abschnitts noch angesprochen.

Ausgehend von den Ergebnissen der Analyse der derzeitig vorhandenen Technologien und der Prognose der zukünftigen Technologieentwicklung, den technologieorientierten strategischen Zielen des Unternehmens sowie den übergeordneten Strategien sind Strategien für den Forschungs- und Entwicklungsbereich zu formulieren.[7] Diese müssen Vorgaben für eine Reihe von miteinander verbundenen strategischen Entscheidungsfeldern enthalten. So sind[8]

- die Träger der Forschungs- und Entwicklungstätigkeiten und damit die Quellen des technologischen Wissens zu bestimmen,
- Aussagen zur Verwertung der entwickelten Technologien zu treffen,
- die Zeitdauern von Innovationsprozessen (time-to-market) und damit verbunden die Zeitpunkte von Technologiewechseln und Neuprodukteinführungen grob vorzugeben,
- die angestrebten technologischen Leistungsniveaus zu determinieren,
- die Forschungs- und Entwicklungskapazitäten im Unternehmen und die zu deren Bereitstellung erforderlichen Investitionen festzulegen,
- die Forschungs- und Entwicklungskapazitäten bzw. -budgets zu verteilen auf
  - die Aufgaben der Grundlagenforschung, der angewandten Forschung und der Entwicklung[9] sowie

---

6 Vgl. Bürgel, H.D.; Haller, C.; Binder, M.: (F&E-Management), S. 76 ff.

7 Zu einem Vorschlag für eine schrittweise Bestimmung von Technologiestrategien vgl. Porter, M.E.: (Wettbewerbsvorteile), S. 264 ff.

8 Zusammengestellt auf der Basis von Pleschak, F.; Sabisch, H.: (Innovationsmanagement), S. 106; Bürgel, H.D.; Haller, C.; Binder, M.: (F&E-Management), S. 100; Welge, M.K.; Al-Laham, A.: (Planung), S. 267; Gerpott, T.J.: (Innovationsmanagement), S. 164; Porter, M.E.: (Wettbewerbsvorteile), S. 238.

9 Die *Grundlagenforschung* zielt auf den Erwerb grundlegend neuer Erkenntnisse ab, wobei noch kein realer Verwertungszweck für diese vorliegt. Die *angewandte Forschung* ist hingegen auf bestimmte praktische

- die verschiedenen Arten von Innovationen bzw. Technologien (z.B. Produkt- und/oder Prozeßtechnik; Schrittmacher-, Schlüssel- oder Basistechnologien).[10]

Träger der Forschungs- und Entwicklungstätigkeiten sowie Verwertung technologischen Know-hows

Für die Träger der Forschungs- und Entwicklungstätigkeiten kommen als Alternativen die interne oder die externe Forschung und Entwicklung in Betracht, wobei bei letzterem noch die Möglichkeiten der Gemeinschaftsforschung (Kooperation), der Auftragsforschung, der Lizenznahme oder des Technologiekaufs bestehen. Die Entwicklung und Auswahl von Strategien hierfür ähnelt der Problemstellung der Bestimmung der Fertigungstiefe, die in Abschnitt 5.4.1. ausführlich erörtert wird. Die dortigen Aussagen lassen sich auf den Bereich der Forschung und Entwicklung übertragen.

Eine Verwertung technologischen Know-hows ist in Form der Nutzung für eigene Produkte und Verfahren, der gemeinsamen Verwertung mit Kooperationspartnern, der Lizenzvergabe sowie des Technologieverkaufs möglich. Bei der diesbezüglichen Strategiebestimmung muß beachtet werden, daß die Wettbewerbsposition des Unternehmens durch eine Übertragung des Wissens an andere nicht gefährdet wird. Vielmehr sollten entsprechende Alternativen wie die Lizenzvergabe dann gewählt werden, wenn dadurch der Technologievorsprung gehalten bzw. unterstützt wird.[11]

Zeitdauern von Innovationsprozessen und Zeitpunkte von Technologiewechseln

Strategische Empfehlungen zur Dauer von Innovationsprozessen bzw. zu Zeitpunkten für die Markteinführung von Produkten (Pionier-/Folgerstrategien) wurden bereits in Abschnitt 4.2.1.2. angesprochen.[12] Hinweise auf erfolgversprechende Strategien in bezug auf die Zeitpunkte von Technologiewechseln lassen sich aus der Technologieanalyse und -prognose gewinnen, wobei vor allem das S-Kurven-Konzept und andere Technologielebenszyklusmodelle die Strategiebestimmung unterstützen können, da in ihnen der zeitliche Verlauf der Technologieentwicklung abgebildet wird.

Analog zu dem in Abschnitt 2.2.2.3. beschriebenen Produktlebenszyklus läßt sich auch bei Technologien ein typischer Entwicklungsverlauf mit mehreren zeitlich aufeinander folgen-

---

Anwendungsmöglichkeiten ausgerichtet und baut in der Regel auf dem bei der Grundlagenforschung gewonnenen Wissen auf. Die *Entwicklung* führt die erstmalige Anwendung und praktische Umsetzung des in der Forschung erlangten Wissens durch, um neue Produkte oder Verfahren zu konzipieren. Vgl. Engelke, P.: (Integration), S. 17 ff.; Kern, W.; Schröder, H.H.: (Forschung), S. 22 ff.; Brockhoff, K.: (Forschung), S. 51 ff.

10 Zu weiteren Systematisierungen von Technologiearten vgl. Gerpott, T.J.: (Innovationsmanagement), S. 25 ff.

11 Vgl. Pleschak, F.; Sabisch, H.: (Innovationsmanagement), S. 114 f.

12 Vgl. hierzu auch Voigt, K.-I.: (Strategien), S. 92 ff.; Gerpott, T.J.: (Innovationsmanagement), S. 187 ff.; Pleschak, F.; Sabisch, H.: (Innovationsmanagement), S. 112 f.

den Phasen beobachten. Ein derartiges Technologielebenszyklusmodell, mit dem technologische Entwicklungsverläufe graphisch veranschaulicht werden können, stellt das *S-Kurven-Konzept* dar.[13] Die Bezeichnung S-Kurve ergibt sich aus dem empirisch nachgewiesenen S-förmigen Verlauf der Beziehung zwischen der Leistungsfähigkeit der betrachteten Technologie und den für diese erforderlichen kumulierten Aufwendungen für Forschung und Entwicklung (vgl. Abbildung 5-3). Diesem Verlauf entsprechend wird die Technologieentwicklung in eine Start-, Boom- und Reifephase unterteilt. Kann die Position einer Technologie auf der S-Kurve bestimmt werden, läßt sich das technische Weiterentwicklungspotential dieser Technologie abschätzen. Dieses entspricht der Differenz zwischen der Leistungsfähigkeit zu einem bestimmten Zeitpunkt und der Leistungsgrenze. Anhand der Lage der Technologie im Entwicklungsverlauf können erste Empfehlungen für Investitionstätigkeiten im Forschungs- und Entwicklungsbereich gegeben werden. Typische Merkmale der drei Phasen der Technologieentwicklung und die sich daraus ergebenden strategischen Implikationen für die nachfolgend noch anzusprechende Ressourcenverteilung sind in Abbildung 5-2 aufgeführt.

Entwicklungsphasen und ihre Merkmale	Strategische Implikationen
Phase I Niedrige Technologiedynamik; Zukunftsgeschäftsfelder für die Anwendung der Technologie müssen noch bestimmt werden.	Es sind hohe F&E-Investitionen nötig, um ein ausreichendes Technologie-Know-how aufbauen zu können.
Phase II Hohe Technologiedynamik; hohe Innovationshäufigkeit; Marktdurchdringung; kurze pay-back-Perioden.	Weiterhin hohe F&E-Investitionen, um mit der Technologiedynamik Schritt halten zu können.
Phase III Niedrige Technologiedynamik; geringe Innovationshäufigkeit; Konsolidierung der Märkte und Marktnischen.	Reduzierung des F&E-Budgets.

Abb. 5-2: Phasen der Technologieentwicklung im S-Kurven-Konzept[14]

Das S-Kurven-Konzept dient primär dazu, die Leistungsfähigkeit einer alten Technologie mit der einer neuen, konkurrierenden zu vergleichen. Dadurch sensibilisiert dieses Modell die Entscheidungsträger, frühzeitig zu erwägen, ob und wann eine alte durch eine neue Technologie substituiert werden sollte. Ein derartiger Wechsel (Technologiesprung) stellt eine technische Diskontinuität dar (vgl. Abbildung 5-3).

---

13 Zum S-Kurven-Konzept vgl. Foster, R.N.: (Innovation), S. 95 ff.; Brockhoff, K.: (Forschung), S. 185 ff.; Gerpott, T.J.: (Innovationsmanagement), S. 117 ff.; Specht, G.; Beckmann, C.: (F&E-Management), S. 68 f.

14 Quelle: leicht modifiziert übernommen von Bürgel, H.D.; Haller, C.; Binder, M.: (F&E-Management), S. 89.

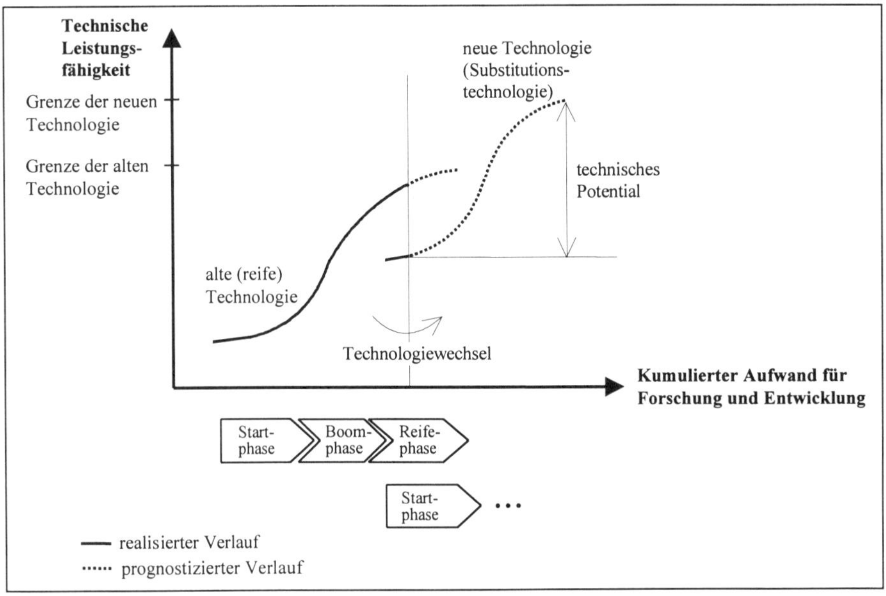

Abb. 5-3: Technische Diskontinuität nach dem S-Kurven-Konzept[15]

Ein Technologiewechsel, d.h. der Einsatz einer Substitutionstechnologie, kann vorteilhaft sein, wenn das ausschöpfbare technische Potential der neuen Technologie das der alten Technologie übertrifft und durch seine Ausnutzung zukünftig eine höhere technische Leistungsfähigkeit und damit gegebenenfalls Wettbewerbsvorteile erzielt werden. Ein derartiger Wechsel kann demnach langfristig erfolgversprechend sein, auch wenn die Substitutionstechnologie zum Zeitpunkt des Wechsels noch eine geringere Leistungsfähigkeit aufweist.

Aus dem Modell der S-Kurve können sich somit über die Untersuchung von technischen Diskontinuitäten weitere Hinweise für die Ressourcenallokation ergeben. Es weist allerdings einige Probleme hinsichtlich seiner praktischen Anwendbarkeit auf, so z.B. bei der Bestimmung eines einheitlichen Maßes für die Leistungsfähigkeit verschiedener Technologien, der Zuordenbarkeit der Forschungs- und Entwicklungsaufwendungen zu einer Technologie, der Prognose des technischen Potentials und generell bei der Bildung des konkreten S-Kurvenverlaufs.

Andere *Technologielebenszyklusmodelle* unterscheiden sich vom S-Kurven-Konzept vor allem durch die Meßgröße für die Technologieentwicklung, die Phaseneinteilung sowie die stärkere Berücksichtigung der Marktperspektive. Nach dem Technologielebenszyklusmodell

---

15 Quelle: zusammengestellt auf der Grundlage von Wildemann, H.: (Investitionsplanung), S. 110; Lücke, W.: (Umsetzungen), S. 108; Zäpfel, G.: (Produktionsmanagement), S. 131.

von A.D. LITTLE[16] durchlaufen Technologien die Phasen Entstehung, Wachstum, Reife und Alter, wobei die Lebenszykluskurve den Grad der Ausschöpfung des Wettbewerbspotentials im Zeitablauf widerspiegelt. Nach ihrer Position im Lebenszyklus werden Schrittmacher-, Schlüssel- und Basistechnologien differenziert. *Schrittmachertechnologien* befinden sich in der *Entstehungsphase*, sie weisen das größte Entwicklungspotential aber auch das größte Risiko auf. Ihre Anwendungsfelder sind noch nicht klar definiert, sie sind jedoch in der Lage, zukünftig die Wettbewerbsstrukturen grundlegend zu verändern, falls sie zur Schlüsseltechnologie werden. Technologien in der *Wachstumsphase* werden als *Schlüsseltechnologien* bezeichnet. Sie haben ein hohes Differenzierungspotential, da sie in vielen Anwendungen realisiert werden und zu Produkt- und Prozeßinnovationen führen, mit denen sich Marktanteile gewinnen lassen. Für die Entwicklung dieser Technologien sollten vorrangig Investitionen getätigt werden. Gegen Ende der Wachstumsphase wird das verbleibende Wettbewerbspotential der Schlüsseltechnologien geringer, da einerseits der Markt zunehmend gesättigt ist und andererseits immer mehr Wettbewerber das gleiche Know-how erworben haben. In der *Reifephase* einer Technologie hat sich ihr Anwendungsbereich stabilisiert, sie ist zu einem festen Bestandteil von Produkten oder Prozessen geworden. Diese sogenannten *Basistechnologien* verfügen nur noch über ein geringes verbleibendes Wettbewerbspotential, daher sollten Investitionen in ihre Weiterentwicklung gering gehalten werden. Basistechnologien können allerdings über eine Prozeßrationalisierung und eine damit verbundene Kostensenkung noch zur Verteidigung einer bestehenden Wettbewerbsposition beitragen. In der *Altersphase* sinkt das Wettbewerbspotential der Technologie weiter, bis sie schließlich durch eine Substitutionstechnologie ersetzt wird.[17]

Der technologische Wettbewerb konzentriert sich vor allem auf die Schrittmacher- und Schlüsseltechnologien, ihre Identifikation und Analyse hat daher eine große Bedeutung für die Strategiebestimmung und die Steuerung des Ressourceneinsatzes im Forschungs- und Entwicklungsbereich von Unternehmen.

Ein anderes Technologielebenszyklusmodell, das sechs Entwicklungsphasen umfaßt, geht auf FORD/RYAN zurück.[18] Die Phasen dieses Modells, ihre Charakteristika sowie strategische Handlungsempfehlungen für jede Phase, die sich auf verschiedene der oben angesprochenen Strategieelemente beziehen, sind in der Abbildung 5-4 zusammengestellt.

---

16 Vgl. Sommerlatte, T.; Deschamps, J.-P: (Einsatz); Specht, G.; Beckmann, C.: (F&E-Management), S. 64 ff.

17 Vgl. hierzu Specht, G.; Beckmann, C.: (F&E-Management), S. 64 ff.; Pleschak, F.; Sabisch, H.: (Innovationsmanagement), S. 92.

18 Vgl. Ford, D.; Ryan, C.: (Technology), S. 117 ff.

Phase	Charakterisierung	Strategische Implikationen
Technologieentwicklung	Forschungsergebnisse liegen vor, die Technologie ist jedoch noch nicht anwendungsreif	Eigene Weiterentwicklung oder Kooperationen
Entwicklung zur Anwendungsreife der Technologie	Vorantreiben der Technologie bis zur Anwendung in Produkten oder Prozessen	Lizenzvergabe oder Verkauf des technologischen Know-hows
Anwendungsbeginn der Technologie	Einsatz der Technologie im Sinne des ursprünglichen Zweckes; Markteinführung	Evtl. Lizenzvergabe oder Weiterentwicklung und Suche nach zusätzlichen Anwendungsmöglichkeiten
Anwendungswachstum der Technologie	Marktwert der Technologie erreicht Maximum; Technologiestandardisierung mit abnehmendem Entwicklungspotential im ursprünglichen Anwendungsbereich; Anwendungsumfang und Zahl weiterer Anwendungsbereiche wachsen stark an	Eigene Weiterverwertung oder Verkauf der Technologie
Technologiereife	Einsatz der Technologie in nahezu allen möglichen Anwendungsgebieten realisiert; nur noch inkrementelle Verbesserungen	Modifikation möglich, Konzentration auf die Marktdurchdringung
Degeneration der Technologie	Einsatz der Technologie in allen möglichen Anwendungsgebieten realisiert; Entwicklungspotential ist ausgeschöpft	Ausstieg aus der Technologie, Substitution

Abb. 5-4: Technologielebenszyklusmodell nach FORD/RYAN[19]

Technologisches Leistungsniveau

Hinsichtlich des angestrebten technologischen Leistungsniveaus wird vor allem zwischen der technologischen Führerschafts- bzw. Hochleistungsstrategie und der technologischen Gefolgschafts- bzw. Normalleistungsstrategie (auch technologische Präsenz genannt) differenziert.[20] Die Vorteilhaftigkeit dieser Strategien hängt unter anderem von den relativen technologischen Stärken und Schwächen des Unternehmens, den verfügbaren Ressourcen, der Lebenszyklusphase und dem Weiterentwicklungspotential der betroffenen Technologien sowie von den Unternehmensgesamtstrategien und den Wettbewerbsstrategien ab, da diese von der Technologiestrategie gestützt werden sollen. Eine *technologische Führerschaftsstrategie* ist dadurch charakterisiert, daß das Unternehmen im Vergleich zur Konkurrenz eine Spitzenposition einnehmen oder verteidigen will. Es wird das Ziel verfolgt, den Fortschritt in einem Technolo-

---

19 Quelle: leicht modifiziert übernommen von Bürgel, H.D.; Haller, C.; Binder, M.: (F&E-Management), S. 92. Zu einzelnen Aspekten vgl. auch Specht, G.; Beckmann, C.: (F&E-Management), S. 63 f.

20 Vgl. zu den folgenden Ausführungen Porter, M.E.: (Wettbewerbsvorteile), S. 243 ff.; Pleschak, F.; Sabisch, H.: (Innovationsmanagement), S. 110 ff.; Gerpott, T.J.: (Innovationsmanagement), S. 186 f.

giebereich zu bestimmen, um dadurch die Grundlage für Wettbewerbsvorteile zu schaffen. Eine Führerschaft bei der Entwicklung von Prozeß- und Produkttechnologien soll sich insbesondere in der Reduzierung der Herstellkosten oder in einer Produktdifferenzierung widerspiegeln. Als Voraussetzung für diese Strategie wird eine eigene Grundlagenforschung angesehen. Eine Führerschaftsstrategie ist bei Technologien mit hoher Wettbewerbsbedeutung und großem Weiterentwicklungspotential zu empfehlen. Bei einer *technologischen Gefolgschaftsstrategie* wird ein gewisses Kompetenzdefizit bewußt akzeptiert, und es wird angestrebt, in den betroffenen Technologiebereichen eine sichere Position und Wettbewerbsvorteile zu erlangen, ohne jedoch Technologieführer zu sein. Diese Strategie sollte bei Technologien mit geringem Weiterentwicklungspotential gewählt werden oder wenn die Voraussetzungen für eine Technologieführerschaft im Unternehmen nicht gegeben sind. Die Wirkungen der technologischen Führerschaft und der technologischen Gefolgschaft auf die Wettbewerbsvorteile sind in der nachstehenden Abbildung zusammengefaßt.

Wettbewerbsvorteil	Technologische Führung	Technologische Gefolgschaft
Kostenvorteil	• Als erster kostengünstigste Produktgestaltung einführen • Als erstes Unternehmen die Lernkurve durchlaufen • Kostengünstige Methoden zur Ausführung von Wertaktivitäten schaffen	• Kosten des Produkts oder von Wertaktivitäten senken, indem man aus der Erfahrung des Technologieführers lernt • Durch Nachahmung F&E-Kosten vermeiden
Differenzierung	• Als erster ein einmaliges, den Abnehmerwert steigerndes Produkt einführen • Innovationen bei anderen Aktivitäten, um den Abnehmerwert zu steigern	• Das Produkt oder Liefersystem stärker an die Abnehmerbedürfnisse anpassen, indem man aus den Erfahrungen des Technologieführers lernt

Abb. 5-5: Strategien hinsichtlich des technologischen Leistungsniveaus und Wettbewerbsvorteile[21]

Daneben gibt es aber noch andere Strategien, die das Leistungsniveau betreffen, wie die technologische Nischenstrategie, die technologische Rationalisierung (Einschränkung der Technologieentwicklungsprogramme mit einer Konzentration auf kritische Bereiche), die Akquisition oder der Rückzug aus einem Technologiebereich. Empfehlungen für derartige und weitere Technologiestrategien[22] in Abhängigkeit von der Wettbewerbsposition (der auf der Basis der Technologie erstellten Produkte bzw. Produktfelder), der Technologieposition (relatives Leistungsniveau bzw. relative Ressourcenverfügbarkeit hinsichtlich einer Technologie) sowie der Lebenszyklusphase der Technologie können der Abbildung 5-6 entnommen werden.

21 Quelle: Porter, M.E.: (Wettbewerbsvorteile), S. 244.

22 Zu diesen Strategien vgl. Sommerlatte, T.; Deschamps, J.-P.: (Einsatz), S. 62 ff.; Pleschak, F.; Sabisch, H.: (Innovationsmanagement), S. 111 f.

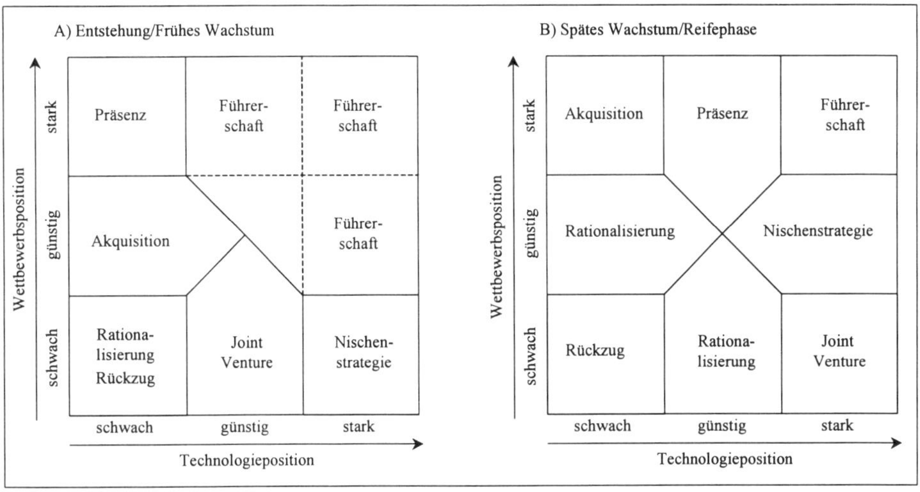

Abb. 5-6: Technologiestrategien nach A.D. LITTLE[23]

Höhe und Verteilung der Forschungs- und Entwicklungskapazität

Die Höhe der Forschungs- und Entwicklungskapazität ist unter anderem von dem angestrebten technologischen Leistungsniveau abhängig. Für die Verteilung dieser Kapazität auf verschiedene Aufgaben, Technologien oder Innovationen existieren eine Reihe von Ansätzen, von denen einige im folgenden erörtert werden.[24]

Schwerpunkte der Forschungs- und Entwicklungsbemühungen lassen sich zudem bereits aus der Produkt-Markt-Matrix von ANSOFF[25] ableiten, da zur Realisierung der einzelnen Produkt-Markt-Strategien unterschiedliche Forschungs- und Entwicklungsanstrengungen notwendig sind.

---

23 Quelle: Sommerlatte, T.; Deschamps, J.-P.: (Einsatz), S. 64.

24 Neben diesen Ansätzen zur strategischen Auswahl von Technologiefeldern oder konkreten Technologien werden die Forschungs- und Entwicklungsbudgetierung sowie allgemein anwendbare quantitative und qualitative Verfahren zur Projektbewertung und -auswahl genannt. Vgl. Gerpott, T.J.: (Innovationsmanagement), S. 168 ff.

25 Vgl. Abschnitt 4.2.1.1.

		Produkte: alt	Produkte: neu
Märkte	alt	Marktdurchdringung (Verfahrens-/Prozeßentwicklung)	Produktentwicklung (angewandte Forschung, Produktneuentwicklung)
	neu	Marktentwicklung (Produktpflege und Weiterentwicklung)	Diversifikation (Grundlagenforschung, angewandte Forschung, Produktneuentwicklung)

Abb. 5-7: Forschung und Entwicklung bei verschiedenen Produkt-Markt-Strategien[26]

Im Hinblick auf die Innovationsarten lassen sich Technologiestrategien - wie bereits erwähnt - dahingehend unterscheiden, ob die Produkt- und/oder die (Fertigungs)Prozeßtechnik erneuert wird, so daß sich nach ZÄPFEL vier Typen von Strategien ergeben.[27]

		Produkttechnik: bekannt	Produkttechnik: neu
Fertigungsprozeßtechnik	bekannt	Produkt- bzw. Prozeßintensivierung	Produkt(technologie)-Innovation
	neu	Prozeß(technologie)-Innovation	Technologie-Innovation

Abb. 5-8: Typen von Technologiestrategien[28]

Mit der Strategie der *Produkt- bzw. Prozeßintensivierung* wird angestrebt, schon bewährte Technik effizienter als bisher umzusetzen, um so die Kundenwünsche besser befriedigen zu können. Diese Strategie kann sich in Produktvariationen oder Verbesserungen von Produkten bzw. Prozessen (z.B. als Folge einer Wertanalyse) äußern.

---

26 Quelle: leicht modifiziert übernommen von Engelke, P.: (Integration), S. 111.

27 Da die Technologien den Fertigungsbereich in erheblichem Ausmaß betreffen, wird die Technologiestrategie von ZÄPFEL als Produktionsstrategie aufgefaßt. Vgl. Zäpfel, G.: (Produktionsmanagement), S. 115.

28 Quelle: Zäpfel, G.: (Produktionsmanagement), S. 121.

Eine *Prozeßtechnologie-Innovation* liegt vor, wenn durch den Einsatz einer neuen Technologie das Produktionssystem effizienter und wettbewerbsfähiger wird. Es erfolgt hierbei die Umsetzung von neuartigem Know-how im Hinblick auf das Fertigungsverfahren oder den Fertigungsablauf. Bei einer derartigen Innovation kann es sich um die Entwicklung hochproduktiver Anlagen handeln, die eine kostengünstigere Fertigung ermöglichen als bei der Konkurrenz. Außerdem läßt sich oftmals eine innovative Fertigungsprozeßtechnologie verwirklichen, die die Herstellung von sehr vielen Produktvarianten mit geringen Lieferzeiten ermöglicht, um flexibel auf Kundenprobleme und eine veränderte Marktsituation eingehen zu können. Den gleichen Zweck verfolgen Innovationen bei produktionsvorbereitenden Prozessen, die dazu beitragen, die Einführungszeit neuer Produkte zu verkürzen. Ein Beispiel für eine ehemals realisierte Prozeßtechnologie-Innovation ist das Computer Integrated Manufacturing (CIM).

Mit der Strategie der *Produkttechnologie-Innovation* verfolgt ein Unternehmen das Ziel, seine Marktchancen zu erhöhen, indem

- neuartige Produkte angeboten werden,
- Zusatzleistungen (möglichst ohne Preiserhöhung) offeriert werden,
- bisherige Produkte weiterentwickelt werden, um die Produktkosten zu senken und die Produkte somit zu niedrigeren Preisen anbieten zu können, oder
- gleichzeitig die angebotenen Leistungen variiert und die dafür anfallenden Kosten verändert werden, so daß sich insgesamt gesehen ein besseres Preis-Leistungsverhältnis ergibt.

Produktentwicklungen infolge von technologischen Neuerungen bringen aber nicht nur Marktchancen mit sich, sondern auch die Gefahr, daß die Invention nicht zum wirtschaftlichen Erfolg des Unternehmens beiträgt.

Technologie-Innovationen bilden schließlich die umfassendste und risikoreichste Art von Technologiestrategien, da hierbei sowohl neue Produkt- als auch neue Prozeßtechnologien angewandt werden. Sie erfordern daher die Bildung von umfangreichem technologischen Know-how im Unternehmen, um mit dieser Technologiestrategie eine Wettbewerbsstrategie unterstützen zu können.[29]

Mit der eben beschriebenen Unterscheidung überschneidet sich diejenige zwischen inkrementalen und radikalen Innovationen. *Inkrementale Innovationsstrategien* werden auf bekannten Märkten und Anwendungsfeldern verfolgt, wobei nur kleine, dafür aber häufige Innovationssprünge angestrebt werden. Die Neuartigkeit besteht hier insbesondere in einer verbesserten Ziel-Mittel-Relation (z.B. in einer Erhöhung des Kundennutzens bei gleichen eingesetzten Mitteln oder in einer Senkung der Produktionskosten oder -zeiten bei

29 Zu diesen Ausführungen vgl. Zäpfel, G.: (Produktionsmanagement), S. 119 ff.

unveränderten Produkteigenschaften). *Radikale Innovationen* hingegen sind durch einen hohen Neuheitsgrad gekennzeichnet und bewirken weitergehende Veränderungen. Sie sind in der Regel mit einem größeren Risiko behaftet als Inkrementalinnovationen.[30]

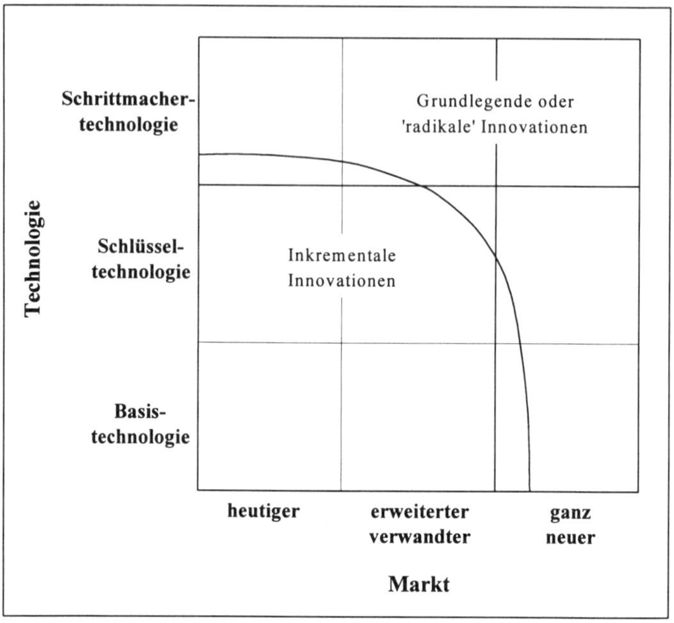

Abb. 5-9: Inkrementale und radikale Innovationen[31]

Wie aus den vorangegangenen Ausführungen deutlich wird, muß das Management für die Formulierung von geeigneten Technologiestrategien vor allem analysieren, welche Arten von Innovationen in Betracht kommen, welche Wettbewerbsvorteile durch bestimmte Technologien erreicht werden können, welche Technologieposition das Unternehmen zur Zeit einnimmt und welche Position angestrebt wird. Als Hilfsmittel zur Identifikation von zukunftsträchtigen Technologiestrategien und damit auch zur Ressourcensteuerung im Forschungs- und Entwicklungsbereich wird das sogenannte *Technologie-Portfolio* vorgeschlagen, in dem sowohl Produkt- als auch Prozeßtechnologien positioniert werden können. Eine Achse dieses Portfolios stellt die Technologieattraktivität dar (mit den Kriterien Weiterentwicklungspotential, Anwendungsbreite und Kompatibilität, die ausdrücken, ob und in welchem Ausmaß mit der betreffenden Technologie Wettbewerbspositionen in der Branche verändert werden können). Die andere Dimension bildet die relative Ressourcenstärke (mit den Kriterien technisch-

30 Vgl. Pleschak, F.; Sabisch, H.: (Innovationsmanagement), S. 3.

31 Quelle: Pleschak, F.; Sabisch, H.: (Innovationsmanagement), S. 3.

qualitativer Beherrschungsgrad, Potentiale und (Re-)Aktionsgeschwindigkeit, die die Technologieposition des Unternehmens verdeutlichen). In Produkt- und/oder Prozeßtechnologien, die eine hohe Technologieattraktivität und Ressourcenstärke aufweisen, sollte gemäß der Normstrategie investiert werden. Für Technologien, die durch die gegenteiligen Ausprägungen charakterisiert sind, werden Desinvestitionen vorgeschlagen, um die freiwerdenden finanziellen Ressourcen für zukunftsträchtige Technologien zur Verfügung zu stellen. Bei jeweils einer hohen und einer niedrigen Ausprägung wird ein selektives Vorgehen empfohlen.[32]

Das Technologie-Portfolio hat den Nachteil, daß nur technologische Gesichtspunkte ohne Berücksichtigung von Marktfaktoren erfaßt werden. Aus diesem Grund wurde es mit dem Marktattraktivitäts-Wettbewerbspositions-Portfolio[33] zu einem *Integrierten Markt-Technologie-Portfolio* verknüpft.[34] Dadurch soll eine strategische Planung der Forschung und Entwicklung unter Einbezug von Markt- *und* Technologieerfordernissen ermöglicht werden. Dazu sind zunächst Portfolios für die Marktpriorität und die Technologiepriorität separat zu erstellen. Aus den Marktprioritäten kann abgeleitet werden, in welche strategischen Geschäftsbereiche investiert werden sollte, die Technologieprioritäten geben Hinweise, in welche Technologien bzw. Technologiefelder Ressourcen zu lenken sind. Die Markt- und Technologieprioritäten sind dann in einem zweiten Schritt in einem Gesamtportfolio zu verbinden,[35] um so zu konsistenten und zielgerichteten Forschungs- und Entwicklungsstrategien zu gelangen. Aus diesem integrierten Markt-Technologie-Portfolio ergeben sich die in Abbildung 5-10 aufgeführten Strategieempfehlungen.

Dieses Portfolio verbindet somit strategische Geschäftsfelder und Technologien, es berücksichtigt dabei allerdings nicht, daß technologische Synergien zwischen den Geschäftsfeldern existieren können und daß einzelne Technologien in der Regel für verschiedene Geschäftsfelder unterschiedliche Bedeutung haben.[36]

---

32 Zu einer entsprechenden Beurteilung von Technologien, zu deren Positionierung in einem Technologie-Portfolio sowie zur Ableitung von Strategien vgl. Pfeiffer, W.; Dögl, R.: (Technologie-Portfolio-Konzept), S. 414 ff.; Zäpfel, G.: (Produktionsmanagement), S. 123 ff.; Wildemann, H.: (Investitionsplanung), S. 48 ff.

33 Vgl. Abschnitt 3.2.2.

34 Vgl. hierzu Ewald, A.: (Methodik), S. 63 ff.; Bürgel, H.D.; Haller, C.; Binder, M.: (F&E-Management), S. 96 ff.; Pleschak, F.; Sabisch, H.: (Innovationsmanagement), S. 107 f.

35 Zur Verknüpfung von zwei Portfolios zu einem Gesamtportfolio vgl. die analoge Vorgehensweise beim Branchenattraktivitäts-Wettbewerbspositions-Portfolio, die in Abschnitt 3.2.2. gezeigt wird.

36 Vgl. Bürgel, H.D.; Haller, C.; Binder, M.: (F&E-Management), S. 97; Pleschak, F.; Sabisch, H.: (Innovationsmanagement), S. 108.

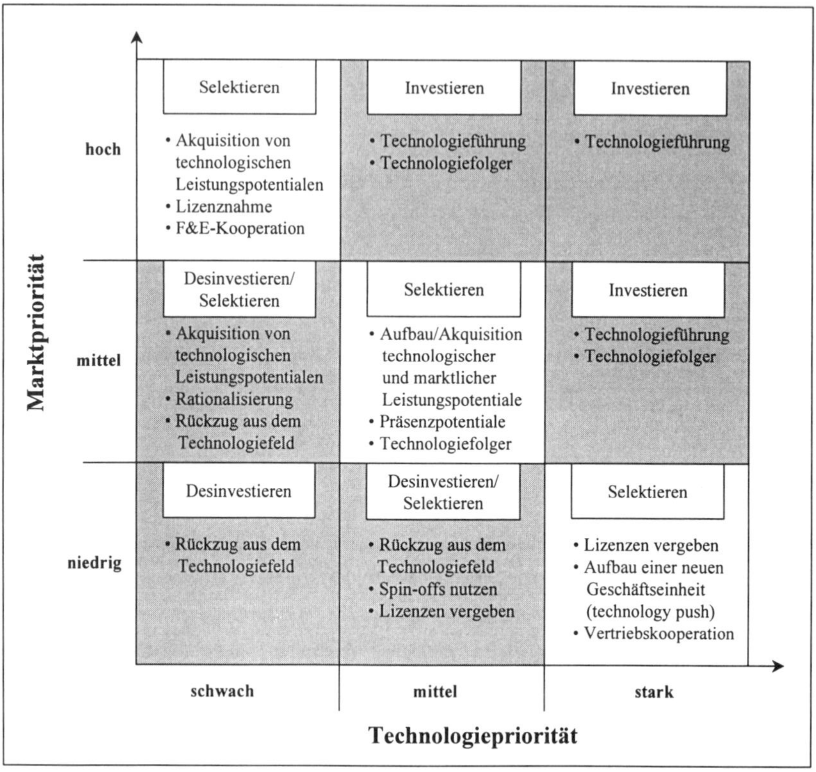

Abb. 5-10: Strategieempfehlungen für die Ressourcenverteilung in der Forschung und Entwicklung nach dem Integrierten Markt-Technologie-Portfolio[37]

Besondere Anforderungen ergeben sich bei der Entwicklung von Technologiestrategien für Unternehmen mit mehreren Standorten.[38] Hier stellt sich zusätzlich die Frage, ob eine Vereinheitlichung der Technologien und Technologiestrategien für alle Standorte vorteilhaft ist. Für die Verwendung relativ gleichartiger Technologien spricht die Möglichkeit, Synergieeffekte, Erfahrungs- und Technologietransfereffekte zu erzielen. Dabei läßt sich dann aber unter Umständen nicht die an einem Standort optimale Technologie verwirklichen. Eine flexible, standortabhängige Technologie schafft dahingegen die Voraussetzung, die Produkte besser an die lokalen Anforderungen anpassen zu können.

---

37 Quelle: Ewald, A.: (Methodik), S. 78; Bürgel, H.D.; Haller, C.; Binder, M.: (F&E-Management), S. 99.

38 Vgl. zur Standortstruktur und zu deren möglichen Formen Abschnitt 5.4.2.

5.3. Beschaffungsstrategien

In den letzten Jahren sind die Komplexität und der Schwierigkeitsgrad der Beschaffungsfunktionen in den Unternehmen angestiegen, was sich unter anderem auf die Reduzierung der Fertigungstiefe, die Erhöhung der Variantenvielfalt und die Globalisierung der Beschaffungsmärkte zurückführen läßt.[39] Die Beschaffung und die in ihrem Rahmen verfolgten Strategien gewinnen somit zunehmend an Bedeutung und können wesentlich zur Erhöhung der Wettbewerbsfähigkeit beitragen. Beschaffungsstrategien setzen sich aus einem Bündel von zukunftsgerichteten, langfristig wirksamen Beschaffungsmaßnahmen zusammen, die so aufeinander abgestimmt sein müssen, daß die strategischen Ziele der Beschaffung, wie vor allem die langfristige Sicherung der Versorgung des Unternehmens mit den benötigten Einsatzfaktoren, erreicht werden.[40] Durch die geeignete Auswahl von Beschaffungsstrategien und -maßnahmen (Strategieelementen) sind dazu unter anderem die Schnittstellen zu den Beschaffungsmärkten, insbesondere die Zulieferer-Abnehmer-Beziehungen, so zu gestalten, daß sich Erfolgspotentiale aufbauen und Risiken bei der Beschaffung bewältigen lassen.

In diesem Zusammenhang kommt der Nutzung des Internet zunehmende (auch strategische) Bedeutung zu, weil aufgrund der dadurch ermöglichten umfassenden Beschaffungsmarkttransparenz Erfolgspotentiale erschlossen werden können. Der kostengünstige und schnelle Zugriff auf aktuelle beschaffungsrelevante Informationen beeinflußt vor allem die strategischen Erfolgsfaktoren Kosten und Zeit. Zudem führt eine Beschaffung per Internet zu Vorteilen wie einem verschärften Wettbewerb zwischen den Lieferanten, der Ausschaltung von preissteigernden Zwischenhändlerstufen durch Direktkäufe, der Umgehung von Markteintrittsbarrieren usw.[41]

Nach ARNOLD können vier strategische Beschaffungsaufgaben bzw. -ziele unterschieden werden, die bei der Strategieentwicklung einbezogen werden sollten:[42]

- Die *Integrationsfähigkeit* bezeichnet das Potential, die Vorleistungen der Lieferanten optimal in die eigenen Wertschöpfungsprozesse und Produkte einbinden zu können. Ansatzpunkte für die Erzielung von Integrationsvorteilen stellen die Reduzierung der Variantenzahl und die Standardisierung der eingesetzten Materialien dar, durch die

---

39 Als Objekte der Beschaffungsplanung werden nachfolgend lediglich Materialien aufgefaßt. Die Entwicklung von Bezugsstrategien für andere Einsatzfaktoren wie Arbeitskräfte, Dienstleistungen, Rechte und Kapital soll - wie allgemein üblich - anderen Funktionsbereichen zugeordnet werden.

40 Vgl. Bloech, J.: (Position), S. 116 ff.

41 Zu diesen und weiteren (Wettbewerbs)Vorteilen, aber auch Nachteilen durch die Nutzung des Internet für die Beschaffung vgl. Bogaschewsky, R.; Kracke, U.: (Internet), S. 99 ff.

42 Vgl. Arnold, U.: (Beschaffungsmanagement), S. 64 ff.; Arnold, U.: (Beschaffungsstrategien), S. 79 f. Damit zählt auch der Aufbau von 'Ressourcen' bzw. 'Kompetenzen' (im Sinne des ressourcenorientierten Ansatzes des strategischen Management) zu den Zielen der Beschaffung. Vgl. zu diesen Ressourcen von Unternehmen Abschnitt 2.1.2.

sich Kostenersparnisse sowohl bei der Montage als auch bei der späteren Demontage (Recycling) der Produkte ergeben.

- Die *Innovationsfähigkeit* hängt in hohem Maße von den Lieferanten und der Ausgestaltung der Beziehungen zu diesen ab. Aufgabe der Beschaffung ist es daher, das Innovationspotential eines Lieferanten zu erkennen und dieses durch vertragliche Bindungen zu verwerten. Innovationsvorteile können sich z.B. in einer Verkürzung der Produktentwicklungszeiten oder in einer qualitativen Differenzierung gegenüber den Wettbewerbern durch technologisch neue und bessere Produkte oder Produktkomponenten ausdrücken.
- *Vertikale Verbundeffekte* führen zu Qualitäts- und Kostenvorteilen bei der Ausführung von Aktivitäten entlang der Wertschöpfungskette. Vertikale Verbundeffekte lassen sich als Folge einer engen Anbindung des Lieferanten sowie einer Neuverteilung der Wertschöpfungsaufgaben erreichen (z.B. indem die doppelte Abwicklung gleicher Tätigkeiten, wie Qualitätskontrollen und Lagerhaltung, verhindert und die Planungssicherheit durch einen frühzeitigen Informationsfluß verbessert wird). Sie sind auch das Ziel der lieferantenbezogenen Förderprogramme von Industrieunternehmen wie beispielsweise KVP^2 (bei VW), TANDEM (bei Mercedes Benz), PICOS (bei General Motors) und SUCCESS (bei Siemens).
- *Horizontale Verbundeffekte* können mit Einkaufskooperationen realisiert werden, wenn sich durch das kollektive Auftreten mehrerer Nachfrager die Machtverhältnisse am Beschaffungsmarkt so verändern, daß sich bestimmte Forderungen gegenüber den Anbietern eher durchsetzen lassen (z.B. niedrige Preise infolge einer Bedarfsbündelung).[43]

In der nachfolgenden Abbildung werden diese vier strategischen Ziele bzw. Aufgaben der Beschaffung zusammenfassend aufgeführt. Zum einen dienen sie der Verbesserung des Wettbewerbspotentials des Unternehmens, indem durch die Aktivitäten der Beschaffung sowohl die Kosten als auch die Differenzierungsmöglichkeiten beeinflußt werden, wobei den Erfolgsfaktoren Qualität und Zeit (über eine Verkürzung der Produktentwicklungs- und Durchlaufzeiten)[44] besondere Bedeutung zukommt. Zum anderen wird mit ihnen die Grundlage für die erfolgreiche Ausführung der operativen Tätigkeiten geschaffen.[45]

---

43 Derartige Kooperationen sind allerdings nur zulässig, sofern sie nicht gegen das 'Gesetz gegen Wettbewerbsbeschränkungen' verstoßen.

44 Vgl. dazu die Abschnitte 8.3. und 8.4.

45 Das operative Ziel der Beschaffung wird in der Regel in der Erfüllung des 'materialwirtschaftlichen Optimums' gesehen, welches die Bereitstellung des für die Gütererzeugung benötigten Materials in der erforderlichen Menge und Qualität, am richtigen Ort und zur gewünschten Zeit gewährleistet, wobei die Versorgung zusätzlich mit möglichst geringen Kosten erfolgen sollte. Vgl. hierzu Grochla, E.: (Grundlagen), S. 19 f.

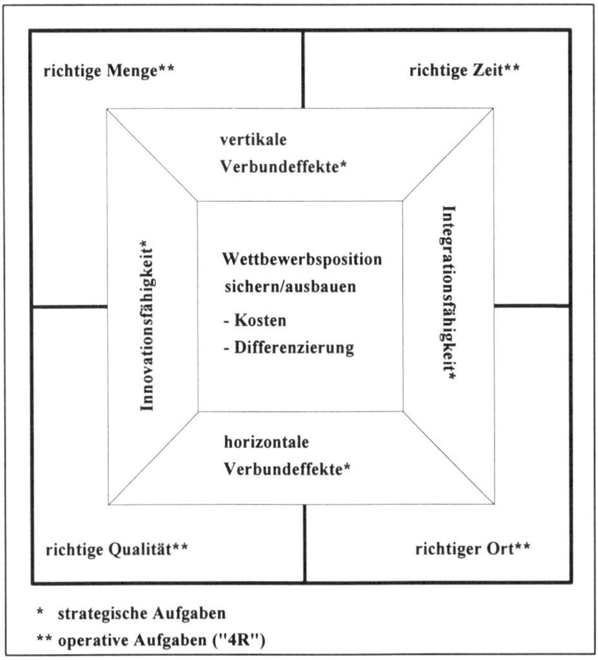

Abb. 5-11: Ziele und Aufgaben der Beschaffung[46]

Die strategischen Ziele der Beschaffung lassen sich durch die Verfolgung von bestimmten Beschaffungsstrategien erreichen. Für diese Strategien gibt es in der Literatur keine eindeutige Gliederung, was unter anderem auf die Interdependenzen zwischen den in ihnen enthaltenen Maßnahmen zurückzuführen ist.[47] So findet sich beispielsweise eine Aufteilung in Formalstrategien (bzgl. Organisation, Planung und Kontrolle) und Sachstrategien, wobei letztere noch nach Einkaufs-, Lagerungs- und Transport- sowie Entsorgungsstrategien differenziert werden.[48] An anderer Stelle werden marktstrukturorientierte, bedarfsprogrammorientierte, entwicklungs- und qualitätsorientierte sowie logistikorientierte Beschaffungsstrategien unterschieden.[49]

46 Quelle: in leicht modifizierter Form übernommen von Arnold, U.: (Beschaffungsmanagement), S. 66.

47 Zu einer umfassenden Zusammenstellung von Beschaffungsstrategien vgl. Pekayvaz, B.: (Planung), S. 165 ff.

48 Vgl. Meyer, C.: (Beschaffungsziele), S. 194 ff.

49 Vgl. Roland, F.: (Beschaffungsstrategien), S. 24 ff.

KOPPELMANN nimmt eine Orientierung an den Maßnahmen in der Beschaffung vor und gliedert die Strategien - wie nachfolgend dargestellt - in Produkt-, Bezugs-, Kommunikations-, Service- und Entgeltstrategien.[50]

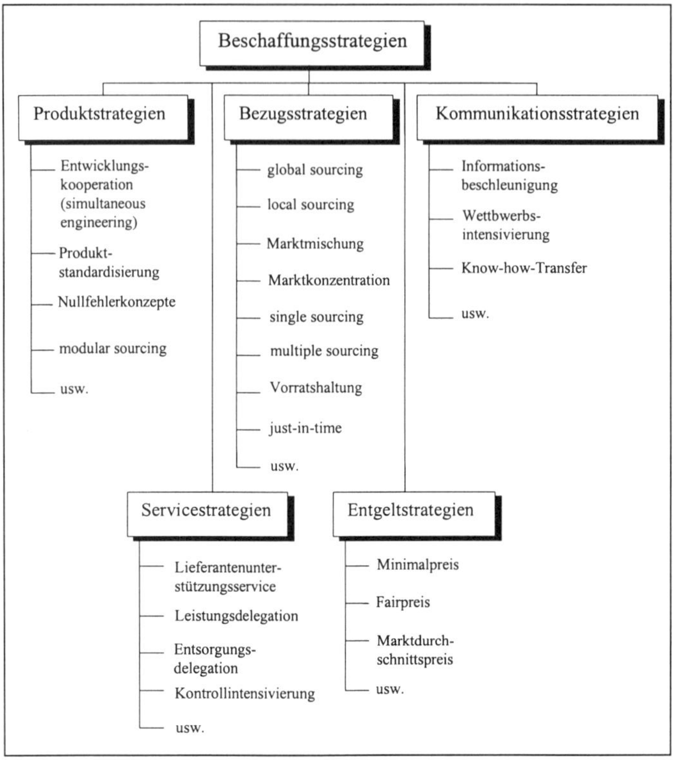

Abb. 5-12: Beschaffungsstrategien nach KOPPELMANN[51]

ARNOLD differenziert zwischen *strukturbezogenen* und *marktbezogenen* Beschaffungsstrategien.[52] Zu den strukturbezogenen Strategien zählt er die Schaffung eines strategischen Planungssystems sowie die Gestaltung der Organisationsstruktur für die Beschaffung. Die marktbezogenen Strategien umfassen:

- die langfristige Absicherung bestehender Beschaffungsquellen (z.B. durch langfristige Lieferverträge oder eine Kapitalbeteiligung am Lieferanten),

50 Vgl. Koppelmann, U.: (Beschaffungsmarketing), S. 104 ff.

51 Quelle: Koppelmann, U.: (Beschaffungsmarketing), S. 105.

52 Vgl. hierzu und zu den folgenden Ausführungen Arnold, U.: (Beschaffungsmanagement), S. 69 ff.

- die Erschließung neuer Bezugsquellen (z.B. durch verstärkte Lieferantensuche und -förderung in bisher vernachlässigten Märkten oder Branchen),
- die Verstärkung eigener Transaktionspotentiale (indem die Nachfragemacht der Konkurrenten auf dem Beschaffungsmarkt reduziert und deren Marktzutritt erschwert wird, z.B. durch Exklusivvereinbarungen mit Lieferanten oder den Aufkauf nahezu der gesamten Angebotsmenge an bestimmten Rohstoffen) sowie
- den Aufbau kollektiver Transaktionspotentiale (durch die kooperative Ausführung von Beschaffungsaufgaben, z.B. Sammelbestellungen, gemeinsame Lagerhaltung oder Qualitätskontrolle, in Form von Einkaufsabsprachen oder institutionellen Zusammenschlüssen mehrerer Unternehmen zur Bündelung der Nachfrage).

Zu einer ersten Strategiebestimmung bietet sich die Portfolio-Technik an, die bereits in Abschnitt 3.2. vorgestellt wurde. Hierzu sind spezifische Beschaffungsportfolios entwickelt worden, von denen die Marktmachtportfolios und die Risikoportfolios die größte Beachtung erlangt haben. In den erstgenannten erfolgen die Positionierung von strategisch wichtigen Produkten oder von Objekt-Lieferanten-Kombinationen sowie die anschließende Ableitung von Normstrategien nach der Machtverteilung zwischen Anbieter und Nachfrager.[53] Bei den Risikoportfolios steht die Gefahr der Materialversorgung im Vordergrund. So werden beim 'Versorgungsstörungen-Anfälligkeits-Portfolio' die zu beschaffenden Produkte auf der einen Seite hinsichtlich der Gefahr marktbedingter Versorgungsstörungen und auf der anderen Seite in bezug auf ihre Anfälligkeit gegenüber Versorgungsstörungen im Portfolio positioniert. Im 'Versorgungsrisiko-ABC-Portfolio' (oder Versorgungsrisiko-Wertigkeits-Portfolio) wird eine Positionierung auf der Grundlage des Anteils am wertmäßigen Beschaffungsvolumen sowie des - aus der Versorgungsunsicherheit und der internen Anfälligkeit abgeleiteten - Versorgungsrisikos vorgenommen.[54] Daraus lassen sich wiederum bestimmte strategische Handlungsempfehlungen ableiten, wie die Abbildung 5-13 beispielhaft für das Versorgungsrisiko-Wertigkeits-Portfolio zeigt.

---

53 Vgl. Heege, F.: (Lieferantenportfolio), S. 15 ff.; Kraljic, P.: (Gedanken), S. 83 ff.

54 Zum Versorgungsstörungen-Anfälligkeits-Portfolio vgl. Fieten, R.: (Materialwirtschaft), S. 22; Pekayvaz, B.: (Planung), S. 158; Heege, F.: (Lieferantenportfolio), S. 61 ff., zum Versorgungsrisiko-ABC-Portfolio vgl. Heege, F.: (Lieferantenportfolio), S. 82 ff.

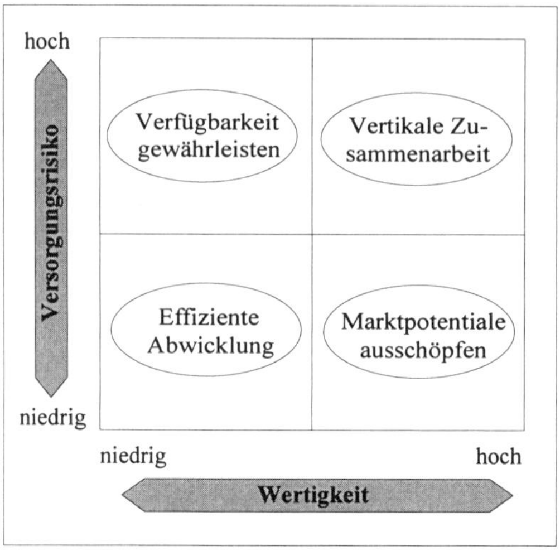

Abb. 5-13: Versorgungsrisiko-Wertigkeits-Portfolio[55]

Neben den genannten Portfolios existieren noch einige weitere, die sich ebenfalls zur Entwicklung von Beschaffungsstrategien nutzen lassen.[56] Die aus Beschaffungsportfolios abgeleiteten Normstrategien sind aber, unter anderem aufgrund der generellen Mängel der Portfolio-Technik,[57] als kritisch anzusehen. Sie können meistens nur erste Hinweise für das Vorgehen bei der Beschaffung geben, die möglicherweise die generelle strategische Stoßrichtung umfassen.

Bei der konkreten Beschaffungsplanung für ein Objekt wird es erforderlich sein, die Strategieformulierung detaillierter vorzunehmen. Zu diesem Zweck können verschiedene beschaffungsstrategische Vorgehensweisen, sogenannte *Sourcing-Konzepte*, ausgewählt und zu einer optimalen Strategie zusammengefaßt werden.[58]

Die Sourcing-Konzepte können - wie Abbildung 5-14 zeigt - bezüglich mehrerer Merkmale systematisiert werden, und zwar nach der Anzahl der Bezugsquellen, der Komplexität des zu beschaffenden Objektes, der geographischen Ausdehnung der Beschaffungsmärkte, dem Bereitstellungsprinzip (zeitliche Verfügbarkeit der Güter), der Art der Einkaufsorganisation und dem Ort der Wertschöpfung.

---

55 Quelle: in modifizierter Form übernommen von Müller, E.-W.: (Gestaltungspotentiale), S. 52.

56 Vgl. Roland, F.: (Beschaffungsstrategien), S. 142 f.

57 Vgl. hierzu Abschnitt 3.2.2.

58 Vgl. Arnold, U.: (Sourcing-Konzepte), Sp. 1862. KOPPELMANN hingegen faßt schon die Verfolgung eines einzelnen Sourcing-Konzeptes, z.B. global sourcing oder multiple sourcing, als Beschaffungsstrategie auf (vgl. Abbildung 5-12).

Bezugsquelle	*single* (Bezug bei einem Lieferanten)	*dual* (Bezug bei zwei Lieferanten)	*multiple* (Bezug bei mehreren Lieferanten)
Beschaffungsobjekt	*unit* (Beschaffung von Einzelteilen oder Komponenten)	*modular* (Beschaffung von kompletten, einbaufertigen Baugruppen, die eine physische Einheit bilden)	*system* (Beschaffung von funktionell abgestimmten Baugruppen (z.B. Bremsanlage), die nicht unbedingt eine physische Einheit bilden)
Beschaffungsareal	*local* (regionale Beschaffung)	*domestic* (inländische Beschaffung)	*global* (weltweite Beschaffung)
Beschaffungszeit	*Vorrat* (Beschaffung mit anschließender Lagerhaltung)	*produktionssynchron* (bedarfsgenaue Anlieferung, Lagerhaltung beim Lieferanten)	*just-in-time* (Lieferant fertigt erst nach erfolgtem Lieferabruf, bedarfsgenaue Anlieferung, im Idealfall keine Lagerhaltung)
Beschaffungssubjekt	*individual* (ein Nachfrager tritt allein auf den Beschaffungsmarkt)	*collective* (mehrere Nachfrager fassen ihre Bedarfe zusammen, horizontaler Verbund)	
Wertschöpfungsort	*external* (Wertschöpfung des Lieferanten findet vollständig in der Produktionsstätte des Lieferanten statt)	*internal* (räumliche Annäherung von Lieferant und Abnehmer; im Extremfall fertigt der Lieferant die Einsatzgüter in der Produktionsstätte des Abnehmers)	

Abb. 5-14: Systematisierung von Sourcing-Konzepten[59]

Jedes der Sourcing-Konzepte kann durch eine Reihe von spezifischen Merkmalen charakterisiert werden und weist bestimmte Vor- und Nachteile auf. So sind beispielsweise das 'modular sourcing' und das 'system sourcing' unter anderem dadurch gekennzeichnet, daß mit ihrem Einsatz eine Reduzierung der Anzahl der zu beschaffenden Objekte und damit auch eine Verringerung der Bezugsquellenzahl und der abzuwickelnden Beschaffungsprozesse einhergeht. Die verbleibenden Beschaffungsvorgänge sind allerdings mit umfangreicheren Vorkehrungen verbunden als die bei einem 'unit sourcing' von Einzelteilen mit geringer Komplexität. Ein 'local sourcing' hat in der Regel eine höhere Versorgungssicherheit zur Folge als eine internationale Ausrichtung der Beschaffung in Form eines 'global sourcing'. Das Konzept des 'global

59 Quelle: in modifizierter Form übernommen von Arnold, U.: (Beschaffungsmanagement), S. 93 ff., insbesondere S. 124.

sourcing' bietet dafür aber die Möglichkeit, von einem größeren und häufig auch kostengünstigeren Angebot Gebrauch zu machen und den Wettbewerb auf dem Beschaffungsmarkt zu fördern. Die Merkmale der Konzepte des 'multiple sourcing' und des 'single sourcing' sind in der nachstehenden Abbildung zusammengestellt.

Merkmal	**multiple sourcing**	**single sourcing**
Anzahl der Lieferanten	> 1	1
Ziele des Abnehmers	niedriger Einstandspreis durch Förderung des Wettbewerbs unter den Lieferanten; Reduktion des Versorgungsrisikos durch 'Ordersplitting'	Senkung des Einstandspreises sowie eine hohe Qualität der Vorprodukte durch den aktiven Aufbau *eines* leistungsstarken und innovativen Lieferanten
Art der auszutauschenden Güter	Güter mit geringer Komplexität und Spezifität sowie guter marktlicher Verfügbarkeit; Standardgüter	Güter mit hoher Spezifität; customer-tailored
Art der Zulieferer-Abnehmer-Beziehung	rein auf die Transaktion ausgerichtete Beziehung; Gefahr von opportunistischem Verhalten der Beteiligten ist wegen der vorhandenen Markttransparenz gering bzw. ausgeschlossen	mit institutionellem und persönlichem Vertrauen versehene Beziehung; Gefahr opportunistischen Verhaltens auf beiden Seiten erheblich (wechselseitig asymmetrische Informationsverteilung)
Fristigkeit der Zulieferer-Abnehmer-Beziehung	kurzfristige Ausrichtung; keine Rahmenverträge oder Rahmenverträge mit kurzer Laufzeit erforderlich	langfristige Ausrichtung; Rahmenverträge mit relativ langer Laufzeit
Substituierbarkeit des Zulieferers	Lieferant ist kurzfristig substituierbar, da prinzipiell keine Austrittsbarrieren bestehen und für neue Anbieter der Marktzutritt leicht möglich ist	Lieferant ist kurzfristig nicht substituierbar, da hohe Austrittsbarriere besteht; Gefahr eines Produktionsstops bei Ausfall eines Lieferanten
gegenseitige Abhängigkeit	niedrig	hoch
Wettbewerbssituation	Förderung des Wettbewerbs unter den Lieferanten	Förderung eines bilateralen Monopols durch Spezifizierung der Transaktionsobjekte

Abb. 5-15: Charakteristika von multiple und single sourcing[60]

Bei der Formulierung einer Beschaffungsstrategie ist für jedes Einteilungskriterium von Sourcing-Konzepten eine Ausprägung festzulegen. Die Ausprägungen sollten zweckmäßig miteinander verbunden werden, wobei bestimmte Kombinationsmöglichkeiten von vornherein unvorteilhaft erscheinen oder sich sogar ausschließen. So wird eine Verbindung von global

---

60 Quelle: Arnold, U.: (Beschaffungsmanagement), S. 99.

sourcing und einer Just-in-time-Anlieferung kaum erfolgversprechend sein, da das Versorgungsrisiko in diesem Fall zu groß wäre. Bei einem modular sourcing sollte das Bereitstellungsprinzip der Vorratshaltung aufgrund der hohen Kapitalbindungskosten möglichst vermieden werden. Auch die Kombination von modular und collective sourcing wird wegen der spezifischen Anforderungen der Abnehmer kaum zu realisieren sein.

Prinzipiell vorteilhaft erscheint hingegen z.B. die gleichzeitige Verfolgung von single und local sourcing sowie Just-in-time-Anlieferung, da dieses Bereitstellungsprinzip eine intensive Zulieferer-Abnehmer-Beziehung voraussetzt, deren Aufbau kosten- und zeitaufwendig ist und die deshalb nur mit einem Kooperationspartner vorgenommen werden sollte. Dieser sollte sich zudem wegen der notwendigen Abstimmungsprozesse in räumlicher Nähe zum Abnehmer befinden.

Bei geringwertigen, standardisierten Einsatzfaktoren bietet sich eine Beschaffungsstrategie an, die aus den Elementen multiple, unit, global, collective und external sourcing sowie Vorratshaltung besteht.

Grundsätzlich muß der Entwicklung von Beschaffungsstrategien die Entscheidung über den Träger der Wertschöpfung vorausgehen, und zwar mit dem Ergebnis, daß ein Fremdbezug der Eigenfertigung vorzuziehen ist. Auf die diesbezügliche strategische Planung der Fertigungstiefe wird in dem folgenden Abschnitt zu Produktionsstrategien ausführlich eingegangen.

5.4. Produktionsstrategien

Produktionsstrategien tragen in erheblichem Maße zur Wettbewerbsfähigkeit eines Unternehmens bei, da sie Art und Umfang der Potentiale im Bereich der Fertigung bestimmen und zugleich die Basis für die taktische und die operative Produktionsplanung bilden. Auch die Strategie des Produktionsbereiches setzt sich aus mehreren Strategieelementen zusammen, die im Rahmen der strategischen Produktionsplanung entwickelt und zusammengefügt werden müssen. Ein derartiges Bündel von Strategieelementen kann Aussagen über die Fertigungskapazität, die Fertigungsverfahren, das Produktionsprogramm und die damit verbundene Fertigungstiefe, die Organisation der Fertigung, den oder die Standort(e) der Produktionsstätte(n), die Personalentwicklung und die Gestaltung der Informations- und Kommunikationssysteme sowie der Planungs- und Kontrollsysteme (Produktionsplanung und -steuerung) beinhalten. Darüber, welche von diesen Teilstrategien als Element Produktionsstrategie zwingend erforderlich sind, herrscht in der Literatur keine einheitliche Meinung.[61] Nach ZÄPFEL besteht eine Produktionsstrategie aus der Technologiestrategie, der Strategie zur Fertigungstiefe, der Kapa-

61 Vgl. z.B. die unterschiedlichen Aussagen bei Böttcher, H.D.: (Instrumente), S. 25 f.; Zahn, E.: (Produktionsstrategie), S. 527 ff.; Hayes, R.H.; Wheelwright, S.C.: (Edge), S. 31; Hahn, D.: (Produktionsplanung), Sp. 1522 ff.

zitäts- und der Standortstrategie.[62] Von diesen Strategien werden im folgenden diejenigen zur Fertigungstiefe sowie zu Standorten ausführlich erörtert, da Technologiestrategien bereits bei den Ausführungen zur Forschung und Entwicklung in Abschnitt 5.2. behandelt worden sind und die Fertigungskapazitäten bzw. die sie bestimmenden Betriebsmittel als Element der Standortstruktur angesehen werden.

5.4.1. Strategien zur Fertigungstiefe

5.4.1.1. Fertigungstiefe und Integrationsformen

Die Gestaltung der Fertigungstiefe wird als strategisches Entscheidungsproblem im Produktionsbereich von Unternehmen angesehen. Für den Begriff der Fertigungstiefe existieren verschiedene Sichtweisen. So wird diese unter anderem als der Anteil an der für ein Endprodukt insgesamt notwendigen Wertschöpfung angesehen, den ein Unternehmen im Rahmen seines Produktionsprozesses erbringt. Bei einer anderen Interpretation wird die Fertigungstiefe durch die Anzahl der Produktionsstufen determiniert, aus denen der Produktionsprozeß im Unternehmen besteht und für die eigene Ressourcen (Mitarbeiter, Technologien, Räume etc.) bereitgestellt werden.[63] Somit beziehen sich die Strategien zur Fertigungstiefe auf die Wahl zwischen Eigen- und Fremdleistung für eine oder mehrere der Produktion zuzuordnende(n) Stufe(n) des Wertschöpfungsprozesses und damit auf die vertikale Ausrichtung des Unternehmens bezogen auf die gesamte Wertkette.

Dabei ist die strategische Entscheidung über die Eigen- oder Fremdleistung häufig nicht für den Wertschöpfungsprozeß eines einzelnen Produktes, sondern für den eines Produktfeldes zu treffen. "Ein Produktfeld ist die Menge aller Produkte, die eine bestimmte verwendungs- oder technologiebezogene Verwandtschaft aufweisen."[64] Bei der technologiebezogenen Aggregation zählen die Erzeugnisse zu einem Produktfeld, die nach dem gleichen technischen Funktionsprinzip erstellt werden. Nach der verwendungsbezogenen Deutung umfaßt ein Produktfeld sämtliche Erzeugnisse, die auf ein Grundprodukt zurückgeführt werden können.

Die der Bestimmung einer Strategie zur Fertigungstiefe zugrundeliegende Situation verdeutlicht Abbildung 5-16, in der beispielhaft für vier Produktfelder die Stufen des Wertschöpfungsprozesses dargestellt sind, bei denen ein Unternehmen x zu einem Zeitpunkt eine

62 Vgl. Zäpfel, G.: (Produktionsmanagement), S. 115 ff.

63 Die Produktionsstufen können mit *einem* Arbeitsgang bzw. Teilprozeß übereinstimmen oder *mehrere* Arbeitsgänge umfassen. Die Abgrenzung der Produktionsstufen kann sich z.B. daran orientieren, ob nach einem Teilprozeß ein marktgängiges Produkt entsteht oder eine (Zwischen)Lagerung erfolgt.

64 Kern, W.: (Produktionswirtschaft), S. 125.

Eigenleistung erbringt.[65] Dabei wird unterstellt, daß die Produkte aller Produktfelder die genannten Produktionsstufen durchlaufen.

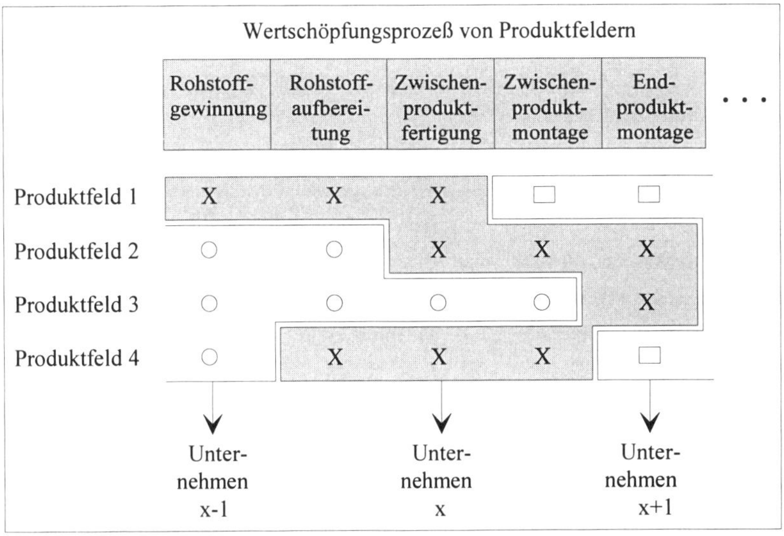

Abb. 5-16: Aufteilung von Wertaktivitäten zwischen Unternehmen[66]

Strategien zur Fertigungstiefe determinieren demzufolge das Ausmaß der vom Unternehmen selbst wahrzunehmenden Wertaktivitäten des Produktionsbereichs. Die Einordnung der entsprechenden Make-or-buy-Entscheidungen in die strategische Planungsebene wird unter anderem mit der zunehmenden Dynamik von Veränderungen in den relevanten Umweltbereichen, der relativ großen Unsicherheit und der Komplexität der Planungsaufgabe, ihren Auswirkungen auf die Unternehmensstruktur sowie ihrer Bedeutung für die Wettbewerbsposition des Unternehmens begründet. Durch die Wahl geeigneter 'vertikaler' Strategien können Wettbewerbsvorteile (Kosten- bzw. Differenzierungsvorteile) gewonnen und Erfolgspotentiale aufgebaut werden. Generell beeinflussen die Strategien zur Fertigungstiefe die Schnittstellen zu den Zulieferern und Abnehmern, sie können zudem zur langfristigen unternehmensübergreifenden Optimierung der gesamten Wertschöpfungskette beitragen.

ZÄPFEL nennt als fertigungstiefenbezogene Strategietypen die Innovation (Erhöhung des Wertschöpfungsanteils), die Konzentration (Verringerung des Wertschöpfungsanteils) sowie

---

65 Die Darstellung des Wertschöpfungsprozesses wird hier demgemäß lediglich auf die vertikal angeordneten Produktionsstufen von der Rohstoffgewinnung bis zur Endproduktherstellung beschränkt. Es wird also nur der Ausschnitt des gesamten Wertschöpfungsprozesses betrachtet, der die vertikale Struktur des Produktionssystems des Unternehmens widerspiegelt.

66 Zu einer ähnlichen Darstellung vgl. Schneider, D.; Baur, C.; Hopfmann, L.: (Wertkette), S. 14.

die Kooperation mit anderen Unternehmen.[67] Diese Strategien beziehen sich auf die Fertigungstiefe insgesamt. Es erscheint jedoch sinnvoll, bei der Strategiebestimmung die Bereitstellungswege für die einzelnen Stufen des Wertschöpfungsprozesses eines Produktfeldes differenziert zu betrachten. Dabei sind die Stufen durch die Anzahl der bereitzustellenden Werkstoffe, deren jeweilige Bedarfsmengen sowie die Interdependenzen zwischen den Werkstoffen (u.a. Homogenität) charakterisiert.

Die beiden extremen Bereitstellungsalternativen für die Leistungen einer Stufe stellen die ausschließliche Eigenfertigung, d.h. die *vollständige Integration*, sowie die uneingeschränkte Fremdvergabe an andere Unternehmen, die *vollständige Disintegration*, dar. Neben diesen beiden Alternativen sind jedoch auch diverse *intermediäre Integrations- oder Koordinationsformen* einzubeziehen, bei denen es zu einer Mischung von Fremd- und Eigenleistungen kommt. PORTER unterscheidet als entsprechende - miteinander kombinierbare - Alternativen die 'partielle Integration' und die 'Quasi-Integration'.[68]

Bei der *partiellen Integration* stellt das Unternehmen einen Teil seines Bedarfs selbst her und bezieht den Rest vom Markt. Dadurch können einige Vorteile sowohl der Eigenfertigung als auch des Fremdbezugs realisiert werden. Da auch eine eigene Fertigung existiert, ist die Abhängigkeit von dem oder den Lieferanten relativ gering und die Machtposition diesem(n) gegenüber stark, da eine Erhöhung des Eigenfertigungsanteils glaubwürdig angedroht werden kann. Zudem fällt es leichter als bei einem völligen Fremdbezug, einmal abgegebene Leistungen wieder selbst zu erbringen. Des weiteren verbessert die Kenntnis der eigenen Kosten den Informationsstand des Unternehmens bei Preisverhandlungen, und es kann eine Konkurrenzsituation zwischen dem eigenen Fertigungsbereich und dem oder den Lieferanten erzeugt werden. Schließlich ist das Unternehmen bei Bedarfsveränderungen flexibler als bei reiner Eigenfertigung. Als nachteilig kann sich die Abnahme von Größendegressionseffekten erweisen, zudem wird der durch dispositive und logistische Aktivitäten verursachte Aufwand oftmals höher sein als bei reiner Eigenfertigung oder reinem Fremdbezug.

Bei der *Quasi-Integration* liegt gemäß PORTER eine kooperative Beziehung zwischen vertikal verbundenen Unternehmen vor, die von langfristigen Verträgen bis zu Kapitalbeteiligungen reichen kann. Durch die Quasi-Integration wird die Anbindung des Lieferanten an das Unternehmen erhöht, im Vergleich zur Eigenfertigung sind der Kapitaleinsatz und der dispositive Aufwand geringer.

Bei einem Fremdbezug ist eine vertikale Kooperation jedoch auch in Form kurz- und mittelfristiger vertraglicher Regelungen möglich.[69] Die vertikalen Kooperationsformen sollen unter strategischem Blickwinkel zu einer kollektiven Optimierung der Wertschöpfungskette

67 Vgl. Zäpfel, G.: (Produktionsmanagement), S. 134.

68 Vgl. Porter, M.E.: (Wettbewerbsstrategie), S. 401 ff.

69 Vgl. Hinterhuber, H.H.: (Unternehmungsführung), S. 135; Picot, A.: (Ansatz), S. 340.

innerhalb und außerhalb des Unternehmens führen, die die Wettbewerbsfähigkeit aller beteiligten Partner verbessert. Beispiele für mögliche Alternativen, die sich durch das Ausmaß der erforderlichen marktlichen Koordination unterscheiden, enthält die folgende Abbildung.[70]

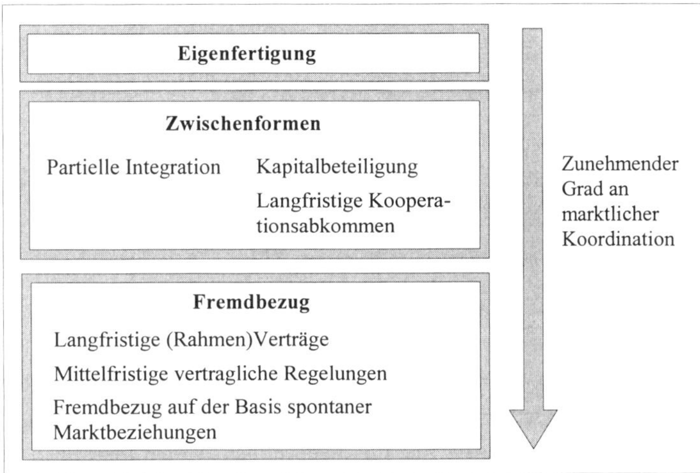

Abb. 5-17: Integrations- bzw. Koordinationsformen[71]

Die hier vorgenommene Differenzierung zwischen Eigenfertigung, Fremdbezug und verschiedenen Zwischenformen sowie die Zuordnung zu diesen Gruppen ist allerdings nicht unproblematisch. So können z.B. langfristige Kooperationsabkommen mit Zulieferern auch als eine Form des Fremdbezugs aufgefaßt werden. Die hier als Fremdbezug interpretierten langfristigen Verträge stellen nach PORTER eine Quasi-Integration und damit eine Zwischenform dar.

Durch die Wahl von Bereitstellungswegen für die einzelnen Produktionsstufen wird gleichzeitig die gesamte Struktur des Produktionsprozesses determiniert. Die strategischen Fertigungstiefen-Entscheidungen können zwar differenziert für die einzelnen Stufen getroffen werden, es sollten dabei jedoch die zwischen den Stufen in Form von Güter-, Finanzmittel- und Informationsflüssen bestehenden Beziehungen im Rahmen einer Gesamtbetrachtung des Prozesses berücksichtigt werden. Die Kombinationen der für die einzelnen Stufen zur Wahl stehenden Bereitstellungswege lassen sich als gesamtprozeßbezogene Alternativen interpretieren. Diese Alternativen bestimmen dann auch den Wertschöpfungsanteil und damit die Fertigungstiefe sowie deren Veränderung.

Die Alternativen strategischer Fertigungstiefen-Entscheidungen beinhalten auch Strategien, bei denen im Verlauf des Planungszeitraums nacheinander mehrere Bereitstellungswege

70 Vgl. zu Kooperationsformen auch die Ausführungen in Abschnitt 4.2.1.3.

71 Vgl. zu einer ähnlichen Darstellung Picot, A.: (Ansatz), S. 340.

genutzt werden. So kann beispielsweise neben einem sofortigen Wechsel von der Eigenleistung zum Fremdbezug auch ein späterer Übergang oder eine Strategie mit einer zwischenzeitlichen partiellen Integration gewählt werden; grundsätzlich läßt sich auch die spätere Wiederaufnahme der Eigenfertigung vorsehen. In derartigen Fällen müssen Überlegungen zur zeitlichen Gestaltung der entsprechenden Strategien angestellt werden, da die Zeitpunkte für etwaige Veränderungen des Bereitstellungsweges im Verlauf des Planungszeitraums (grob) festzulegen sind.

5.4.1.2. Ansätze zur Entwicklung von Strategien

Konzentration auf die Kernkompetenzen

Für die Wahl zwischen den beiden grundsätzlichen Bereitstellungsalternativen 'Eigenfertigung' und 'Fremdbezug' wird auf der strategischen Ebene häufig die Orientierung an den Kernkompetenzen des Unternehmens vorgeschlagen. HINTERHUBER definiert Kernkompetenzen als "integrierte und durch organisationale Lernprozesse koordinierte Gesamtheiten von Technologien, Know-how, Prozessen und Einstellungen, die für den Kunden erkennbar wertvoll sind, gegenüber der Konkurrenz einmalig sind, schwer imitierbar sind und den Zugang zu einer Vielzahl von Märkten eröffnen."[72] Es wird empfohlen, daß Wertschöpfungsaktivitäten, die Kernkompetenzen des Unternehmens darstellen und demgemäß für dieses 'strategisch bedeutend' sind, grundsätzlich selbst ausgeführt werden, bei den anderen Aktivitäten hingegen eine Fremdleistung in Anspruch genommen wird.[73] Eine derartige Aufteilung der Leistungserstellung ermöglicht es dem Unternehmen, die Kernkompetenzen und Ressourcen der Lieferanten zu nutzen und an deren Wettbewerbsvorteilen teilzuhaben. Gleichzeitig können durch einen Fremdbezug der strategisch unbedeutenden Leistungen die eigenen Ressourcen für vorrangige Tätigkeiten eingesetzt werden.[74]

Diese prinzipielle Empfehlung wird allerdings nicht immer zur optimalen Lösung führen. Dies ist unter anderem in dem Problem der Bestimmung und Eindeutigkeit einer Kernkompetenz begründet. Die Existenz einer Kernkompetenz setzt insbesondere voraus, daß das Unternehmen über eine hohe Kompetenzstärke im Vergleich zu den Wettbewerbern verfügt und außerdem die entsprechende Aktivität einen hohen Wert für die Kunden aufweist. Bei

---

72 Hinterhuber, H.H.: (Unternehmungsführung), S. 11.

73 Vgl. Quinn, J.B.; Hilmer, F.G.: (Outsourcing), S. 43; Venkatesan, R.: (Sourcing), S. 98 ff.; Prahalad, C.K.; Hamel, G.: (Core Competence), S. 79 ff.; Bogaschewsky, R.: (Aspekte), S. 126; Bongard, S.: (Outsourcing), S. 110. Zu dem zugrundeliegenden ressourcenorientierten Ansatz des strategischen Management vgl. die Abschnitte 1.3. und 2.1.2., zu ressourcenorientierten Portfoliokonzepten zur Bestimmung von Strategien auf Gesamtunternehmensebene vgl. Abschnitt 3.2.3.

74 Vgl. Gerhardt, T.; Nippa, M.; Picot, A.: (Optimierung), S. 142; Venkatesan, R.: (Sourcing), S. 100; Friedrich, S.A.: (Outsourcing), S. 283.

derartigen Fällen liegt eine Eigenfertigung nahe. Der Empfehlung, in allen anderen Fällen fremdzubeziehen, kann jedoch nicht uneingeschränkt gefolgt werden. Dieser Vorschlag erscheint vor allem dann zu pauschal, falls Aktivitäten eines der Merkmale (entweder hohe relative Kompetenzstärke oder hohen Kundenwert) aufweisen und damit ein Argument für die Eigenfertigung spricht. Dieser Sachverhalt spiegelt sich in den Normstrategien wider, die HINTERHUBER für die Wahl zwischen Eigen- und Fremdleistung vorschlägt. Er positioniert die (potentiellen und gegenwärtigen) Aktivitäten des Unternehmens in Abhängigkeit von der relativen Kompetenzstärke und dem ihnen zugemessenen Kundenwert in einem Kompetenz-Portfolio.[75] Aufbauend auf diesem Portfolio werden dann Handlungsempfehlungen für Fertigungstiefenstrategien ausgesprochen, wobei für die Aktivitäten mit entweder hoher relativer Kompetenzstärke oder hohem Kundenwert ein selektives Vorgehen die Normstrategie ist.

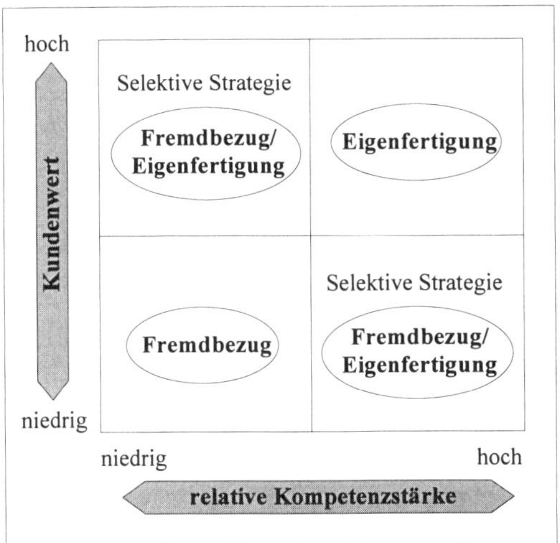

Abb. 5-18: Handlungsempfehlungen für Strategien zur Fertigungstiefe[76]

Neben dem bisher genannten können weitere Argumente dagegen sprechen, die Aktivitäten mit Kernkompetenzen selbst auszuführen und alle anderen Aktivitäten fremdzuvergeben. So sind der drohende Verlust von Know-how und die Gefahr der Entstehung monopolistischer Strukturen auf den Beschaffungsmärkten als mögliche Nachteile einer Fremdvergabe der strategisch nicht relevanten Leistungen anzusehen. Zudem kann es durchaus sinnvoll sein, das auf den Kernkompetenzen basierende Tätigkeitsfeld um weitere Aufgaben auszudehnen, um damit die Transparenz für Wettbewerber und Kunden zu vermindern und Barrieren aufzubauen. Des weiteren können sich Restriktionen bei der Festlegung der Bereitstellungsart in-

75 Vgl. Hinterhuber, H.H.: (Unternehmungsführung), S. 130 f.

76 Quelle: in modifizierter Form übernommen von Hinterhuber, H.H.: (Unternehmungsführung), S. 132.

folge von rechtlichen Rahmenbedingungen ergeben, z.B. durch Patente und umweltrechtliche Vorschriften, die eine Eigenfertigung ausschließen, bzw. staatlich verordnete Importverbote, die einen Fremdbezug verhindern. Auch durch Local-Content-Vorschriften, die einen bestimmten Prozentsatz an inländischer Wertschöpfung vorschreiben, können die Handlungsmöglichkeiten begrenzt werden.

Kernkompetenzen können sich auf eine oder mehrere Stufe(n) des Wertschöpfungsprozesses beziehen. Bei der Ableitung von Bereitstellungsalternativen sind die Beziehungen zu den angrenzenden Stufen zu beachten. So ist eine Auslagerung einzelner Fertigungsstufen nur realisierbar, falls nicht ablaufbedingte, technische Gründe eine Trennung der Stufen des Wertschöpfungsprozesses verhindern. Aber auch aus Kostengründen kann die Bündelung von Stufen, die nicht sämtlich Kernkompetenzen darstellen, zweckmäßig sein.

Weiterhin ist es möglich, daß die verfügbaren Ressourcen des Unternehmens nicht für die Realisierung aller identifizierten Kernaktivitäten ausreichen, so daß dann eine Make-or-buy-Entscheidung auch für diese erforderlich ist.

Die Empfehlung einer Eigenfertigung von Aktivitäten mit Kernkompetenz und einer Fremdvergabe der sonstigen Aktivitäten läßt sich demgemäß nicht immer umsetzen, da Restriktionen bestehen können, die dies verhindern. In anderen Fällen erscheint es aufgrund der aufgeführten Argumente nicht ohne weiteres sinnvoll, dieser Handlungsempfehlung zu folgen. Es wird dann eine differenzierte Bewertung der Alternativen erforderlich. Schließlich beziehen sich die bei der Orientierung an Kernkompetenzen abgeleiteten Handlungsvorschläge nur auf die grundsätzlichen Alternativen der Eigenfertigung und des Fremdbezugs, mögliche Zwischenformen werden vernachlässigt.

Kostenorientierte Ansätze

Die Bereitstellungsalternativen beeinflussen die Zusammensetzung und die Höhe der Kosten in erheblichem Maße, so daß die *Kostenflexibilisierung* und das *Kostenniveau* bedeutende Zielgrößen darstellen. Es läßt sich feststellen, daß bei einem Fremdbezug im Vergleich zur Eigenfertigung aufgrund der geringeren unternehmensintern erforderlichen Potentiale tendenziell ein niedrigerer Fixkostenanteil vorliegt, die Transparenz und die Beeinflußbarkeit der Kostenstruktur sind höher, so daß das Ziel der Kostenflexibilisierung eher erfüllt wird. Die strategisch relevanten Kostenkomponenten, die das Kostenniveau bestimmen, können weitgehend den Produktionskosten und den Transaktionskosten zugeordnet werden.

Bei der Prognose der *Produktionskosten* sind verschiedene Einflußfaktoren zu beachten. Sie werden beispielsweise durch Größendegressions- und Erfahrungseffekte beeinflußt, deren Realisierbarkeit wiederum entscheidend vom Produktionsvolumen abhängig ist. Dieses ist normalerweise beim Lieferanten größer, da er in der Regel mehrere Kunden beliefert; Größendegressions- und Erfahrungseffekte können dann vom Lieferanten stärker ausgeschöpft werden.[77] Das Produktionsvolumen wird sich häufig während des Lebenszyklus eines Endproduktes in typischer Form entwickeln, so daß dieser als Grundlage für entsprechende Prognosen verwendet werden kann. Durch häufigen Wechsel des Bereitstellungsweges kann die Erzielung von Erfahrungseffekten gefährdet werden.

Einen erheblichen Einfluß auf die Produktionskosten haben zudem die Faktorpreise (insbesondere für die Faktoren Arbeit und Material), die vor allem in Abhängigkeit von der geographischen Lage der Produktionsstätte(n) und den Lieferanten differieren können. Weitere Kosteneinflußgrößen sind die angewandten Technologien, Verbundvorteile, die bei Durchführung ähnlicher Fertigungsprozesse realisiert werden können sowie die Effizienz der ausführenden Arbeit, der Organisationsstruktur und des Managements.[78] Hinsichtlich dieser Kriterien läßt sich keine eindeutige Aussage zur Vorteilhaftigkeit der Alternativen Eigen- oder Fremdfertigung machen, da diese sowohl beim Lieferanten als auch im eigenen Unternehmen besser ausgeprägt sein können.

Wie generell bei den langfristigen Prognosen und Planungen der strategischen Ebene sind bei der Prognose der Produktionskosten zu erwartende Anpassungsprozesse einzubeziehen, da diese die derzeitige Güte der Alternativen verändern können. Dies wird auch als ein Grund dafür genannt, daß die Höhe der Produktionskosten als strategisches Entscheidungskriterium nicht ausschlaggebend sein muß.[79]

Neben den Produktionskosten sind bei strategischen Entscheidungen zur Fertigungstiefe die Kosten der Information und der Kommunikation zu berücksichtigen, die beim Übergang eines Produktes (bzw. der Produkte eines Produktfeldes) von einer Fertigungsstufe zur nächsten entstehen und damit sowohl bei rein innerbetrieblicher als auch bei unternehmensübergreifender Fertigung anfallen können. Diese durch die Organisation und die Abwicklung einer arbeitsteiligen Leistungserstellung bewirkten Kosten werden als *Transaktionskosten* bezeichnet.[80] Die Transaktionskosten lassen sich entsprechend den Phasen einer Transaktion in

- Anbahnungskosten (z.B. für die Informationsbeschaffung über potentielle Lieferanten und deren Konditionen oder für die Fertigungsvorbereitung),
- Vereinbarungskosten (z.B. für Verhandlungen, die Vertragsformulierung oder die Abstimmung zwischen Entwicklung, Einkauf, Produktion und Vertrieb),

---

77 Würde allein der Größendegressions- und Erfahrungseffekt der Entscheidung zugrunde gelegt, sollten nur die Werkstoffe selbst hergestellt werden, die kein Lieferant in größeren Mengen produziert. Vgl. Wildemann, H.: (Fertigungsstrategien), S. 440. Sollen Größendegressionseffekte bei einem Fremdbezug möglichst weitgehend ausgeschöpft werden, empfiehlt es sich, nur bei einem Lieferanten zu beziehen (Single Sourcing).

78 Vgl. Bogaschewsky, R.: (Aspekte), S. 129 f.; Männel, W.: (Wahl), S. 58, sowie zu weiteren Kosteneinflußgrößen Schweitzer, M.; Küpper, H.-U.: (Kostentheorie), S. 267 ff. und Abschnitt 8.2.2.

79 Vgl. Bogaschewsky, R.: (Aspekte), S. 130.

80 Vgl. Gerhardt, T.; Nippa, M.; Picot, A.: (Optimierung), S. 136.

- Abwicklungskosten (z.B. für die Prozeßsteuerung, die Führung und die Koordination der internen oder externen Leistungserstellung),
- Kontrollkosten (z.B. für die Sicherstellung von Termin-, Qualitäts-, Mengen- und eventuell Geheimhaltungsvereinbarungen) sowie
- Anpassungskosten (z.B. aufgrund nachträglicher Änderungen des Leistungsumfangs oder eines Lieferantenwechsels)

differenzieren.[81] Verantwortlich für das Entstehen von Transaktionskosten ist zum einen die begrenzte Rationalität der an einer Transaktion Beteiligten und zum anderen deren opportunistisches Verhalten, das sich in dem egoistischen Ausnutzen von Informationsasymmetrien und dem Versuch, die eigenen Zielsetzungen zu Lasten des anderen durchzusetzen, äußert. Diesen Kosten kommt je nach gewählter Koordinationsform eine unterschiedliche Bedeutung zu. Des weiteren sind die Eigenschaften der betrachteten Leistungen, zu denen auch die hier untersuchte Bereitstellung der einem bestimmten Produktfeld und einer spezifischen Fertigungsstufe zugeordneten Werkstoffe zählt, für die Höhe der Transaktionskosten maßgeblich. Aus der Analyse dieser Eigenschaften und deren Wirkungen auf die Kosten lassen sich Handlungsempfehlungen bzw. Normstrategien für strategische Make-or-buy-Entscheidungen ableiten, indem eine Koordinationsform bestimmt wird, die die Koordinationsabläufe und damit die Transaktionskosten optimiert.[82]

Zu den Eigenschaften, die die Transaktionskosten beeinflussen, zählen vor allem die Spezifität, die strategische Bedeutung und die Unsicherheit der Transaktionen, wobei die Transaktionskosten mit zunehmender Ausprägung dieser Eigenschaften steigen.[83] Die *Spezifität* spiegelt sich z.B. darin wider, daß bestimmte Anlagen, Werkzeuge sowie Fertigungsverfahren verwendet werden und spezielle Personalqualifikationen erforderlich sind, deren Verwendbarkeit auf die Erstellung weniger und im Extremfall einer Leistung(en) beschränkt ist. Eine hohe Spezifität von Anlagen bzw. ganzen Produktionsstätten resultiert häufig auch aus der Unbeweglichkeit oder hohen Errichtungs- und Verlagerungskosten, sie kann bewirken, daß aufeinanderfolgende Fertigungsstufen integriert oder zumindest in räumlicher Nähe angeordnet werden sollten. Mit steigender Spezifität nimmt die gegenseitige Abhängigkeit der an der Transaktion Beteiligten zu, und der Leistungsaustausch sollte durch langfristige Verträge oder durch eine interne Fertigungsorganisation geregelt werden, damit sich die Investi-

---

81 Vgl. Picot, A.: (Ansatz), S. 344.

82 Vgl. Gerhardt, T.; Nippa, M.; Picot, A.: (Optimierung), S. 136. Zu empirischen Untersuchungen zur vertikalen Integration auf der Grundlage des Transaktionskostenansatzes vgl. Baur, C.: (Make-or-Buy), S. 127 f.; Kaas, K.P.; Fischer, M.: (Transaktionskostenansatz), S. 691 f.

83 Zu den folgenden Ausführungen über die Eigenschaften von Transaktionen und die daraus ableitbaren Aussagen zur Vorteilhaftigkeit von Integrationsformen vgl. Baur, C.: (Make-or-Buy), S. 61 ff.; Williamson, O.E.: (Institutionen), S. 62 ff.; Gerhardt, T.; Nippa, M.; Picot, A.: (Optimierung), S. 136 f.; Matje, A.: (Transaktionscontrolling), S. 81 ff.; Picot, A.: (Ansatz), S. 346 f.

tionen in die spezifischen Produktionsfaktoren amortisieren. Die Einbeziehung externer Partner ist aber mit hohen Anbahnungs- und Vereinbarungskosten verbunden, so daß bei einer hohen Spezifität eine Eigenfertigung vorzuziehen ist. Bei standardisierten Leistungen hingegen verursacht ein Fremdbezug allgemein geringere Transaktionskosten als die interne Koordination in Form einer Eigenfertigung, so daß in diesem Fall ein niedriger vertikaler Integrationsgrad vorteilhaft erscheint. Dabei beziehen sich die Begriffe 'Integrationsgrad' und 'Grad der marktlichen Koordination' (vgl. Abbildung 5-17) auf den gleichen Sachverhalt, ihre Ausprägungen gehen allerdings in entgegengesetzte Richtungen.

Die *strategische Bedeutung* stellt das Ausmaß dar, in dem Leistungen zur Realisierung von Wettbewerbsvorteilen beitragen. Für strategisch bedeutende Leistungen, die zumeist gleichzeitig unternehmensspezifische Eigenschaften aufweisen, erscheinen höher integrierte bis rein interne Koordinationsformen die effizienteste Lösung, da ein Fremdbezug unter anderem umfangreiche Vertragsverhandlungen und damit einhergehend hohe Transaktionskosten nach sich ziehen würde. Außerdem sind mit diesen Leistungen besondere Anforderungen an deren Schutz und Geheimhaltung verbunden, die häufig entweder nur intern oder aber im Falle eines Fremdbezugs unter Inkaufnahme erheblicher Kontrollkosten erfüllt werden können. Die strategische Bedeutung wird damit sowohl beim Transaktionskostenansatz als auch bei der Orientierung an den Kernkompetenzen einbezogen, die dabei jeweils abgeleiteten Empfehlungen gehen in die gleiche Richtung.

Die *Unsicherheit* resultiert aus transaktionskostentheoretischer Sicht einerseits aus dem möglichen opportunistischen Verhalten der beteiligten Parteien und andererseits aus den zukünftigen Umweltzuständen, die qualitative, quantitative, terminliche oder technische Anpassungsnotwendigkeiten im Prozeß der Leistungserstellung hervorrufen können. Sie wird bei der Ableitung von Handlungsempfehlungen im Zusammenhang mit der Spezifität und der strategischen Bedeutung betrachtet. In Verbindung mit einer hohen Spezifität und strategischen Bedeutung einer Leistung führt eine große Unsicherheit bei unternehmensübergreifenden Koordinationsformen zu höheren Transaktionskosten als bei einer Eigenfertigung. Dies kann damit erklärt werden, daß bei der Gestaltung langfristiger Verträge aufgrund der Unsicherheit allgemeine Vorkehrungen zur Absicherung oder bedingte Alternativvereinbarungen getroffen werden müssen, die zusätzliche Vereinbarungs- und Kontrollkosten mit sich bringen. Weiterhin steigen durch unerwartete Änderungen in der Umwelt die Anpassungskosten bei externer Abwicklung stärker an als bei einer internen Produktion. Bei standardisierten, strategisch unbedeutenden Leistungen hingegen wird auch bei einer großen Unsicherheit und damit Änderungsintensität ein Bezug auf dem Markt, z.B. mittels kurzfristiger Verträge oder Rahmenverträgen mit flexiblen Abrufmengen, oftmals nur geringe Transaktionskosten verursachen. Für die durch die Spezifität und die strategische Bedeutung begründeten Handlungsempfehlungen liegt demgemäß mit einer hohen Unsicherheit ein weiteres Argument vor.

Eine weitere relevante Eigenschaft ist die *Häufigkeit*, mit der eine Leistung zu erstellen ist. Diesem Kriterium kommt primär eine unterstützende Wirkung zu, da zwar mit steigender Häufigkeit eine bestehende Tendenz zur Eigenfertigung gestärkt wird, unspezifische und strategisch unbedeutende Leistungen jedoch trotz großer Mengen fremdbezogen werden sollten.

Als Instrument zur Einbeziehung von Transaktionskosten und ihren Einflußgrößen in die Vorbereitung strategischer Fertigungstiefen-Entscheidungen bietet sich die Portfolio-Analyse an. Bei dieser werden die Ausprägungen der genannten Kosteneinflußgrößen mit denen bestimmter Ein- bzw. Auslagerungsbarrieren kombiniert. Solche Hindernisse für die Aufnahme bzw. Beendigung einer Eigenfertigung können beispielsweise die nicht ausreichende Erfüllung von Qualitätsstandards, die mangelnde Verfügbarkeit von Know-how, Kapital sowie Infrastruktur, eine unzureichende Kapazität (beschaffbare Rohstoffe, Personal, Betriebsmittel) und Flexibilität der Produktionsstätten, die Über- oder Unterschreitung einer wirtschaftlichen Betriebsgröße, hohe Kosten oder Auszahlungen für den Auf- bzw. Abbau von Kapazitäten, beschäftigungspolitische Restriktionen oder Geheimhaltungsgründe sein, die die Realisierung einer Bereitstellungsalternative verhindern.[84] Auf der Grundlage der Positionierung der Leistungen in einem entsprechenden Portfolio können Strategieempfehlungen für deren Bereitstellung gegeben werden. Ein Portfolio, das sich auf bisher eigenerstellte Leistungen bezieht, ist beispielhaft in Abbildung 5-19 dargestellt.

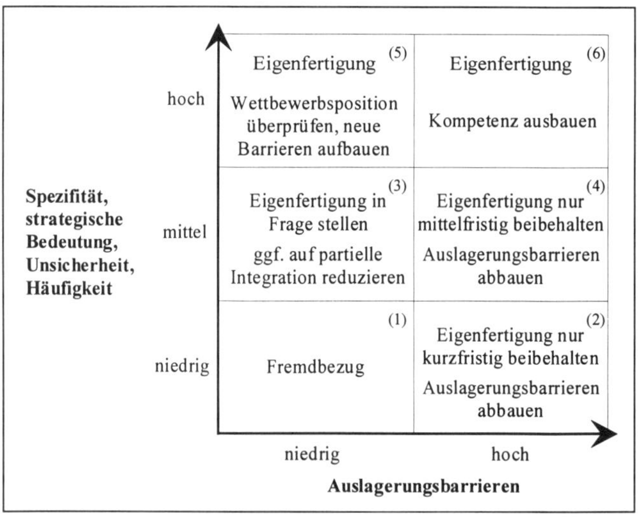

Abb. 5-19: Strategieempfehlungen für bisher eigenerstellte Leistungen[85]

[84] Diese Barrieren stehen in enger Beziehung zu Markteintritts- bzw. Marktaustrittsbarrieren. Vgl. dazu Abschnitt 2.1.2.

[85] Quelle: zusammengestellt auf der Basis von Picot, A.: (Ansatz), S. 352 und Gerhardt, T.; Nippa, M.;

Zusammenfassend läßt sich feststellen, daß der Integrationsgrad um so höher sein sollte, je größer die Ausprägungen der relevanten Eigenschaften von Leistungen sind. Bei einer geringen Ausprägung aller Eigenschaften und der Auslagerungsbarrieren folgt daraus die Empfehlung für einen Fremdbezug mit möglichst geringem Integrationsgrad (1). Hierbei bieten kurzfristige Verträge die beste Alternative, den Wettbewerb auf dem Beschaffungsmarkt auszunutzen. Behindern jedoch Auslagerungsbarrieren eine Leistungsbeziehung über den Markt, sollte versucht werden, diese Barrieren zu überwinden, um kurz- oder mittelfristig auf einen Fremdbezug übergehen und damit Ressourcen freisetzen zu können ((2) und (4)). Maßnahmen zum Abbau der Barrieren sind beispielsweise eine interne Umsetzung oder Weiterqualifizierung der Mitarbeiter, ein Know-how-Transfer an Lieferanten oder eine Kooperation mit Lieferanten. Bei niedrigen Auslagerungsbarrieren und mittlerer Ausprägung der Eigenschaften ist ein selektives Vorgehen zu empfehlen; statt eines Wechsels zum Fremdbezug kann unter Umständen auch eine zeitlich oder mengenmäßig begrenzte Eigenfertigung vorteilhaft sein, wenn dadurch eine Verringerung der Transaktionskosten erreicht wird (3). Hohe Ausprägungen der Kosteneinflußgrößen legen eine Eigenfertigung nahe ((5) und (6)), nur in speziellen Situationen, falls z.B. das externe Know-how dem unternehmensinternen weit überlegen ist, sollten enge Kooperationsformen wie eine Kapitalbeteiligung in Erwägung gezogen werden. Geringe Barrieren bei strategisch bedeutenden Leistungen, z.B. aufgrund der Verfügbarkeit der Leistungen am Markt, können bestehende Wettbewerbsvorteile des Unternehmens gefährden, deswegen sollten neue Barrieren geschaffen werden (5).[86]

Analoge Portfolios lassen sich auch für fremdbezogene Leistungen unter Berücksichtigung von Einlagerungsbarrieren sowie für bislang noch nicht bereitgestellte Leistungen anfertigen, zudem existieren weitere Portfolios, die auf dem Transaktionskostenansatz basieren.[87]

Mit Hilfe des Transaktionskostenansatzes können demgemäß Vorschläge für Strategien zur Fertigungstiefe unterbreitet werden. Es ist allerdings einschränkend zu bemerken, daß die Quantifizierung der Transaktionskosten ein Problem darstellt. Die zuvor beschriebene Gewinnung von Strategieempfehlungen erfolgt nur auf der Grundlage einer indirekten Einschätzung der Transaktionskosten über die Prognose der Einflußgrößen. Zudem werden sämtliche Eigenschaften bzw. Barrieren ohne Berücksichtigung ihrer unterschiedlichen Dimensionen an einer Achse der Portfolio-Matrix abgetragen. Ferner bleibt unklar, wie eine Positionierung der Leistung bei nicht gleichgerichteten Ausprägungen der betrachteten Eigenschaften und Barrieren erfolgt. Schließlich sind die mit Hilfe eines Portfolio-Ansatzes gewonnenen Hinweise auf ge-

Picot, A.: (Optimierung), S. 139.

86 Vgl. Baur, C.: (Make-or-Buy), S. 123; Gerhardt, T.; Nippa, M.; Picot, A.: (Optimierung), S. 138; Picot, A.: (Ansatz), S. 351.

87 Vgl. hierzu Picot, A.; Reichwald, R.; Schönecker, H.G.: (Eigenfertigung), S. 1032; Bongard, S.: (Outsourcing), S. 171 ff.; Picot, A.; Maier, M.: (Gestaltungskonzepte), S. 15.

eignete Strategien aufgrund der generellen Schwächen dieser Methodik ebenfalls bezüglich ihrer Aussagekraft zu relativieren.[88] Die formulierten Normstrategien können daher nicht als allgemeingültig angesehen werden, sondern lediglich als Anregungen, die problem- und unternehmensspezifisch bei der Strategieentwicklung umzusetzen sind.

Der Anwendungsbereich des Transaktionskostenansatzes ist die Bestimmung des Bereitstellungsweges für einzelne Stufen des Wertschöpfungsprozesses. Hinweise auf die Gestaltung des Gesamtprozesses unter Berücksichtigung der zwischen den Stufen bestehenden Beziehungen können nicht abgeleitet werden.

Zudem führt die isolierte Betrachtung der Transaktionskosten nicht unbedingt zu einer optimalen Lösung. Bei einer kostenorientierten Analyse sollten auch die Produktionskosten einbezogen werden, da diese bei interner bzw. externer Fertigung eine unterschiedliche Höhe aufweisen können. Bei einem sehr hohen Grad an Spezifität der Leistungen kann zwar davon ausgegangen werden, daß der Lieferant im Vergleich zum betrachteten Unternehmen keine Größenvorteile realisieren kann, da er diese Leistungen dann nur bei einem oder wenigen Kunden absetzen wird. In diesem Fall verlieren die Produktionskosten als Entscheidungskriterium an Bedeutung.[89] Produktionskostenunterschiede können aber dennoch auftreten, z.B. aufgrund von Verbundvorteilen sowie Differenzen bei den Faktorpreisen. Selbst bei Einbeziehung aller Kosten werden aber aufgrund der Beschränkung auf kostenbezogene Ziele weitere relevante Aspekte wie die Qualität und die Zeit möglicherweise vernachlässigt.

Ansatz von PORTER

PORTER geht bei der Ableitung von Handlungsempfehlungen für die vertikale Integration von Unternehmen von dem Ziel der *Sicherung der Wettbewerbsfähigkeit* aus, das durch die Gestaltung der eigenen Wertkette und deren Koordination mit vor- und nachgelagerten Wertketten erreicht werden soll. Er hebt hervor, daß dabei nicht nur die Kosten und Investitionserfordernisse einbezogen werden sollten, sondern auch zusätzliche strategische Aspekte sowie (administrative) Führungsprobleme zu beachten sind.[90] Die potentiellen Konsequenzen einer vertikalen Integration faßt er - wie in Abbildung 5-20 aufgeführt - in den Kategorien 'Strategische Vorteile' und 'Strategische Kosten' zusammen.

PORTER arbeitet eine Vielzahl von Aspekten heraus, die für die Entwicklung von Strategien zur Fertigungstiefe bedeutend sein können. Diese Gesichtspunkte können eine Orientierungshilfe bieten, indem ihre Prüfung sichert, daß möglichst viele der relevanten Wirkungen fertigungstiefenbezogener Alternativen erfaßt werden. Er weist allerdings selbst darauf hin, daß die Argumente lediglich Tendenzaussagen darstellen und bei einem konkreten

---

88 Vgl. zur Kritik an der Portfolio-Methode allgemein Abschnitt 3.2.2.

89 Vgl. Picot, A.: (Ansatz), S. 349; Baur, C.: (Make-or-Buy), S. 113 ff.

90 Vgl. Porter, M.E.: (Wettbewerbsstrategie), S. 380.

Entscheidungsproblem zusätzlich dessen Besonderheiten durch geeignete Analysen erfaßt werden sollten.[91] Dies gilt ebenso für die Beziehungen zwischen aufeinanderfolgenden Produktionsstufen, die bei der Strategieentwicklung für den Gesamtprozeß zu beachten sind.

Strategische Vorteile einer Integration

- Einsparungen durch Integration aus
  - kombinierten (Produktions-)Aktivitäten
  - interner Kontrolle und Koordination
  - Information
  - Umgehung des Marktes
  - stabilen Geschäftsbeziehungen
- Anschluß an Technologien
- Sicherung von Versorgung und/oder Absatz
- Ausgleich von Verhandlungsstärke und von Verzerrungen der Inputpreise
- Verbesserte Fähigkeit zur Differenzierung
- Erhöhung von Eintritts- und Mobilitätsbarrieren für Konkurrenten
- Eintritt in ein rentableres Geschäft
- Schutz gegen Marktausschluß

Strategische Kosten einer Integration

- Kosten der Überwindung von Mobilitätsbarrieren
- Erhöhung des 'operating leverage'
- Geringere Flexibilität beim Wechsel von Geschäftspartnern
- Höheres allgemeines Niveau der Austrittsbarrieren
- Bedarf an Kapitalinvestitionen
- Versperrter Zugang zur Forschung oder zum Know-how von Kunden oder Lieferanten
- Probleme beim Kapazitätsausgleich
- Verminderung allgemeiner Anreize
- Aufbau unterschiedlicher Führungserfordernisse und Managementkapazitäten

Abb. 5-20: Strategische Vorteile und Kosten einer vertikalen Integration[92]

Vorgehensmodell der Strategieentwicklung

Bei der Strategieentwicklung sind für die einzelnen Produktionsstufen jeweils erfolgversprechende Bereitstellungswege auszuarbeiten und zu Alternativen zusammenzufassen, die sich auf den gesamten relevanten Bereich der Wertschöpfungskette beziehen. Da für jede Stufe eine Reihe von Bereitstellungsformen zur Wahl stehen, kann die Anzahl der möglichen Alternativen - in Abhängigkeit von der Anzahl der Stufen - sehr hoch werden. Wird zwischen den in Abbildung 5-17 unterschiedenen 7 Bereitstellungsmöglichkeiten differenziert und existieren beispielsweise fünf Stufen, lautet diese Anzahl bereits $5^7 = 78.125$. Selbst wenn bei einigen Stufen bestimmte Bereitstellungswege offensichtlich nicht realisierbar oder unvorteilhaft oder die Bereitstellungswege mehrerer Stufen voneinander abhängig sind, verbleibt oftmals eine hohe Anzahl von Alternativen. Auch angesichts der Komplexität der strategischen Problemstellung erscheint die Entwicklung einiger weniger erfolgversprechender Alternativen, die anschließend einer Bewertung und Entscheidung unterzogen werden, schwierig. Es dürfte sinnvoll sein, sie nicht in einem Schritt durchzuführen, sondern eine

91 Vgl. Porter, M.E.: (Wettbewerbsstrategie), S. 380 f.

92 Quelle: Matje, A.: (Transaktionscontrolling), S. 37. Zu einer ausführlichen Erörterung dieser Aspekte vgl. Porter, M.E.: (Wettbewerbsstrategie), S. 381 ff.

sukzessive Ausarbeitung vorzunehmen.[93] Dieser können modellhaft die in der folgenden Abbildung dargestellten Elemente zugeordnet werden.

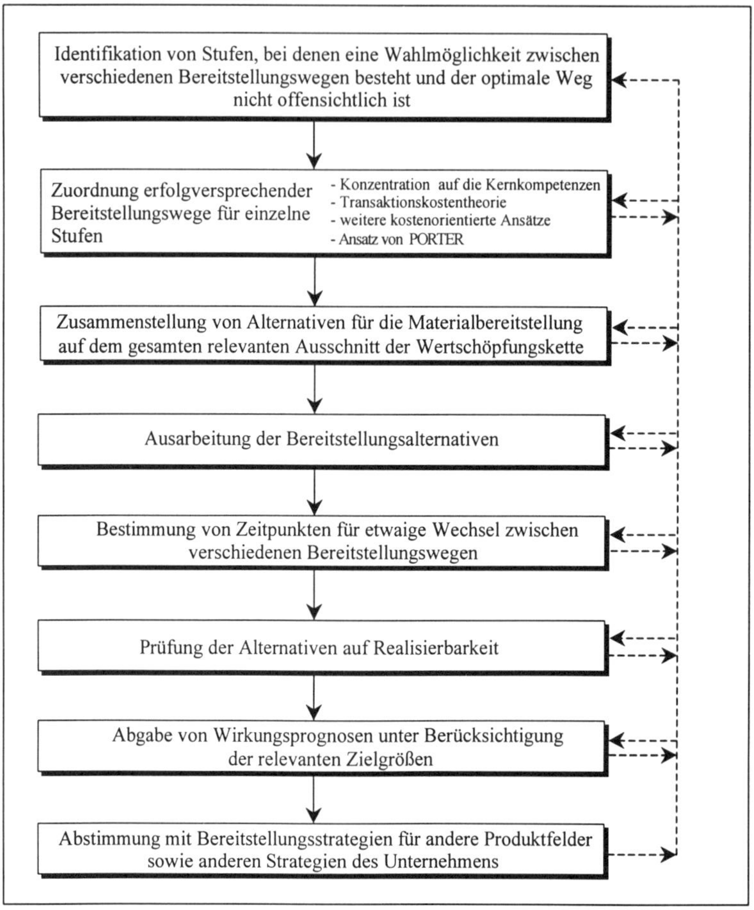

Abb. 5-21: Vorgehensmodell der Strategieentwicklung

---

93 Zu einer ausführlichen Beschreibung des im folgenden dargestellten Konzeptes vgl. Mikus, B.: (Make-or-buy-Entscheidungen), S. 82 ff. Einen dreistufigen Ansatz zur Handhabung des strategischen Problems der Bestimmung der Leistungstiefe schlägt BETZ vor. Gemäß diesem Konzept sollen zunächst mit Hilfe von Checklisten die Leistungen identifiziert werden, die nur entweder mit Eigenfertigung oder mit Fremdbezug bereitgestellt werden können. Für die verbleibenden Leistungen sollen dann mittels Portfolio-Ansätzen Bereitstellungswege ausgearbeitet werden. Die dritte Stufe beinhaltet die Durchführung von Investitionsrechnungen zur Vorbereitung der Entscheidung bei den Leistungen, für die im zweiten Schritt Strategien entwickelt worden sind, die umfangreiche Investitionen oder Desinvestitionen bzw. ein sehr hohes Fremdbearbeitungsvolumen mit sich bringen. Vgl. Betz, S.: (Gestaltung), S. 402 ff.

Im Rahmen der Strategieentwicklung sind zunächst diejenigen Fertigungsstufen auszugrenzen, bei denen nur eine Bereitstellungsform in Frage kommt. Auf diese Weise erfolgt dann gleichzeitig die *Identifikation der Fertigungsstufen, bei denen eine Wahlmöglichkeit zwischen verschiedenen Bereitstellungswegen besteht* und für die somit noch eine optimale Strategie zu entwickeln ist. Hinweise auf entsprechende Stufen können aus den in der vorgelagerten Phase der Strategischen Analyse und Prognose erkannten Problemen abgeleitet werden. Auch gesamtprozeßbezogene Überlegungen, z.B. hinsichtlich einer angestrebten Erhöhung oder Verringerung der Fertigungstiefe, können die Bereitstellungswege für einzelne Stufen determinieren.

Im zweiten Schritt sollte eine *Zuordnung erfolgversprechender Bereitstellungswege* für die Fertigungsstufen, bei denen mehrere Handlungsalternativen denkbar sind, vorgenommen werden. Dazu können die oben beschriebenen Konzepte genutzt werden, insbesondere lassen sich mittels Prüfung des Vorliegens von Kernkompetenzen, mit Hilfe von Portfolio-Ansätzen (wie in der Transaktionskostentheorie) oder durch Analyse der von PORTER aufgeführten strategischen Vor- und Nachteile der Integration zweckmäßige Bereitstellungsformen für die entsprechenden Stufen identifizieren.

Bei der *Zusammenstellung von Alternativen für die Materialbereitstellung auf dem gesamten relevanten Ausschnitt der Wertschöpfungskette* sind neben den stufenbezogenen Überlegungen die Interdependenzen zwischen den verschiedenen Stufen einzubeziehen. Dazu sind unter anderem die für den Übergang von einer Stufe zur anderen relevanten Merkmale der bereitzustellenden Werkstoffe (z.B. Transport- und Lagereigenschaften) sowie der zu ihrer Herstellung dienenden Produktionsprozesse (z.B. Organisationstyp und Ortsbindung der Produktion) zu untersuchen. Von ihnen ist abhängig, welche Kombinationen von Bereitstellungsalternativen bei aufeinanderfolgenden Stufen realisierbar sind und welche zielrelevanten Konsequenzen (Niveau der Lager-, Rüst-, Bestell- und Transportkosten sowie Transaktionskosten, Qualitätsverluste, Wartezeiten) bei diesen Kombinationen beim Übergang von einer Stufe zu einer anderen entstehen.

Bei Realisation einer hohen Fertigungstiefe liegt die Koordination von Produktionsplänen und damit die Möglichkeit zur Senkung der dadurch beeinflußbaren Kosten allein in der Hand des Unternehmens. Allerdings kann das Problem auftreten, daß in den verschiedenen Stufen unterschiedliche optimale Betriebsgrößen bzw. Kapazitäten vorliegen, die einer Abstimmung bedürfen. Lösungsmöglichkeiten dieses Problems können der Absatz von Vorprodukten (falls die optimale Betriebsgröße größer ist als der eigene Bedarf) oder die Realisation einer partiellen Integration, bei der die Überschußmenge fremdbezogen wird (im umgekehrten Fall), darstellen.

Bei der konkreten Bildung von Alternativenbündeln, die sich auf den gesamten Fertigungsprozeß beziehen, kann von Zielvorstellungen zur angestrebten Fertigungstiefe sowie den für einzelne Stufen vorteilhaft erscheinenden Bereitstellungswegen ausgegangen werden. Aus ihnen sind unter Beachtung der Realisierbarkeit sowie der zielrelevanten Konsequenzen (einschließlich der beim Übergang zwischen den Stufen entstehenden Effekte) erfolgversprechende Kombinationen von Bereitstellungswegen abzuleiten. Dabei kann an einzelnen Stufen des relevanten Ausschnitts der Wertschöpfungskette angesetzt und schrittweise jeweils eine Erweiterung um eine Stufe vorgenommen werden. Die Bildung erfolgversprechender Alternativenkombinationen kann bei einer Stufe begonnen werden, bei der der Bereitstellungsweg offensichtlich ist (gegebenenfalls bei einer Kernkompetenz des Unternehmens) oder der eine große Bedeutung für das Unternehmen (z.B. aufgrund des höchsten Wertschöpfungsanteils) zukommt. Häufig wird es vorteilhaft sein, an der letzten Fertigungsstufe anzusetzen und die Alternativen entgegen dem Fertigungsablauf zusammenzusetzen. Wird für eine Stufe ein Fremdbezug als vorteilhaft erkannt, erübrigt sich in der Regel die Alternativenkombination für die vorangehenden Stufen. Bei Eigenfertigung besteht hingegen weiterhin die Notwendigkeit, die Bereitstellungswege für die vorgelagerten Fertigungsstufen sinnvoll miteinander zu kombinieren. Bei einem entsprechenden retrograden Vorgehen läßt sich auch berücksichtigen, daß Werkstoffe in mehreren Fertigungsvorgängen nachfolgender Stufen verarbeitet werden können, so daß ihr Bedarf sich aus den Bereitstellungsentscheidungen dieser Stufen ergibt. Wird bei der oder den ersten Fertigungsstufe(n) angesetzt und für diese eine Eigenfertigung vorgesehen, dann impliziert dies häufig die Vorteilhaftigkeit einer Eigenfertigung auch in den nachfolgenden Stufen; eine sinnvolle Alternative ist in diesem Fall anstelle des Fremdbezugs oftmals die Fremdbearbeitung (Lohnarbeit).

Als Grundlage für die nachfolgenden Schritte ist eine *Ausarbeitung der Bereitstellungsalternativen* notwendig. So ist bei der Eigenfertigung unter anderem festzulegen, wieviele und welche Standorte in welchen Ländern genutzt werden, welche Fertigungsverfahren zum Einsatz kommen und welche Kapazitäten aufgebaut werden sollen. Beim Fremdbezug stellt sich die Aufgabe der Festlegung von Beschaffungsstrategien für die Werkstoffe, die bereitzustellen sind. Auch bei einer Disintegration ist die konkrete Ausgestaltung zu planen (Verkauf von Unternehmenseinheiten, interne Anpassungsmaßnahmen etc.). Die Ausarbeitung kann zum Teil in den untergeordneten taktischen und operativen Planungsprozessen erfolgen.

Während oder nach der Ausarbeitung der Handlungsalternativen sind sowohl für einzelne Stufen als auch für den Gesamtprozeß die *Zeitpunkte für etwaige Wechsel zwischen verschiedenen Bereitstellungswegen* zu bestimmen. Dazu ist zu untersuchen, inwieweit sich die Vorteilhaftigkeit von Bereitstellungswegen aufgrund von Entwicklungen der Unternehmensumwelt und des Unternehmens (z.B. des Bedarfs) ändert. Außerdem muß eventuell analysiert werden, welche Möglichkeiten für einen Wechsel des Bereitstellungsweges bestehen. Dabei ist z.B. zu hinterfragen, ob nach Aufnahme einer Eigenfertigung in Zukunft ein Fremdbezug vorgenommen werden kann oder inwieweit nach einem Wechsel zum Fremdbezug die Möglichkeit einer Rückgliederung gegeben ist. Des weiteren ist einzubeziehen, welche Mittel im Unternehmen zur Realisation der mit einem Wechsel des Bereitstellungsweges verbundenen Investitions- oder Desinvestitionsmaßnahmen in den einzelnen Zeitpunkten des Planungszeitraums verfügbar sind.

Ein weiteres Element der Strategieentwicklung stellt die *Prüfung der Alternativen auf Realisierbarkeit* dar. Es ist - eventuell mit Hilfe von Checklisten - zu analysieren, inwieweit die notwendigen Voraussetzungen für deren Implementierung gegeben oder herstellbar sind. Hindernisse können insbesondere die bereits angesprochenen Ein- und Auslagerungsbarrieren darstellen. Aufgrund des langfristigen Betrachtungszeitraums ist allerdings die Möglichkeit der Beeinflußbarkeit vieler Ein- bzw. Auslagerungsbarrieren relativ groß, so läßt sich beispielsweise ein unzureichendes internes Know-how verbessern, oder es können neue leistungsfähige Lieferanten aufgebaut werden, falls keine ausreichenden Beschaffungsmöglichkeiten vorliegen. Diejenigen Alternativen, deren Voraussetzungen nicht erfüllt sind bzw. denen unüberwindbare Barrieren entgegenstehen, sind aus der weiteren Betrachtung auszuschließen.

Für die verbleibenden zur Disposition stehenden Alternativen ist anschließend die *Abgabe von Wirkungsprognosen* notwendig, die sich auf die Erreichung der relevanten Zielgrößen beziehen. Hierzu zählen insbesondere die Kostenflexibilisierung und das Kostenniveau, so daß die Wirkungsprognosen für die Handlungsalternativen vor allem auf die *Kosten* auszurichten sind. Zu den dabei zu berücksichtigenden Einflußfaktoren sowie den kostenbezogenen Vor- und Nachteilen der Eigenfertigung und des Fremdbezugs sei auf die entsprechenden Ausführungen zu den kostenorientierten Ansätzen verwiesen.

Weitere relevante Ziele werden häufig die strategischen Wettbewerbsfaktoren Qualität, Flexibilität und Zeit darstellen. Für sie lassen sich die folgenden Tendenzaussagen zur Vorteilhaftigkeit der Alternativen treffen.

Hinsichtlich der *Qualität* kann von Fall zu Fall eine andere Bereitstellungsalternative vorteilhaft sein. Als Vorteil einer Eigenfertigung läßt sich die bessere Koordinationsmöglichkeit der einzelnen Fertigungsvorgänge nennen, durch die eine bessere Beherrschung des gesamten Prozesses erreicht wird. Des weiteren bestehen ständige Kontroll- und Verbesserungsmöglichkeiten. Für einen Fremdbezug können ein spezifisches Forschungs- und Entwicklungspotential beim Lieferanten, langjährige Erfahrungen auf seinem Spezialgebiet, der Einsatz leistungsfähigerer Betriebsmittel (z.B. von bestimmten Präzisionsmaschinen) und die Tatsache sprechen, daß bei einer Beschaffung häufig strengere Qualitätskontrollen vorgenommen werden als bei einer Eigenfertigung.[94]

Eine höhere *Flexibilität* kann hinsichtlich der Produkte und Produktionsprozesse (und wie bereits angesprochen auch bezüglich der Kosten) in der Regel durch einen Fremdbezug verwirklicht werden, da bei diesem zumeist schnellere Anpassungen an unvorhergesehene

94 Vgl. Picot, A.: (Ansatz), S. 343; Baur, C.: (Make-or-Buy), S. 51; Männel, W.: (Wahl), S. 60.

Veränderungen möglich sind. Dabei ist eine mengenbezogene Anpassung vor allem durch kurzfristige Reduzierung bzw. Ausweitung des Bestellvolumens, unter Umständen auch bei neuen Lieferanten, eine qualitative Anpassung insbesondere durch Lieferantenwechsel erzielbar. In langfristiger Sicht wirkt zudem eine Eigenfertigung flexibilitätsverringernd, da die zu ihrer Realisierung geschaffenen Kapazitäten eine Auslagerungsbarriere darstellen. In bestimmten Fällen kann jedoch die Flexibilität bei Eigenfertigung höher sein, z.B. bei unerwarteten Änderungen der Bedarfsmengen, falls die vorhandenen Kapazitäten universell nutzbar sind. Außerdem ist bei Eigenfertigung die Informationsdichte ebenso wie die Unabhängigkeit höher. Eine Anpassung der Kapazitäten mehrerer Stufen durch entsprechende Investitionen läßt sich bei hohem Integrationsgrad tendenziell einfacher vornehmen.[95]

Die Zielgröße *Zeit* ist eng mit der Flexibilität verbunden. Bei einer Eigenfertigung ist das Unternehmen auch in zeitlicher Hinsicht unabhängig von Lieferanten der betrachteten Werkstoffe, dadurch sind die Freiheitsgrade in der Terminplanung höher, und es kann relativ schnell auf spezifische Kundenbedürfnisse eingegangen werden. Zudem werden Liefer- bzw. Transportzeiten vermieden. Gegebenenfalls treten aber bei der Eigenfertigung lange Fertigungsdauern, Terminkonflikte mit anderen Unternehmensbereichen sowie Terminprobleme bei Bedarfsschwankungen auf, die durch einen Fremdbezug umgangen werden können. Daneben sind Zeitprobleme bei der Bereitstellung der für die Eigenfertigung erforderlichen Werkstoffe möglich.[96]

Im Rahmen der Strategieentwicklung für ein Produktfeld sollte schließlich - bei Vorliegen relevanter Beziehungen - auch eine *Abstimmung mit Bereitstellungsstrategien für andere Produktfelder sowie anderen Strategien des Unternehmens* erfolgen. Derartige Beziehungen liegen z.B. dann vor, wenn Kernkompetenzen mehrere Produktfelder betreffen. Sie treten außerdem in Form von Verflechtungen zwischen den Beschaffungs- und Produktionsaktivitäten der Wertschöpfungsketten unterschiedlicher Produktfelder auf. Diese Verflechtungen können zur Erzielung von Synergieeffekten genutzt werden (z.B. gemeinsamer Transport; gemeinsame Qualitätskontrolle, Nutzung gleicher Produktionsanlagen), wie dies bereits in Abschnitt 3.3. bei dem Konzept der 'horizontalen Strategien' beschrieben wurden. Die strategischen Handlungsalternativen sind außerdem mit den weiteren Strategien abzustimmen, die im Produktions- und im Beschaffungsbereich (z.B. Standortstrukturstrategien oder Sourcing-Strategien[97]) sowie in anderen Unternehmensbereichen (z.B. der Forschung und Entwicklung) verfolgt werden.

---

95 Vgl. Porter, M.E.: (Wettbewerbsstrategie), S. 383 ff.; Bühner, R.: (Strategie), S. 275; Matje, A.: (Transaktionscontrolling), S. 37; Männel, W.: (Wahl), S. 61.

96 Vgl. Männel, W.: (Wahl), S. 60.

97 In dieser Hinsicht sei erwähnt, daß z.B. eine Fremdbezugsentscheidung für mehrere Stufen (bei einem Lieferanten) die Beschaffungsstrategie eines Modular Sourcing impliziert.

Die Reihenfolge der aufgeführten Teilschritte zur Entwicklung von strategischen Bereitstellungsalternativen ist nicht eindeutig vorgegeben; die einzelnen Schritte können sich zudem überlagern, und es kann aufgrund von Rückkopplungen eine mehrmalige Durchführung erforderlich werden. Beispielsweise sind die Prüfung der Alternativen auf Realisierbarkeit und die Abgabe von Wirkungsprognosen schon für die Bereitstellungswege der einzelnen Stufen sinnvoll und nicht nur für die Alternativenbündel bezogen auf die Wertschöpfungskette.

Im Rahmen des dargestellten Vorgehensmodells werden die Alternativen stufenweise konkretisiert. Gleichzeitig erfolgt eine Reduktion der Menge potentieller Alternativen, durch die der mit der Strategieentwicklung, der Bewertung und Entscheidung sowie den untergeordneten Planungen verbundene Aufwand begrenzt wird.

5.4.2. Standortstrukturstrategien

5.4.2.1. Standort und Standortstruktur

Ein *Standort* eines Unternehmens " ... ist der geographische Ort, an dem Produktionsfaktoren eingesetzt werden, um Leistungen zu erstellen."[98] Dieser Ort weist eine Reihe wirtschaftlich relevanter Eigenschaften auf (die sog. Ortsmerkmale, Standortgegebenheiten, -bedingungen oder -eigenschaften), wie beispielsweise bestimmte Beziehungen zu den Märkten oder spezifische Steuersätze. Der Standort beeinflußt damit auch die Schnittstellen zwischen Unternehmen und Umwelt.

Häufig verfügt ein Unternehmen über mehrere Produktionsstätten an verschiedenen Standorten, so daß im Produktionsbereich eine *Standortverteilung* existiert. Falls eine Standortverteilung vorliegt oder Überlegungen zur Einrichtung eines zweiten Standortes angestellt werden, ist auch die *Standortstruktur* des Unternehmens festzulegen. Der Begriff 'Standortstruktur' soll hier wie folgt definiert werden:[99] Die Standortstruktur eines Unternehmens wird durch die Gesamtheit der Standorte des Unternehmens sowie die langfristige Zuordnung der Leistungen zu den einzelnen Standorten und deren Ausstattung mit langfristig gebundenen Betriebsmitteln gebildet.

Dementsprechend sind in Unternehmen die folgenden miteinander verbundenen Entscheidungen hinsichtlich der Standortstruktur zu treffen:

- Wieviele Standorte werden eingerichtet bzw. beibehalten?
- Welche Standorte werden gewählt?

98 Bea, F.X.: (Entscheidungen), S. 417.

99 Zu anderen Begriffsfestlegungen vgl. Lüder, K.; Küpper, W.: (Standortplanung), S. 5; Schill, C.O.: (Standortplanung), S. 1.

- Welche Leistungen und Betriebsmittel werden den jeweiligen Standorten langfristig zugeordnet?
- Wie werden Veränderungen der Standortstruktur vorgenommen?

Die Standortstruktur kann als ein Subsystem des Systems 'Unternehmen' interpretiert werden, dessen Elemente die Standorte und die diesen langfristig zugeordneten Leistungen und Betriebsmittel darstellen. Zwischen den Systemelementen, vor allem den Standorten, bestehen eine Reihe von Beziehungen, z.B. in Form von Gütertransporten sowie Koordinations- und Kommunikationsprozessen. Diese Beziehungen sind bei der Vorbereitung von Standortstrukturentscheidungen zu berücksichtigen.

Entscheidungen hinsichtlich der Standortstruktur haben für die langfristige Erreichung der Unternehmenziele eine hohe Bedeutung, da die Standortstruktur die Bedingungen der Leistungserstellung und -verwertung einschließlich der Beschaffung von Produktionsfaktoren in erheblichem Maße beeinflußt und damit ein wichtiges Potential von Unternehmen darstellen kann. Standortstrukturveränderungen sind außerdem in der Regel mit bedeutenden Investitionen und/oder Desinvestitionen verbunden, deren Wirkungen nur mit großem Aufwand rückgängig gemacht werden können.[100] Die Gestaltung der Standortstruktur zählt daher zu den strategischen Entscheidungsproblemen von Unternehmen. Auf die Vorbereitung der entsprechenden Entscheidungen wird nachfolgend eingegangen.[101]

5.4.2.2. Strategische Standortstrukturplanung

Festlegung strategischer Zielgrößen

Im Rahmen der Festlegung strategischer Zielgrößen ist ein System von Handlungsnormen für die Standortstrukturgestaltung zu erarbeiten, um eine Grundlage für die Strategische Analyse und Prognose, die Strategieentwicklung sowie die Strategiebewertung und -auswahl zu schaffen. Dazu müssen Standortstrukturziele erfaßt, operationalisiert, in ihrem Verhältnis zueinander geordnet und mit Präferenzen versehen sowie hinsichtlich ihrer Erreichbarkeit überprüft werden. Das Ergebnis der Festlegung strategischer Zielgrößen sollte ein System von präzisierten, strukturierten sowie im Hinblick auf die Erreichbarkeit überprüften Planzielen (Zielen nach Planung) darstellen.

Hier wird davon ausgegangen, daß die Standortstrukturziele primär darin bestehen, die durch die Standortstruktur beeinflußbaren Erfolgspotentiale des Unternehmens zu halten bzw. auszubauen.[102] Indem durch dic Standortstruktur ein möglichst hoher Beitrag zur langfristig

---

100 Vgl. Bloech, J.: (Standort), S. 63 und S. 74; Bloech, J.: (Industriestandorte), S. XIII.

101 Zu einer ausführlicheren Erörterung vgl. Götze, U.: (Standortstrukturgestaltung), S. 63 ff.

102 Alternativ dazu könnte auch das Ziel der 'Steigerung des Shareholder Value' bei der Planung der Standortstruktur verfolgt werden. Vgl. dazu Abschnitt 2.1.1.

wirtschaftlichen Leistungserstellung und -verwertung geleistet wird, sollen die Wettbewerbsfähigkeit verbessert und das mit den Unternehmensaktivitäten verbundene Risiko vermindert werden. Die Standortstruktur eines Unternehmens kann zum Aufbau oder Halten der folgenden Erfolgspotentiale beitragen:

(1) große Kapazitäten, kostengünstige Produktionsverfahren, hohe Kapazitätsauslastung, hohe Lerneffekte, große Beschaffungsmengen und Nutzung gemeinsamer Ressourcen an einzelnen Standorten,
(2) Zugang und Nähe zu bestimmten Beschaffungsmärkten und bedeutenden Lieferanten,
(3) Zugang und Nähe zu bestimmten Absatzmärkten und bedeutenden Kunden,
(4) Anpassungsfähigkeit an lokale Gegebenheiten,
(5) hohe Produktqualität,
(6) Herkunftsgoodwill (d.h. die aus der Entstehung an einem bestimmten Ort resultierende Präferenz für ein Gut, z.B. bei Nürnberger Lebkuchen, Aachener Printen und Solinger Stahl),
(7) internationales Ansehen,
(8) Zugang zu Subventionen, z.B. zu Exportförderungsmaßnahmen, und geringe Steuerbelastung,
(9) Risikoausgleich zwischen verschiedenen Produktionsstätten und hohe Flexibilität,
(10) Zugang zu Know-how und Übertragbarkeit von Erfahrungen, technologischen Kenntnissen und Betriebsmitteln auf andere Produktionsstätten,
(11) geringe Komplexität des Produktionsstättensystems, d.h. vor allem geringer Bedarf an Koordination sowie Kommunikation, Transporten und Transfers zwischen den einzelnen Produktionsstätten, sowie
(12) Nähe zu den Betriebsstätten, in denen die anderen Aktivitäten des Unternehmens (z.B. Beschaffung, Absatz, Forschung und Entwicklung, Unternehmensführung) vollzogen werden.

Bei der Erfassung strategischer Zielgrößen ist problemspezifisch festzulegen, welche dieser Erfolgspotentiale jeweils relevant sind. Anschließend sollten die Zielgrößen operationalisiert sowie in einem Zielsystem geordnet und mit Präferenzen versehen werden. Dabei sind komplementäre oder konfliktäre Beziehungen zwischen den Standortstrukturzielen zu berücksichtigen. Komplementäre Beziehungen können beispielsweise zwischen großen Kapazitäten, Kapazitätsauslastungen und kumulierten Produktionsmengen an einzelnen Standorten (1) und einer geringen Komplexität des Produktionsstättensystems (11) oder aber zwischen dem Zugang und der Nähe zu bestimmten Beschaffungs- und Absatzmärkten ((2) und (3)), der Anpassungsfähigkeit an lokale Gegebenheiten (4) sowie Risikoausgleich und hoher Flexibilität (8) bestehen. Im Verhältnis zwischen den Erfolgspotentialen dieser beiden Gruppen dürften Zielkonflikte zu erwarten sein.

Für die Erfolgspotentiale oder die aus ihnen abgeleiteten Zielgrößen lassen sich Anforderungen formulieren, die durch die Standortstruktur erfüllt werden sollen (Standortstrukturanforderungen). Diese können entweder Muß-Kriterien (limitationale Faktoren) oder Soll-Kriterien (substitutionale Faktoren) darstellen und sich zum einen auf die Standortstruktur insgesamt beziehen (z.B. hinsichtlich der Komplexität des Produktionsstättensystems sowie des damit verbundenen Transfer- und Transportbedarfs), zum anderen aber auch auf einzelne Standorte (z.B. bezüglich deren Kapazität oder der Verfügbarkeit von Produktionsfaktoren).

Strategische Analyse und Prognose

Gegenstände der Strategischen Analyse und Prognose sind das System der Standortstruktur und dessen Umsystem.

Analyse und Prognose des Umsystems der Standortstruktur

Wie die nachfolgende Abbildung zeigt, ist die Standortstruktur in ein komplexes (Um)System eingebettet, das aus anderen Elementen des Unternehmens sowie der unternehmensspezifischen und globalen Umwelt besteht.

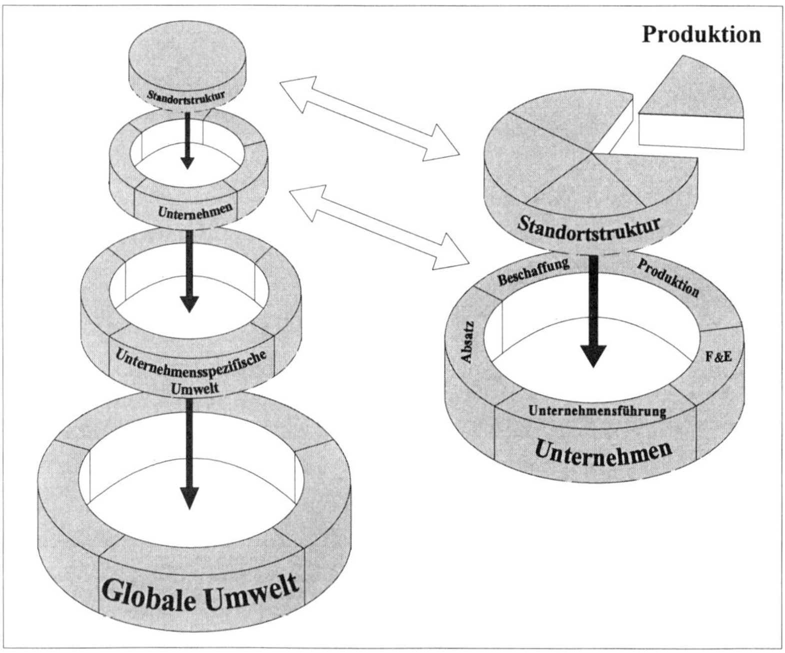

Abb. 5-22: Umsystem der Standortstruktur

Bei der Analyse und Prognose der Elemente des Umsystems sollten die Einbettung des Unternehmens und seiner Standortstruktur in das bzw. die umgebende(n) Wirtschaftssystem(e) sowie die Verknüpfungen zwischen der Standortstruktur und den anderen Unternehmenselementen erfaßt und ausgewertet werden. Außerdem sollte ein aussagekräftiges Bild der für die Standortstrukturgestaltung relevanten Merkmale und Entwicklungen des Unternehmens sowie der globalen und unternehmensspezifischen Umwelt gewonnen werden, um Stärken und Schwächen sowie Chancen und Risiken zu identifizieren. Es sollten vor allem die Umwelt- und Unternehmensgrößen untersucht werden, die die Bedeutung der einzelnen standortstrukturabhängigen Erfolgspotentiale im Zielsystem des Unternehmens und/oder die erreichbaren Ausprägungen der Erfolgspotentiale beeinflussen. Hohe Relevanz kommt hierbei unter anderem dem Produktionsbereich des Unternehmens, insbesondere den Eigenschaften der einzelnen Produkte und des Produktionsprogramms insgesamt sowie der Struktur der Produktion, den Absatz- und Beschaffungsprogrammen und -märkten, den Transporteigenschaften der Produkte und verwendeten Materialien sowie den Verkehrsbedingungen zu.

In Abbildung 5-22 sind die unternehmensspezifische und die globale Umwelt sowie ihre Subsysteme vereinfacht jeweils als Einheit dargestellt worden. Es ist aber davon auszugehen, daß bei einer dezentralen Leistungserstellung jede einzelne Produktionsstätte ein spezifisches Umweltsystem aufweist und für das Unternehmen insgesamt und die gesamte Standortstruktur darüber hinaus weitere Umweltbedingungen relevant sind. Abbildung 5-23 zeigt dies beispielhaft für drei Produktionsstätten. Bei der Strategischen Analyse und Prognose sollte diese raumbezogene Heterogenität der Umweltbedingungen berücksichtigt werden.

Bei der Analyse und Prognose des Umsystems sollten zudem die Fähigkeiten und die Bereitschaft des Unternehmens und seiner Entscheidungsträger zur Durchführung von Standortstrukturveränderungen untersucht werden (z.B. die Finanzkraft, die Erfolgssituation und das vorhandene Know-how, unter anderem die bisherigen Erfahrungen mit internationalen Geschäftstätigkeiten).

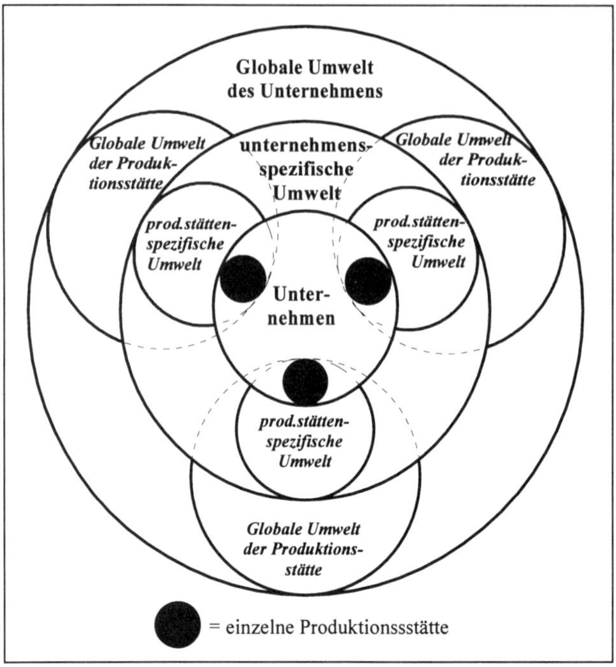

Abb. 5-23: Umweltbereiche bei dezentraler Leistungserstellung[103]

Standortstrukturanalyse und -prognose

Im Rahmen der Standortstrukturanalyse und -prognose ist primär zu untersuchen, inwieweit die vorhandene Standortstruktur zur Zeit und in der Zukunft die angestrebten Beiträge zum Aufbau und zur Erhaltung von Erfolgspotentialen leistet und damit die Standortstrukturziele erfüllt. Falls die Standortstrukturziele voraussichtlich nicht im angestrebten Umfang erreicht werden, sollte außerdem analysiert werden, welche Gründe hierfür bestehen.

Dabei sollten zunächst die einzelnen Standorte und dann die Standortstruktur insgesamt mit den Verknüpfungen zwischen den Standorten unter Einbeziehung unternehmensinterner und -externer Faktoren differenziert untersucht werden.

Hinsichtlich der einzelnen Standorte ist jeweils die 'strategische Rolle' zu betrachten, die ihnen von den Entscheidungsträgern zur Zeit und für die Zukunft zugedacht wird. Die strategische Rolle eines Standortes besteht aus

103 Quelle: in modifizierter Form übernommen von Bräutigam, H.-H.: (Ansätze), S. 30.

- der geographischen Lage des Standortes und deren Ausnutzung im Rahmen der (internationalen) Aktivitäten, z.B. über den Zugang zu bestimmten Absatz- und Beschaffungsmärkten, sowie
- den Leistungsbereichen, die dem Standort langfristig übertragen werden, wie die Erstellung bestimmter Produktgruppen in spezifischen Produktionsstufen.[104]

Aus der strategischen Rolle können Ansprüche an die einzelnen Standorte (Standortanforderungen) abgeleitet werden. Es sollten dann für jede Produktionsstätte die gegenwärtige Einschätzung und die Zukunftsperspektiven der relevanten unternehmensexternen und -internen Standortbedingungen analysiert bzw. prognostiziert werden. Die unternehmensinternen Bedingungen der Leistungserstellung an einem Standort umfassen unter anderem:[105]

- die erreichbaren Beschaffungsmärkte und die Versorgungssicherheit,
- die vorhandenen Betriebsmittel, die daraus resultierenden Kapazitäten und deren Auslastung, die eingesetzten Fertigungsverfahren und die Erzielung von Größendegressionseffekten,
- die Qualifikation des Personals,
- die Kosten der einzelnen Produktionsfaktoren,
- die Herstellkosten einzelner Produkte bzw. Leistungen,
- die Wirtschaftlichkeit der Leistungserstellung,
- die Wertschöpfung,
- die hergestellten Produkte und deren Erfolgspotentiale,
- die Transporte von und zu den Märkten sowie anderen Produktionsstätten und die damit verbundenen Kosten sowie
- die erreichbaren Absatzmärkte.

Es kann dann eine Beurteilung der Standorte erfolgen, bei der untersucht wird, inwieweit die aktuellen und zukünftigen Standortanforderungen und -bedingungen übereinstimmen. Damit lassen sich die Stärken und Schwächen eines Standortes identifizieren und Aussagen zu dessen Entwicklungsmöglichkeiten gewinnen. Die ermittelten Daten ermöglichen zudem einen Vergleich zwischen den verschiedenen Produktionsstätten eines Unternehmens sowie zwischen diesen und den Produktionsstätten der Konkurrenten einerseits sowie potentiellen neuen Standorten andererseits.

Eine zusätzliche Analyse und Prognose der Standortstruktur insgesamt wird bei einer dezentralen Leistungserstellung aufgrund der Notwendigkeit einer Leistungsaufteilung und Betriebsmittelzuordnung sowie der Verflechtungen zwischen den Produktionsstätten erforder-

---

104 Vgl. Goette, T.: (Standortpolitik), S. 106 ff.

105 Vgl. zu einzelnen Aspekten Lüder, K.; Küpper, W.: (Standortplanung), S. 122; Schill, C.O.: (Standortplanung), S. 34. Zu relevanten unternehmens*externen* Standortbedingungen vgl. die Ausführungen zu Standortfaktorenkatalogen in Abschnitt 6.4.

lich. Bei den Verflechtungen zwischen den verschiedenen Betriebsstätten handelt es sich unter anderem um die Materialflüsse, die aus den Verbindungen zwischen den in den einzelnen Betriebsstätten hergestellten Produkten resultieren. Diese Materialflüsse, die durch sie verursachten Transportbedarfe sowie die relevanten logistischen Bedingungen wie Transportwege, Transportmittel und Transporttarife sollten ebenso analysiert und prognostiziert werden wie Transportzeiten und -kosten. Außerdem sollte eruiert werden, welche Informations- und Finanzmittelflüsse zwischen den Betriebsstätten auftreten und welche Koordinations-, Kommunikations- und Transfererfordernisse, -kosten, -zeiten und -risiken diese bewirken (werden).

Des weiteren sollte die Aufteilung des Leistungsprogramms auf die einzelnen Produktionsstätten analysiert und prognostiziert werden. Dazu können - eventuell getrennt für einzelne Produktarten und Produktionsstufen - die Anzahl der Standorte, an denen eine Leistung erbracht wird, sowie die Anteile der jeweiligen Produktionsstätten an der Erbringung bestimmter Leistungen ermittelt werden. Zum einen läßt sich dann, unter Nutzung der Ergebnisse des oben angesprochenen Betriebsstättenvergleichs, überprüfen, ob die einzelnen Leistungen jeweils an den am besten geeigneten Standorten erbracht werden. Zum anderen ist zu hinterfragen, ob sich angesichts der Erzielung von Größendegressionseffekten an einzelnen Standorten sowie der Flexibilität und des Risikos des gesamten Produktionsstättensystems eine Zusammenfassung oder eine Dezentralisierung der Erstellung bestimmter Leistungen anbietet.

Abschließend sollte die Standortstruktur insgesamt - eventuell durch Gegenüberstellung der Standortstrukturanforderungen und der Standortstrukturbedingungen - hinsichtlich ihrer Güte beurteilt werden. Die identifizierten Schwächen bzw. Probleme einzelner Standorte und der Standortstruktur insgesamt, wie z.B.

- fehlende Größendegressionseffekte aufgrund der Erstellung einer Leistungsart in mehreren Produktionsstätten,
- hohe Faktorpreise bzw. -kosten,
- hohe Transportkosten,
- Kapazitätsdefizite oder -überschüsse,
- geringe Flexibilität und hohes Risiko (hinsichtlich des Transfers oder aufgrund der Abhängigkeit von einer Produktionsstätte, die eine geringe Sicherheit bezüglich der Versorgung mit Produktionsfaktoren aufweist und/oder sich in einem Land mit hohem Länderrisiko befindet),
- hohe Kommunikations- und Koordinationskosten sowie lange Reaktionszeiten aufgrund einer hohen Komplexität des Produktionsstättensystems oder
- mangelnde Präsenz in bestimmten Regionen,

stellen Ansatzpunkte für eine Änderung der Standortstruktur und damit eine Grundlage der Strategiebestimmung dar. Außerdem führen sie ggf. zur Modifikation oder Revision der strategischen Zielgrößen.

Strategiebestimmung

Die Standortstrukturstrategien von Unternehmen können zwei miteinander verbundenen Ebenen zugeordnet werden. Mit den Strategien der Standortstrukturform ist festzulegen, wie die Standortstruktur insgesamt gestaltet sein soll. Die Strategien der Standortstrukturveränderung geben Wege für die Transformation der vorhandenen in die gewünschte Standortstruktur vor. Im folgenden wird zunächst auf diese beiden Ebenen von Standortstrukturstrategien und anschließend auf die Phasen der Strategiebestimmung eingegangen.

Strategien der Standortstrukturform

Die Standortstruktur eines Unternehmens kann eine Vielzahl unterschiedlicher Formen annehmen, die hier als Strategien (der Standortstrukturform) interpretiert werden. Im folgenden soll diese Formen zunächst systematisiert und anschließend beurteilt werden.

Als mögliche Formen von Standortstrukturen werden hier primär die 'Grundformen der Standortstruktur' angesehen.[106] Die Unterscheidung von Grundformen der Standortstruktur basiert auf der Frage, ob eine raumbezogene Mengen- und/oder Artteilung des Leistungsprogramms vorgenommen wird. Eine entsprechende Mengenteilung liegt vor, wenn die insgesamt zu erbringende Menge aller Leistungen oder einer Leistungsart mehr als einem Standort zugeordnet wird. Bei einer raumbezogenen Artteilung werden verschiedene Leistungsarten unterschiedlichen Standorten zugewiesen. Abbildung 5-24 zeigt die vier Grundformen, die sich anhand der obigen Kriterien bilden lassen.

		raumbezogene Artteilung	
		nein	**ja**
raumbezogene Mengenteilung	**nein**	Standorteinheit	Standortteilung
	ja	Standortspaltung	Standortdiversifikation

Abb. 5-24: Grundformen von Standortstrukturen[107]

[106] Zu weiteren Differenzierungen von Formen der Standortstruktur vgl. Brenke, M.: (Produktionssysteme), S. 110 ff.; Colberg, W.: (Präsenzstrategien), S. 20 ff.

[107] Quelle: Ihde, G.B.: (Transport), S. 143. Vgl. zu einer Beschreibung dieser Formen auch Sälzer, B.E.: (Standortdynamik), S. 16 ff.

Bei einer *Standorteinheit* erfolgt der Leistungsprozeß vollständig an einem Standort.

Eine *Standortspaltung* liegt vor, wenn artgleiche Leistungsprozesse an verschiedenen Standorten durchgeführt und gleichzeitig an jedem Standort die Leistungsbreite und die Leistungstiefe, d.h. der Umfang des Leistungsprogramms und die Anzahl der innerbetrieblichen Leistungsstufen, beibehalten werden.

Für die *Standortteilung* ist charakteristisch, daß lediglich eine raumbezogene Artteilung vorgenommen wird. Es sind funktionsorientierte, produktorientierte und fertigungsstufenorientierte Formen der Teilung möglich, die sich auch miteinander kombinieren lassen.

Bei einer *funktionsorientierten Standortteilung* erfolgt eine räumliche Trennung von Funktionsbereichen des Unternehmens. Funktionsorientierte Standortteilungen (und auch -diversifikationen) führen dazu, daß Standortstrukturen der einzelnen Funktionsbereiche entstehen, die differenziert analysiert und verändert werden können. Aufgrund der Konzentration auf die Standortstruktur der Produktionsstätten wird auf diese Form der Standortteilung (und -diversifikation) hier mehr eingegangen.

Als *produktorientierte Standortteilung* bezeichnet man die produktbezogene Aufteilung des Leistungsprogramms auf mehrere Standorte. Dabei werden die mit der Herstellung eines Produktes oder einer Produktgruppe direkt verbundenen Funktionen jeweils auf einen Standort übertragen. Die Spezialisierung auf bestimmte Produkte bedingt, daß die Leistungsbreite an den einzelnen Standorten im Vergleich zur Standorteinheit und zur Standortspaltung reduziert wird.

Eine *fertigungsstufenorientierte Standortteilung* liegt bei einer räumlichen Trennung einzelner Fertigungsstufen vor. Als Folge dieser Aufteilung ergeben sich zwischenbetriebliche Güterströme und besonders intensive kommunikative Beziehungen zwischen den einzelnen Standorten.

Die *Standortdiversifikation* ist durch die Mengen- *und* Artteilung der Tätigkeiten gekennzeichnet. Entsprechend der oben vorgenommenen Differenzierung der Standortteilung kann auch sie grundsätzlich funktions-, produkt- und/oder fertigungsstufenorientiert vorgenommen werden. Ein Beispiel für eine fertigungsstufenorientierte Standortdiversifikation stellt die *Montagedezentralisation* dar, bei der die Fertigungsstufen, in denen eine hohe Wertschöpfung erwirtschaftet wird, an einem Standort zusammengefaßt werden. Die Montage erfolgt in verschiedenen Standorten und zumeist auch Ländern, so daß starke vertikale Lieferverflechtungen auftreten.

Abbildung 5-25 veranschaulicht die dezentralen Formen der Leistungserstellung zusammenfassend mit Hilfe von 'Standortstrukturwürfeln'.

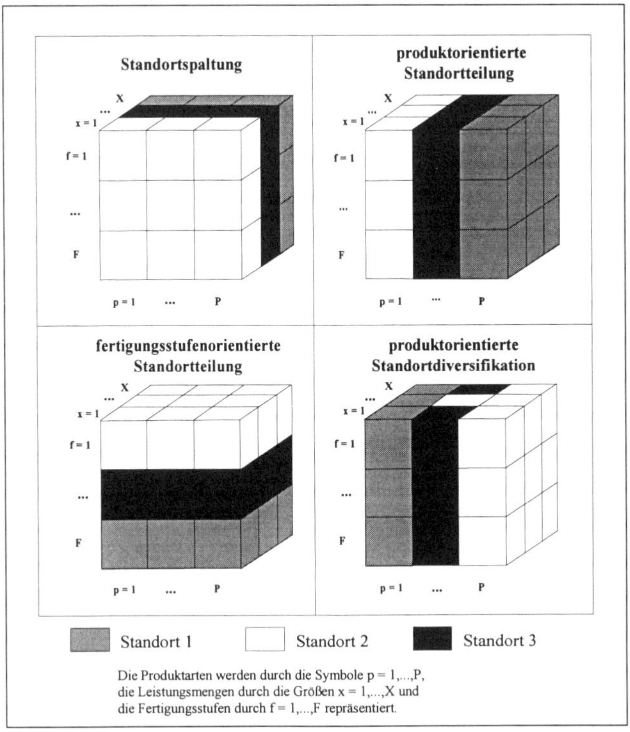

Abb. 5-25: Dezentrale Formen der Leistungserstellung[108]

Die aufgeführten Strategien lasssen sich für einzelne Produktgruppen anwenden und für verschiedene Produktgruppen miteinander kombinieren. Daraus resultieren für das gesamte Fertigungssystem primär (produktorientierte) Standortdiversifikationsstrategien. Die Formen der Standortteilung und vor allem der Standortdiversifikation führen zu relativ komplexen Produktionsstättensystemen, in denen eine Vielzahl von Verflechtungen (Material-, Informations- und Finanzflüsse) zwischen den Produktionsstätten bestehen können.

Die konkreten Standortstrukturen können - vor allem bei einer dezentralen Leistungserstellung - bei jeder der angegebenen Grundstrukturen eine Vielzahl weiterer Unterschiede aufweisen, vor allem im Hinblick auf

- die Anzahl der Standorte,
- die den einzelnen Standorten zugeordneten Leistungsbereiche und damit das Ausmaß der Standortspaltung, -teilung oder -diversifikation,

108 Quelle: in modifizierter Form übernommen von Hagedorn, A.: (Planung), S. 17.

- die für die einzelnen Standorte vorgesehenen Betriebsmittel (Art, Anzahl) und im Zusammenhang damit auch die Kapazitäten und Fertigungsverfahren sowie
- die geographische Zuordnung der Aktivitäten.

Im folgenden sollen die Vor- und Nachteile der oben aufgeführten Grundformen herausgearbeitet werden. Dabei wird auf die Realisierbarkeit der Erfolgspotentiale (1) bis (12) Bezug genommen.[109]

Bei einer *Standorteinheit* sind die Leistungsmengen an einem Standort vergleichsweise hoch, so daß Größendegressionseffekte (Einsetzbarkeit leistungsfähiger Produktionsverfahren, tendenziell hohe Kapazitätsauslastungen, Lerneffekte) realisiert werden können (1) und damit relativ niedrige Kosten bzw. Auszahlungen im Produktionsbereich anfallen. Einheitliche Qualitätsstandards können eher eingehalten werden (5). Weiterhin tritt bei dieser Strategie kein Transport-, Transfer-, Kommunikations- und Koordinationsbedarf zwischen Produktionsstätten auf, die Komplexität des Produktionsstättensystems und damit auch der Aufgaben der Unternehmensführung bleibt relativ gering (11). Es kann allerdings auch der Fall auftreten, daß an einem Standort die optimale Betriebsgröße überschritten ist und kleinere Einheiten sich besser führen lassen, so daß die Koordinations- und Kommunikationskosten bei einer Standorteinheit höher sind als bei dezentralen Formen der Leistungserstellung.

Die Strategie der Standorteinheit kann aber auch mit erheblichen Nachteilen verbunden sein. Da bei der Standorteinheit sämtliche Aktivitäten des Leistungserstellungsprozesses an einem Standort vollzogen werden, muß dieser weitaus höhere Ansprüche erfüllen als bei einer Verteilung der Unternehmensleistungen auf mehrere Standorte, bei der auch einige der Standortstrukturanforderungen 'verteilt' werden können. Unter Umständen lassen sich bei einer Standorteinheit Wachstumsstrategien aufgrund mangelnder Verfügbarkeit von Produktionsfaktoren (Arbeitskräfte, Material, Grundstücke etc.) nicht realisieren. Durch die Fixierung auf einen Standort ist die Flexibilität des Unternehmens begrenzt, es kann unter Umständen nur unzureichend auf Veränderungen der Unternehmensumwelt reagieren, und Risikodiversifikationseffekte lassen sich nicht erzielen (9). Beispielsweise wirken sich Störungen des Produktionsablaufs am Standort (z.B. durch Streiks) besonders gravierend aus. Zudem müssen bei dieser Strategie - wenn die oben angesprochenen Größendegressionseffekte auf hohem Niveau erzielt werden sollen - die erstellten Leistungen ggf. in gewissem Maße standardisiert werden. Außerdem werden in der Regel Zugang und Nähe zu bestimmten Beschaffungs- und Absatzmärkten und damit auch bedeutenden Lieferanten und Kunden erschwert bzw. unmöglich sein und - bei gleichem Absatz- und Beschaffungsprogramm - tendenziell höhere Transportkosten im Absatz- und Beschaffungsbereich als bei anderen Grundstrukturen auftreten

---

109 Vgl. zu einer Beurteilung von Standortstrukturen auch Ringlstetter, M.; Skrobarczyk, P.: (Entwicklung), S. 343 f.; Goette, T.: (Standortpolitik), S. 135 ff.; Tesch, P.: (Bestimmungsgründe), S. 536 ff.; Sälzer, B.E.: (Standortdynamik), S. 16 ff.

((2) und (3)). Der Transferbedarf und das dadurch verursachte Währungsrisiko sind verhältnismäßig hoch, falls internationale Absatz- und Beschaffungsmarktaktivitäten vorliegen. Der fehlende Zugang zu Beschaffungsmärkten kann dazu führen, daß ortsabhängige Preisunterschiede, die bei Produktionsfaktoren bestehen, nicht ausgenutzt werden können. Auch das Einnehmen einer Insider-Stellung in mehreren Ländern ist nicht möglich, so daß insgesamt die Anpassungsfähigkeit an lokale Gegebenheiten und spezifische Kundenbedürfnisse ebenso gering sein dürfte (4) wie die Kooperationsmöglichkeit mit wichtigen Kunden und Lieferanten. Prestigeeffekte, internationaler Zugang zu Know-how sowie Entwicklungsstand- und Technologietransfereffekte lassen sich kaum erzielen ((7) und (10)).

Für die dezentralen Formen der Standortstruktur gelten tendenziell jeweils die gegenteiligen Aussagen; insbesondere vergrößern sie den Handlungsspielraum von Unternehmen, unter anderem indem sie relativ kurzfristige Produktionsverlagerungen an andere Produktionsstätten zulassen. Dies wirkt sich vor allem dann positiv aus, wenn Umweltveränderungen die verschiedenen Standorte in unterschiedlicher Form betreffen.

Standortspaltungen ermöglichen es, das Produktionsprogramm an den einzelnen Standorten unabhängig von den anderen Standorten zu realisieren und auf diese Weise eine hohe Flexibilität und einen Risikoausgleich zu erzielen (9). Durch die Verteilung der Produktion auf mehrere Standorte sinkt die Abhängigkeit des Unternehmens von der Entwicklung an einem Standort, die Voraussetzungen für kurzfristige Produktionsverlagerungen sind besonders günstig. Dieser risikomindernden Wirkung steht aber eventuell eine Erhöhung des Risikos im Vergleich zur Standorteinheit entgegen, falls Betriebsstätten in Ländern mit relativ hohen Länderrisiken errichtet werden. Eine Nähe zu den Absatzmärkten kann - bei großer Ausdehnung der Märkte - eher erreicht werden (3), sie ermöglicht unter anderem die Verringerung der entsprechenden Transportkosten. Die Entfernung zu den Beschaffungsmärkten ist abhängig von deren geographischer Lage. Zudem stellt sich bei allen dezentralen Formen der Leistungserstellung die Frage, inwieweit es - bei unveränderten Lieferanten - gelingt, eine Erhöhung der Beschaffungspreise im Vergleich zur zentralen Leistungserstellung zu verhindern.

Die Berücksichtigung fertigungsstufenspezifischer oder produktspezifischer Anforderungen, z.B. im Hinblick auf die Beschaffungs- oder Absatzgebiete, ist allerdings nur eingeschränkt möglich, da das gesamte Leistungsprogramm an allen Standorten erstellt wird. Größendegressionseffekte lassen sich bei einer Standortspaltung kaum erzielen (1), generell kann diese Strategie nur realisiert werden, wenn eine spezifische Mindestbetriebsgröße an allen Standorten eingehalten wird. Zudem müssen sämtliche erforderlichen Produktionsfaktoren an allen Standorten bereitgestellt werden. Der Kommunikations- und Koordinationsaufwand steigt im Vergleich zur Standorteinheit, und es werden eventuell Transfers zwischen den Produktionsstätten erforderlich (11).

Die Strategie der *produktorientierten Standortteilung* ermöglicht die Spezialisierung einzelner Produktionsstätten auf die Fertigung bestimmter Produkte bzw. Produktgruppen und die Erfüllung der produkt- bzw. produktgruppenspezifischen Standortanforderungen. Dies beinhaltet eine Ausrichtung auf produktspezifische Absatz- und/oder Beschaffungsmärkte ((2) und (3)), die auch die Nähe zu bedeutenden Kunden und Lieferanten sowie - im Vergleich zur Standorteinheit - die Verringerung von Transportkosten ermöglicht. Im Verhältnis zur Standortspaltung werden die Transportkosten häufig steigen. Allerdings ist die Zahl der Produktionsstätten, in denen ein bestimmtes Produkt hergestellt wird, geringer als bei der Standortspaltung, so daß sich eher produktbezogene Größendegressionseffekte erzielen lassen (1); die Größendegressionseffekte dürften allerdings aufgrund geringerer Economies of Scope kleiner ausfallen als bei einer Standorteinheit. Zudem ist ein Unternehmen bei dieser Strategie nicht so flexibel wie bei einer Standortspaltung, da Anpassungen der Leistungen einzelner Standorte nicht in gleichem Maße möglich sind. Beispielsweise bringen Nachfrageschwankungen einzelner Produkte auch Schwankungen der Kapazitätsauslastung in den Produktionsstätten mit sich, die nur mittel- und langfristig kompensiert werden können. Das Unternehmensrisiko wird also tendenziell höher sein als bei einer Standortspaltung (9); dies dürfte auch für den Koordinations- und Kommunikationsbedarf gelten (11). Zur Veränderung des Risikos im Vergleich zur Standorteinheit läßt sich keine eindeutige Aussage treffen. Zwar werden die Produktionsaktivitäten auf mehrere Standorte verteilt und es wird dadurch ggf. ein Risikodiversifikationseffekt erzielt, doch können einzelne dieser Standorte mit hohen Risiken verbunden sein; außerdem ist fraglich, ob sich die Transferrisiken in positive oder negative Richtung verändern.

Durch eine *fertigungsstufenorientierte Standortteilung* lassen sich spezifische Anforderungen der einzelnen Fertigungsbereiche (z.B. hinsichtlich der Produktion von Komponenten) adäquat berücksichtigen. Als Beispiele können die Nähe zu den differierenden Standorten der Lieferanten (erste Fertigungsstufe) und Abnehmer (letzte Fertigungsstufe) sowie die Möglichkeit, bei einer Internationalisierung 'einfache' Arbeitsgänge in Ländern mit geringem Lohnkostenniveau und anspruchsvollere Tätigkeiten in Ländern mit hohem Potential an qualifizierten Fachleuten durchzuführen, aufgeführt werden. Auch die fertigungsstufenorientierte Standortteilung erlaubt die Erzielung von Größendegressionseffekten (1), allerdings lediglich innerhalb der einzelnen Fertigungsstufen. Zugang und Nähe zu bestimmten Absatzmärkten sowie Kunden (3) lassen sich unter Umständen ebenfalls in relativ hohem Maße realisieren, wenn die letzte Fertigungsstufe in der Nähe der Absatzmärkte bzw. Kunden angesiedelt wird. Im Hinblick auf Flexibilität und Risiko (8) gelten die Aussagen zur produktorientierten weitgehend auch für die fertigungsstufenorientierte Standortteilung. Allerdings werden zwischenbetriebliche Transporte erforderlich, so daß die Transportkosten und -risiken insgesamt höher sein dürften als bei der produktorientierten Standortteilung und vor allem der Standortspaltung. Gleiches gilt für die Komplexität des Produktionsstättensystems und den Koordinations- und Kommunikationsbedarf (11).

Da die *Standortdiversifikation* durch eine Kombination der Standortspaltung und der Standortteilung gekennzeichnet ist, lassen sich ihre Vor- und Nachteile aus den zu diesen Formen getroffenen Aussagen ableiten. Die Standortdiversifikation eignet sich zum einen besonders zur Förderung des Risikoausgleichs (8). Zum anderen lassen sich auch Größendegressionseffekte bei der Erbringung bestimmter Leistungen erzielen (1) und die Forderungen nach Zugang und Nähe zu bestimmten Beschaffungs- und Absatzmärkten sowie hoher Anpassungsfähigkeit an lokale Gegebenheiten ((2), (3) und (4)) auf hohem Niveau erfüllen. Beispielsweise können mit einer Strategie der Montagedezentralisation Größendegressionseffekte in fast allen Fertigungsstufen realisiert und gleichzeitig Handelshemmnisse auf den Absatzmärkten umgangen sowie geringfügige Anpassungen der Produkte an die lokalen Gegebenheiten vorgenommen werden. Falls weitergehende Anpassungen erforderlich sind oder entsprechende Handelshemmnisse bestehen, kann eine Dezentralisierung weiterer Fertigungsstufen erwägenswert sein. Entsprechende Strategien sind besonders dann vorteilhaft, wenn die Transportkosten für Zwischenprodukte deutlich geringer sind als für Endprodukte, wie dies beispielsweise bei Automobilen der Fall ist. Inwieweit eine Standortdiversifikation insgesamt vorteilhaft ist, hängt - wie bei allen anderen Grundstrukturen - von der Bedeutung der Vor- und Nachteile im konkreten Fall ab.

Strategien der Standortstrukturveränderung

Strategische Handlungsalternativen sollten nicht nur für die Form der Standortstruktur, sondern auch für deren Veränderung formuliert werden. Für die Standortstrukturveränderung ist - wie für die strategische Standortstrukturplanung insgesamt - neben marktarealbezogenen Zielen vor allem die Zielrichtung des Unternehmens im Hinblick auf seine Kapazitätsentwicklung (im Produktionsbereich) und damit auch die Unternehmensgröße (Wachstum, Schrumpfung oder Konstanz bzw. Stabilisierung) eine entscheidende Vorgabe. Zur Veränderung der Unternehmenskapazitäten in eine bestimmte Richtung sind jeweils spezifische Strategien der Standortstrukturveränderung geeignet, wie Abbildung 5-26 veranschaulicht.

Die Umsetzung der Strategien der Standortstrukturveränderung ist zumeist mit gravierenden Investitionen und/oder Desinvestitionen verbunden. Eine Beurteilung der Strategien sollte sich vor allem an den finanziellen Konsequenzen dieser Investitionen bzw. Desinvestitionen sowie den Auswirkungen auf die Standortstrukturform und die dadurch erreichbaren Potentiale ausrichten.

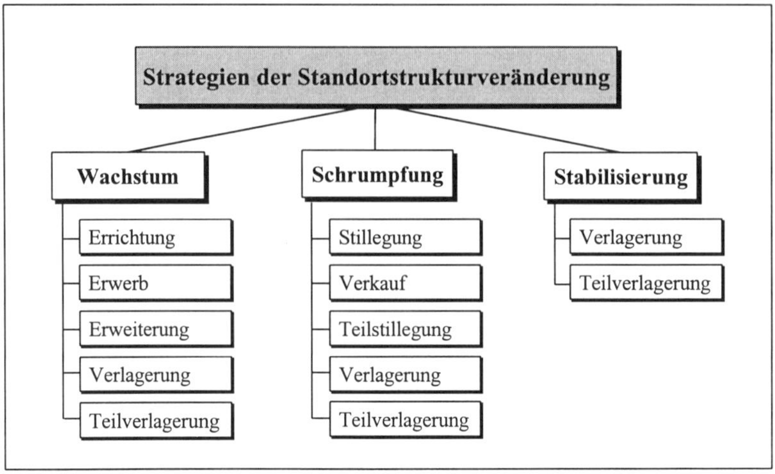

Abb. 5-26: Strategien der Standortstrukturveränderung[110]

Phasen der Strategiebestimmung

Im Rahmen der *Strategieentwicklung* werden für die in den vorherigen Abschnitten aufgeführten Entscheidungsbereiche die strategischen Alternativen ausgearbeitet, die realisierbar und vorteilhaft erscheinen. Diese sollten eindeutig als sich gegenseitig ausschließende, vollständige Alternativen definiert werden und damit jeweils eine Strategie der Standortstrukturform und die zu ihrer Realisation erforderliche(n) bzw. vorteilhafte(n) Strategie(n) der Standortstrukturveränderung umfassen. Bei Beibehaltung der derzeitigen Standortstrukturform tritt die Unterlassensalternative an die Stelle einer Strategie der Standortstrukturveränderung.

Auch bei der Entwicklung von Standortstrukturstrategien sollten die allgemeinen Grundsätze der Strategieentwicklung beachtet werden: Aufbau von Stärken, Vermeidung von Schwächen, Konzentration der Kräfte sowie Aufbau und Ausnutzung von Synergieeffekten.

Die Ausarbeitung erfolgversprechender Standortstrukturstrategien kann sich zunächst auf die Strategien der Standortstrukturform beziehen. Erfolgversprechende Alternativen können einerseits auf der Basis der derzeitigen Standortstruktur gewonnen werden, indem aus deren Unzulänglichkeiten sinnvoll erscheinende Modifikationen abgeleitet werden. Andererseits ist es möglich, ausgehend von einer 'Zero-Base' eine Idealstruktur des Produktionsstättensystems zu entwickeln. Bei beiden Ansätzen, die auch miteinander kombinierbar sind, können die

---

110 Quelle: in modifizierter Form übernommen von Schill, C.O.: (Standortplanung), S. 54. Weitere, hier vernachlässigte Strategien stellen zum einen Teilveräußerungen, zum anderen Beteiligungen oder Kooperationen in Form von Joint Ventures oder Strategischen Allianzen dar. Zu letzteren vgl. Abschnitt 4.2.1.3.

Ausführungen zu den Vor- und Nachteilen der verschiedenen Grundstrukturen genutzt werden.

Für das konkrete Vorgehen bei der Entwicklung von Strategien der Standortstrukturform lassen sich nur wenige generelle Hinweise geben, da die Strategieentwicklung weitgehend einen kreativen, durch Intuition geprägten Prozeß darstellt. Ein denkbarer Weg besteht darin, die einzelnen Gestaltungsmöglichkeiten gedanklich zu isolieren und stufenweise Teilstrategien auszuarbeiten und miteinander zu verbinden, z.B. in der in Abbildung 5-27 dargestellten Form.

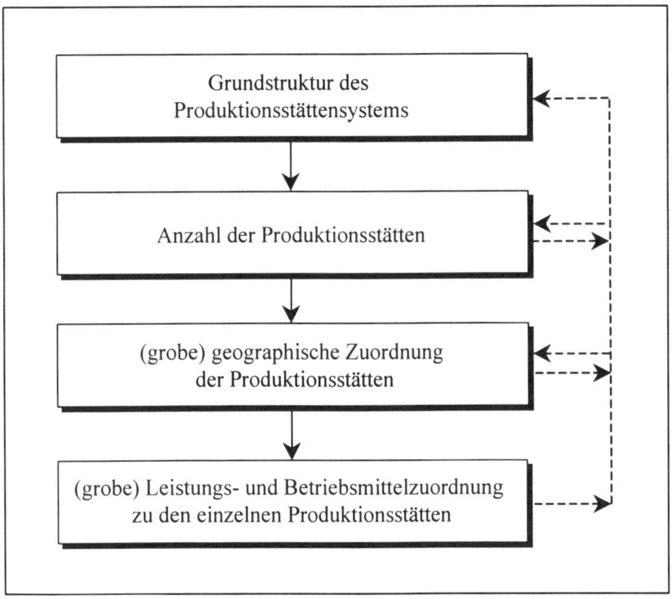

Abb. 5-27: Entwicklung von Strategien der Standortstrukturform

Eine neue Grundstruktur läßt sich aus der jetzigen Struktur nur mit Hilfe von Strategien der Standortstrukturveränderung erreichen. Wenn die Strategien der Standortstrukturform (relativ) detailliert ausgearbeitet worden sind, liegen damit für jeden (eventuell auch neuen) Standort die Strategien der Standortstrukturveränderung weitgehend oder vollständig fest, da für den Übergang zwischen zwei Strukturen in der Regel nur wenige Strategien geeignet sind. Es ist allerdings auch möglich, daß Strategien der Standortstrukturform (noch) nicht oder nur relativ grob ausgearbeitet werden und bei der Strategieentwicklung die Strategien der Standortstrukturveränderung (zunächst) im Vordergrund stehen.

Zwar gehen eine Reihe von Vorgaben aus vorgelagerten (strategischen) Planungsprozessen in die strategische Standortstrukturplanung ein, es erscheint aber dennoch sinnvoll, die Standortstrukturstrategien im Rahmen der Strategieentwicklung auf die anderen Strategien des Unternehmens abzustimmen. Außerdem kann bei der Strategieentwicklung eine Konkretisierung der Strategien vorgenommen werden, z.B. indem bei einer Errichtungsstrategie der Standort einer neuen Betriebsstätte bestimmt wird. Dies erleichtert die Strategiebewertung und -auswahl.

Auch für die *Auswahl* von Standortstrukturstrategien können die allgemeinen Kriterien 'interne Durchführbarkeit' und 'strategische Stimmigkeit' herangezogen werden. Für eine fundierte Strategieauswahl ist aber eine spezifische Strategiebewertung anzustreben, bei der die Wirkungen der relevanten Strategien auf die Erreichung der strategischen Standortstrukturziele des Unternehmens bzw. die standortstrukturabhängigen Erfolgspotentiale prognostiziert und den Strategien jeweils Zielerreichungsgrade zugeordnet werden. In die Entscheidung sind neben der eher langfristigen Komponente 'Erfolgspotentialveränderung' auch die eher kurzfristig durch die etwaigen Standortstrukturveränderungen verursachten Kosten bzw. Auszahlungen einzubeziehen. Bei der Bewertung und Auswahl stellt sich dann das Problem der Aggregation der kurzfristigen monetären Konsequenzen und der langfristigen Erfolgspotentialveränderungen. Als Basis für die Entwicklung, Bewertung und Auswahl von Standortstrukturstrategien können diese in untergeordneten Planungen konkretisiert werden; als Beispiel für eine entsprechende Planung wird in Abschnitt 6.4. die Standortplanung erörtert.

5.5. Logistikstrategien

Die Logistik hat die Gestaltung der Material- und Warenflüsse sowie der diese begleitenden Informationsflüsse vom Lieferanten bis zum Kunden zur Aufgabe. Sie stellt eine Querschnittsfunktion im Unternehmen dar, die sich über mehrere Funktionsbereiche erstreckt. Hinsichtlich dieser Bereiche wird zwischen einer Beschaffungs-, einer Produktions-, einer Distributions- und einer Entsorgungslogistik unterschieden. Die Strategien und Aufgaben in diesen funktionsbezogenen Teilgebieten der Logistik können als Bestandteile der betreffenden Funktionsbereichsstrategien bzw. -aufgaben angesehen werden oder sind zumindest mit diesen abzustimmen. So bedürfen beispielsweise die Beschaffungsstrategien eines Global Sourcing oder einer Just-in-time-Anlieferung der Einbeziehung von logistischen Strategieelementen. Über logistische Strategien in den einzelnen Funktionsbereichen hinaus sind jedoch auch bereichsübergreifende Strategien erforderlich, um eine Koordination zwischen den logistischen Teilbereichen zu ermöglichen. Inhalt derartiger Strategien ist vor allem die Bildung abgestimmter Logistikketten oder -netzwerke, wobei die Fluß- und Prozeßorientierung wesentliche Ansatzpunkte der Strategieentwicklung bilden. Im folgenden sollen die Logistikstrategien aus einer entsprechenden ganzheitlichen Sicht der Logistik erörtert werden, die Logistik wird demgemäß als spezielle übergreifende Aufgabe auf Funktionsbereichsebene aufgefaßt.[111]

Logistikstrategien dienen auf dieser Ebene vor allem der Umsetzung der Strategien des Gesamtunternehmens und der Geschäftsbereiche. Diese führen daher zu Vorgaben für die Planung von Logistikstrategien. Beispielsweise determinieren Wachstums-, Stabilisierungs- und Schrumpfungsstrategien den Bedarf an qualitativen und quantitativen Kapazitäten des Logistiksystems; eine Konsolidierung z.B. kann den Abbau von Lagerbeständen erforderlich machen, eine Wachstumsstrategie in Form der Diversifikation bringt in Abhängigkeit von der Anzahl und Verschiedenartigkeit der neuen Produkte und Märkte erhebliche Anforderungen und Probleme mit sich, die die Logistik bewältigen muß.

Auch die Wettbewerbsstrategien nach PORTER haben einen Einfluß auf die strategische Logistikplanung. Bei Verfolgung der Strategie der Kostenführerschaft sind oftmals Logistiksysteme notwendig, die den Transport relativ großer Gütermengen in weiträumigen Marktgebieten mit geringen Kosten ermöglichen. Zur Kostensenkung können eine Vielzahl von Strategien und Maßnahmen zur Rationalisierung in der Logistik beitragen, z.B. die Automatisierung der Materialflußtechnik oder die Reduzierung von Beständen. Bei einer Strategie der

---

[111] Zu einer anderen Sichtweise der Logistik, bei der dieser eine auf das Führungsgesamtsystem bezogene Koordinationsaufgabe zugesprochen und sie daher als Teil des Controlling aufgefaßt wird, vgl. Weber, J.: (Logistikmanagement), S. 80 f. Danach wird die Funktion der Logistik darin gesehen, das Flußprinzip im Führungssystem bzw. in seinen Subsystemen und in allen unternehmerischen Prozessen (d.h. nicht nur bezogen auf die Prozesse des Material- und Warenflusses) durchzusetzen.

Differenzierung kann ein hoher Lieferservicegrad ein Differenzierungsmerkmal darstellen. Die Erreichung eines besonderen Kundennutzens über die Logistikleistungen setzt die Flexibilität des Logistiksystems voraus. Die Strategie der Konzentration auf Schwerpunkte impliziert eventuell eine räumliche Beschränkung des zu versorgenden Marktes und damit gegebenenfalls einfachere Anforderungen an die Logistik oder aber die Notwendigkeit der Anpassung des Logistiksystems an die spezifischen Bedürfnisse in einem Marktsegment.[112]

Die Strategien und Bedingungen im Logistikbereich können aber auch Einfluß auf die Formulierung der Unternehmensgesamt- oder Geschäftsbereichsstrategien nehmen. So wirken Investitionen in die Logistik unter Umständen als Marktaustrittsbarrieren. Die für die Logistik charakteristische Fluß- und Prozeßorientierung hat in vielen Unternehmen zu einer Umgestaltung der organisatorischen Strukturen geführt und ist auch - wie am Beispiel der Wertkette ersichtlich - in die strategische Planung eingegangen. Außerdem beeinflussen bestimmte Logistikstrategien und -systeme eventuell die Vorteilhaftigkeit von spezifischen Lieferanten-, Produkt-, Produktions- oder Kundenstrukturen.

Eine Grundlage der Formulierung von Logistikstrategien ist die Bedeutung der Logistik für die Wettbewerbsposition des Unternehmens bzw. einzelner Geschäftseinheiten. Diese kann mit Hilfe des *Logistikportfolios* nach WEBER/KUMMER bestimmt werden, das die Dimensionen Logistikattraktivität und Logistikkompetenz beinhaltet.[113] Die *Logistikattraktivität* gibt an, ob sich durch die Logistikaktivitäten Wettbewerbsvorteile erzielen lassen, so daß die Logistik ein potentielles Erfolgspotential des Unternehmens darstellt. Die Attraktivität der Logistik ist groß, wenn entweder der Anteil der Logistikkosten an den Gesamtkosten (und damit deren Bedeutung) sowie die Beeinflußbarkeit dieser Kosten oder aber die Relevanz der Logistik für eine Differenzierung und die Variierbarkeit des Differenzierungsgrades (vor allem über den Lieferservice) hoch sind. Die *Logistikkompetenz* spiegelt die Fähigkeiten eines Unternehmens wider, Logistikkonzepte umsetzen zu können. Diese Kompetenz beeinflußt die Entwicklungsmöglichkeiten in der Logistik und darüber auch die Logistikstrategien. Sie läßt sich mittels verschiedener (oft nur subjektiv meßbarer) Kriterien ermitteln, z.B. dem Umfang der in der Logistik verarbeiteten Informationen, der Zahl der durchgeführten Projekte und der Stellung der Logistik in der Unternehmensorganisation. Aus der Positionierung von Geschäftseinheiten in einem Portfolio anhand ihrer Ausprägungen bezüglich Logistikattraktivität und -kompetenz können Normstrategien für die Logistik abgeleitet werden, wie sie in Abbildung 5-28 aufgeführt sind. Außerdem ist in dem Portfolio der Bereich, in dem Logistikattraktivität und -kompetenz ausgewogen sind, als 'Gleichgewichtspfad' kenntlich gemacht, auf dem kaum Veränderungsbedarf besteht.

---

112 Vgl. Pfohl, H.-C.: (Logistikplanung), S. 631 ff.; Beckmann, H.: (Logistikplanung), S. 267 f.; Isermann, H.: (Grundlagen), S. 55 f.

113 Vgl. Weber, J.; Kummer, S.: (Logistikmanagement), S. 170 ff.

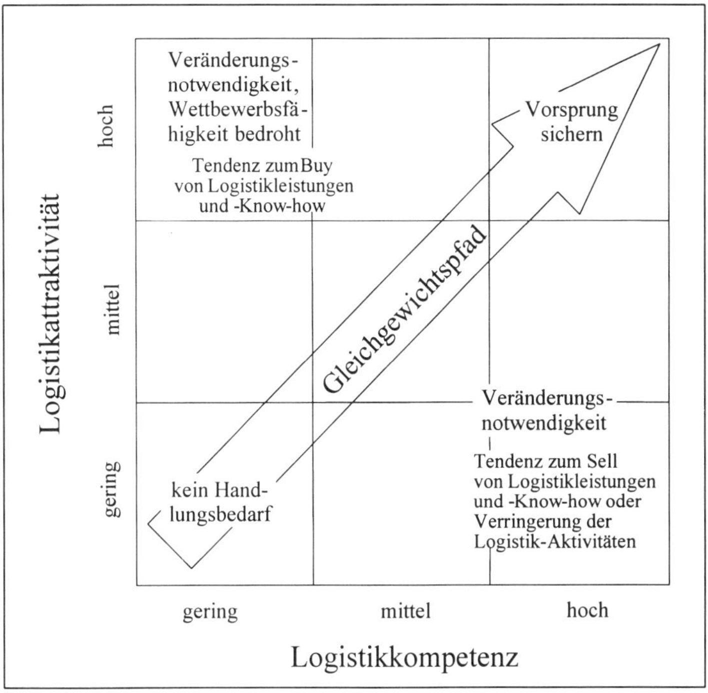

Abb. 5-28: Logistik-Portfolio[114]

Im Gegensatz zu den meisten anderen Portfolio-Konzepten wird hier keine ausgewogene Struktur der Geschäftseinheiten angestrebt, diese können isoliert behandelt werden. Mit dem Portfolio wird die logistische Ausgangssituation für jede Geschäftseinheit offengelegt, darauf aufbauend lassen sich Logistikstrategien entwickeln.

Diese umfassen gemäß PFOHL insbesondere die Servicestrategie, die Netzwerkstrategie und die Organisationsstrategie.[115] Die *Servicestrategie* bezieht sich auf die angestrebten Niveaus der verschiedenen Elemente des Lieferservice, d.h. Lieferzeit, Lieferzuverlässigkeit, Lieferzustand und Lieferflexibilität, und zielt damit auf den Kundennutzen ab. Die Bedeutung der Serviceelemente ist vor allem von den Eigenschaften der Produkte und den spezifischen Problemen der Kundengruppen abhängig. So sind kurze Lieferzeiten besonders bei verderblichen oder vergänglichen Produkten oder bei kurzfristig auftretendem Bedarf (Ersatzteile) wichtig, eine Just-in-time-Belieferung des Kunden erfordert eine außerordentlich ausgeprägte Lieferzuverlässigkeit. Soll die Strategie eines hohen Lieferservicegrades mittels eigener Logistikaktivitäten realisiert werden, ist eine große Logistikkompetenz notwendig; diese Strategie

114 Quelle: leicht modifiziert übernommen von Weber, J.; Kummer, S.: (Logistikmanagement), S. 175.

115 Vgl. zu den folgenden Ausführungen Pfohl, H.-C.: (Logistikstrategien), S. 639 ff.

ist vor allem dann erfolgversprechend, wenn Differenzierungsvorteile durch die Logistikleistungen erzielt werden können, d.h. wenn zugleich die Logistikattraktivität hoch ist.

Der Lieferservice resultiert aus der Gestaltung des Logistiksystems, in dem sich die Transport-, Umschlags- und Lagerprozesse sowie die damit einhergehenden Informationsprozesse vollziehen. Das Logistiksystem kann als Logistiknetzwerk mit einer Vielzahl von Elementen interpretiert werden. Mit einer logistischen *Netzwerkstrategie* werden die Grundstrukturen dieses Systems, die grundsätzlichen Eigenschaften der ablaufenden Prozesse und die aus beidem resultierenden Kapazitäten (für Transporte, Umschlag, Lagerung und Informationsübermittlung) bestimmt. Im Rahmen der Logistiknetzwerkgestaltung müssen vor allem drei miteinander verbundene Entscheidungsprobleme gelöst werden:

(i) Die Wahl zwischen direktem und indirektem Güterfluß: In Abbildung 5-29 werden die Grundformen von logistischen Systemen mit direktem bzw. indirektem Güterfluß dargestellt. Während beim direkten Güterfluß Zeit- und Ressourcenvorteile existieren, da Umschlagsvorgänge vermieden werden, lassen sich bei indirektem Güterfluß durch Zusammenfassen von Mengen bis zum Auflösungs- oder ab dem Konzentrationspunkt Kostendegressionseffekte erzielen.

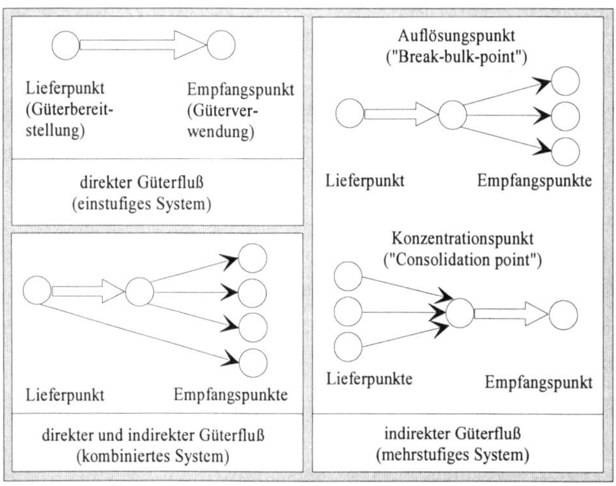

Abb. 5-29: Logistiksysteme mit direkten und indirekten Güterflüssen[116]

(ii) Die Wahl zwischen zentralen und dezentralen Netzwerkformen: Der Zentralisierungsgrad des Logistiknetzwerks ist zum einen in vertikaler Richtung durch die Anzahl der Lagerstufen und zum anderen in horizontaler Dimension durch die Zahl der Läger auf einer Stufe festzulegen. Einflußfaktoren auf die entsprechenden Entscheidungen sind

116 Quelle: Pfohl, H.-C.: (Logistiksysteme), S. 6.

die Leistungsfähigkeit der Kommunikations-, Umschlag- und Transporttechnologien sowie das Lagerhaltungsrisiko. In der folgenden Abbildung werden Netzwerkformen mit (von links nach rechts) zunehmendem vertikalen Zentralisierungsgrad und unterschiedlichen horizontalen Zentralisierungsgraden veranschaulicht.

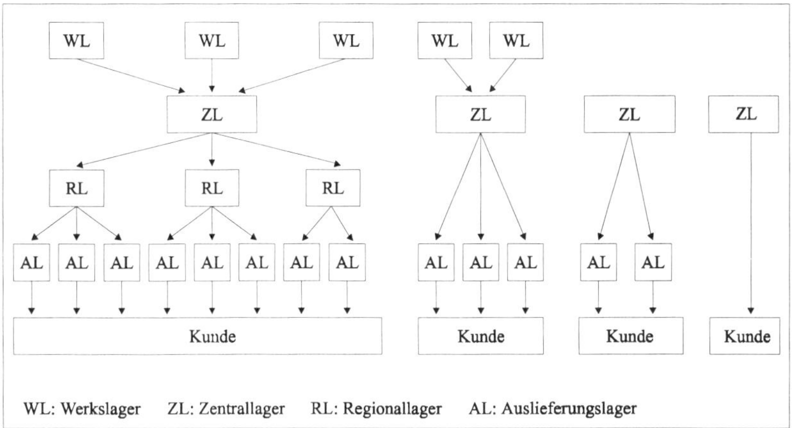

Abb. 5-30: Logistiksysteme mit unterschiedlichen Zentralisierungsgraden[117]

Infolge der verstärkten Nutzung von Informations- und Kommunikationstechniken verbessern sich die Möglichkeiten einer Zentralisation. So lassen sich Warenabrufe von den Kunden schneller übermitteln und dadurch gegebenenfalls Lagerstufen vermeiden, die lediglich eine kurzfristige Belieferung sicherstellen sollten.

(iii) Die Bestimmung des Punktes, an dem die Zuordnung eines Produktes zu einem Kunden oder Teilmarkt erfolgt: Dieser Punkt im Logistikprozeß wird auch als Order Penetration Point bezeichnet. Bis zu diesem Punkt können die Produkte als kundenunabhängige Vorprodukte auf Lager gefertigt werden. Je weiter sich der Order Penetration Point am Ende des Prozesses befindet, desto flexibler kann das Unternehmen auf wechselnde Nachfragebedingungen reagieren, da sich Änderungen eines Kundenauftrags erst auf Vorgänge nach dem Order Penetration Point auswirken. Bei der Strategie des 'Spekulierens' geschieht die Zuordnung eines Produktes zu einem Kunden oder Teilmarkt auf der Grundlage der prognostizierten Nachfrage relativ frühzeitig, mit der Folge, daß das Produkt entsprechend früh in den hinteren Bereich der Logistikkette (z.B. in ein Auslieferungslager) transportiert wird. Die entgegengesetzte Strategie stellt ein 'Aufschieben' dar, d.h. das Produkt verbleibt in einer kundenneutralen Version möglichst lange im vorderen Bereich der Logistikkette und die Kundenzuordnung erfolgt relativ spät, nämlich erst nach dem kon-

117 Quelle: Schulte, C.: (Logistik), S. 223.

kreten Auftragseingang. Hierdurch wird die Lagerung einer Vielzahl unterschiedlicher Varianten vermieden.

Generell wird mit der Netzwerkstrategie das Ziel verfolgt, über die Festlegung der Struktur des Logistiksystems und der logistischen Abläufe die Prozeßkosten und -zeiten zu verringern, um dadurch Wettbewerbsvorteile zu erzielen.[118]

In engem Zusammenhang mit der Bestimmung der Netzwerkstrategie steht die Gestaltung der Vertriebswege, da hiervon ebenfalls der Ablauf logistischer Prozessse betroffen wird. Bei den entsprechenden Entscheidungen werden die Güterflüsse sowie der Zentralisierungsgrad durch die Art und Anzahl der eingebundenen Handelsbetriebe (Großhandel, Einzelhandel) festgelegt. Auch die Vertriebsprozesse werden durch die Informationstechnik beeinflußt. So können in manchen Fällen durch den Einsatz des Internet Zwischenhändlerstufen ausgeschaltet werden, da über das Internet der direkte Bezug von Gütern beim Hersteller erleichtert wird.[119]

Schließlich ist eine *Organisationsstrategie* für die Logistik festzulegen, um geeignete Formen der Arbeitsteilung sowohl innerhalb des Unternehmens als auch zwischen verschiedenen Unternehmen zu bilden. Interne Gestaltungsschwerpunkte sind dabei die Zentralisierung bzw. Dezentralisierung der Logistikaufgaben im Unternehmen, die Verhaltenssteuerung der Mitarbeiter sowie die Regelung von Kompetenzen und Verantwortung in den verschiedenen Bereichen, in denen logistische Aufgaben erfüllt werden. Hinsichtlich der unternehmensexternen Arbeitsteilung ist zunächst eine Wahl zwischen Eigen- und Fremdleistung für die eigenen Logistikaufgaben zu treffen, wobei sowohl die Aufgabenverteilung zwischen Lieferant und Abnehmer als auch die Integrationsmöglichkeiten von Logistikdienstleistern (als Wertschöpfungspartner) zu klären sind. Bei hoher Logistikkompetenz kann zusätzlich erwogen werden, Logistikleistungen auch für andere anzubieten (vgl. Abbildung 5-28). Zu den Zielen, die mit der Organisationsstrategie verfolgt werden, gehören die Realisation von Spezialisierungs- und Größeneffekten, eine effiziente Koordination sowie die Mitarbeitermotivation.

Infolge der Entwicklung der Informations- und Kommunikationssysteme und ihrer Bedeutung für die Abwicklung von bereichs- und unternehmensübergreifenden logistischen Prozessen wird als strategischer Erfolgsfaktor der Logistik auch der bereits angesprochene *Einsatz von Informations- und Kommunikationssystemen* angesehen.[120] Dieser soll zur Verbesserung der Transparenz, der Sicherheit und der Schnelligkeit von Logistikketten beitragen. Eine Strategie ist daher zudem für die Nutzung der Informations- und Kommunikationstech-

---

118 Vgl. zu diesen Zielen sowie zu Strategien bzw. Maßnahmen zu ihrer Durchsetzung auch die Ausführungen zum Kostenmanagement und zum Zeitmanagement in den Abschnitten 8.2. und 8.4.

119 Vgl. Bretzke, W.-R.: (Shopping), S. 225 ff.; Bogaschewsky, R.; Kracke, U.: (Internet), S. 128 f.

120 Vgl. Baumgarten, H.; Wiegand, A.: (Entwicklungstendenzen), S. 796 ff.

nik auszuarbeiten, wobei eine nahtlose Informationsübermittlung vom Lieferanten durch das Unternehmen bis hin zum Kunden angestrebt wird. Für diese stehen verschiedene Möglichkeiten des elektronischen Datenaustausches zur Verfügung, z.B. EDI/EDIFACT, e-mail, Internet, Intranet und Extranet, gemeinsame Datenbanken der beteiligten Unternehmen, Workflow-Systeme und Standardsoftware wie SAP.

Eng mit dem strategischen Management der Logistik ist das *Supply Chain Management* verbunden. Unter Supply Chain Management ist ein Unternehmensführungskonzept zu verstehen, das strategisch ausgerichtet ist und eine starke Marktorientierung aufweist. Es zielt darauf ab, sämtliche Material- und Informationsflüsse entlang der Wertschöpfungskette vom Rohstofflieferanten bis zum Endverbraucher, d.h. sowohl unternehmensintern als auch unternehmensübergreifend, zur Zufriedenheit der Endverbraucher zu gestalten und zu koordinieren. Dazu werden explizit auch Kooperationsstrategien einbezogen, die in dem dann entstehenden Unternehmensnetzwerk zur Harmonisierung und Effiziensteigerung der Logistikabläufe führen sollen.[121] Damit umfaßt das Supply Chain Management Entscheidungen zu allen zuvor aufgeführten logistischen Strategien.

Aufgaben zum Abschnitt 5.

1) In welche Kategorien werden Technologien vorrangig eingeteilt?
2) Inwiefern kann der Einsatz neuer Technologien der Umsetzung von Geschäftsbereichsstrategien, insbesondere von Marktstimulierungsstrategien, dienen?
3) Welche Elemente kann eine Forschungs- und Entwicklungsstrategie beinhalten?
4) Erläutern Sie das Technologielebenszyklusmodell von A.D. LITTLE und die damit verbundene Differenzierung von Schrittmacher-, Schlüssel- und Basistechnologien.
5) Erläutern und beurteilen Sie das Modell der S-Kurve.
6) Was ist unter einer technologischen Führerschafts- und einer technologischen Gefolgschaftsstrategie zu verstehen?
7) Welche Arten von Technologiestrategien lassen sich unter dem Gesichtspunkt, ob die Produkt- und/oder die (Fertigungs)Prozeßtechnik erneuert wird, unterscheiden?
8) Beschreiben Sie das Technologie-Portfolio und das Integrierte Markt-Technologie-Portfolio sowie die daraus ableitbaren Normstrategien für die Ressourcenverteilung in der Forschung und Entwicklung.
9) Gehen Sie auf die vier strategischen Aufgaben bzw. Ziele der Beschaffung (nach ARNOLD) ein, die bei der Strategieentwicklung einbezogen werden sollten.
10) Nennen Sie einige typische Beschaffungsstrategien.

---

121 Vgl. Buscher, U.: (Supply), S. 449 ff.; Ihde, G.B.: (Supply), S. 1046 f.; Jirik, C.T.: (Supply), S. 547.

11) Bezüglich welcher Merkmale können Sourcing-Konzepte systematisiert werden?
12) Charakterisieren Sie das multiple und das single sourcing.
13) Für die Formulierung einer Beschaffungsstrategie ist für jedes Einteilungskriterium von Sourcing-Konzepten eine Ausprägung festzulegen. Geben Sie beispielhaft einige zweckmäßige Kombinationen dieser Ausprägungen an.
14) Was rechtfertigt die Einordnung bestimmter Make-or-buy-Entscheidungen in die strategische Planungsebene, und wie können entsprechende strategische Entscheidungen hinsichtlich der Fertigungstiefe charakterisiert werden?
15) Welche Arten von Bereitstellungsalternativen bzw. Integrationsformen lassen sich unterscheiden?
16) Wie lauten die Handlungsempfehlungen hinsichtlich einer Eigen- oder Fremdleistung, wenn man sich an den Kernkompetenzen des Unternehmens orientiert? Beurteilen Sie diesen Ansatz zur Strategieentwicklung.
17) Welche Kosten werden zu den Transaktionskosten gezählt? Von welchen Eigenschaften der Leistungen werden diese Kosten gemäß dem Transaktionskostenansatz beeinflußt, und welche strategischen Handlungsempfehlungen werden je nach Ausprägung dieser Eigenschaften abgeleitet?
18) Nennen und erläutern Sie kurz die Schritte des Vorgehensmodells zur Entwicklung von Strategien zur Fertigungstiefe.
19) Definieren Sie die Begriffe Standort, Standortverteilung und Standortstruktur.
20) Die Standortstruktur eines Unternehmens kann zum Aufbau oder Halten von Erfolgspotentialen beitragen. Welche Erfolgspotentiale sind dies?
21) Erläutern Sie die Grundformen von Standortstrukturen sowie deren Vor- und Nachteile.
22) Welche Strategien der Standortstrukturveränderung gibt es?
23) Wie könnte eine Entwicklung von Strategien der Standortstrukturform schrittweise vorgenommen werden?
24) Welche wechselseitigen Beziehungen bestehen zwischen Unternehmensgesamt- und Geschäftsbereichsstrategien sowie den Strategien im Logistikbereich?
25) Erläutern Sie das Logistikportfolio zur Bestimmung der Bedeutung der Logistik für die Wettbewerbsposition des Unternehmens.
26) Welche Logistikstrategien sind gemäß PFOHL zu bestimmen?
27) Beschreiben Sie die drei miteinander verbundenen Entscheidungsprobleme, die im Rahmen der Logistiknetzwerkgestaltung zu lösen sind.
28) Welchen Einfluß hat der vermehrte Einsatz von Informations- und Kommunikationstechniken auf die Logistikstrategien?
29) Welche Ziele werden mit einem Supply Chain Management verfolgt?

6. Strategieimplementierung

6.1. Begriff und Aufgaben der Strategieimplementierung

Der Begriff Implementierung stammt von dem lateinischen Wort 'implementum' ab, das mit 'Erfüllung' übersetzt werden kann. In Verbindung mit Strategien ist der Implementierungsbegriff erstmals in angloamerikanischen Veröffentlichungen zum strategischen Management vorzufinden, in denen die Strategieimplementierung gemeinhin "als die Umsetzung strategischer Pläne in konkretes, strategiegeleitetes Handeln der Unternehmungsmitglieder"[1] definiert wird.[2] Die Strategieimplementierung stellt im Anschluß an die Strategiebestimmung eine weitere wichtige Phase des strategischen Führungsprozesses dar, denn wenn es nicht gelingt, die formulierten Strategien auch erfolgreich umzusetzen, ist die Planung weitgehend nutzlos.

Im Rahmen der Implementierung sind zwei Aufgaben zu erfüllen. Zum einen ist eine Spezifizierung der Strategie und der damit verbundenen Folgemaßnahmen vorzunehmen. Zum anderen gilt es, eine Strategieakzeptanz in den betroffenen Unternehmensbereichen zu erreichen, um die Durchsetzung der Strategie zu fördern. Diese beiden Aufgaben des strategischen Managements werden auch als *sachorientierte Umsetzung* bzw. *verhaltensorientierte Durchsetzung* bezeichnet[3] und betreffen ebenso Unternehmensgesamtstrategien wie Geschäftsbereichs- und Funktionsbereichsstrategien.

Zur sachorientierten Umsetzung einer Strategie ist es notwendig, daß zunächst deren Teilstrategien (auf Geschäfts- und vor allem Funktionsbereichsebene) präziser formuliert und gegebenenfalls überarbeitet werden.[4] Anschließend erfolgt eine taktisch/operative Maßnahmen-, Termin- und Budgetplanung, um wiederum die Umsetzung dieser Teilstrategien zu ermöglichen und diese mit weiteren Entscheidungen in den Funktionsbereichen abzustimmen. Für die Umsetzung einer Beschaffungsstrategie beispielsweise sind konkrete Überlegungen zu den einzelnen Sourcing-Konzepten anzustellen, die die Wahl eines Lieferanten und die spezielle Ausgestaltung der Beziehung zu diesem umfassen können. Die Umsetzung einer Standortstrukturstrategie erfordert ebenfalls die Ausarbeitung von Teilstrategien, so stellt z.B. die Standortplanung eine derartige Spezifizierung und Operationalisierung einer Teilstrategie dar. Sie wird beispielhaft in Abschnitt 6.4. behandelt. Generell werden auf diese Weise strategi-

---

1 Al-Laham, A.: (Strategieprozesse), S. 174.

2 Vgl. z.B. Alexander, L.D.: (decisions); Galbraith, J.R.; Kazanjian, R.K.: (Implementation). Zu einer zusammenfassenden Darstellung der in verschiedenen Implementierungsdefinitionen enthaltenen Aufgaben vgl. Lehner, J.M.: (Implementierung), S. 24 ff.

3 Vgl. Welge, M.K.; Al-Laham, A.: (Planung), S. 387.

4 Da die Strategien zumeist sukzessiv ausgearbeitet werden und untergeordnete Strategien die übergeordneten konkretisieren (z.B. Funktions- und Geschäftsbereichsstrategien die Gesamtunternehmensstrategie), besteht ein fließender Übergang zwischen der strategischen Planung und der Strategieimplementierung.

sche Pläne schrittweise in taktische und schließlich in operative Pläne und Maßnahmen überführt; es kommt zu einer Verknüpfung zwischen der strategischen und der operativen Planung.

Des weiteren erfordert eine sachorientierte Strategieumsetzung noch, daß die nicht unmittelbar betroffenen, aber dennoch relevanten Erfolgsfaktoren auf die Strategie ausgerichtet werden. Soll beispielsweise die Strategie einer Fertigungstiefenerhöhung implementiert werden, so sind auch Erfolgsfaktoren wie Personal und Technologieausstattung der Strategie anzupassen, damit Stimmigkeit zwischen der Strategie und allen relevanten Erfolgsfaktoren besteht. Dabei wird im allgemeinen den strategieunterstützenden Gestaltungsmaßnahmen zu den Erfolgsfaktoren Organisationsstruktur, Unternehmenskultur, Managementsystem und Personal die größte Bedeutung beigemessen.[5]

In der nachstehenden Abbildung werden die Umsetzungsaufgaben am Beispiel einer Geschäftsbereichsstrategie veranschaulicht. Diese zielen einerseits auf die Ausgestaltung der Erfolgsfaktoren in dem(n) Funktionsbereich(en) ab, auf den (die) sich die Strategie direkt bezieht, und andererseits auf die Abstimmung der Erfolgsfaktoren in den anderen Funktionsbereichen, um dadurch die Strategie indirekt zu fördern.

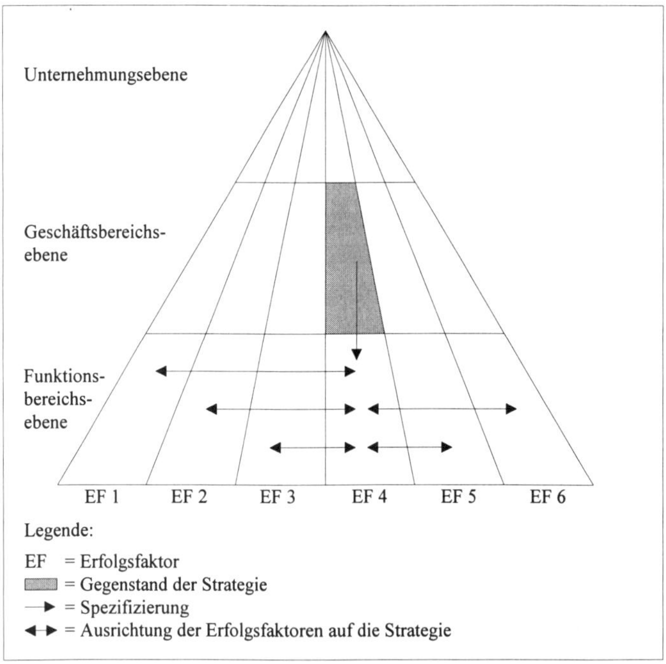

Abb. 6-1: Überblick über den Umsetzungsbedarf bei einer Geschäftsbereichsstrategie[6]

5 Vgl. Welge, M.K.; Al-Laham, A.: (Planung), S. 388 ff.

6 Quelle: Kolks, U.: (Strategieimplementierung), S. 129.

Die verhaltensorientierte Durchsetzung stellt - wie bereits erwähnt - eine weitere Hauptaufgabe der Strategieimplementierung dar, denn nur wenn mögliche Widerstände behoben werden und strategiebezogene Akzeptanz geschaffen wird, läßt sich eine Strategie erfolgreich realisieren. Die Wichtigkeit dieser Aufgabe ist darauf zurückzuführen, daß in den betroffenen Unternehmensbereichen Verhaltensweisen, Denkstrukturen und Werthaltungen etabliert sind, die dazu führen können, daß die mit der Strategie einhergehenden Veränderungen auf Ablehnung stoßen oder es an der Umsetzungsfähigkeit mangelt. Um den nötigen Wandlungsprozeß im Unternehmen durchführen zu können, sind daher parallel mehrere Durchsetzungsaufgaben zu erfüllen, die nach KOLKS

- das Vermitteln der Strategie (d.h. die Information aller betroffenen Mitarbeiter über Gründe, Ziele, Inhalte und Konsequenzen der Strategie, wobei das Ausmaß der zu vermittelnden Informationen von Geheimhaltungsaspekten, der Nachvollziehbarkeit durch die Mitarbeiter und der Dringlichkeit der Strategieanwendung abhängen kann),
- die Einweisung und Schulung (d.h. Lern- und Fortbildungsprogramme zum Erwerb der erforderlichen strategiebezogenen Qualifikationen) sowie
- die Schaffung eines strategiebezogenen Konsenses (d.h. die Bewältigung von Konflikten während der Strategieimplementierung vor allem zwischen den Entwicklern der Strategie und den betroffenen Bereichen (vertikale Konflikte) sowie zwischen betroffenen Bereichen einer hierarchischen Ebene (horizontale Konflikte); Gründe für derartige Konflikte können unter anderem differierende Ziele, unterschiedliche Meinungen über die Wirkung der Strategie, Ressourcenverteilungsprobleme oder personenbezogene Spannungen sein)

umfassen.[7]

Entsprechend dieser Aufgaben dienen auch die Instrumente, die primär für die verhaltensorientierte Durchsetzung im Rahmen der Strategieimplementierung vorgeschlagen werden, dem Erreichen von Akzeptanz für den Wandel und damit vorrangig der Überwindung personaler Implementierungsprobleme. Diese Instrumente lassen sich dahingehend unterscheiden, ob mit ihnen eine Steigerung der Änderungsfähigkeit oder der Änderungsbereitschaft angestrebt wird (vgl. Abbildung 6-2). Zur ersten Gruppe zählen *Informationsinstrumente* (Kategorie: Kennen), mit denen die Betroffenen direkt und zum richtigen Zeitpunkt über die Inhalte der geplanten Änderung unterrichtet werden sollen. Des weiteren gehören hierzu *Qualifikationsinstrumente* (Kategorie: Können), denn mit den Veränderungsprozessen sind im allgemeinen neue Anforderungen an die Mitarbeiter verbunden, die sich nur durch adäquate Weiterentwicklung der Fach-, Methoden- und/oder Sozialkompetenz erfüllen lassen. Die Instrumente zur Erhöhung der Änderungsbereitschaft umfassen zum einen *Motivationsin-*

7 Vgl. Kolks, U.: (Strategieimplementierung), S. 114 ff.

strumente (Kategorie: Wollen), mit denen Willensbarrieren abgebaut werden sollen, die eventuell infolge von Veränderungen der Aufgaben oder des Arbeitsumfelds auftreten. Zum anderen kann der Implementierungsprozeß mit Hilfe von *Organisationsinstrumenten* (Kategorie: Sollen) erleichtert werden. So können Organisationseinheiten (z.B. Projektgruppen) gebildet werden, die die Implementierung steuern, und der Wandel ist durch geeignete Promotoren zu unterstützen. Außerdem sind die mit der Implementierung zusammenhängenden Entscheidungsprozesse unter anderem im Hinblick auf die Mitarbeiterbeteiligung zu organisieren.[8]

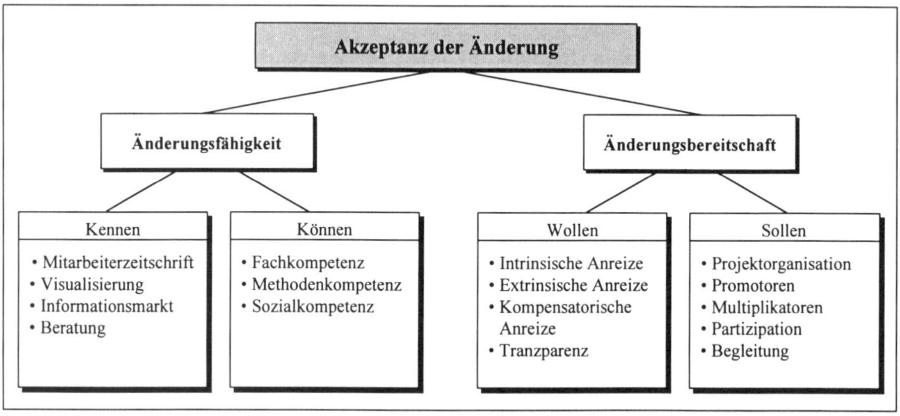

Abb. 6-2: Kategorien von Instrumenten zur Strategiedurchsetzung[9]

In Abschnitt 6.3. werden mit der Balanced Scorecard und dem Target Costing zwei Implementierungsinstrumente vorgestellt, die nach der oben dargestellten Systematisierung als übergreifende Instrumente anzusehen sind, da mit ihnen sowohl die Änderungsfähigkeit als auch die Änderungsbereitschaft auf unterschiedliche Weise gesteigert werden soll. Des weiteren dienen diese Instrumente auch zur Umsetzung von Strategien. Hierzu läßt sich zudem das breite Spektrum betriebswirtschaftlicher Planungs- und Kontrollinstrumente nutzen.

8 Vgl. Grimmeisen, M.: (Implementierungscontrolling), S. 16 ff.

9 Quelle: Grimmeisen, M.: (Implementierungscontrolling), S. 17.

6.2. Stile und Phasen der Strategieimplementierung

Die im vorherigen Abschnitt genannten Umsetzungs- und Durchsetzungsaufgaben können je nach Situation oder Strategie auf verschiedenen Wegen im Unternehmen ausgeführt werden, so daß ein geeigneter Implementierungsstil auszuwählen ist.[10] Die möglichen Implementierungsstile unterscheiden sich vor allem durch die Zahl und die Position der Personen, die bei der Strategieimplementierung mitwirken, sowie die Vorgehensweise, mit der Mitarbeiterakzeptanz gewonnen werden soll. So bestehen z.B. die Möglichkeiten, die Strategieinhalte den nachrangigen Ausführungsorganen lediglich mitzuteilen, Maßnahmen durch über- und untergeordnete Ebenen gemeinsam ausarbeiten zu lassen oder die Strategieimplementierung dezentralen, nachrangigen Unternehmenseinheiten zu überlassen, während die übergeordneten Führungsorgane nur durch die Vorgabe von strategischen Zielen und die Verteilung von Ressourcen steuernd einwirken.[11] In diesem Zusammenhang wird nach dem Grad der Einflußnahme der Betroffenen auf die Implementierung auch zwischen *Partisanenstrategie* (kooperatives Vorgehen, 'Bottom-up') und *Bombenwurfstrategie* (direktives Vorgehen, 'Top-down') unterschieden. Ein 'Bombenwurf' bewirkt häufig einen weitreichenden Wandel und weist den Vorteil einer kurzen Implementierungszeit auf, ist jedoch in der Regel mit großen Akzeptanzproblemen verbunden. Bei Änderungsprozessen hingegen, die von der Basis ausgehen, dürfte die Akzeptanz bei den Betroffenen eher gegeben sein; sie können aber darüber hinaus auch im Interesse des Unternehmens liegen, vor allem wenn durch sie ein erforderlicher Wandel hervorgerufen wird, dessen Notwendigkeit von der Unternehmensführung nicht erkannt wurde.[12]

Eine weitere Differenzierung von Implementierungsstilen bzw. -strategien wird nach der Dauer der Implementierung vorgenommen, und zwar danach, ob der Wandel *revolutionär*, in wenigen großen Sprüngen oder eher *evolutionär*, in vielen kleinen Schritten erfolgt. Der revolutionäre Implementierungsstil wird auch als *Umbruchsmodell* bezeichnet. Ein typisches Beispiel hierfür ist die grundlegende Geschäftsprozeßoptimierung im Sinne des Business Process Reengineering. Als Beispiel für ein *Evolutionsmodell* kann die Umsetzung kontinuierlicher Verbesserungsprozesse (Kaizen) genannt werden.[13] Die charakteristischen Merkmale beider Implementierungskonzepte sowie die mit ihnen verbundenen Chancen und Risiken sind in der nachstehenden Abbildung zusammengestellt.

---

10 Zu einer überblicksartigen Darstellung der Implementierungsansätze, die bei verschiedenen Konzepten des strategischen Management vorgeschlagen werden, vgl. Reuter, J.: (Komplexität), S. 23 ff.

11 Vgl. zu diesen und weiteren Implementierungsmodellen bzw. zu Untersuchungsergebnissen hinsichtlich deren Anwendung in der Unternehmenspraxis Al-Laham, A.: (Strategieprozesse), S. 179 f. bzw. S. 191 ff.

12 Vgl. Krüger, W.: (Implementierung), S. 828 f.; Kirsch, W.; Esser, W.-M.; Gabele, E.: (Management), S. 180 ff.

13 Vgl. Krüger, W.: (Implementierung), S. 826 ff.

	Umbruchsmodell	Evolutionsmodell
Grundidee:	- erheblicher Druck ist nötig, um Wandlungsbarrieren zu überwinden	- zuviel Wandel auf einmal kann vom System nicht verkraftet werden
Charakteristik des Wandels:	- tiefgreifender und umfassender Wandel ('Quantensprung') - begrenzte Zeitdauer - diskontinuierlicher Prozeß - 'Revolution'	- Entwicklung in kleinen Schritten ('piecemeal engineering') - dauerhafter Lernprozeß - kontinuierlicher Prozeß - 'Evolution'
Transformations-logik:	- synoptisches Vorgehen - einheitliche Fremdregelung - Vorgehen nach Plan	- inkrementelles Vorgehen - vielfältige Selbstregelung - erfahrungsgestütztes Lernen
Rolle des Management:	- Architekt des Wandels - Rationaler Planer	- Prozeßmoderator - Coach
Chancen:	- klare Trennung von 'Ruhephasen' und Wandlungsphasen - hohe Änderungsbereitschaft in Krisensituationen - Wandel aus einem Guß	- Entwicklungsrhythmus korrespondiert mit Entwicklungsfähigkeit - kleine Veränderungen wirken 'natürlich' - Erwerb von Selbstentwicklungsfähigkeiten
Risiken:	- begrenzte Planbarkeit - hohe Instabilität in der Wandlungsphase - schwere Einbrüche bei zu später Reaktion - hoher Handlungsdruck begünstigt kurzfristige Verbesserungen zu Lasten langfristiger Entwicklungen	- ständige Unruhe ('Herumexperimentieren') - bei hoher Unweltdynamik zu langsam - fraglich, ob Diskontinuität zu verkraften ist - begrenzte Fähigkeit, sich selbst in Frage zu stellen

Abb. 6-3: Modelle des Wandels[14]

Ein Implementierungsmodell, das von McKINSEY entwickelt worden ist, die '7-S-Konzeption', soll im folgenden kurz erläutert werden. Es handelt sich um ein kulturbetonendes Modell, bei dem das Management (ohne Beteiligung der unteren Führungsebenen) die Strategie entwickelt und anschließend deren Implementierung durch die Gestaltung und Verankerung einer bestimmten Unternehmenskultur indirekt zu erreichen versucht. Diese Unternehmenskultur bzw. eine entsprechende Vision soll insbesondere auf das Mitarbeiterverhalten und die Ableitung operativer Maßnahmen strategiegerecht einwirken. Ferner wird herausgestellt, daß nicht nur die Übereinstimmung der drei 'harten' S (bzw. 'hard facts') - Strategy, Structure und Systems - gegeben sein muß, sondern auch die personalen und kulturbezogenen Größen (die 'soft facts') - Staff, Style, Skills und Superordinate Goals - im Hinblick auf die Strategieimplementierung zu harmonisieren sind, um den gewünschten Fit von Strategie und Erfolgsfaktoren zu erlangen.

14 Quelle: Krüger, W.: (Implementierung), S. 829.

In diesem Zusammenhang soll die auf CHANDLER zurückgehende These angesprochen werden, daß die Organisationsstruktur an die Unternehmensstrategie(n) anzupassen sei ('structure follows strategy').[15] Diese These ist in einigen Untersuchungen bestätigt worden; es hat sich aber gezeigt, daß auch die Strategiebestimmung in erheblichem Maß durch die Organisationsstruktur beeinflußt werden kann ('strategy follows structure'). Wichtig erscheint daher weniger, ob zuerst die Strategie oder die Struktur verändert wird, sondern daß beide in einem konsistenten Verhältnis zueinander (und zu den anderen Erfolgsfaktoren) stehen.[16]

THE SEVEN S's	
Strategy	Plan or course of action leading to the allocation of a firm's scarce resources, over time, to reach identified goals
Structure	Characterization of the organization chart (i.e. functional, decentralized, etc.)
Systems	Proceduralized reports and routinized processes such as meeting formats
Staff	"Demographic" description of important personnel categories within the firm (i.e. engineers, entrepreneurs, MBA's, etc.). "Staff" is not meant in line-staff terms
Style	Characterization of how key managers behave in achieving the organization's goals: also the cultural style of the organization
Skills	Distinctive capabilities of key personnel of the firm as a whole
Superordinate Goals	The significant meanings or guiding concepts that an organization imbues in its members

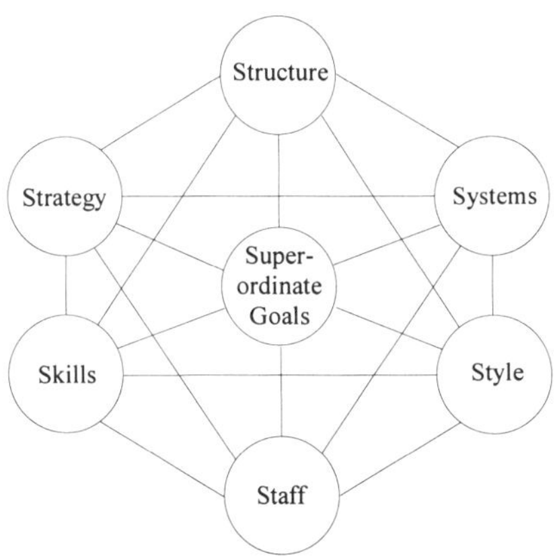

Abb. 6-4: Die 7-S-Konzeption von MCKINSEY[17]

15 Vgl. zu der zugrundeliegenden Studie Chandler, A.D.: (Strategy).

16 Vgl. Kreikebaum, H.: (Unternehmensplanung), S. 212 f.

17 Quelle: Pascale, R.T.; Athos, A.G.: (Art), S. 81 zitiert nach Welge, M.K.; Al-Laham, A.: (Planung), S. 407.

Der Stil der Strategieimplementierung beeinflußt die Aktivitäten, die bei dieser erforderlich sind. Wie bei der Strategieformulierung lassen sich auch die Aktivitäten der Strategieimplementierung als Prozeß beschreiben, der aus mehreren Phasen besteht. KOLKS untergliedert die Strategieimplementierung in die Implementierungsplanung, die Implementierungsrealisation und die Implementierungskontrolle.[18] Die Anordnung dieser Phasen sowie die in ihrem Rahmen jeweils zu erfüllenden Maßnahmen sind in Abbildung 6-5 zusammengefaßt.

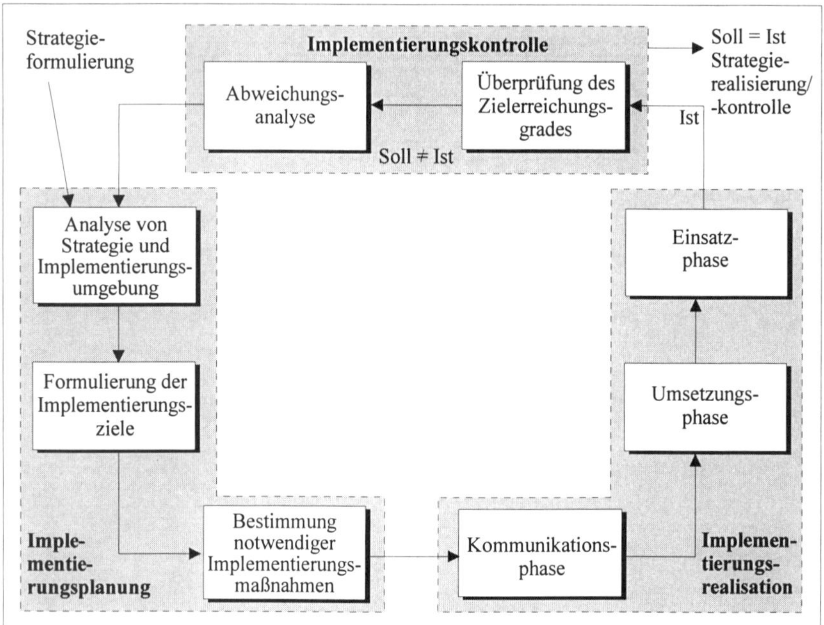

Abb. 6-5: Prozeß der Strategieimplementierung[19]

Im Anschluß an die Strategieformulierung sind in der Phase der *Implementierungsplanung* zuerst die Qualitätsmerkmale der Strategie, z.B. deren Operationalität, Widerspruchsfreiheit und Transparenz, zu untersuchen, da sich hieraus eventuelle Akzeptanzprobleme und Hinweise für die Bestimmung von Implementierungsmaßnahmen ableiten lassen. Außerdem ist zu analysieren, welche Bereiche von der Strategie betroffen sind und wie groß der Gestaltungsbedarf für die relevanten Erfolgsfaktoren ist. Dazu ist es auch erforderlich, die gegenwärtigen Führungs- und Organisationsstrukturen sowie Aufgaben in den betreffenden Bereichen (Implementierungsumgebung) zu kennen. Mit der sich an diese Analyse anschließenden Formulierung von Implementierungszielen wird zum einen der Umfang der Strategieimple-

18 Vgl. Kolks, U.: (Strategieimplementierung), S. 256 ff.; Welge, M.K.; Al-Laham, A.: (Planung), S. 408 ff.

19 Quelle: Kolks, U.: (Strategieimplementierung), S. 257.

mentierung begrenzt, z.B. indem ein gewünschter Spezifizierungsgrad der Strategie oder eine Richtlinie für das Ausmaß der akzeptanzfördernden Maßnahmen und der Anpassung der Erfolgsfaktoren vorgegeben werden. Zum anderen sind Ziele zu bilden, die die Kosten der Implementierung, die Terminplanung, organisatorische Regelungen sowie den Implementierungsstil betreffen. Darauf basierend lassen sich dann die notwendigen zieladäquaten Implementierungsmaßnahmen bestimmen.

In der Phase der *Implementierungsrealisation* sind nun die zuvor festgelegten Maßnahmen durchzuführen. In einem ersten Schritt werden kommunikative Aktivitäten der Durchsetzung vorgenommen, z.B. die Vermittlung der Strategieinhalte und die erforderliche strategiegerechte Schulung und Verhaltensbeeinflussung (Kommunikationsphase). Im nächsten Schritt erfolgt die Umsetzung der Strategie, indem Projektteams gebildet werden, die konkretisierende Teilstrategien und Maßnahmen zur Anpassung der Erfolgsfaktoren entwickeln sowie diese schließlich in kurzfristige Aktivitäten überführen (Umsetzungsphase). Ein effizientes Projektmanagement ermöglicht hier eine Reduzierung des Zeitaufwands bei der Umsetzung und damit eine frühzeitige Realisation der Strategie. Im letzten Schritt der Implementierungsrealisation (Einsatzphase) wird dann erst mit der eigentlichen Realisation der Strategie in Form der Durchführung der geplanten operativen Aktionen in den einzelnen Bereichen begonnen.

Die *Implementierungskontrolle* stellt die letzte Phase des Implementierungsprozesses dar. In dieser Phase werden die Ergebnisse der Strategieimplementierung ermittelt und mit den Implementierungszielen verglichen. Treten dabei Abweichungen, z.B. eine mangelnde Strategieakzeptanz, auf, so sind deren Ursachen zu analysieren. Aus der Abweichungsanalyse lassen sich Erkenntnisse über das Erfordernis weiterer Durchsetzungs- und Umsetzungsmaßnahmen oder einer Anpassung der Implementierungsziele gewinnen, die einen erneuten Implementierungsprozeß auslösen.[20]

Ein anderes Phasenschema, das stärker verhaltenswissenschaftlich geprägt ist, wurde von LEWIN konzipiert.[21] Der Grundgedanke, auf dem dieser Ansatz basiert, besteht darin, daß Implementierungsaktivitäten grundsätzlich Bestandteil eines Wandlungsprozesses im Unternehmen sind und zu Veränderungen führen müssen, die von den Mitarbeitern akzeptiert werden und sich in das Umfeld integrieren lassen. Die Implementierung wird hier in drei Phasen unterteilt, die den Grobablauf des geplanten strategischen Wandels wiedergeben. Die erste Phase des Wandlungsprozesses stellt das *Unfreezing* dar, bei dem durch Formulierung von Visionen und Leitbildern sowie durch Gegenüberstellung von notwendiger und derzeitiger

---

20 Die von KOLKS vorgeschlagene Implementierungskontrolle stellt eine Ergebniskontrolle dar. Während der Strategieimplementierung lassen sich aber auch andere Kontrollarten nutzen. Vgl. dazu Abschnitt 7.2.

21 Vgl. hierzu Lewin, K.: (Field), S. 228 f.; Grimmeisen, M.: (Implementierungscontrolling), S. 10; Krüger, W.: (Implementierung), S. 837.

Performance bestehende Verhaltens- und Denkweisen 'aufgetaut' und die Mitarbeiter zum Umdenken angeregt werden. In der zweiten Phase des Wandels, dem *Moving*, soll die Organisation, vor allem das in ihr tätige Personal, 'in Bewegung gesetzt' werden. Es wird angestrebt, das Mitarbeiterverhalten sowie Strukturen und Prozesse gemäß dem verfolgten Ziel zu verändern, indem entsprechende Handlungen zur Motivation und Beeinflussung vorgenommen werden. In der letzten Phase, dem *Freezing*, wird die nun veränderte Organisation wieder stabilisiert. Dies wird durch verschiedene Steuerungs- und Überwachungsmaßnahmen ermöglicht, wie z.B. eine neu ausgerichtete Personalrekrutierung und -entwicklung oder die Anpassung der Datenverarbeitungssysteme, um so die neuen Lösungen bzw. Strukturen zu 'festigen'.

6.3. Balanced Scorecard und Target Costing als Instrumente der Strategieimplementierung

Balanced Scorecard

Die Balanced Scorecard wurde Anfang der neunziger Jahre von KAPLAN und NORTON entwickelt[22] und stellt ein integriertes Kennzahlensystem dar, mit dem die Leistungen und Leistungspotentiale in einem Unternehmen multikriteriell erfaßt werden können. Der Begriff 'Balanced', übersetzt 'ausgewogen', steht für den Anspruch, die Leistung des Unternehmens von mehreren Perspektiven aus paritätisch zu beurteilen, wobei sowohl externe Anforderungen (z.B. von Kapitalgebern, Kunden) als auch interne Anforderungen (z.B. von Mitarbeitern) beachtet werden. Die Ausgewogenheit bezieht sich des weiteren auf die gleichzeitige Berücksichtigung von kurz- und langfristigen Zielen, auf die koordinierte Erfassung von Zielen und ihren Einflußgrößen und auf die Einbeziehung von objektiven und subjektiven Indikatoren sowie monetären und nicht-monetären Kennzahlen.[23] Auf einer Scorecard, einer Punktetafel, wird die Leistungsentwicklung des Unternehmens transparent gemacht.

Die Balanced Scorecard ist somit ein Performance-Measurement-Modell, das über die rein monetäre, vergangenheitsorientierte Ausrichtung der Leistungsmessung - wie sie für die traditionellen Kennzahlensysteme charakteristisch ist - hinausgeht. In Abbildung 6-6 ist eine von KAPLAN und NORTON vorgeschlagene Balanced Scorecard dargestellt, in der vier Kategorien von Kennzahlen integriert sind, mit denen die Leistung des Unternehmens aus der Kundenperspektive, der Innovations- und Wissensperspektive, der finanzwirtschaftlichen und der unternehmensinternen Perspektive gemessen werden soll. Wie ebenfalls aus der Abbildung ersichtlich ist, lassen sich diese Perspektiven jeweils anhand bestimmter Ziele und Leistungsmaßstäbe beurteilen. Die Struktur mit vier Kategorien ist allerdings nicht als generelle Vor-

22 Vgl. Kaplan, R.S.; Norton, D.P.: (Scorecard); Kaplan, R.S.; Norton, D.P.: (Measures).

23 Vgl. Horváth, P.; Kaufmann, L.: (Scorecard), S. 41 f.

gabe zu verstehen, es können ebenso Balanced Scorecards mit drei oder fünf Perspektiven für die Leistungsbeurteilung in einem Unternehmen geeignet sein.[24]

Kundenperspektive

Ziele	Leistungsmaßstäbe
Neuprodukte	• Umsatzanteil Neuprodukte • Umsatzanteil geschützter Produkte
Schneller Vertrieb	• Lieferpünktlichkeit
Vorzugs-lieferanten	• Anteil der Verkäufe an Stammkunden
Partnerschaft zum Kunden	• Umfang gemeinsamer Entwicklung

Finanzwirtschaftliche Perspektive

Ziele	Leistungsmaßstäbe
Ertragskraft	• Steigerung Cash Flow
Wachstum	• Umsatzwachstum
Shareholder Value	• Erhöhung Eigenkapital-rendite

Unternehmensinterne Perspektive

Ziele	Leistungsmaßstäbe
Technologische Kompetenz	• Vergleich Fertigungstechnik mit Technologieführer
Produktions-Know-how	• Durchlaufzeiten Stückkosten, Ertrag
Leistungsfähige Produktentwicklung	• Effizienz der Entwicklung
Einführung neuer Produkte	• Geplanter vs. tatsäch-licher Verlauf der Einführung

Innovations- und Wissensperspektive

Ziele	Leistungsmaßstäbe
Technologie-führerschaft	• Entwicklungszeit der neuen Produktgeneration
Lernprozeß in der Fertigung	• Bearbeitungszeit bis zur Produktreife
Konzentration auf Kernprodukte	• Anteil der Produkte, die 80% Umsatz bringen
Zeit bis zum Markteintritt	• Vergleich Neuprodukteinführung mit Konkurrenz

Abb. 6-6: Gruppierung von Leistungsindikatoren aus vier Betrachtungsperspektiven in der Balanced Scorecard[25]

Die finanzwirtschaftlichen Kennzahlen werden hierbei über Ursache-Wirkungs-Beziehungen mit denen im Hinblick auf die Kunden, die internen Geschäftsprozesse sowie das Lernen und Wachstum[26] verbunden. Wie auch aus der folgenden Abbildung ersichtlich wird, kommt also den Interessen der Shareholder eine große Bedeutung zu. Die monetären Kennzahlen bleiben grundsätzlich als wesentliche Zielgrößen bestehen, auch wenn sie - neben einer begrenzten

24 Vgl. beispielsweise zu einer Balanced Scorecard mit fünf Perspektiven Fink, C.A.; Grundler, C.: (Strategieimplementierung), S. 228 ff.

25 Quelle: Klingebiel, N.: (Performance), S. 7, übersetzt aus Kaplan, R.S.; Norton, D.P.: (Measures), S. 76.

26 Statt von 'Innovations- und Wissensperspektive' wird synonym auch von 'Lern- und Wachstumsperspektive' gesprochen. Vgl. Kaplan, R.S.; Norton, D.P.: (Management), S. 75 ff.

Zahl nicht-monetärer Zielgrößen der relevanten Stakeholder - nur einen Teil der Scorecard ausfüllen.[27]

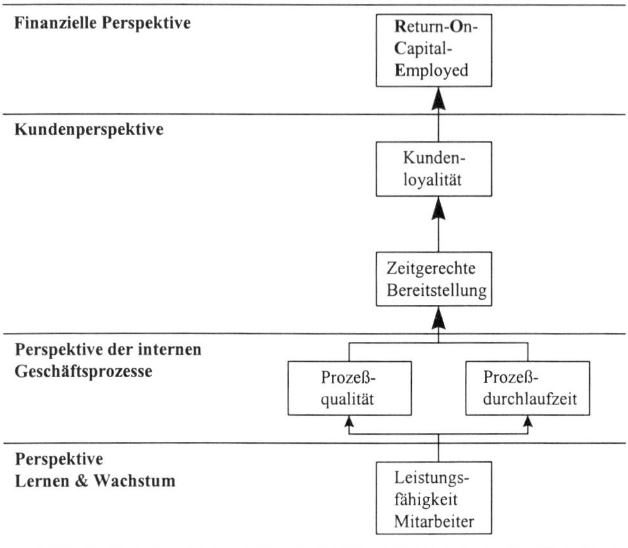

Abb. 6-7: Kausalkette für die Grundstruktur der Balanced Scorecard[28]

Der wesentliche Einsatzbereich der Balanced Scorecard liegt in der Strategieimplementierung.[29] Gemäß KAPLAN und NORTON ist sie dabei Bestandteil eines Regelkreises mit den Prozessen

- Klärung und Herunterbrechen von Vision und Strategie,
- Kommunikation und Verknüpfung von strategischen Zielen und Maßnahmen,
- Planung, Festlegung von Zielen und Abstimmung strategischer Initiativen sowie
- Verbesserung von strategischem Feedback und Lernen.[30]

Ausgehend von der Vision des Unternehmens werden kritische Erfolgsfaktoren identifiziert. Daraus sind die 'kritischen' Meßgrößen bzw. Kennzahlen abzuleiten, die in der Balanced Score-

27 Die Bedeutung der einzelnen Kennzahlen oder -kategorien hängt grundsätzlich von der Machtverteilung unter den Stakeholdern, die an der Entwicklung der Balanced Scorecard beteiligt sind, und damit von der Möglichkeit, die jeweiligen Interessen durchsetzen zu können, ab.

28 Quelle: Klingebiel, N.: (Performance), S. 9, übersetzt aus Kaplan, R.S.; Norton, D.P.: (Scorecard), S. 31.

29 Vgl. hierzu Kaplan, R.S.; Norton, D.P.: (Scorecard), S. 183 ff.; Kaplan, R.S.; Norton, D.P.: (Strategieumsetzung), S. 313 ff.; Horváth, P.; Kaufmann, L.: (Scorecard), S. 48; Fink, C.A.; Grundler, C.: (Strategieimplementierung), S. 226 ff.; Michel, U.: (Strategien), S. 273 ff.

30 Vgl. Kaplan, R.S.; Norton, D.P.: (Scorecard), S. 11 ff.

card berücksichtigt werden. Auf dieser Basis kann eine Konkretisierung der Strategien erfolgen, wobei Hypothesen über die Wirkungen von Strategien und Maßnahmen auf die Kennzahlen und Ziele zu formulieren sind. Das Balanced Scorecard-System zeichnet sich daher (im Vergleich zu anderen Kennzahlensystemen) durch eine strenge Strategieorientierung aus und wird strategie- und geschäftsspezifisch ausgestaltet. Es trägt damit zur Überwindung der gerade in der Praxis immer noch bestehenden Schwierigkeit, eine Strategie von der verbalen Formulierung in reale Aktionen zu überführen, bei.

Das Konzept der Balanced Scorecard erscheint als Hilfsmittel zur Strategieimplementierung besonders geeignet, da es bei der Operationalisierung von Strategien, wie bereits erwähnt, die Ausgewogenheit der Ziele und Leistungsindikatoren ebenso berücksichtigt wie geschäftsspezifische Ursache-Wirkungsbeziehungen zwischen den einzelnen Meßgrößen, so daß also zusätzlich die Verknüpfung von Strategieelementen beachtet wird. Die Kenntnis der Verbindungen zwischen den Strategieelementen führt zu einem besseren Strategieverständnis und erhöht dadurch die Akzeptanz.

Im Rahmen der Strategieimplementierung sollten verschiedene Balanced Scorecards für alle Ebenen des Unternehmens aufgestellt werden, so daß kaskadenartig strategieorientierte Zielgrößenketten entstehen. Die aufzunehmenden Indikatoren werden dabei auf die unterschiedlichen Ebenen (Gesamtunternehmen, Geschäftseinheit, Prozeßebene, Arbeitsplatz-/Mitarbeiterebene) abgestimmt und operational formuliert. Dies führt zum einen zu einer Verbreitung der Strategie im gesamten Unternehmen, und zum anderen wird für die Mitarbeiter ihr Beitrag zur Erfüllung der obersten Unternehmensziele ersichtlich, was sich ebenfalls positiv auf die Strategiedurchsetzung auswirkt.[31] Außerdem läßt sich erkennen, ob konfliktäre Zielbeziehungen zwischen gleichzeitig angestrebten strategischen Zielen vorliegen, und strategische Priorisierungen können eher nachvollzogen werden.

Die Balanced Scorecard wird sowohl in dem Stadium ihrer Entwicklung als auch bei ihrer späteren Anwendung zumeist interdisziplinäre Diskussionen auslösen, die unter anderem das Treffen von Zielvereinbarungen und die Bildung eines gemeinsamen Verantwortungsbewußtseins in bezug auf die Strategie fördern. Regelmäßige Überprüfungen der Zielerreichung anhand der Balanced Scorecard motivieren zudem zu einer höheren Leistung und damit zu einer verbesserten Strategieumsetzung; eventuell wird aber auch eine Zielanpassung erforderlich sein.

Die Balanced Scorecard dient nicht der Umsetzung allgemeingültiger Normstrategien, sie führt vielmehr zu der Entwicklung eines extrem unternehmensspezifisch gestalteten Plan- und Berichtswesens, mit dessen Hilfe eine Strategie in operationale Meßgrößen überführt werden

31 In diesem Zusammenhang wird sogar der Vorschlag unterbreitet, eine auf die Balanced Scorecard bezogene Führungskräftevergütung vorzunehmen. Vgl. Kaufmann, L.: (Scorecard), S. 424.

soll. Dabei erfolgt eine Konzentration auf die wesentlichen Perspektiven und deren Zusammenwirken, und es werden ausschließlich wettbewerbsrelevante Faktoren berücksichtigt.

Trotz der vielfach herausgestellten Eignung der Balanced Scorecard zur Strategieimplementierung darf nicht übersehen werden, daß die Anwendung dieses Instrumentes auch mit einer Reihe von Schwierigkeiten verbunden ist. Diese können unter anderem bei der Auswahl der Kennzahlen (Einschätzung der Relevanz, Meßbarkeit), der Formulierung von Hypothesen für die Beziehungen zwischen verschiedenen Kennzahlen sowie der Entwicklung aufeinander abgestimmter Balanced Scorecards für verschiedene Unternehmensebenen auftreten. Problematisch erscheint zudem der hohe Aufwand, der mit einer konsequenten Anwendung des Systems verbunden ist.[32]

Target Costing

Charakterisierung des Target Costing

Mit dem aus Japan stammenden Target Costing bzw. marktorientierten Zielkostenmanagement wird bezweckt, über eine vom Markt ausgehende, kostenorientierte Steuerung von produktbezogenen Unternehmensaktivitäten die Wettbewerbsfähigkeit zu erhöhen. Anwendungsschwerpunkt ist die Entwicklung und Einführung neuer Produkte (bzw. Leistungen). Beim Target Costing werden zunächst die subjektiven Kundenwünsche analysiert, um festzustellen, wieviel ein Produkt in Zukunft kosten darf. Dann sind unter Berücksichtigung der verfügbaren Ressourcen Zielkosten für die Produkte des Unternehmens sowie für die diesen zugeordneten Funktionen und/oder die Produktkomponenten und -teile zu bestimmen. Diese Zielkosten, die in der Regel so niedrig sind, daß sie nur mit erheblichen Anstrengungen erreicht werden können, haben eine Orientierungsfunktion für den Leistungserstellungs- und -verwertungsprozeß; die sie beeinflussenden Maßnahmen des Unternehmens müssen auf ihre Erreichung abzielen.[33] Im einzelnen läßt sich das Target Costing durch die folgenden Merkmale charakterisieren:[34]

- Ausrichtung der Aktivitäten auf den Markt, die Kundenwünsche und die Produktfunktionen,
- kostenorientierte Steuerung von Unternehmensaktivitäten im gesamten Produktlebenszyklus, vor allem der Produktentwicklung und -einführung,
- Bestimmung von Zielkosten für Produkte sowie deren Funktionen und/oder Komponenten und Teile,

---

32 Zu einer kritischen Beurteilung der Balanced Scorecard vgl. auch Weber, J.; Schäffer, U.: (Scorecard), S. 361 f.

33 Vgl. Niemand, S.: (Target), S. 118 f.; Pfeiffer, W.; Weiß, E.: (Lean-Management), S. 215.

34 Vgl. Niemand, S.: (Target), S. 119; Pfeiffer, W.; Weiß, E.: (Lean-Management), S. 214 ff.; Seidenschwarz, W.: (Ansatz), S. 198 f.; Sakurai, M.: (Influence), S. 48; Hiromoto, T.: (Rechnungswesen), S. 131 f.

- Streben nach permanenter Verbesserung der Kostensituation sowie
- Einflußnahme auf das Verhalten der Mitarbeiter, vor allem deren Kostenbewußtsein.

Mit der Anwendung des Target Costing wird angestrebt, eine Reduktion der Kosten herbeizuführen, die ein Produkt während seines Lebenszyklus verursacht.[35] Gleichzeitig wird darauf abgezielt, die Produkte (bzw. Leistungen) möglichst gut auf die Kundenwünsche abzustimmen. In diesem Zusammenhang sollen vor allem Fehler bei der Produktentwicklung vermieden werden, die dazu führen, daß Produkte - eventuell aufgrund nicht gewünschter oder zu teurer (Zusatz-) Funktionen - mit zu hohen Kosten bzw. Preisen und/oder zu einem zu späten Zeitpunkt auf den Markt gelangen. Dazu wird unter anderem eine Straffung der Innovationsaktivitäten in Verbindung mit der vermehrten Verwendung von Standardteilen gefordert.

Ablauf des Target Costing

Der Ablauf des Target Costing läßt sich in die folgenden Schritte gliedern:[36]

(i) Ausarbeitung eines ersten Produktentwurfs,
(ii) Zielkostenbestimmung für das Produkt,
(iii) Zielkostenbestimmung für die Produktfunktionen, -komponenten und/oder -teile (Zielkostenspaltung) sowie Zielkostenerreichung im Rahmen der Entwicklung und Konstruktion,
(iv) Zielkostenerreichung und -verbesserung im Rahmen des Markt- und Nachlaufzyklus.

(i) Die *Ausarbeitung eines ersten Produktentwurfs* als Ausgangspunkt des Target Costing wird auf der Basis der verfolgten Unternehmensgesamt- und Geschäftsbereichsstrategien vorgenommen. Nach der Positionierung des Produktes im Markt bzw. in einem Marktsegment sind - ausgehend von den durch Marktforschung ermittelten Kundenwünschen - die wesentlichen Produkteigenschaften festzulegen.

(ii) Bei der *Zielkostenbestimmung für das Produkt* können grundsätzlich verschiedene Ansatzpunkte gewählt werden.[37] So ist eine Orientierung an den Kosten des Unternehmens oder der Wettbewerber sowie am erzielbaren Marktpreis möglich. Da die Ausrichtung am Marktpreis, das 'Market into Company', am ehesten der Marktorientierung des Target Costing entspricht, soll im folgenden nur diese behandelt werden.

Beim Market into Company sind zunächst fundierte Marktforschungsaktivitäten erforderlich, um Erkenntnisse über den Wert zu gewinnen, den die Kunden den von ihnen gewünschten Produkteigenschaften (einschließlich Preisen) beimessen. Dafür erscheint besonders die

---

35 Zum Lebenszykluskonzept, das dem Target Costing zugrunde liegt, vgl. Abschnitt 2.2.2.3.

36 Zu ähnlichen Ablaufschemata vgl. Horváth, P.; Seidenschwarz, W.: (Zielkostenmanagement), S. 144 ff.; Seidenschwarz, W.: (Target), S. 140 ff.; Friedmann, O.: (Target), S. 27 ff.

37 Zu den entsprechenden Vorgehensweisen sowie ihren Vor- und Nachteilen vgl. Niemand, S.: (Target), S. 119 f.; Seidenschwarz, W.: (Ansatz), S. 199 f.; Seidenschwarz, W.: (Costing), S. 62 f.

Conjoint-Analyse geeignet. Bei dieser kann die Präferenzwirkung der einzelnen Produktmerkmale unter Einbeziehung von Preisvorgaben ganzheitlich gemessen und damit die Präferenz der Kunden für verschiedene Kombinationen von Produkteigenschaften sowie -preisen erklärt und prognostiziert werden.[38] Als Ergebnis der Marktforschungsaktivitäten ist - für ein bestimmtes Absatzvolumen, einen langfristigen Zeitraum und eine spezifische Wettbewerbskonstellation - der (Durchschnitts-) Preis zu ermitteln, den die Kunden für ein Produkt zu zahlen bereit sind und der daher in Zukunft mit hoher Sicherheit realisierbar sein wird.[39]

Von diesem 'erlaubten Preis' eines Produktes wird ein angestrebter Gewinnanteil subtrahiert. Das Resultat, die 'vom Markt erlaubten Kosten' oder 'allowable costs', können als Zielkosten angesetzt werden. Häufig liegen die allowable costs jedoch weit unter den mit den aktuellen Verfahrensweisen erreichbaren Kosten, den sogenannten "drifting costs". Die Zielkosten werden dann zumeist im Bereich zwischen allowable und drifting costs festgelegt. Die exakte Bestimmung der Zielkosten und damit auch des Gewinnanteils sollte unter anderem von der jeweiligen Wettbewerbssituation und der verfolgten Strategie abhängig gemacht werden.[40] Die für die Produkte ermittelten Zielkosten haben einen Vollkostencharakter.[41]

(iii) Der dritte Schritt des Target Costing ist die *Zielkostenbestimmung für die Produktfunktionen, -komponenten und/oder -teile (Zielkostenspaltung) sowie Zielkostenerreichung im Rahmen der Entwicklung und Konstruktion.* Unter Einbeziehung von Zulieferern und von Mitarbeitern der an den produktbezogenen Entscheidungen beteiligten Unternehmensbereiche wird dabei versucht, die Funktionen, Komponenten und Teile eines Produktes so zu entwerfen, daß dessen Zielkosten unter Berücksichtigung der Kundenwünsche eingehalten werden können. Dabei müssen die Zielkostenspaltung sowie die Entwicklungs- und Konstruktionsarbeiten, bei denen die Zielkostenerreichung angestrebt wird, zeitlich ineinander verschachtelt erfolgen, da einerseits die Zielkosten der Funktionen, Komponenten und Teile die Basis für eine gezielte Entwicklung und Konstruktion bilden und andererseits für die Zielkostenspaltung bereits relativ genaue Produktentwürfe erforderlich sind. Aufgrund der Bezugnahme auf Produktfunktionen kann das Vorgehen auch als eine Form der Wertgestaltung (Value Engineering) angesehen werden.[42] Die entsprechenden Prozesse werden weitgehend durch Teams durchgeführt, die sich aus Mitarbeitern verschiedener Unternehmensbereiche (Entwicklung und Konstruktion, Fertigung, Marketing, Rechnungswesen) zusammensetzen. Durch den Einsatz von

---

38 Vgl. Niemand, S.: (Target), S. 120, und zur Conjoint-Analyse Schubert, B.: (Entwicklung).

39 Vgl. Seidenschwarz, W.: (Costing), S. 61; Zillmer, D.: (Target), S. 286; Seidenschwarz, W.: (Target), S. 118.

40 Vgl. Seidenschwarz, W.: (Ansatz), S. 199 f.; Seidenschwarz, W.: (Costing), S. 66.

41 Vgl. Rummel, K.D.: (Zielkosten-Management), S. 241 f.; Niemand, S.: (Target), S. 123; Horváth, P.; Seidenschwarz, W.: (Zielkostenmanagement), S. 144.

42 Vgl. Seidenschwarz, W.: (Target), S. 170 ff.

Teams sollen langwierige Abstimmungsprozesse zwischen den verschiedenen Unternehmensbereichen vermieden werden.

Bei der *Zielkostenspaltung* werden aus den Zielkosten der Produkte Kostenvorgaben für Produktfunktionen, -komponenten und -teile abgeleitet. Die Zielkostenspaltung läßt sich in den folgenden Schritten vornehmen:[43]

- Definition und Strukturierung der Produktfunktionen,
- Gewichtung der Produktfunktionen,
- Entwicklung eines Grobentwurfs für das neue Produkt (als Konkretisierung des im ersten Schritt konzipierten Entwurfs) einschließlich der Bestimmung von Komponenten,
- Prognose der Kosten einzelner Produktkomponenten (Standardkosten),
- Gewichtung der Komponenten hinsichtlich der Erfüllung der Produktfunktionen,
- Ermittlung der in die Zielkostenspaltung eingehenden Kosten,
- Berechnung der Zielkosten der Komponenten,
- Gegenüberstellung der Standardkosten und der Zielkosten der Komponenten zur Ermittlung eines Kostenreduktionsbedarfs,
- Verbesserung der Zielkostenerreichung mit Hilfe von Zielkostenindizes und/oder eines Zielkostenkontrolldiagramms sowie
- Vornahme weiterer Kostensenkungen.

Bei der Definition und Strukturierung der Produktfunktionen kann zwischen 'harten' und 'weichen' Funktionen unterschieden werden. Während 'harte' Funktionen die technische Leistung eines Produktes ausmachen, beziehen sich 'weiche' auf dessen Benutzerfreundlichkeit.[44] Zur Gewichtung der Produktfunktionen sollte wiederum auf Kundenbefragungen, z.B. in Form der Conjoint-Analyse, zurückgegriffen werden.

Für das Target Costing ist die Verbindung zwischen den Produktfunktionen und den Komponenten, die zu ihrer Erfüllung führen sollen, von besonderer Bedeutung. Sie kann mit Hilfe des Zielkostenindex analysiert werden, der das Verhältnis zwischen dem funktionenbezogenen Gewicht einer Komponente und deren Kostenanteil angibt. Wenn davon ausgegangen wird, daß der bewertete Ressourceneinsatz entsprechend dem Wert der Produktfunktionen für die Kunden und der daraus abgeleiteten Komponentenbewertung erfolgen soll, dann beträgt der Zielkostenindex im Idealfall für alle Komponenten Eins. Abweichungen des Zielkostenindex von diesem Idealwert weisen auf Komponenten hin, bei denen ein veränderter Ressourceneinsatz sinnvoll ist. Entsprechende Anregungen lassen sich aus der Positionierung

---

43 Vgl. Tanaka, M.: (Cost), S. 56 ff.; Horváth, P.; Seidenschwarz, W.: (Zielkostenmanagement) S. 145 ff.; Niemand, S.: (Target), S. 120 f.; Rummel, K.D.: (Zielkosten-Management), S. 235 ff., sowie zu anderen Vorgehensweisen der Zielkostenspaltung Seidenschwarz, W.: (Target), S. 152 ff. und S. 169 ff.

44 Vgl. Horváth, P.; Seidenschwarz, W.: (Zielkostenmanagement), S. 146.

der Komponenten in einem Zielkostenkontrolldiagramm gemäß ihrer Nutzen- und Kostenanteile ableiten.[45]

Die *Zielkostenerreichung* durch Entwicklungs- und Konstruktionstätigkeiten vollzieht sich im Rahmen der Wertgestaltung in einem iterativen Prozeß, in dem solange Produktkonzepte erarbeitet, Entwürfe entwickelt, Prototypen erstellt, Kostenkalkulationen vorgenommen und die geschätzten Kosten mit den Target Costs verglichen werden, bis diese erreicht sind.[46] Dabei erfolgt - weitgehend parallel zur Zielkostenspaltung - eine zunehmende Konkretisierung der Produktentwürfe. Ebenfalls begleitend laufen die Aktivitäten zur Produktionsentwicklung und -vorbereitung ab.

(iv) Die *Zielkostenerreichung und -verbesserung im Rahmen des Markt- und Nachlaufzyklus*, stellt den letzten Schritt des Target Costing dar. Die Zielkosten für die Teile, Komponenten, Funktionen und Produkte dienen nun zur Vorgabe von Standardkosten, deren Einhaltung in den relevanten Unternehmensbereichen anzustreben und zu überwachen ist. Dies bezieht sich auch auf den Beschaffungsbereich, der seinerseits den Lieferanten Kostenziele für die Beschaffungsgüter vorgeben kann.[47]

Dieser letzte Schritt des Target Costing läßt sich wiederum in zwei Teilschritte untergliedern. Während im ersten nach Anlauf der Fertigung die Realisierung der aus der Zielkostenspaltung resultierenden Ziel- bzw. Standardkosten erfolgt, wird im zweiten - im Sinne eines kontinuierlichen Verbesserungsprozesses - die Verringerung dieser Kosten angestrebt. Dabei sind bei den jeweiligen Kostenvorgaben die Kosteneinflußgrößen, wie z.B. Lern- und Erfahrungskurveneffekte, sowie Kosten für zukünftige Modellpflege- oder Marktbearbeitungsmaßnahmen oder Aktivitäten des Nachlaufzyklus möglichst weitgehend einzubeziehen.[48]

Zur Zielkostenerreichung und -verbesserung im Marktzyklus läßt sich unter anderem die Wertverbesserung als Form der Wertanalyse (Value Analysis) einsetzen. Für eine Unterstützung des Target Costing insgesamt wird aufgrund ihrer Tätigkeits- und Prozeßorientierung sowie der Identifikation von Kostenbestimmungsfaktoren besonders die Prozeßkostenrechnung als geeignet angesehen.

---

45 Vgl. dazu Niemand, S.: (Target), S. 121; Horváth, P.; Seidenschwarz, W.: (Zielkostenmanagement), S. 148; Götze, U.: (Kostenrechnung), S. 281 ff.

46 Vgl. Hiromoto, T.: (Rechnungswesen), S. 132.

47 Zur Einbeziehung von Lieferanten in das Zielkosten-Management vgl. Rummel, K.D.: (Zielkosten-Management), S. 222 ff.

48 Vgl. Seidenschwarz, W.: (Target), S. 142 ff.; Horváth, P.; Seidenschwarz, W.: (Zielkostenmanagement), S. 144; Niemand, S.: (Target), S. 123; Pfeiffer, W.; Weiß, E.: (Lean-Management), S. 223.

Beitrag des Target Costing zur Strategieimplementierung

Im Hinblick auf das strategische Management ist die wohl wichtigste Funktion des Target Costing die Implementierung produktbezogener Strategien. In der strategischen Planung kann sich, z.B. im Rahmen einer Portfolio-Analyse, die Notwendigkeit der Einführung neuer Produkte bzw. Produktgruppen zeigen, die in Form einer Produktentwicklungs- oder einer Diversifikationsstrategie realisiert werden kann. Für die Implementierung einer solchen Strategie in Form einer unternehmensinternen Entwicklung neuer Produkte erscheint das Target Costing prädestiniert, da es gewährleisten soll, daß diese mit strategieadäquaten Preisen und Merkmalen auf den Markt gelangen. Die Nahtstelle zur strategischen Planung stellt insbesondere der erste Schritt des Target Costing, die Ausarbeitung eines ersten Produktentwurfs, dar. Bei diesem und den nachfolgenden Schritten (z.B. der Festlegung des Zielpreises und der Produktzielkosten) sollten unter anderem die gewählte Marktstimulierungsstrategie (Kostenführerschaft, Differenzierung, Outpacing-Strategien, simultan-hybride Strategien oder Zwischenformen) und die daraus resultierenden produktbezogenen Anforderungen und Absatzmengenerwartungen einbezogen werden. Gerade bei hybriden Strategien kommt aufgrund der Schwierigkeit, sowohl Differenzierung als auch Kostenführerschaft zu erreichen, einer gezielten Produktentwicklung und damit dem Target Costing eine besondere Bedeutung zu.[49]

Ein Nebeneffekt des Target Costing ist es, daß die Zielkosten und die für ihre Festlegung vorgenommenen Marktforschungsaktivitäten und Analysen als Basis für die Planung von Preisen, Käuferzahlen sowie Absatzmengen genutzt werden können. Es läßt sich mit Hilfe der Zielkosten zudem abschätzen, ob ein neu zu entwickelndes Produkt zur Verfolgung einer bestimmten Wettbewerbsstrategie geeignet ist. Darüber hinaus können Resultate des Target Costing auch für die Ausarbeitung und Auswahl produktbezogener Strategien genutzt werden.

Die Vorgabe von Zielkosten (und -erlösen) für Produkte sowie Produktfunktionen, -komponenten und -teile stellt eine spezifische Form von Budgetierung dar. Indem die Einhaltung der Zielkosten bzw. Budgets im Zeitablauf beobachtet und analysiert wird, lassen sich Informationen gewinnen, die ebenfalls in die zukünftigen Prozesse der Entwicklung, Auswahl und Implementierung produktbezogener Strategien einfließen können. Darüber hinaus führt das Target Costing eine kostenorientierte Koordination der Aktivitäten in verschiedenen Unternehmensbereichen herbei.

---

49 Vgl. hierzu hinsichtlich der Outpacing-Strategie Seidenschwarz, W.: (Target), S. 99 ff.

Beurteilung des Target Costing

Das Target Costing stellt ein erfolgversprechendes Instrument zur Berücksichtigung der Markterfordernisse und -entwicklungen im Rahmen der Strategieimplementierung sowie allgemein des Kosten- und Erlösmanagement dar.[50] Die Vorteile des Target Costing lassen sich aus dessen oben aufgeführten Merkmalen und Zielen ableiten:

- das Kostenbewußtsein der Mitarbeiter wird erhöht,
- die Zielkosten stellen eine Planungs- und Kontrollgröße dar, die die Steuerung der mit Produkten sowie ihren Komponenten und Teilen verbundenen Aktivitäten in verschiedenen Unternehmensbereichen über den Produktlebenszyklus ermöglicht,
- die Integration von Technologie- und Produktplanung wird gefördert,
- bei der Entwicklung von neuen Produkten wird eine intensive Auseinandersetzung mit den Kundenwünschen und den Nutzenkomponenten von Produkten sowie den damit verbundenen Kosten erforderlich.

Inwieweit aber das Target Costing zu einer Verbesserung der Wettbewerbsfähigkeit eines Unternehmens führt, hängt von seiner konkreten Durchführung ab. Diesbezüglich erscheinen unter anderem die folgenden Fragen noch nicht abschließend geklärt zu sein:[51]

- Wie kann der erlaubte Marktpreis - vor allem bei 'echten' Innovationen - für einen langfristigen Zeitraum ermittelt werden?
- Welcher Gewinnanteil sollte bei einer bestimmten Wettbewerbs- und Strategiekonstellation von einem Produkt erzielt werden?
- Welche Gemeinkosten sollten in welcher Form in die Target Costs einzelner Produkte und Komponenten einbezogen werden?
- Wie lassen sich die Gewichtungen von Funktionen und Komponenten bestimmen?
- Ist die Forderung eines proportionalen Verhältnisses zwischen den Kosten und dem Nutzen von Komponenten angebracht?

---

50 Vgl. zu diesem Abschnitt 8.2.

51 Vgl. dazu Niemand, S.: (Target), S. 121 f.; Franz, K.-P.: (Target), S. 126 ff.; Götze, U.: (Kostenrechnung), S. 288 ff.

6.4. Standortplanung als Beispiel für eine Strategieimplementierung

Implementierungsaktivitäten im Überblick

Die Implementierung von Standortstrukturstrategien umfaßt deren verhaltensbezogene Durchsetzung, die Ausrichtung der nicht unmittelbar betroffenen, relevanten Erfolgsfaktoren auf die Strategien sowie deren Konkretisierung durch weitere Planungen. Im folgenden wird lediglich auf den letztgenannten Bestandteil eingegangen.

Die strategische Standortstrukturplanung kann als oberste Ebene (i) eines hierarchischen Systems standortstrukturbezogener Planungen angesehen werden. Die auf dieser Ebene geplanten Strategien der Standortstrukturform und der Standortstrukturveränderung stellen relativ wenig detaillierte, differenzierte und präzise Beschreibungen der angestrebten Standortstrukturform und der Maßnahmenbündel zu ihrer Veränderung dar, die in weiteren Planungen spezifiziert werden müssen. Diese Planungen werden im folgenden schwerpunktmäßig drei Planungselementen zugeordnet, die, wie Abbildung 6-8 zeigt, zueinander und zur strategischen Standortstrukturplanung in einem hierarchischen Verhältnis stehen.

Die Planungsebene (ii) beinhaltet die Planungen zur Standortwahl bei einer Errichtungsstrategie (Standortplanung) sowie zur Auswahl einer Betriebsstätte, die akquiriert werden soll, bei einer Erwerbsstrategie. Diese Planungen stellen insofern eine Besonderheit dar, als nur bei den entsprechenden Strategien die Standortverteilung nach der strategischen Standortstrukturplanung noch nicht festliegt, sondern erst aus den konkretisierenden Planungen resultiert. Als Beispiel für die Planungen dieser Ebene wird nachfolgend die Standortplanung erörtert.

Nach Kenntnis der geplanten Standortverteilung dürfte es sich als sinnvoll erweisen, eine erneute, zumeist differenziertere Planung der langfristigen Leistungszuordnung und Betriebsmittelausstattung durchzuführen. Die Planungen dieser Ebene (iii) dienen unter anderem der relativ exakten Determinierung der Investitionen und Desinvestitionen an den einzelnen Standorten und der daraus resultierenden Kapazitäten.

Der nächsten Ebene (iv) sind Planungen zur Konkretisierung der ausgewählten oder zur Wahl stehenden Standortstrukturveränderungen zugeordnet. Hierbei dürften vor allem die Standortstrukturveränderungen weiter spezifiziert (z.B. hinsichtlich der Art der Betriebsmittel) und das Vorgehen bei ihrer Realisierung (z.B. der zeitliche Ablauf) festgelegt werden.

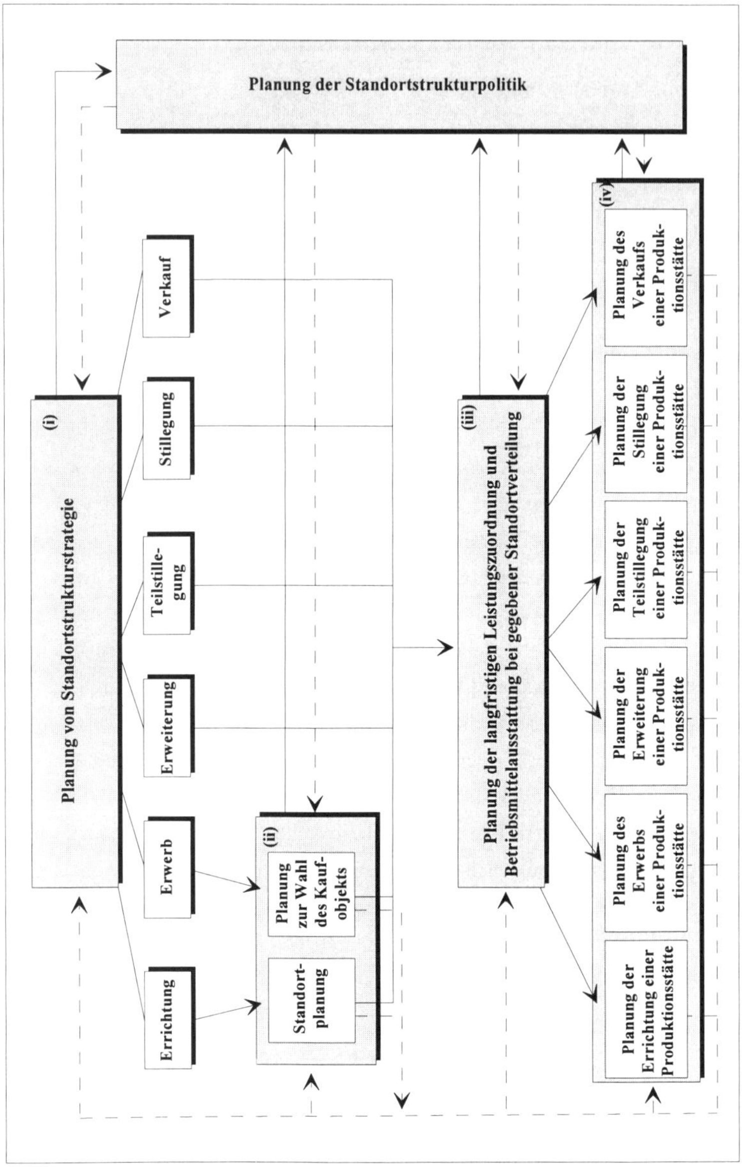

Abb. 6-8: Standortstrukturplanungen im Überblick[52]

---

52 Quelle: Götze, U.: (Standortstrukturgestaltung), S. 129. Auf die Berücksichtigung von Verlagerungs- und Teilverlagerungsstrategien wird in Abbildung 6-8 verzichtet, da diese sich aus anderen Strategien zusammensetzen. Die anderen Strategien der Standortstrukturveränderung sind vereinfachend nur jeweils einmal

Parallel zu diesen Planungen können Maßnahmen der Standortstrukturpolitik, d.h. der Beeinflussung von Standortstrukturanforderungen und -bedingungen, geplant werden. Bei dieser können unter anderem die Standortanforderungen angepaßt werden, z.B. indem das Leistungsprogramm durch Produktentwicklung, oder Diversifikation oder eine Verringerung der Leistungstiefe angepaßt wird. Eine Änderung der Faktorkombination bzw. der Fertigungsverfahren bietet ebenfalls die Möglichkeit, die Standortanforderungen zu modifizieren und damit die gegebenen Standortbedingungen besser auszunutzen. Im Rahmen der Standortstrukturpolitik kann ein Unternehmen zudem die Umwelt- bzw. externen Standortbedingungen verändern, indem es auf die Umwelt und deren Entwicklung Einfluß nimmt.

Standortplanung zur Implementierung einer Errichtungsstrategie

Standortfaktoren und Standortfaktorenkatalage

Bei der Standortplanung stehen die Standortfaktoren häufig im Vordergrund, so daß zunächst auf Standortfaktoren und Standortfaktorenkataloge eingegangen wird. Der Begriff 'Standortfaktor' geht auf WEBER zurück. Er verstand "unter einem Standortsfaktor einen seiner Art nach scharf abgegrenzten Vorteil, der für eine wirtschaftliche Tätigkeit dann eintritt, wenn sie sich an einem bestimmten Ort, oder auch generell an Plätzen bestimmter Art vollzieht."[53] Während WEBER Standortfaktoren weitgehend auf Kostenvorteile beschränkt sah, wird in der jüngeren Literatur in der Regel eine weitere Fassung des Begriffs vertreten und dabei vor allem auch der Absatzbereich einbezogen. Standortfaktoren können demgemäß als Kriterien für die Standorteignung bzw. -wahl angesehen werden, die als Subziele aus einem oder mehreren Oberziel(en) abzuleiten sind.

Die angestrebten Ausprägungen der Standortfaktoren, die von den Entscheidungsträgern als Ansprüche an den Standort festzulegen sind, stellen dann Standortanforderungen dar. Bei den beobachteten oder prognostizierten Ausprägungen der Standortfaktoren an den (potentiellen) Standorten handelt es sich um Standortbedingungen.

Im Rahmen der Empirisch-Realistischen Standortbestimmungslehre ist eine Systematisierung der Standortfaktoren mit Hilfe von Standortfaktorenkatalogen angestrebt worden. Diese sollen möglichst vollständig und überschneidungsfrei die Standortfaktoren enthalten, die bei einer Standortwahl relevant sein können. Sie dienen der Beschreibung und dem Vergleich von Standorten und damit der Entscheidungsvorbereitung.

Ein viel beachteter Standortfaktorenkatalog wurde von BEHRENS entwickelt. Dieser unterscheidet vom Ziel der Rentabilitätsmaximierung sowie der Gliederung in betriebliche Funktionsbereiche ausgehend zwischen Standortfaktoren des externen Gütereinsatzes

aufgeführt. Es sei aber darauf hingewiesen, daß alle Strategien in einem Führungsprozeß auch mehrmals gewählt werden können. Sie stellen zudem häufig keine einander ausschließenden Alternativen dar.

53 Weber, A.: (Standort), S. 16.

(Beschaffung), des internen Gütereinsatzes (Transformation, bei Industriebetrieben: Produktion) und des Absatzes. Die Standortfaktoren, die BEHRENS diesen Kategorien zuordnet, sind in Abbildung 6-9 überblicksartig dargestellt.

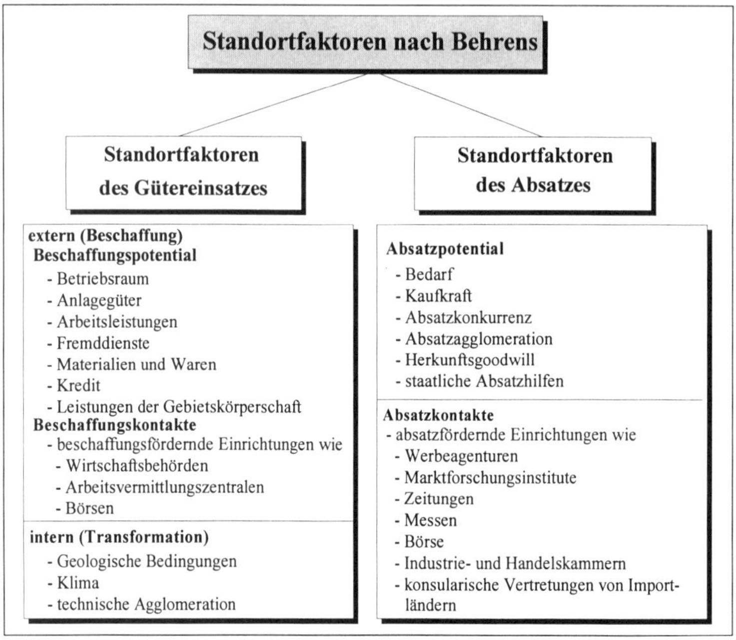

Abb. 6-9: Standortfaktorenkatalog von BEHRENS[54]

Eine Erweiterung des Ansatzes von BEHRENS stellt ein von BEA entwickelter Standortfaktorenkatalog dar, der zusätzlich eine Gruppe von "staatlich determinierten" Standortfaktoren enthält. Abbildung 6-10 zeigt diesen Standortfaktorenkatalog. Die Berücksichtigung der zusätzlichen Faktoren, die sich weitgehend nicht auf einzelne Funktionsbereiche beziehen, erscheint insbesondere im Hinblick auf internationale Standortentscheidungen sinnvoll. So differieren beispielsweise die für Unternehmen relevanten Steuern im internationalen Vergleich zum Teil erheblich. Gleiches gilt für grenzüberschreitende Regelungen, die Wirtschaftsordnung, Umweltschutzregelungen sowie staatliche Hilfen.

54 Quelle: zusammengestellt auf der Grundlage von Behrens, K.C.: (Standortbestimmungslehre), S. 47 ff.

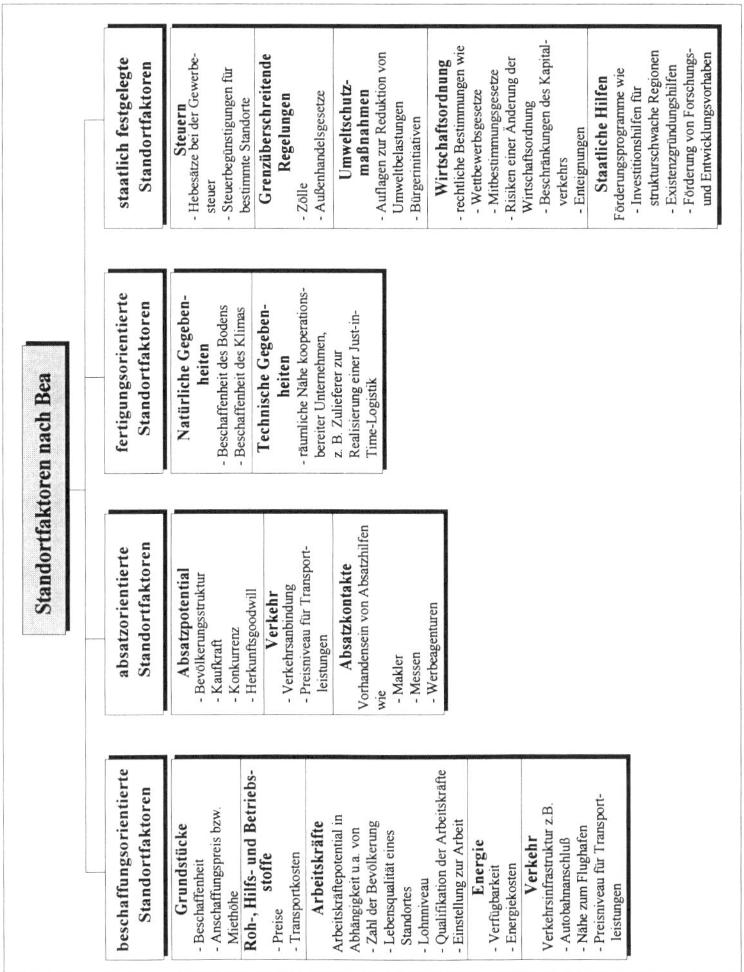

Abb. 6-10: Standortfaktorenkatalog von BEA[55]

Standortfaktorenkataloge enthalten die Einflußgrößen, die bei Standortentscheidungen wichtig sein können. Es hängt von der jeweiligen Branche, dem Zielsystem, vor allem den angestrebten Erfolgspotentialen, der spezifischen Situation des Unternehmens, der strategischen Rolle des Standortes und den weiteren Merkmalen des konkreten Entscheidungsproblems (z.B. Wahl eines Makro- oder eines Mikrostandortes) ab, ob und mit welchem Gewicht ein bestimmter Faktor bei einem konkreten Entscheidungsproblem relevant ist.

55 Quelle: in modifizierter Form übernommen von Bea, F.X.: (Entscheidungen), S. 424 ff.

Prozeß der Standortplanung

Ein neuer Standort wird in der Regel schrittweise determiniert, wobei oftmals zunächst ein *Makrostandort* und dann ein *Mikrostandort* bestimmt wird. Ein Makrostandort wird häufig als Region, ein Mikrostandort als konkreter Ort definiert, wobei Regionen und Orte jeweils in unterschiedlicher Form (Größe) festgelegt werden können.

Auch für die Planung des Makrostandortes und des Mikrostandortes können die typischen Phasen von Planungsprozessen - Zielbildung, Problemerkenntnis und -analyse, Alternativensuche, Prognose sowie Bewertung und Entscheidung - unterschieden werden.

Bei der Zielbildung sollten die Zielgrößen aus den relevanten Erfolgspotentialen abgeleitet werden. Auf der Basis der Überlegungen zur Bedeutung der Standortfaktoren sind dann weiterhin die angestrebten gegenwärtigen und zukünftigen Ausprägungen der Standortfaktoren, die Standortanforderungen, abzuleiten. Das Ergebnis dieses Schritts ist ein Anforderungsprofil für den gesuchten Standort. Einen auf die Bundesrepublik Deutschland und eine bestimmte Branche zugeschnittenen Katalog von Anforderungen an einen Mikrostandort zeigt beispielhaft Abbildung 6-11.

Alternativ oder zusätzlich zur Festlegung von Standortanforderungen ist es möglich, aus den zugrunde liegenden Unternehmenszielen und den Standortzielen eine oder mehrere Zielgröße(n) abzuleiten, die für eine aggregierte Bewertung der Wirkungen der Standortwahl (vor allem hinsichtlich der Soll-Kriterien) geeignet sind, z.B. Kapitalwert, Kostenbarwert oder Endwert für die monetär erfaßbaren und Nutzwert für die sonstigen Wirkungen.

Die Menge der Alternativen ist sowohl bei der Makro- als auch bei der Mikrostandortwahl beschränkt. Bei der Wahl des Makrostandortes stellen die verschiedenen Länder der Erde die grundsätzlich wählbaren Alternativen dar. Eine Eingrenzung potentieller Makrostandorte kann bereits im Rahmen der strategischen Standortstrukturplanung erfolgt sein, zudem stellen einige Länder aufgrund etwaiger Direktinvestitionsverbote, der Nicht-Realisierbarkeit bestimmter Sourcing-Effekte (Fehlen lokaler Inputs), ungenügender Absatzpotentiale, logistischer Kriterien (vor allem Transportkosten und -zeiten), gesetzlicher Regelungen bezüglich des Einsatzes bestimmter Produktionsfaktoren und -verfahren, hoher Länderrisiken, fehlender Voraussetzungen im Unternehmen sowie regionaler, gesellschaftspolitischer, entwicklungspolitischer und konkurrenzabhängiger Präferenzen der Entscheidungsträger keine akzeptablen Makrostandorte dar. Die Menge der alternativen Mikrostandorte ist ggf. durch staatliche Beschränkungen hinsichtlich der Betriebserrichtung begrenzt. Schließlich kann geprüft werden, welche der verbleibenden Standorte die (weiteren) Muß-Kriterien erfüllen und im Hinblick auf die Soll-Kriterien erfolgversprechend erscheinen.

Katalog von Standortanforderungen	
I. Absatzmarkt und Wettbewerbsordnung	1) Möglichst zentrale Verkehrslage (Frachtkosten) a) Autobahnnähe b) Flughafennähe 2) Möglichst hohe Bevölkerungsdichte im Einzugsbereich von 150 km
II. Finanzmarkt und Steuerordnung	3) Geringere Steuerbelastung a) Gewerbesteuersatz b) Lohnsummensteuer c) Grundsteuerhebesatz 4) Günstige staatliche Förderungsmaßnahmen a) Bundesmittel b) Kreditbürgschaften
III. Beschaffungsmarkt und Arbeitsteilung	5) Günstige Energieversorgung a) Gas b) Wasser c) Elektrizität 6) Gleisanschluß (Frachtkosten) 7) Anschluß an eine Aethylen-Pipeline
IV. Know-how-Markt und technischer Fortschritt	8) Möglichkeit zu Versuchen auf der Basis von Explosions-Verformungen
V. Investitionsgütermarkt und Fertigungstechnik	9) Verfügbarkeit von Industriefläche a) Mindestfläche 18 ha b) Erweiterungsfähigkeit 10) Günstige Umweltschutzbedingungen a) Lärmunempfindlichkeit b) Kühlwasserverfügbarkeit
VI. Personalmarkt und Sozialordnung	11) Verfügbarkeit von Arbeitskräften a) 2000 männliche Arbeiter b) 500 Angestellte c) 150 Wissenschaftler d) Arbeitskraftreserven 12) Günstige Lebensbedingungen a) Bildungseinrichtungen (Volkshochschule, Höhere Schule, Universität) b) Sozialeinrichtungen (Krankenhaus, Kindergarten) c) Freizeiteinrichtungen (Theater, Hallenbad, Tennisplatz etc.)

Abb. 6-11: Katalog von Standortanforderungen[56]

Als Grundlage der Bewertung und Entscheidung sind die zukünftigen Standortbedingungen zu prognostizieren, um feststellen zu können, in welchem Ausmaß die Standortanforderungen bzw. andere Zielgrößen erfüllt werden. Wird eine Minimierung des Barwerts der standortabhängigen Kosten angestrebt, dann sind für jeden potentiellen Standort die einzelnen Kostenarten und ihre Einflußgrößen zu analysieren und zu prognostizieren.[57] Abbildung 6-12 zeigt differenziert nach Kostenkomponenten wesentliche standortabhängige Einflußgrößen auf die reinen Kostenarten.

---

56 Quelle: Timmermann, M.: (Standortplanung), S. 390.

57 Vgl. dazu ausführlicher Götze, U.: (Standortstrukturgestaltung), S. 170 ff.

Kostenarten	Komponenten	Standortabhängige Einflußgrößen
Materialkosten	- Materialeinsatzmengen - Materialpreise - Transportbedarf (für Material) - Frachtraten	- Leistungsprogramm, Fertigungsverfahren, Preise der Produktionsfaktoren, Ausschußraten - Beschaffungsmärkte, Konkurrenz - Leistungsprogramm, Fertigungsverfahren, Preise der Produktionsfaktoren, Ausschußraten, Lieferanten, Infrastruktur, geographische Gegebenheiten - Markt für Transportleistungen, Konkurrenz
Personalkosten	- Personaleinsatzmengen - Lohnniveau	- Leistungsprogramm, Fertigungsverfahren, Fehlzeiten, Gesetzgebung, Arbeitszeit, Ausbildung, Arbeitseinstellung - Arbeitsmarkt, Sozialgesetzgebung
Kalkulatorische Abschreibungen	- Einsatzmengen und Werte von Betriebsmitteln - Abschreibungssätze	- Leistungsprogramm, Fertigungsverfahren, Preise von Betriebsmitteln - Klima, Ausbildung
Kalkulatorische Zinsen	- Betriebsnotwendiges Anlage- und Umlaufvermögen - Zinssatz	- Leistungsprogramm, Fertigungsverfahren, Lagerhaltungsbedarf, Preise von Betriebsmitteln und Material - Kapitalmarkt, Länderrisiko
Kosten für Fremdleistungen	- Transportmengen - Frachtraten - Energieeinsatz - Energiepreis	- Leistungsprogramm, Infrastruktur, Kunden, geographische Gegebenheiten, Markt für Transportleistungen - Markt für Transportleistungen, Konkurrenz - Leistungsprogramm, Fertigungsverfahren - Energiemarkt
Steuern, Gebühren, Beiträge	- Bemessungsgrundlagen - Steuer-, Gebühren- bzw. Beitragssätze	- Steuerliche Vorschriften, zollrechtliche Vorschriften etc. - Steuerliche Vorschriften, zollrechtliche Vorschriften etc.
Wagniskosten	- Bezugsgrößen - Verrechnungssätze	- Leistungsprogramm, Fertigungsverfahren, Länderrisiken, Kunden, Transportrisiken - Leistungsprogramm, Fertigungsverfahren, Länderrisiken, Kunden, Transportrisiken

Abb. 6-12: Standortabhängige Kosteneinflußgrößen[58]

58 Quelle: in modifizierter und erweiterter Form übernommen von v. Wangenheim, S.; Haug, A.; Handtrack, H.: (Standortkostenmanagement), S. 332.

Von den verfolgten Zielen hängt das konkrete Vorgehen bei der Bewertung und Entscheidung ab. Bei dieser können die gegenwärtigen und zukünftigen Standortbedingungen den entsprechenden Standortanforderungen gegenübergestellt werden, um die Qualität eines Standortes zu ermitteln. Es ist der Standort zu wählen, der den Standortanforderungen am besten gerecht wird.

Die Auswahl eines (Mikro)Standortes wird in der Literatur als zwei- oder mehrstufiger Selektionsprozeß beschrieben, bei dem die Zahl der zur Wahl stehenden Mikrostandorte schrittweise reduziert wird,[59] z.B. mit einer Vor- und einer Endauswahl. Bei der Vorauswahl kann unter anderem eine Durchführbarkeitsanalyse vorgenommen werden. Nach der Vorauswahl werden dann häufig 3 - 5 potentielle Standorte verbleiben, die detaillierter zu untersuchen und zu bewerten sind. Durch die zwei- oder mehrstufige Selektion kann eine Reduzierung des entstehenden Aufwands erfolgen, da eine zunehmende Konkretisierung der jeweils verbleibenden Alternativen möglich ist.

Zur schrittweisen Alternativenselektion können verschiedene Arten von Modellen genutzt werden. KÜPPER beschreibt auf der Grundlage einer empirischen Untersuchung den Verfahrens- bzw. Modelleinsatz bei der Planung von Mikrostandorten im Produktionsbereich industrieller Großunternehmen.[60] Abbildung 6-13 zeigt die entsprechenden Vorgehensweisen.

Im Hinblick auf die Aussagen von KÜPPER zum Modell- bzw. Verfahrenseinsatz in der Unternehmenspraxis erscheint bemerkenswert, daß im Rahmen eines stufenförmigen Entscheidungsprozesses in der Regel sowohl eine Nutzwertanalyse als auch eine dynamische Investitionsrechnung zur Standortbestimmung herangezogen werden. Auf die Einbeziehung der Unsicherheit wird nicht hingewiesen. Nicht sinnvoll erscheint es, bei der Vorauswahl in die Nutzwertanalyse auch Muß-Kriterien einzubeziehen, da im Rahmen dieses Verfahrens die Kompensierbarkeit ungünstiger Ausprägungen vorausgesetzt wird. Muß-Kriterien sollten eher anstelle einer Nutzwertanalyse oder ergänzend zu dieser verwendet werden.

---

59 Vgl. Timmermann, M.: (Standortplanung), S. 391 ff.; Nauer, E.: (Praxis), S. 172 ff.; Küpper, W.: (Standortentscheidungsprozesse), S. 447 ff. KÜPPER fundiert diese Aussage mit den Ergebnissen einer empirischen Untersuchung zur Standortplanung industrieller Großunternehmen. Vgl. dazu Lüder, K.; Küpper, W.: (Standortplanung), S. 33 ff.

60 Vgl. Küpper, W.: (Standortentscheidungsprozesse), S. 458 ff., sowie zu der empirischen Untersuchung Lüder, K.; Küpper, W.: (Standortplanung), S. 33 ff.

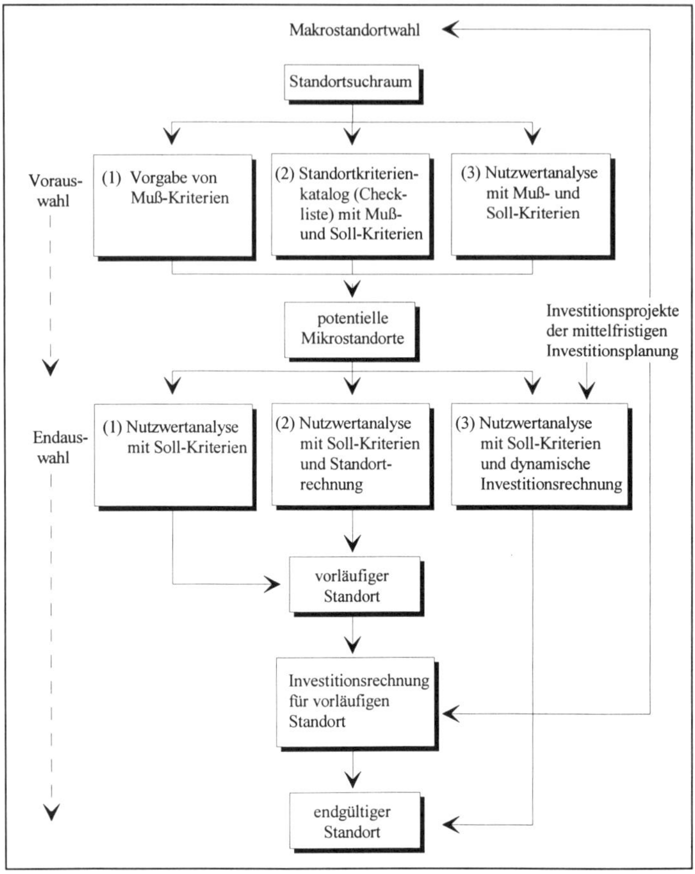

Abb. 6-13: Modelleinsatz bei der Mikrostandortwahl im Produktionsbereich industrieller Großunternehmen[61]

In Übereinstimmung mit dem Vorgehen der Unternehmen, auf die sich die Aussagen von KÜPPER beziehen, sollten ein Mehrzielverfahren und eine dynamische Investitionsrechnung die Grundelemente des Modelleinsatzes zur Standortwahl bilden. Ergänzt werden können diese Grundelemente zum einen um das STEINER-WEBER-Modell zur Bestimmung transportkostenminimaler Standorte, das insbesondere zur Eingrenzung transportkostengünstiger Regionen und damit zur Makrostandortwahl oder zur Vorauswahl von Mikrostandorten

61 Quelle: in modifizierter Form übernommen von Küpper, W.: (Standortentscheidungsprozesse), S. 459.

geeignet ist.[62] Zum anderen sollte die Unsicherheit explizit in die Modellanalyse einbezogen werden.

Für den gesamten Entscheidungsprozeß erscheint ein sukzessiver Einsatz der Modelle sinnvoll, mit dessen Hilfe schrittweise Alternativen ausgeschlossen werden können. Damit läßt sich unter anderem erreichen, daß nur für relativ aussichtsreiche Alternativen eine zusätzliche Informationsgewinnung und -auswertung betrieben werden muß. Ein Vorschlag für die Reihenfolge des Modelleinsatzes ist in Abbildung 6-14 dargestellt.

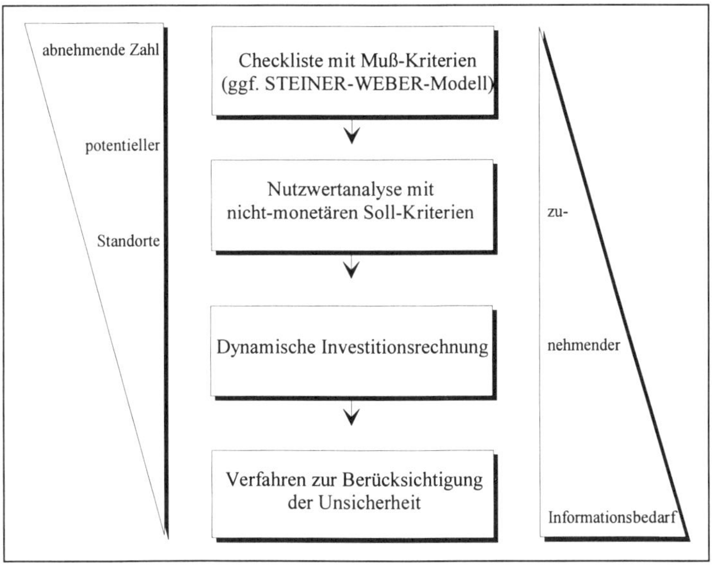

Abb. 6-14: Integrierter Modelleinsatz bei der Mikrostandortwahl

Bei der sukzessiven Entscheidungsfindung sollten alle relevanten Ergebnisse der Modellberechnungen, die für die verbleibenden Alternativen vorliegen, in die jeweilige Entscheidung einfließen. Im letzten Schritt beispielsweise sind dies die Resultate des Mehrzielverfahrens (z.B. Nutzwerte), der dynamischen Investitionsrechnung (z.B. Endwerte) und einer Unsicherheitsanalyse (z.B. kritische Werte oder Erwartungswerte und Standardabweichungen). Die Einbeziehung aller Modellergebnisse ist Voraussetzung dafür, daß keine relevanten Sachverhalte bei den Entscheidungen vernachlässigt werden. Unter Umständen können die Ergebnisse mehrerer Modellberechnungen mit Hilfe eines übergeordneten Modells ausgewertet werden. Dabei ist allerdings die Nutzenunabhängigkeit der Kriterien zu beachten.

62 Zu diesem Modell vgl. Steiner, J.: (Aufgaben), S. 361 ff.; Weber, A.: (Standort), S. 49 ff.; Bloech, J.: (Standort), S. 75 ff.; Bloech, J.: (Industriestandorte), S. 41 ff.; Götze, U.: (Standortstrukturgestaltung), S. 226 ff.

Aufgaben zum Abschnitt 6.

1) Welche zwei grundsätzlichen Aufgaben bestehen bei der Strategieimplementierung, und wie können diese erfüllt werden?
2) Nennen Sie verschiedene Implementierungsstile und deren charakteristische Merkmale.
3) Beschreiben Sie die Phasen der Strategieimplementierung nach KOLKS.
4) In welche Phasen wird der Wandlungsprozeß gemäß LEWIN unterteilt?
5) Inwiefern kann eine Balanced Scorecard zur Strategieimplementierung genutzt werden? Gehen Sie zur Beantwortung der Frage auch auf die Charakteristika von Balanced Scorecards ein.
6) Erläutern Sie den Ablauf des Target Costing, und nehmen Sie eine kritische Beurteilung des Verfahrens vor. Worin ist der Zusammenhang zwischen dem Target Costing und der Implementierung produktbezogener Strategien zu sehen?
7) Zur Implementierung einer Errichtungs- oder Erwerbsstrategie im Rahmen der Standortstrukturgestaltung ist in der Regel eine Standortplanung vorzunehmen. Beschreiben Sie den sukzessiven Entscheidungsprozeß zur Wahl eines Standortes, und gehen Sie dabei auch auf die Möglichkeiten des Modell- bzw. Verfahrenseinsatzes ein.

7. Strategische Kontrolle

7.1. Begriff und Zweck der Kontrolle

Die strategische Kontrolle wurde bereits im ersten Abschnitt als ein Element von strategischen Führungsprozessen vorgestellt. In diesem Abschnitt sollen nun nach einer kurzen Einführung einzelne Kontrollarten sowie ein bedeutendes Instrument der strategischen Kontrolle, die Frühaufklärungssysteme, vorgestellt werden.

Die *Kontrolle* wird häufig als systematischer, kontinuierlicher und informationsverarbeitender Prozeß interpretiert, in dessen Rahmen ein Vergleich zwischen mindestens zwei Kontrollgrößen vorgenommen wird sowie eventuelle Abweichungen erkannt und analysiert werden.[1] Als Element des Führungssystems des Unternehmens trägt die Kontrolle zur Entscheidungsvorbereitung, -findung und -überprüfung bei, indem sie relevante Informationen für Planungsprozesse liefert und damit vor allem die Notwendigkeit von Korrekturen und Anpassungen aufzeigt. Durch Kontrollen können außerdem Hinweise auf hierfür geeignete Maßnahmen gegeben, Fortschritte bei zukünftigen Prognoseaktivitäten und Planungen generell erzielt sowie Manipulationen vermindert werden.[2] Die Kontrolle ist eng mit der Planung verbunden, da viele Kontrollarten ohne in der Planung festgelegte Plangrößen nicht realisierbar sind und die Kontrolle zur Auslösung sowie zu einer effizienteren Durchführung von Planungen führt. Grundsätzlich besteht bei allen Einsatzzwecken die Aufgabe der Kontrolle darin, gemeinsam mit der Planung die Erreichung der angestrebten Ziele des Unternehmens zu sichern.

Während die Kontrolle nach traditionellem Verständnis feedback-orientiert ist und nur im Anschluß an den Planungs- und Realisationsprozeß stattfindet, setzt sich derzeit die Auffassung durch, daß sie stärker feedforward ausgerichtet sein und insbesondere in strategischen Führungsprozessen schon begleitend zur Strategieformulierung und -implementierung erfolgen sollte.[3]

Der Bedarf an Kontrollen resultiert zum einen aus möglichen Planungs- und Handlungsfehlern der beteiligten Personen, zum anderen aus der Unvollkommenheit der Informationen, die insbesondere auf die Unsicherheit sowie die häufig in der Planung nicht vollständig erfaßbare Komplexität[4] der Problemstellungen zurückzuführen ist.[5] Die entscheidungsrelevanten

---

1 Vgl. Schweitzer, M.: (Planung), S. 99.

2 Vgl. Lüder, K.: (Investitionskontrolle), S. 54 ff. Zu weiteren Kontrollfunktionen vgl. Zettelmeyer, B.: (Management), S. 211 ff.; Küpper, H.-U.: (Industrielles Controlling), S. 871 f.; Macharzina, K.: (Unternehmensführung), S. 356; Rühli, E.: (Unternehmungsführung), S. 201 ff.

3 Vgl. Abbildung 1-4 in Abschnitt 1.4.

4 In Planungsprozessen wird ein Entscheidungsproblem vereinfacht in einem Modell abgebildet und dabei versucht, die Komplexität durch Verringerung der Anzahl der Handlungsalternativen und Einflußgrößen zu

Einflußfaktoren sind zudem einem permanenten, tendenziell an Geschwindigkeit zunehmenden Entwicklungsprozeß ausgesetzt. Die Dynamik dieser Entwicklungen, die insbesondere für strategische Führungsprozesse bedeutend ist, läßt sich in der Regel ebenfalls durch eine Planung allein nicht beherrschen. Die Vorteilhaftigkeit der bestehenden Unternehmensstrategien wird ständig durch Veränderungen der Rahmenbedingungen in Frage gestellt, sie kann daher nur durch permanente oder möglichst frühzeitige Kontrollen überprüft werden. Nur die kontinuierliche Wahrnehmung von Wirkungen aus dem relevanten Umfeld sowie der Stärken und Schwächen des Unternehmens ermöglicht es der Führung, rechtzeitig Planungsprozesse zu initiieren, falls mit den identifizierten Entwicklungen relevante Probleme oder Risiken aufgedeckt werden, die den Erfolg der derzeitig verfolgten Strategie gefährden. Ebenso können Änderungen von Einflußgrößen nur durch Kontrollen in die laufenden Planungen eingebracht werden. Darüber hinaus lassen sich die bei Kontrollaktivitäten gewonnenen Erkenntnisse für zukünftige Planungsprozesse nutzen.

7.2. Arten von Kontrollen

Strategische Kontrollen können auf verschiedenen strategischen Ebenen (Gesamtunternehmen, Geschäfts- oder Funktionsbereiche), für unterschiedliche Objekte (Strategien, Maßnahmen zu deren Implementierung, Einflußgrößen aus der Umwelt und dem Unternehmen), mit differierenden Zielen sowie in verschiedenen Phasen des Führungsprozesses entweder zeitlich parallel zur Planung oder zur Strategieimplementierung oder erst nach der Implementierung eingesetzt werden. Für die vielfältigen Einsatzgebiete erscheinen jeweils bestimmte Kontrollarten prädestiniert.[6] Nach dem Kriterium, welche Plan- und Vergleichsgrößen in die Kontrolle einbezogen werden, lassen sich die in der nachfolgenden Abbildung dargestellten Kontrollarten differenzieren:

Bei den Plan- und Vergleichsgrößen einer *Ergebniskontrolle* (Soll-Ist-Vergleich) handelt es sich um die geplanten und die realisierten Ausprägungen der verfolgten Ziele. Dieser Vergleich kann erst während oder nach der Implementierung von Strategien bzw. Teilstrategien durchgeführt werden, weil bereits die Konsequenzen von Handlungen bekannt sein müssen. Ergebniskontrollen können demzufolge sowohl zur Beurteilung zwischenzeitlicher Resultate als auch zur Überprüfung der Zielerreichung nach dem Ende des Planungszeitraums genutzt werden. Bei Vorliegen von Diskrepanzen zwischen den angestrebten und den tatsächlich

bewältigen. Die daraus eventuell resultierende Nichtbeachtung von relevanten Informationen bei der Entscheidung läßt Kontrollen erforderlich werden.

5 Vgl. Nuber, W.: (Kontrolle), S. 55 und S. 58; Schreyögg, G.: (Verhältnis), S. 348.

6 Vgl. zu den folgenden Ausführungen über die verschiedenen Kontrollarten Schweitzer, M.: (Planung), S. 99 ff.; Macharzina, K.: (Unternehmensführung), S. 356 ff.; Wild, J.: (Grundlagen), S. 44 f.; Mag, W.: (Unternehmungsplanung), S. 95 f.; Pfohl, H.-C.: (Planung), S. 59 f.

erzielten Werten ist eine Abweichungsanalyse vorzunehmen.[7] Die dabei gewonnenen Informationen können hauptsächlich zur Verbesserung zukünftiger Planungen verwendet werden, da die Planungszeiträume der kontrollierten Bezugsgrößen zumindest zum Teil schon abgelaufen sind und somit Anpassungsmaßnahmen nur noch eingeschränkt möglich sind. Aufgrund der Vergangenheitsbezogenheit der Ergebniskontrollen sind diese für kurzfristige Planungen wichtiger als für langfristige. Sie entsprechen eher der traditionellen Sichtweise der Kontrolle und sind nur bedingt für die Kontrolle in strategischen Führungsprozessen geeignet.

Vergleichsgröße / Plangröße	Soll	Wird	Ist
Soll	Soll-Soll-Vergleich (Zielkontrolle)	Soll-Wird-Vergleich (Planfortschrittskontrolle)	Soll-Ist-Vergleich (Ergebniskontrolle)
Wird		Wird-Wird-Vergleich (Prognosekontrolle)	Wird-Ist-Vergleich (Prämissenkontrolle)

Abb. 7-1: Kontrollarten nach verschiedenen Plan- und Vergleichsgrößen[8]

Mit Ergebniskontrollen kann aber auch der Gefahr begegnet werden, daß aus persönlichen Motiven oder Abteilungsinteressen Informationen verfälscht oder vorenthalten werden. Die durch Kontrollen bewirkte Beeinflussung des Mitarbeiterverhaltens und der Mitarbeitermotivation kann für das Unternehmen von strategischer Bedeutung sein. Außerdem werden durch die Kontrollergebnisse häufig Lernprozesse bei den Mitarbeitern ausgelöst, die dazu beitragen, zukünftig höhere Leistungsgrade zu erreichen.

Planfortschrittskontrollen (Soll-Wird-Vergleiche) umfassen die Untersuchung der Entwicklung in einzelnen Planabschnitten mit dem Zweck, aus den so gewonnenen Teilergebnissen Schlußfolgerungen für die endgültige Zielerreichung zu ziehen und Abweichungen zwischen den angestrebten Zielen bzw. Zwischenzielen (Soll-Werten) und den prognostizierten Zielerreichungsgraden (Wird-Werten) frühzeitig zu identifizieren. Diese Kontrollen werden im Verlauf der Strategieimplementierung durchgeführt, um den Realisierungsfortschritt beurteilen und noch während der Gültigkeit der Strategie Anpassungen an Veränderungen der Rahmenbedingungen vornehmen und so die Strategie besser umsetzen zu können. Des weiteren lassen sich aber auch Rückschlüsse darauf ziehen, ob eventuell die Notwendigkeit einer Strategieänderung besteht.

---

7 Ebenso wie die Planung bestehen Kontrollen oftmals aus mehreren Prozeßphasen. Im Rahmen der Ergebniskontrolle beispielsweise ist ein Zyklus mit den Schritten 'Vorgabe von Soll-Werten', 'Ermittlung von Istwerten', 'Vergleich von Soll- und Ist-Werten' sowie 'Analyse der Abweichungen' zu durchlaufen. Vgl. Abbildung 1-3 in Abschnitt 1.4.

8 Quelle: leicht modifiziert übernommen von Schweitzer, M.: (Planung), S. 98.

Als Gegenstand von Planfortschrittskontrollen kommen neben der Strategie an sich prinzipiell sämtliche ausgestaltenden Strategieelemente bzw. Maßnahmen in Frage. Voraussetzung dieser Kontrollart ist, daß vor Beendigung des Kontrollzeitraums Entwicklungen identifiziert werden können, die für die zukünftige Zielerreichung relevant sind. Der Zukunftsbezug ist bei der Planfortschrittskontrolle höher als bei der Ergebniskontrolle.

Während Ergebnis- und Planfortschrittskontrollen den Abschluß der Planung voraussetzen, können die nachfolgend beschriebenen Kontrollarten schon parallel zum Ablauf des Planungsprozesses erfolgen.

Zielkontrollen (Soll-Soll-Vergleiche) werden in der Literatur größtenteils lediglich als Gegenüberstellung verschiedener Zielgrößen angesehen, mit denen diese im Rahmen der Realisierbarkeitsprüfung in der Zielbildungsphase von Führungsprozessen auf ihre Konsistenz untersucht werden.

Darüber hinaus läßt sich aber unter dem Begriff der Zielkontrolle auch der Vergleich zwischen den zu verschiedenen Zeitpunkten - bezogen auf einen einheitlichen Zeitpunkt oder -raum - angestrebten Ausprägungen einer Zielgröße subsumieren. Entsprechende Kontrollen können im weiteren Verlauf der Planung sowie bei der Implementierung die Anpassungsnotwendigkeit von Zielen bzw. geforderten Zielausprägungen anzeigen. Abweichungen von den ursprünglich festgelegten Zielausprägungen können z.B. entstehen, wenn sich die Unternehmenssituation oder die konjunkturelle Lage im Vergleich zur Ausgangssituation verändert haben. Unter Umständen hat dies eine Modifikation der Risikoeinstellung der Entscheidungsträger zur Folge, die sich dann in der (Un)Sicherheitsdimension der Ziele widerspiegeln sollte und damit eine Anpassung der Ziele erfordert. Erscheinen zudem die angestrebten Zielerreichungsgrade nicht mehr realisierbar, müssen die Zielansprüche verringert werden.

Bei *Prämissenkontrollen* (Wird-Ist-Vergleiche) werden die bewußt getroffenen Annahmen der Planung (Wird-Werte) den Ist-Werten der entsprechenden Größen gegenübergestellt, um zu untersuchen, ob die Ausgangsannahmen der Planung noch Gültigkeit haben oder ob sie aufgrund modifizierter Bedingungen revidiert werden müssen. Bei Vorliegen einer Diskrepanz zwischen den Werten sollten wiederum mit Hilfe einer Abweichungsanalyse deren Ursachen herausgefunden sowie adäquate Modifikationen der Prämissen aufgezeigt werden. Außerdem bildet die Prämissenkontrolle eine Grundlage für Ziel- sowie Planfortschrittskontrollen, da nicht eingetretene Annahmen eine Revision der angestrebten sowie der erwarteten Zielerreichung bewirken können.

Im Rahmen der strategischen Kontrolle stellen die Annahmen zu den Entwicklungen der strategisch relevanten Einflußfaktoren die Objekte der Prämissenkontrolle dar. So sollten die der Planung zugrundegelegten Prognosen über die globale und die unternehmensspezifische Umwelt, z.B. die gesamtwirtschaftliche Entwicklung, die Marktverhältnisse etc., und das Unternehmen auf ihre Gültigkeit überprüft werden.

Werden bei der Planung mehrwertige Prognosen bzw. Szenarien erstellt, läßt sich mit der Prämissenkontrolle feststellen, ob eine, und wenn ja welche, der für möglich gehaltenen Zukunftsentwicklungen eingetroffen ist.

Prämissenkontrollen können bereits parallel zum Planungsprozeß sinnvoll sein, besonders bedeutend sind sie während der Strategieimplementierung bzw. der Gültigkeit der Strategie. Die Relevanz von Prämissenkontrollen erscheint insbesondere für langfristige Führungsprozesse vergleichsweise groß, da bei diesen aufgrund der hohen Unsicherheit gravierende Abweichungen von den Annahmen möglich sind, während die Prämissen kurzfristiger Planungen in der Regel schon relativ sicher bestimmt werden können und daher weniger Diskrepanzen zwischen Wird- und Ist-Werten zu erwarten sind.

Eine *Prognosekontrolle* stellt einen Wird-Wird-Vergleich dar, dessen Durchführung gemäß der herrschenden Literaturmeinung analog zur Zielkontrolle im allgemeinen auf die Planungsphase beschränkt ist.[9] Dabei kann sie zur Prüfung der Konsistenz verschiedener zu einem Zeitpunkt abgegebener Prognosen eingesetzt werden, beispielsweise bei der Erstellung von Szenarien, durch die miteinander vereinbare Entwicklungen verschiedener Größen beschrieben werden. Der Begriff der Prognosekontrolle kann aber auch den Vergleich der zu verschiedenen Zeitpunkten (für einen gleichen Zeitpunkt oder -raum) prognostizierten Werte einer Größe umfassen, so daß diese Kontrollart sich auch während der Realisierung anwenden läßt. Eine derartige Kontrolle ähnelt der Prämissenkontrolle; die Objekte und die mögliche Nutzung der Ergebnisse entsprechen einander, der Zukunftsbezug ist allerdings aufgrund der Gegenüberstellung von Prognosen höher.

Die *allgemeine Überwachungskontrolle* ist eine Kontrollart, die nicht auf einer Gegenüberstellung von Plan- und Vergleichsgrößen basiert. Diese Kontrolle findet - den Planungs- und Implementierungsprozeß begleitend - in Form einer generellen Beobachtung bedeutender Umwelt- und Unternehmensbereiche statt. Auf diese Weise sollen relevante Entwicklungen und die daraus entstehenden Chancen und Risiken identifiziert werden, die aus den Faktoren resultieren, die nicht durch die im Rahmen der Planung festgelegten Prämissen erfaßt sind.[10] Somit erscheint die allgemeine Überwachungskontrolle besonders zur Erfassung der mit strategischen Entscheidungen verbundenen Unsicherheit geeignet. Die gewonnenen Informationen können einerseits in die laufenden Führungsprozesse eingebracht werden. Andererseits dienen sie dem frühzeitigen Erkennen von Anlässen für derartige Prozesse, da durch die Überwachungsaktivitäten Hinweise auf notwendige Veränderungen bisheriger Strategien und ihrer Bestandteile gewonnen werden.

Zu den Untersuchungs- bzw. Kontrollobjekten der allgemeinen Überwachungskontrolle gehören grundsätzlich ebenfalls die schon als Objekte der Prämissenkontrolle genannten Ein-

---

9 Vgl. Pfohl, H.-C.: (Planung), S. 59; Schweitzer, M.: (Planung), S. 100 f.

10 Vgl. Schreyögg, G.: (Verhältnis), S. 349 ff.; Macharzina, K.: (Unternehmensführung), S. 358.

flußfaktoren, wobei sich die Überwachung nun jedoch auf die Elemente beschränkt, für die im voraus keine bewußten Annahmen getroffen wurden. Infolgedessen tritt die ungerichtete Beobachtung von Elementen aus der globalen Unternehmensumwelt in den Vordergrund, da für diese tendenziell weniger Prämissen formuliert werden. Hierzu zählen politisch-rechtliche, wirtschaftliche, technologische, infrastrukturelle und sozio-kulturelle Entwicklungen sowie solche in den Bereichen Ökologie und Umweltschutz. Ferner sollten die nicht prognostizierten Bedingungen aus der unternehmensspezifischen Umwelt sowie den relevanten Unternehmensbereichen einer Überwachungskontrolle unterliegen.

Eine weitere strategische Kontrollart, die ebenfalls nicht auf der Gegenüberstellung von Plan- und Vergleichsgrößen beruht, ist die *Konsistenzkontrolle* strategischer Pläne bzw. von Strategien. Hinsichtlich dieser Kontrollart sind zwei Formen zu unterscheiden. Bei der *methodischen* (formalen) Konsistenzkontrolle wird überprüft, ob die Informationen, die der strategischen Planung zugrundegelegt wurden, hinreichend sicher sowie vollständig und die eingesetzten Planungsmethoden und -instrumente geeignet waren. Des weiteren werden die Planungsergebnisse im Hinblick auf ihre logische Ableitung und Struktur untersucht. Die *inhaltliche* (materielle) Konsistenzkontrolle soll einerseits sicherstellen, daß die strategischen Pläne untereinander harmonieren und widerspruchsfrei sind (horizontale Konsistenz). Andererseits soll geprüft werden, ob zwischen den Strategien und der übergeordneten Unternehmensphilosophie und den generellen Unternehmenszielen sowie zwischen den Strategien und den aus ihnen abgeleiteten operativen Plänen (vertikale Konsistenz) Stimmigkeit besteht. Die Konsistenzkontrollen sollten im Verlauf der strategischen Planung durchgeführt werden, aber auch während der Strategieimplementierung, denn bei dieser lassen sich oftmals noch Inkonsistenzen (z.B. aufgrund nachträglicher Plananpassungen oder Neuplanungen) entdecken).[11]

Die bisher beschriebenen Kontrollen sollten durch *Verhaltenskontrollen* ergänzt werden, die das Verhalten der Mitarbeiter, insbesondere deren Leistungsbereitschaft und -fähigkeit, zum Inhalt haben.[12] Mit diesen soll vor allem dem 'Menschlichen Versagen' im Verlauf der Planung und der Strategieimplementierung begegnet werden. Es kann unter anderem die Einhaltung von Richtlinien überprüft werden, die Regelungen zu Planungs- sowie Realisierungsaktivitäten und -instrumenten beinhalten. Ein weiteres Kontrollobjekt stellen die Kompetenzen und Verantwortlichkeiten der Mitarbeiter dar, die diesen im Rahmen der Führungsprozesse zugeordnet werden. Dabei können als Element der Verhaltenskontrolle wiederum Ergebniskontrollen durchgeführt werden, in denen das angestrebte und das tatsächliche Verhalten der Mitarbeiter einander gegenübergestellt werden.

---

11 Vgl. hierzu Hahn, D.: (Kontrolle), S. 356 ff.; Gälweiler, A.: (Kontrolle), S. 386 ff.

12 Vgl. Zettelmeyer, B.: (Management), S. 229 ff.

Die beschriebenen Kontrollarten und ihre Einsatzmöglichkeiten im Ablauf des strategischen Führungsprozesses zeigt die folgende Abbildung.

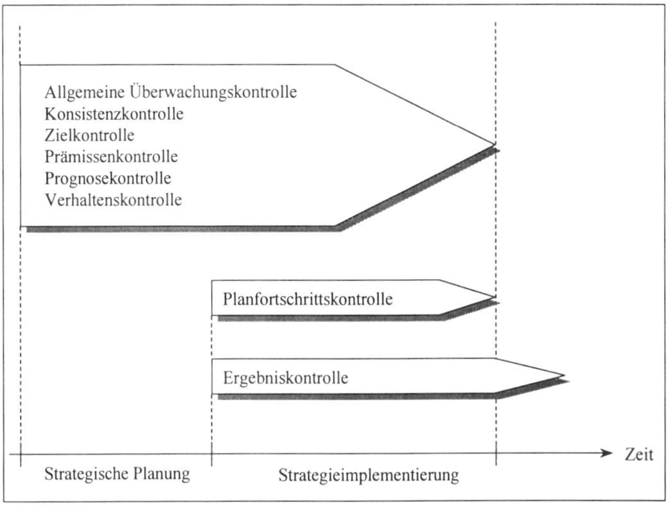

Abb. 7-2: Kontrollarten im Verlauf des strategischen Führungsprozesses

Die in der Abbildung genannten Kontrollarten werden in der Literatur nicht sämtlich als strategische Kontrollen aufgefaßt. Vielmehr werden dort engere strategische Kontrollkonzeptionen vorgeschlagen, die vorrangig drei Kontrollarten beinhalten: die Prämissenkontrolle, die Durchführungskontrolle (die der hier beschriebenen Planfortschrittskontrolle weitgehend entspricht) und die ungerichtete strategische Überwachung (analog der allgemeinen Überwachungskontrolle).[13] Gemäß HAHN umfaßt die strategische Kontrolle die Prämissen-, die Konsistenz- und die Durchführungskontrolle.[14]

Zu Kontrollzwecken können eine Reihe von Instrumenten eingesetzt werden, z.B. Checklisten, Kennzahlensysteme, die Kosten- und Leistungsrechnung, die Netzplantechnik, Simulations- und Entscheidungsmodelle, das Target Costing, das Benchmarking, diverse Prognoseverfahren, insbesondere die Szenario-Technik, sowie Frühaufklärungssysteme.[15] Aufgrund ihrer besonderen Bedeutung für die strategische Kontrolle wird auf Frühaufklärungssysteme im nächsten Abschnitt ausführlich eingegangen.

---

13 Vgl. hierzu Schreyögg, G.; Steinmann, H.: (Kontrolle), S. 398 ff.; Hasselberg, F.: (Kontrolle) S. 95 ff.; Ohland, L.: (Kontrolle), S. 232 ff.; Nuber, W.: (Kontrolle), S. 118 ff. NUBER führt zusätzlich noch eine Metakontrolle zur Kontrolle des strategischen Planungs- und Kontrollsystems an.

14 Vgl. Hahn, D.: (Kontrolle), S. 852 ff.

15 Vgl. zu diesen und weiteren Kontrollinstrumenten Bea, F.X.; Haas, J.: (Management), S. 217. Einige der aufgeführten Instrumente können auch zur strategischen Planung genutzt werden. Vgl. Abschnitt 2.2.

7.3. Frühaufklärungssysteme als Instrument der strategischen Kontrolle

Für die frühzeitige Wahrnehmung relevanter Veränderungen in der Umwelt und im Unternehmen wird häufig der Einsatz von Frühaufklärungssystemen vorgeschlagen. Mit diesen sollen Informationen gewonnen werden, die Hinweise auf entsprechende Veränderungen mit einem erheblichen zeitlichen Vorlauf vor deren Eintritt liefern, um so einen Zeitgewinn zu realisieren, den Handlungsspielraum zu vergrößern und ein rechtzeitiges Reagieren zu ermöglichen. Wie bereits aus dieser kurzen Beschreibung deutlich wird, sind Frühaufklärungssysteme eng mit der strategischen Kontrolle verbunden. Die Funktionen und Aktivitäten der Frühaufklärung entsprechen zum Teil denen einzelner Kontrollarten, außerdem lassen sich die mit Frühaufklärungssystemen gewonnenen Informationen zur Kontrolle verwenden. Frühaufklärungssysteme werden daher hier als Kontrollinstrument interpretiert.[16]

In der Literatur werden mehrere Konzeptionen von Frühaufklärungssystemen unterschieden. Hinsichtlich der erfaßten Risiken können Systeme, bei denen lediglich Bedrohungen berücksichtigt werden (sog. Frühwarnsysteme), von solchen unterschieden werden, die sowohl auf Bedrohungen als auch auf eventuelle Chancen hinweisen. In der Vergangenheit standen Systeme der Frühwarnung im Vordergrund, während neuere Ansätze eine Frühaufklärung unter Einbeziehung von Bedrohungen *und* Chancen vornehmen. Nach der Trägerschaft werden betriebliche und überbetriebliche Systeme differenziert. Im Hinblick auf das Bezugsobjekt lassen sich eigenorientierte Frühaufklärungssysteme, deren Aufgabe darin besteht, Bedrohungen und Chancen des eigenen Unternehmens zu identifizieren, von fremdorientierten Systemen abgrenzen, bei denen kritische Entwicklungen in anderen Unternehmen erfaßt werden. Die eigenorientierten Systeme können weiter in gesamtunternehmensbezogene und bereichsbezogene sowie nach ihrer inhaltlichen und zeitlichen Ausrichtung in operative und strategische untergliedert werden. Die seit Beginn der 70er Jahre aufgetretenen Erscheinungsformen der eigenorientierten Frühaufklärungssysteme lassen sich in drei Entwicklungsstufen bzw. Generationen einordnen.[17]

---

16 Zu einer entsprechenden Interpretation vgl. auch Nuber, W.: (Kontrolle), S. 126 ff. und S. 149 ff.; Pfohl, H.-C.: (Kontrolle), S. 809 ff. Es sei aber darauf hingewiesen, daß die Frühaufklärungsinformationen auch für Planungszwecke verwendet werden können. Vgl. dazu die Ausführungen am Ende dieses Abschnitts.

17 Zu den verschiedenen Arten von Frühaufklärungssystemen sowie zu den folgenden Ausführungen über die drei Entwicklungsstufen vgl. Krystek, U.; Müller-Stewens, G.: (Frühaufklärung), S. 19 ff.; Krystek, U.: (Unternehmungskrisen), S. 144 ff.; Krystek, U.; Müller-Stewens, G.: (Element), S. 913 ff.; Welge, M.K.; Al-Laham, A.: (Planung), S. 148 ff.

Erste Generation: Kurzfristige Informationssysteme

Grundlage der Frühaufklärungssysteme der ersten Generation sind kurzfristige, ergebnis- und liquiditätsorientierte Planungsrechnungen, die sich auf vergangenheitsbezogene Daten stützen und durch Kennzahlen bzw. Kennzahlensysteme sowie Planungshochrechnungen ergänzt werden. Durch die Beobachtung bestimmter Kennzahlenwerte im Zeitablauf, z.B. für den Gewinn, die Liquidität oder die Produktivität, kann frühzeitig festgestellt werden, ob diese Werte vorgegebene Toleranzgrenzen über- oder unterschreiten. Mit Planungshochrechnungen wird das Ziel verfolgt, eine Gegenüberstellung von Plan- und Vergleichsgrößen sowie eine Abweichungsanalyse schon vor dem Ende des Planungszeitraums vornehmen zu können. Es sollen schon innerhalb dieses Zeitraums Vergleiche zwischen den Sollwerten und den extrapolierten Istwerten ermöglicht werden. Die Frühaufklärungssysteme der ersten Entwicklungsstufe schaffen somit die Voraussetzungen für Planfortschrittskontrollen. Die Fähigkeit dieser Systeme zur Frühaufklärung ist jedoch begrenzt, da sie keine systematische Umweltbeobachtung beinhalten und außerdem vorrangig vergangenheitsorientierte Daten verwenden. Infolgedessen können nur bereits im Unternehmen vorhandene Krisen aufgedeckt werden; außerdem sind Frühaufklärungssysteme der ersten Generation lediglich für operativ/taktische Führungsaktivitäten im Rahmen der Strategieimplementierung einsetzbar.

Zweite Generation: Indikatorengestützte Frühaufklärung

Die Frühaufklärungssysteme der zweiten Generation basieren auf der Beobachtung von Indikatoren, durch die bedeutende Entwicklungen schon angezeigt werden sollen, bevor sie sich auf das Unternehmen auswirken. Dabei wird davon ausgegangen, daß es möglich ist, noch nicht direkt erkennbare, aber latent vorhandene Bedrohungen oder Chancen durch wahrnehmbare Änderungen anderer Erscheinungen zu erfassen. Der Einsatz derartiger Frühaufklärungssysteme erfordert die Festlegung von unternehmensexternen und -internen Beobachtungsbereichen sowie den darin jeweils zu überwachenden Indikatoren. Dabei sollte eine Orientierung an den verfolgten Zielen erfolgen. Frühaufklärungssysteme dieser Entwicklungsstufe können insbesondere zur Prämissenkontrolle verwendet werden. Für die Kontrollen in strategischen Führungsprozessen bedeutet dies, daß die Annahmen über die als besonders wichtig erkannten Einflußgrößen anhand von entsprechenden Indikatorausprägungen kontrolliert werden können. In Abbildung 7-3 werden beispielhaft einige typische unternehmensexterne und -interne Beobachtungsbereiche mit dafür geeigneten Indikatoren aufgeführt.

Für die gezielte Auswahl geeigneter Indikatoren müssen die Kausalbeziehungen oder zumindest eine starke Korrelation zwischen verschiedenen Ereignissen, z.B. dem Indikatorwert und einem zielwirksamen Einfluß, bekannt sein. Außerdem sollten vorrangig diejenigen unsicheren Faktoren erfaßt werden, die mit besonders gravierenden Chancen und Gefahren verbunden sind.

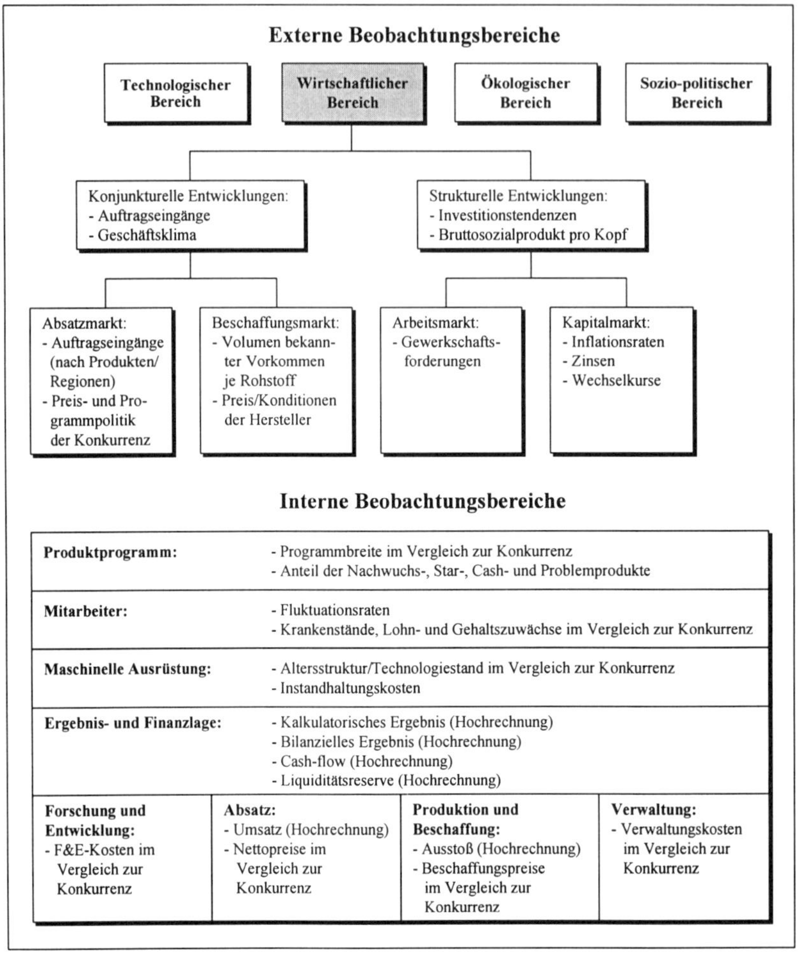

Abb. 7-3: Unternehmensexterne und -interne Beobachtungsbereiche mit Indikatoren[18]

Um kritische Entwicklungen erkennen zu können, sind für die verwendeten Indikatoren jeweils Planwerte und angemessene Toleranzen sowie Vorgaben für die Informationsermittlung festzulegen. Die Planwerte und Toleranzgrenzen sind von der angestrebten Zielausprägung und der Risikoeinstellung des Entscheidungsträgers abhängig. Die kritischen Werte geben an, bis zu welchem Ausmaß sich ein Faktor verändern darf, ohne daß geeignete Maßnahmen ergriffen werden müssen. Sie lassen sich mit Sensitivitätsanalysen oder Simulationen bestimmen, falls eine funktionale Beziehung zwischen dem Indikator und der Zielgröße auf-

18 Quelle: in leicht modifizierter Form übernommen von Welge, M.K.; Al-Laham, A.: (Planung), S. 153.

gestellt werden kann. Andernfalls können die Toleranzgrenzen lediglich intuitiv geschätzt werden.[19]

In der Unternehmenspraxis sind die Frühaufklärungssysteme der zweiten Generation am weitesten verbreitet. Ihre Qualität hängt jedoch von der Anzahl und der Aussagekraft der Indikatoren ab. Deren Auswahl wird dadurch erschwert, daß oftmals kausale Beziehungen zwischen den Zielgrößen und möglichen Indikatoren nicht bekannt sind. Zudem können aufgrund des gerichteten Vorgehens lediglich bereits identifizierte Ursachen von Risiken und Chancen erfaßt werden, so daß derartige Systeme nur Informationen über die Veränderung dieser Faktoren bereitstellen. Relevante Entwicklungen in bisher nicht als wichtig angesehenen Bereichen können auch mit diesen Informationssystemen nicht erkannt werden, so daß sie für eine strategische Frühaufklärung nur bedingt geeignet erscheinen.

Dritte Generation: 'Strategisches Radar'

Frühaufklärungssysteme der dritten Stufe sind durch eine langfristige, strategische Ausrichtung gekennzeichnet. Sie zielen darauf ab, ausschließlich strategisch bedeutsame Informationen systematisch zu erfassen und zu verarbeiten. Diese Form der Frühaufklärung ist maßgeblich durch die von ANSOFF entwickelte 'Strategic Issue Analysis' geprägt worden. In diesem Konzept geht er davon aus, daß sich die Entstehung von Diskontinuitäten[20] im Umsystem des Unternehmens bereits durch 'schwache Signale' ankündigt, die mit Hilfe eines sogenannten strategischen Radars möglichst umfassend und frühzeitig aufgenommen werden sollten. Schwache Signale wurden von ANSOFF nicht klar definiert, sie können aber durch gewisse Eigenschaften umschrieben werden. Es handelt sich um schlecht strukturierte, wenig konkrete, neuartige Informationen, die auf Umweltveränderungen hinweisen, dabei die Änderungen aber meistens nur qualitativ erfassen, lediglich intuitiv beurteilt werden können und keine eindeutigen Aussagen über die weitere Entwicklung sowie Konsequenzen ermöglichen. Die Suche nach solchen Signalen erweist sich allerdings als schwierig. Beispiele für schwache Signale sind plötzliche Häufungen ähnlicher strategisch relevanter Ereignisse sowie Meinungen, Stellungnahmen und Ideen von Schlüsselpersonen, Institutionen oder Organisationen, die in der Regel in den Medien verbreitet werden. Außerdem können derartige Informationen aus

---

19 Für die Implementierung eines Frühaufklärungssystems bietet sich der Einsatz computergestützter Instrumente an. Beispielsweise hat DANNENBERG ein derartiges System (WARNPLAN) konzipiert, das unternehmensrelevante interne und externe Beobachtungsbereiche erfaßt, deren Einfluß aufeinander geschätzt wird. Daneben werden die positiven und negativen Auswirkungen zahlreicher Indikatoren auf diese Beobachtungsbereiche prognostiziert. Die Schätzungen werden jeweils mit Hilfe einer mehrstufigen Skala vorgenommen und in 'Cross-Impact-Matrizen' zusammengefaßt. Auf der Grundlage der Schätzwerte werden dann über die Ermittlung von Kennziffern besonders risiko- und chancenreiche Beobachtungsbereiche identifiziert. Vgl. Dannenberg, J.: (Instrumente), S. 335 ff.

20 Diskontinuitäten sind plötzlich auftretende, bedeutende Abweichungen von der erwarteten Entwicklung (Trendbrüche). Vgl. Kreikebaum, H.: (Strategic), Sp. 1877.

überbetrieblichen (Frühaufklärungs)Netzwerken, an denen Mitarbeiter des Unternehmens beteiligt sind, aus Datenbanken und aus dem Internet gewonnen werden.

Der Einsatz eines strategischen Radars ist wichtig, um rechtzeitig Bedrohungen und Chancen zu orten, die sich z.B. aus plötzlichen Veränderungen auf den Beschaffungs- und Absatzmärkten sowie der Infrastruktur, der Entwicklung neuer Technologien oder der Neugestaltung von Gesetzen etc. ergeben. Derartige Frühaufklärungssysteme, bei denen eine aktive, ungerichtete, systematische und kontinuierliche Beobachtung aller unternehmensexternen und -internen Einflußbereiche vorgenommen wird, eignen sich besonders zur Erkennung bislang nicht erfaßter Ursachen von Risiken und Chancen. Die dritte Generation von Frühaufklärungssystemen entspricht weitgehend einer allgemeinen Überwachungskontrolle.

Hinsichtlich der Informationen, die über die Diskontinuitäten vorliegen, können nach ANSOFF fünf Ungewißheitsgrade unterschieden werden. Der höchste Grad an Ungewißheit liegt vor, wenn im Unternehmen lediglich ein vages Gefühl vorherrscht, daß mit einem Risiko zu rechnen ist. In diesem Stadium kommt dem Erkennen von schwachen Signalen die größte Bedeutung zu, da hier die Ignoranz gegenüber Diskontinuitäten noch relativ groß ist. Mit zunehmender Konkretisierung der Informationen, unter anderem in bezug auf die Ursachen der Risiken und Chancen sowie deren Wirkungen, nimmt der Ungewißheitsgrad ab. Bei den beiden letzten Stadien existieren bereits Informationen über mögliche Reaktionen auf die erkannten Entwicklungen. Der Ungewißheitsgrad ist am niedrigsten, wenn die Wirkungen einer Diskontinuität sowie die Resultate der Reaktionen konkret bekannt sind. Die unterschiedlichen Informationsstände in Abhängigkeit vom Grad der Ungewißheit verdeutlicht die Abbildung 7-4.

Informationen mit diesen unterschiedlichen Ungewißheitsgraden treten typischerweise in verschiedenen Phasen des Prozesses einer strategischen Frühaufklärung auf. Im Stadium einer hohen Ungewißheit sollte eine *Signalidentifikation* erfolgen. Die hierzu erforderlichen Basisaktivitäten werden in das Scanning und das Monitoring differenziert. Beim Scanning wird kontinuierlich nach Hinweisen auf relevante Veränderungen im gesamten Umfeld des Unternehmens gesucht; darauf aufbauend sind mit dem Monitoring, d.h. einer vertiefenden und dauerhaften Beobachtung der identifizierten Signale, zusätzliche Informationen zu erzeugen.[21] Im Anschluß daran findet eine *Signaldiagnose* statt, bei der die zuvor gewonnenen Hinweise zunächst auf ihre Richtigkeit überprüft werden. Daraufhin werden die Signale analysiert, indem die Ursachen für die erwarteten Veränderungen bzw. Risiken sowie die relevanten Interdependenzen zu anderen Umweltbereichen untersucht werden. Diese Informationen werden nun in der Phase der *Signalevaluation* verwendet, um die möglichen Auswirkungen der wahrgenommenen Entwicklungen auf die Erreichung der Unternehmensziele

---

21 Zu einer umfassenderen Beschreibung dieser Basisaktivitäten zur Identifikation schwacher Signale vgl. Krystek, U.; Müller-Stewens, G.: (Frühaufklärung), S. 175 ff.

prognostizieren und beurteilen sowie die Relevanz und Dringlichkeit der Signale abschätzen zu können. Mit der Prognose von Art, Ausmaß und zeitlichem Verlauf der Wirkungen wird der Ungewißheitsgrad weiter gesenkt, und die als relevant erachteten Frühaufklärungsinformationen sollten dann an die Entscheidungsträger weitergeleitet werden, die das notwendige Maßnahmenspektrum festlegen. Durch die Abfolge dieser Phasen der Frühaufklärung werden eine fortwährende Identifikation, Beobachtung und Beurteilung von Bedrohungen und Chancen und deren Ursachen ermöglicht und die Grundlage für eine angemessene Reaktion geschaffen.

Ungewißheitsgrade / Informationsgehalt	(1) Anzeichen der Bedrohung oder Chance	(2) Ursache der Bedrohung oder Chance	(3) Konkrete Bedrohung oder Chance	(4) Konkrete Reaktion	(5) Konkretes Ergebnis
Überzeugung, daß Diskontinuitäten bevorstehen	ja	ja	ja	ja	ja
Bereich als Ursache der Diskontinuität ist bekannt	nein	ja	ja	ja	ja
Merkmale des Risikos, Art der Wirkung, allg. Wirkungsgrad, Zeitpunkt der Wirkung sind bekannt	nein	nein	ja	ja	ja
Reaktionsmöglichkeiten sind bekannt: Handlungen, Programme, Budgets, Zeitpunkt, Dauer	nein	nein	nein	ja	ja
Wirkungen auf die Ertragslage und die Konsequenzen der Reaktionen sind absehbar	nein	nein	nein	nein	ja

Abb. 7-4: Ungewißheitsgrade bei Diskontinuitäten[22]

Häufig wird die *Ableitung von alternativen Handlungsmöglichkeiten* als Reaktion auf die wahrgenommenen Signale noch als letzter Schritt im Ablauf eines Frühaufklärungsprozesses angesehen.[23] Da diese Signale aber - besonders in einem frühen Stadium - mit großer Unsicherheit verbunden sind, besteht die Gefahr ihrer Mißdeutung und der Wahl von falschen Anpassungsmaßnahmen. Daher kann es sinnvoll sein, mit Handlungen so lange zu warten, bis weitere Informationen verfügbar sind, die die bisherigen bestätigen oder verwerfen.[24] Andererseits sollte die Reaktion nicht hinausgezögert werden, bis die Wirkungen der identifizierten Risikoursachen, die Reaktionsmöglichkeiten und deren Folgen exakt bekannt sind,

22 Quelle: in leicht modifizierter Form übernommen von Ansoff, H.I.: (Bewältigung), S. 241 sowie Krystek, U.; Müller-Stewens, G.: (Frühaufklärung), S. 167.

23 Vgl. Krystek, U.: (Unternehmungskrisen), S. 169 f.; Pekayvaz, B.: (Planung), S. 209 ff.

24 Vgl. Hasselberg, F.: (Kontrolle), S. 103 f.

da mit abnehmender Ungewißheit auch die verbleibende Reaktionszeit sinkt.[25] ANSOFF weist darauf hin, daß sich je nach Präzisionsgrad der Informationen, die über die Diskontinuitäten vorliegen, unterschiedliche abgestufte Reaktionsstrategien anbieten. Die schraffierten Felder in Abbildung 7-5 machen die realisierbaren Strategien bei den einzelnen Ungewißheitsgraden ersichtlich. So kann eine Strategie der 'externen Flexibilität' erst ergriffen werden, wenn die Risikoquelle bekannt ist, die 'interne Flexibilität' hingegen kann auch schon bei dem unbestimmten Gefühl, daß ein Risiko besteht, erhöht werden. Reaktionsstrategien bezüglich der 'internen Bereitschaft' (z.B. Aufstellen von Eventualplänen, Erwerb von Technologien, Entwicklung neuer Produkte, Anpassung der betrieblichen Strukturen und Systeme) oder das umweltbezogene 'direkte Handeln' (z.B. Risikoteilung mit anderen Unternehmen, Sicherung knapper Ressourcen auf dem Beschaffungsmarkt) erfordern noch konkretere Informationen.

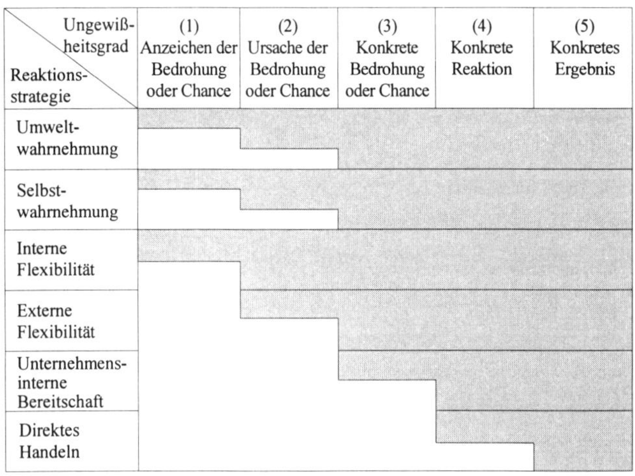

Abb. 7-5: Realisierbare Bereiche von Reaktionsstrategien[26]

Danach sollte ein Unternehmen sich dem jeweiligen Informationsstand entsprechende Handlungsspielräume offenhalten und seine Reaktionsstrategien schrittweise bestimmen. Das ANSOFF'sche Konzept der Strategic Issue Analysis dient somit neben dem Erkennen von schwachen Signalen zusätzlich der Umsetzung der Frühaufklärungsinformationen in alternative Handlungsprogramme zur Nutzung von Chancen oder Abwendung von Bedrohungen im

---

25 Zu Verläufen von Reaktions- und Bedrohungszeiten in Abhängigkeit von den Ungewißheitsgraden und bereits ergriffenen Maßnahmen vgl. Ansoff, H.I.: (Surprise), S. 132 ff.; Kreikebaum, H.: (Strategic), Sp. 1879.

26 Quelle: Ansoff, H.I.: (Bewältigung), S. 248.

Rahmen der strategischen Unternehmensführung; damit umfaßt es neben Kontroll- auch einige Planungsaktivitäten.[27]

Während die Entwicklung und Auswahl von Strategien ohne Kontrolle bzw. Frühaufklärung sich nur auf die bei der Planung (insbesondere im Rahmen der strategischen Analyse und Prognose) identifizierten Chancen und Risiken beziehen kann, werden durch die Frühaufklärungssysteme der Kontrolle, insbesondere der dritten Generation, zusätzlich weitere risikoauslösende Faktoren in der Planung berücksichtigt. Die Informationsversorgung durch diese Frühaufklärungssysteme trägt somit dazu bei, daß mögliche Zielabweichungen antizipativ untersucht und unter Umständen verhindert werden.

Aufgaben zum Abschnitt 7.

1) Welche Zwecke werden generell mit Kontrollen verfolgt?
2) Welche Arten von Kontrollen lassen sich unterscheiden, und in welchen Phasen des strategischen Managementprozesses sollten sie jeweils vorrangig durchgeführt werden?
3) Welches sind die Untersuchungs- bzw. Kontrollobjekte der allgemeinen Überwachungskontrolle?
4) Was ist die wesentliche Aufgabe eines Frühaufklärungssystems?
5) Worin unterscheiden sich die drei Entwicklungsstufen von Frühaufklärungssystemen?
6) Führen Sie einige unternehmensexterne und -interne Beobachtungsbereiche auf sowie jeweils geeignete Indikatoren, mit denen sich die Entwicklungen in diesen Bereichen frühzeitig erfassen lassen.
7) Was versteht man unter 'schwachen Signalen'? Nennen Sie einige Beispiele.

27 Vgl. Welge, M.K.; Al-Laham, A.: (Planung), S. 156 f.; Kreikebaum, H.: (Strategic), Sp. 1876; Nuber, W.: (Kontrolle), S. 151 und S. 157.

8. Spezifische übergreifende Subsysteme des strategischen Management

In diesem Abschnitt sollen spezifische übergreifende, d.h. mehrere Funktions- und/oder Geschäftsbereiche betreffende, Subsysteme des strategischen Management behandelt werden. Diese beziehen sich auf die Internationalisierung von Unternehmen, auf die bedeutenden Erfolgsfaktoren Kosten, Qualität sowie Zeit und auf das Risiko. Im Mittelpunkt der folgenden Ausführungen stehen dabei zum einen die Einordnung dieser Subsysteme in das strategische Management insgesamt und zum anderen die speziellen Gestaltungsfelder sowie Strategien und Maßnahmen in diesen Bereichen. Auf deren Planung, Implementierung und Kontrolle wird hingegen nur am Rande eingegangen.

8.1. Internationales Management

8.1.1. Besonderheiten internationaler Unternehmensaktivitäten und Führungsaufgaben

Als Grundlage für die Erörterung von Internationalisierungsstrategien und ihrer Gestaltung sind in diesem Abschnitt die Besonderheiten internationaler Unternehmensaktivitäten und der mit ihnen verbundenen Führungsaufgaben anzusprechen. Die Besonderheiten internationaler Unternehmensaktivitäten bestehen primär darin, daß diese zum einen mit grenzüberschreitenden Transaktionen verbunden und zum anderen auf mehrere Länder bzw. Staaten bezogen sind, die sich erheblich voneinander unterscheiden können.

Unterschiede zwischen Ländern existieren hinsichtlich der geographischen Lage, des Klimas, der Größe, der Sprache, der Religionszugehörigkeit, der Kultur, der Normen und Werte, der Mentalität und des Bildungsniveaus der Bevölkerung, des politischen Systems, der technischen Normen sowie der rechtlichen und wirtschaftlichen Bedingungen.[1] Zu den letztgenannten zählen die Merkmale der relevanten Märkte, die Steuerbelastung sowie die Entwicklung der Geldentwertungsrate.

Bei *grenzüberschreitenden Transaktionen* können eine Reihe von Besonderheiten auftreten, dabei handelt es sich unter anderem um:[2]

- die tendenziell größere Entfernung zwischen den Orten, zwischen denen die Transaktionen durchgeführt werden,
- unterschiedliche Währungen,

---

1 Einige dieser Unterschiede bestehen auch zwischen verschiedenen Regionen in einem Land. Die Länderunterschiede stellen dennoch eine Besonderheit dar, denn sie sind bei Einbeziehung aller Faktoren in der Regel größer als die Unterschiede zwischen Regionen in einem Land, zumal die rechtlichen Normen, die einen wichtigen Rahmen für die Unternehmenstätigkeit bilden, weitgehend auf staatlicher Ebene festgelegt werden.

2 Vgl. Colberg, W.: (Präsenzstrategien), S. 33 f.

- Besteuerungen, Verbote oder Beschränkungen des Kapitaltransfers,
- Regelungen, die Lizenzausgaben und Investitionen im Ausland inklusive Joint-Ventures betreffen,
- tarifäre und nicht-tarifäre Handelshemmnisse einschließlich Local-Content-Vorschriften. Zu den tarifären Handelshemmnissen zählen sämtliche Abgaben, Zölle und Steuern, die beim Import oder Export von Waren anfallen. Nicht-tarifäre Hemmnisse umfassen preisbezogene, mengenbeschränkende und administrative Maßnahmen, die den Zugang ausländischer Unternehmen zu einem Markt erschweren. Wesentliche Maßnahmen sind Importkontingente bzw. -verbote, Abschöpfungen (variable Zölle, die die Differenz zwischen Weltmarkt- und Binnenpreis ausgleichen), Selbstbeschränkungsabkommen (bei denen sich der Exporteur zur Einhaltung einer Mengengrenze verpflichtet) und - als indirekt wirkendes Hemmnis - Subventionen an inländische Unternehmen. Eine Local-Content-Vorschrift ist eine staatliche Auflage, gemäß der ein bestimmter Mindestprozentsatz an der Wertschöpfung eines Produktes im Inland erbracht werden muß. Die Einhaltung der Vorschrift ist Voraussetzung für die Durchführung bestimmter Transaktionen, z.B. die Produktion in dem Land oder den Erhalt eines Ursprungszertifikats.

Die Unterschiede zwischen Ländern und die Besonderheiten grenzüberschreitender Transaktionen sind die Hauptursachen einer weiteren spezifischen Eigenschaft internationaler Unternehmensaktivitäten, der *erhöhten Komplexität der Aufgaben der Unternehmensführung*.[3] So sind verschiedenartige Umweltbedingungen in den einzelnen Ländern ebenso zu berücksichtigen wie unterschiedliche Anforderungen an die Produkte und die betrieblichen Systeme und Prozesse, Wechselkursschwankungen sowie die Gefahr von Beschränkungen des Transfers von Kapital, Waren und Technologien. Die erhöhte Komplexität resultiert aber auch bereits daraus, daß Aktivitäten in mehreren Ländern ausgeübt werden. So ergibt sich allein dadurch die Notwendigkeit, die Leistungen und Ressourcen des Unternehmens auf die Länder zu verteilen. Zudem vergrößert sich das für die Unternehmensaktivitäten relevante Gebiet.

Aus den Besonderheiten einer internationalen Unternehmenstätigkeit erwachsen einerseits Chancen für ein Unternehmen. Andererseits behindern einige von ihnen die Aufnahme und Durchführung internationaler Unternehmensaktivitäten bzw. lassen diese - unter anderem aufgrund der mit ihnen verbundenen hohen Risiken - unvorteilhaft erscheinen. Die potentiellen Vorteile einer internationalen Unternehmenstätigkeit und die einer solchen entgegenstehenden 'Barrieren' hat COLBERG unter Rückgriff auf die primär volkswirtschaftlich orientierten Theorien zur Erklärung (und Gestaltung) des internationalen Handels und von Direkt-

3 Vgl. Welge, M.K.: (Planungsprobleme), S. 197 ff.; Perlitz, M.: (Management), S. 22.

investitionen systematisiert. In Abbildung 8-1 sind diese möglichen Vorteile und Barrieren aufgeführt. Nachfolgend werden sie kurz erläutert,[4] wobei vorwiegend auf die Ausführungen COLBERG's Bezug genommen wird.[5]

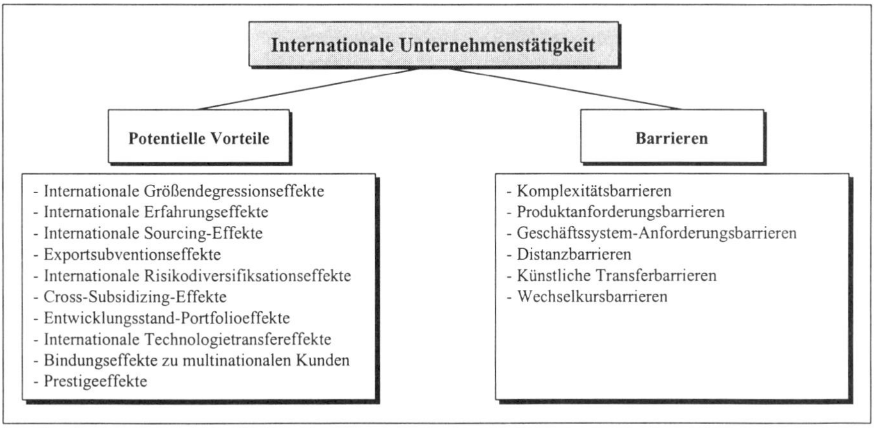

Abb. 8-1: Potentielle Vorteile und Barrieren internationaler Unternehmenstätigkeit[6]

Durch internationale Unternehmensaktivitäten können häufig die Absatzmärkte erweitert und damit höhere Absatz-, Produktions- und Beschaffungsmengen verwirklicht werden. Dies führt in der Regel zu *Internationalen Größendegressionseffekten*, die ein Potential zur Senkung der Stückkosten aufgrund von Größenvorteilen darstellen. Größenvorteile ergeben sich unter anderem aus der erhöhten Marktmacht im Beschaffungsbereich, der Realisierbarkeit großer Kapazitäten und kostengünstiger Produktionsverfahren sowie relativ hohen Kapazitätsauslastungen. Als spezielle Form von Größendegressionseffekten können *Spill-over-Effekte* interpretiert werden. Diese bestehen darin, daß in einem Land ausgeführte Maßnahmen auch in anderen Ländern Auswirkungen haben (z.B. Werbung in grenzüberschreitenden Medien).

Ein Unternehmen, das international agiert, hat vor allem aufgrund tendenziell größerer Absatz-, Produktions- und Beschaffungsmengen sowie des Auftretens vergleichbarer Aufgabenstellungen in unterschiedlichen Ländern viel bessere Möglichkeiten, Erfahrungen zu sammeln und daraus Lehren zu ziehen, als ein rein national tätiges Unternehmen. Das Unternehmen kann daher *Internationale Erfahrungseffekte* im Sinne von Lerneffekten realisieren und dadurch die Kosten senken und/oder die Leistungen verbessern.

---

4 Dabei wird nicht zwischen den unterschiedlichen Formen einer internationalen Unternehmenstätigkeit (Export, Abschluß von Technologieverträgen und Direktinvestition) differenziert. Zu diesen Formen und der Wahl zwischen ihnen vgl. Abschnitt 8.1.2.

5 Vgl. Colberg, W.: (Präsenzstrategien), S. 35 ff., insbesondere S. 78 ff.

6 Quelle: zusammengestellt auf der Grundlage von Colberg, W.: (Präsenzstrategien), S. 78 ff.

Äußerst wichtige Länderunterschiede stellen die Verfügbarkeit und die Kosten der Produktionsfaktoren sowie die Steuerbelastung dar. Durch eine internationale Unternehmenstätigkeit können *Internationale Sourcing-Effekte* verwirklicht werden, indem diese Unterschiede ausgenutzt und die Unternehmensfunktionen (vor allem Produktion und Beschaffung) jeweils in den am besten geeigneten Ländern wahrgenommen werden. Bei einer weiten Begriffsinterpretation läßt sich den Internationalen Sourcing-Effekten auch ein Herkunftsgoodwill zurechnen, der aus der Fertigung in einem bestimmten Land resultiert. Beispielhaft lassen sich hierfür das Prädikat 'Made in Germany', argentinisches Rindfleisch sowie Schweizer Uhren anführen.

Exportsubventionseffekte können international tätige Unternehmen erzielen, indem sie ihren wirtschaftlichen Erfolg durch Ausnutzung etwaiger Exportförderungsmaßnahmen verbessern.

Die relevanten wirtschaftlichen und politischen Bedingungen in verschiedenen Ländern sind unterschiedlich und verändern sich zum Teil unabhängig voneinander. Ein Unternehmen, das in mehreren Ländern tätig ist, wird in der Regel nicht in allen Ländern gleichzeitig mit einer negativen Entwicklung konfrontiert und kann daher *Internationale Risikodiversifikationseffekte* in Form einer Stabilisierung des Geschäftsverlaufs realisieren. Dies umfaßt eventuell auch den Ausgleich der Auswirkungen von Wechselkursverschiebungen.

Cross-Subsidizing-Effekte sind ebenfalls darauf zurückzuführen, daß die Bedingungen in einzelnen Ländern und ihre Veränderung differieren und sich partiell unabhängig voneinander verändern. Diese Effekte bestehen darin, daß Aktivitäten in bestimmten Ländern von einem Unternehmen subventioniert werden können, um die Präsenz des Unternehmens in diesen Ländern - eventuell durch Ausschaltung von Wettbewerbern - zu sichern. Dieses Vorgehen kann mit einer internationalen Preisdifferenzierung verbunden sein.

Länderunterschiede bestehen auch hinsichtlich des Entwicklungsstandes, und zwar zum einen in bezug auf die Phase des Lebenszyklusses, in der sich die abgesetzten Produkte befinden, und zum anderen bezüglich der technologischen Kenntnisse. Durch die zeitliche Verschiebung der Produktlebenszyklen lassen sich sog. *Entwicklungsstand-Portfolioeffekte* erzielen, indem Erfahrungen, Betriebsmittel und/oder finanzielle Mittel von einem Land in ein anderes transferiert werden. Außerdem können bei einer internationalen Unternehmenstätigkeit ggf. Technologiekenntnisse von Betriebsstätten in einem Land auf solche in anderen Ländern übertragen und damit *Internationale Technologietransfereffekte* verwirklicht werden. Auch der verbesserte Zugang zu Informationen allgemein ist als Vorteil einer internationalen Tätigkeit anzusehen.

Einem international tätigen Unternehmen bietet sich die Möglichkeit, multinationale Kunden in mehreren Ländern zu betreuen. Die daraus resultierenden Vorteile können als *Bindungseffekte zu multinationalen Kunden* bezeichnet werden. Darüber hinaus kann ein Unternehmen durch eine internationale Tätigkeit sein Ansehen verbessern und damit *Prestige-effekte* erzielen.

Als ein negativer Effekt einer internationalen Unternehmenstätigkeit soll noch einmal die Komplexität der Aufgaben der Unternehmensführung aufgeführt werden, die aus verschiedenen Gründen höher ist als bei einem nur national agierenden Unternehmen. Die sich ergebenden *Komplexitätsbarrieren* können sich darin äußern, daß die steigenden Anforderungen an die Unternehmensführung zu erhöhten Kosten und sinkender Effizienz führen. Zu den Ursachen der Komplexitätsbarrieren zählen auch die nachfolgend aufgeführten Hemmnisse.

Produktanforderungsbarrieren entstehen durch die unterschiedlichen Ansprüche, die in den einzelnen Ländern aufgrund gesetzlicher oder technischer Erfordernisse oder der Kundenpräferenzen an die Produkte gestellt werden. Für einzelne Länder entwickelte (und gefertigte) Produkte können in anderen Ländern häufig nicht oder nur zu relativ geringen Preisen verkauft werden. Etwaige Anpassungen der Produkte erhöhen deren Kosten.

Unterschiedliche Ansprüche werden in verschiedenen Ländern, unter anderem aufgrund der jeweiligen Produktanforderungen, auch an die Funktionsbereiche eines Unternehmens gestellt. Dadurch werden *Geschäftssystem-Anforderungsbarrieren* bewirkt; in einzelnen Ländern eingesetzte Techniken und Systeme können nicht oder nur mit relativ geringer Effizienz in anderen Ländern genutzt werden.

Die *Distanzbarrieren* beruhen auf den tendenziell großen Entfernungen zwischen verschiedenen Ländern (vor allem auf verschiedenen Kontinenten), die gravierende Transport-, Finanzmittelfluß- und Kommunikationskosten sowie -zeiten mit sich bringen.

Künstliche Transferbarrieren entstehen durch die bereits oben angesprochenen staatlichen Behinderungen internationaler Transaktionen durch Zölle, Import- und Exportverbote, Kapitaltransferverbote etc. Zum einen führen diese zu Kostensteigerungen, zum anderen werden dadurch bestimmte Transaktionen vollständig verhindert.

Wechselkursbarrieren werden dadurch verursacht, daß internationale Unternehmensaktivitäten häufig in unterschiedlichen Währungen abgewickelt werden und die Höhe der Wechselkurse für die Rückflüsse in einheimischer Währung maßgeblich ist. Veränderungen der realen Wechselkurse, die jeweils das Produkt aus dem Wechselkurs und dem Verhältnis des ausländischen und des inländischen Preisniveaus darstellen, können sich negativ auf das Unternehmen auswirken.

Aufgrund der aufgeführten Effekte treten bei einem internationalen gegenüber einem rein national agierenden Unternehmen zusätzliche Risiken auf. Diese Risiken betreffen die verschiedenen Möglichkeiten des Auslandsengagements (Export, Technologievertrag, Direktinvestition) in unterschiedlichem Ausmaß. Ein großer Teil der Risiken ist abhängig von dem

Land, in dem eine internationale Unternehmenstätigkeit ausgeübt wird, so daß hierfür auch der Begriff 'Länderrisiko' gebräuchlich ist.[7]

Bei der Führung eines international tätigen Unternehmens müssen die Unterschiede zwischen den Ländern, die Besonderheiten internationaler Transaktionen sowie die erhöhte Komplexität berücksichtigt werden, um die daraus resultierenden Chancen nutzen und sich gegen die entsprechenden Risiken absichern zu können. Dafür ist eine Modifikation und/oder Erweiterung des betriebswirtschaftlichen Instrumentariums erforderlich, sofern dies auf rein nationale Problemstellungen ausgerichtet ist.

Spezifische Führungsprobleme treten in international tätigen Unternehmen in vielfältigen Formen auf, wobei ihre Dimension in zweifacher Hinsicht unterschiedlich sein kann. Zum einen sind Probleme, die bei einzelnen Auslandsengagements entstehen, wie beispielsweise die Auswahl eines Landes bei einer Direktinvestition, die Vorteilhaftigkeitsbeurteilung einer Direktinvestition oder die Absicherung gegen das entsprechende Länderrisiko, zu unterscheiden von den Fragestellungen, die sich auf die weltweite Struktur der Unternehmensaktivitäten beziehen. Zum anderen betreffen die Führungsprobleme entweder nur einzelne Unternehmensbereiche, z.B. den Bereich 'Finanzen und externes Rechnungswesen' im Hinblick auf das Währungsmanagement, die Bilanzierung von Fremdwährungsgeschäften und die Steuerpolitik, oder aber mehrere bzw. sämtliche Bereiche. Als wichtiges gesamtunternehmensbezogenes Führungsproblem sei beispielhaft die Gestaltung der Führungssubsysteme, d.h. der internationalen Planungs-, Kontroll-, Informations-, Organisations-, Personalführungs- und Controllingsysteme, genannt. Diese Führungsprobleme internationaler Unternehmen können hier nicht im einzelnen angesprochen werden, es sei dazu auf die Literatur verwiesen.[8]

Eine sehr wichtige Führungsaufgabe eines internationalen Unternehmens ist die Festlegung von Strategien für die Gestaltung der internationalen Aktivitäten (Internationalisierungsstrategien, internationale Strategien). Auf diese Strategien soll daher im folgenden eingegangen werden.

8.1.2. Internationalisierungsstrategien

Internationalisierungsstrategien als Gegenstand eines strategischen Führungsprozesses

Die Planung, Implementierung und Kontrolle einer Internationalisierungsstrategie stellt einen spezifischen strategischen Führungsprozeß dar, der sich auf das in Abschnitt 1.4. dargestellte Phasenschema zurückführen läßt. Zu Beginn der Planungen sollten die strategischen Zielgrößen definiert werden. Gegenstand der nachfolgenden strategischen Analyse und Prognose sind

---

7 Vgl. Engelhard, J.: (Bewertung), S. 368 ff.; Raffée, H.; Kreutzer, R.: (Ansätze), S. 28.

8 Vgl. z.B. Perlitz, M.: (Management); Welge, M.K.; Holtbrügge, D.: (Management); Krystek, U.; Zur, E.: (Internationalisierung); Schoppe, S.G.: (Kompendium).

die Bedingungen und Anforderungen der relevanten geographischen Bereiche sowie die für internationale Aktivitäten maßgeblichen derzeitigen und zukünftigen Potentiale des Unternehmens bzw. seiner strategischen Geschäftseinheiten. Bei der Strategiebestimmung sollte angestrebt werden, die Chancen wahrzunehmen und die Risiken zu vermeiden, die aus den für die Erreichung der strategischen Ziele bedeutenden potentiellen Vorteilen und Barrieren internationaler Unternehmenstätigkeit resultieren. Außerdem ist zu beachten, daß eine Abstimmung mit den anderen Unternehmensstrategien erfolgt. Die Implementierung der Internationalisierungsstrategie beinhaltet deren Durchsetzung, deren Konkretisierung und die Ausrichtung der nicht unmittelbar betroffenen, relevanten Erfolgsfaktoren des Unternehmens auf die Strategie. Die Kontrolle sollte sich vor allem auf die Prämissen der Strategie sowie deren Fortschritte beziehen und auch eine allgemeine Überwachung umfassen. Auf die mit Internationalisierungsstrategien verbundenen Führungsaktivitäten wird in diesem Abschnitt nicht mehr detailliert eingegangen; Gegenstand der nachfolgenden Ausführungen sind vielmehr die Elemente von Internationalisierungsstrategien und die diesbezüglichen Gestaltungsmöglichkeiten, wobei zunächst die Formen des Auslandsengagements und anschließend die geographische Reichweite sowie die transnationale Integration der Unternehmensaktivitäten erörtert werden. Dabei wird unterstellt, daß die Planung für eine strategische Geschäftseinheit bzw. Produktgruppe eines Unternehmens erfolgt. Die Zusammenhänge zwischen verschiedenen strategischen Geschäftseinheiten werden vernachlässigt.

Formen des Auslandsengagements

Als Formen des Auslandsengagements können der Export, der Abschluß eines Technologievertrages und die Direktinvestition (einschließlich Joint Venture) unterschieden werden. Der Export kann entweder in direkter Form erfolgen oder in indirekter, d.h. unter Einbeziehung eines inländischen Mittlerunternehmens, das die Funktionen, Risiken und Kosten des Exports übernimmt, so daß es sich für den Hersteller formal um ein Inlandsgeschäft handelt. Zu den Technologieverträgen zählen Lizenz-, Know-how-, technische Hilfs-, Beratungs- und Regieverträge. Lizenz- und Know-how-Verträge beispielsweise ermöglichen einem ausländischen Partner die Fertigung und/oder den Vertrieb der von einem Unternehmen entwickelten und/oder hergestellten Produkte. Bei einer Direktinvestition werden im Ausland Verkaufsniederlassungen, Läger oder Produktionsstätten eingerichtet, erweitert oder (eventuell anteilig) gekauft, und das investierende Unternehmen übt direkten Einfluß auf die Entscheidungen der ausländischen Unternehmenseinheit aus. Ein Unternehmen kann bei der Festlegung der Internationalisierungsstrategie zwischen den Formen des Auslandsengagements wählen, sie jedoch auch miteinander verbinden.

Die Frage, warum bestimmte Formen des Auslandsengagements gewählt werden, ist Gegenstand der Theorie der Internalisierung sowie der Eklektischen Theorie von DUNNING.

Die Theorie der Internalisierung basiert auf dem Transaktionskostenansatz von COASE.[9] Unter einer Internalisierung wird generell unter anderem die Integration von Transaktionen in ein Unternehmen verstanden. BUCKLEY und CASSON zufolge entstehen multinationale Unternehmen, indem Transaktionen internalisiert werden, die besser im Unternehmen als über unvollkommene Märkte (vor allem für Zwischenprodukte, immaterielle Ressourcen sowie Dienstleistungen wie Forschung und Entwicklung, Distribution und Finanzmanagement) abgewickelt werden können. Die Internalisierung durch Direktinvestitionen ist in bestimmten Fällen vorteilhafter als der Export.

In der Eklektischen Theorie von DUNNING werden Erkenntnisse der Theorie der Internalisierung sowie der Organisations-, Standort-, Wettbewerbs- und Außenhandelstheorien berücksichtigt.[10] Gemäß der Eklektischen Theorie beeinflussen die folgenden Faktoren die Internationalisierung von Unternehmen:

- Eigentums- und Wettbewerbsvorteile (Ownership-advantages (O)),
- Standortvorteile (Location-specific-advantages (L)) und
- Internalisierungsvorteile (Internalisation-advantages (I)).

Abbildung 8-2 zeigt die Beziehungen zwischen diesen Einflußgrößen und den verschiedenen Formen des Auslandsengagements. Wie in dieser Abbildung dargestellt, sind gemäß DUNNING für alle Formen des Auslandsengagements Eigentums- oder Wettbewerbsvorteile erforderlich. Voraussetzung für Export und Direktinvestition sind zudem Internalisierungsvorteile (vor allem Know-how), die dazu führen, daß die Produktion im eigenen Unternehmen Vorteile gegenüber dem Abschluß von Technologieverträgen (z.B. in Form einer Lizenzvergabe) aufweist. Direktinvestitionen werden nur vorgenommen, wenn zusätzlich auch Standortvorteile vorliegen. Diese Aussagen der Eklektischen Theorie sind in einigen empirischen Untersuchungen bestätigt worden.[11]

An der Eklektischen Theorie ist aber auch Kritik geübt worden. Bemängelt wird unter anderem, daß weder die empirische Bedeutung der einzelnen Variablen der Eklektischen Theorie noch die Beziehungen zwischen den Variablen untersucht werden. Außerdem wird die Zusammenführung von Daten aus unterschiedlichen Bereichen (Makroökonomie, Management) ebenso als problematisch angesehen wie die Annahme eines rationalen Handelns der Entscheidungsträger. Schließlich wird postuliert, daß allein die Internalisierungs- und Stand-

---

9 Vgl. zum Transaktionskostenansatz Coase, R.H.: (Nature), S. 386 ff.; Williamson, O.E.: (Markets); Williamson, O.E.: (Institutions), sowie Abschnitt 5.4.1.2., und zur Theorie der Internalisierung Buckley, P.J.; Casson, M.C.: (Future), S. 32 ff.; Perlitz, M.: (Management), S. 129 ff.

10 Zur Eklektischen Theorie vgl. Dunning, J.H.: (Patterns), S. 269 ff.; Dunning, J.H.: (Theory), S. 9 ff.; Dunning, J.H.: (Paradigm), S. 1 ff.; Perlitz, M.: (Management), S. 131 ff.

11 Vgl. Dunning, J.H.: (Patterns), S. 277 ff.; Dunning, J.H.: (Theory), S. 12 ff.

ortvorteile schon genügten, um die Internationalisierung von Unternehmen zu erklären, so daß die Theorie Redundanzen aufweise.[12]

Vorteils-bedingungen / Form des Auslands-engagements	Eigentums- oder Wettbewerbsvorteile	Internalisierungsvorteile	Standortvorteile
Abschluß eines Technologie-vertrags	ja	nein	nein
Export	ja	ja	nein
Direkt-investition	ja	ja	ja

Abb. 8-2: OLI-Vorteile und Auslandsengagement nach der Eklektischen Theorie von DUNNING[13]

Die in der Eklektischen Theorie berücksichtigten potentiellen Eigentums-, Wettbewerbs-, Internalisierungs- und Standortvorteile können der Entscheidung über die Wahl zwischen den Formen des Auslandsengagements zugrunde gelegt werden. Zu dieser Wahl existiert eine Reihe weiterer volks- und betriebswirtschaftlicher Erklärungs- und/oder Gestaltungsansätze, auf die hier nur hingewiesen werden kann.[14]

Geographische Reichweite und Transnationale Integration der Unternehmensaktivitäten

Bei der Festlegung einer Internationalisierungsstrategie ist nicht nur über die Formen des Auslandsengagements zu entscheiden. So sehen RINGLSTETTER/SKROBARCZYK als grundsätzliche 'Stellhebel' einer Internationalisierungsstrategie die 'Geographische Reichweite' und die 'Transnationale Integration' der internationalen Unternehmensaktivitäten an. Die geographische Reichweite entspricht dem räumlichen Umfang, in dem die Unternehmenstätigkeiten auf andere Länder ausgedehnt werden, die transnationale Integration bezieht sich auf die Abstimmung der internationalen Aktivitäten. In ähnlicher Form betrachtet PORTER die Konfi-

12 Vgl. dazu Perlitz, M.: (Management), S. 133 f.

13 Quelle: in modifizierter Form übernommen von Perlitz, M.: (Management), S. 132; Wilbert, H.: (Produktion), S. 462; Soldner, H.: (Erklärungsansätze), S. 80.

14 Vgl. z.B. Wagner, J.: (Export); Stahr, G.: (Unternehmensführung), S. 113 ff.; Perlitz, M.: (Management), S. 193 ff.; Peters, J.: (Internationalisierung), S. 108 ff.; Macharzina, K.; Engelhard, J.: (Shift), S. 23 ff.

guration, d.h. die geographische Verteilung, und die Koordination der Unternehmensaktivitäten als Kriterien für die Unterscheidung verschiedener Internationalisierungsstrategien.[15]

Eine Internationalisierungsstrategie sollte differenziert für die verschiedenen Planungsfelder eines Unternehmens entwickelt werden. Wenn als relevante Planungsfelder vereinfachend die Produkt-Markt-Strategie, die Wertschöpfungsstrategie sowie das Führungskonzept angesehen werden und für diese Planungsbereiche allein zwischen zwei Ausprägungen der Stellhebel (nationale oder internationale Reichweite sowie - bei internationaler Reichweite - Integration oder Nicht-Integration) differenziert wird, ergeben sich die in Abbildung 8-3 aufgeführten Variationsmöglichkeiten einer Internationalisierungsstrategie. Weitere Gestaltungsalternativen resultieren aus der Wahl von Zwischenformen, die bei allen drei Planungsbereichen und beiden Stellhebeln ebenfalls realisierbar ist. Im folgenden sollen die Möglichkeiten der Internationalisierung in den drei Planungsbereichen erörtert werden.

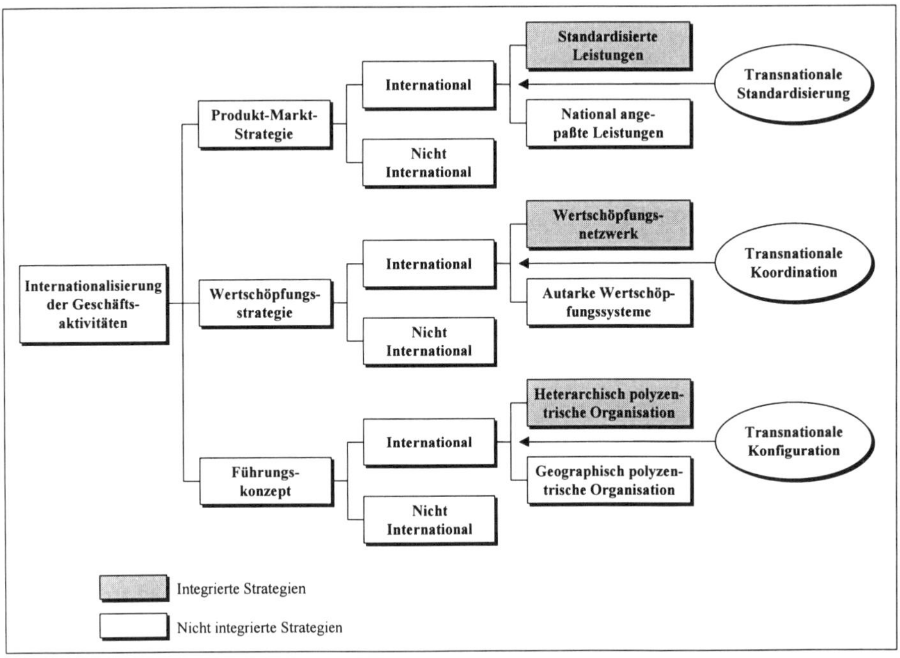

Abb. 8-3: Varianten von Internationalisierungsstrategien[16]

15 Vgl. Ringlstetter, M.; Skrobarczyk, P.: (Entwicklung), S. 340; Porter, M.E.: (Wettbewerb), S. 26 f.

16 Quelle: Ringlstetter, M.; Skrobarczyk, P.: (Entwicklung), S. 341.

Produkt-Markt-Strategie

Hinsichtlich der Produkt-Markt-Strategie ist bei einer internationalen Unternehmenstätigkeit in bezug auf die 'geographische Reichweite' zu entscheiden, welche konkreten Märkte in welchen Ländern mit welchen Produkten versorgt werden sollen. Damit wird hier die Bestimmung des Marktareals der Festlegung der Produkt-Markt-Strategie zugeordnet. Bezüglich der 'Transnationalen Integration' muß festgelegt werden, ob den Kunden standardisierte oder an die lokalen Gegebenheiten angepaßte Leistungen angeboten werden sollen und - im zweiten Fall - inwieweit und wie eine Anpassung erfolgen soll. Bei dieser Entscheidung sind die länderindividuellen Produktanforderungen sowie die entsprechenden Anpassungskosten zu berücksichtigen, wobei letztere unter anderem aus den Größenvorteilen resultieren, die aufgrund einer Anpassung entgehen. Häufig ist mit zunehmender Globalisierung von Unternehmen eine Tendenz zur Standardisierung der Leistungen festzustellen.

Vor allem mit Blickrichtung auf die Produkte und Märkte eines Unternehmens hat PORTER verschiedene Internationalisierungsstrategien vorgeschlagen, die hier kurz dargestellt werden sollen.[17] PORTER geht von der Unterscheidung zwischen länderspezifischen und globalen Branchen aus. Während in länderspezifischen Branchen der Wettbewerb weitgehend unabhängig von den Entwicklungen in anderen Märkten ist, gilt dies für globale Branchen nicht, so daß Unternehmen, die in ihnen tätig sind, besonderes Augenmerk auf die Formulierung einer Internationalisierungsstrategie legen sollten. Für globale Branchen arbeitet PORTER vier Strategien aus, die sich hinsichtlich der Anzahl der bearbeiteten Marktsegmente (wettbewerbspolitische Streubreite) sowie der Frage einer länderspezifischen Marktbearbeitung (geographische Streubreite) unterscheiden. Abbildung 8-4 zeigt diese Strategien.

Bei einer *Globalen Kostenführerschaft oder Globalen Differenzierung* versucht ein Unternehmen, durch eine weltweit nahezu einheitliche Bearbeitung vieler Marktsegmente Kosten- oder Differenzierungspotentiale zu erschließen.[18] Eine weltweit vereinheitlichte Produkt-Markt-Strategie ist auch für die *Globale Segmentierung* charakteristisch, bezieht sich bei dieser jedoch nur auf wenige Marktsegmente. Eine länderspezifische Strategie, bei der viele Marktsegmente angesprochen werden, erscheint PORTER vor allem dann erfolgversprechend, wenn hohe staatliche Eintrittsbarrieren bestehen, so daß ein Unternehmen nach dem Eintritt in den Markt nur relativ geringem Wettbewerb ausgesetzt ist (Strategie der *Geschützten Märkte*). Bei einer *Länderspezifischen Anpassung* bearbeitet ein Unternehmen primär die Marktsegmente einer globalen Branche, in denen spezifische Länderanforderungen eine relativ hohe Bedeutung haben.

---

17 Vgl. Porter, M.E.: (Wettbewerb), S. 51 ff.; Perlitz, M.: (Management), S. 156 f.

18 Neben diesen von PORTER aufgeführten Strategien lassen sich eventuell auch entsprechende hybride Strategien realisieren. Vgl. zu hybriden Strategien Abschnitt 4.3.3.

		Geographische Streubreite	
		Globalstrategie	Länderspezifische Strategie
Wettbewerbs-politische Streubreite	Viele Marktsegmente	Globale Kostenführerschaft oder Globale Differenzierung	Geschützte Märkte
	Wenige Marktsegmente	Globale Segmentierung	Länderspezifische Anpassung

Abb. 8-4: Strategische Alternativen in einer globalen Branche[19]

Die im Zusammenhang mit internationalen Produkt-Markt-Strategien zu treffenden Entscheidungen werden auch in Marktauswahl-, Markteintritts- und Marktbearbeitungsentscheidungen untergliedert. Hinsichtlich des Markteintritts ist neben dem Zeitpunkt des Eintritts in einen ausgewählten Markt auch dessen Form festzulegen und damit zwischen Export, Direktinvestition sowie Technologieverträgen zu wählen. Diese Entscheidung ist aber bei der hier vorgenommenen Strategieabgrenzung eher der nachfolgend angesprochenen Bestimmung von Wertschöpfungsstrategien zuzuordnen.

Wertschöpfungsstrategie

Den Überlegungen zur Wertschöpfungsstrategie liegt der Gedanke zugrunde, daß in einem Unternehmen verschiedene wertsteigernde Aktivitäten durchgeführt werden. Diese lassen sich unter anderem gemäß den Funktionsbereichen des Unternehmens oder nach dem PORTER'schen Konzept der Wertkette (Wertschöpfungskette) untergliedern. Für die einzelnen Wertschöpfungsaktivitäten wie beispielsweise Beschaffung, Forschung und Entwicklung, Produktion sowie Absatz sollte jeweils eine differenzierte Betrachtung der Internationalisierungsstrategie erfolgen, bei der deren 'Transnationale Integration' und 'geographische Reichweite' festzulegen ist. Bei dieser differenzierten Betrachtung sollten aber die Beziehungen zwischen den einzelnen Wertschöpfungsaktivitäten berücksichtigt werden, um eine optimale Gestaltung der gesamten Wertschöpfungskette zu erreichen. Die idealtypischen Optionen, die Wertschöpfungskette insgesamt zu gestalten, sind in Abbildung 8-5 aufgezeigt.

Bei einer *Lokal konzentrierten Wertschöpfungskette* werden alle Wertschöpfungsaktivitäten in einem Land bzw. an einem Ort zusammengefaßt. *Autarke Wertschöpfungssysteme* sind dadurch charakterisiert, daß in jedem für ein Unternehmen relevanten Land zumindest nahezu die gesamte Wertschöpfungskette aufgebaut wird. *Wertschöpfungsnetzwerke* ergeben sich, wenn die verschiedenen Aktivitäten der Wertschöpfungskette jeweils (im Idealfall voll-

19 Quelle: Porter, M.E.: (Wettbewerb), S. 53.

ständig) an dem Ort bzw. in dem Land ausgeführt werden, in dem die aktivitätsspezifisch besten Bedingungen herrschen. Neben diesen Grundoptionen sind auch Zwischenformen realisierbar. So können beispielsweise Wertschöpfungsaktivitäten mit einem hohen Bezug zu den Kunden (vor allem Teile der externen Logistik, Vertrieb, Kundendienst und weitere Bereiche des Marketing) eher isoliert und die anderen Wertschöpfungsaktivitäten eher konzentriert gestaltet werden. Ein Beispiel hierfür ist die Einrichtung von Vertriebsgesellschaften in Absatzländern. Eine Zwischenform stellt zudem die von den japanischen Automobilherstellern angewandte Transplantstrategie dar, bei der die Forschung und Entwicklung sowie die Beschaffung weitgehend zentralisiert bleiben, während für die Produktion und den Absatz in den wichtigen Abnehmerländern bzw. -regionen jeweils eigene Wertschöpfungselemente eingerichtet werden. Auf die Vor- und Nachteile der drei Grundoptionen und ihrer Zwischenformen soll hier nicht eingegangen werden, da diese bereits im Zusammenhang mit Standortstrukturstrategien in Abschnitt 5.4.2.2. erörtert worden sind.

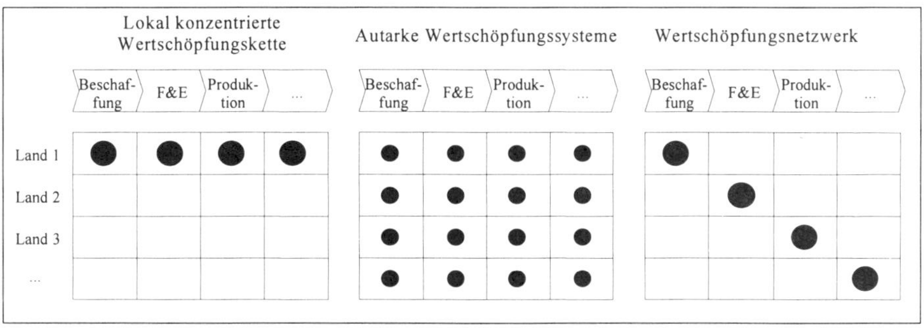

Abb. 8-5: Grundsätzliche Optionen der Gestaltung der Wertschöpfungskette[20]

Führungskonzept

Im Hinblick auf das Führungskonzept eines Unternehmens ist vor allem die Zuordnung von Entscheidungskompetenzen zu den verschiedenen Subsystemen des Unternehmens zu regeln. Hierfür bieten sich verschiedene Varianten an, für die primär das Ausmaß der Konzentration auf bestimmte Länder oder Regionen charakteristisch ist. Diese Varianten lassen sich auf die vier Führungskonzepte zurückführen, die PERLMUTTER bzw. HEENAN/PERLMUTTER für international agierende Unternehmen in ihrem *EPRG-Modell* unterscheiden:[21]

20 Quelle: in leicht modifizierter Form übernommen von Ringlstetter, M.; Skrobarczyk, P.: (Entwicklung), S. 343.

21 Vgl. Perlmutter, H.V.: (Evolution); Heenan, D.A.; Perlmutter, H.V.: (Organization); Perlitz, M.: (Management), S. 140 ff.

- das ethnozentrische (Heimatland-orientierte),
- das polyzentrische (Gastland-orientierte),
- das regiozentrische (Regionen-orientierte) sowie
- das geozentrische (Welt-orientierte)

Führungskonzept. Die Differenzierung dieser Führungskonzepte basiert primär auf der Einstellung bzw. Denkweise der Führungskräfte, die unter anderem aufgrund deren Herkunft unterschiedlich ausgeprägt sein kann.

Beim *ethnozentrischen Führungskonzept* werden die wichtigen Führungspositionen in ausländischen Tochtergesellschaften überwiegend durch Mitarbeiter aus dem Heimatland der Muttergesellschaft übernommen. Es liegt eine vergleichsweise starke Entscheidungszentralisation bei der Muttergesellschaft vor, und deren Standards, z.B. für die Personalbeurteilung, sind in hohem Maße für die Tochtergesellschaften maßgeblich.

Das *polyzentrische Führungskonzept* hingegen sieht vor, daß sich das Management der Tochtergesellschaften weitgehend aus Einheimischen zusammensetzt. Die Entscheidungen werden primär dezentral getroffen, und es finden vorwiegend lokale Standards Anwendung. Dieses Konzept stimmt weitgehend mit der nicht-integrierten Strategie der 'geographisch polyzentrischen Organisation' gemäß RINGLSTETTER/SKROBARCZYK überein (vgl. Abbildung 8-3).

Beim *regiozentrischen Führungskonzept* stammen die Führungskräfte vor allem aus Ländern der gleichen Region, z.B. Westeuropa. Die Entscheidungen werden in hohem Maße von regionalen Führungszentren oder in Zusammenarbeit der regionalen Tochterunternehmen gefällt, und es herrschen regionale Standards vor. Ein ähnliches integriertes Konzept wird von RINGLSTETTER/SKROBARCZYK als 'heterarchisch polyzentrische Organisation' bezeichnet (vgl. Abbildung 8-3). Dabei werden nach funktionalen oder produktbezogenen Aspekten länderübergreifende Entscheidungszentren gebildet, die in unterschiedlichen Ländern, den sogenannten 'lead countries', angesiedelt sein können.[22]

Für das *geozentrische Führungskonzept* ist unter anderem charakteristisch, daß die Herkunft der Manager nicht als bedeutend angesehen wird. Muttergesellschaft und Tochtergesellschaften bilden bei diesem Konzept eine weltweite Einheit, in der eng zusammengearbeitet wird. Es werden sowohl universale als auch lokale Standards vorgegeben. RINGLSTETTER/SKROBARCZYK unterscheiden zwei Stufen einer geozentrischen Ausrichtung, die jeweils bei geographisch und bei heterarchisch polyzentrischen Organisationen auftreten können. Beim 'gemäßigten Polyzentrismus' existiert noch eine zentrale Entscheidungsinstanz, z.B. als internationale Holding, die vor allem Abstimmungsfunktionen wahrnimmt. Beim 'reinen

22 Vgl. Ringlstetter, M.; Skrobarczyk, P.: (Entwicklung), S. 345 f.

Polyzentrismus' hingegen wird auf eine derartige Instanz verzichtet, und die verschiedenen lokalen oder regionalen Zentren übernehmen die entsprechenden Aufgaben.[23]

Die Führungskonzepte wirken sich in vielfacher Hinsicht auf das Unternehmen und sein Führungssystem aus, beispielsweise auf die Identifikation der Mitarbeiter mit dem Unternehmen, die Personalführung einschließlich der Ausbildung des Managements, die Kommunikation, den Informationsfluß und - wie bereits oben aufgeführt - die Entscheidungszentralisation und die Vorgabe von Standards. International agierende Unternehmen entwickeln ihr Führungskonzept häufig von einer ethnozentrischen über eine poly- und eine regio- zu einer geozentrischen Orientierung. Als erfolgversprechend werden vor allem regio- und geozentrische Führungskonzeptionen angesehen.[24]

Integration der Strategien

Bisher sind die drei Planungsbereiche unabhängig voneinander betrachtet worden. Um die potentiellen Vorteile einer internationalen Tätigkeit in allen Bereichen ausschöpfen zu können, sollte aber eine integrierte Strategiebestimmung erfolgen. Dies bezieht sich nicht nur auf die hier im Vordergrund stehende Integration der drei Planungsbereiche, sondern auch auf die ggf. erforderliche Abstimmung zwischen den Internationalisierungsstrategien verschiedener strategischer Geschäftseinheiten. Wenn unterstellt wird, daß in einem Unternehmen zunächst eine Internationalisierung der Produkt-Markt-Strategie in Form des Exports erfolgt, bevor dann die Wertschöpfung und anschließend das Führungskonzept bzw. die Organisation internationalisiert werden, und von einer entsprechenden Planungsreihenfolge ausgegangen wird, dann bieten sich vor allem die in Abbildung 8-6 dargestellten Verknüpfungen der Strategien in den drei Planungsbereichen an.

Im folgenden sollen diese Strategieverknüpfungen nicht beschrieben werden. Abschließend wird lediglich kurz auf das *Triade-Modell* von OHMAE eingegangen, da dieses Empfehlungen zu allen angesprochenen Planungsbereichen enthält.[25] OHMAE sieht als charakteristische Eigenschaft eines Triade-Unternehmens eine starke Wettbewerbsstellung in den Triade-Regionen (USA, Japan, Westeuropa) an. In diesen gilt das Unternehmen jeweils als lokales Unternehmen, so daß es eine 'Insider-Stellung' innehat. Eine Konzentration auf die Triade-Regionen ist gemäß OHMAE erforderlich bzw. vorteilhaft, da

---

23 Vgl. Ringlstetter, M.; Skrobarczyk, P.: (Entwicklung), S. 345 f.

24 Vgl. Perlitz, M.: (Management), S. 144.

25 Vgl. Ohmae, K.: (Macht); Perlitz, M.: (Management), S. 145 ff.

- der Einsatz leistungsfähiger Technologien eine Produktion in Billiglohnländern unnötig bzw. nachteilig erscheinen läßt,
- durch den raschen technischen Fortschritt und die wachsende Bedeutung von High-Tech-Produkten die Kooperation und Integration von Unternehmen zunehmend wichtig wird und diese in den Triade-Ländern am ehesten realisierbar ist,
- in den Triade-Ländern eine Homogenisierung der Märkte erfolgt und außerdem ein steigender Protektionismus zu beobachten ist.

Für die Auswahl und Bearbeitung von Märkten schlägt OHMAE ein 'Sprinkler-Modell' vor, gemäß dem alle Triade-Märkte mit den Produkten gleich nach deren Entwicklung überflutet werden. Darüber hinaus sollten alle Unternehmensfunktionen auf die Triade-Märkte ausgerichtet und dementsprechend die Wertschöpfungsaktivitäten vornehmlich in den Triaderegionen angesiedelt werden. Für die Organisation wird eine multiregionale Form als vorteilhaft erachtet, die weitgehend dem regiozentrischen Führungskonzept entspricht.

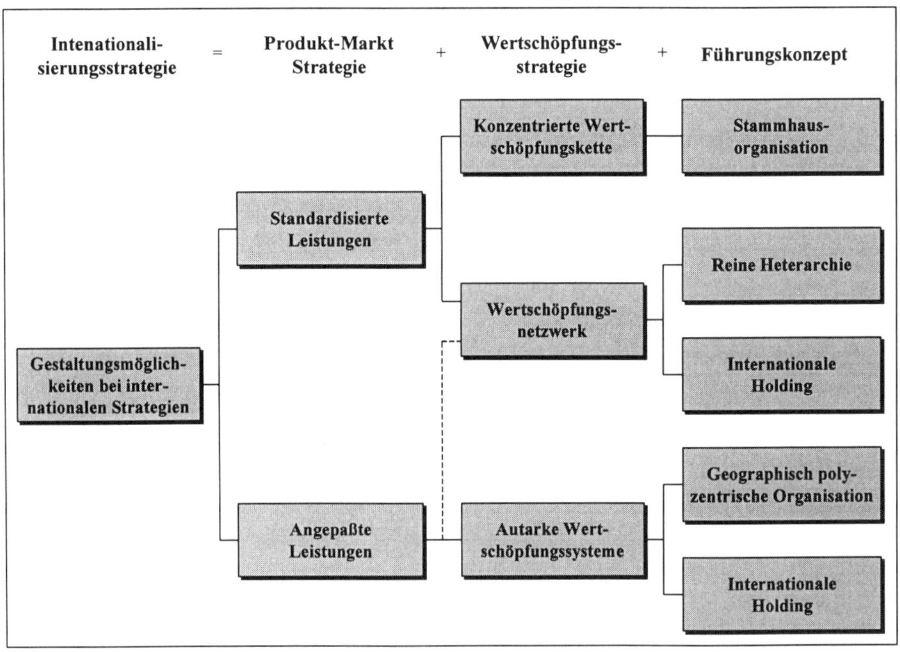

Abb. 8-6: Integrierte Internationalisierungsstrategien[26]

26 Quelle: in modifizierter Form übernommen von Ringlstetter, M.; Skrobarczyk, P.: (Entwicklung), S. 348.

8.2. Kostenmanagement

8.2.1. Kosten als strategischer Erfolgsfaktor und Objekt des Management

Die Kosten gelten bereits seit langem als strategischer Erfolgsfaktor. In den Überlegungen zum strategischen Management sind sie an vielen Stellen relevant. So gelten der Aufbau und das Halten von Erfolgspotentialen als zentrale Ziele des strategischen Management. Wird Erfolg mit Gewinn gleichgesetzt, so daß es sich um Gewinnpotentiale handelt, dann können die hinsichtlich der Kosten (oder Aufwendungen) bestehenden Potentiale neben den Erlöspotentialen (oder Ertragspotentialen) als wesentlicher Gegenstand des strategischen Management interpretiert werden.[27] Demzufolge sind die Kosten bzw. Potentiale für die Höhe und Struktur zukünftiger Kosten im Zusammenhang mit der Formulierung von Gesamtunternehmens-, Geschäftsbereichs- und Funktionsbereichsstrategien zu berücksichtigen.

Bei den Überlegungen zu Gesamtunternehmensstrategien werden Kosten bei der PIMS-Studie, dem Erfahrungskurvenkonzept und dem Lebenszyklusmodell, den Basiskonzepten der Portfolio-Analyse, einbezogen. In die Portfolio-Analyse finden sie implizit auf diesem Wege (beim Marktanteils-Marktwachstums-Portfolio) oder explizit als Kriterium der relativen Wettbewerbsposition (beim Marktattraktivitäts-Wettbewerbspositions-Portfolio) Eingang. Die Formulierung horizontaler Strategien zielt in hohem Maße auf die Erschließung von Kostensenkungspotentialen ab; bei der Entscheidung über die gemeinsame Durchführung von Wertaktivitäten verschiedener strategischer Geschäftseinheiten sind den damit angestrebten Kosten- oder Differenzierungsvorteilen die entstehenden Koordinierungs-, Kompromiß- und Inflexibilitätskosten gegenüberzustellen.[28]

Die Kostenführerschaft stellt eine der Wettbewerbsstrategien dar, die auf der Ebene der Geschäftseinheiten zur Wahl stehen. Bei dieser Strategie - und den die Kostenführerschaft einbeziehenden hybriden Strategien - sind alle Möglichkeiten zur Kostensenkung auszuschöpfen, um der preisgünstigste Anbieter der Branche werden zu können. Aber auch bei der Strategie der Differenzierung dürfen die Kosten nicht vernachlässigt werden, um zu vermeiden, daß aus zu hohen Kosten zu geringe Gewinne oder zu hohe Preise resultieren.[29]

Im Beschaffungsbereich richten sich die Strategien unter anderem auf eine kostengünstige Versorgung mit den erforderlichen Gütern. Den Entscheidungen zur Fertigungstiefe werden vor allem Produktions- und Transaktionskosten zugrunde gelegt, Kostenflexibilisie-

---

27 Analoges gilt bei Bezugnahme auf den Unternehmenswert als alternative Zielgröße des strategischen Management, da dieser durch die zukünftigen Kosten bzw. die damit verbundenen Auszahlungen in erheblichem Maße beeinflußt wird.

28 Vgl. zu diesen Aspekten Abschnitt 3.3.

29 Vgl. hierzu Abschnitt 4.3.

rung und Kostenniveau sind hierbei maßgebliche Ziele. Auch bei Standortstrukturentscheidungen stellen die Kosten(potentiale) häufig ein bedeutendes Kriterium dar.[30]

Trotz dieser strategischen Relevanz der Kosten beschränkte sich der Umgang mit diesen - in Unternehmenspraxis wie Theorie - bis vor einigen Jahren weitgehend auf die kurzfristig ausgerichtete und von gegebenen Strukturen ausgehende Kosten- und Erlösrechnung, mit der primär die Erfassung und Auswertung von Kosten zur Vorbereitung kurzfristiger Entscheidungen angestrebt wurde. In der letzten Zeit ist aber ein Trend von der Kostenrechnung hin zum Kostenmanagement bzw. zur Erweiterung der Kostenrechnung um (andere) Aspekte des Kostenmanagement zu beobachten. Begründet wird dieser Trend vor allem mit Entwicklungen in der Unternehmensumwelt, die dazu führen, daß neue bzw. veränderte Herausforderungen für die Unternehmensführung entstehen, deren Bewältigung ein über die traditionelle Kostenrechnung hinausgehendes Kostenmanagement erforderlich macht. Die folgende Abbildung zeigt - nicht überschneidungsfrei - wichtige gesamtwirtschaftliche Entwicklungstendenzen, die aus ihnen resultierenden Herausforderungen für die Unternehmensführung sowie die daraus ableitbaren Aufgabenfelder des Kostenmanagement.

Gesamtwirtschaftliche Tendenzen		**Herausforderungen für die Unternehmensführung**		**Aufgabenfelder des Kostenmanagement**
Öffnung der Ostmärkte Liberalisierung Globalisierung Sättigung Konkurrenz durch Schwellenländer	⇒	Wettbewerbsdruck ⇒ Kostendruck	⇒	Management von • Kostenhöhe • Kostenstruktur • Kostenverlauf
Automatisierung Nischenpolitik Komplexität	⇒	Anstieg der Gemeinkosten Anstieg der Fixkosten	⇒	Gemeinkostenmanagement Fixkostenmanagement
Höhere Relevanz der Kundenwünsche und Prozeßabläufe	⇒	Kundenorientierung Prozeßorientierung	⇒	Marktorientiertes Kostenmanagement Prozeßkostenmanagement
Relevanz zusätzlicher strategischer Erfolgsfaktoren	⇒	Qualität, Ökologie und Zeit als strategische Erfolgsfaktoren	⇒	Management von Qualitätskosten, Umweltkosten und Zeitkosten
stärkere Einbeziehung der Mitarbeiter	⇒	Probleme der Verhaltenssteuerung	⇒	Kostenbezogene Mitarbeiterführung

Abb. 8-7: Aufgabenfelder des Kostenmanagement als Folge gesamtwirtschaftlicher Entwicklungen[31]

30 Vgl. die Ausführungen in Abschnitt 5.

31 Quelle: in modifizierter Form übernommen von Günther, T.: (Neuentwicklungen), S. 101.

Es stellt sich nun die Frage nach dem Wesen des Kostenmanagement und seinem Verhältnis zum strategischen Management. Kostenmanagement läßt sich definieren als "Gesamtheit aller Steuerungsmassnahmen, die der frühzeitigen und antizipativen Beeinflussung von *Kostenstruktur* und *Kostenverhalten* sowie der Senkung des *Kostenniveaus* dienen."[32] Dem Kosten*management* obliegt demgemäß die Aufgabe der Gestaltung der Kosten, ihm können die kostenbezogenen Führungsaufgaben des Unternehmens und damit die entsprechenden Planungs-, Kontroll-, Informations-, Organisations-, Personalführungs- und Controllingaufgaben zugeordnet werden. Damit geht das Kostenmanagement hinsichtlich der einbezogenen Führungsaufgaben über die Kosten*rechnung* hinaus, die als Teilgebiet des internen Rechnungswesens primär ein Instrumentarium zur Informationsverarbeitung und damit ein Teil des Informationssystems des Unternehmens darstellt.

Außerdem wird bei der Kostenrechnung im Rahmen einer kurzfristigen Betrachtung von weitgehend gegebenen Strukturen, insbesondere einer gegebenen Betriebsbereitschaft und gegebenen Produktarten, Produktionsverfahren und Prozeßabläufen, ausgegangen.[33] Auch in dieser Hinsicht erfolgt beim Kostenmanagement eine Erweiterung. Auf der Grundlage einer Analyse der direkten und indirekten Ursachen der Entstehung von Kosten wird angestrebt, diese durch die bzw. bei der Gestaltung von Produkten, Verfahren und Prozessen zielgerichtet zu verändern. Der Betrachtungszeitraum wird ausgedehnt und ein Schwerpunkt auf die Kostenbeeinflussung in den frühen Phasen des Lebenszyklus (Produktentwicklung, Produktions- und Absatzvorbereitung) gelegt. In diesen besteht das größte Potential für die Gestaltung der Kosten, da in ihnen 70-80% der Kosten determiniert werden, auch wenn diese erst später anfallen.[34] Charakteristisch ist außerdem eine stärkere Kunden- bzw. Markt-, Wettbewerbs- und Prozeßorientierung.

Mit diesen Erweiterungen, insbesondere hinsichtlich der Gestaltung von Kosten und der langfristigen Perspektive, wird das Kostenmanagement teilweise zum Bestandteil der strategischen Führungsebene. In der Literatur findet sich sogar die weitgehende Gleichsetzung von 'Kostenmanagement' und 'strategischem Kostenmanagement',[35] wobei diese allerdings wenig sinnvoll erscheint, da auch das Kostenmanagement strategische, taktische und operative Elemente enthalten dürfte.

---

32 Dellmann, K.; Franz, K.-P.: (Kostenrechnung), S. 17. In ähnlicher Weise wird die eng verwandte Kostenpolitik als "Teilbereich der Unternehmenspolitik, der auf der Grundlage der unternehmensexternen und -internen Kostenanalyse und Kostenkontrolle sowie unter Nutzung von systematisch-methodischen Verfahren eine ganzheitlich geprägte Beeinflussung der Kostensphäre - im Sinne eines Total Cost Management - anstrebt" (Becker, W.: (Kostenrechnung), S. 36), angesehen.

33 Auf der Grundlage dieses Instrumentariums läßt sich daher eine Gestaltung des Kostenniveaus, der Kostenstruktur und des Kostenverlaufs nur in sehr begrenztem Maße realisieren.

34 Vgl. Bürgel, H.D.; Zeller, A.: (Controlling), S. 219.

35 Vgl. Kremin-Buch, B.: (Kostenmanagement), S. 7 ff.

Die längerfristige Perspektive des Kostenmanagement wirft allerdings die Frage auf, ob der Begriff *Kosten*management überhaupt gerechtfertigt ist und nicht eher eine Bezugnahme auf Auszahlungen anstelle von Kosten erfolgen sollte. Dies erscheint bei längerfristigen Entscheidungsproblemen gerechtfertigt, um Zinseffekte adäquat einbeziehen zu können.[36] Strenggenommen liegt dann allerdings ein *Auszahlungs*management vor.

Schließlich ist auf die Berücksichtigung von Erlösen (bzw. Einzahlungen) einzugehen. Ein Kostenmanagement sollte nicht mit der Vernachlässigung der Erlöse einhergehen, da diese wie die Kosten den Gewinn von Unternehmen als maßgebliche Zielgröße bestimmen. Gerade von strategischen Entscheidungen sind oftmals Kosten und Erlöse bzw. die zugehörigen Potentiale gemeinsam betroffen. Es ist daher ein Management der Kosten bei gegebenen Erlösen (Kostenminimierung als Subziel der Gewinnmaximierung) oder ein Management der Erlöse und Kosten (mit dem Ziel der Gewinnmaximierung) bzw. auf der strategischen Ebene ein entsprechendes Management von Potentialen erforderlich.[37] Im folgenden soll dennoch - in Übereinstimmung mit dem überwiegenden Teil der Literatur - das Management der Kosten im Vordergrund stehen. Auf Strategien und Maßnahmen zu ihrer Gestaltung wird im folgenden Abschnitt eingegangen.

8.2.2. Strategien und Maßnahmen des Kostenmanagement

Dem Kostenmanagement können - unabhängig von der Führungsebene - die Teilaufgaben des Management von Kostenniveau, Kostenstruktur und Kostenverlauf zugeordnet werden.[38] Durch das Management des *Kostenniveaus* soll die Höhe der Kosten zielgerichtet beeinflußt, d.h. in der Regel gesenkt werden. Das Management der *Kostenstruktur* zielt darauf ab, das Verhältnis bestimmter Kostenkategorien zueinander zu gestalten. In Abbildung 8-8 sind Dimensionen der Kostenstruktur und daraus abgeleitete Kostenkategorien dargestellt; diese sind potentielle Objekte des Kostenniveau- und Kostenstrukturmanagement.

Wie die Abbildung zeigt, kann das Kostenniveau- und Kostenstrukturmanagement an den Einzel- und den Gemeinkosten oder den variablen und den fixen Kosten ansetzen. Weitere potentielle Objekte des Kostenmanagement stellen die Mengen- und die Wertkomponenten der einzelnen Kostenarten, die Kosten der Funktionsbereiche (alternativ oder ergänzend die Kosten der Elemente der Wertkette) oder die Kosten der Ressourcen bzw. Produktionsfaktoren, Prozesse und Produkte von Unternehmen dar. Die letztgenannten Kostenkategorien sind unter anderem dadurch miteinander verbunden, daß Faktorkosten in die Prozeßkosten

---

36 Vgl. Götze, U.: (Kostenrechnung), S. 312.

37 Zur Forderung nach einem Kosten- und Erlösmanagement vgl. Becker, W.: (Kostenrechnung), S. 47 ff.; Becker, W.: (Stabilitätspolitik).

38 Vgl. Günther, T.: (Neuentwicklungen), S. 105 ff., sowie zu einer ähnlichen Untergliederung Männel, W.: (Entwicklungsperspektiven), S. 119 ff.

sowie die Produktkosten eingehen und zudem Prozeßkosten in die Produktkosten; die Summe dieser Kostenkategorien ist daher höher als die Gesamtkosten einer Periode, das Kostenniveau.

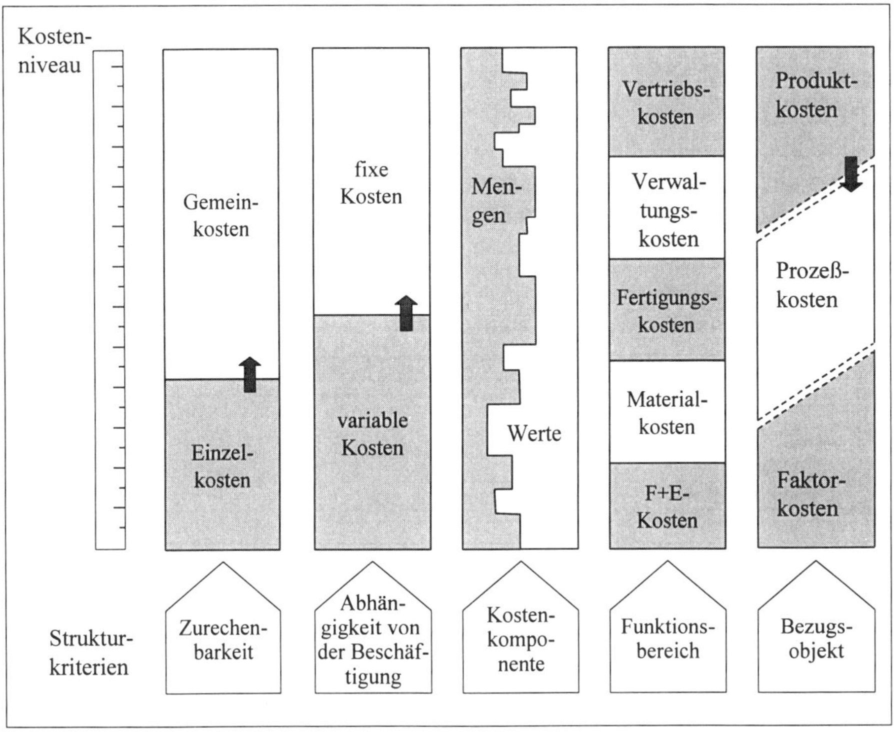

Abb. 8-8: Objekte des Kostenniveau- und Kostenstrukturmanagement

Bei einigen Kostenkategorien läßt sich eindeutig angeben, in welche Richtung ein Kostenstrukturmanagement erfolgen sollte: Die Anteile der variablen Kosten, der Einzelkosten sowie der Produktkosten an den Gesamtkosten sollten erhöht werden. Hinsichtlich der variablen Kosten soll dies eine stärkere Anpassungsfähigkeit bewirken, es wird daher auch als Management der Kostenflexibilität bezeichnet. Mit einer Erhöhung des Anteils der Einzelkosten bzw. der den Produkten zurechenbaren Kosten wird eine höhere Transparenz angestrebt; durch einen höheren Anteil dieser Kosten werden die Möglichkeiten der Steuerung des Unternehmens durch produktbezogene Entscheidungen verbessert.[39] Kostenstruktur- und Kostenniveaumanagement stehen in enger Beziehung zueinander, da die Veränderung der

39 Vgl. Männel, W.: (Entwicklungsperspektiven), S. 120 f.; Dellmann, K.; Franz, K.-P.: (Kostenrechnung), S. 19 f.

Kosten eines Objektes in der Regel sowohl die Kostenhöhe als auch die Kostenstruktur betrifft.[40]

Es stellt sich nun die Frage, durch welche Strategien und Maßnahmen die verschiedenen dargestellten Objekte des Kostenniveau- und Kostenstrukturmanagement beeinflußt werden können. Die entsprechenden Handlungsmöglichkeiten müssen an den Einflußfaktoren ansetzen, die die Kosten determinieren. Einen Ansatz zur vollständigen und systematischen Erfassung dieser Handlungsmöglichkeiten stellt ein von SCHWEITZER/KÜPPER entwickeltes Konzept für ein Kosteneinflußgrößensystem dar, bei dem zwischen operativen, taktischen und strategischen Einflußgrößen für potential-, produkt- und programm- sowie prozeßbezogene Planungsobjekte unterschieden wird.[41] Die strategischen Einflußgrößen enthält die folgende Abbildung.

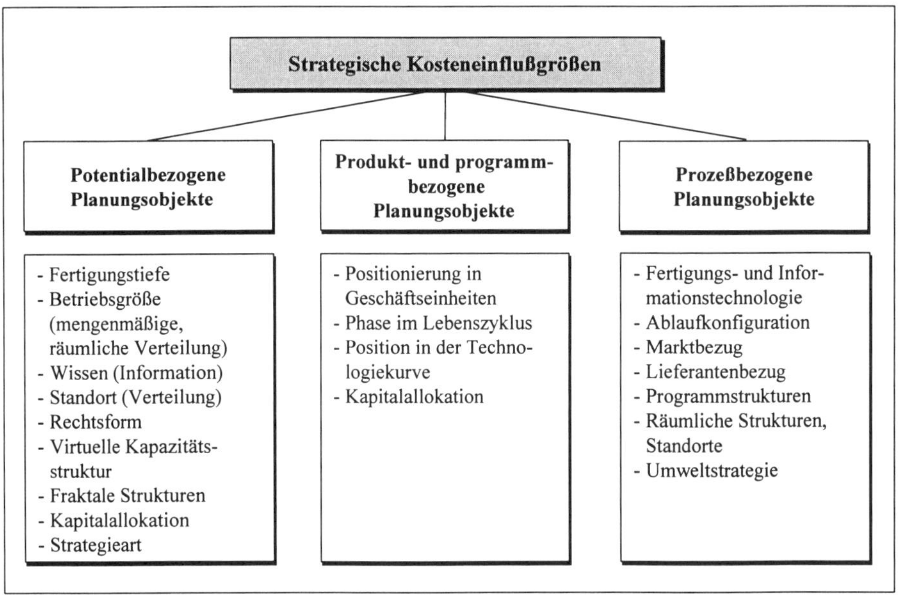

Abb. 8-9: Strategische Kosteneinflußgrößen[42]

Die konkrete Abgrenzung dieser Einflußfaktoren, deren Zuordnung zu den Planungsobjekten sowie mögliche Erweiterungen erscheinen diskussionswürdig. Hierzu besteht ebenso weiterer Forschungsbedarf wie zu den Wirkungen dieser Faktoren auf Kostenniveau, -struktur und

40 Vgl. Dellmann, K.; Franz, K.-P.: (Kostenrechnung), S. 20.

41 Vgl. Schweitzer, M.; Küpper, H.-U.: (Systeme), S. 267 ff. Zu einer beispielhaften Auflistung strategischer Kosteneinflußgrößen vgl. Stein, H.-G.: (Kostenführerschaft), S. 410 ff.

42 Quelle: als Ausschnitt übernommen von Schweitzer, M.; Küpper, H.-U.: (Kostentheorie), S. 270 ff.

-verlauf. Es wird jedoch das breite Spektrum der strategischen Kosteneinflußgrößen deutlich. Dieses führt dazu, daß einerseits die Kosten(potentiale) durch fast alle strategischen Entscheidungen verändert werden und daher bei diesen zu beachten sind (z.B. bei der Wahl von Wettbewerbs- oder Produkt-Markt-Strategien). Zum anderen existiert eine große Zahl von strategischen Handlungsmöglichkeiten, die mit dem primären Ziel der Kostengestaltung ergriffen werden können (z.B. eine kostenorientierte Modifikation der Fertigungstiefe oder der Standortstruktur).[43] Insgesamt überlagert das Kosten- bzw. Kosten- und Erlösmanagement nahezu sämtliche in den Abschnitten 3. bis 5. angesprochenen Gestaltungsfelder des strategischen Management.

Zusätzlich zur Beeinflussung von Kostenniveau und -struktur durch die Wahl von Strategien lassen sich bei deren Implementierung eine Vielzahl von taktisch/operativen Maßnahmen zur Gestaltung der Kosten (und Erlöse) realisieren. Dazu zählen

- bezogen auf die Ressourcen: Aktivitäten des Beschaffungsmanagement und der Entlohnungspolitik sowie zur Anpassung und effizienten Nutzung von Kapazitäten, zur Rationalisierung, zur Standardisierung und zur Substitution von Produktionsfaktoren,
- hinsichtlich der Prozesse: Ansätze des Lean Management, die Neugestaltung von Prozeßabläufen, die Komplexitätsverringerung, die Erhöhung von Auftrags- oder Losgrößen, das Simultaneous Engineering sowie geeignete Lagerhaltungspolitiken (z.B. Just-In-Time-Konzepte), und
- im Hinblick auf die Produkte: die Bestimmung des Absatzprogramms, die Festlegung von Produktfunktionen sowie Ansätze zum kostengünstigen Konstruieren.

Dieser Aspekt ist am Beispiel der kostenorientierten Festlegung von Produktfunktionen bereits in Abschnitt 6.3. bei der Beschreibung des Target Costing als Instrument der Strategieimplementierung ausführlich erörtert worden. Neben dem Target Costing können für das Management des Kostenniveaus und der Kostenstruktur eine Vielzahl von Instrumenten genutzt werden, unter anderem die traditionellen Ansätze des Gemeinkostenmanagement (Budgetierung, Wertanalyse, Gemeinkostenwertanalyse und Zero Base Budgeting), die Konzepte des Fixkostenmanagement,[44] die Prozeßkostenrechnung, das Business Process Reengineering, das Benchmarking, das Kaizen Costing, der Transaktionskostenansatz sowie die Kostenrechnung einschließlich Partialkostenrechnungen (wie die Logistik- oder Qualitätskostenrechnung) als bedeutender Informationslieferant.[45]

---

43 Vgl. auch die in Abschnitt 4.3.3. aufgeführten 'Kostenstrategien'.

44 Mit dem Fixkosten-Markt-Portfolio wird ein Instrument des Fixkostenmanagement, das insbesondere die Risikosituation von Geschäftseinheiten bzw. Produkten erfassen soll, in Abschnitt 8.5.2. beschrieben.

45 Vgl. hierzu Götze, U.: (Kostenrechnung), S. 271 ff. und die dort angegebene Literatur. Zur Gestaltung eines Kostenrechnungs-Informationssystems für Unternehmen, die eine Strategie der Kostenführerschaft verfolgen, vgl. Guthunz, U.: (Informationssysteme), S. 163 ff.

Abschließend sei auf die dritte Kategorie des Kostenmanagement eingegangen, das Management des *Kostenverhaltens* bzw. *Kostenverlaufs*. Hier geht es um die Gestaltung des Kostenanfalls in zeitlicher Hinsicht; unter anderem sollen Wechselwirkungen zwischen den in den verschiedenen Stadien des Lebenszyklus einer Produktart (Entstehungs-, Markt-, Nachsorgezyklus) oder einer einzelnen Produkteinheit anfallenden Kosten identifiziert und im Rahmen einer lebenszyklusbezogenen Kostengestaltung zielgerichtet ausgenutzt werden. So kann erwogen werden, Maschinen oder Fahrzeuge mit höheren Anschaffungs- aber geringeren Betriebskosten zu beschaffen oder Entwicklungsaktivitäten mit dem Ziel auszuweiten, die späteren Herstellkosten zu senken. Zudem kann die Beeinflussung langfristiger Kostenentwicklungen diesem Bereich des Kostenmanagement zugeordnet werden,[46] der damit ebenfalls operative, taktische und strategische Elemente beinhaltet. Als Ansatzpunkt für die Steuerung der Kostenentwicklung im Zeitablauf lassen sich die Erkenntnisse des Erfahrungskurvenkonzeptes heranziehen,[47] die lebenszyklusbezogene Kostengestaltung kann vor allem durch das Life Cycle Costing unterstützt werden.[48]

46 Vgl. Günther, T.: (Neuentwicklungen), S. 111 ff.; Männel, W.: (Entwicklungsperspektiven), S. 121 f.

47 Vgl. Abschnitt 2.2.2.2.

48 Zum Life Cycle Costing vgl. Götze, U.: (Lebenszykluskosten); Zehbold, C.: (Lebenszykluskostenrechnung); Riezler, S.: (Lebenszyklusrechnung).

8.3. Qualitätsmanagement

8.3.1. Qualität als strategischer Erfolgsfaktor und Objekt des Management

Unternehmen streben grundsätzlich an, sich Wettbewerbsvorteile gegenüber der Konkurrenz zu verschaffen. Vergleicht man die in der Vergangenheit verfolgten Wettbewerbsstrategien der Unternehmen, so läßt sich beobachten, daß sich die dabei jeweils vorrangig angestrebten strategischen Erfolgsfaktoren gewandelt haben. Während in den sechziger und siebziger Jahren die Strategie der Kostenführerschaft vorherrschte, d.h. der Erzielung von Kostenvorteilen größte Priorität eingeräumt wurde, haben seit den achtziger Jahren zusätzlich Differenzierungsvorteile durch verbesserte Qualität und eine größere Produktvielfalt an Bedeutung gewonnen.[49] Oftmals wird die Produktqualität von den Kunden bei der Kaufentscheidung höher eingestuft als der Preis.[50] Die Qualität ist zu einem strategischen Wettbewerbsfaktor geworden (vgl. hierzu auch die Abbildung 8-14 in Abschnitt 8.4.1.). Den in qualitativer Hinsicht gestiegenen Kundenanforderungen versuchen Unternehmen durch die Verfolgung entsprechender Differenzierungsstrategien gerecht zu werden, und das dazu erforderliche Qualitätsmanagement bildet eine bedeutende Komponente des Management.

Das Qualitätsmanagement kann - wie das Management generell - sowohl institutionell (als qualitätsbezogene Instanz der Unternehmensführung) als auch funktional beschrieben werden. Gemäß der funktionalen Sichtweise obliegt dem Qualitätsmanagement vor allem die Aufgabe der Gestaltung von Qualitätssicherungssystemen und -instrumenten. Weitere Funktionen des Qualitätsmanagement bestehen darin, die Qualitätsziele und -strategien des Unternehmens festzulegen sowie alle vorbeugenden und nachprüfenden qualitätsbezogenen Maßnahmen zu planen, zu steuern und zu kontrollieren.[51]

Der Umfang eines solchen Qualitätsmanagement kann in Unternehmen unterschiedlich weit gefaßt werden, tendenziell hat dieser aber in den letzten Jahrzehnten aufgrund der veränderten Rahmenbedingungen eine Erweiterung erfahren. Die Qualitätsorientierung in den Unternehmen hat sich historisch entwickelt, wobei sich grob drei Stufen unterscheiden lassen: die klassische Qualitätskontrolle (dominierte bis in die sechziger Jahre), die umfassende Qua-

---

49 Vgl. Voigt, K.-I.: (Strategien), S. 75 ff.; Klenter, G.: (Zeit), S. 18 f.

50 Die zentrale Bedeutung der Qualität als Kriterium beim Kaufentscheid ist durch empirische Untersuchungen belegt worden, zudem legen Befragungen über zukünftige Kundenbedürfnisse den Schluß nahe, daß dieser hohe Stellenwert wahrscheinlich noch zunehmen wird. Vgl. hierzu Macharzina, K.: (Unternehmensführung), S. 623.

51 Vgl. Wilken, C.: (Qualitätsplanung), S. 23 f.; Wicher, H.: (Qualitätsmanagement), S. 37; Eberle, W.: (Lösungsansätze), S. 39; Ortlieb, P.: (Qualitätsmanagement), S. 35 ff.

litätssicherung (typisch für die sechziger und siebziger Jahre) sowie das integrierte Qualitätsmanagement (seit Mitte der achtziger Jahre).[52]

Im Anfangsstadium stellten die Bezugsobjekte lediglich die zu fertigenden Produkte dar, die vorgegebenen Standards bzw. Spezifikationen entsprechen mußten. Im Mittelpunkt der *klassischen Qualitätskontrolle* stand demgemäß die Sicherstellung der Fehlerfreiheit der Endprodukte, wobei diese durch eine strenge Endkontrolle und eine gegebenenfalls notwendige Nacharbeit erreicht wurde. Nur selten fand jedoch beim Auftreten von Fehlern eine grundlegende Analyse und Beseitigung ihrer Ursachen statt.

Diese enge Sichtweise wurde ausgedehnt, indem die Qualitätskontrolle zusätzlich auf die produzierten Zwischenprodukte und die in die Fertigung eingehenden Materialien in allen Fertigungsteilprozessen bezogen wurde, um so Qualität bereits im laufenden Produktionsprozeß zu erzeugen. Doch auch diese Betrachtungsperspektive wurde - animiert durch Qualitätserfolge der japanischen Wirtschaft - noch erweitert. Da eine Kontrolle der Zwischen- und Endprodukte weiterhin erst nach deren Fertigung etwaige Qualitätsprobleme aufdeckt, wurde entsprechend dem japanischen Vorbild das Interesse verstärkt auf die Qualität der zugrundeliegenden Prozesse in der Fertigung gerichtet. Mit der *umfassenden Qualitätssicherung* wurde außerdem bereits in der Phase der Entwicklung begonnen, da diese einen wesentlichen Einfluß auf die herzustellenden Produkte und die Fertigungsprozesse ausübt. Damit sollte eine Qualitätsverbesserung durch Vorbeugung erreicht werden. Diese Stufe des Qualitätsmanagement wurde noch von Ingenieuren und Technikern dominiert, die sich auf die fertigungsorientierte Entwicklung und die Produktion (und damit auf nur einen Ausschnitt der Wertschöpfungskette) konzentrierten.

Japanische Managementphilosophien umfassen daneben noch mitarbeiterorientierte Ansätze, die unter anderem Schulungsprogramme zur Vermittlung von Qualitätssicherungstechniken, eine stärkere Beteiligung der Mitarbeiter an Entscheidungsprozessen sowie die Herausbildung eines Bewußtseins zu stärkerer Selbstkontrolle und mehr Eigenverantwortung zum Ziel haben. Man erkannte, daß solche Ansätze, die sich auf die Qualität (Qualifikation) der Mitarbeiter beziehen, eine weitere wichtige Ergänzung des Qualitätsmanagement bilden.

Diese Entwicklungen einer zunehmenden Prozeß- und Mitarbeiterorientierung führten zu *integrierten Qualitätsmanagementkonzeptionen* wie dem 'Total Quality Management' (TQM).[53] Das *Total Quality Management* basiert auf einem umfassenden Qualitätsverständnis, das sich (über den Fertigungsbereich hinausgehend) auf die gesamte Wertschöpfungskette bezieht, da von einer Interdependenz der Funktionen im Unternehmen aus-

---

52 Vgl. zu den folgenden Ausführungen über die Entwicklung des Qualitätsmanagement Macharzina, K.: (Unternehmensführung), S. 626 f.; Ortlieb, P.: (Qualitätsmanagement), S. 43 ff.; Wilken, C.: (Qualitätsplanung), S. 24 ff.; Pfeifer, T.: (Qualitätsmanagement), S. 508.

53 Das Konzept des Total Quality Management kann auf FEIGENBAUM zurückgeführt werden. Vgl. Feigenbaum, A.V.: (Quality), Feigenbaum, A.V.: (Control).

gegangen wird. Demgemäß impliziert das 'Total' die Beachtung aller unternehmerischen Prozesse sowie aller Prozeßergebnisse und der dafür verantwortlichen Mitarbeiter in sämtlichen Bereichen und Hierarchieebenen des Unternehmens.[54] Entsprechend dieser Merkmale definiert WILKEN das Total Quality Management als "ein auf das Unternehmensganze ausgerichtetes Managementsystem, das unter Einbeziehung aller Funktionsbereiche das Erreichen von Qualitätszielen ermöglichen soll, die sowohl auf die Produkte als auch auf die Prozesse des Unternehmens gerichtet sind."[55] Kennzeichnend ist zudem das präventive Vorgehen bei den zu ergreifenden Maßnahmen anstelle der früher vorrangig vorgenommenen Reaktion auf qualitative Mängel, d.h. die Fehlervermeidung wird der nachträglichen Fehlerbeseitigung vorgezogen.

Andere Definitionen weisen eine stärkere Orientierung am Markt bzw. an den Kunden auf. So wird Total Quality Management auch als "ein Prozeß, um alle direkten und indirekten Beiträge zur Erstellung und Vermarktung von Produkten und/oder Dienstleistungen positiv zu beeinflussen und zu gestalten"[56] umschrieben. Dabei stellt die Kommunikation des Unternehmens mit dem Kunden (z.B. über Werbung, Verkaufsgespräche, Produktauslieferung, Reparatur- oder sonstige Serviceleistungen) ebenfalls ein Gestaltungselement dar. Neben der technischen Produkt- und Prozeßqualität wird demnach auch die Servicequalität in die Betrachtung eingeschlossen, da sie weitere (oftmals sogar größere) Differenzierungsmöglichkeiten bieten kann.[57] Ein Ziel des Total Quality Management ist es, diese Kundenausrichtung in das Unternehmen zu übertragen, dergestalt, daß jede nachfolgende Abteilung als interner Kunde aufgefaßt wird ("the next process is your customer"[58]). Eine weitere Leitlinie des Total Quality Management stellt daher die externe und interne Kundenorientierung dar. Schließlich ist noch die kontinuierliche Verbesserung der Qualität als Grundprinzip im Total Quality Management verankert, mit dem durch eine permanente Suche nach Verbesserungsmöglichkeiten strategische Zielsetzungen erreicht werden sollen.[59]

Die Entwicklungsstufen des Qualitätsmanagement und deren typische Merkmale sind in der Abbildung 8-10 zusammenfassend dargestellt.

---

54 Zu den Merkmalen eines Total Quality Management vgl. bspw. Frehr, H.U.: (Qualitätsverbesserung), S. 798 ff.; Zink, K.J.; Schildknecht, R.: (Quality), S. 82 ff.; Wonigeit, J.: (Quality), S. 51 ff.; Pfeifer, T.: (Qualitätsmanagement), S. 508 ff.; Weber, J.; Nippel, H.: (Entwicklung), S. 115 ff.

55 Wilken, C.: (Qualitätsplanung), S. 29.

56 Töpfer, A.; Mehdorn, H.: (Quality), S. 11.

57 Vgl. Töpfer, A.; Mehdorn, H.: (Quality), S. 34 f.

58 Weber, J.; Nippel, H.: (Entwicklung), S. 117.

59 Vgl. Pfeifer, T.: (Qualitätsmanagement), S. 511; Weber, J.; Nippel, H.: (Entwicklung), S. 118.

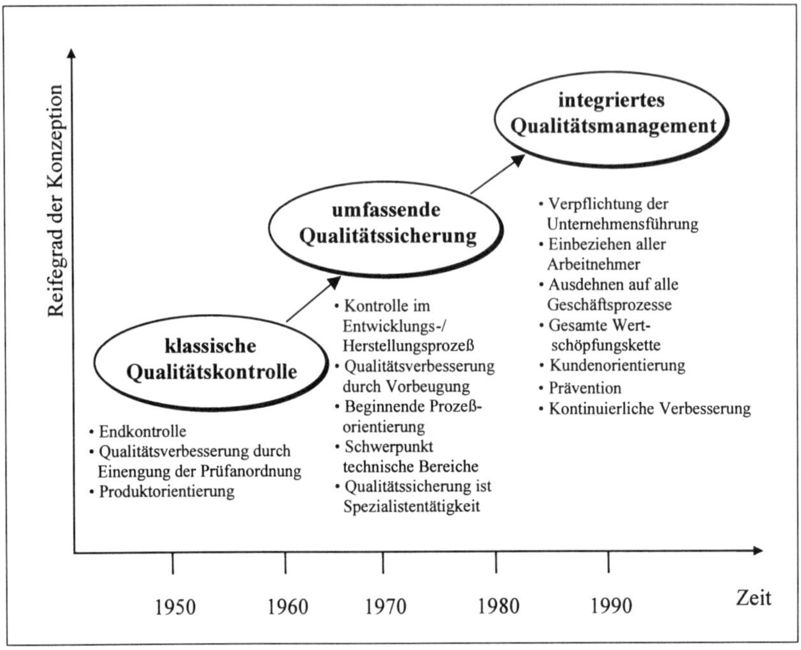

Abb. 8-10: Entwicklungsstufen des Qualitätsmanagement[60]

Mit der Entwicklung des Qualitätsmanagement ging auch ein Wandel des zugrunde liegenden Qualitätsbegriffs einher, d.h. der Interpretation von Qualität und ihren Bezugsobjekten. Den Ausgangspunkt bildete der auf Produkte bezogene *fertigungsorientierte Qualitätsbegriff*, nach dem Qualität als das Einhalten festgelegter betrieblicher Standards bzw. als Fehlerfreiheit eines Produktes definiert wird. Dieser Qualitätsbegriff ist auf die Unternehmensperspektive gerichtet. Als Folge der im Zuge des Entwicklungsprozesses des Qualitätsmanagement steigenden Kundenorientierung rückte der *verwender-* oder *kundenorientierte Qualitätsbegriff* in den Vordergrund. Dieser geht von der marktbezogenen Perspektive aus und beschreibt Qualität als ein dem Produkt vom Markt bzw. von den Verwendern zugesprochenes Gütekriterium. Dabei bezieht sich die Güte auf die Eignung eines Produktes, die Bedürfnisse, Anforderungen und Erwartungen der Kunden hinsichtlich der angestrebten Verwendungszwecke des Produktes befriedigen zu können.[61]

60 Quelle: leicht modifiziert übernommen von Haist, F.; Fromm, H.-J.: (Qualität), S. 11.

61 Vgl. Wilken, C.: (Qualitätsplanung), S. 11 ff.; Dögl, R.: (Qualitätsmanagement), S. 81; Wicher, H.: (Qualitätsmanagement), S. 36 f. Neben den oben genannten existieren noch weitere Qualitätsbegriffe, wie z.B. der produktorientierte, der wertorientierte oder der transzendente Qualitätsbegriff. Diese sollen hier nicht weiter erläutert werden. Vgl. hierzu Garvin, D.A.: (Quality), S. 40 ff.; Graf, G.: (Qualitätskostenrechnung), S. 13 ff.; Schmidt, S.: (Entwicklung), S. 9 f.

Damit der erwartete Erfolg eines integrierten Qualitätsmanagement eintritt, müssen dessen Prinzipien Bestandteil der Führungsphilosophie sein und vom Management im gesamten Unternehmen durchgesetzt werden. Unter anderem aufgrund der Komplexität dieser Aufgabe, des proaktiven Vorgehens und der langfristigen Betrachtungsperspektive kann der letzten Entwicklungsstufe des Qualitätsmanagement, dem integrierten Qualitätsmanagement bzw. Total Quality Management, ein strategischer Charakter zugesprochen werden. Bei diesem sollen durch permanente und systematische Verbesserung aller unternehmerischen Aktivitäten Qualitätsanforderungen hohen Niveaus erfüllt werden, um so Erfolgspotentiale aufzubauen und zu halten. Die strategische Bedeutung des Total Quality Management läßt sich zudem auf das oftmals damit verbundene Reengineering der Produkte und Prozesse sowie die Reorganisation des Unternehmens insgesamt bzw. seiner Bereiche zurückführen, die über die Umsetzung eines (operativen) Qualitätssicherungsprogramms weit hinausgehen.[62] Schließlich ist die Qualität aufgrund ihrer Bedeutung für den Wettbewerb in das strategische Zielsystem eines Unternehmens zu integrieren, um die Grundlage für die Bestimmung der nachfolgend erörterten Qualitätsstrategien zu schaffen.

8.3.2. Qualitätsstrategien

Das Total Quality Management an sich kann infolge der Einbeziehung aller Unternehmensbereiche als eine qualitätsbezogene *Gesamtunternehmensstrategie* interpretiert werden.[63] Deren Strategieelemente bilden dann die oben beschriebenen Grundprinzipien des Total Quality Management.

Wie bereits erläutert, verbindet ein integriertes Qualitätsmanagement alle qualitätsbezogenen Anstrengungen des Unternehmens, um eine Erhöhung des Kundennutzens zu bewirken. Es zielt auf die Steigerung der Wettbewerbsfähigkeit des Unternehmens ab, indem über die Qualität Wettbewerbsvorteile erreicht werden sollen. Qualitätsstrategien können daher ebenfalls *Geschäftsbereichsstrategien* darstellen, insbesondere falls durch die Qualität eigenständige, vom Kunden wahrnehmbare Differenzierungsvorteile erzielt werden sollen. Dies läßt sich auch dadurch belegen, daß die Differenzierungsstrategie zuweilen als Strategie der Qualitätsführerschaft bezeichnet wird.[64]

Aus den Gesamtunternehmens- oder Geschäftsbereichsstrategien des Unternehmens können außerdem *Qualitätsstrategien für die Funktionsbereichsebene* abgeleitet werden, die dann

---

62 Vgl. Töpfer, A.; Mehdorn, H.: (Quality), S. 11; Weber, J.; Nippel, H.: (Entwicklung), S. 117.

63 Vgl. zu dieser Sichtweise Pfeifer, T.: (Qualitätsmanagement), S. 508.

64 Vgl. Töpfer, A.; Mehdorn, H.: (Quality), S. 47 f.; Wilken, C.: (Qualitätsplanung), S. 120.

der Realisierung der übergeordneten Strategien dienen.[65] Auch in diesem Fall stellt die Qualität einen strategischen Erfolgsfaktor dar, durch den Differenzierungs- und/oder Kostenvorteile erreicht werden können. In diesem Zusammenhang sei erwähnt, daß sich Kostenvorteile beispielsweise über eine langfristige Senkung der Qualitätskosten[66] erzielen lassen.

Die unter Beachtung der zugrundeliegenden Grundprinzipien des Total Quality Management zu formulierenden Strategien beziehen sich zum einen auf die Qualität der Produkte und zum anderen auf die Qualität der Prozesse.[67] Die *produktbezogenen Qualitätsstrategien* sind vor allem markt- bzw. kundenorientiert zu entwickeln und bestimmen die Qualitätskriterien sowie deren Niveau, sie dienen vorrangig dem Aufbau externer Erfolgspotentiale. Dahingegen determinieren die *prozeßbezogenen Qualitätsstrategien* das Qualitätsniveau von Abläufen, Einsatzfaktoren sowie Prozeßergebnissen und sind eher dem Aufbau interner Erfolgspotentiale förderlich.[68]

Für die Entwicklung von Qualitätsstrategien wird die Anwendung der Portfolio-Methode vorgeschlagen, wobei entsprechend der Strategien qualitätsorientierte Produkt- und Prozeßportfolios zu unterscheiden sind. Beide Arten von Qualitätsportfolios umfassen - wie die absatzorientierten Portfolios - eine Umwelt- und eine Unternehmensdimension. Im folgenden soll ein Qualitätsportfolio-Ansatz von WILKEN vorgestellt werden.[69] Bei diesem wird die Umweltdimension, die die Chancen und Risiken der Unternehmensumwelt widerspiegeln soll, als 'Qualitätsrisiko' und die interne Komponente des Portfolios, mit der die qualitätsbezogenen Stärken und Schwächen des Unternehmens im Vergleich zur Konkurrenz identifiziert werden sollen, als 'Qualitätsfähigkeit' bezeichnet. Bei dem Qualitätsportfolio für Produkte wird das Qualitätsrisiko durch die drei nachstehend kurz beschriebenen Unterkriterien bestimmt:

---

65 Zu einer analogen Zuordnung der Strategien vgl. die Ausführungen zu zeitbasierten Strategien in Abschnitt 8.4.2., insbesondere die Abbildung 8-15.

66 Gemäß der DIN 55350 setzen sich Qualitätskosten aus drei Komponenten zusammen: den *Prüfkosten* (z.B. für Wareneingangsprüfungen und Qualitätsprüfungen in der Fertigung), den *Fehlerkosten* (z.B. Kosten für Nacharbeit und Ausschuß, Wertminderung infolge von Qualitätsmängeln, Gewährleistungskosten, Kosten für Ersatzlieferungen) und den *Fehlerverhütungskosten* (z.B. Kosten der Qualitäts- und Prüfplanung, für Schulungsmaßnahmen, für Qualitätsaudits und für die Lieferantenbeurteilung und -beratung). Vgl. Deutsches Institut für Normung: (DIN 55350), S. 11, sowie zur Erfassung dieser Qualitätskosten Steinbach, W.: (Qualitätskosten), S. 880 ff. Bei einer weiteren Unterteilung der Qualitätskosten wird zwischen Kosten der Übereinstimmung mit den Qualitätsanforderungen (Fehlerverhütungskosten, geplante Prüfkosten) sowie Kosten der Abweichung hiervon (ungeplante Prüfkosten, Fehlerkosten) differenziert. Vgl. Graf, G.: (Qualitätskostenrechnung), S. 42 ff.

67 Auf eigenständige mitarbeiterbezogene Qualitätsstrategien soll an dieser Stelle nicht eingegangen werden. Im folgenden werden entsprechende Ansätze vielmehr als Elemente der prozeßbezogenen Strategien angesprochen.

68 Vgl. Wilken, C.: (Qualitätsplanung), S. 70.

69 Vgl. hierzu Wilken, C.: (Qualitätsplanung), S. 103 ff. und S. 141 ff. Zu einer anderen Darstellung von Qualitäts-Portfolios vgl. Dögl, R.: (Qualitätsmanagement), S. 114 ff. und S. 192 ff.

- Qualitätspotential (Differenz zwischen der vom Kunden gewünschten Ideal-Qualität oder der technisch bestenfalls realisierbaren Qualität und der derzeit besten auf dem Markt erhältlichen Qualität),
- Qualitätsbedeutung (Relevanz der Qualität für den Markterfolg),
- Qualitätsdynamik (Änderungsgeschwindigkeit technologischer Erneuerungen, Wandel der Qualitätsanforderungen oder qualitätsrelevanter Marktstrukturen).

Die Unternehmenskomponente des Produktportfolios, die Qualitätsfähigkeit, umfaßt ebenfalls drei Unterkriterien:

- relative Qualitätsstärke (Beurteilung der qualitätsbestimmenden Merkmale der eigenen Produkte im Vergleich zu den Konkurrenzprodukten),
- Qualitätspotential (erzielbares maximales Qualitätsniveau unter den gegebenen strukturellen Unternehmensbedingungen, insbesondere dem vorhandenen Qualitäts-Know-how),
- Qualitätsflexibilität (Fähigkeit des Unternehmens, auf Qualitätsveränderungen zu reagieren).

Für die Erstellung eines Produktportfolios ist zunächst eine Segmentierung des Unternehmens in qualitätsrelevante produktbezogene Planungsobjekte erforderlich. WILKEN schlägt vor, hierfür die strategischen Geschäftseinheiten (SGE) heranzuziehen, da dies den Vorteil hat, daß für die strategische Qualitätsplanung die gleiche Segmentierung wie bei anderen strategischen Planungsaufgaben (insbesondere der Planung von Portfolio-Strategien allgemein auf der Gesamtunternehmensebene oder von Geschäftsbereichsstrategien) vorgenommen und dadurch die Strategieabstimmung erleichtert wird. Auf diese Weise wird zudem eine gesamtunternehmensbezogene Qualitätsplanung ermöglicht. Bei einer Aufteilung in einzelne Produkte hingegen dürfte in der Regel die Übersichtlichkeit des Portfolios verlorengehen.

Um nun die SGE im Qualitätsproduktportfolio positionieren zu können, sind zunächst geeignete Indikatoren für die oben genannten Kriterien auszuwählen, deren Ausprägungen bei den betrachteten SGE zu bestimmen und anschließend die gegebenenfalls gewichteten Werte zu aggregieren. Die Verdichtung dieser Werte ermöglicht dann die Positionierung einzelner SGE hinsichtlich des externen Qualitätsrisikos und der internen Qualitätsfähigkeit.

Die Ableitung von Qualitätsstrategien kann nun in zwei Schritten vorgenommen werden (vgl. Abbildung 8-11). Im Rahmen einer Globalanalyse wird das Portfolio hinsichtlich seiner Ausgewogenheit überprüft. Auf der Grundlage der Positionierung der SGE im Portfolio wird eine globale Gesamtunternehmensstrategie vorgeschlagen, die vor allem die Ressourcenverteilung festlegt.[70] Die anzustrebende Ausgewogenheit des Portfolios bezieht sich allein auf

---

70 Damit stellt dieses Vorgehen eine qualitätsbezogene Variante bzw. Erweiterung der Planung von Portfolio-Strategien zur Ressourcenverteilung auf Gesamtunternehmensebene dar. Vgl. Abschnitt 3.2.

die externe Dimension des Qualitätsrisikos. Das Portfolio wird gemäß WILKEN als ausgewogen angesehen, wenn das Unternehmen sowohl über strategische Geschäftseinheiten mit niedrigem als auch über solche mit hohem Qualitätsrisiko verfügt. Die Vorteilhaftigkeit einer Aufnahme von SGE mit hohem Qualitätsrisiko kann dabei unter anderem mit der Gefahr einer starken Konkurrenz und geringen Markteintrittsbarrieren bei niedrigem Risiko begründet werden. Ein ausgewogene Positionierung der SGE bezüglich der Qualitätsfähigkeit ist nicht anzustreben, da nach dem Prinzip des Total Quality Management grundsätzlich eine hohe Qualitätsposition erreicht werden sollte. Bei der Bestimmung einer qualitätsbezogenen Gesamtunternehmensstrategie sind aber Qualitätsrisiko und Qualitätsfähigkeit gemeinsam zu berücksichtigen, da die Bedeutung einer hohen Qualitätsfähigkeit mit zunehmendem Qualitätsrisiko steigt.

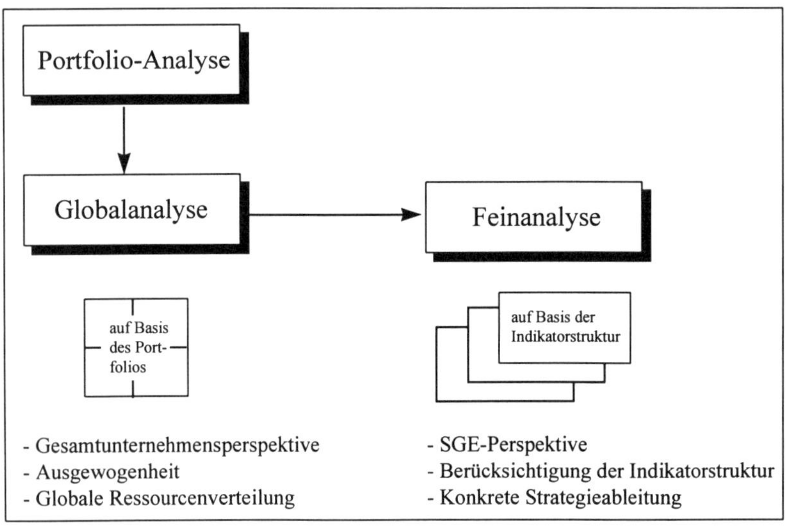

Abb. 8-11: Global- und Feinanalyse im Rahmen des strategischen Qualitätsmanagement[71]

Bei der Feinanalyse werden detaillierte Qualitätsstrategien für die Geschäftseinheiten entwickelt. In diesem zweiten Schritt der Strategiebestimmung wird die Ressourcenverwendung durch die SGE strategisch geplant, wobei auch hier das Ziel in einer besseren Positionierung der SGE besteht. Als Informationsbasis lassen sich hierzu die bei der SGE-Bewertung ermittelten Ausprägungen der Unterkriterien bzw. der zu ihrer Operationalisierung verwendeten Faktoren nutzen. Ansatzpunkte für die Strategieentwicklung liegen darin, entweder die Qualitätsfähigkeit vorhandener SGE zu erhöhen (entsprechende strategische Stoßrichtungen sind dann die Verbesserung der relativen Qualitätsstärke, des internen Qualitätspotentials und

71 Quelle: leicht modifiziert übernommen von Wilken, C.: (Qualitätsplanung), S. 115.

der Qualitätsflexibilität) oder Veränderungen des relevanten Umfeldes zu bewirken, um damit das Qualitätsrisiko bzw. seine Komponenten zu verändern. Beispielsweise lassen sich die Konsumenten in bezug auf ihre Qualitätsanforderungen beeinflussen (Veränderung der Qualitätsbedeutung), oder es können durch eine Erhöhung der Innovationsrate (Verstärkung der Qualitätsdynamik) Markteintrittsbarrieren geschaffen werden. Diese und weitere Beispiele für entsprechende Qualitätsstrategien sind in der folgenden Abbildung zusammengestellt.

Produktbezogene Qualitätsstrategien (Beispiele)	
Qualitätsrisiko	**Qualitätsfähigkeit**
Änderung des Qualitätspotentials - Schaffung neuer Bedarfe - Innovationsstrategien zur Ausweitung des Qualitätspotentials	***Änderung der relativen Qualitätsstärke*** - Konzentration auf Qualitätsnischen - Innovationsstrategien; Entwicklung neuer Technologien - Entwicklung neuer Produkte - Einführung von CAX-Techniken und Aufbau ganzheitlicher Q-informationssysteme - Differenzierungsstrategien; Ausbau einzelner Qualitätskriterien - Sortimentsstrategien - Intensivierung des Kundenkontaktes
Änderung der Qualitätsbedeutung - Marktbeeinflussung zur Verlagerung von verwenderbezogenen Qualitätspräferenzen - Preisstrategien zur Beeinflussung der verwenderbezogenen Qualitäts-Preis-Sensitivität	***Änderung des internen Qualitätspotentials*** - Strategie zur Verbesserung der funktionsübergreifenden Zusammenarbeit - Strategie zur Einbeziehung des Qualitätsmanagement in die Produktentwicklung - Qualifikationsstrategien - Strategie zur Effizienzsteigerung (Ausnutzen der Qualitätspotentiale)
Änderung der Qualitätsdynamik - Einführung kürzerer Entwicklungszyklen bei Qualitätsänderungen - Verkürzung des Produkt-Lebenszyklus - Erhöhung der branchenweiten Innovationsrate	***Änderung der Qualitätsflexibilität*** - Standardisierung - Intensivierung der Lieferantenbeziehungen - Einführung flexibler Fertigungssysteme - Automatisierungsstrategien - Qualifikation

Abb. 8-12: Produktbezogene Qualitätsstrategien als Ergebnis einer Feinanalyse[72]

72 Quelle: Wilken, C.: (Qualitätsplanung), S. 119.

Die strategische Qualitätsplanung für Produkte kann die strategische Planung auf Geschäftsbereichsebene unterstützen, indem Hinweise auf für die SGE geeignete Wettbewerbsstrategien gegeben werden. So bietet sich eine Differenzierungsstrategie in Form einer Qualitätsführerschaft für solche SGE an, bei denen das Unternehmen über ein hohes absolutes und relatives Qualitätspotential verfügt. Bei geringer Qualitätsfähigkeit und großem Qualitätsrisiko empfiehlt sich - aus qualitätsbezogener Sicht - eine Strategie der Kostenführerschaft.

Die Ableitung von Qualitätsstrategien für Prozesse läßt sich auf analoge Weise vornehmen. Für die Erstellung eines entsprechenden qualitätsorientierten Prozeßportfolios können die gleichen Dimensionen und Unterkriterien wie beim Produktportfolio verwendet werden, deren Bedeutung ist jedoch unterschiedlich und die zur Operationalisierung dienenden Faktoren sind der Prozeßbeurteilung anzupassen. Die Segmentierung sollte sinnvollerweise in strategische Prozeßeinheiten (SPE) erfolgen. Diese stellen Kombinationen von strategisch relevanten Prozessen dar, die unabhängig von anderen Prozessen sind und denen strategische Maßnahmen und deren Ergebnisse eindeutig zugeordnet werden können. Mit der Bildung von strategischen Prozeßeinheiten wird eine Zusammenfassung von produkt- und funktionsbereichsübergreifenden Prozessen eines Unternehmens ermöglicht. Auf eine ausführliche Darstellung der Strategieplanung soll hier verzichtet werden, in der nachfolgenden Abbildung werden lediglich die sich aus der Feinanalyse ergebenden potentiellen Qualitätsstrategien aufgeführt.

Zwischen der Qualität und den Kosten bestehen Wechselwirkungen, so daß das Qualitätsmanagement Überschneidungen und Interdependenzen mit dem im vorherigen Abschnitt beschriebenen Kostenmanagement aufweist, die eine Abstimmung bzw. integrierte Betrachtung erforderlich machen. In diese sollte auch das Zeitmanagement einbezogen werden, das Gegenstand des nächsten Abschnitts ist.

Prozeßbezogene Qualitätsstrategien (Beispiele)		
Qualitätsrisiko		**Qualitätsfähigkeit**
Änderung des Qualitätspotentials - Erhöhung des Industriestandards zur Fehlerminimierung - Schaffung neuer Lieferantenbeziehungen und neuer Beschaffungsstrukturen	**Techn./Organis.**	***Änderung der relativen Qualitätsstärke*** - Einführung SPC, Taguchi-Methoden, Design of Experiments, FMEA - Prüfautomatisierung
	Mitarbeiterbez.	- Einführung Gruppenarbeit; Selbstkontrolle - Mitarbeitereinbeziehung - automatische Prozeßüberwachung - Spezialisierungsstrategie für die Mitarbeiter - Verbesserung Mitarbeiterkommunikation (z.B. Vorschlagswesen) - Humanisierung der Arbeitswelt zur Erhöhung der Qualität der Arbeit
Änderung der Qualitätsbedeutung - Strategien zur Erhöhung der Qualitätsbedeutung (z.B. Einführung eines Just-In-Time-Systems; Veränderung des Kundenbezugs von Prozessen z.B. durch Marktbeeinflussung) - Alternativstrategien zur Herabsetzung der Qualitätsbedeutung (z.B. Verminderung von Folgekosten einzelner Prozesse)	**Techn./Organis.**	***Änderung des internen Qualitätspotentials*** - Strategie zur Effizienzsteigerung (Ausnutzen der Qualitätspotentiale, z.B. durch Einführung PPS; Effizienz der Ablaufplanung steigern)
	Mitarbeiterbez.	- Strategie zur Effizienzsteigerung/Ausnutzen des Mitarbeiterpotentials (z.B. Harmonisierung von Anforderungsprofilen; Selbstkontrolle; Verantwortungsübertragung)
Änderung der Qualitätsdynamik - Einführung kürzerer Entwicklungszyklen bei Qualitätsänderungen - Erhöhung der branchenweiten Innovationsrate	**Techn./Organis.**	***Änderung der Qualitätsflexibilität*** - Prüfautomatisierung; Prüfflexibilisierung - Einführung flexibler Fertigungssysteme - Strategien zur Reduzierung von Anlaufstörungen und Anlaufkosten
	Mitarbeiterbez.	- Training zur Erhöhung der flexiblen Verwendbarkeit der Mitarbeiter - Gruppenarbeit zur Flexibilisierung der Fertigung

Abb. 8-13: Prozeßbezogene Qualitätsstrategien als Ergebnis einer Feinanalyse[73]

73 Quelle: Wilken, C.: (Qualitätsplanung), S. 154.

8.4. Zeitmanagement

8.4.1. Zeit als strategischer Erfolgsfaktor und Objekt des Management

Die Handhabung der Zeit durch das Management allgemein

Bei der Ausführung der Managementfunktionen ergeben sich bereits vielfältige Aufgaben, um eine effektive Nutzung der in der Regel knappen Zeit im Unternehmen zu erreichen.[74] Zum einen ist es zur Vorbereitung und Durchführung von Entscheidungen und Handlungen erforderlich, die *Zeit zu erfassen,* beispielsweise durch die Festlegung von Planungszeiträumen und ihre Einteilung in Perioden, die Erfassung der zeitlichen Interdependenzen von Teilplänen verschiedener Perioden, die Abschätzung des Zeitbedarfs eigener Handlungen und der Zeitdauer von Umweltentwicklungen sowie die Prognose von Entwicklungen relevanter Tatbestände im Zeitablauf (Nachfrageverläufe, Lebenszyklen, Wachstums- und Alterungsprozesse, Veränderungen des Informationsstandes usw.). Die Notwendigkeit einer Zeiterfassung kann zudem daraus resultieren, daß Zeiten als Zielgrößen wirtschaftlichen Entscheidungen zugrunde gelegt werden (z.B. Entwicklungs-, Durchlauf- oder Amortisationszeiten).

Zum anderen sind - darauf basierend - die eigenen Maßnahmen *zeitbezogen zu gestalten.* Dies umfaßt sowohl Entscheidungen über Zeitpunkte (z.B. Bestell-, Investitions-, Markteintrittszeitpunkte, Projektbeginn) als auch solche über Zeitdauern (z.B. Arbeitszeit des Personals, Vorgabezeiten für bestimmte ausführende Tätigkeiten, tägliche Betriebszeiten von Produktionsanlagen, Projektdauern, Nutzungsdauern von Betriebsmitteln).[75] Dabei sind zudem verschiedene Aktivitäten unter Berücksichtigung ihrer Interdependenzen in zeitlicher Hinsicht zu koordinieren.[76] Sämtliche Gestaltungsaspekte können sich sowohl auf ausführende Tätigkeiten im Leistungssystem als auch auf Führungshandlungen beziehen, in bezug auf letzteres sind z.B. die Wahl zwischen periodischer und aperiodischer Planung und Kontrolle, die konkreten Planungs- und Kontrollzeitpunkte oder die Plananpassung im Zeitablauf (eventuell in Form einer rollierenden Planung) anzusprechen. Diese zeitbezogene Gestaltung von Maßnahmen gewinnt besondere Bedeutung, falls die Zeit einen strategischen Erfolgsfaktor für Unternehmen darstellt.

Zeit als strategischer Erfolgsfaktor

Im vorherigen Abschnitt wurden bereits die Entwicklung der Bedeutung der strategischen Erfolgsfaktoren in den vergangenen Jahrzehnten und die zunehmende Kundenorientierung

---

74 Vgl. hierzu Voigt, K.-I.: (Strategien), S. 42 ff.

75 Vgl. Reichwald, R.: (Entwicklungszeiten), S. 11 ff.

76 Zu Instrumenten, die bei der Durchführung dieser zeitbezogenen Aufgaben eingesetzt werden können, vgl. Mikus, B.: (Verhältnis), S. 17.

angesprochen. Diese Ausrichtung an den Kundenansprüchen hat sich aufgrund eines härteren globalen Wettbewerbs in den neunziger Jahren noch verstärkt. Viele Unternehmen sehen sich dabei immer häufiger Kunden gegenüber, deren Anforderungen hinsichtlich der Termintreue und Lieferzeit deutlich gestiegen sind. So reagieren viele Kunden mit subjektiv empfundener Zeitknappheit eher zeitsensibel als preissensibel. Für die Kunden ist oftmals eine rasche und termingerechte Befriedigung ihrer Wünsche wichtiger geworden als früher bei in der Regel unverändert hohen Erwartungen in bezug auf Kosten und Qualität der Produkte.[77]

Zudem werden die Unternehmen mit einer wachsenden Dynamik der Umwelt und steigender Komplexität der Aufgaben konfrontiert, die sich z.B. in kürzeren Produktlebenszyklen, Variantenvielfalt, sich schnell ändernden Absatzmärkten und zunehmenden Prognoseunsicherheiten äußern. Dies führt zum Phänomen der sogenannten *Zeitschere*: Die Distanz zwischen der aufgrund der Komplexität länger werdenden benötigten Reaktionszeit und der infolge der Dynamik kürzer werdenden verfügbaren Reaktionszeit wird immer größer.[78]

Diese Entwicklungen haben zur Folge, daß der zeitbezogenen Gestaltung der Unternehmensaktivitäten in zunehmendem Maße eine hohe Bedeutung für die Sicherung bzw. Erreichung von Wettbewerbsvorteilen und damit für den Unternehmenserfolg beigemessen wird. Die Zeit gilt - neben Kosten und Qualität - als strategischer Wettbewerbs- bzw. Erfolgsfaktor,[79] der Wettbewerb zwischen den Unternehmen ist vielfach zu einem *Zeitwettbewerb* geworden, bei dem die Zeit die dominante Erfolgsgröße darstellt.[80] Der Gedanke, der dieser Zeitorientierung zugrundeliegt, besteht darin, daß die positive Beeinflussung des Faktors Zeit eine vorteilhafte Wirkung auf weitere Erfolgsfaktoren nach sich ziehen soll und dadurch Kostenreduktionspotentiale und/oder eine Erhöhung des Kundennutzens und damit Preisvorteile geschaffen werden.[81] Die Verlagerung der Relevanz der Erfolgsfaktoren im Zeitablauf wird in Abbildung 8-14 nochmals veranschaulicht.

Die Zeit stellt also oftmals eine strategische Zielgröße dar und sollte im Rahmen des strategischen Management hinreichend Berücksichtigung finden. Über die oben beschriebene grundsätzliche Handhabung der Zeit durch das Management hinaus wird daher seit Beginn der neunziger Jahre das Management des strategischen Erfolgsfaktors Zeit, das *Zeitmanagement*, verstärkt propagiert. Dieses Managementkonzept ist (wie das zuvor beschriebene Total Quality Management) strategisch und auf die Kunden ausgerichtet. Es umfaßt eine zeitorientierte Wahrnehmung der personen- und der sachaufgabenbezogenen Führungsfunktionen

77 Vgl. zu diesen Ausführungen Hamprecht, M.: (Grundlagen), S. 59; Voigt, K.-I.: (Strategien), S. 75 ff.; Kirschbaum, V.: (Unternehmungserfolg), S. 24; Klenter, G.: (Zeit), S. 18 f.

78 Vgl. Bleicher, K.: (Zeitkonzeptionen), S. 82; Kirschbaum, V.: (Unternehmungserfolg), S. 31.

79 Vgl. Simon, H.: (Zeit), S. 119 ff.; Lingg, H.: (Bedeutung), S. 73; Klenter, G.: (Zeit), S. 19; Stalk, G.; Hout, T.M.: (Zeitwettbewerb), S. 15; Sommerlatte T.; Mollenhauer, M.: (Qualität), S. 26 ff.

80 Zu verschiedenen Definitionen des Begriffs 'Zeitwettbewerb' vgl. Voigt, K.-I.: (Strategien), S. 154 f.

81 Vgl. Lingg, H.: (Bedeutung), S. 74; Kirschbaum, V.: (Unternehmungserfolg), S. 53 f. und S. 72.

(Planung, Kontrolle, Controlling, Organisation etc.) eines Unternehmens mit dem Ziel einer Zeiteffektivitäts- und Zeiteffizienzsteigerung[82] in der Unternehmensführung und den Leistungserstellungsprozessen. Dadurch soll langfristig die Existenz des Unternehmens gesichert werden.[83]

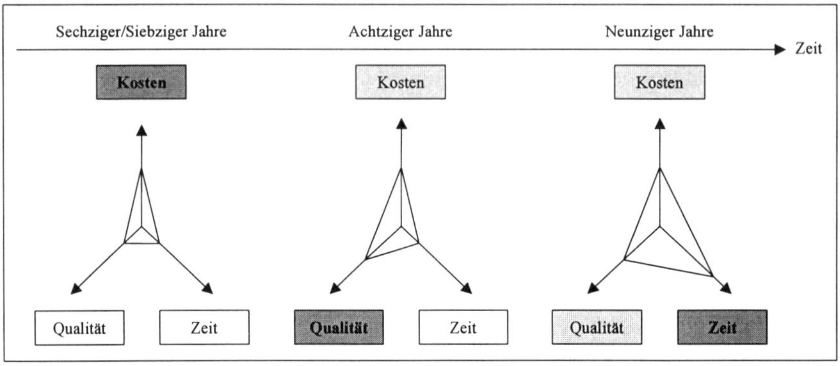

Abb. 8-14: Chronologische Entwicklung der Bedeutung der strategischen Erfolgsfaktoren Kosten, Qualität und Zeit[84]

In Verbindung mit dem Zeitmanagement werden oftmals (weitgehend) synonym Begriffe wie Time Based Management, Speed Management, Quick Response Management und Fast Cycle Time-Management verwendet; konkrete Abgrenzungen dieser Wortschöpfungen voneinander existieren bislang nicht.[85]

8.4.2. Zeitbasierte Strategien und Maßnahmen zu ihrer Implementierung

Zeitbasierte Strategien

Das Zeitmanagement beinhaltet auf der strategischen Ebene die Entwicklung von zeitbezogenen Strategien, die dann auf der operativen Ebene durch konkrete Maßnahmen zu implementieren sind. Nach BITZER umfassen zeitbasierte Wettbewerbsstrategien "die bewußte Gestaltung der zeitlichen Dimension von Wertschöpfungsprozessen und intendieren den Aufbau von Fähigkeiten, die der Unternehmung erlauben, Neuprodukte im Vergleich

82 Eine hohe Effektivität liegt vor, wenn die Zeit zielgerichtet eingesetzt wird, d.h. in der verfügbaren Zeit die 'richtigen Dinge getan' werden; die Effizienz ist hoch, wenn in dieser Zeit die 'Dinge richtig getan' werden, so daß sich zeitverbrauchende Korrekturen erübrigen. Vgl. Klenter, G.: (Zeit), S. 13.

83 Vgl. Kirschbaum, V.: (Unternehmungserfolg), S. 53.

84 Quelle: leicht modifiziert übernommen von Klenter, G.: (Zeit), S. 18.

85 Vgl. Bitzer, M.R.: (Wettbewerbsstrategien), S. 31.

schneller zu entwickeln und auf dem Markt einzuführen, sowie Produkte und Dienstleistungen den Kunden in kürzester Zeit bereitzustellen - oder ganz allgemein, einen sich auftuenden Marktbedarf möglichst schnell durch ein entsprechendes Marktangebot zu befriedigen."[86] Diese Definition stellt jedoch nur auf den Geschwindigkeitsaspekt ab. Die *Schnelligkeit*, mit der Bedürfnisse befriedigt werden, stellt zwar in der Regel den wichtigsten Bestandteil einer zeitbasierten Strategie[87] dar, weil die Beschleunigung betrieblicher Prozesse oftmals die Voraussetzung für weitere zeitbezogene Kundenbedürfnisse, wie Pünktlichkeit, Flexibilität und Aktualität, bildet.[88] Es ist jedoch zu bedenken, daß eine alleinige Verfolgung dieses Zieles nicht zwangsläufig zum Erfolg führt, sondern eine Beschleunigung nur dann vorteilhaft ist, wenn dadurch - von etwaigen Kostenverbesserungen abgesehen - ein zusätzlicher Kundennutzen geschaffen wird.[89] Eine zeitbasierte Strategie sollte daher neben der Schnelligkeit die weiteren relevanten zeit- und kundenbezogenen Ziele berücksichtigen.

Außerdem kann sich eine einseitige Orientierung auf die Beschleunigung der Leistungserstellungsprozesse ab einem bestimmten Grad nachteilig auf die Qualitäts- und die Kosten- bzw. Erfolgsziele des Unternehmens auswirken. Dies kann den Unternehmenserfolg insgesamt negativ beeinflussen, so daß unter bestimmten Bedingungen auch ein Verzicht auf eine weitere Beschleunigung der Prozeßabwicklung erfolgversprechender ist.[90] Auch im Zeitwettbewerb sind daher die - vorrangig verfolgten - zeitbasierten Strategien, die auf eine optimale (nicht unbedingt zeitverbrauchsminimierende) zeitliche Gestaltung der Wertschöpfungsprozesse hinwirken sollen, mit den weiteren Strategien des Unternehmens abzustimmen, um zeitbasierte Kosten- und/oder Differenzierungsvorteile erzielen zu können.

Mit einer beschleunigten Markteinführung von Produkten geht zudem in der Regel eine Verkürzung der Produktlebenszyklen einher, die häufig eine Beschleunigungsfalle auslöst. Diese besteht darin, daß die Verkürzung der Produktlebenszyklen nur kurzfristig zu einer Erhöhung des Gesamtumsatzes führt; sobald der kontinuierliche Beschleunigungsprozeß endet und eine Konstanz der Zyklen auf niedrigerem Niveau eintritt, wird der Umsatz in vielen Fällen wieder abnehmen, oftmals sogar auf ein niedrigeres Niveau als in der Ausgangs-

---

86 Bitzer, M.R.: (Wettbewerbsstrategien), S. 32.

87 Im folgenden wird der Begriff 'zeitbasierte Strategie' dem der 'zeitbasierten Wettbewerbsstrategie' vorgezogen. Der Grund hierfür ist, daß die hierunter verstandenen Strategien sich - wie nachfolgend beschrieben - zu einem erheblichen Anteil auf die Funktionsbereichsebene beziehen.

88 Für Geschwindigkeitsvorteile hat CHANDLER den Begriff der 'economies of speed' geprägt. Vgl. Chandler, A.D.: (Hand), S. 281 ff. Weitergehend bezeichnet KLENTER alle Wettbewerbsvorteile, die sich aus der zeitbezogenen Gestaltung von Handlungen ergeben, als 'economies of time'. Vgl. Klenter, G.: (Zeit), S. 29.

89 So hat ein Kunde, der eine Warenlieferung grundsätzlich Mittwoch morgens benötigt, keinen direkten Vorteil davon, wenn es dem Hersteller gelingt, die Ware schneller zu fertigen. Ein Kundennutzen entsteht hierbei nur, wenn der Hersteller früher häufig im Lieferverzug war und nun in der Lage ist, pünktlicher zu liefern, oder er infolge einer Kostenreduktion den Preis senken kann.

90 Vgl. Veil, P.: (Zeitfaktor), S. 45f.; Reichwald, R.: (Entwicklungszeiten), S. 11 f.

situation.[91] Ein weiteres Problem einer kontinuierlichen Geschwindigkeitserhöhung bei der Markteinführung kann das sogenannte Leapfrogging darstellen. Hiermit wird der Effekt umschrieben, daß durch die frühe Ankündigung der verbesserten Produkteigenschaften der nächsten Generation eine zur Zeit innovative Produktgeneration schon beim Markteintritt von den Kunden als veraltet empfunden und sie deswegen übersprungen, d.h. nicht konsumiert, wird.[92] Diese Aspekte sind - neben einer Reihe weiterer erlös- und kostenrelevanter Gesichtspunkte - bei der Wahl zwischen 'Pionier-Strategien' und 'Folger-Strategien' bei der Produktentwicklung und/oder Markteinführung zu beachten. Auf diese Entscheidung wurde bereits im Zusammenhang mit Markteintrittsstrategien (vgl. Abschnitt 4.2.1.2.) eingegangen. Es bleibt also festzuhalten, daß die *Langsamkeit* von Prozessen ebenfalls vorteilhaft sein kann.

Neben der Geschwindigkeit von Wertaktivitäten sowie der optimalen Wahl von Zeitpunkten sind hinsichtlich zeitbasierter Strategien auch die zeitabhängigen 'Bestandsgrößen' relevant, über die Unternehmen gemäß SIMON verfügen können. Diese Bestandsgrößen sind weniger materieller als vielmehr ideeller Art, als Beispiele können die 'Bestände' an Know-how und Fähigkeiten in einem Unternehmen, Markenpräferenzen für dessen Produkte, das Image oder der Goodwill aufgeführt werden. Die Entwicklung dieser 'Bestände' erfolgt innerhalb (z.B. durch Lern- oder Erfahrungseffekte) oder außerhalb (insbesondere durch eine nachhaltige Profilierung bei den Kunden) des Unternehmens in zeitverbrauchenden Prozessen. Daher läßt sich ein Vorsprung bei einem der 'Bestände' erst nach einer gewissen Zeitdauer zunichte machen, und eine Voraussetzung für eine dauerhafte Sicherung des Wettbewerbsvorteils ist gegeben.[93]

Im Hinblick auf den organisatorischen Geltungsbereich kann es sich bei einer zeitbasierten Strategie einerseits um eine Geschäftsbereichsstrategie handeln. Dies kann dann der Fall sein, wenn durch die Zeit eigenständige, vom Kunden wahrnehmbare Wettbewerbsvorteile (bspw. durch eine kurze Lieferzeit) erzielt werden und eine dementsprechende Differenzierungsstrategie oder hybride Strategie verfolgt wird. Andererseits kann eine zeitbasierte Strategie auch als abgeleitete Strategie auf Funktionsbereichsebene verstanden werden, die der Realisierung übergeordneter Wettbewerbsstrategien dient (vgl. Abbildung 8-15). Bei der zweiten Auslegung bewirkt die Zeit keine eigenständigen Wettbewerbsvorteile, sie ist aber dennoch ein strategischer Erfolgsfaktor, durch den Differenzierungs- und/oder Kostenvorteile erreicht werden können.[94] Da sich durch zeitbasierte Strategien sowohl Kosten- als auch

91 Vgl. hierzu Braun, C.-F. von: (Beschleunigungsfalle).

92 Vgl. Backhaus, K.; Gruner, K.: (Epidemie), S. 40 ff.

93 Vgl. Simon, H.: (Zeit), S. 89 ff.

94 Vgl. hierzu sowie zu den Erfolgswirkungen zeitbezogener Aspekte bei Verfolgung verschiedener Wettbewerbsstrategien Glaser, K.: (Wettbewerbsstrategien), S. 174 ff.

Differenzierungsvorteile realisieren lassen, erscheinen sie zur Umsetzung hybrider Strategien besonders geeignet.

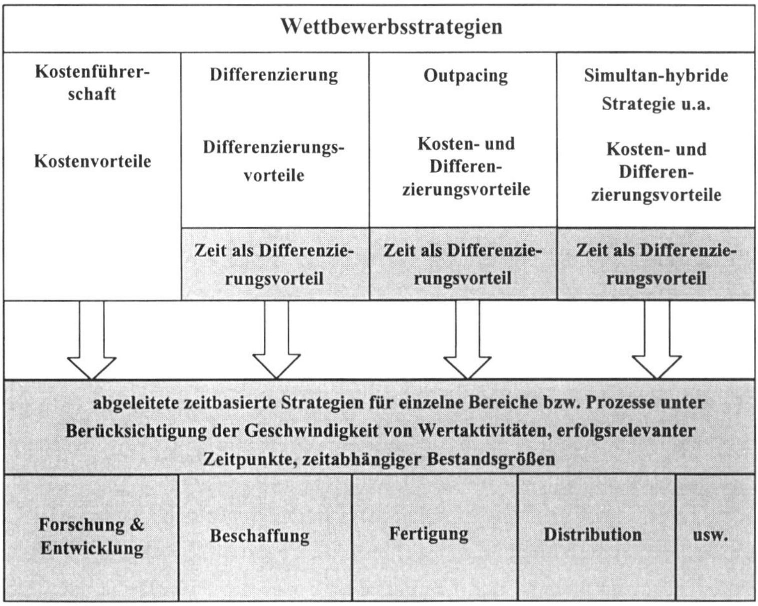

Abb. 8-15: Verhältnis von Wettbewerbsstrategien und zeitbasierten Strategien[95]

Die Bestimmung, Implementierung und Kontrolle von zeitbezogenen Strategien im Rahmen eines Zeitmanagement kann sich zum einen auf die Abläufe und Strukturen der Wertschöpfungsprozesse im Unternehmen bzw. in dessen Funktionsbereichen beziehen, zum anderen auf die im Unternehmen tätigen Personen. Nachfolgend soll primär auf die Strategieimplementierung in diesen Bereichen eingegangen werden.

Zeitliche Gestaltung der unternehmerischen Wertschöpfungsprozesse

In bezug auf die zeitliche Gestaltung der unternehmerischen Wertschöpfungsprozesse lassen sich - wie bereits bei der Definition der zeitbasierten Wettbewerbsstrategien durch BITZER deutlich wurde - zwei Zeitspannen unterscheiden: die *time-to-market* als Zeitraum für die Produktentwicklung und Markteinführung (auch innovativer Aktivitätszyklus) und die *time-to-customer* bzw. Auftragsdurchlaufzeit, d.h. die Zeit zwischen Auftragseingang und Produktauslieferung beim Kunden (auch operativer Aktivitätszyklus).[96] Diese Zeitkomponenten

95 Quelle: Glaser, K.: (Wettbewerbsstrategien), S. 176.

96 Vgl. Bitzer, M.R.: (Wettbewerbsstrategien), S. 77.

entstehen durch funktionsübergreifende Prozesse, von denen jeweils mehrere Unternehmensbereiche betroffen sind.

Da die Schnelligkeit als wichtiges Kriterium im Zeitwettbewerb gilt, setzen die Maßnahmen des Zeitmanagement insbesondere an der Verkürzung der Prozeßzeiten - sowohl im innovativen als auch im operativen Aktivitätszyklus - an. Dabei ist zu bedenken, daß vor allem in den indirekten Bereichen Zeitreduktionspotentiale bestehen und Kürzungsmöglichkeiten insbesondere bei den Informationsflüssen existieren, die die Auftragsdurchlaufzeiten oftmals in höherem Maße beeinflussen als die Materialflüsse.[97]

Neben der Konzentration auf den Faktor Zeit und der Orientierung an den Kundenbedürfnissen ist demnach die ganzheitliche Betrachtung der unternehmerischen Abläufe und Strukturen im Rahmen einer *Prozeßanalyse* ein weiteres Merkmal des unternehmensbezogenen Zeitmanagement. Eine solche Analyse des gesamten Wertschöpfungsprozesses ermöglicht u.a. eine systematische Darstellung des chronologischen Ablaufs aller in den Prozeß integrierten Handlungen, die Festlegung von Meßpunkten zur Ermittlung der Durchführungszeiten einzelner Tätigkeiten und Teilprozesse sowie die Identifikation von sogenannten Zeittreibern (d.h. Größen, die den Zeitverbrauch von Prozeßteilen und damit die gesamte Prozeßdauer bedingen) und zeitlichen Engpaßstellen. Des weiteren läßt sich feststellen, welche Prozeßphasen wertsteigernde Zeiten (z.B. die direkte Bearbeitungszeit), bedingt wertsteigernde (z.B. Rüstzeiten, Abstimmungs- und Kontrollzeiten) oder nicht wertsteigernde Zeiten (z.B. Liegezeiten) enthalten.[98]

Aus dieser Untersuchung werden Ansatzpunkte für eine *Reorganisation* des Wertschöpfungsprozesses ersichtlich. Diese befinden sich an zeitkritischen Stellen, z.B. dort, wo Prozeßschleifen durchlaufen werden, wo komplexe durch einfache Prozeßstrukturen ersetzt werden können, wo unnötige Schnittstellen existieren oder diese nicht hinreichend aufeinander abgestimmt sind. Weitere Maßnahmen zur Optimierung der Prozeßabläufe bestehen in der *Eliminierung* von nicht wertschöpfenden Tätigkeiten, der *parallelen Ausführung* von Aktivitäten und der Reduzierung der Zeitverbräuche durch eine *intensivere Nutzung der Zeit*.[99] Derartige Maßnahmen zur Prozeßbeschleunigung werden in der folgenden Abbildung anhand eines Prozesses, der aus mehreren Teilschritten besteht, veranschaulicht.

---

97 Vgl. Wildemann, H.: (Durchlaufzeit-Controlling), S. 399 ff.

98 Vgl. Wildemann, H.: (Durchlaufzeit-Controlling), S. 402 f.; Hamprecht, M.: (Grundlagen), S. 61 f.

99 Vgl. Sommerlatte T.; Mollenhauer, M.: (Qualität), S. 30; Hamprecht, M.: (Grundlagen), S. 68.

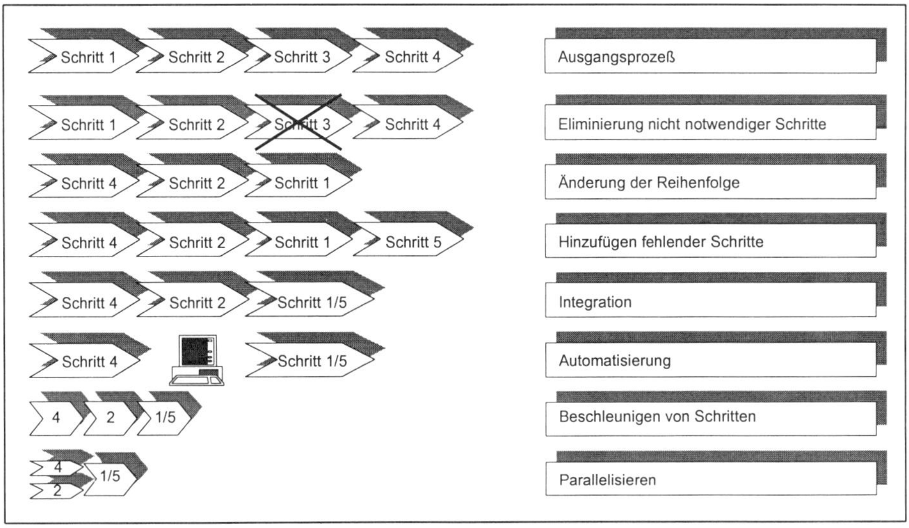

Abb. 8-16: Maßnahmen zur Prozeßbeschleunigung[100]

Die unmittelbaren Vorteile, die von diesen Maßnahmen erwartet werden, sind eine Kürzung der durchschnittlichen Auftragsdurchlaufzeit sowie eine Verringerung der Streuung der Durchlaufzeiten, woraus sich direkt eine schnellere Belieferungsmöglichkeit und ein höherer Grad der Termintreue ergeben. Damit einhergehend können aber für das Unternehmen auch eine Reihe von mittelbaren Vorteilen entstehen. Zu diesen gehören u.a.:[101]

- Bindung aktueller und Gewinnung neuer Kunden, Erzielung von Preisprämien sowie daraus resultierende Umsatzsteigerungen und Marktanteilsgewinne,
- Erhöhung der Flexibilität im Sinne von Anpassungsfähigkeit an variierende Kundenanforderungen und sonstige Umweltbedingungen,
- Kostensenkungen durch Prozeßverbesserungen (vor allem bei den nicht oder nur bedingt wertsteigernden Tätigkeiten) sowie durch Reduzierung des Umlaufvermögens und damit der Kapitalbindung,
- Qualitätsverbesserungen (insbesondere durch Beseitigung von Schnittstellenproblemen, Medienbrüchen und fehlerhafter Informationsweitergabe).

Während sich die Zeit bei den direkten Vorteilen als gut meßbare Erfolgsgröße erweist, sind die indirekten Erfolgswirkungen für das Unternehmen weitaus schwieriger zu ermitteln. Zudem sind diesen positiven Wirkungen die Kosten für die beschleunigenden Maßnahmen gegenüberzustellen. Bei einer Reduzierung des Zeitverbrauchs durch eine intensitätsmäßige

100 Quelle: Wildemann, H.: (Durchlaufzeit-Controlling), S. 411.

101 Vgl. Waltermann, B.: (Zeitwettbewerb), S. 550 f.

Anpassung der Betriebsmittel beispielsweise ist mit einem progressiven Anstieg der Stückkosten zu rechnen, der die Erlöswirkungen unter Umständen überkompensiert.

Statt einer Beschleunigung von Prozessen kann - wie bereits erwähnt - auch deren Verlangsamung, d.h. die bewußte Verlängerung von Prozeßdauern, vorteilhaft sein. Als Maßnahmen hierfür kommen einerseits das *Aufschieben von Zeitpunkten* einer Handlung (z.B. die Wahl eines späteren Markteintritts- oder Investitionszeitpunktes) und andererseits die *Entschleunigung*, d.h. die zeitliche Streckung von Tätigkeiten, in Betracht.[102]

Einen positiven Effekt hat die Verlangsamung, wenn sich die Qualität der erbrachten Leistungen mit zunehmender Prozeßdauer verbessert und der Nutzen dieser Qualitätsveränderung den Nachteil einer Zeitverlängerung überkompensiert. Ein weiterer Vorteil dieses Vorgehens ist darin zu sehen, daß die Verzögerung von Handlungszeitpunkten möglicherweise einen Informations- und Wissenszuwachs bewirkt, der für die Entscheidungsfindung wesentlich ist. Durch eine Verzögerung kann eine Bindung des Unternehmens zeitweilig vermieden werden, so daß auch auf diesem Wege eine Flexibilitätserhöhung erzielbar ist. Die letztgenannten Vorteile sind um so gewichtiger, je dynamischer und unsicherer sich die Umwelt präsentiert.[103]

Bei der Implementierung der zeitbasierten Strategien ergeben sich für die einzelnen *Funktionsbereiche* im Unternehmen spezifische Entscheidungsprobleme und Aufgaben, die durch geeignete Zeitmanagementmaßnahmen zu lösen sind. Das Zeitmanagement im *Forschungs- und Entwicklungsbereich* beispielsweise betrifft die Produktentwicklungszeit und die damit verbundene Festlegung des Markteintrittszeitpunktes (time-to-market).[104]

Im *Beschaffungsbereich* hat der Erfolgsfaktor Zeit eine große Bedeutung, da hier die zeitgerechte Materialbereitstellung eine der wichtigsten Aufgaben darstellt. Zeitreduktionspotentiale ergeben sich in diesem Bereich vor allem, wenn der Wertschöpfungsprozeß des betrachteten Unternehmens und der des Lieferanten aufeinander abgestimmt werden, um Reibungsverluste und Doppelarbeiten zu vermeiden.[105] Eine Methode, eine zeitbasierte Strategie im Beschaffungsbereich umzusetzen, ist die Einführung einer produktionssynchronen Beschaffung (Just-in-time-Anlieferung). Die durch die Just-in-time-Anlieferung gewonnenen Zeitvorteile bestehen insbesondere in der Verkürzung der Lagerzeiten und damit auch der Materialdurchlaufzeit. Des weiteren ergibt sich aus den geringeren Lagerbeständen und der Möglichkeit eines kurzfristigen Abrufs eine größere Flexibilität, und es werden Engpässe und Probleme der Fertigung sichtbar, die vorher durch eine ständige Rückgriffsmöglichkeit auf vorhandene Beschaffungsläger verdeckt wurden. Bei der Lieferantenwahl treten Kriterien wie

102 Vgl. Voigt, K.-I.: (Strategien), S. 42.

103 Vgl. Voigt, K.-I.: (Strategien), S. 135.

104 Vgl. zur Festlegung des Markteintrittszeitpunktes Abschnitt 4.2.1.2.

105 Vgl. Waltermann, B.: (Zeitwettbewerb), S. 557.

Lieferpünktlichkeit, kurze Wiederbeschaffungszeiten, hohe Lieferfrequenz und räumliche Nähe in den Mittelpunkt. Auch eine gute Qualitätserzeugung beim Lieferanten ist entscheidend, um so (zeitaufwendige) Wareneingangsprüfungen zu vermeiden.

Im *Produktionsbereich* spielt die Zeit schon traditionell, wie bei der Ablaufplanung, eine wichtige Rolle und wird als Zielgröße oftmals den unternehmerischen Entscheidungen zugrundegelegt. Dabei steht die Fertigungsdurchlaufzeitminimierung vor allem durch zeitliche Koordination von Fertigungsabläufen, beispielsweise die Maschinenbelegungsplanung und die Fließbandabstimmung, im Vordergrund. Die Zielsetzung der Durchlaufzeitreduktion impliziert häufig eine Neuorganisation des Produktionsprozesses. So kann - wie bereits angedeutet - eine Zeitersparnis durch zeitliche überlappende oder parallele Maßnahmenausführung, die Vermeidung unproduktiver Liege-, Warte- und Pufferzeiten während des Fertigungsdurchlaufs oder eine intensitätsmäßige Anpassung des Betriebsmitteleinsatzes erreicht werden. Ebenso läßt sich durch eine effiziente Produktionsplanung und -steuerung (mittels geeigneter PPS-Systeme), die Nutzung von Informations- und Kommunikationstechnologien (z.B. CIM), ein (transport)zeitsparendes Fabriklayout sowie die Einrichtung einer Fließfertigung oder flexibler Fertigungssysteme eine zeitliche Verkürzung des Produktionsprozesses erzielen.[106] Analog zur Beschaffung kann durch eine Just-in-time-Fertigung eine Durchlaufzeitminimierung im Produktionsbereich erreicht werden. Dies wird unter anderem mit Hilfe kleiner Lose, geringer Rüstzeiten und -kosten, einer Fertigungssegmentierung und einer dezentralen Fertigungssteuerung nach dem Pull-Prinzip bewirkt. Des weiteren läßt sich durch die Gestaltung der Fertigungstiefe Einfluß auf die Durchlaufzeiten nehmen sowie durch das Anstreben einer 'Null-Fehler-Produktion', um zeitintensive Nacharbeitungen und Qualitätskontrollen zu umgehen.

Das Zeitmanagement im *Absatzbereich* umfaßt die Zeiten für die Ausgangslogistik, den Vertrieb und den Kundendienst. Für die Erreichung der Kundenzufriedenheit ist es sehr wichtig, die getroffenen Vereinbarungen bezüglich des Liefertermins einzuhalten. Dafür sollten die nicht genutzten Zeitpuffer zwischen der Distribution und vorgelagerten Bereichen eliminiert und es sollte eine Verknüpfung mit dem Wertschöpfungsprozeß des Kunden angestrebt werden, z.B. durch eine geeignete Vertragsgestaltung und einen elektronischen Informationsaustausch. Die Erfolgswirksamkeit der Lieferzeit spiegelt sich in der Lieferzeitelastizität wider. Bei entsprechend elastischer Nachfrage ändern die Kunden ihr Nachfrageverhalten in Abhängigkeit von den Lieferzeiten, so daß ein Zeitmanagement im Distributionsbereich erhebliche Auswirkungen auf den Unternehmenserfolg haben kann.[107] Ansatzpunkte für ein Zeitmanagement liegen hier insbesondere bei der Gestaltung des Distributionssystems, unter anderem bei der Festlegung der Lagerstufen, der Lageranzahl sowie der Lager- und Produk-

---

106 Vgl. Kuhn, J.: (Erfolgsfaktor), S. 93 ff.; Voigt, K.-I.: (Strategien), S. 63.

107 Vgl. Klenter, G.: (Zeit), S. 115.

tionsstandorte und bei einer effizienten Transportplanung, die kurze Transportwege und reduzierte Transportzeiten ermöglicht. Hinsichtlich des Vertriebs und des Kundendienstes bestehen zeitbezogene Entscheidungen unter anderem darin, die Reaktionszeiten bei Anfragen, Reklamationen und Servicefällen zu gestalten. Zudem hat der Vertrieb Einfluß auf die zeitliche Verteilung des Werbebudgets und die zeitliche Streuung von Werbemaßnahmen. Einige typische Merkmale und Vorgehensweisen eines Absatzes, der eine starke Orientierung an den Zeitzielen des Unternehmens aufweist, lassen sich gut durch den Vergleich mit einem primär kostenorientierten Absatz aufzeigen. Diese sind in der nachfolgenden Tabelle aufgeführt.

Kriterium	Kostenorientierter Absatz	Zeitorientierter Absatz
Art der Absatzbeziehung	Weitgehend isoliert agierende Absatzmittler	Von vertikalem Verständnis getragene Absatzkooperation
Primärziel	Minimale Kosten und Unabhängigkeit	Maximale zeitliche Marktnähe möglichst ohne Lagerhaltung
Interaktionsbasis	Einzelbestellung	Mehrstufiger Rahmenkontrakt: Rahmenauftrag und Lieferabruf
Informationsfluß zwischen den Absatzpartnern	Informationen nur an die unmittelbar folgende Stufe Stapelweise Informationsweiterleitung Informationen mit Zeitverzug	Stufenübergreifende Informationsvorkopplung Dialogorientierter Informationsverbund Real-time Informationen
Bevorratungsebenen	Redundante Bevorratungsebenen	Eine gemeinsame Bevorratungsebene
Logistikträger	Entscheidung über Eigenleistung oder Fremdvergabe nach Kostengesichtspunkten	Ausgliederung logistischer Teilfunktionen auf Dienstleister nach den Kriterien Schnelligkeit, Pünktlichkeit, Marktnähe etc.

Abb. 8-17: Merkmale vorrangig kostenorientierten und zeitorientierten Absatzes[108]

Personenbezogenes Zeitmanagement

Im Rahmen des personenbezogenen Zeitmanagement wird die Zielsetzung verfolgt, ineffiziente Verbräuche der Arbeitszeit zu verringern bzw. zu vermeiden. Anstrengungen hierzu können sowohl aus Sicht einzelner Personen und ihrer individuellen Zeitdisposition als auch aus der des Unternehmens insgesamt unternommen werden.

Hinsichtlich der erstgenannten Perspektive wird auch von einem *persönlichen Zeitmanagement* gesprochen, bei dem durch eine effizientere Nutzung der Arbeitszeit, d.h. durch eine verbesserte Arbeitsmethodik, die persönliche Belastung reduziert sowie die Motivation

108 Quelle: in modifizierter Form übernommen von Bitzer, M.R.: (Wettbewerbsstrategien), S. 170.

und die Arbeitsproduktivität erhöht werden sollen.[109] Dies umfaßt z.B. die sinnvolle Festlegung von Prioritäten für die eigenen Aufgaben. Führungskräften stellt sich häufig das Problem, Entscheidungen unter Zeitdruck treffen zu müssen. Sie sollten daher eine Verringerung der Entscheidungszeiten anstreben, ohne dabei die Entscheidungsqualität zu beeinträchtigen.[110] Die Selbstorganisation von Tätigkeiten ist jedoch nicht nur bei Führungskräften sinnvoll, sondern auch bei Mitarbeitern mit ausführenden Arbeiten, sofern sie über gewisse Spielräume zur Gestaltung ihrer Tätigkeiten in der Arbeitszeit verfügen. Da in diesem Bereich ein großes Potential zur Leistungssteigerung gesehen wird, werden mittlerweile vielfältige Zeitmanagement-Techniken vorgeschlagen.[111]

Die oben angesprochene zweite Perspektive beruht darauf, daß das Management nicht nur sein eigenes Handeln zeitlich zu gestalten hat, sondern auch für die Planung, Steuerung und Kontrolle des zeitlichen Arbeitsablaufs der übrigen Mitarbeiter des Unternehmens verantwortlich ist. "Zeitmanagement ist immer auch Verfügen über den Einsatz des Menschen nach Ort, Zeit, Art und Schwierigkeit der Arbeit. Zeitmanagement muß daher dem personalen und sozialen Charakter menschlicher Arbeit Rechnung tragen."[112]

Im Zuge dieses *mitarbeiterorientierten Zeitmanagement* gilt es ebenfalls, durch eine intensivere Nutzung der Arbeitszeit und die Verringerung von 'Leerzeiten' die Arbeitsproduktivität des Personals zu erhöhen, hier jedoch vorrangig mit dem Ziel, einen Beitrag zur Erreichung der Unternehmensziele zu leisten, z.B. durch Verkürzung der Prozeßzeiten und verbesserte Termineinhaltung.[113] Maßnahmen, die zu diesem Zweck vorgenommen werden können, sind:[114]

- Informationsvermittlung über den Zeitwettbewerb und dessen Implikationen für das Personal und das Unternehmen zur Schaffung von Akzeptanz der Zeit als Triebkraft für eine Produktivitätssteigerung,
- Vorgabe von konkreten zeitverkürzenden Handlungsanweisungen,
- Schulungen zur Persönlichkeitsentwicklung, zur Steigerung der Qualifikation und zur Verbesserung des individuellen Zeitbewußtseins und Zeitverhaltens der Mitarbeiter,

---

109 Zu weiteren persönlichen Mitarbeiterzielen vgl. Wehling, M. u.a.: (Implikationen), S. 101 ff.

110 Vgl. Bitzer, M.R.: (Wettbewerbsstrategien), S. 193 ff.

111 Vgl. hierzu bspw. Seiwert, L.J.: (Zeitmanagement), sowie Wehling, M. u.a.: (Implikationen), S. 109 ff.

112 Pornschlegel, H.: (Zeitmanagement), S. 32.

113 Auch hierbei sind neben den Zeitzielen Kosten- und Qualitätsziele für das Unternehmen von Bedeutung. So lassen sich bspw. Opportunitätskosten durch eine bessere Auslastung der Arbeitszeit senken und durch eine Verbesserung der Arbeitsmethodik Qualitätssteigerungen herbeiführen und Fehlerkosten verringern. Außerdem ist zu bedenken, daß sich bei einer Reduzierung der Prozeßdauern auch kürzere Lernzyklen ergeben und sich somit die Qualität über schnellere Lernkurveneffekte verbessert. Vgl. Wehling, M. u.a.: (Implikationen), S. 103, sowie Banaschek, J.: (Zeit), S. 15.

114 Vgl. zu diesen und weiteren Maßnahmen Banaschek, J.: (Zeit), S. 18; Voigt, K.-I.: (Strategien), S. 211 f.; Waltermann, B.: (Zeitwettbewerb), S. 556 ff.

- Förderung der Arbeitsmotivation, z.B. durch geeignete Anreizsysteme,
- effizientes Arbeitszeitmanagement, insbesondere die Einführung flexibler Arbeitszeiten,
- Verbesserung der Führungssysteme, um den Zeitdruck von Führungskräften bei Entscheidungen zu verringern,
- Zuordnung von Verantwortung für Prozesse und Delegation von Verantwortung auch in die ausführenden Ebenen,
- Schaffung von funktionsübergreifenden Teams und Integration von Aufgaben.

Wie insbesondere an dem dritten bis sechsten Punkt ersichtlich ist, sind die Maßnahmen des persönlichen und des mitarbeiterorientierten Zeitmanagement sowie die entsprechenden Individual- und Unternehmensziele sehr eng miteinander verknüpft, im Rahmen des mitarbeiterorientierten Zeitmanagement sollte das persönliche gezielt gefördert werden.[115] Dies bietet sich insbesondere in Bereichen an, in denen sich die Individual- und die Unternehmensziele komplementär zueinander verhalten.

[115] Damit sind einige Maßnahmen des Zeitmanagement aus Sicht der Mitarbeiter positiv zu beurteilen. Allerdings können andere, z.B. die Reorganisation der Arbeitsabläufe, auch negative Konsequenzen für die Mitarbeiter, wie einen Personalabbau, nach sich ziehen. Vgl. Hout, T.M.; Stalk, G.: (Zeitwettbewerb).

8.5. Risikomanagement

8.5.1. Risiken als Gegenstand des strategischen Management und dessen Verhältnis zum Risikomanagement

Risiko und Unsicherheit

Risiko kann als die Gefahr von Fehlentscheidungen verstanden werden, die zur Nicht-Erreichung der gesetzten Ziele führen.[116] Die bei der Planung vorliegende Unsicherheit bezüglich des Eintretens bestimmter Umweltzustände und/oder Handlungsergebnisse wird als eine Voraussetzung für das Auftreten von Risiko angesehen. Das Risiko selbst ist auf die Entscheidung zurückzuführen, d.h., erst wenn eine Handlungsmöglichkeit realisiert worden ist, kann als Auswirkung der Unsicherheit bei der Alternativenwahl das Risiko als Problem auftreten. Der Zusammenhang zwischen Unsicherheit, Entscheidung und Risiko wird in der folgenden Abbildung dargestellt.

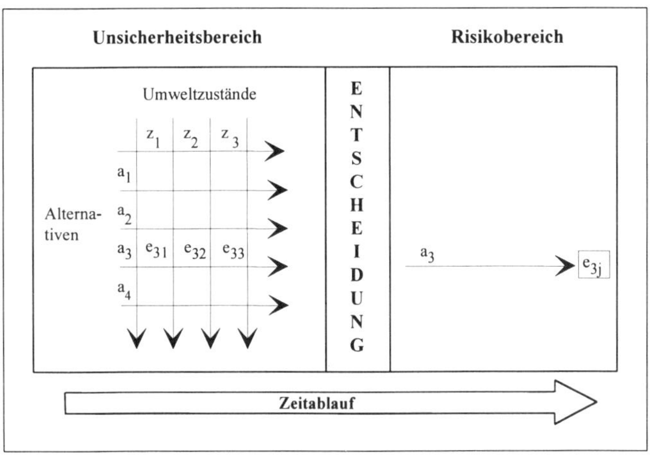

Abb. 8-18: Entscheidungsbezug von Unsicherheit und Risiko[117]

In dieser Abbildung wird der Unsicherheitsbereich in Form einer Ergebnismatrix für eine Ungewißheitssituation veranschaulicht. Diese für das Grundmodell der Entscheidungstheorie typische Darstellung gibt für eine endliche Anzahl von Handlungsalternativen (a_i) und Umweltzuständen (z_j) die Konsequenzen (e_{ij}) an, die mittels einer (deterministischen) Ergebnisfunktion den Alternativen bei Eintreten eines bestimmten Zustands zugeordnet werden kön-

116 Zu dieser Definition vgl. z.B. Mensch, G.: (Risiko), S. 42 f., zu weiteren Risikodefinitionen vgl. Mikus, B.: (Make-or-buy-Entscheidungen), S. 170 f.

117 Quelle: modifiziert übernommen von Mag, W.: (Unternehmungsplanung), S. 12.

nen.[118] Im Risikobereich, der zeitlich auf die Entscheidung folgt, kann sich aufgrund der zukünftigen Entwicklung die Wahl einer Alternative (hier a_3) als Fehlentscheidung herausstellen.

Die *Unsicherheit* bzw. Unvollkommenheit der verfügbaren Informationen wird als die primäre *Risikoursache* betrachtet. Der Grad der Unsicherheit kann unterschiedlich groß sein und beeinflußt die Höhe der entsprechenden Risiken. Es werden aber auch durch *menschliches Versagen* als andere Form einer Störung Risiken bewirkt. Dieses äußert sich in Planungs- oder Handlungsfehlern wie ungenügender oder falscher Informationsbeschaffung, -aufbereitung, -speicherung und -übermittlung, insbesondere falsch gesetzten Zielen und Prämissen, Quantifizierungs- oder Bewertungsfehlern sowie falschem Mitteleinsatz.

Der Risikobezug des strategischen Management

Das strategische Management dient der langfristigen *Sicherung der Überlebensfähigkeit* des Unternehmens.[119] Bereits aus dieser übergeordneten Zielsetzung wird der enge Bezug zu den Risiken des Unternehmens deutlich. Dieser läßt sich auch aus der Entstehungsgeschichte des strategischen Management ableiten: ANSOFF erhebt Mitte der 70er Jahre als Reaktion auf zunehmende Umweltturbulenzen die Forderung nach strategischer Unternehmensführung, und ALBACH sieht 1978 strategische Planung und strategische Führung als Mittel zur Bewältigung des erhöhten Risikos von Unternehmen an;[120] ihm zufolge hat die strategische Planung "im wesentlichen die Aufgabe, Risiken der Umwelt vorausschauend zu erkennen, zu begrenzen oder zu vermeiden"[121].

Zur Erreichung des Ziels der Sicherung der Überlebensfähigkeit ist es notwendig, sowohl für das Unternehmen insgesamt als auch für dessen Geschäfts- und Funktionsbereiche *Erfolgspotentiale* zu erkennen, aufzubauen und zu halten.[122] Damit ist die Notwendigkeit verbunden, die hinsichtlich der Erfolgspotentiale bestehenden *Risiken* sowie Risikopotentiale zu identifizieren und zu analysieren, um adäquate Maßnahmen zur Risikohandhabung ergreifen zu können und damit ebenfalls zur Unternehmenssicherung beizutragen.

Entscheidungsprobleme der strategischen Führungsebene sind zudem in der Regel durch einige Merkmale charakterisiert, die die besondere Bedeutung von Risiken und ihrer Bewältigung begründen. Zu diesen zählen der langfristige Planungshorizont, die Komplexität der Alternativen, der erforderliche große Ressourceneinsatz, der starke Einfluß von Umwelt-

---

118 Vgl. Bamberg, G.; Coenenberg, A.G.: (Entscheidungslehre), S. 21 f.

119 Vgl. Gälweiler, A.: (Unternehmensplanung), S. 84.

120 Vgl. Ansoff, H.I.: (Managing), S. 21, zitiert nach Albach, H.: (Unternehmensplanung), S. 702; Albach, H.: (Unternehmensplanung), S. 703.

121 Albach, H.: (Unternehmensplanung), S. 714.

122 Vgl. Abschnitt 1.2.

entwicklungen auf die Wirkungen der Entscheidungen, die schlechte Revidierbarkeit der Entscheidungen und ihrer Folgen sowie der hohe Einfluß der Entscheidungen auf die Unternehmensergebnisse und damit auch deren Wichtigkeit für die Existenz des Unternehmens. Außerdem sind strategische Planungsprobleme schlecht-strukturiert und mit hoher Unsicherheit verbunden.[123]

Das strategische Management soll Unsicherheiten verringern und eine hohe Wahrscheinlichkeit der Zielerreichung gewährleisten. Die Reduktion der Unsicherheit kann als Funktion sowohl der Planung als auch der Kontrolle angesehen werden.[124] Eine direkte oder indirekte Einbeziehung der Unsicherheit bzw. der daraus resultierenden Risiken wird demgemäß in verschiedenen Planungs- und Kontrollphasen des strategischen Management vorgenommen.[125]

Beispielsweise wird mit der *Bildung eines Unternehmensleitbildes* unter anderem das Ziel verfolgt, Entscheidungsunsicherheiten zu verringern und damit die Gefahr von Fehlentscheidungen zu senken. Bei der *Festlegung strategischer Ziele* sind auch Aussagen zur Risikobereitschaft oder zu Sicherheitszielen des Unternehmens zu treffen, beispielsweise können zu den Formalzielen des Unternehmens neben Gewinnstreben, ökologischer Verantwortung, Wachstum, Image und Unabhängigkeit auch die Existenzsicherung oder die Sicherung der Wettbewerbsfähigkeit zählen. Durch die Zielbildung wird zudem das Ausmaß der Risiken (im Sinne einer Nichterreichung der gesetzten Ziele) determiniert.[126]

Die *Analyse und Prognose der Umwelt* dient primär dazu, die Chancen und Risiken des Unternehmens zu identifizieren, die aus der Umwelt resultieren, wobei vor allem die Entwicklungen auf den für die eigenen Produkte relevanten Märkten für das langfristige Überleben des Unternehmens wichtig sind.[127] Aufgrund der expliziten Einbeziehung der Unsicherheit erscheint die Szenario-Technik zur Erfassung von Risikoursachen in der Umwelt prädestiniert.[128] Die bei der *Unternehmensanalyse und -prognose* hinsichtlich der Produkte, der Leistungs- und der Führungsfunktionen gewonnenen Erkenntnisse, insbesondere die

---

123 Vgl. Abschnitt 1.2.

124 Vgl. Wild, J.: (Grundlagen), S. 15 ff.

125 Zu den Phasen des strategischen Management vgl. die Abschnitte 1.4. und 2.1., zu den nachfolgenden Ausführungen über die Berücksichtigung von Risiken in den einzelnen Planungs- und Kontrollphasen sowie im Rahmen bestimmter Instrumente des strategischen Management vgl. Mikus, B.; Götze, U.: (Risikomanagement), S. 3 f. und S. 8 ff.

126 Zur Einbeziehung des Risikos bei der Zielbildung vgl. Mikus, B.: (Make-or-buy-Entscheidungen), S. 185 ff.

127 Beispielweise umfassen die im Rahmen der Umweltanalyse und -prognose untersuchten Einflußfaktoren auf den Branchenwettbewerb nach PORTER (vgl. Abschnitt 2.1.2.) mit der Bedrohung durch neue Konkurrenten und Ersatzprodukte oder -dienste explizit benannte Risikoursachen.

128 Vgl. Abschnitt 2.2.2.5.

erkannten Schwächen, können als Ansatzpunkt für die Identifikation und Untersuchung von Risikoursachen und Risiken genutzt werden.

Zusammen mit den Stärken und Schwächen des Unternehmens bilden die Chancen und Risiken die Grundlage der *Strategieentwicklung*, sie werden beispielsweise in der Chancen-Gefahren-Analyse, der TOWS-Analyse sowie der Space-Analyse erfaßt, um aus ihnen Entwicklungsmöglichkeiten für das Unternehmen oder dessen strategische Grundhaltung abzuleiten.[129] Bei der Portfolio-Analyse als Instrument der Strategieentwicklung werden in der Umweltdimension Chancen und Risiken des Unternehmens in aggregierter Form einbezogen. Zudem lassen sich bei vielen absatzmarktorientierten Portfolios Aussagen zu Risiken gewinnen, die aus der Position der strategischen Geschäftseinheiten bzw. Produkte des Unternehmens im Lebenszyklus resultieren. Einige Portfolio-Ansätze beziehen sich direkt auf Risiken. So wurde das Branchenattraktivitäts-Wettbewerbspositions-Portfolio gezielt für Situationen mit hoher Dynamik der Umweltveränderungen und daraus resultierenden großen Risiken entwickelt,[130] beim auf ANSOFF/LEONTIADES zurückgehenden Geschäftsfeld-Ressourcen-Portfolio wird vorrangig auf Umweltfaktoren Bezug genommen, und es wird auch die hinsichtlich der Ressourcen bestehende Versorgungssicherheit als Dimension einbezogen.[131] Risiken lassen sich auch in anderen, nicht absatzmarktorientierten Portfolios bei der Positionierung erfassen, z.B. in Beschaffungsportfolios oder Portfolios zur Vorbereitung von Fertigungstiefenentscheidungen.[132] Unsicherheiten als Risikoquellen werden schließlich bei der in Abschnitt 3.2.2. beschriebenen Unschärfenpositionierung berücksichtigt.

Auch bei der *Strategieauswahl* können Unsicherheiten mit Hilfe geeigneter Modelle und Verfahren einbezogen werden. Falls der Strategiebestimmung mehrere Szenarien zugrunde gelegt werden, lassen sich 'robuste erste Schritte' als Handlungen, die bei allen Zukunftsentwicklungen vorteilhaft sind, identifizieren.[133] Außerdem ist es möglich, eine bewußte Wahl zwischen unterschiedlich riskanten Strategien zu treffen, z.B. zwischen Kompromißstrategien, die bei allen Szenarien befriedigende Ergebnisse erwarten lassen, und Strategien, die bei einzelnen Szenarien besonders gut, bei anderen aber relativ schlecht sind. Des weiteren werden in der strategischen Planung oftmals Strategien formuliert, die sich direkt auf die Handhabung von Risiken richten. Diese sind Gegenstand des Abschnitts 8.5.2.

Die *strategische Kontrolle* wird häufig zukunftsorientiert ausgerichtet, um frühzeitig relevante Entwicklungen sowie die daraus entstehenden Chancen und Risiken aufdecken zu

---

129 Vgl. die Abschnitte 2.2.1. und 4.4.

130 Vgl. Abschnitt 3.2.2.

131 Vgl. Ansoff, H.I.; Leontiades, J.C.: (Portfolio-Management); Albach, H.: (Unternehmensplanung), S. 709 ff.; Macharzina, K.: (Unternehmensführung), S. 310 ff.

132 Zu einem entsprechenden Beschaffungsportfolio vgl. Abschnitt 5.3., zu Portfolios zur Vorbereitung von Fertigungstiefenentscheidungen vgl. Abschnitt 5.4.1.2.

133 Vgl. Hanssmann, F.: (Betriebswirtschaftslehre), S. 268.

können. Hierfür kommt dem in Abschnitt 7.3. beschriebenen Instrumentarium der Frühaufklärungssysteme eine besondere Bedeutung zu.

Aus diesen Ausführungen wird ersichtlich, daß Risiken für das strategische Management eine große Bedeutung haben und in allen seinen Phasen einbezogen werden.

Das Risikomanagement und sein Bezug zum strategischem Management

Die Risikohandhabung in der Unternehmensführung wird häufig einer spezifischen Funktion oder Institution zugeordnet, der des Risikomanagement. Dieses gewinnt durch das im Jahr 1998 verabschiedete Gesetz zur Kontrolle und Transparenz im Unternehmensbereich (KonTraG) noch an Bedeutung. Dieses Gesetz verpflichtet Aktiengesellschaften, ein internes Risikomanagement- und Überwachungssystem zu errichten, mit dem unternehmensgefährdende Entwicklungen frühzeitig erkannt und abgewendet werden sollen, um so den Fortbestand der Gesellschaft zu sichern.[134] Dabei sind insbesondere 'bestandsgefährdende' Risiken zu beachten, so daß sich der Blick auch auf die strategische Ebene der Unternehmensführung richtet. Es stellt sich daher die Frage nach der Beziehung zwischen dem Risikomanagement und dem strategischen Management bzw. dem Management allgemein.

Zur Beantwortung dieser Frage ist hinsichtlich des Risikomanagement zwischen einer engen (spezielles Risikomanagement) und einer weiten Konzeption (generelles Risikomanagement) zu unterscheiden.[135] Die Aufgaben des *speziellen Risikomanagement* bestehen in der Absicherung gegen negative Veränderungen der Rahmenbedingungen der unternehmerischen Tätigkeiten sowie in einer Erfassung und Beeinflussung der Risikoursachen und -wirkungen, durch die der Zielerreichungsgrad erhöht wird.[136] Für die zweckmäßige Strukturierung dieser Aufgabe ist ein gesonderter Prozeß entwickelt worden, in dem die Risikohandhabung in aufeinanderfolgende Phasen unterteilt wird. Dieser *Risikomanagementprozeß* umfaßt einen Planungsablauf mit den Phasen Risikoanalyse, Suche nach risikopolitischen Maßnahmen sowie deren Bewertung und Auswahl. Weitere Elemente dieses Prozesses stellen - wie die folgende Abbildung zeigt - die auf die Planung folgende Realisation sowie die Kontrolle der festgelegten Risikopolitik dar.[137]

---

134 Vgl. Seidel, U.: (Auswirkungen), S. 363 f.; Kless, T.: (Beherrschung), S. 96; Lück, W.: (Umgang), S. 1925; Graumann, M.: (Abschlußprüfung), S. 665 f.; Neumann, H.: (Aufbau), S. 721. Das Risikomanagement börsennotierter Aktiengesellschaften ist bei der Abschlußprüfung explizit auf seine Angemessenheit zu kontrollieren.

135 Vgl. Mikus, B.: (Risikomanagement), S. 105 ff.

136 Vgl. Haller, M.: (Risiko-Management), S. 38 f.; Härterich, S.: (Risk), S. 37 f.

137 Vgl. Farny, D.: (Grundfragen), S. 31 ff.; Härterich, S.: (Risk), S. 50, sowie zu den Instrumenten eines speziellen Risikomanagement Mikus, B.: (Make-or-buy-Entscheidungen), S. 191 ff.

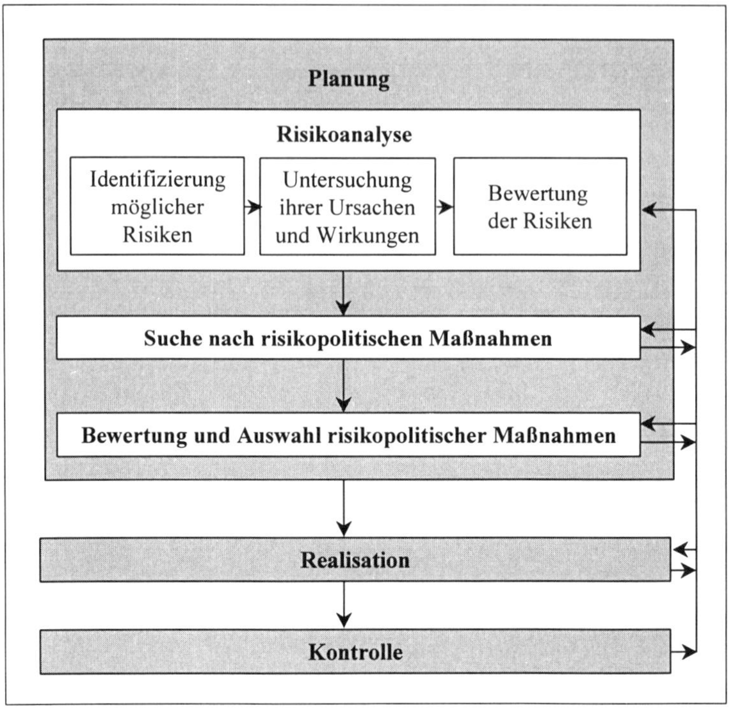

Abb. 8-19: Prozeß des Risikomanagement

Bei der engen Konzeption erfolgt jedoch eine Beschränkung auf eine Teilmenge der tatsächlichen Risiken, die vorwiegend der operativen Entscheidungsebene zuzuordnen ist.[138] Außerdem werden in Anlehnung an die obige Risikodefinition lediglich 'reine' Risiken, die sich nur auf die Gefahr einer negativen Zielabweichung beziehen, erfaßt, und es wird eine Eingrenzung auf die bezüglich einer Entscheidung bzw. der dabei gewählten Alternative bestehenden Risiken, die sogenannten Einzelrisiken, vorgenommen. Um die Gefahr von Fehlentscheidungen und damit das Risiko möglichst zu verringern, sollten jedoch sämtliche relevanten Risikoursachen und deren eventuelle Auswirkungen auf die Zielerreichung im Rahmen eines *generellen Risikomanagement* bei jeder unternehmerischen Entscheidung berücksichtigt werden.[139] Eine Beschränkung auf bestimmte Risikoarten und die Untersuchung von Einzelrisiken würde verhindern, deren Bedeutung für das unternehmerische Gesamtrisiko, das sich durch die Summe sämtlicher Entscheidungen ergibt, zu erkennen und einzubeziehen. Dies kann aber als wichtige Aufgabe der Unternehmensführung im Hinblick auf die Bewältigung

138 Vgl. Haller, M.: (Entwicklung), S. 121 und S. 126.

139 Vgl. Hahn, D.: (Risiko-Management), S. 138; Fasse, F.-W.: (Risk-Management), S. 73.

von Risiken angesehen werden. Zudem macht der Einfluß 'spekulativer' Risiken auf die Zielerreichung, d.h. von Risiken, die mit der Möglichkeit von positiven *und* negativen Zielabweichungen verbunden sind, deren Berücksichtigung im Rahmen eines Risikomanagement unverzichtbar.[140]

Neben der Erweiterung des objektbezogenen Anwendungsbereichs wird beim generellen Risikomanagement eine Ausdehnung des zeitlichen Bezugsrahmens vorgeschlagen, die zu einer stärkeren prospektiven Einflußnahme auf das Risiko führt, wie sie auch für das strategische Management charakteristisch ist. Daher wird in diesem Zusammenhang auch von einem strategischen Risikomanagement gesprochen.[141] Die weite Konzeption des Risikomanagements beinhaltet "die Gesamtheit der (willensbildenden) Institutionen, Prozesse und Instrumente, welche auf eine zielgerechte Gestaltung der Risikolage bzw. der Sicherheitslage des Wirtschaftssubjekts ausgerichtet sind und damit der Risikoproblemlösung dienen."[142] Damit besteht eine Analogie zum Management allgemein.

Das generelle Risikomanagement befaßt sich mit den gleichen Problemstellungen wie die Unternehmensführung insgesamt, allerdings unter bewußter Betonung des Risikoaspektes. Diese weite Konzeption des Risikomanagement, die das spezielle Risikomanagement beinhaltet, ist demnach kaum von der allgemeinen Unternehmensführung zu trennen.[143] Ein solches Risikomanagement soll durch die explizite Einbeziehung von Chancen und Risiken verhindern, daß das Unternehmen in eine Krisensituation gerät,[144] und damit zur Sicherung sowie zur erfolgreichen Weiterentwicklung des Unternehmens beitragen. Die im Vergleich zum allgemeinen Management besonders ausgeprägten Funktionen des Risikomanagement bestehen unter anderem darin, das Risikobewußtsein der Mitarbeiter zu stärken, so daß die relevanten Störpotentiale und Risiken bei allen Führungsaktivitäten vorausschauend identifiziert und beurteilt werden.[145] Außerdem sind die Einzelentscheidungen im Hinblick auf ihre Konsequenzen für das unternehmerische Gesamtrisiko so zu steuern, daß die Sicherheit des Unternehmens erhöht wird; diesem Ziel kann auch der Austausch von Einzelrisiken

---

140 Vgl. Farny, D.: (Grundfragen), S. 21; Mag, W.: (Risiko), S. 491. Im folgenden wird entweder der Begriff 'Risiko' in diesem weiten Sinn verwendet oder aber explizit von 'Chancen und Risiken' gesprochen.

141 Vgl. Haller, M.: (Entwicklung), S. 126; Holst, J.: (Risikomanagement), S. 43 ff.

142 Fasse, F.-W.: (Risk-Management), S. 61.

143 Vgl. Mensch, G.: (Risiko), S. 61; Hahn, D.: (Risiko-Management), S. 138.

144 Das Risikomanagement ist damit vom *Krisenmanagement* abzugrenzen, das der Bewältigung überlebenskritischer Situationen dient. Im Gegensatz dazu wird mit dem Risikomanagement angestrebt, schon das Eintreten derartiger Situationen zu verhindern. Außerdem bezieht das Risikomanagement auch Risiken ein, die nicht zu einer Krise führen. Vgl. Schuy, A.: (Risiko-Management), S. 33; Haller, M.: (Risiko-Management), S. 17. KRYSTEK hingegen sieht als Ziel des Krisenmanagement neben der Bewältigung auch die Vermeidung von Krisen an. Vgl. Krystek, U.: (Unternehmungskrisen), S. 90.

145 Vgl. Haller, M.: (Risiko-Management), S. 9; Mensch, G.: (Risiko), S. 18 und S. 60; Hahn, D.: (Risiko-Management), S. 139.

dienen.[146]

Abbildung 8-20 deutet die hinsichtlich der erfaßten Risikoarten bestehenden Unterschiede zwischen dem speziellen und dem generellen Risikomanagement ebenso an wie die Verflechtung zwischen dem letztgenannten und dem Management allgemein.

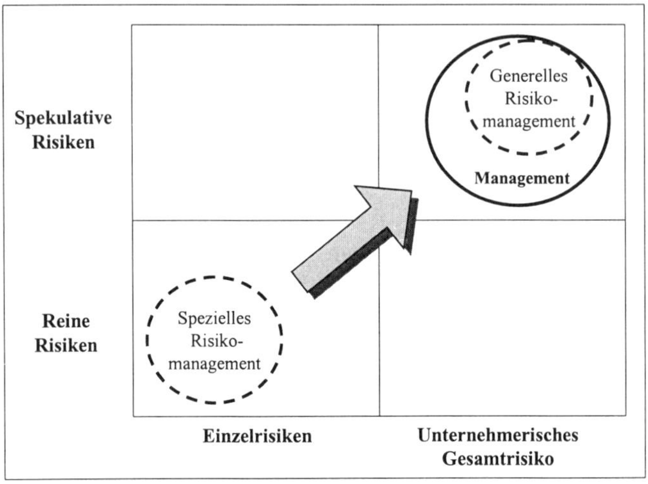

Abb. 8-20: Risikoarten und Risikomanagement-Konzepte[147]

Das Risikomanagement wird als Bestandteil des Management bzw. der Unternehmensführung angesehen. Eine besonders enge Beziehung besteht gemäß den obigen Ausführungen zwischen dem strategischen Management und dem generellen Risikomanagement.[148]

8.5.2. Risikobezogene Strategien und Maßnahmen

Prinzipiell basiert das unternehmerische Zielsystem auf *risikobezogenen Grundstrategien*, die Ausdruck der Risikoeinstellung der Unternehmensführung sind. Derartige der normativen Führungsebene zuzuordnende risikobezogene Strategien stellen die statisch adaptive sowie die dynamisch aggressive Strategie dar.[149] Die statisch adaptive Strategie zielt darauf ab, daß ständig ausreichende Ressourcen bereitgestellt werden, um flexibel reagieren zu können, sie

---

146 Vgl. Mensch, G.: (Risiko), S. 66 ff.; Fasse, F.-W.: (Risk-Management), S. 75 und S. 81.

147 Quelle: In modifizierter Form übernommen von Macharzina, K.: (Unternehmensführung), S. 538.

148 ALBACH faßt das Risikomanagement sogar als Element der strategischen Unternehmensführung auf. Vgl. Albach, H.: (Unternehmensplanung), S. 711., sowie zu einer ähnlichen Einschätzung Pümpin, C.: (Erfolgspositionen), S. 61 ff.

149 Zur einer Untergliederung zwischen risikofreudigen, risikoscheuen und risikoneutralen (Grund)Strategien vgl. Hoffmann, K.: (Risk), S. 151 f.

ist daher mit geringen Risiken, aber hohen Kosten verbunden. Dagegen führt eine dynamisch aggressive Strategie zu größeren Risiken, die Gewinnchancen sind hierbei allerdings höher.[150] Die entsprechende Grundeinstellung kann z.B. festlegen, ob tendenziell auf risikobehaftete zugunsten sicherer, aber mit geringeren erwarteten Gewinnen verbundener Alternativen verzichtet werden soll.

Neben diesen Grundstrategien existiert die Möglichkeit, konkrete *risikopolitische Strategien* zu ergreifen. Eine häufig vorgenommene Systematisierung trennt risikopolitische Maßnahmen allgemein in Aktivitäten zur Beseitigung der Risikoursachen, durch die das Eintreten eines Schadens vermieden werden soll (ursachenbezogene Maßnahmen), und in solche zur Minderung des Schadens, der als Folge einer Fehlentscheidung eintritt (wirkungsbezogene Maßnahmen). Diese Unterscheidung ist auch auf der strategischen Ebene anwendbar.

Zu den *ursachenbezogenen Maßnahmen* zählen auf der strategischen Ebene insbesondere Informationsgewinnungsaktivitäten, durch die die Unsicherheit des Planenden reduziert wird. Weitere Sicherungsmaßnahmen, die die Wahrscheinlichkeit des Eintritts von Risikoursachen verringern können, stellen z.B. der Aufbau langfristiger Lieferantenbeziehungen, die Substitution gefährdeter Rohstoffe oder Instandhaltungspolitiken dar. Ferner können adäquate Anreizsysteme sowie eine fachgerechte Ausbildung der Mitarbeiter die Möglichkeit bieten, menschliche Planungs- und Handlungsfehler (als weitere Risikoursache neben der Unsicherheit) zu verringern.

Wirkungsbezogene Strategien und Maßnahmen reduzieren - in dem Fall des Eintritts einer Risikoursache - die Gefährdung des Unternehmens. Zu ihnen gehören beispielsweise die Einrichtung mehrerer dezentraler Läger oder Produktionsstätten, eine Diversifizierung, die Verteilung von Risiken auf mehrere Unternehmen (wie bei strategischen Allianzen), die Beschaffung bei mehreren Lieferanten (Multiple Sourcing), die Nutzung flexibel einsetzbarer Anlagen, das Halten finanzieller und güterbezogener Reserven sowie der Abschluß von Versicherungen.[151]

Wie die genannten Beispiele zeigen, können risikopolitische Aktivitäten auf den Ebenen des Gesamtunternehmens, der Geschäftsbereiche sowie der Funktionsbereiche ergriffen werden. Dabei können ursachen- und wirkungsbezogene risikopolitische Strategien mit Geschäfts- oder Funktionsbereichsstrategien übereinstimmen oder Bestandteile derartiger Strategien darstellen. Alternativ oder ergänzend zur Einbeziehung in die Strategien lassen sich risikopolitische Maßnahmen im Rahmen der Strategieimplementierung in den untergeordneten Planungen berücksichtigen.

---

150 Vgl. Braun, H.: (Risikomanagement), S. 104 f.; Albach, H.: (Anforderungen), S. 6 f.

151 Vgl. Bronner, T.: (Wertsteigerung), S. 72; Kless, T.: (Beherrschung), S. 96; Mikus, B.: (Make-or-buy-Entscheidungen), S. 221 ff. und die dort angegebene Literatur zu risikopolitischen Maßnahmen.

Einen Ansatz zur Entwicklung risikopolitischer Strategien und Maßnahmen für strategische Geschäftseinheiten stellt das von OECKING entwickelte *Fixkosten-Markt-Portfolio* dar. Mit diesem wird auf die Analyse des Risikos abgezielt, dem strategische Geschäftseinheiten ausgesetzt sind. Dazu werden diese anhand der Dimensionen 'Marktstabilität' und 'Fixkostenflexibilität' beurteilt und in die Felder 'Extremes Risiko', 'Kosten-Risiko', 'Markt-Risiko' oder 'Geringes Risiko' eingeordnet (vgl. Abbildung 8-21).

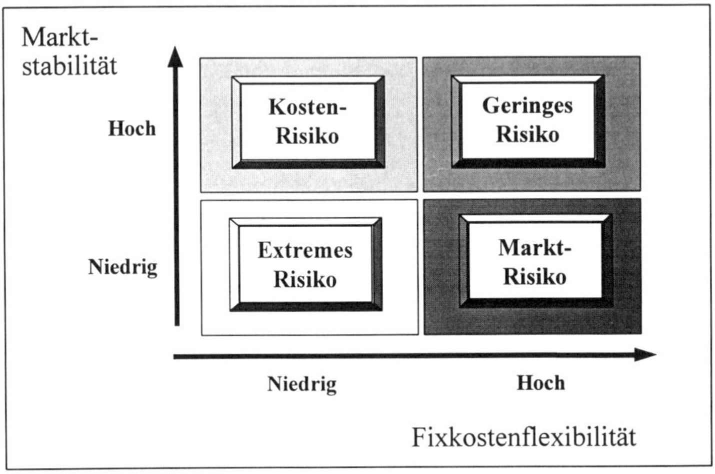

Abb. 8-21: Fixkosten-Markt-Portfolio[152]

Für Geschäftseinheiten in den verschiedenen Feldern bieten sich unterschiedliche Normstrategien an:

- bei extremem Risiko die Eliminierung,
- bei Kosten-Risiko die Flexibilisierung der Fixkostenpotentiale, z.B. durch Reduzierung der Bindungsdauer fixer Kosten,
- bei Markt-Risiko die Beeinflussung der Marktverhältnisse durch entsprechenden Einsatz des absatzpolitischen Instrumentariums sowie
- bei geringem Risiko das Halten der Position.[153]

Die Bandbreite möglicher risikopolitischer Strategien und Maßnahmen auf der Ebene der Funktionsbereiche soll beispielhaft für den Beschaffungsbereich veranschaulicht werden. Die folgende Abbildung zeigt entsprechende ursachen- und wirkungsbezogene Aktivitäten.

---

152 Quelle: Oecking, G.: (Fixkostenmanagement), S. 180.

153 Vgl. Oecking, G.: (Fixkostenmanagement), S. 177 ff.; Oecking, G.: (Marktverhältnissen), S. 190 ff.

Beschaffung	
ursachenbezogene Maßnahmen	wirkungsbezogene Maßnahmen
- Eine zweckentsprechende Planungsgestaltung, z.B. das Aufschieben von Bestellungen zur Verringerung der Gefahr falscher Bedarfsprognosen und des Lagerhaltungsrisikos - Intensivere Beschaffungsmarktforschung - Umfangreichere Lieferantenbewertung und -auswahl - Ausbau von langfristigen Lieferantenbeziehungen - Erhöhung des Abhängigkeitsverhältnisses des Lieferanten (z.B. durch Kapitalbeteiligung) oder Förderung einer kooperativen vertrauensvollen Zusammenarbeit - Laufende Überwachung der Lagerbestandshöhe und bedarfsgesteuerter Disposition - Intensivere Qualitätskontrollen beim Lieferanten - Bessere Ausbildung und Kontrolle des Personals im Beschaffungsbereich - Umfangreiche Wareneingangskontrollen	- Vertragsvereinbarungen, die bestimmte Risiken auf den Lieferanten verlagern (z.B. Regelung des Gefahrübergangs, Konventionalstrafen, Garantiebedingungen, Schadenersatzpflichten, flexible Abrufvereinbarungen, Ausschalten von Preisvorbehalts-, Tagespreis- oder Preisgleitklauseln) - Abschluß von Versicherungen, insbesondere für Transportschäden - Einrichten von Konsignationslägern durch die Lieferanten - Aufteilung der bezogenen Güter auf mehrere Lagerhäuser - Erschließung alternativer Bezugsquellen - Bezug bei mehreren Lieferanten, unter Umständen auch aus verschiedenen Regionen oder Ländern - Zeitliche Streuung der Anlieferungen - Kooperation mit anderen Unternehmen oder Unternehmenseinheiten beim Einkauf, bei der Lagerhaltung und bei Dienstleistungen - Auslagerung des Transportwesens - Abschluß von Sicherungs- und Gegengeschäften - Aufbau flexibilitätserhöhender Lager- und Transporteinrichtungen - Halten von höheren Lagerbeständen - Reservenbildung in Form von Finanzanlagen und liquiden Mitteln - Selbstversicherung über die Bildung kalkulatorischer Wagniskosten

Abb. 8-22: Maßnahmen zur Handhabung von Beschaffungsrisiken

Abschließend sei zum einen erwähnt, daß die Wahl risikopolitischer Maßnahmen vom Informationsstand abhängig gemacht werden kann, wie dies im Konzept der Strategic Issue Analysis vorgesehen ist (vgl. Abschnitt 7.3.). Zum anderen ist auf eine spezifische strategische Aktivität des Risikomanagement hinzuweisen: Die Einrichtung eines speziellen Risikomanagementsystems auf der taktisch/operativen Ebene, wie es in Abschnitt 8.5.1. skizziert worden ist, kann zu einer umfassenden Absicherung gegen Risiken beitragen.

Aufgaben zum Abschnitt 8.

1) Charakterisieren Sie die Besonderheiten internationaler Unternehmensaktivitäten.
2) Welche potentiellen Vorteile sowie Barrieren resultieren aus diesen Besonderheiten internationaler Unternehmensaktivitäten?
3) Welche Formen eines Auslandsengagements sind möglich, und welche Voraussetzungen müssen gemäß der Eklektischen Theorie von DUNNING für deren Vorteilhaftigkeit jeweils gegeben sein?
4) Beschreiben Sie die verschiedenen Varianten von Internationalisierungsstrategien, die ein Unternehmen hinsichtlich der Produkte und Märkte, der Wertschöpfung sowie des Führungskonzeptes wählen kann.
5) Welche Koordinations- bzw. Integrationsaufgaben bestehen bezüglich der Internationalisierungsstrategien eines Unternehmen, und wie kann eine Integration erfolgen?
6) Charakterisieren Sie das Triade-Modell von OHMAE.
7) Bei welchen Fragestellungen des strategischen Management stellen die Kosten eine besonders zu beachtende Größe dar?
8) Erläutern Sie den Zusammenhang zwischen gesamtwirtschaftlichen Entwicklungen und den Aufgabenfeldern des Kostenmanagement.
9) Charakterisieren sie das 'Kostenmanagement', und grenzen Sie es von der 'Kostenrechnung' ab.
10) An welchen Kostenkategorien kann das Management der Kostenhöhe und Kostenstruktur ansetzen, in welche Richtungen sollte dieses wirken?
11) Vermitteln sie einen Überblick über 'strategische Kosteneinflußgrößen'.
12) Welche Strategien und Maßnahmen eignen sich zur Beeinflussung von Kostenhöhe und Kostenstruktur?
13) Welche Entwicklungsstufen hat das Qualitätsmanagement durchlaufen?
14) Wie läßt sich ein Total Quality Management definieren, und welche Grundprinzipien beinhaltet es?
15) Erklären Sie, inwiefern eine Qualitätsstrategie sowohl als Gesamtunternehmensstrategie als auch als Geschäftsbereichsstrategie und als Strategie auf Funktionsbereichsebene interpretiert werden kann.
16) Worin unterscheiden sich produktbezogene von prozeßbezogenen Qualitätsstrategien? Führen Sie für beide Arten von Qualitätsstrategien Beispiele auf.
17) Erläutern Sie die Dimensionen des Qualitätsportfolios für Produkte nach WILKEN.
18) Welche zeitbezogenen Aufgaben sind bei der Ausführung der Managementfunktionen generell zu erfüllen, um eine effektive Nutzung der Zeit im Unternehmen zu erreichen?
19) Erklären Sie, wieso die Zeit zum strategischen Erfolgsfaktor geworden ist. Erläutern Sie in diesem Zusammenhang auch den Begriff 'Zeitschere'.

20) Definieren Sie das Zeitmanagement, indem Sie auf dessen charakteristische Merkmale und Ziele eingehen.
21) Erklären Sie die Begriffe 'Beschleunigungsfalle' und 'Leapfrogging'.
22) Beschreiben Sie das Verhältnis von Wettbewerbsstrategien und zeitbasierten Strategien.
23) Welche Aktivitäten umfassen die Zeitspannen 'time-to-market' und 'time-to-customer'?
24) Welche Maßnahmen zur zeitlichen Optimierung von Prozeßabläufen gibt es?
25) Welche direkten und indirekten Vorteile ergeben sich für ein Unternehmen aus der Verbesserung der Prozeßabläufe?
26) Erläutern Sie anhand von Beispielen, wie sich die Implementierung von zeitbasierten Strategien auf die Aufgabenerfüllung in einzelnen Funktionsbereichen auswirken kann.
27) Nennen Sie Ziele und Maßnahmen eines personenbezogenen Zeitmanagement.
28) Erklären Sie den Zusammenhang zwischen Unsicherheit und Risiko.
29) Erläutern Sie, inwiefern eine Einbeziehung der Unsicherheit bzw. der daraus resultierenden Risiken in den verschiedenen Planungs- und Kontrollphasen des strategischen Management erfolgt.
30) Beschreiben Sie die Aufgaben des speziellen Risikomanagement sowie den zur Aufgabenerfüllung empfohlenen Risikomanagementprozeß.
31) Worin unterscheiden sich spezielles und generelles Risikomanagement, und wie ist ihr Verhältnis zum Management allgemein zu sehen?
32) In welche zwei Kategorien können risikopolitische Strategien bzw. Maßnahmen unterteilt werden? Geben Sie einige Beispiele für jede Kategorie an.
33) Welche Aussagen lassen sich aus dem Fixkosten-Markt-Portfolio ableiten?

Literaturverzeichnis

Abell, D.F.; Hammond, J.S.: Strategic (Marketing) Planning. Problems and Analytical Approaches, Englewood Cliffs, New York 1979

Agthe, K.: (Strategie) und Wachstum der Unternehmung. Praxis der langfristigen Planung, Baden-Baden, Bad Homburg v. d. Höhe 1972

Albach, H.: Betriebswirtschaftliche (Anforderungen) an eine langfristige Unternehmensplanung, in: ZfB, Ergänzungsheft 2, 38. Jg., 1968, S. 3-22

Albach, H.: (Informationsgewinnung) durch strukturierte Gruppenbefragung. Die Delphi-Methode, in: ZfB, 40. Jg., 1970, Ergänzungsheft, S. 11-26

Albach, H.: Strategische (Unternehmensplanung) bei erhöhter Unsicherheit, in: ZfB, 48. Jg., 1978, S. 702-715

Alexander, L.D.: Successfully implementing strategic (decisions), in: Long Range Planning, Vol. 18, H. 3, 1985, S. 91-97

Al-Laham, A.: (Strategieprozesse) in deutschen Unternehmungen. Verlauf, Struktur und Effizienz, Wiesbaden 1997

Ansoff, H.I.: (Strategies) for Diversification, in: Harvard Business Review, Vol. 35, 1957, S. 113-124

Ansoff, H.I.: (Managing) Strategic Surprise by Response to Weak Signals, in: California Management Review, Winter 1975

Ansoff, H.I.: Managing (Surprise) and Discontinuity - Strategic Response to Weak Signals, in: ZfbF, 28. Jg., 1976, S. 129-152

Ansoff, H.I.: Die (Bewältigung) von Überraschungen und Diskontinuitäten durch die Unternehmensführung - Strategische Reaktionen auf schwache Signale, in: Steinmann, H. (Hrsg.): Planung und Kontrolle, München 1981, S. 233-265

Ansoff, H.I.; Kirsch, W.; Roventa, P.: (Unschärfenpositionierung) in der strategischen Portfolio-Analyse, in: ZfB, 51. Jg., 1981, S. 963-988

Ansoff, H.I.; Leontiades, J.C.: Strategic (Portfolio-Management), European Institute for Advanced Studies in Management, Working Paper 76-16, Brüssel 1976

Arbeitskreis "Langfristige Unternehmensplanung" der Schmalenbach-Gesellschaft: Strategische (Planung), in: ZfbF, 29 Jg., 1977, S. 1-20

Arnold, U.: (Sourcing-Konzepte), in: Kern, W.; Schröder, H.-H.; Weber, J. (Hrsg.): Handwörterbuch der Produktionswirtschaft, 2. Aufl. Stuttgart 1996, Sp. 1861-1874

Arnold, U.: (Beschaffungsmanagement), 2. Aufl., Stuttgart 1997

Arnold, U.: (Beschaffungsstrategien), in: Bloech, J.; Ihde, G.B. (Hrsg.): Vahlens Großes Logistiklexikon, München 1997, S. 78-81

Backhaus, K.; Gruner, K.: (Epidemie) des Zeitwettbewerbs, in: Backhaus, K.; Bonus, H. (Hrsg.): Die Beschleunigungsfalle oder der Triumph der Schildkröte, Stuttgart 1994, S. 19-46

Balling, R.: (Kooperation): strategische Allianzen, Netzwerke, Joint-Ventures und andere Organisationsformen zwischenbetrieblicher Zusammenarbeit in Theorie und Praxis, Frankfurt/M., Berlin u.a. 1997

Bamberg, G.; Coenenberg, A.G.: Betriebswirtschaftliche (Entscheidungslehre), 9. Aufl., München 1996

Bamberger, I.; Mair, L.: Die (Delphi-Methode) in der Praxis, in: MIR, Vol. 16, 1976, S. 81-91

Banaschek, J.: Die (Zeit) als betriebliche Kraft für die Steigerung der Produktivität, in: Albach, H. (Hrsg.): Business Process Reengineering, ZfB-Ergänzungsheft 2, Wiesbaden 1995, S. 13-23

Barksdale, H.C.; Harris, C.E: (Portfolio) Analysis and the Product Life Cycle, in: Long Range Planning, Vol. 15, H. 6, 1982, S. 74-83

Baumgarten, H.; Wiegand, A.: (Entwicklungstendenzen) und Erfolgsstrategien der Logistik, in: Weber, J.; Baumgarten, H. (Hrsg.): Handbuch Logistik. Management von Material- und Warenflußprozessen, Stuttgart 1999, S. 783-800

Baur, C.: (Make-or-Buy) Entscheidungen in einem Unternehmen der Automobilindustrie. Empirische Analyse und Gestaltung der Fertigungstiefe aus transaktionskostentheoretischer Sicht, München 1990

Bea, F.X.: (Entscheidungen) des Unternehmens, in: Bea, F.X.; Dichtl, E.; Schweitzer, M. (Hrsg.): Allgemeine Betriebswirtschaftslehre, Bd. 1: Grundfragen, 7. Aufl., Stuttgart 1997

Bea, F.X.; Haas, J.: Strategisches (Management), 2. Aufl., Stuttgart 1997

Becker, D.: (Analyse) der Delphi-Methode und Ansätze zu ihrer optimalen Gestaltung, Mannheim 1974

Becker, J.: Marketing-Konzeption. (Grundlagen) des strategischen Marketing-Managements, 5. Aufl., München 1993

Becker, J.: (Marketing-Konzeption). Grundlagen des strategischen Marketing-Managements, 6. Aufl., München 1998

Becker, W.: (Stabilitätspolitik) für Unternehmen. Zukunftssicherung durch integrierte Kosten- und Leistungsführerschaft, Wiesbaden 1996

Becker, W.: (Kostenrechnung) und Kostenpolitik, in: Freidank, C.-C. u.a. (Hrsg.): Kostenmanagement. Aktuelle Konzepte und Anwendungen, Berlin, Heidelberg u.a. 1997, S. 25-55

Beckmann, H.: (Logistikplanung), in: Schulte, C. (Hrsg.): Lexikon der Logistik, München, Wien 1999, S. 264-270

Behrens, K.C.: Allgemeine (Standortbestimmungslehre), 2. Aufl., Opladen 1971

Betz, S.: (Gestaltung) der Leistungstiefe als strategisches Problem, in: Die Betriebswirtschaft, 56. Jg., 1996, S. 399-412

Beyer, H.-T.: Die (Lehre) der Unternehmensführung. Entwurf eines Forschungsprogramms, Berlin 1970

Biggadike, R.: The risky (business) of diversification, in: Harvard Business Review, Vol. 57, 1979, S. 103-111

Bitz, M.: (Strukturierung) ökonomischer Entscheidungsmodelle, Wiesbaden 1977

Bitzer, M.R.: Zeitbasierte (Wettbewerbsstrategien) - Die Beschleunigung von Wertschöpfungsprozessen in der Unternehmung, Gießen 1992

Blecke, U.: Plausible (Pfade) in die Zukunft, in: Manager-Magazin, Nr. 12, 1978, S. 120-125

Bleicher, K.: (Zeitkonzeptionen) der Gestaltung und Entwicklung von Unternehmungen, in: Gaugler, E.; Meissner, H.G.; Thom, N. (Hrsg.): Zukunftsaspekte der anwendungsorientierten Betriebswirtschaftslehre, Stuttgart 1986, S. 75-90

Bleicher, K.: Das (Konzept) integriertes Management, Frankfurt/M., New York 1991

Bleicher, K.: (Unternehmungskultur) und strategische Unternehmungsführung, in: Hahn, D.; Taylor, B. (Hrsg.): Strategische Unternehmungsplanung - Strategische Unternehmungsführung, 7. Aufl., Heidelberg 1997, S. 223-265

Bloech, J.: Optimale (Industriestandorte), Würzburg 1970

Bloech, J.: Die (Position) der Beschaffungsstrategien in der Unternehmensführung, in: Theuer, G.; Schiebel, W.; Schäfer, R. (Hrsg.): Beschaffung - ein Schwerpunkt der Unternehmensführung, Landsberg/Lech 1986, S. 115-130

Bloech, J.: Industrieller (Standort), in: Schweitzer, M. (Hrsg.): Industriebetriebslehre. Das Wirtschaften in Industrieunternehmungen, 2. Aufl., München 1994, S. 63-47

Böttcher, H.D.: (Instrumente) zur Fertigungsstrategiebildung. Eine theoretisch-empirische Untersuchung am Beispiel der deutschen Automobilzulieferindustrie, Bergisch Gladbach, Köln 1989

Bogaschewsky, R.: Strategische (Aspekte) der Leistungstiefenoptimierung, in: Koppelmann, U. (Hrsg.): Outsourcing, Stuttgart 1996, S. 123-148

Bogaschewsky, R.; Kracke, U.: (Internet) - Intranets - Extranets. Strategische Waffen für die Beschaffung, Gernsbach 1999

Bongard, S.: (Outsourcing) - Entscheidungen in der Informationsverarbeitung. Entwicklung eines computergestützten Portfolio-Instrumentariums, Wiesbaden 1994

Bräutigam, H.-H.: (Ansätze) zur optimalen Gestaltung eines Systems internationaler Produktionsstätten, unveröffentlichte Diplomarbeit, Göttingen 1994

Brauers, J.; Weber, M.: (Szenarioanalyse) als Hilfsmittel der strategischen Planung: Methodenvergleich und Darstellung einer neuen Methode, in: ZfB, 56. Jg., 1986, S. 631-652

Braun, C.-F. von: Die (Beschleunigungsfalle), in: ZP, Bd. 2, 1990, S. 51-71

Braun, H.: (Risikomanagement). Eine spezifische Controllingaufgabe, Darmstadt 1984

Breid, V.: (Erfolgspotentialrechnung). Konzeption im System einer finanzierungstheoretisch fundierten, strategischen Erfolgsrechnung, Stuttgart 1994

Brenke, M.: Internationale dezentralisierte (Produktionssysteme). Eine Untersuchung zu ihren Grundlagen und zu ihrer fertigungswirtschaftlichen Problematik, Köln 1974

Bresser, R.K.F. (Hrsg.): Strategische (Managementtheorie), Berlin, New York 1998

Bresser, R.K.F.: Kollektive (Unternehmensstrategien), in: Bresser, R.K.F. (Hrsg.): Strategische Managementtheorie, Berlin, New York 1998, S. 482-501

Bretzke, W.-R.: Smart (Shopping) im Internet: Industrie und Handel im Zeitalter von Electronic Commerce, in: Kopfer, H.; Bierwirth, C. (Hrsg.): Logistik Management: Intelligente I+K Technologien, Berlin, Heidelberg u.a. 1999, S. 221-243

Brockhoff, K.: (Prognoseverfahren) für die Unternehmensplanung, Wiesbaden 1977

Brockhoff, K.: (Forschung) und Entwicklung: Planung und Kontrolle, 5. Aufl., München 1999

Bronder, C.: (Kooperationsmanagement). Unternehmensdynamik durch strategische Allianzen, Frankfurt/M., New York 1993

Bronner, T.: (Wertsteigerung) durch strategische Entscheidungen. Analyse anhand eines strategischen Entscheidungsmodells, Stuttgart 1995

Buckley, P.J.; Casson, M.C.: The (Future) of the Multinational Enterprise, London 1976

Bühner, R.: (Strategie) und Organisation: Analyse und Planung der Unternehmensdiversifikation mit Fallbeispielen, 2. Aufl., Wiesbaden 1993

Bühner, R.: Unternehmerische (Führung) mit Shareholder Value, in: Bühner, R. (Hrsg.): Der Shareholder Value Report, Landsberg/Lech 1994, S. 9-75

Bühner, R.: Kapitalmarktorientierte (Unternehmenssteuerung). Aktionärsorientierte Unternehmensführung, in: WiSt, 25. Jg., 1996, S. 334-338

Bürgel, H.D.; Haller, C.; Binder, M.: (F&E-Management), München 1996

Bürgel, H.D.; Zeller, A.: (Controlling) kritischer Erfolgsfaktoren in Forschung und Entwicklung, in: Controlling, 9. Jg., Heft 4, 1997, S. 218-225

Buscher, U.: ZP-Stichwort: (Supply) Chain Management, in: ZP, Bd. 10, 1999, S. 449-456

Buzzell, R.D.: Is Vertical (Integration) Profitable?, in: Harvard Business Review, Vol. 61, Jan./Feb. 1983, S. 92-102

Buzzell, R.D.; Gale, B.T.: Das (PIMS-Programm). Strategien und Unternehmenserfolg, Wiesbaden 1989

Chandler, A.D.: (Strategy) and Structure: Chapters in the History of the Industrial Enterprise, Cambridge, Mass. 1962

Chandler, A.D.: The Visible (Hand). The Managerial Revolution in American Business, 2. Aufl., Cambridge, London 1978

Clifford, D.K., Jr.; Bridgewater, B.A., Jr.; Hardy, Th.: The (Game) has Changed, in: The McKinsey Quarterly, Herbst 1975

Coase, R.H.: The (Nature) of the Firm, in: Economica, Vol. 4, 1937, S. 386-405

Coenenberg, A.G.; Baum, H.-G.: Strategisches (Controlling). Grundlagen der strategischen Planung und Kontrolle, Stuttgart 1987

Coenenberg, A.G.; Fischer, T.; Schmitz, J.: (Target) Costing und Product Life Cycle Costing als Instrumente des Kostenmanagements, in: Freidank, C.-C. u.a. (Hrsg.): Kostenmanagement. Aktuelle Konzepte und Anwendungen, Berlin, Heidelberg u.a. 1997, S. 195-232

Colberg, W.: Internationale (Präsenzstrategien) von Industrieunternehmen, Kiel 1989

Copeland, T.; Koller, T.; Murrin, J.: (Unternehmenswert). Methoden und Strategien für eine wertorientierte Unternehmensführung, 2. Aufl., Frankfurt/M., New York 1998

Corsten, H.: (Grundlagen) der Wettbewerbsstrategie, Stuttgart, Leipzig 1998

Corsten, H.: Von generischen zu hybriden (Wettbewerbsstrategien), in: WISU, 27. Jg., 1998, S. 1434-1440

Corsten, H.; Will, T.: (Simultaneität) von Kostenführerschaft und Differenzierung durch neuere Produktionskonzepte. Informationstechnologisches und arbeitsorganisatorisches Unterstützungspotential, in: Corsten, H. (Hrsg.): Produktion als Wettbewerbsfaktor, Wiesbaden 1995, S. 235-248

Cuhls, K.: (Technikvorausschau) in Japan: Ein Rückblick auf 30 Jahre Delphi-Expertenbefragungen, Heidelberg 1998

Dalkey, N.; Helmer, O.: An Experimental (Application) of the Delphi Method to the Use of Experts, in: MS, Vol. 9, 1963, S. 458-467

Dannenberg, J.: Microcomputergestützte (Instrumente) der strategischen Unternehmensplanung, Wiesbaden 1990

D'Aveni, R.A.: (Hyperwettbewerb): Strategien für die neue Dynamik der Märkte, Frankfurt/M., New York 1995

Dellmann, K.; Franz, K.-P.: Von der (Kostenrechnung) zum Kostenmanagement, in: Dellmann, K.; Franz, K.-P. (Hrsg.): Neuere Entwicklungen im Kostenmanagement, Bern, Stuttgart u.a. 1994, S. 15-30

Dögl, R.: Strategisches (Qualitätsmanagement) im Industriebetrieb, Göttingen 1986

Dunning, J.H.: Explaining Changing (Patterns) of International Production: in Defense of the Eclectic Theory, in: Oxford Bulletin of Economics and Statistic, Vol. 41, 1979, S. 269-295

Dunning, J.H.: Towards an Eclectic (Theory) of International Production: Some Empirical Tests, in: Journal of International Business Studies, Vol. 11, 1980, S. 9-31

Dunning, J.H.: The Eclectic (Paradigm) of International Production: A Restatement and Some Possible Extensions, in: Journal of International Business Studies, Vol. 19, 1988, S. 1-31

Dunst, K.H.: (Portfolio-Management), Konzeption für die strategische Unternehmensplanung, 2. Aufl., Berlin 1983

Eberle, W.: (Lösungsansätze) für ein Qualitätsmanagement der Zukunft, in: Höhl, M. (Hrsg.): Integrierte Qualitätssicherung als Managementaufgabe, München 1986, S. 33-50

Eggers, B.; Lawa, D.: Strategisches (Geschäftsfeld-Controlling), in: ZP, Bd. 4, 1993, S. 101-114

Eichhorn, P.: (Rechnungsziele) und Rechnungssysteme in Unternehmen und Verwaltungen, in: ZfB, 63. Jg., 1993, S. 859-872

Endres, D.: Joint (Ventures) als Instrument internationaler Geschäftstätigkeit, in: WiSt, 16. Jg., 1987, S. 373-378

Engelhard, J.: (Bewertung) von Länderrisiken bei Auslandsinvestitionen: Möglichkeiten, Ansätze und Grenzen, in: Kumar, B.N.; Haussmann, H. (Hrsg.): Handbuch der internationalen Unternehmenstätigkeit, München 1992, S. 367-383

Engelhardt, W.H.; Freiling, J.: Aktuelle (Tendenzen) der marktorientierten Unternehmensführung, in: WiSt, 27. Jg., 1998, S. 565-572

Engelke, P.: (Integration) von Forschung und Entwicklung in die unternehmerische Planung und Steuerung, Heidelberg 1991

Eschenbach, R.; Kunesch, H.: Strategische (Konzepte): Management-Ansätze von Ansoff bis Ulrich, 3. Aufl., Stuttgart 1996

Ewald, A.: (Methodik) der integrierten Technologie- und Marktplanung, in: Bloech, J.; Götze, U. u.a. (Hrsg.): Strategische Planung. Instrumente, Vorgehensweisen und Informationssysteme, Heidelberg 1994, S. 57-80

Fantapié Altobelli, C.: (Wertkette), in: Tietz, B.; Köhler, R.; Zentes, J. (Hrsg.): Handwörterbuch des Marketing, 2. Aufl., Stuttgart 1995, Sp. 2709-2716

Farny, D.: (Grundfragen) des Risk Management, in: Goetzke, W.; Sieben, G. (Hrsg.): Risk Management - Strategien zur Risikobeherrschung, Köln 1979, S. 11-37

Fasse, F.-W.: (Risk-Management) im strategischen internationalen Marketing, Hamburg 1995

Feigenbaum, A.V.: Total Quality (Control), in: Harvard Business Review, Vol. 34, Heft 6, 1956, S. 93-101

Feigenbaum, A.V.: Total (Quality) Control, 3. Aufl., New York 1983

Felzmann, H.: Ein (Modell) zur Unterstützung der strategischen Planung auf der Ebene strategischer Geschäftseinheiten, Gelsenkirchen 1982

Fieten, R.: (Materialwirtschaft) als Managementaufgabe, in: Beschaffung aktuell, Heft 10, 1979, S. 18-27

Fink, C.A.; Grundler, C.: (Strategieimplementierung) im turbulenten Umfeld - Steuerung der Firma Fischerwerke mit der Balanced Scorecard, in: Controlling, Heft 4, 1998, S. 226-235

Fink, O.: Szenariogestützte (Führung) industrieller Produktionsunternehmen, Paderborn 1999

Fischer, T.M.: (Life) Cycle Costing, in: DBW, 53. Jg., 1993, S. 277-278

Fleck, A.: Hybride (Wettbewerbsstrategien). Zur Synthese von Kosten- und Differenzierungsvorteilen, Wiesbaden 1995

Ford, D.; Ryan, C.: Taking (Technology) to Market, in: Harvard Business Review, Vol. 59, 1981, S. 117-126

Foster, R.N.: (Innovation). Die technologische Offensive, Wiesbaden 1986

Franz, K.-P.: (Target) Costing. Konzept und kritische Bereiche, in: Controlling, Heft 3, 1993, S. 124-130

Frehr, H.U.: Unternehmensweite (Qualitätsverbesserung), in: Masing W. (Hrsg.): Handbuch der Qualitätssicherung, 2. Aufl., München, Wien 1988, S. 797-814

Frerichs, W.; Kübler, K.: Gesamtwirtschaftliche (Prognoseverfahren), München 1980

Freter, H.: (Strategien), Methoden und Modelle der Marktsegmentierung bei der Markterfassung und Marktbearbeitung, in: Die Betriebswirtschaft, 40. Jg., 1980, S. 453-463

Freter, H.: (Marktsegmentierung), in: Tietz, B.; Köhler, R.; Zentes, J. (Hrsg.): Handwörterbuch des Marketing, 2. Aufl., Stuttgart 1995, Sp. 1802-1814

Freygang, W.: (Kapitalallokation) in diversifizierten Unternehmen. Ermittlung divisionaler Eigenkapitalkosten, Wiesbaden 1993

Friedmann, O.: (Target) Costing in der Produktentwicklung am Beispiel eines Automobilzulieferers, ein methodisch-empirischer Ansatz zur zielkostenorientierten Produktentwicklung, Frankfurt/M., Berlin u.a. 1997

Friedrich, S.A.: (Outsourcing) - Weg zum führenden Wettbewerber oder gefährliches Spiel? Plädoyer für eine kompetenzorientierte Sichtweise, in: Hinterhuber, H.H.; Al-Ani, A.; Handlbauer, G. (Hrsg.): Das neue strategische Management. Elemente und Perspektiven einer zukunftsorientierten Unternehmensführung, Wiesbaden 1996, S. 277-299

Gaitanides, M.: (Produktportfoliomanagement) und Planungsrechnung bei dezentraler Organisationsstruktur, in: DU, 1980, S. 67-83

Galbraith, J.R.; Kazanjian, R.K.: Strategy (Implementation), 2. Aufl., St. Paul u.a. 1986

Gälweiler, A.: Strategische (Geschäftseinheiten) und Aufbau-Organisation der Unternehmung, in: ZfO, 48. Jg., 1979, S. 252-260

Gälweiler, A.: Strategische (Unternehmensplanung), in: Steinmann, H. (Hrsg.): Planung und Kontrolle, München 1981, S. 84-101

Gälweiler, A.: Zur (Kontrolle) strategischer Pläne, in: Steinmann, H. (Hrsg.): Planung und Kontrolle: Probleme der strategischen Unternehmensführung, München 1981, S. 383-399

Gälweiler, A.: Zur (Abstimmung) zwischen Unternehmensstrategie und Finanzierungspotential, in: Töpfer, A.; Afheldt, H. (Hrsg.): Praxis der strategischen Unternehmensplanung, 2. Aufl., Stuttgart, Landsberg/Lech 1986, S. 246-297

Gälweiler, A.: Strategische (Unternehmensführung), 2. Aufl., Frankfurt/M., New York 1990

Garvin, D.A.: Managing (Quality), New York, London 1988

Gausemeier, J.; Fink, A.; Schlake, O.: (Szenario-Management): Planen und Führen mit Szenarien, München, Wien 1995

Gerhardt, T.; Nippa, M.; Picot, A.: Die (Optimierung) der Leistungstiefe, in: Harvard Manager, 14. Jg., 1992, Heft 3, S. 136-142

Gerl, K.; Roventa, P.: Strategische (Geschäftseinheiten) - Perspektiven aus der Sicht des Strategischen Managements, in: ZfbF, 33. Jg., 1981, S. 843-858

Gerpott, T.J.: Strategisches Technologie- und (Innovationsmanagement), Stuttgart 1999

Geschka, H.: (Delphi), in: Bruckmann, G. (Hrsg.): Langfristige Prognosen, Würzburg, Wien 1978, S. 27-45

Geschka, H.; Hammer, R.: Die (Szenario-Technik) in der strategischen Unternehmensplanung, in: Hahn, D.; Taylor, B. (Hrsg.): Strategische Unternehmungsplanung - Strategische Unternehmungsführung, 7. Aufl., Heidelberg 1997, S. 464-489

Geschka, H.; Reibnitz, U. von: Die (Szenario-Technik) - ein Instrument der Zukunftsanalyse und der strategischen Planung, in: Töpfer, A.; Afheldt, H. (Hrsg.): Praxis der strategischen Unternehmensplanung, 2. Aufl., Stuttgart, Landsberg/Lech 1986, S. 125-170

Geschka, H.; Winckler, B.: (Szenarien) als Grundlagen strategischer Uunternehmensplanung, in: technologie & management, 4/1989, S. 16-23

Gilbert, X.; Strebel, P.: (Strategies) to Outpace the Competition, in: Journal of Business Strategy, Vol. 8, 1987, S. 28-36

Glaser, K.: ZP-Stichwort: (Outpacing-Strategien), in: ZP, Bd. 9, 1998, S. 213-218

Glaser, K.: (Wettbewerbsstrategien) und Zeit, in: Götze, U.; Mikus, B.; Bloech, J. (Hrsg.): Management und Zeit, Heidelberg 2000, S. 169-192 (in Drucklegung)

Goette, T.: (Standortpolitik) internationaler Unternehmen, Wiesbaden 1994

Götze, U.: (Szenario-Technik) in der strategischen Unternehmensplanung, 2. Aufl., Wiesbaden 1993

Götze, U.: Strategische (Planung) auf der Grundlage von Szenarien, in: Bloech, J.; Götze, U. u.a.

(Hrsg.): Strategische Planung. Instrumente, Vorgehensweisen und Informationssysteme, Heidelberg 1994, S. 101-124

Götze, U.: (Entscheidungsmodelle) auf der Grundlage von Szenarien, in: Gausemeier, J. (Hrsg.): Die Szenario-Technik - Werkzeug für den Umgang mit einer multiplen Zukunft, Paderborn 1995, S. 105-126

Götze, U.: (Kostenrechnung) und Kostenmanagement, 2. Aufl., Chemnitz 2000

Götze, U.: (Lebenszykluskosten), in: Fischer, T.M. (Hrsg.): Kosten-Controlling: neue Methoden und Inhalte, Stuttgart 2000, S. 265-289

Götze, U.: (Standortstrukturgestaltung) internationaler Industrieunternehmen. Führungsprozesse, Entscheidungsmodelle und Controlling-Funktionen, Habilitationsschrift, Wiesbaden 2000 (in der Drucklegung)

Götze, U.; Bloech, J.: (Investitionsrechnung). Modelle und Analysen zur Beurteilung von Investitionsvorhaben, 2. Aufl., Berlin, Heidelberg u. a. 1995

Götzen, G.; Kirsch, W.: (Problemfelder) und Entwicklungstendenzen der Planungspraxis, in: ZfbF, 31. Jg., 1979, S. 162-194

Graf, G.: Nutzenorientierte (Qualitätskostenrechnung), Frankfurt/M. u.a. 1998

Graumann, M.: Die (Abschlußprüfung) nach KonTraG, in: WISU, Heft 6, 1998, S. 665-668

Grimmeisen, M.: (Implementierungscontrolling): wirtschaftliche Umsetzung von Change-Programmen, Wiesbaden 1998

Grochla, E.: (Grundlagen) der Materialwirtschaft. Das materialwirtschaftliche Optimum im Betrieb, 3. Aufl., Wiesbaden 1978

Grochla, E.: (Führung), Führungskonzeptionen und Planung, in: Szyperski, N., unter Mitarbeit von Winand, U. (Hrsg.): Handwörterbuch der Planung, Stuttgart 1989, Sp. 542-554

Grünig, R.: (Unternehmensleitbilder). Grundzüge eines Verfahrens zur Erarbeitung und Revision, in: zfo, 4/1988, S. 254-260

Günther, T.: (Neuentwicklungen) der Kostenrechnung - eine Antwort auf geänderte Fragestellungen, in: Freidank, C.-C. u.a. (Hrsg.): Kostenmanagement. Aktuelle Konzepte und Anwendungen, Berlin, Heidelberg u.a. 1997, S. 97-120

Günther, T.: Unternehmenswertorientiertes (Controlling), München 1997

Guthunz, U.: (Informationssysteme) für das strategische Management, Wiesbaden 1994

Hachmeister, D.: Der Discounted (Cash Flow) als Maß der Unternehmenswertsteigerung, Frankfurt/M. 1995

Härterich, S.: (Risk) Management von industriellen Produktions- und Produktrisiken, Karlsruhe 1987

Häusler, J.: (Führungsstile) und Führungsverhalten, in: Grochla, E.; Wittmann, W. (Hrsg.): Handwörterbuch der Betriebswirtschaft, Bd. 1, 4. Aufl., Stuttgart 1974, Sp. 1577-1595

Hagedorn, A.: Modellgestützte (Planung) und Kontrolle von Produktionsstätten, Wiesbaden 1994

Hahn, D.: (Risiko-Management). Stand und Entwicklungstendenzen, in: ZfO, 56. Jg., 1987, S. 137-150

Hahn, D.: (Produktionsplanung), strategische, in: Kern, W. u.a. (Hrsg.): Handwörterbuch der Produktionswirtschaft, 2. Aufl., Stuttgart 1996, Sp. 1521-1534

Hahn, D.: (PuK). Planung und Kontrolle, Planungs- und Kontrollsysteme, Planungs- und Kontrollrechnung, Controllingkonzepte, 5. Aufl., Wiesbaden 1996

Hahn, D.: (Unternehmungsziele) im Wandel, in: Hahn, D.; Taylor, B. (Hrsg.): Strategische Unternehmungsplanung - Strategische Unternehmungsführung, 7. Aufl., Heidelberg 1997, S. 303-323

Hahn, D.: (Zweck) und Entwicklung der Portfolio-Konzepte in der strategischen Unternehmensplanung, in: Hahn, D.; Taylor, B. (Hrsg.): Strategische Unternehmungsplanung - Strategische Unternehmungsführung, 7. Aufl., Heidelberg 1997, S. 372-406

Hahn, D.: Strategische (Kontrolle), in: Hahn, D.; Taylor, R. (Hrsg.): Strategische Unternehmungsplanung - Strategische Unternehmungsführung: Stand und Entwicklungstendenzen, 7. Aufl., Heidelberg, 1997, S. 850-863

Hahn, D.: (Konzepte) strategischer Führung. Entwicklungstendenzen in Theorie und Praxis unter besonderer Berücksichtigung der Globalisierung, in: ZfB, 68. Jg., 1998, S. 563-579

Hahn, D.; Taylor, G.B.: Strategische (Unternehmungsplanung) - strategische Unternehmungsführung: Stand und Entwicklungstendenzen, 7. Aufl., Heidelberg 1997

Haist, F.; Fromm, H.-J.: (Qualität) im Unternehmen, - Prinzipien, Methoden, Techniken, München, Wien 1989

Haller, M.: (Risiko-Management) - Eckpunkte eines integrierten Konzepts, in: Jacob, H. (Hrsg.): Risiko-Management, Schriften zur Unternehmensführung, Bd. 33, Wiesbaden 1986, S. 7-43

Haller, M.: Die künftige (Entwicklung) im Risiko-Management, in: Jacob, H. (Hrsg.): Risiko-Management, Schriften zur Unternehmensführung, Bd. 33, Wiesbaden 1986, S. 117-127

Hammer, R.M.: (Unternehmungsplanung). Lehrbuch der Planung und strategischen Unternehmungsführung, 7. Aufl., München, Wien 1998

Hamprecht, M.: (Grundlagen) eines betrieblichen Zeitmanagements, in: Götze, U.; Mikus, B.; Bloech, J. (Hrsg.): Management und Zeit, Heidelberg 2000, S. 57-72 (in Drucklegung)

Hanssmann, F.: (Systemforschung) am Beispiel der strategischen Unternehmensmodelle, in: WiSt, 9. Jg., 1980, S. 357-363

Hanssmann, F.: Quantitative (Betriebswirtschaftslehre). Lehrbuch der modellgestützten Unternehmensplanung, 2. Aufl., München, Wien 1985

Harrigan, K.R.: (Strategies) for Declining Businesses, Lexington, Toronto 1980

Harrigan, K.R.: The (Effect) of Exit Barriers upon Strategic Flexibility, in: Strategic Management Journal, 1. Jg., 1980, S. 165-176

Harrigan, K.R.; Porter, M.E.: (Strategien) für das Endspiel in schrumpfenden Branchen, in: Porter, M.E. (Hrsg.): Wettbewerb und Strategie, München 1999, S. 107-125

Hasselberg, F.: Strategische (Kontrolle) im Rahmen strategischer Unternehmensführung, Frankfurt/M. 1989

Hax, A.C.; Majluf, N.S.: Strategisches (Management), Frankfurt/M., New York 1991

Hayes, R.H.; Wheelwright, S.C.: Restoring our Competitive (Edge) - Competing through Manufacturing, New York 1984

Hedley, B.: A Fundamental (Approach) to Strategy Development, in: Hahn, D.; Taylor, B. (Hrsg.): Strategische Unternehmungsplanung - Strategische Unternehmungsführung, 7. Aufl., Heidelberg 1997, S. 327 - 341

Hedley, B.: (Strategy) and the 'Business Portfolio', in: Hahn, D.; Taylor, B. (Hrsg.): Strategische Unternehmungsplanung - Strategische Unternehmungsführung: Stand und Entwicklungstendenzen, 7. Aufl., Heidelberg 1997, S. 342-353

Heege, F.: (Lieferantenportfolio): Ganzheitliches Beurteilungsmodell für Lieferanten und Beschaffungssegmente, Nürnberg 1987

Heenan, D.A.; Perlmutter, H.V.: Multinational (Organization) Development, Reading, Menlo Park u.a. 1979

Helmer, O.: Looking (Forward). A Guide to Futures Research, Beverly Hills u. a. 1983

Henderson, B.D.: Die (Erfahrungskurve) in der Unternehmensstrategie, 2. Aufl., Frankfurt, New York 1984

Hentze, J.; Brose, P.; Kammel, A.: (Unternehmungsplanung): Eine Einführung, 2. Aufl., Bern u.a. 1993

Herter, R.N.: Unternehmenswertorientiertes (Management) (UwM): strategische Erfolgsbeurteilung von dezentralen Organisationseinheiten auf Basis der Wertsteigerungsanalyse, München 1994

Hess, T.: ZP-Stichwort: (Unternehmensnetzwerke), in: ZP, Bd. 10, 1999, S. 225-230

Hesse, S.: Strategische (Datenbanken). Kernelemente computergestützter Informationssysteme zur Unterstützung des strategischen Controllings, Heidelberg 1996

Hill, C.W.L.; Jones, G.R.: Strategic (Management). An Integrated Approach, Boston 1989

Hill, W.: (Umweltanalyse) und Unternehmungsplanung, in: Die Unternehmung, 31. Jg., 1977, S. 289-305

Hinder, W.: Strategische (Unternehmensführung) in der Stagnation, München 1986

Hinterhuber, H.H.: (Konkurrentenanalyse), in: Szyperski, N. unter Mitarbeit von Winand, U. (Hrsg.): Handwörterbuch der Planung, Stuttgart 1989, Sp. 864-874

Hinterhuber, H.H.: Strategische (Unternehmungsführung), Bd. I: Strategisches Denken: Vision, Unternehmungspolitik, Strategie, 6. Aufl., Berlin, New York 1996

Hinterhuber, H.H.: Strategische Unternehmungsführung, Bd. II: Strategisches (Handeln): Direktiven, Organisation, Umsetzung, Unternehmensstruktur, strategisches Controlling, strategische Führungskompetenz, 6. Aufl., Berlin, New York 1997

Hiromoto, T.: Das (Rechnungswesen) als Innovationsmotor, in: Harvard Manager, 11. Jg., Heft 1, 1989, S. 129-133

Höfer, S.: ZP-Stichwort: (Wertschöpfungspartnerschaft), in: ZP, Bd. 7, 1996, S. 303-307

Höfer, S.: Strategische (Allianzen) und Spieltheorie, Lohmar, Köln 1997

Hörschgen, H. u.a.: (Marketing-Strategien). Konzepte zur Strategienbildung im Marketing, 2. Aufl., Ludwigsburg, Berlin 1993

Hoffmann, J.: Die (Konkurrenz) - Erkenntnisse für die strategische Führung und Planung, in: Töpfer, A.; Afheldt, H. (Hrsg.): Praxis der strategischen Unternehmensplanung, 2. Aufl., Stuttgart, Landsberg/Lech 1986, S. 183-205

Hoffmann, K.: (Risk) Management - Neue Wege der betrieblichen Risikopolitik, Karlsruhe 1985

Holst, J.: (Risikomanagement) im Lichte des KonTraG, IFBG-Studien, Nr. 9, Göttingen 1998

Homburg, C.: (Strategieformulierung) mit Hilfe von SPACE, in: ZP, Bd. 1, 1990, S. 51-67

Homburg, C.; Simon, H.: (Wettbewerbsstrategien), in: Tietz, B.; Köhler, R.; Zentes, J. (Hrsg.): Handwörterbuch des Marketing, 2. Aufl., Stuttgart 1995, Sp. 2753-2762

Hopfenbeck, W.: Allgemeine Betriebswirtschafts- und (Managementlehre). Das Unternehmen im Spannungsfeld zwischen ökonomischen, sozialen und ökologischen Interessen, 12. Aufl., Landsberg/Lech 1998

Horváth, P.: (Controlling), 7. Aufl., München 1998

Horváth, P.; Kaufmann, L.: Balanced (Scorecard) - ein Werkzeug zur Umsetzung von Strategien, in: Harvard Business Manager, 5/1998, S. 39-48

Horváth, P.; Seidenschwarz, W.: (Zielkostenmanagement), in: Controlling, Heft 3, 1992, S. 142-150

Hout, T.M.; Stalk, G.: (Zeitwettbewerb): Besser und schneller mit weniger Personal, in: Oetinger, B. von (Hrsg.): Das Boston Consulting Group Strategie-Buch, 2. Aufl., Düsseldorf u.a. 1994, S. 565-568

Ihde, G.B.: (Transport), Verkehr, Logistik. Gesamtwirtschaftliche Aspekte und einzelwirtschaftliche Handhabung, 2. Aufl., München 1991

Ihde, G.B.: (Supply) Chain Management, in: Bloech, J.; Ihde, G.B. (Hrsg.): Vahlens Großes Logistiklexikon, München 1997, S. 1046-1047

Isermann, H.: (Grundlagen) eines systemorientierten Logistikmanagements, in: Isermann, H. (Hrsg.): Logistik: Gestaltung von Logistiksystemen, 2. Aufl., Landsberg/Lech 1998, S. 21-60

Jirik, C.T.: (Supply) Chain Management, in: WiSt, 28. Jg., 1999, S. 547-550

Johnston, R.; Lawrence, P.R.: Vertikale (Integration) II: Wertschöpfungs-Partnerschaften leisten mehr, in: Harvard Manager, 11. Jg., 1989, S. 81-88

Kaas, K.P.; Fischer, M.: Der (Transaktionskostenansatz), in: WISU 22. Jg., 1993, S. 686-693

Kahn, H.; Wiener, A.J.: The (Year) 2000. A Framework for Speculation on the next Thirty-Three Years, 4. Aufl., New York, Toronto 1968

Kaluza, B.: Dynamische (Produktdifferenzierungsstrategie) und moderne Produktionskonzepte, Duisburg 1996

Kaplan, R.S.; Norton, D.P.: The Balanced Scorecard - (Measures) That Drive Perfomance, in: Harvard Business Review, January-February 1992, S. 71-79

Kaplan, R.S.; Norton, D.P.: Using the Balanced Scorecard as a Strategic (Management) System, in: Harvard Business Review, January-February 1996, S. 75-85

Kaplan, R.S.; Norton, D.P.: (Strategieumsetzung) mit Hilfe der Balanced Scorecard, in: Gleich, R.; Seidenschwarz, W. (Hrsg.): Die Kunst des Controlling, München 1997, S. 313-342

Kaplan, R.S.; Norton, D.P.: The Balanced (Scorecard): Strategien erfolgreich umsetzen, aus dem Amerikanischen von Horváth, P. u.a., Stuttgart 1997

Kaufmann, L.: ZP-Stichwort: Balanced (Scorecard), in: ZP, Bd. 8, 1997, S. 421-428

Kern, W.: Industrielle (Produktionswirtschaft), 5. Aufl., Stuttgart 1992

Kern, W.; Schröder, H.-H.: (Forschung) und Entwicklung in der Unternehmung, Reinbek bei Hamburg 1977

Kilger, W.: (Industriebetriebslehre), Bd. 1, Wiesbaden 1986

Kirsch, W.; Esser, W.-M.; Gabele, E.: Das (Management) des geplanten Wandels von Organisationen, Stuttgart 1979

Kirschbaum, V.: (Unternehmungserfolg) durch Zeitwettbewerb. Strategie, Implementation und Erfolgsfaktoren, München, Mehring 1995

Kleinaltenkamp, M.: Die (Dynamisierung) strategischer Marketing-Konzepte. - Eine kritische Würdigung des 'Outpacing Strategies'-Ansatzes von Gilbert und Strebel, in: ZfbF, 39 Jg., 1987, S. 31-52

Klenter, G.: (Zeit) - Strategischer Erfolgsfaktor von Industrieunternehmen, Hamburg 1995

Kless, T.: (Beherrschung) der Unternehmensrisiken: Aufgaben und Prozesse eines Risikomanagements, in: DStR, 36. Jg., 1998, 3, S. 93-96

Klingebiel, N.: (Performance) Management - Performance Measurement, in: ZP, Bd. 9, 1998, S. 1-15

Knauer, P.: Zur (Aussagefähigkeit) und Anwendbarkeit der Szenario-Methode, in: Analysen und Prognosen, Bd. 10, 1978, S. 13-15

Knyphausen, D. zu: (Theorie) der strategischen Unternehmensführung, Wiesbaden 1995

Koch, H.: (Aufbau) der Unternehmensplanung, Wiesbaden 1977

Kolks, U.: (Strategieimplementierung). Ein anwenderorientiertes Konzept, Wiesbaden 1990

Koppelmann, U.: (Beschaffungsmarketing), 2. Aufl., Berlin, Heidelberg, New York 1995

Korndörfer, W.: (Unternehmensführungslehre), 9. Aufl., Wiesbaden 1999

Kotler, P.; Bliemel, F.: (Marketing-Management): Analyse, Planung, Umsetzung und Steuerung, 9. Aufl., Stuttgart 1999

Kraljic, P.: (Gedanken) zur Entwicklung einer zukunftsorientierten Beschaffungs- und Versorgungsstrategie, in: Theuer, G.; Schiebel, W.; Schäfer, R. (Hrsg.): Beschaffung - ein Schwerpunkt der Unternehmensführung, Landsberg/Lech 1986, S. 72-93

Kreikebaum, H.: Die (Lückenanalyse) als Voraussetzung der Unternehmensplanung, in: Interne Revision, 8. Jg., 1973, S. 17-26

Kreikebaum, H.: (Strategic) Issue Analysis, in: Szyperski, N.; Winand, U. (Hrsg.): Handwörterbuch der Planung, Stuttgart 1989, Sp. 1876-1885

Kreikebaum, H.: Der (Mythos) des Portfolio-Managements, in: Steger, U. (Hrsg.): Der Niedergang des US-Management-Paradigmas. Die europäische Antwort, Düsseldorf u.a. 1993, S. 155-166

Kreikebaum, H.: Strategische (Unternehmensplanung), 6. Aufl., Stuttgart, Berlin, Köln 1997

Kreilkamp, E.: Strategisches (Management) und Marketing, Berlin, New York 1987

Kremin-Buch, B.: Strategisches (Kostenmanagement), Wiesbaden 1998

Krüger, W.: (Implementierung) als Kernaufgabe des Wandlungsmanagement, in: Hahn, D.; Taylor, B. (Hrsg.): Strategische Unternehmungsplanung - Strategische Unternehmungsführung, 7. Aufl., Heidelberg 1997, S. 821-849

Krüger, W.; Homp, C.: (Kernkompetenz-Management): Steigerung von Flexibilität und Schlagkraft im Wettbewerb, Wiesbaden 1997

Krystek, U.: (Unternehmungskrisen). Beschreibung, Vermeidung und Bewältigung überlebenskritischer Prozesse in Unternehmungen, Wiesbaden 1987

Krystek, U.; Müller-Stewens, G.: (Frühaufklärung) für Unternehmen. Identifikation und Handhabung zukünftiger Chancen und Bedrohungen, Stuttgart 1993

Krystek, U.; Müller-Stewens, G.: Strategische Frühaufklärung als (Element) strategischer Führung, in: Strategische Unternehmungsplanung - Strategische Unternehmungsführung: Stand und Entwicklungstendenzen, 7. Aufl., Heidelberg 1997, S. 913-933

Krystek, U.; Zur, E. (Hrsg.): (Internationalisierung): Eine Herausforderung für die Unternehmensführung, Berlin u.a. 1997

Kubicek, H.; Thom, N.: (Umsystem), betriebliches, in: Grochla, E.; Wittmann, W. (Hrsg.): Handwörterbuch der Betriebswirtschaft, Bd. 3, 4. Aufl., Stuttgart 1976, Sp. 3977-4017

Kühn, R.; Grünig, R.: (Grundlagen) der strategischen Planung. Ein integraler Ansatz zur Beurteilung von Strategien, Bern, Stuttgart, Wien 1998

Küpper, H.-U.: (Koordination) und Interdependenz als Bausteine einer konzeptionellen und theoretischen Fundierung des Controlling, in: Lücke, W. (Hrsg.): Betriebswirtschaftliche Steuerungs- und Kontrollprobleme, Wiesbaden 1988, S. 163-183

Küpper, H.-U.: (Industrielles Controlling), in: Schweitzer, M.: (Hrsg.): Industriebetriebslehre. Das Wirtschaften in Industrieunternehmungen, 2. Aufl., München 1994, S. 849-959

Küpper, H.-U.: (Controlling): Konzeption, Aufgaben und Instrumente, 2. Aufl., Stuttgart 1997

Küpper, W.: (Standortentscheidungsprozesse) transnationaler industrieller Großunternehmen, in: Lück, W.; Trommsdorf, V. (Hrsg.): Internationalisierung der Unternehmung als Problem der Betriebswirtschaftslehre, Berlin 1982, S. 439-461

Kuhn, J.: (Erfolgsfaktor) Zeit, Ilmenau 1995

Kutschker, M.: Joint (Ventures), in: Tietz, B.; Köhler, R.; Zentes, J. (Hrsg.): Handwörterbuch des Marketing, 2. Aufl., Stuttgart 1995, Sp. 1079-1090

Lange, B.: (Portfolio-Methode) in der strategischen Unternehmensplanung, Hannover 1981

Langguth, H.: Strategisches (Controlling), Ludwigsburg, Berlin 1994

Lehmann, F.O.: Strategische Budgetierung - (Entwurf) und Fundierung eines Instruments des strategischen Controllings, Frankfurt/M. u.a. 1993

Lehmann, F.O.: Strategische (Budgetierung). Instrument des Controlling in einem Unternehmen der Verlagsbranche, in: Bloech, J.; Götze, U. u.a. (Hrsg.): Strategische Planung. Instrumente, Vorgehensweisen und Informationssysteme, Heidelberg 1994, S. 141 - 158

Lehnen, F.: Die (Szenariotechnik) in der Unternehmensplanung, in: ZfbF, 31. Jg., 1979, S. 71-75

Lehner, J.M.: (Implementierung) von Strategien. Konzeption unter Berücksichtigung von Unsicherheit und Mehrdeutigkeit, Wiesbaden 1996

Lewin, K.: (Field) theory in social science, New York 1951

Lewis, T.G.: (Steigerung) des Unternehmenswertes: Total Value Management, Landsberg/Lech 1994

Lewis, T.G.; Stelter, D.: (Mehrwert) schaffen mit finanziellen Ressourcen, in: Harvard Business Manager, Heft 4, 1993, S. 107-114

Lingg, H.: Von der (Bedeutung) des Wettbewerbsfaktors Zeit, in: IO-Management Zeitschrift, 61. Jg., 1992, S. 73-77

Link, J.: (Organisation) der strategischen Planung. Aufbau und Bedeutung strategischer Geschäftseinheiten sowie strategischer Planungsorgane, Heidelberg, Wien 1985

Linneman, R.E.; Klein, H.E.: The (Use) of Multiple Scenarios by U.S. Industrial Companies, in: LRP, Vol. 12, 1979, S. 83-90

Linstone, H.A.: The (Delphi) Technique, in: Fowles, J. (Ed.): Handbook of Futures Research, Westport, London 1978, S. 273-300

Luchs, R.H.; Müller, R.: Das PIMS-Programm - (Strategien) empirisch fundieren, in: Strategische Planung, 2/1985, S. 79-98

Lück, W.: Der (Umgang) mit unternehmerischen Risiken durch ein Risikomanagementsystem und durch ein Überwachungssystem - Anforderungen durch das KonTraG und Umsetzung in der betrieblichen Praxis, in: Der Betrieb, 51. Jg., H. 39, 1998, S. 1925-1930

Lücke, W.: (Unternehmenswachstum) und Unternehmensgröße. Zur Notwendigkeit einer differenzierten Darstellung von Entwicklung und Zustand eines Unternehmens, in: Koch, H. (Hrsg.): Neuere Entwicklungen in der Unternehmenstheorie, Wiesbaden 1982, S. 177-219

Lücke, W.: (Umsetzungen) und Auswirkungen des technischen Fortschritts aus betriebswirtschaftlicher Sicht, in: Gabisch, G. (Hrsg.): Technischer (Fortschritt), Beschäftigung und wirtschaftliches Gleichgewicht, Berlin 1989, S. 88-166

Lüder, K.: (Investitionskontrolle), Wiesbaden 1969

Lüder, K.; Küpper, W.: Unternehmerische (Standortplanung) und regionale Wirtschaftsförderung, Göttingen 1983

Macharzina, K.: (Unternehmensführung). Das internationale Managementwissen. Konzepte - Methoden - Praxis, 2. Aufl., Wiesbaden 1995

Macharzina, K.; Engelhardt, J.: Paradigm (Shift) in International Business Research - From Partist and Eclectic Approaches to the GAINS Program, in: Macharzina, K. (Hrsg.): Frontiers of International Business Research, Management International Research, 31. Jg., Special Issue, 1991, S. 23-43

Mag, W.: (Risiko) und Ungewißheit, in: Albers, W.; Born, K.E. u.a. (Hrsg.): Handwörterbuch der Wirtschaftswissenschaft, Bd. 6, Stuttgart 1981, S. 478-495

Mag, W.: (Unternehmungsplanung), München 1995

Männel, W.: (Wahl) zwischen Eigenfertigung und Fremdbezug, 2. Aufl., Nachdruck, Schriften zur Betriebswirtschaftslehre, Lauf an der Pegnitz 1995

Männel, W.: (Entwicklungsperspektiven) der Kostenrechnung, 4. Aufl., Lauf an der Pegnitz 1998

Matje, A.: (Unternehmensleitbilder) als Führungsinstrument, Wiesbaden 1996

Matje, A.: Kostenorientiertes (Transaktionscontrolling). Konzeptioneller Rahmen und Grundlagen für die Umsetzung, Wiesbaden 1996

Mauthe, K.D.; Roventa, P.: Versionen der (Portfolio-Analyse) auf dem Prüfstand, in: ZfO, 1982, S. 191-204

Meffert, H.: Marketingstrategien in stagnierenden und schrumpfenden (Märkten), in: Pack, L.; Börner, D. (Hrsg.): Betriebswirtschaftliche Entscheidungen bei Stagnation, Wiesbaden 1984, S. 37-72

Meffert, H.: (Marketingstrategien) in unterschiedlichen Marktsituationen, in: Bruhn, M. (Hrsg.): Handbuch des Marketing, München 1989, S. 277-306

Meffert, H.: (Marketing-Management): Analyse, Strategie, Implementierung, Wiesbaden 1994

Meffert, H.: (Marketing). Grundlagen marktorientierter Unternehmensführung. Konzepte - Instrumente - Praxisbeispiele, 8. Aufl., Wiesbaden 1998

Mensch, G.: (Risiko) und Unternehmensführung. Eine systemorientierte Konzeption zum Risikomanagement, Frankfurt/M. 1991

Meyer, C.: (Beschaffungsziele), 2. Aufl., Köln 1990

Meyer zu Selhausen, H.: Inkrementale (Planung), in: Szyperski, N., unter Mitarbeit von Winand, U. (Hrsg.): Handwörterbuch der Planung, Stuttgart 1989, Sp. 746-753

Michel, U.: (Strategien) zur Wertsteigerung erfolgreich umsetzen - Wie die Balanced Scorecard ein wirkungsvolles Shareholder Value Management unterstützt, in: Horváth, P. (Hrsg.): Das neue Steuerungssystem des Controllers, Stuttgart 1997, S. 273-287

Mikus, B.: ZP-Stichwort: (Risikomanagement), in: ZP, Bd. 7, 1996, S. 105-110

Mikus, B.: (Make-or-buy-Entscheidungen) in der Produktion, Wiesbaden 1998

Mikus, B.: Zum (Verhältnis) von Management und Zeit - Zeit im Management und Zeitmanagement, in: Götze, U.; Mikus, B.; Bloech, J. (Hrsg.): Management und Zeit, Heidelberg 2000, S. 3-27 (in Drucklegung)

Mikus, B.; Götze, U.: (Risikomanagement) als Bestandteil des strategischen Management, Arbeitsbericht 2/99 des Instituts für Betriebswirtschaftliche Produktions- und Investitionsforschung der Georg-August-Universität Göttingen, Göttingen 1999

Miles, R.E.; Snow, C.C.: Organizational (Strategy), Structure and Process, New York u.a. 1978

Miles, R.E.; Snow, C.C.: (Unternehmensstrategien), Hamburg 1986

Mintzberg, H.: (Strategy) Formation: Schools of Thought, in: Fredrickson, J.W.: Perspectives on Strategic Management, Grand Rapids u.a. 1990, S. 105-235

Mintzberg, H.; McHugh, A.: (Strategy) Formation in an Adhocracy, in: Administrative Science Quarterly, Vol. 30, No. 2, 1985, S. 160-197

Mißler-Behr, M.: (Methoden) der Szenario-Analyse, Wiesbaden 1993

Moormann, J.: Strategische (Planung) mit DSS-Generatoren, München 1989

Müller, E.-W.: (Gestaltungspotentiale) für die Logistik in der Beschaffung. Gemeinsam Spitzenleistungen erreichen, in: Beschaffung aktuell, Heft 4, 1990, S. 51-53

Müller-Stewens, G.: (Entwicklung) von Strategien für den Eintritt in neue Geschäfte, in: Henzler, H.A. (Hrsg.): Handbuch Strategische Führung, Wiesbaden 1988, S. 219-242

Nauer, E.: (Praxis) der Industriestandortplanung, in: Die Unternehmung, 22. Jg. 1968, S. 161-175

Neubauer, F.F.: Das (PIMS-Programm) und Portfolio-Management, in: Hahn, D.; Taylor, B. (Hrsg.): Strategische Unternehmungsplanung - Strategische Unternehmungsführung, 7. Aufl., Heidelberg 1997, S. 436-463

Neumann, H.: (Aufbau) eines Risikomanagements - insbesondere eines Frühwarnsystems - als Anforderung der neuen gesetzlichen Regelungen zur Kontrolle und Transparenz im Unternehmensbereich (KonTraG), in: Betrieb und Wirtschaft, Heft 19, 1998, S. 721-730

Niemand, S.: (Target) Costing - konsequente Marktorientierung durch Zielkostenmanagement, in: FB/IE, 41. Jg., 1992, S. 118-123

Nieschlag, R.; Dichtl, E.; Hörschgen, H.: (Marketing), 18. Aufl., Berlin 1997

Nitzsch, R. von: (SCENARIO) ANALYSIS. Ein neues Programm zur Unterstützung der Szenarioanalyse, Arbeitsbericht Nr. 85/03 des Lehr- und Forschungsgebiets Allgemeine Betriebswirtschaftslehre, Rheinisch-Westfälische Technische Hochschule Aachen, Aachen 1985

Nuber, W.: Strategische (Kontrolle). Konzeption, Organisation und kontextspezifische Differenzierung, Wiesbaden 1995

Oecking, G.: Strategisches und operatives (Fixkostenmanagement): Möglichkeiten und Grenzen des theoretischen Konzeptes und der praktischen Umsetzung im Rahmen des Kosten- und Erfolgs-Controllings, München 1994

Oecking, G.: Fixkostenmanagement bei wechselnden (Marktverhältnissen), in: Freidank, C.-C. u.a. (Hrsg.): Kostenmanagement. Aktuelle Konzepte und Anwendungen, Berlin, Heidelberg u.a. 1997, S. 175-194

Ohland, L.: Strategische (Kontrolle): Entwicklung eines mehrstufigen Grundmodells auf der Basis einer kritischen Analyse traditioneller Kontrollen, Frankfurt/M., Bern, New York 1988

Ohmae, K.: (Macht) der Triade. Die neue Form weltweiten Wettbewerbs, Wiesbaden 1985

Olesch, G.: (Kooperation), in: Tietz, B.; Köhler, R.; Zentes, J. (Hrsg.): Handwörterbuch des Marketing, 2. Aufl., Stuttgart 1995, Sp. 1273-1284

Ortlieb, P.: (Qualitätsmanagement) und betriebliches Anreizsystem, Pfaffenweiler 1993

Pack, L.: (Unternehmungsführung), Lehre von der, in: Grochla, E.; Wittmann, W. (Hrsg.): Handwörterbuch der Betriebswirtschaft, Bd. 3, 4. Aufl., Stuttgart 1975, Sp. 4079-4093

Pascale, R.T.; Athos, A.G.: The (Art) of Japanese Management, New York 1981

Pekayvaz, B.: Strategische (Planung) in der Materialwirtschaft, Frankfurt/M., Bern, New York 1985

Perlitz, M.: Internationales (Management), 3. Aufl., Stuttgart, Jena 1997

Perlmutter, H.V.: The Tortuous (Evolution) of the Multinational Corporation, in: Columbia Journal of World Business, 1/1969, S. 9-18

Peters, J.: Entwicklungsländerorientierte (Internationalisierung) von Industrieunternehmen. Eine theoretische und empirische Analyse des Entscheidungsverhaltens am Beispiel der deutschen elektrotechnischen Industrie, Heidelberg 1988

Peters, T.J.; Waterman, R.H.: Auf der (Suche) nach Spitzenleistungen: Was man von den bestgeführten US-Unternehmen lernen kann, 15. Aufl., aus dem Amerikanischen übersetzt von Reddmann, H., Landsberg/Lech 1993

Pfeifer, T.: (Qualitätsmanagement): Strategien, Methoden, Techniken, 2. Aufl., München, Wien 1996

Pfeiffer, W.; Bischoff, D.: (Produktlebenszyklen) - Instrument jeder strategischen Produktplanung, in: Steinmann, H. (Hrsg.): Planung und Kontrolle, München 1981, S. 133-165

Pfeiffer, W.; Dögl, R.: Das (Technologie-Portfolio-Konzept) zur Beherrschung der Schnittstelle Technik und Unternehmensstrategie, in: Hahn, D.; Taylor, R. (Hrsg.): Strategische Unternehmungsplanung - Strategische Unternehmungsführung: Stand und Entwicklungstendenzen, 7. Aufl., Heidelberg 1997, S. 407-435

Pfeiffer, W.; Weiß, E.: (Lean-Management): Grundlagen der Führung und Organisation, Berlin 1992

Pfohl, H.-C.: (Planung) und Kontrolle, Stuttgart 1981

Pfohl, H.-C.: Strategische (Kontrolle), in: Henzler, H.A. (Hrsg.): Handbuch Strategische Führung, Wiesbaden 1988, S. 801-824

Pfohl, H.-C.: Strategic (Analysis), in: Grochla, E.; Gaugler, E. (Hrsg.): Handbook of German Business Management, Stuttgart 1990, Sp. 2269-2282

Pfohl, H.-C.: (Logistiksysteme). Betriebswirtschaftliche Grundlagen, 5. Aufl., Berlin, Heidelberg, New York u.a. 1996

Pfohl, H.-C.: (Logistikplanung), strategische, in: Bloech, J.; Ihde, G.B. (Hrsg.): Vahlens Großes Logistiklexikon, München 1997, S. 630-634

Pfohl, H.-C.: (Logistikstrategien), in: Bloech, J.; Ihde, G.B. (Hrsg.): Vahlens Großes Logistiklexikon, München 1997, S. 638-643

Pfohl, H.-C.; Stölzle, W.: (Planung) und Kontrolle, 2. Aufl., München 1997

Phillips, L.W.; Chang, D.R.; Buzzell, R.D.: (Product) Quality, Cost Position and Business Performance: A Test of some Key Hypotheses, in: Journal of Marketing, 47. Jg., 1983, Spring, S. 26-43

Picot, A.: Ein neuer (Ansatz) zur Gestaltung der Leistungstiefe, in: ZfbF, 43. Jg., 1991, S. 336-357

Picot, A.; Maier, M.: Analyse- und (Gestaltungskonzepte) für das Outsourcing, in: Information Management, 7. Jg., 1992, Nr. 4, S. 14-27

Picot, A.; Reichwald, R.; Schönecker, H.G.: (Eigenfertigung) oder Fremdbezug von Organisationsleistungen - ein Problem der Unternehmensführung (Teil 2), in: Office Management, 33. Jg., 1985, Nr. 11, S. 1029-1034

Piller, F.T.: Kundenindividuelle (Massenproduktion). Die Wettbewerbsstrategie der Zukunft, München, Wien 1998

Pine, B.J. II: (Mass) Customization: The New Frontier in Business Competition, Boston 1993

Pleschak, F.; Sabisch, H.: (Innovationsmanagement), Stuttgart 1996

Pornschlegel, H.: Unternehmensstrategisches (Zeitmanagement) - neue Rollen für die Zeitwirtschaft unter neuen Managementkonzepten, in: REFA-Nachrichten, 47. Jg., 1994, Heft 6, S. 26--3

Porter, M.E.: (Diversifikation): Konzerne ohne Konzept, in: Harvard Manager, 9. Jg., 1987, Heft 4, S. 30-49

Porter, M.E.: (Wettbewerb) auf globalen Märkten: ein Rahmenkonzept, in: Porter, M.E. (Hrsg.): Globaler Wettbewerb: Strategien der neuen Internationalisierung, Wiesbaden 1989, S. 17-68

Porter, M.E.: (Wettbewerbsstrategie). Methoden zur Analyse von Branchen und Konkurrenten, 10. Aufl., Frankfurt/M., New York 1999

Porter, M.E.: (Wettbewerbsvorteile). Spitzenleistungen erreichen und behaupten, 5. Aufl., Frankfurt/M., New York 1999

Prahalad, C.K.; Hamel, G.: The (Core Competence) of the Corporation, in: Harvard Business Review, Vol. 68, May/June, 1990, S. 79-91

Probst, G.J.B.; Büchel, B.: Organisationales (Lernen): Wettbewerbsvorteil der Zukunft, Wiesbaden 1994

Pümpin, C.: Strategische (Erfolgspositionen). Methodik der dynamischen strategischen Unternehmensführung, Bern, Stuttgart 1992

Quinn, J.B.; Hilmer, F.G.: Strategic (Outsourcing), in: Sloan Management Review, Summer 1994, S. 43-55

Rabl, K.: (Strukturierung) strategischer Planungsprozesse, Wiesbaden 1990

Raffée, H.; Kreutzer, R.: (Ansätze) zur Erfassung von Länderrisiken in ihrer Bedeutung für Direktinvestitionsentscheidungen, in: Kortzfleisch, G. von; Kaluza, B. (Hrsg.): Internationale und nationale Problemfelder der Betriebswirtschaftslehre, Berlin 1984, S. 27-63

Rappaport, A.: (Shareholder) Value: Wertsteigerung als Maßstab für die Unternehmensführung, übersetzt von Klien, W., Stuttgart 1995

Rasche, C.; Wolfrum, B.: Ressourcenorientierte (Unternehmensführung), in: DBW, 54. Jg., Nr. 4, 1994, S. 501-517

Reibnitz, U. von: (Szenarien) - Optionen für die Zukunft, Hamburg, New York u. a. 1987

Reibnitz, U. von: (Szenario-Planung), in: Szyperski, N. unter Mitarbeit von Winand, U. (Hrsg.): Handwörterbuch der Planung, Stuttgart 1989, Sp. 1979-1995

Reibnitz, U. von: (Szenario-Technik): Instrumente für die unternehmerische und persönliche Erfolgsplanung, 2. Aufl., Wiesbaden 1992

Reichwald, R.: (Entwicklungszeiten) als wettbewerbsentscheidender Faktor für den langfristigen Erfolg eines Industriebetriebes, in: Reichwald, R.; Schmelzer, H.J. (Hrsg.): Durchlaufzeiten in der Entwicklung - Praxis des industriellen F & E-Managements, München, Wien 1990, S. 9-25

Reimann, B.C.: (Managing) for Value: A Guide to Value Based Strategic Management, 2. Aufl., Oxford, Cambridge 1990

Reuter, J.: (Komplexität) und Dynamik der Implementierung von Wettbewerbsstrategien, Wiesbaden 1998

Riezler, S .: (Lebenszyklusrechnung). Instrument des Controlling strategischer Projekte, Wiesbaden 1995

Ringlstetter, M.; Skrobarczyk, P.: Die (Entwicklung) internationaler Strategien. Ein integrierter Bezugsrahmen, in: ZfB, 64. Jg., 1994, S. 333-357

Roberts, E.B.; Berry, C.A.: Entering New (Businesses): Selecting Strategies for Success, in: Sloan Management Review, 26. Jg., 1984/85, Nr. 3, S. 3-17

Roberts, E.B.; Berry, C.A.: Entering New Businesses: Selecting (Strategies) for Success, in: Hax, A.C. (Hrsg.): Planning Strategies that Work, Oxford 1987, S. 91-111

Roland, F.: (Beschaffungsstrategien), Bergisch-Gladbach, Köln 1993

Ropella, W.: (Synergie) als strategisches Ziel der Unternehmung, Berlin, New York 1989

Roventa, P.: (Portfolio-Analyse) und strategisches Management, 2. Aufl., München 1981

Rowe, A.J. u.a.: Strategic (Management) - A Methodological Approach, 4. Aufl., Reading u.a. 1994

Rudolph, F.: (Controlling) für Unternehmen in schrumpfenden Märkten. Funktionen - Prozesse - Instrumente, Wiesbaden 1994

Rühli, E.: (Unternehmungsführung) und Unternehmungspolitik, Bd. 3, Bern, Stuttgart, Jena 1993

Rühli, E.: (Ressourcenmanagement). Strategischer Erfolg dank Kernkompetenzen, in: Die Unternehmung, 49. Jg., 1995, S. 91-105

Rummel, K.D.: (Zielkosten-Management) - der Weg, Produktkosten zu halbieren und Wettbewerber zu überholen, in: Horváth, P. (Hrsg.): Effektives und schlankes Controlling, Stuttgart 1992, S. 221-244

Saaty, T.L.: The Analytic (Hierarchy) Process, New York, St. Louis u.a. 1980

Sälzer, B.E.: (Standortdynamik) von Industrieunternehmungen. Eine theoretische und empirische Analyse von Standortstrukturänderungen unter besonderer Berücksichtigung der verkehrswirtschaftlichen Konsequenzen, Frankfurt/M., Bern, New York 1985

Sakurai, M.: The (Influence) of Factory Automation on Management Accounting Practices: A Study of Japanese Companies, in: Kaplan, R.S. (Ed.): Measures for Manufacturing Excellence, Boston 1990, S. 39-62

Sauter, U.: Modellgestützte langfristige (Planung) bei kleinen und mittleren Unternehmungen, Bern, Stuttgart 1987

Schill, C.O.: Industrielle (Standortplanung), Frankfurt/M. 1990

Schlicksupp, H.: (Innovation), Kreativität und Ideenfindung, 3. Aufl., Würzburg 1989

Schmid, S.: (Shareholder-Value-Orientierung) als oberste Maxime der Unternehmensführung? - Kritische Überlegungen aus der Perspektive des Strategischen Managements - in: ZP, Bd. 9, 1998, S. 219-238

Schmidt, S.: (Entwicklung) eines Kostenrechnungsmodells für die Qualitätssicherung, Aachen 1996

Schneider, D.; Baur, C.; Hopfmann, L.: Re-Design der (Wertkette) durch Make or Buy. Konzepte und Fallstudien, Wiesbaden 1994

Scholz, C.: Strategisches (Management). Ein integrativer Ansatz, Berlin, New York 1987

Scholz, C.: Strategische (Organisation). Prinzipien zur Vitalisierung und Virtualisierung, Landsberg/Lech 1997

Schoppe, S.G. (Hrsg.): Kompendium der Internationalen Betriebswirtschaftslehre, 4. Aufl., München, Wien 1998

Schreyögg, G.: (Unternehmensstrategie). Grundfragen einer Theorie strategischer Unternehmensführung, Berlin, New York 1984

Schreyögg, G.: (Umfeld) der Unternehmung, in: Wittmann, W.; Kern, W. u.a. (Hrsg.): Handwörterbuch der Betriebswirtschaftslehre, 5. Aufl., Stuttgart 1993, Sp. 4231-4247

Schreyögg, G.: Zum (Verhältnis) von Planung und Kontrolle, in: WiSt, 23. Jg., 1994, S. 345-351

Schreyögg, G.; Steinmann, H.: Strategische (Kontrolle), in: Zeitschrift für betriebswirtschaftliche Forschung, 37. Jg., 1985, S. 391-410

Schubert, B.: (Entwicklung) von Konzepten für Produktinnovationen mittels Conjoint-Analyse, Stuttgart 1991

Schulte, C.: (Logistik). Wege zur Optimierung des Material- und Informationsflusses, 2. Aufl., München 1995

Schuy, A.: (Risiko-Management). Eine theoretische Analyse zum Risiko und Risikowirkungsprozeß als Grundlage für ein risikoorientiertes Management unter besonderer Berücksichtigung des Marketing, Frankfurt/M. u.a. 1989

Schweitzer, M.: (Planung) und Steuerung, in: Bea, F.X.; Dichtl, E.; Schweitzer, M. (Hrsg.): Allgemeine Betriebswirtschaftslehre, Bd. 2: Führung, 7. Aufl., Stuttgart 1997, S. 21-131

Schweitzer, M.; Küpper, H.-U.: Produktions- und (Kostentheorie). Grundlagen - Anwendungen, 2. Aufl., Wiesbaden 1997

Schweitzer, M.; Küpper, H.-U.: (Systeme) der Kosten- und Erlösrechnung, 7. Aufl., München 1998

Seidel, U.M.: Die (Auswirkungen) des Gesetzes zur Kontrolle und Transparenz im Unternehmensbereich (KonTraG) auf die betriebliche Praxis, in: controller magazin, Heft 5, 1998, S. 363-369

Seidenschwarz, W.: Target (Costing) und Prozeßkostenrechnung, in IFUA Horváth & Partner GmbH Stuttgart (Hrsg.): Prozeßkostenmanagement - Methodik, Implementierung, Erfahrungen -, München 1991, S. 47-70

Seidenschwarz, W.: Target Costing. Ein japanischer (Ansatz) für das Kostenmanagement, in: Controlling, Heft 4, 1991, S. 198-203

Seidenschwarz, W.: (Target) Costing. Marktorientiertes Zielkostenmanagement, München 1993

Seiwert, L.J.: Das neue 1x1 des (Zeitmanagement), 17. Aufl., Offenbach 1995

Sieben, G.; Schildbach, T.: Betriebswirtschaftliche (Entscheidungstheorie), 3. Aufl., Düsseldorf 1990

Siegwart, H.: (Shareholder) Value 'contra' Sicherung der langfristigen Überlebensfähigkeit der Unternehmung?, in: Seicht, G.: (Hrsg.): Kostenrechnung und Kostenmanagement, Buchhaltung und Bilanzierung, Krisenmanagement und Gläubigerschutz, Cash-Flow und Kapitalflußrechnung, Öko-Controlling, Wien 1994, S. 397-412

Sierke, B.R.A.: (Shareholder) Value: Wertorientierte Unternehmenssteuerung mit Zukunft? in: Bogaschewsky, R.; Götze, U. (Hrsg.): Unternehmensplanung und Controlling, Heidelberg 1998, S. 67-84

Simon, H.: Die (Zeit) als strategischer Erfolgsfaktor, in: Hax, H.; Kern, W.; Schröder, H.-H. (Hrsg.): Zeitaspekte in betriebswirtschaftlicher Theorie und Praxis, Stuttgart 1989, S. 117--30

Soldner, H.: Neuere (Erklärungsansätze) internationaler Unternehmensaktivitäten, in: Wacker, W.H.; Haussmann, H.; Kumar, B.N. (Hrsg.): Internationale Unternehmensführung, Berlin 1981, S. 71-94

Sommerlatte, T.; Deschamps, J.-P: Der strategische (Einsatz) von Technologien - Konzepte und Methoden zur Einbeziehung von Technologien in die Strategieentwicklung des Unternehmens, in: Arthur D. Little International (Hrsg.): Management im Zeitalter der strategischen Führung, 2. Aufl., Wiesbaden 1986, S. 39-76

Sommerlatte T.; Mollenhauer, M.: (Qualität), Kosten, Zeit - das magische Dreieck, in: Little, A.D. (Hrsg.): Management von Spitzenqualität, Wiesbaden 1992, S. 26-36

Specht, G.; Beckmann, C.: (F&E-Management), Stuttgart 1996

Specht, G.; Perillieux, R.: (Erfolgsfaktoren) technischer Führer- und Folgerpositionen auf Investitionsgütermärkten, in: ZfB, 40. Jg., 1988, S. 204-226

Staehle, W.H.: (Management). Eine verhaltenswissenschaftliche Perspektive, 8. Aufl., überarb. von Conrad, P.; Sydow, J., München 1999

Stahr, G.: Internationale strategische (Unternehmensführung), Stuttgart, Berlin, Köln 1989

Stalk, G.; Hout, T.M.: (Zeitwettbewerb): Schnelligkeit entscheidet auf den Märkten der Zukunft, 2. Aufl., Frankfurt/M., New York 1991

Stein, H.-G.: (Kostenführerschaft) als strategische Erfolgsposition, in: Henzler, H.A. (Hrsg.): Handbuch Strategische Führung, Wiesbaden 1988, S. 397-426

Steinbach, W.: (Qualitätskosten), in: Masing, W. (Hrsg.): Handbuch der Qualitätssicherung, 2. Aufl., München, Wien 1988, S. 879-900

Steiner, J.: (Aufgaben) und Lehrsätze, in: Journal für die reine und angewandte Mathematik, 13. Jg., 1835, S. 361-364

Steinle, C.; Lawa, D.; Lier, A.: (Methoden) der strategischen Planung und ihre Bedeutung in der Unternehmungspraxis, in: WISU, 22. Jg., 1993, S. 809-821

Steinle, C.; Lawa, D.; Schmidt, C.: (Entwicklung) eines planungsstützenden Erfolgsfaktorenmodells: Rahmen sowie Anwendung in einer Dienstleistungsunternehmung, in: ZP, Bd. 4, 1993, S. 195-214

Steinmann, H.; Schreyögg, G.: (Management), 4. Aufl., Wiesbaden 1997

Sydow, J.: Strategische (Netzwerke): Evolution und Organisation, Wiesbaden 1992

Sydow, J.: Editorial - Über Netzwerke, (Allianzsysteme), Verbünde, Kooperationen und Konstellationen, in: Sydow, J. (Hrsg.): Management von Netzwerkorganisation, Wiesbaden 1999, S. 1-5

Sydow, J.: (Management) von Netzwerkorganisationen - Zum Stand der Forschung, in: Sydow, J. (Hrsg.): Management von Netzwerkorganisation, Wiesbaden 1999, S. 279-314

Tanaka, M.: (Cost) Planning and Control Systems in the Design Phase of a New Product, in: Monden, Y.; Sakurai, M. (Eds.): Japanese Management Accounting, Cambridge, Mass., 1989, S. 49-71

Tesch, P.: Die (Bestimmungsgründe) des internationalen Handels und der Direktinvestition. Eine kritische Untersuchung der außenwirtschaftlichen Theorien und Ansatzpunkte einer standorttheoretischen Erklärung der leistungswirtschaftlichen Auslandsbeziehungen der Unternehmen, Berlin 1980

Thießen, F.: (Shareholder) Value - Am Anfang oder am Ende, in: Egger, A.; Grün, O.; Moser, R. (Hrsg.): Managementinstrumente und -konzepte. Entstehung, Verbreitung und Bedeutung für die Betriebswirtschaftslehre, Stuttgart 1999, S. 387-416

Thommen, J.-P.: Managementorientierte (Betriebswirtschaftslehre), 5. Aufl., Zürich 1996

Timmermann, A.: (Evolution) des strategischen Managements, in: Henzler, H.A. (Hrsg.): Handbuch Strategische Führung, Wiesbaden 1988, S. 85-105

Timmermann, M.: Zur (Standortplanung) der Unternehmungen, in: WiSt, 1. Jg., 1972, S. 388-393

Töpfer, A.: (Planungssystemkonzeptionen), in: Szyperski, N. unter Mitarbeit von Winand, U. (Hrsg.): Handwörterbuch der Planung, Stuttgart 1989, Sp. 1515-1528

Töpfer, A.; Afheldt, H.: (Überblick) und Einordnung der Beiträge, in: Töpfer, A.; Afheldt, H. (Hrsg.): Praxis der strategischen Unternehmensplanung, 2. Aufl., Stuttgart, Landsberg/Lech 1988, S. 1-54

Töpfer, A.; Mehdorn, H.: Total (Quality) Management: Anforderungen und Umsetzung im Unternehmen, 3. Aufl., Neuwied, Kriftel, Berlin 1994

Ulrich, H.: (Unternehmungspolitik), 3. Aufl., Bern, Stuttgart 1990

Ulrich, P.; Fluri, E.: (Management), 7. Aufl., Bern u.a. 1995

Vanston jr., J.H.; Frisbie, W.P. u.a.: Alternate (Scenario) Planning, in: Technological Forecasting and Social Change, Vol. 10, 1977, S. 159-180

Veil, P.: Der (Zeitfaktor) im Change Management, München, Mering 1999

Venkatesan, R.: Strategic (Sourcing): To make or not to make. Make or buy decisions can be a catalyst for industrial renewal, in: Harvard Business Review, Vol. 70, Nov./Dec., 1992, S. 98-107

Voigt, K.-I.: Strategische (Unternehmensplanung): Grundlagen-Konzepte-Anwendung, Wiesbaden 1993

Voigt, K.-I.: (Strategien) im Zeitwettbewerb. Optionen für Technologiemanagement und Marketing, Wiesbaden 1998

Voigt, K.-I.: (Zeitwettbewerb), in: Götze, U.; Mikus, B.; Bloech, J. (Hrsg.): Management und Zeit, Heidelberg 2000, S. 193-220 (in Drucklegung)

Wack, P.: (Scenarios): Uncharted Waters Ahead, in: Harvard Business Review, Vol. 63, 1985, S. 72-89

Wagner, J.: (Export), Direktinvestition oder Lizenzvergabe? Ein einfacher Modellrahmen für die Wahl der optimalen Form der Internationalisierung einer Unternehmung, WiSt, 22. Jg., 1993, S. 451-458

Waltermann, B.: (Zeitwettbewerb) als Basis marktorientierter Unternehmensführung, in: Bruhn, M. (Hrsg.): Marktorientierte Unternehmensführung im Umbruch, Stuttgart 1994, S. 549-564

Wangenheim, S. von; Haug, A.; Handtrack, H.: (Standortkostenmanagement), in: Controlling, Heft 6, 1994, S. 328-337

Weber, A.: Ueber den (Standort) der Industrien, 1. Teil: Reine Theorie des Standorts, 2. Aufl., Tübingen 1922

Weber, J.: Strategisches (Controlling): Koordinationsaufgaben innerhalb der strategischen Führung, in: Riekhof, H.-C. (Hrsg.): Praxis der Strategieentwicklung: Konzepte - Erfahrungen - Fallstudien, Stuttgart 1994, S. 323-336

Weber, J.: (Einführung) in das Controlling, 7. Aufl., Stuttgart 1998

Weber, J.: (Logistikmanagement) - Verankerung des Flußprinzips im Führungssystem des Unternehmens, in: Isermann, H. (Hrsg.): Logistik: Gestaltung von Logistiksystemen, 2. Aufl., Landsberg/Lech 1998, S. 79-89

Weber, J.; Kummer, S.: (Logistikmanagement), 2. Aufl., Stuttgart 1998

Weber, J.; Nippel, H.: (Entwicklung) und Gestaltungsaspekte von Total Quality Management, in: ZP, Bd. 7, 1996, S. 111-130

Weber, J.; Schäffer, U.: Balanced (Scorecard) - Gedanken zur Einordnung des Konzepts in das bisherige Controlling-Instrumentarium, in: ZP, Bd. 9, 1998, S. 341-365

Weber, K.: (Wirtschaftsprognostik), München 1990

Wechsler, W.: (Delphi-Methode). Gestaltung und Potential für betriebliche Prognoseprozesse, München 1978

Wehling, M. u.a.: (Implikationen) des individuellen Zeitmanagements für die Unternehmensführung, in: Götze, U.; Mikus, B.; Bloech, J. (Hrsg.): Management und Zeit, Heidelberg 2000, S. 95-117 (in Drucklegung)

Welge, M.K.: (Planungsprobleme) in multinationalen Unternehmen, in: Frese, E.; Schmitz, P.; Szyperski, N. (Hrsg.): Organisation, Planung, Informationssysteme, Stuttgart 1981, S. 197-217

Welge, M.K.; Al-Laham, A.: (Planung). Prozesse - Strategien - Maßnahmen, Wiesbaden 1992

Welge, M.K.; Al-Laham, A.: (Stand) der strategischen Planungspraxis in der deutschen Industrie - Bericht über eine empirische Untersuchung -, in: ZfbF, 49. Jg., 1997, S. 790-806

Welge, M.K.; Holtbrügge D.: Internationales (Management), Landsberg/Lech 1998

Welters, K.: (Delphi-Technik), in: Szyperski, N. unter Mitarbeit von Winand, U. (Hrsg.): Handwörterbuch der Planung, Stuttgart 1989, Sp. 262-268

Wernerfelt, B.: A Resource-Based View of the (Firm), in: Strategic Management Journal, Vol. 5, 1984, S. 171-180

Wernerfelt, B.: The Resource-Based (View) of the Firm: Ten Years After, in: Strategic Management Journal, Vol. 16, 1995, S. 171-174

Wicher, H.: (Qualitätsmanagement), in: WISU, 17. Jg., 1988, S. 35-40

Wilbert, H.: Betriebliche und internationale (Produktion) und Produktionsplanung, in: Schoppe, S.G. (Hrsg.): Kompendium der Internationalen Betriebswirtschaftslehre, 3. Aufl., München, Wien 1994, S. 439-469

Wild, J.: (Grundlagen) der Unternehmensplanung, 4. Aufl., Opladen 1982

Wilde, K.D.: (Bewertung) von Produkt-Markt-Strategien. Theorie und Methoden, Berlin 1989

Wildemann, H.: Strategische (Investitionsplanung). Methoden zur Bewertung neuer Produktionstechnologien, Wiesbaden 1987

Wildemann, H.: (Fertigungsstrategien) - Reorganisationskonzepte für eine schlanke Produktion und Zulieferung, München 1993

Wildemann, H.: (Durchlaufzeit-Controlling), in: Götze, U.; Mikus, B.; Bloech, J. (Hrsg.): Management und Zeit, Heidelberg 2000, S. 397-420 (in Drucklegung)

Wilken, C.: Strategische (Qualitätsplanung) und Qualitätskostenanalysen im Rahmen eines Total Quality Management, Heidelberg 1993

Will, T.: (Wettbewerbsvorteile) durch Simultaneität von Kostenführerschaft und Differenzierung, Frankfurt/M. u.a. 1998

Williamson, O.E.: (Markets) and Hierarchies: Analysis and Antitrust Implications, New York 1975

Williamson, O.E.: The Economic (Institutions) of Capitalism. Firms, Markets, Relational Control, New York 1986

Williamson, O.E.: Die ökonomischen (Institutionen) des Kapitalismus, Tübingen 1990

Wonigeit, J.: Total (Quality) Management: Grundzüge und Effizienzanalyse, 2. Aufl., Wiesbaden 1996

Wübbenhorst, K.L.: (Konzept) der Lebenszykluskosten. Grundlagen, Problemstellungen und technologische Zusammenhänge, Darmstadt 1984.

Zäpfel, G.: Strategisches (Produktionsmanagement), Berlin, New York 1989

Zahn, E.: (Produktionsstrategie), in: Henzler, H.A. (Hrsg.): Handbuch Strategische Führung, Wiesbaden 1988, S. 515-542

Zangemeister, C.: (Nutzwertanalyse) in der Systemtechnik, 4. Aufl., Berlin 1976

Zanger, C.: (Diversifikation), in: Tietz, B.; Köhler, R.; Zentes, J. (Hrsg.): Handwörterbuch des Marketing, 2. Aufl., Stuttgart 1995, Sp. 515-530

Zehbold, C.: (Lebenszykluskostenrechnung), Wiesbaden 1996

Zettelmeyer, B.: Strategisches (Management) und strategische Kontrolle, Darmstadt 1984

Zillmer, D.: (Target) Costing - japanische und amerikanische Erfahrungen, in: controller magazin, Heft 5, 1992, S. 286-288

Zink, K.J.; Schildknecht, R.: Total (Quality) Konzepte - Entwicklungslinien und Überblick, in: Zink, K.J. (Hrsg.): Qualität als Managementaufgabe, Landsberg 1990, S. 67-100

Stichwortverzeichnis

GUC - Gesellschaft für
Unternehmensrechnung
und Controlling m. b. H.

Im Verlag der GUC
sind seit 1999 außerdem erschienen bzw. vorbestellbar:

- Fachbuch: „Postrecht im Wandel" (Ludwig Gramlich), 115 S.
  ISBN: 3-934235-01-8
  44,80 DM
- Lehr- und Übungsbuch: „Buchführung" (Klaus Müller), 275 S.
  ISBN: 3-934235-02-6
  34,80 DM
- Lehrbuch: „Kostenrechnung und Kostenmanagement" (Uwe Götze, unter Mitarbeit von Christian Bosse), 450 S.
  ISBN: 3-934235-05-0
  49,00 DM
- Lehrbuch: „Controlling" (Uwe Götze, Katja Glaser),
  in Vorbereitung
  ISBN: 3-934235-06-9
  44,80 DM

GUC im Internet: www.guc-online.de